国家清史编纂委员会·文献丛刊

义和团运动文献资料汇编

德译文卷

路遥 主编

山东大学出版社

审者　雷立柏(Leopold Leeb)　刘新利

本卷译者　陈晓春

戴　逸

邹爱莲　孟　超　徐兆仁

成崇德　李文海　陈　桦

马大正　于　沛　朱诚如

（按姓氏笔画排序）

国家清史编纂委员会出版委员会

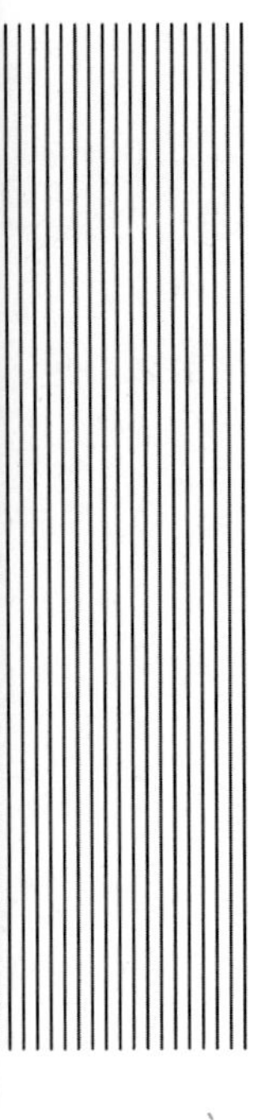

总 序

戴 逸

二〇〇二年八月，国家批准建议纂修清史之报告，十一月成立由十四部委组成之领导小组，十二月十二日成立国家清史编纂委员会，清史编纂工程于焉肇始。

清史之编纂酝酿已久，清亡以后，北洋政府曾聘专家编写《清史稿》，历时十四年成书。识者议其评判不公，记载多误，难成信史，久欲重撰新史，以世事多乱不果。中华人民共和国成立后，中央领导亦多次推动修清史之事，皆因故中辍。新世纪之始，国家安定，经济发展，建设成绩辉煌，而清史研究亦有重大进步，学界又倡修史之议，国家采纳众见，决定启动此新世纪标志性文化工程。

清代为我国最后之封建王朝，统治中国二百六十八年之久，距今未远。清代众多之历史和社会问题与今日息息相关。欲知今日中国国情，必当追溯清代之历史，故而编纂一部详细、可信、公允之清代历史实属切要之举。

编史要务，首在采集史料，广搜确证，以为依据。必藉此史料，乃能窥见历史陈迹。故史料为历史研究之基础，研究者必须积累大量史料，勤于梳理，善于分析，去粗取精，去伪存真，由此及彼，由表及里，进行科学之抽象，上升为理性之认识，才能洞察过去，认识历史规律。史料之于历史研究，犹如水之于鱼，空气之于鸟，水涸则鱼逝，气盈则鸟飞。历史科学之辉煌殿堂必须岿然耸立于丰富、确凿、可靠之史料基础上，不能构建于虚无飘渺之中。吾侪于编史之始，即整理、出版《文献丛刊》、《档案丛刊》，二者广收各种史料，均为清史编纂工程之重要组成部分，一以供修撰清史之用，提高著作质量；二为抢救、保护、开发清代之文化资源，继承和弘扬历史文化遗产。

清代之史料，具有自身之特点，可以概括为多、乱、散、新四字。

一曰多。我国素称诗书礼义之邦，存世典籍汗牛充栋，尤以清代为盛。盖清代统治较久，文化发达，学士才人，比肩相望，传世之经籍史乘、诸子百家、文字声韵、目录金石、书画艺术、诗文小说，远轶前朝，积贮文献之多，如恒河沙数，不可胜计。昔梁元帝聚书十四万卷于江陵，西魏军攻掠，悉燔于火，人谓丧失天下典籍之半数，是五世纪时中国书籍总数尚不甚多。宋代印刷术推广，载籍日众，至清代而浩如烟海，难窥其涯涘矣。《清史稿·艺文志》著录清代书籍九千六百三十三种，人议其疏漏太多。武作成作《清史稿艺文志补编》，增补书一万零四百三十八种，超过原志著录之数。彭国栋亦重修《清史稿艺文志》，著录书一万八千零五十九种。近年王绍曾更求详备，致力十余年，遍览群籍，手抄目验，成《清史稿艺文志拾遗》，增补书至五万四千八百八十种，超过原志五倍半，此尚非清代存留书之全豹。王绍曾先生言："余等未见书目尚多，即已见之目，因工作粗疏，未尽钩稽而失之眉睫者，所在多有。"清代书籍总数若干，至今尚未能确知。

清代不仅书籍浩繁，尚有大量政府档案留存于世。中国历朝历代档案已丧失殆尽（除近代考古发掘所得甲骨、简牍外），而清朝中枢机关（内阁、军机处）档案，秘藏内廷，尚称完整。加上地方存留之档案，多达二千万件。档案为历史事件发生过程中形成之文件，出之于当事人亲身经历和直接记录，具有较高之真实性、可靠性。大量档案之留存极大地改善了研究条件，俾历史学家得以运用第一手资料追踪往事，了解历史真相。

二曰乱。清代以前之典籍，经历代学者整理、研究，对其数量、类别、版本、流传、收藏、真伪及价值已有大致了解。清代编纂《四库全书》，大规模清理、甄别存世之古籍。因政治原因，查禁、篡改、销毁所谓"悖逆"、"违碍"书籍，造成文化之浩劫。但此时经师大儒，联袂入馆，勤力校理，尽瘁编务。政府亦投入巨资以修明文治，故所获成果甚丰。对收录之三千多种书籍和未收之六千多种存目书撰写详明精切之提要，撮其内容要旨，述其体例篇章，论其学术是非，叙其版本源流，编成二百卷《四库全书总目》，洵为读书之典要、后学之津梁。乾隆以后，至于清末，文字之狱渐戢，印刷之术益精，故而人竞著述，家娴诗文，各握灵蛇之珠，众怀昆冈之璧，千舸齐发，万木争荣，学风大盛，典籍之积累远迈从前。惟晚清以来，外强侵凌，干戈四起，国家多难，人民离散，未能投入力量对大量新出之典籍再作整理，而政府档案，深藏中秘，更无由一见。故不仅不知存世清代文献档案之总数，即书籍分类如何变通、版本庋藏应否标明，加以部居舛误，界划难清，亥豕鲁鱼，订正未遑。大量稿本、抄本、孤本、珍本，土埋尘封，行将澌灭。殿刻本、局刊本、精校本与坊间劣本混淆杂陈。我国自有典籍以来，其繁杂混乱未有甚于清代典籍者矣！

三曰散。清代文献、档案，非常分散，分别庋藏于中央与地方各个图书馆、档案馆、博物馆、教学研究机构与私人手中。即以清代中央一级之档案言，除北京第一历史档案馆所藏一千万件以外，尚有一大部分档案在战争时期流离播迁，现存于台湾故宫博物院。此外，尚有藏于沈阳辽宁省档案馆之圣训、玉牒、满文老档、黑图档等，藏于大连市档案馆之内务府档案，藏于江苏泰州市博物馆之题本、奏折、录副奏折。至于清代各地方政府之档案文书，损毁极大，但尚有劫后残余，璞玉浑金，含章蕴秀，数量颇丰，价值亦高。如河北获鹿县档案、吉林省边务档案、黑龙江将军衙门档案、河南巡抚藩司衙门档案、湖南安化县永历帝与吴三桂档案、四川巴县与南部县档案、浙江安徽江西等省之鱼鳞册、徽州契约文书、内蒙古各盟旗蒙文档案、广东粤海关档案、云南省彝文傣文档案、西藏噶厦政府藏文档案等等分别藏于全国各省市自治区，甚至清代两广总督衙门档案（亦称《叶名琛档案》），英法联军时遭抢掠西运，今藏于英国伦敦。

清代流传下之稿本、抄本，数量丰富，因其从未刻印，弥足珍贵，如曾国藩、李鸿章、翁同龢、盛宣怀、张謇、赵凤昌之家藏资料。至于清代之诗文集、尺牍、家谱、日记、笔记、方志、碑刻等品类繁多，数量浩瀚，北京、上海、南京、广州、天津、武汉及各大学图书馆中，均有不少贮存。丰城之剑气腾霄，合浦之珠光射日，寻访必有所获。最近，余有江南之行，在苏州、常熟两地图书馆、博物馆中，得见所存稿本、抄本之目录，即有数百种之多。

某些书籍，在中国大陆已甚稀少，在海外反能见到，如太平天国之文书。当年在太平军区域内，为通行之书籍，太平天国失败后，悉遭清政府查禁焚毁，现在已难见到，而在海外，由于各国外交官、传教士、商人竞相搜求，携赴海外，故今日在世界各地图书馆中保存之太平天国文书较多。二十世纪，向达、萧一山、王重民、王庆成诸先生曾在世界各地寻觅太平天国文献，收获甚丰。

四曰新。清代为传统社会向近代社会之过渡阶段，处于中西文化冲突与交融之中，产生一大批内容新颖、形式多样之文化典籍。清朝初年，西方耶稣会传教士来华，携来自然科学、艺术和西方宗教知识。乾隆时编《四库全书》，曾收录欧几里得《几何原本》，利玛窦《乾坤体仪》，熊三拔《泰西水法》、《简平仪说》等书。迄至晚清，中国力图自强，学习西方，翻译各类西方著作，如上海墨海书馆、江南制造局译书馆所译声光化电之书，后严复所译《天演论》、《原富》、《法意》等名著，林纾所译《茶花女遗事》、《黑奴吁天录》等文艺小说。中学西学，摩荡激励，旧学新学，斗妍争胜，知识剧增，推陈出新，晚清典籍多别开生面、石破天惊之论，数千年来所未见，饱学宿儒所不知。突破中国传统之知识框架，书籍之内容、形式，超经史子集之范围，越子曰诗云之牢笼，发生前所未有之革命性变化，出现众多新类目、新体例、新内容。

清朝实现国家之大统一，组成中国之多民族大家庭，出现以满文、蒙古文、藏文、维吾尔文、傣文、彝文书写之文书，构成为清代文献之组成部分，使得清代文献、档案更加丰富，更加充实，更加绚丽多彩。

清代之文献、档案为我国珍贵之历史文化遗产，其数量之庞大、品类之多样、涵盖之宽广、内容之丰富在全世界之文献、档案宝库中实属罕见。正因其具有多、乱、散、新之特点，故必须投入巨大之人力、财力进行搜集、整理、出版。吾侪因编纂清史之需，贾其余力，整理出版其中一小部分；且欲安装网络，设数据库，运用现代科技手段，进行贮存、检索，以利研究工作。惟清代典籍浩瀚，吾侪汲深绠短，蚁衔蚊负，力薄难任，望洋兴叹，未能做更大规模之工作。观历代文献档案，频遭浩劫，水火兵虫，纷至沓来，古代典籍，百不存五，可为浩叹。切望后来之政府学人重视保护文献档案之工程，投入力量，持续努力，再接再厉，使卷帙长存，瑰宝永驻，中华民族数千年之文献档案得以流传永远，沾溉将来，是所愿也。

《义和团运动文献资料汇编》序言

路　遥

我国史学界系统编辑《中国近代史资料丛刊》，始于一九四九年新中国成立之后。所谓“中国近代史”，其概念最初系指一八四〇年鸦片战争至一九一九年五四运动前这一属于旧民主主义革命阶段的历史。后来史学界将其下限延至一九四九年中华人民共和国成立之前，即将新民主主义革命阶段的历史也纳入“近代史”范畴之内。“中国近代史”被作为一个重点学科来研究，是从新中国成立之后才正式兴起。它以民族解放斗争结合社会阶级斗争作为主流，义和团运动即其中重大事件之一。

一九五〇年为义和团运动五十周年，著名历史学家翦伯赞主持编辑了《义和团》资料四册，是《中国近代史资料丛刊》最早出版的一种。翦老在该资料集“序言”中说：“清算帝国主义血账，是纪念义和团的最好方法，也是我们编辑这部书的动机。”这就是当时编辑这部资料集之指导思想，对义和团研究起了重要推动作用。六十年代，中国大陆经历了一场“文化大革命”，史学研究领域（也包括义和团研究）陷入了非正常状态。迨至七十年代“四人帮”被粉碎，学术界开始拨乱反正，义和团研究又步入正轨。从八十年代开始，由于中外学术交流沟通，义和团研究才开始面向世界。一九八〇年十月，山东大学等五个单位联合发起在济南举办了“义和团运动学术讨论会”，共一百二十多人出席，其中有美、日、加、澳等国十位学者参加，这是义和团研究第一次具有国际性的学术研讨会。在这次大会上成立了“中国义和团研究会”，常务机构设在山东大学。隔了十年，至一九九〇年，山东大学又联合中国史学会、中国义和团研究会等六个单位，再次在济南举办了“义和团运动与近代中国社会国际学术讨论会”，共一百三十多人出席，其中有日、美、法、德、匈、波等国二十五位学者。再隔十年，二〇〇〇年十一月，又一次由山东大学联合中国史学会、中国义和团研究会等八个单位，仍在济南举办了“义和团运动一百周年国际学术讨论会”，代表近一百五十人出席，其中来自日、美、英、法、德、澳、韩、以色列等国及中国香港、台湾地区等二十八位学者。通过前后三次义和团国际学术研讨会的召开与讨论，对义和团研究有重大的推动。在这二十年内，无论中、日或美、欧，都相继有一些代表性的论著和资料出现，其成绩毋庸置疑。尽管如此，但由于义和团运动具有浓厚神秘性及其现象之复杂性，又由于文献资料之严重阙失，致使义和团研究中有不少重要问题难以突破，甚至停滞不前。其主要难题，有以下几点：

一、以往研究习惯于阶级斗争（包括民族斗争）的考察，着重于性质的论述，并满足于研究方法上的线性分析。从八十年代开始，研究者已不满足于纯以阶级斗争理论为指导，要求扩大视野，进一步从剖析社会结构着手。一九八六年在天津由南开大学等单位举办的"义和团学术讨论会"（国内），就已有这方面的一些研究成果出现，但那时还是着重于对社会经济基础的探索。从社会结构或经济基础层面去探讨这场运动的成因，是研究发展的必然趋势。因为人类历史是具有社会的历史，有社会存在是人类的特征，而人类社会又是以众多群体及其组织为主干，并以民族、国家、政治、经济、宗教、文化、地理等各种要素为其有机构成。所以从社会结构入手乃是深入研究义和团的有效方法，它实是采取历史学同社会人类学相结合，而被称为历史社会学或历史人类学的研究方法。

二、利用"矛盾论"——近代中国社会的基本矛盾和主要矛盾的理论，以考察这场运动中所体现出来之义和团、清政府与外来势力之间的复杂关系，当是可以继续遵循的研究方法。但其不足之处，在于更多研究者仍习惯于从矛盾各方之对抗、斗争，而不从或少从各方之相互制约的发展过程中去作具体而深入分析，把一场极其复杂的历史运动直线化、单一化了，因而也就很难有什么规律性的探索。即以近代中国社会的两个基本矛盾而言，民族矛盾当然是最主要的，而它怎样同社会矛盾相交织而促进了义和团运动的发生、发展；义和团运动同时期，国内曾爆发过几次规模较大的下层群众反抗斗争，它对义和团运动究竟产生什么样的影响等等，至今还未见有分量的论著出现。

三、义和团运动的产生从其历史条件看，主要是因德国侵占胶州湾出现民族危机而激发，同时也是反洋教、反教会斗争之延续与发展；而义和团之反教会斗争，又是同长期之民教矛盾密切关联。民教矛盾从西方宗教一方说，起主导作用的是教会及其传教士。义和团爆发于山东、直隶地区，在这些地区传教的天主教组织，有方济各会、圣言会、遣使会、直隶东南耶稣会与江南耶稣会等。这些修会在义和团运动地区原设有众多堂口，均受总铎区或主教代牧区领导。不同修会所采取的传教方针有什么异同？它吸收教民的手段有哪些特征？各修会同其所在国家的政治关系如何？这些方面的研究几乎是个空白。

尤其当民教矛盾尖锐爆发后，传教士同主教之间、主教同驻华公使、领事之间都有许多公文往来，教会内部更有大量通讯报道。台湾“中央研究院”近代史研究所曾于二十世纪六十年代整理过《教案教务档》，从中已不难看到大量民教矛盾都因民事、刑事纠纷而涉及司法权以及其他的相关资源问题。在各教会内部对此更有不少档案记录，却至今未有任何披露，这是导致“教案”研究难于推进的主要原因。

四、从思想意识方面看，围绕义和团运动暴露了中西方之间在思想文化与宗教信仰之间的重大差异。但不少研究者多习惯于从中西文化差异、冲突去论述义和团与教会之间的矛盾，而很少从基督教会将上帝信仰移植异境时应怎样同乡土文化、民间习俗相调适以化解矛盾这个视角入手，对此西方教会根本不予考虑。义和团运动的主体是中国下层民众的运动，应该考虑到这场运动的中国下层民众意识与民间信仰。所谓“民众意识”，是指特定时期在下层民众中间流行的日常各种意识；所谓“民间信仰”，是指其与日常生活紧密联系而刻印于民众心理结构中的信仰与仪式。就教会一方说，无论其在民间传播或使教民皈依，都莫不以精神征服为指引，其遭到乡土文化抵制与民间信仰对抗乃势所必然。一九六二年至一九六五年梵蒂冈曾召开了第二届大公会议，制定、发表了许多文献，对以往传教也有过若干反思与检讨。以之联系义和团运动时期，应如何评价教会的对华传教方针及其所形成的民教矛盾，却是亟待研究的问题。

以上仅就我们思虑所及，提出几个问题，并非全面。现所汇编的这套中外文献资料，也可以说是应对于上述研究困境而编辑的。

编辑这套资料也是我多年所愿望，记得一九九〇年十月在济南举行“义和团运动与近代中国社会国际学术讨论会”之际，中华书局总编辑李侃同志曾约我商谈，建议由我主持编辑一套大型的《义和团运动资料汇编》。其途径可从两方面着手：一是集中已出版的零散资料，二是搜索在各地的文献。基于当时条件，我心有余而力不足，难于负起此重担，但我对此事一直萦回脑际。二〇〇二年国家成立清史编纂委员会，二〇〇四年编委会抛出基础工程项目，本课题《义和团运动文献资料汇编》承国家清史编纂委员会戴逸主任大力支持而获得批准，终于实现了我的夙愿。现在这套资料同以往相比较，它涉及面广，有些从海外搜求来，因受经济条件限制，还不能达到我们预期的要求，但它会给研究者以有益的借鉴和启示。拿义和团运动同中国近代历史上许多重大事件相比，它的神秘性与复杂性远超过其他。义和团运动发生在十九世纪末，在中国社会危机之外又多出了民族危机，世界历史上西方资本主义对亚非地区的征服也已开始转向帝国主义扩张阶段；在中国是两个危机交织在一起，而义和团运动又是中国具有乡土文化、信仰的下层群众所自发的一场反抗斗争运动，其所映现出神秘而诡异的特征乃不可避免。仅从现象上看，义和团运动恰似一面多棱镜，从不同侧面观察，各有其不同特征，但这不等于它没有正面的形象和本质的构成，研究者可以从《汇编》中作各自探析。我们除大量摘录当时中文报刊外，还选译了日、英、法、德等不同语种的文献资料。本《汇编》共分五卷八册，其中：中文资料一卷二册，英、日译文各一卷二册，法、德译文各一卷一册，约计五百四十七万字。其来源主要如下：

一、外国的官方文档，如日本外务省和参谋本部文件，涉及日本对华政策以及出兵参与联军共同侵华过程的相当详细记录。

二、西方的天主教内部文献，主要有德国圣言会和法国耶稣会对华传教活动与民教矛盾频发的记载。

三、侵略方的国内舆论，选德、法两国国内有关报刊的评述。

四、选自基督教传教士和西方学者的最早或较早撰述义和团的论著。

以上大部分记述来自与义和团不同的立场，有许多诬蔑义和团为“匪”、“拳匪”、“团匪”等词句，均非我们所认可，为要保持资料之原始性，一概不予改动，它涉及义和团运动诸多方面问题，仍有重要参考价值。限于我们水平，所选译内容与编辑方法当有许多不足之处，尚望研究者、专家批评指正！

二〇一〇年五月

目　录

圣言会福若瑟神父

——其生平和影响，兼论山东南部传教史

（韩宁镐 著　陈晓春 译）

时人评论

(胡凯等译 陈晓春校)

山东开教史

(郎汝略 著 赵庆源 译)

圣言会福若瑟神父

——其生平和影响，兼论山东南部传教史

P. Josef Freinademetz SVD. Sein Leben und Wirken.
Zugleich Beitraege zur Geschichte der
Mission Sued－Schantung.

韩宁镐（P. Augustin Henninghaus） 著
陈晓春 译

Yan zhou：Verhag der katholischen Mission，1920
兖州：天主教区出版
1920 年

前　言

下面的文字是为纪念一位有着高尚情操的人而写的，他因贡献巨大而闻名遐迩，他的名字远远跨越了他所属传教区的边界。长期以来，为这位高尚的神父撰写一部传记，是许多人的共同愿望。不只是传教士内部，甚至有来自圈外的人士，他们也不时来问："你们仍然没有出版福若瑟(Freinademetz)神父的传记吗？"这些年里，我一直希望有一支堪当此任的如椽之笔能够担当起这一重任，在所有这一切将被时光湮没之前，写出纪念我们这位已故副主教的回忆录来，遗憾的是我空等了这么多年。

直到不久前，一位我所特别热爱和敬重的人，比以往更迫切地向我们提出这一请求时，我才认为应该由我自己来动手完成这一任务。我做这件事有一定的便利，因为由于中国对德宣战，我们的行动自由受到了限制，这反倒给了我完成这一任务所必需的空闲时间。在接受这一任务时，我心中暗暗地希望它能让我有机会对我的兄弟们和传教区所遭受的精神上的损失作出一些弥补。因为是我造成了这一损失——我在这一年里没有参加针对教民的通常的心灵慰藉工作。

我是否有资格抱有这一希望，把这本薄薄的小书捧在手中的亲爱的读者们是否会感到失望，那是另外一个问题。不过这书已经写成并摆在我的面前，我现在得说，这完全不是一本面面俱到的传记。它仅仅是我对已故的、忠诚的朋友和兄弟的"记忆碎片"，我并不想奢求更多。

让我作出这一保守断言的一个原因是材料匮乏。尽管我与去世的副主教共同生活和工作了二十多年，他那崇高的人格魅力和性格特征令我终生难忘，但遗憾的是我缺少记忆一桩桩大小事情的能力。这些细节，本来会引发读者对这一传记的浓厚兴趣，使它更加鲜活，更加生动形象，可因我琐事缠身，又为许多事担惊受怕，竟很快淡忘了。编造故事或是把那些已忘掉一半的事情拼凑组合，这是我不愿意做，也是不允许做的。这样一来，只有借助于死者的信件来唤醒我的记忆这一办法了。只是这些信件的选择余地也很小：它们主要是写给主教，或是谈论传教事宜，因此有着很浓的公函味道。

我的叙述过程自然会受到这一因素的极大影响，所以这些文字描写的某些东西，更适合写进传教的历史之中，而不是一部这个人的传记当中。由于还没有关于山东南部历史的描述，因此我在这一方面没有设定框框，而是采用了某些对局外者来说无足轻重，但是在那儿工作的传教士们却是应该知道的东西，而这有可能成为今后撰写传教历史的资料。

但促使我担当这一重任并激励我写好这本书的主要动机，正如前面所提及的那样，并不纯粹是出于对历史的兴趣，而是想为我的兄弟伙伴们，即我们的传教士和传教新人们提供一些帮助。开始时，我不是为广大的读者，而只是为他们而写。这本薄薄的书，是我怀着兄弟之爱特别献给他们的。应该向他们展示一位兄弟的鲜活形象，一位朴实无华、尽忠尽职，在我们中间勤奋工作的兄弟形象——他的音容笑貌仍清晰地浮现在我们的眼前；应该告诉他们，一名好的传教士是什么样子的，以及怎样成为一名好的传教士。让他们相信，是上帝特意赐给了我们这样一位充满使徒精神的神父，从一开始就把他从遥远的地方引向了我们这个修会和传教区，为的是让他在完成传教使命方面给我们大家树立起一个光辉的榜样。我尤其努力展示他的优秀品质、他的传教美德和思想观念。我甚至走得更远，把一些与我们的传教使命有着或多或少的联系，并在工作中给我以推动的想法也加入到描写之中。这些想法并无独到之处，我自己都担心这本小书因此而受到拖累，篇幅也要增大许多。因为或许有的读者并不愿意知道一个从事传教工作数十年的人会怎样考虑这些问题。一如往常！希望以上帝的名义——此书也是以荣耀上帝之名而撰写的——凭借上帝的恩典，该书能得以出版，并能对唤醒和振奋使徒精神、促进传教事业的发展作出微薄的贡献。

作　者

1918 年圣安德肋节于兖州府

第一编*

（略）

* 本编主要论述福若瑟来中国传教前的生平及其经历，略而不译。

第二编
开始在山东南部传教

第一章
抵达山东南部

现在该回头讲述我们久未谋面的主人公了。当安治泰神父在山东忙于接手一个传教区事宜的时候，福若瑟神父仍逗留在广东。事态发展得如此顺利，过不多久他也可以去山东了。安治泰神父当年北上走的是通常的路线：乘火轮到芝罘港（方济各会传教团在那里设有一个小小的办事处），随后乘坐两轮推车经潍县到达济南府。这最后一段是乡间小路，十天路程，颠簸疲惫，尤其是对初来乍到的人来说，绝不是一次美好的行程。笔者每当想起三十年前那段经历，仍不由得心有余悸。

如果有人不知道，手推车除应垫软点儿外，还应拿几个硬点儿且有边角的可以拖来拖去的箱子做靠背，如果有人没备上蚊帐，如果谁的肠胃不习惯中国夏天的饭菜中回避不了的大蒜辅料，谁就会不得不在无法描述的艰难山路上，在被雨水冲刷的乡间泥路上，在蚊子猖獗的小旅店里，忍受着种种不快。前人早就对诸如此类的经历有过详尽描述，在这里我们可以省略些笔墨了。一位在中国待久了的传教士，可以轻松地面对这许多不便，因为他知道如何去应对这些困难。

福若瑟神父选取了更加坎坷的道路。我们从他口中得知，他走的是黄河河道。我不知道他为何选择了这样一条特殊的路线，推测起来，无外乎是某个人缺乏对当地情况全面以及必要的了解，给他提了这样一个建议（或是干脆指令他这样做的）：除非人们只是想尝试不同的旅行路线，在通常情况下，人们不会想起沿着黄河溯流而上去济南府。首先是路程遥远；其次，即使想有一条像样的船只，那也是在拿钱开玩笑。福若瑟神父自然不会如此奢侈。他作此次航行乘坐的是一条破旧的窄窄的小船。也许是他担惊受怕的随从或是船夫的要求，他不得不一直待在闷如蒸笼的甲板下，舱里是成群飞舞的蚊子，把这位可怜的旅客折磨得没有片刻安宁。福若瑟神父叙述说，在万般无奈之下，他只得不时把头伸进一个箱子里，或是用布把手和脸包起来。①

---

① 我想补充的是，福若瑟神父记载说，他是从黄河上走的，是否可理解为他从上海出发沿大运河北上，最北段是在黄河上航行的，这比从黄河的入海口溯流而上似乎更合情合理。

三十天的水上旅途终于结束了。到达济南府的时候，福若瑟神父被蚊子叮咬得体无完肤，瘦得只剩一副骨架。当然他受到了同校学长安治泰神父和那位可亲的顾立爵(Cosi)主教以及他属下传教士们的热情接待。

这位旅客，数星期来长途跋涉，一路上总被好奇的陌生人围观，在小路和大道上，处处被看作异教的一个象征。所以，此时此刻，当他置身在这座大城市熙熙攘攘的人群之中，突然见到主教府大门前方那高耸的十字架，跨进了那座由方形石块筑成并由中国匠人用绘画装饰的教堂时，他的精神不禁为之一振，犹如在沙漠里看到了一片绿洲。在当时，除了这座小教堂外，仅有几座简陋的中式房屋。这些房屋已年代久远，遭迫害期间被查封，在中国与法国和英国缔结协议后才归还给教会。

在济南府时，福若瑟神父的意大利知识给了他很大的帮助。即便他没有掌握当地传教士的母语，也同样赢得了别人对他的信任和友爱。他态度温和、友善，使接近他的人入迷，因此赢得了所有人的爱戴。顾立爵主教对这位年轻的传教士颇为欣赏。当需要提名一人去担任新的山东南部传教区的副代牧时，他想把这份荣耀赐给福若瑟神父。而后者却谦恭地跪着恳求，请他选择那位较为年长于他的学长安治泰(Anzer)神父，因为他应优先得到这一权利。在众多济南府的传教士中，与福若瑟神父关系密切的是虔诚又单纯的费诺奇奥神父——一位方济各会的真正的儿子。他和福若瑟神父一样，都姓"福"。众所周知，在中国，每一个和中国人打交道的欧洲人都得另起中国名字，因为我们的外国名字对于中国人来说过于绕嘴，而听起来又不那么舒服。所以福若瑟神父从那时起就被叫作"Fu Juo Schei"，相当于"Joseph Fu"(Fu＝好运)。

福若瑟神父在济南府传教团时待在哪一个传教点，又分配给了他什么样的任务，摆放在我面前的信件中没有提到，我自己搜肠刮肚也没有能回忆起来。总之，他利用这段时间刻苦地学习山东话，遗憾的是，他现在只能把广东话搁置一旁了。在斯莫伦贝格神父处上的课现在派上了用场，因为他上课时操一口京腔，同其他北方方言一样，和山东话极为相似。

以前就曾提过，福若瑟神父有着学习语言的良好天赋。此外，他还有着火一般的热情，想尽快地把自己培养成一名称职的、擅长传道布教的传教士。所以，他惊人地在短时间内就已能熟练地运用地方语言也就不难理解了。当笔者五年后，即1886年来到中国时，中国人告诉笔者说，福若瑟神父方言讲得同当地人一样。如果在布道时只听声音而不见他的人，很难相信这是一个外国人在说话。这种赞美即使有夸张之嫌，也足以说明这一事实，即只有很少的外国人，在说汉语时——尤其在公开场合讲话时，在发音、重音以及惯用语的运用上不露出外国人的口音。早在1886年，福若瑟神父就写了一本供新传教士使用的教义问答手册，还翻译了多斯的《对年青人传教的思考和建议》一书，遗憾的是手稿在后来散佚了。

他是完全按照顾立爵主教的要求来做这些事情的，从不去尝试使用那种艰深难懂的拼音法文字来表达。再说，那时候还另有其他重要的事去做。不过，他认识的汉字很多，所以能读懂格律严谨的中文古体书籍和信件，甚至官方公告。从这一切可以看出，他在山东北部待命期间付出了多大的努力，又取得了多么大的成就。

当召他前往确定下来的工作区域那最终的时刻到来时，对未来的工作，他不再是无所准备的了。

1月18日那一天，副代牧安治泰神父迁入坡里庄。在这个位于该地区最西北角的小村庄里，有山东南部唯一的规模较大的天主教堂口。此外，坡里庄附近还住着几户天主教家庭，加起来共有一百五十八名受过洗礼的人，这就是山东南部传教区刚开始时的总体情况。

方济各会人手奇缺，甚至派不出传教士去关心一下早期的堂口，所以到目前为止也一直没有能力顾及南部地区。

与此相反，新教势力通过美国传教士得到扩张，已经试图插足一些地方，并争取到了一些新教信徒。但据我们所知，迄今为止他们还没有自己的传教点。

急需解决的问题是，在建立传教区时——每一个初建的传教团都如此，究竟是一切从头开始，如同在一片绿色的田野上开始耕耘更具优势呢？还是寻找早期堂口这样一块较重要的基石更值得期待？答案只有一个，当然是选择后者。在那些早期堂口马上进行牧灵工作，固然会成为一种负担，但这是人们首先必须做的事情。同时还存在某种危险，即照顾这些灵魂，会分散本来在异教徒中传教的精力；更何况这些老的教徒在几十年里已习惯了在异教徒中间生活，而且满足于这种宗教隔绝的状况，他们大多对传教已兴趣索然了。他们总是好带着偏见、带着某种蔑视小看新教徒，或许如同那些老犹太人对待“门前皈依犹太教的异教徒”一般。当然不排除这种可能性，即他们会把这种观念传给某位传教士。

尽管如此，一些组织完善的早期堂口，对于一个初建的传教团来说是一份令人艳羡的嫁妆。果真如此的话，教士们从一开始就有了稳定的、可靠的居住地和根据地。他们还可以从堂口成员中挑选出不可或缺的助手，再让他们去选择和培养男女传教助手。而且尤其重要的是，新堂口能够从早期堂口的身上看到和学习到一些东西(例如在星期日作礼拜、教会式的订婚、频繁的热诚祈祷、基督徒为教堂建设服务和为了宗教目的献祭品、敬畏和热爱神职人员、关心并信任后者)，而这些常常要费好大的劲，通过劝诫、布道、规定才能使他们明白。有了早期堂口里所有好的东西，就可以通过更为有效和更加短小的直观课程来教育新基督徒。

遗憾的是，除了上面提到的那个唯一的小小的堂口，这一地区的自然边界(或者更确切地说，由于政治上的划分)没有可能给予山东南部这样一份宝贵遗产。在很长的一段时间里，必须把这小小的堂口当作传教中心，当作传教士的驻地和传教事业的起点。让传教士们分外高兴的是，他们至少在这片浓雾笼罩下的、对他们来说完全陌生的、充满着重重困难的土地上看见了一缕曙光。

坡里庄的人们已经欢天喜地，因为以前很少有传教士光临他们这里，而从现在起神父们会长期住在他们中间了。另外，令他们精神更加振奋的是，这个以前被看作是传教区里最小的和最不受重视的堂口，从现在开始将成为主要的传教点，也就是说将要起到重要的作用。所以当新的副代牧安治泰神父第一次来到这里时，不仅受到他们而且受到本村和周边的异教徒的热烈欢迎就没什么可奇怪的了。

当福若瑟神父几星期后到达时，他们也以同样的热情欢迎他的到来。这样，两位传教士终于到达了他们今后将奉献一生的地方。他们一位是不知疲倦的开路先锋；

另一位则是在传教工作这一领域辛勤而又安静地工作,且善于做这一基层工作的建设型的工作者。

当时的坡里庄,除了贫困潦倒的基督徒外别无他物。它本身只是一个寒酸的村庄,住着约一千口人。房屋都是用黏土造起来的平顶屋,屋顶是用高粱秸秆混着一层泥土搭成的。这块土地毫无生气,而且由于它坐落在一块低洼地上,夏天雨季来临时,总是成为一片泽国。从平坦的屋顶俯视这片土地,看到的是分布在四周的无数个村庄,村里的小茅草屋与坡里庄的并无两样,在柳树和杨树的阴影下似隐似现。东南方向遥远的平地,为淡淡的山影所环绕。近处朝南,地形微微朝上走,只看到伫立着的几个沙丘,那是黄河泛滥后留下的印记。向东可以看到许多土堆,是河水浸滤盐碱地时堆放在那儿的遗留物。一到夏天,田野里绿油油的一片,无数的小树林将村庄环绕,当盐碱地上的柳树吐出新芽时,人们会以为眼前是片片小森林,景色不可谓不美。但是到了冬天,严寒扫光了一切颜色,到处可见裸露的灰蒙蒙、土黄黄的黏土,单调的房屋、田野,此时坡里庄所在的整个地区并不那样令人心旷神怡。

因为没有现成的房子供神父们住,教徒们愿意在他们条件许可的情况下,友好地向这两位神父伸出援助之手。他们建造了一间土屋用作祈祷堂,但只能坐下一部分教徒。做弥撒时,女人们跪在屋里,男人们则聚在屋外的空地上。5月初,这个临时的建筑刚刚完工,来自斯泰尔的第一批增援人马就到达了,他们是文安多(Anton Wewel)神父和副助祭李天安(Gottfried Riehm)。李天安神父描述过他的坡里庄之行,因而对当时的传教设施,有过简短的说明:

> 我们11点钟到达坡里庄。福若瑟神父和许多教徒来迎接我们。开始我还以为那位穿着中式衣服的弟兄是村长呢。直到从他嘴里听到德文"欢迎"时,所有的顾虑才消失了。他将我带到我们的住处。村里的村长——一个基督徒,特地将自己家里一间屋子腾出来,给新来的神父住。屋里十分简单、朴素,完全是按照中国人的习俗布置的(也就是说,平顶土屋,屋顶是用秸秆铺成的,光秃秃的土墙,地面是泥土,窗是纸糊的,门很重,并且总是开着)。我并不感到特别的奇怪,因为在漫长的旅途中我已领教过中国的"舒适"了。午饭后,尊敬的弟兄领我到小教堂去。这里可让我吃惊不小,因为在这之前我从未见过这么简陋的教堂。一直在里面作弥撒的福若瑟神父告诉我说,原来的老的小教堂,因年久失修被拆了,那才是真正的破旧不堪呢。

第二章
福若瑟神父担任传教士

这样,在坡里庄现在已聚集了四位传教士,正如上面提到过的,他们不是为了这样一个地方来的。首先要造几座必不可少的房子,作为传教事业的外部基本条件,同时也要开始传教活动了。前者由安治泰神父操办,他带领人们着盖了几座新的房屋:一座是稍大些的教堂,一座里有着好几个起居室,孤儿院的院舍已开工在建,还建了马上就要派上用场的一个小型神学校的校舍。此外，他还给两位新来的人讲授汉语。文安多神父作为司库掌管始终周转不灵的资金。副助祭李天安以前学过木匠，自告奋勇地担当了新住所的建造和内部装饰工作，并且出色地完成了任务。

福若瑟神父被作为流动神父，派往周边的村庄。

如果说有什么适合他的话，那么就是这传教工作，它完全适合他的才能和爱好。福若瑟神父是位全身心都投入到实际工作中去的一名传教士。置身在新教徒中间是他最惬意的时刻，他忘我地工作、讲道、释疑，照顾他们的灵魂。

尽管他也做好了准备，服从安排或是承担义务，到学校去工作、参加传教士住所或整个传教团的管理和领导工作。而且，在这些岗位上，他都以忘我精神投入工作。但是他还是喜欢出门在外。即使后来成了高层神职人员（Oberer），能够作为传教士从这个堂口到另一个堂口，对他来说仍是最大的幸福。毫无疑问，是一种来自心灵的热情，在催促着他去从事这充满着牺牲和艰辛的事业。“奉献和献出自己”是他最喜欢经常重复的字眼儿。不论是从肉体还是从精神上，他都以最大的限度将这一信念付诸现实。

他那高高的、瘦长的身影，他常常透着威严然而却是谦虚、安静的态度，他的行为举止，很快就能使他赢得人们的信任，令人钦佩。和其他传教士一样，他也穿着中式衣服，年轻时就留下的辫子又粗又长，这些丝毫都不影响他给人留下威严而友好的印象。他的服装式样很简单，尽管他不注重外表，必须在破旧肮脏的茅舍里进进出出，但总是保持着干净和整洁。他拥有那份奇异的能力，即在与贫困和肮脏打交道时，他不必特别留心，就能使自己免受肮脏环境的污染，也就是说，这是一种内心安宁和细心的象征。这种能力只为少数人所特有，部分是由于天生的资质，但大部分源自自我约束和自我克制。

我们看他的脸型：蓝眼睛，笔挺的鼻子，金黄色的头发，无论怎么看都不像中国人，然而他眼睛里闪耀的光辉，却是那么随和与打动人心，还有他的爽朗，令中国人不久就对他消除了陌生感，产生信任。特别符合中国人审美习惯的是他那稀疏而不长的胡子，因为中国人自己的胡子通常也只有那么稀疏的几根。对那些因为他那可怜的胡子而嘲笑他的人，他总是笑呵呵地回答说，取笑他的人说这话完全是出于妒忌，因为恰恰是他的胡子让他赢得了中国老人的惊叹和认可。

关于他的身体状况，圣方济各·沙勿略（Francis Xavièr）说过这样一句话：“以出色的状态为上帝服务。”所以人们极为看重的这一从事传教的重要财富，对于他——一位山民的强壮儿子，确实是不在话下的。令人诧异的是，这位清瘦的苦行僧在食物匮乏和睡眠不足的情况下，仍能坚持工作，忍受艰辛和劳累。也许是这个原因，促使他在具备极大的热忱和强烈的苦行意识的同时，很少去关心自己，这导致了他在五十岁还不到时，就出现了身体功能严重受损的迹象。

关于食物，我们以前也提到过，就像他所说的那样，他年轻时吃的是农村的饭食，很简单，这为他的中国之行做好了准备。在传教团的最初日子里，即使是在传教的大本营，就吃和穿这样一些生活方式来说，也完全是中国式的。在外面工作的传教士也同样如此。根据惯例，基督徒负责为传教士提供食宿，但前提是他在他们眼里是“入乡随俗，道德高尚”的。福若瑟神父在这方面似乎没有丝毫的困难。他和中国人打成一片，完完全全中国化了。基督徒们都知道，他对贫穷处之泰然：福神父只要有馍馍（一种蒸出来的面包）和豆腐(一种用大豆制成的食品,欧洲人觉得味道清淡,简直就没什么味道)吃就相当满意了。但这对于接他班的人和随行者来说,就不那么容易了。尽管他待人极其友善,对人关怀备至,但那些习惯了他的处事方式的人们,在他的面前仍不禁觉得汗颜,因为很少有人做得像他那么面面俱到。

他连睡觉都有节制。直到深夜他还忙于讲道,听忏悔,或者单独与人谈话,对其进行灵魂上的帮助。当所有人都离去的时候,他还要长时间地进行祈祷,看灵修的书。

夏季的时候,每天一大早不到3点钟,他就起床了。几分钟之内就梳洗完毕,随后他就作默祷,做弥撒的准备工作(在农村因为要做农活),早祷的时间特别早。即使在寒冷的冬天,中国人都不愿早起的时候——因为温暖的被窝可以御寒,还可以省去一顿早餐——他还是照样早起。所以在他工作的堂口,即使在冬天,基督徒们都习惯于早起作弥撒。

在以上种种习惯中体现出来的自我否认和禁欲的使徒精神,贯穿着他的一生。无论是在住所还是在外奔波,无论是作祷告还是在做其他事情时,他始终保持着自我克制。人们注意到,他在作长时间的祷告或多次祷告时,总是上身笔直地跪在地上,身子从未东倒西歪过。即使是中午休息时,其他人随意坐在那儿,他也总是站着,或者是来回走动。问他原因,他总是用那句有益健康的话回答道:“饭后百步走,活到九十九。”

过着苦行僧生活的传教士一身粗布外衣打扮,倘若声色俱厉地要求他人忏悔,会吓退情感脆弱的人们。但是当他作为恭顺的爱的使者出现时,就会为了他人而牺牲自己,那么他在最软弱的人们面前也会变得可敬可爱。福若瑟神父就是这类人。不仅如此,就像所有高尚的灵魂一样,在他那儿,对自己严厉与对他人友善相互结合在一起。这或许是他品行中最为突出的地方。

其实这些特点是一个传教士所必须具备的。通过上帝的恩赐和个人对完美品行的追求,在“到了上帝我们救主的恩慈和他向人所施的慈爱显明的时候”(《提多书》,3:4)获得更大的成功,这样的传教士该是多么的幸运!关于耶稣基督,先知早就说过:“他不呼喊,也不扬声,也不叫人在街上听见他的声音。……他不灰心,也不沮丧,知道他在地上设立合理,众海岛的人都等候他的教训。”(《依撒依亚》,42:2、4)所以孩子们也很信任他,所有的烦恼和苦难都向他倾诉,并在他那儿获得精神上的安慰。

这也是所有伟大的传教士的秘诀:圣方济各·沙勿略,在很大程度上也拥有这种圣徒般的亲和力,他在给一位教友的信中这样写道:

> 请相信我,布道的最佳效果并不取决于优秀的说教,也不全靠雄辩的口才和华丽的词藻。最主要的是要得到听讲者们的喜欢和爱戴。为此你就首先应该找寻开启那些心灵、继而打开他们耳朵的钥匙。如果你的听讲者喜欢上了你,你就会得到你想要的一切。如果你不疏远他们,你会让许多人同上帝达成和解。

另一次他又写道:

> 你责备他们,为的是清楚地指出,你对那些应忏悔的罪过觉得心痛多于责怪。对有罪之人,你的爱、善良和宽容从你说的每句话和你的每个表情中显示出来,因为每个人被善待时都会感到高兴。有一些地方,那儿的人们面对严厉的指责就如玻璃人似的:你来硬的,他不睬你;可言辞温和,却能随心所欲地让他俯首帖耳。用请求和善

语是可以达到所有目标的，用威胁和强硬的语气却起不到任何作用。

这些至真至善的建议对每一个传教士都很重要，这位圣徒自己也以令人钦佩的方式严格遵循这一信条，所以大家都爱戴他，连粗鲁的士兵看到他过来也特别高兴，也许他还会和他们下盘棋呢。

因此，总有新教徒来找他，就像是儿子依赖自己的父亲一样：他有足够的耐心应对他们的欠缺。起初，他的要求并不高，只是让他们做与他们软弱的精神状态相适应的事，就像他对自己所说的那样："出于软弱会做蠢事或犯错，我有耐心容忍这些，可我也希望，如果他们现在还不够好的话，以后总有一天会变好。"

以上的描述可以说是一步步地刻画出了福若瑟神父的真实形象。他有着使不完的劲头并且始终和颜悦色，所以赢得人们的爱戴。是的，他有着不知疲倦的耐心、忘我的高尚之爱。

当新信徒围着他时，是他最开心的时刻，他仔细倾听每个人的诉说，并尽可能地提供帮助。所以大家有事全都找他，有好人，也有不那么好的人。每当他祷告返回，住所的门前总有一些人站在那儿，等他归来。

即使在受到指责和惩罚时，他也保留着这种品质。他处处以身作则，不为自己提出任何要求；他想培养出真正的基督徒，并身体力行、认真完成基督徒的任务。尽管如此，在指责别人甚至是批评别人的时候，他的态度始终是温和的。他始终不明白，怎么能动手打人呢？人们经常会听他说："神父的手是用来祈福的，不是用来打人的。"

在教育没上过学的新教徒时，并不能取消严厉的惩戒措施；要随时随地树立榜样，使惩罚有法可依，"畏惧上帝即为开启智慧"才不至于消失。连那位圣徒圣方济各·沙勿略也进行过类似的尝试，福若瑟神父也是这样做的，不过更为温和。教徒们是这样描述他的：福若瑟神父好像不会发脾气，但是当他变得严肃起来时，他说出的话会使人很难受；从他嘴里说出来的严词厉句比起其他人用威胁和暴躁的语句更加坚定有力。

福若瑟神父既不属于乱发脾气型，也不属于那种容易垂头丧气的类型，他总是精神振奋。每当气氛紧张或人们的举止拘谨时，他总能幽默地找出那么一句俏皮话来："现在该是逗趣的时候了。"他借用了他家乡的一句话，这句话曾使一个在举行婚礼当天哭泣的新娘破涕为笑："为什么哭呢？""我不会做饭。""别胡思乱想了，我们也没什么可以让你做的。"

他出现在哪里，就把欢乐的气氛带到哪里。作为高层神职人员的他，并不像某些人，笼罩在他们身边的是一片冰冷的浓雾，而他们周围的人则感到压力重重和枯燥乏味。

这种亲和力部分归功于他的天性，但又不完全是他的天性在起作用，否则的话他是不可能如此长久地保持这种心境的。即使最快乐的乐天派也会有"不顺心的那一天"，可以一时脆弱，拒人于千里之外，就像身上哪里不舒服一样。福若瑟神父肯定也有不舒心的日子，对他来说，也有"我所喝的与眼泪混合"(《圣咏集》102:9)的时候。但他不想让别人为这些付出代价，他是一位极为高尚的人。一天我问他："什么是高尚？"他简短回答道："忘我。"这句话击中了他自己品性的内核。他塑造了它，并在耶稣那高尚、温和与谦恭的心灵学校里每时每刻地造就着它。

福若瑟神父是一个作祷告的人。祈祷就是他生活的基本要素和乐趣。他虔诚的一生中最重要的事，是完成神父的两件神圣工作：每天作弥撒和每日作祈祷。即使是辛苦地奔波在传教路上，他也从不忘记这两桩神圣的事情。为了作弥撒，他有时连续几个小时，甚至是半天，奔走在盛夏烈日或者是寒冬冷风之中。在作神圣的礼拜时，他的姿态总是那么威严而虔诚。他总是不慌不忙，但绝不拖沓而令人生厌，在大约三十分钟的时间内严格地按照教会的规定完成仪式。成为省会长后，他尤其担心的是托付给他的神父们是否也能严肃认真地作弥撒并严格信守仪式指示。他经常组织讨论会，做这方面的练习。他为做弥撒而作的准备和感恩祈祷，就像他作每日祈祷时的虔诚态度一样，是所有人的榜样。即使是在繁忙的工作中他也不忘按时做后面这件事情，他或是跪在圣体之前，或是来回走动。人们看到他跪在祭坛前，一天中有好几次，长时间地沉浸在默默的祷告中。

完全可以说，除了被其他工作占用的时间，他几乎是把所有时间都奉献给了祷告。他把他的虔诚都献给了最神圣的耶稣圣心。对圣心的热爱和崇拜，对他这个蒂罗尔人来说，可以说是一种祖先的遗传。他父亲在圣心面前许下的誓言，对他来说也同样是神圣的，也完全是发自内心的愿望。把这种热爱和虔诚植入其他人的心中，是他不倦的追求。在耶稣圣心学校里，在上面提及的那种严格的禁欲生活中，他愉悦的天性历练得如纯金般那么超然，这使他拥有了高尚的忘我精神，还从中获得了不受内心和外界影响的一种自控能力。

新教的传教理论家瓦内克在他的《传教知识》（两卷本，第 154 页）一书中，要求一名传教士尤其要具有这种品性。“自我控制能力（节制、谨慎），对于传教士来说，这是最重要的道德规范。激动易怒的人，遇到一点小事就会大动肝火，今天盛气凌人，明天喜笑颜开，一会儿大吵大闹，一会儿又溜须拍马，这种不能控制自己情绪的人，尤其会在没有受过教育的人中失去威信。”

对新教传教士提出的要求，不仅完全适合于在野蛮人当中工作的天主教传教士，也同样适合于在东亚文明人当中传教的天主教传教士。亚洲人——这儿所说的是属于其中的中国人——希望一位高于他们的人有着老练和冷静的美德，而不可狂热张扬。虽然他们自己有时也会非常失态，但说到这种品性，他们总能很好地隐藏自己的感觉和内心激动，就像人们所说的那样，“躺到冰上去”。情绪化、欠冷静和易激动的人，不会给人留下好印象，这是放诸四海而皆准的道理。想要领导别人自己先要有自控能力，福若瑟在这方面显然是一个成功的典范。

最初几年，当地人对传教士还比较陌生，所以他们常会受到不信教的人的侮辱和嘲笑。“洋鬼子”和“欧洲妖怪”，是经常可以听到的叫法；有时甚至会碰到一些让人激愤的事情，让一位敦厚质朴的人也不由自主地作出粗鲁的回答或是流露出怒气。我不知道福若瑟是否听到过这样的言论。但每次看到其他传教士因过于激动而随口吐出一句中国的骂人话时，他都觉得难以接受，是的，这让他很是心痛。

在中国人的观念里，“敦厚”、“温和”常会和“愚钝”、“头脑简单”这类词联系在一起。他们常用“老实”来描述这两种品性，来形容那种头脑简单、什么都容易相信的人。但是福若瑟神父绝不是这样，他具备坦率、清醒、理性的判断能力。

健全的理智，客观的判断力，理智冷静的头脑，客观的态度，处理各种关系的必要分寸，对形势的把握和在实际中的运用能力，这些品性对一位传教士来说是至关重要的，甚至比渊博的学识和演说能力更为重要，福若瑟神父充分具备这所有的素质。中国人常说“福神父明白”，意思是说福若瑟神父是个聪明人。尤其是多年的经验积累和少有的对中国情况的了解，使他能恰如其分地作出判断。如果他自己不知道，那么就通过请教他人来了解情况。

是的，由于他真诚、谦逊和恭顺，他会诚恳地请求他人提建议，向自己的教友们和中国人征询看法。结果呢，是太过谦恭，以致人们有时这样回答他：“我会对您说些什么，您自己肯定比我更清楚。”

当他明白了中国人是“没心没肺”时，他就不再把自己看成是这些从不上当受骗的人(顺便说一句，恰恰是耍小聪明的人时常会受骗上当)中的一分子。事实上，虽然他聪明，也有着丰富的经验，但那些和他打交道的人懒惰、虚伪、狡猾，不时来捉弄他。他的善良和深信不疑的性情，使他很难相信人性的这些弱点。他深爱着中国人，这使他能更容易地看到他们的优缺点。

除了上述精神和思想上的优秀品质外，他还有着杰出的掌握语言的能力。老百姓说中文时他听得很仔细，所以他也懂得了说话应该通俗易懂。他的布道形象生动，总是穿插很多比喻和生动的例子。此外，他还认真阅读了由传教士发行的中文版宗教书籍，尤其是那些驳斥迷信活动和宣传基督教教义的书籍，因此他可以援引某些成语和名句，所以一些有文化的人也愿意听他说话。中国人喜欢听他说话，不只是表现在他们对他的赞扬上，而且表现在他的布道本身所产生的影响上。遗憾的是，由于长期在小型教堂内宣讲，他习惯了快速讲话，如果在大一点的教堂内布道，语速过快会对人们的理解产生一定的影响。

简而言之，“管中窥豹，可见一斑”，他想做的就是这样的一个传教士：一个按照上帝的心去做的人，一个按照围绕在他身边的信徒们的心愿去做的人。

我们在事情还没发生前就作了上面的描述，目的是更好地刻画他的性格和工作，而现在我们得回过头来讲述这些事情了。

第三章
开始传教

现在我们可以将福若瑟神父视为流动传教士。他将最先去哪里呢？圣徒保罗在传教时总是先去犹太会堂，圣方济各·沙勿略在日本或中国时尽可能先去皇宫，而福若瑟神父(如果可以将小人物与大人物相比较的话)却是去了阳谷县的贫苦农民那儿。谁做得对呢？他们每人都做得对，因为他们都遵照主的召唤，或神的指引，或神的安排以及顺从的美德。对圣徒保罗以及其他传教士来说，以色列人首先可以获得来自天国的福音，这种优先权起着决定性的作用。但是在中国传教该如何进行呢？是不是该像圣徒圣方济各·沙勿略所说的那样首先去争取上层人物，或者是像现在福若瑟神父所做的那样从下层普通民众开始呢？如果人们对近几十年里天主教的传教活动大加指责的话，是不是合理呢？

当然，人们非常期望的是，有影响的人物能首先成为基督徒。正如水从高处往低处流一样，宗教影响更容易从一个民族的顶峰扩散到其深山峡谷。

康斯坦丁大帝的皈依，对整个罗马帝国的宗教史产生了极其深远的影响。在中世纪，先是部落首领转变信仰，民众跟随其后。所以圣方济各·沙勿略想尽可能地早一点把福音带给皇室的做法是完全正确的。他同一修会中的弟兄如利玛窦神父(P. Ricci)、汤若望(Schall)、南怀仁(Verbiest)等人也都走着跟他同样的道路。在一段时期里，天主教在中国可以说是被视作文人和学者的宗教。为什么现在风光不再，我们很清楚：礼仪之争、政治猜疑、一波接一波的迫害，这些是外在原因；傲慢、腐败、贪欲，在中国就像世界各地一样，富人和养尊处优的人们最容易走向堕落，这些是天主教走下坡路的内在原因。

笔者回忆起与一位高层官员的谈话。他对在下说："如果你们不能改变中国上层人士的宗教信仰，那么天主教在中国就会一事无成。"我回答道："那么请从您开始，我很乐意为您洗礼，也很高兴能任命您为本城堂口的首领。"但是我自己都清楚，这是根本不可能的事。一个妻妾成群并从肉体到精神上深深沉迷鸦片的人，怎么会去听命于天主教的宗教要求？更不用说文人的傲气以及思想上的自满。这些让上层阶级根本不可能去接近基督宗教。

虽然普通农民不是"第一阶层的人"，但恰恰是在这件事上他们却是物质性的。甘肃的陶福音(Offe)代牧写道，他认识许多农民，只要首先满足他们的三个诫命，就能让他们成为虔诚的基督徒。现在我们的山东农民大体上已经不再如此虔诚，但是无论如何在他们许多人中还有着一个健康的内核，就像文人和有教养的人那样。

"灵魂就是灵魂"，并且"向穷人送去福音"。耶稣基督本人特别眷顾穷人和小人物。所有这些考虑，都是要让传教团至少能热心地做下层群众的工作，就像在上流社会中传教一样。但无论是以前还是现在，关键都不只在于传教团本身，而是在这些事情中有着上帝明确的安排和指引。

遗憾的是，迫于内外交困的局势，中国的富人对基督宗教不感兴趣。其余的基督徒因受到迫害的威胁，无论是社会地位还是物质生活都大不如以前。传教活动跟上层阶级失去了联系。只要中国人仍旧对所有外来的知识心存蔑视，而且仍然为儒教思想所包围的话，举办任何教化活动也争取不了他们，所以只能面向首先需要牧灵照顾的那些人，然后再去照料以前幸存下来的堂口，从那儿开始作新的征服。

在过去的几十年里，天主教的传教活动优先采用的就是这种不事张扬的简单方式。他们依靠已经存在的堂口，在做宣传时，主要是依靠教徒们的帮助。通过私人关系，朋友、亲戚和邻居的影响，天主教渐渐传播开来。天主教的传教活动并不像新教经常做的那样，派他们的传教士去公开场合和集市上讲道，因为据目前的经验那样做收效不大。好奇的人们熙来攘往，听到的是几句听不懂的话，或许抛来几句冷嘲热讽，然后又走开了；散落在地上的教义的种子，被来来往往的人群踩在了脚下。

但是完全忽视这一实践也是不对的，福若瑟神父在头几年里常常就是这样做的。同样，放弃对上层社会的关心，也是错误的。过去的二十年里，中国由于热衷于西方文化，同旧政治体制以及至目前为止的教育制度决裂，这为传教活动创造了新的意想不到的可能以及远大前景。神的安排为我们指明了新的道路，提出了新的任务，我们应该在不偏离旧的做法的同时，朝着新方向前进，去完成新的任务。

福若瑟神父的传教活动，采取的是从下层阶级开始的传教方法，这全是旧时代的一套做法，所以他是一个彻彻底底的老派传教士。他是一个充满了牺牲精神而忘我工作的人。

展现在他面前的坡里庄及其周边地区这一传教区域面积并不是很大。在第一次来坡里庄看望副代牧安治泰的人群中，就有几个人想成为新基督徒，这就需要首先对他们进行回访。这样福若瑟神父就得到各个村庄去了解情况，但这对当时的他来说问题就大了：他们分布在定水镇(Ding schui dschen)、张家庙(Dschang dja miao)、老塘(Lau tang)、老庄(Lau dschuang)、王家庄(Wang dschuang)，还有更远的丁家河(Djin dja häol)，在每个地方他都要待上一段时间。在此期间，基督徒或是友好的异教徒临时给他一间土屋让他居住，或者是他自己租个小屋住。来看他的人不少——在当时的中国，外国人还是很少见得到的。人们从四面八方赶来看他，对他们来说，他的一切都有趣而新奇，最新奇的是他本人(包括他的长相、他说的话)。即使最小的日常物品，例如铅笔、火柴盒、蘸水笔和墨水、外文书、钟，都能让人问个没完，让他们惊讶。

福若瑟神父当然并不是来满足这些好奇心的，他很快就"说起了上帝之国"。

但是这些东西根本无需传授，都是些最简单的真理：有一个上帝，他创造了一切，统治着一切，人有一个不死的灵魂等等。

听讲的人们赞同他说的话，并鼓起了掌："对，对。""你讲得很对。""你讲得有道理。"可当这个传教士洋洋得意，心想"现在我掌控你们了"时，冷不丁有人会问："在你们家那儿也有太阳吗？""你们那儿也有月亮吗？""你们那里也长高粱吗？""从这里到欧洲有多远？"——然后一下子统统走光了。人群中是否会有一个人留下来呢？这位传教士多少次在夜里暗自叹息：我工作了整整一天，却一无所获。但有时他也可以怀着喜悦的心情感激收获，感激他未曾期望过的收获。

福若瑟神父首次在山东南部传教的情况，我们可以在文安多于1882年夏天写的一封信中找到如下的描述：

> 到底有多少名慕道者，这个说不准，什么都没有最终定下来。但关于传教活动，我可以做个简单介绍。尽管我自己没有参与其中，但福若瑟神父几乎是一直在传教布道。这位传教士带着一名传教员，来到一个村里，他们租一间屋或一个房间(这儿通常都是这样做的)。人们通常在晚上去找传教士，海阔天空，无所不聊，慢慢地就聊起了上帝，最后变成了布道，有时由传教员接着讲道。开始时是几个人，然后有很多人来学习祈祷，学习天主经、圣母经、信经等等，或是学习教义问答手册。很多人来了几次就不再来了，但只要有几个人忠实地留下来，那就算是有了成果。传教士在那儿待上几个星期后，就会离开这儿去另一个村庄。那些好奇的人自然会到这儿来。
>
> 有关我们的谣言开始流传开来，说我们有四百多人，想造反之类的。这些谣言，真是让我们感到可笑之极，让人啼笑皆非。

几个星期后，也就是1882年9月22日，福若瑟神父本人写了一封短信给尊敬的扬森总会长，报告他最近的传教活动。他写道：

> 在阳谷(县名，坡里庄属于该县)这个地方传教希望不大。虽然流传着针对我们的可恶诽谤，但有一点可以确定，天主教是受到民众尊敬的。很多人都愿意相信天主教，但却没有勇气抛弃旧的糟粕。这些人尤其需要在斯泰尔的您呼喊上帝给予力量

和恩赐。

几个月以来，我住在老塘，这是个很大的异教徒村庄，只有一户人家是基督徒，从坡里庄去那儿要三四个小时（三十五里路）。我们在忙着建一座小教堂，墙是泥土的。快建到屋顶时，突然下起了一场大雨，这对我们可怜的小教堂很不利。这个小教堂规模稍大，以容纳新皈依的教徒。我希望，在收完庄稼后，现在还只能在小茅草屋里祈祷的这"一小群信徒"在人数上有可观的增长。总的来说，这儿贫困的异教徒还是友好的。

遗憾的是福若瑟神父在这里表达出来的愿望，没能很快全部实现。老塘这一小群教徒的数量有"可观的增长"，还得等上很长一段时间。五年后，在 1887 年秋天，笔者在老塘这个村里待了几天，来参加祷告的仍然只是几名老的基督徒。福若瑟神父后来还发现了好几处环境不错的活动区域，其中有在头一年里让他伤透了脑筋的地区。但有一点是肯定的，那就是他勤勉的工作、他的公众形象，让很多异教徒不得不对天主教和传教士肃然起敬，并消除了许多偏见。这为建立一系列小的堂口奠定了基础，这些堂口至今仍存在于阳谷这一大传教区范围之内。

第四章
第一个圣诞节，在沂水建立传教区

福若瑟神父作为传教士在阳谷县奔波时，副代牧安治泰在坡里庄也没闲着。在短短的几个月里，他让人把所需的房屋和一个临时的教堂都修复一新。

这样，一个栖身之地就建起来了，虽然非常简陋、非常寒酸，几位传教士和一小部分孤儿总算有了住的地方。副助祭李天安于 1882 年 11 月 24 日在一片欢腾中向斯泰尔的总会长报告说：

尊敬的教团领导！

我向您报告一个好消息！12 月 3 日我们新造的应急教堂（福若瑟神父认为，不应称它为"应急教堂"）就能启用了。喔，有一个属于自己的空间，这对于我们和我们的基督徒来说是一件多么高兴的事儿啊！这个教堂可以用来举行各种重大活动，它长四十英尺，宽二十八英尺，用了三万块砖，用黏土而不是石灰一块块垒砌而成。追思万灵节的时候开工，今天已经在作第二次室内粉刷了。也许这个教堂能够存在一百五十年，或许更长的时间。那神龛做得多么漂亮啊！那十四幅苦路处，是多么庄严的装饰啊！是啊，能给亲爱的主至少提供这样一个洁净的住处，这里的人们该是多么的高兴啊！

几个星期后，福若瑟神父就可以在新的小教堂里庆祝圣诞节了。因为这是在山东南部过的第一个圣诞节，所以我们在这儿摘录同一封信里的有关这一庆典的描述：

12 月 25 日，按中国的农历算是光绪八年的十一月十六日，这是一个欢快喜庆的日子！连大自然也加入到这欢乐的节日中来了。

皓月当空,群星闪耀!平安夜可与白昼相媲美,是啊,她肃穆宁静,甚至胜过白天。在这黑夜里,在天使降临并向整个世界宣告那个巨大秘密即将揭开的夜里,天空必定也将展现同样的华丽。

午夜前一刻钟,传教点内的钟声唤醒了基督徒们,邀请他们来到主的居所。他们像潮水般涌来了!不到五分钟,简朴的小教堂里就坐满了人,真是座无虚席。可以看出,大家的脸上都洋溢着喜悦的神色。传教士们拿出自己漂亮的值钱物件,用来装饰简朴但可爱的祭坛。缺少地毯,就用两块大红的毛毯铺垫在祭坛的台阶上。两盏制作精良的中国灯笼挂在祭坛的前方,发出柔和的光,它们和祭坛上的十支大蜡烛交相辉映,把这小小的上帝居所照得满壁生辉,白晃晃的墙壁上装饰着十四幅苦路处。哦,太美了。这个小小的堂口也许从未在坡里庄见过如此美妙的景象。

午夜不到,人们就开始作通常的圣诞夜祈祷。接下来,福若瑟神父主持隆重的大弥撒。唉,看到在这整个教会年度的最盛大的节日里神父依然穿着和平日里一样的祭披站在祭台边,这多么让人难过!传教团不贫穷,那么哪儿应该贫穷呢?但上帝的孩子同样愿意在这儿安息,而不是在古老威严或是高高耸立的大教堂里,在华丽的祭坛下,在那儿,大主教们是身着绣金的祭披作礼拜的。唱完圣歌之后,神父开始讲解圣诞夜的意义。四周悄然无声,一片寂静。所有的人都仔细聆听着神父那意味深长且极具说服力的话语。令人感动的是,弥撒仪式结束后,仍有很多基督徒在长时间地作着祈祷。这子夜的仪式结束时已经是凌晨一点半钟了。大部分信徒回家去了,他们还可以睡上一会儿。但仍有几个信徒留了下来,他们在传教士住处的院子里生了一堆火用来取暖——按旧俗,圣诞夜应当是彻夜不眠,并齐唱圣诞歌曲,颂扬新生的耶稣。

天还没亮,或者更准确地说,银白色的月光还未褪去,钟声第二次敲响了,召唤信徒们前来作祷告。如同午夜的庆典仪式一样,现在大家也统统来了,无一例外。那是一个安静的弥撒,四十五个人来到了上帝的桌子前领圣体。几天前,曾有二十五个人到过亲爱的救世主面前领圣体。早礼拜仪式隆重结束后,紧接着是庄严的大弥撒。福若瑟神父走下祭坛时,大概是九点半了。他今天的任务结束了。回首他的工作,他可以心满意足了:他听了八十九个告解,此外还完成了其他所有的事情。现在他得打点行装准备启程(去沂水),圣诞日的第二天他就该出发了。

年轻传教士信中字里行间透出的喜悦和激动,给小教堂和庆典的描述蒙上了一层美好的金色面纱。事实上那个小教堂十分简陋:墙壁是用黏土糊着砖块一层层垒起来的,墙壁上砌的窗户是用硬纸板糊起来的,平面屋顶上铺的是秸秆,室内的地面也是黏土的,这些起码不会给人们留下庄严肃穆的印象。小教堂中间,从入口到圣餐桌前,砌有一道土墙,把祈祷者分成两部分:男人和女人。这是对中国古老习俗的一种妥协。按照这种习俗,男女在公开场合的交往是非常严格的。尽管采取了这一防备措施,但在起初时,仍然能听到异教徒们的闲言碎语:教堂在纵容不道德行为,因为在作礼拜时,有些男女故意用身体去碰撞对方。

尤其是夏天,小教堂里阴暗潮湿,“跳蚤军团”在地面上兴高采烈地到处蹦跶。有个传教士说,这些害虫多得可以把地面的凹陷处填平。

要是李天安先生相信小教堂能存在一百五十年，那他可就大错特错了。十年还不到，它就必须让位了，在它的位置上，在原来教堂广场的北端，建起了一座更大的哥特式教堂。

但辛勤经营的不仅是坡里庄及其周边地区。在这短短的时间里，副代牧安治泰的传教活动已经大力挺进到了两个较远的地区，上帝的意志以一种难以置信的方式为他铺平了道路。

在东南方向二百一十里地的汶上县，也是这一广阔区域的最南面，坐落着一个小村落——李家庄。有一天，一位老人——一个秘密教派的追随者，到胡家庄来找方济各会传教点的汉尼巴尔神父，也就是说，他在路上走了两三天，为的是了解基督教是怎么一回事。大概是害怕当局的迫害，他才走上了这条路。关于来自政府的迫害，后面还会提及。

副代牧安治泰听说这件事后，派去一名姓金的传教员，不只是要争取这位老人，而是要尽可能地争取整个村庄的人。当传教员赶到那儿时，老人已经去世，但出于对父亲的孝敬，他的儿子们表示愿意接受这种陌生的信仰。这就是建立李家庄堂口的起因，李家庄成了汶上地区第一个堂口。

传教事业在沂水和蒙阴开始的情况，更令人称奇。1882 年春，一群秘密教派的信徒在茌平县发起了一场小小的革命。中国的每一个秘密教派体内，或多或少地都流淌着叛逆的血液。中国人就像过去的犹太人一样，很难用对彼岸的希望来安慰自己。他们总是围绕着王位和皇冠来编织幸福的美梦。此外，这些穷苦的百姓被他们的迷信习俗和说教搞昏了头脑，认为可以把不可能的事情变为现实。这里同样如此，一炷香，离卦道，无极道，还有一些类似名称的秘密组织坚信，他们在中国北方拥有十万名信徒。他们认为开战的时刻来到了。在商定的那一天里，茌平附近聚集起了数千人，他们手执长矛、大刀和其他一些老式枪支；大旗竖了起来，一个新的朝代宣告成立了。但好梦不长，只持续了几个小时，凶狠的官兵就出现在了地平线上。密集的子弹从两面呼啸而来，被吹得天花乱坠的护身功夫失灵了。一些上当受骗的可怜的造反者被打死了，还有的被赶进了黄河，大部分人却成功地逃脱了。

发动革命的教派有着众多的追随者，他们中间的有些人来自沂水和蒙阴两个县。他们是些家境不错的正派人，只是受了秘密教派的蛊惑才被牵连进了这桩叛乱事件。“好邻居们”争先恐后地到官府揭发这些可怜人，中国的衙门自然就开始敲诈勒索了。密探来了，被告给拖到了城里，为了免受皮肉之苦，他们免不了要出上一大笔钱。

血雨腥风中他们想起了一些传言，说是有种外国宗教已经来到了他们的山坳。这种宗教连皇帝也说好，它的信徒不会遭到迫害。

事情后来的发展情况，可以从马天恩(De Marchi)神父写给副代牧安治泰的信中了解一二。作为沂水教区诞生的第一个标志，这封信不无趣味：

济南府，1882 年 8 月 21 日

尊敬的神父！

不久前我从我们的约瑟夫·王神父那里得到消息，今年 4 月，沂州府属下的沂水县，曾参加过无极道和一炷香两个秘密教派的二十多户人家，宣布要皈依基督教。他们请求淄川(Dsche tschuan，音译)的慕道者(他们以前都在秘密教派里，彼此间有过交往)，给他们弄一些宗教书籍，并带他们去见传教士。

5月，那些人遭到了迫害，异教徒们控告他们是秘密教派的信徒。沂水县令调查了他们的情况后说基督教不是伪教，正相反，该教受到中国皇帝和法国签订的条约的保护。

尽管有这个说明，异教徒还是通过赠物和送钱，买通了县令和他的属下，使他推倒了前面作出的裁决。他再次传唤新教徒，并且问他们是否依然坚持基督教信仰。一些人回答说是的，因而遭到拷打，后来就被释放了。为了躲避衙门和地方狱吏的酷刑，这些人付出了一千多吊钱。因此，他们找到了王神父，并恳求他帮助他们处理这件事情。他把他们送到我这儿来了，好让我把作为山东南部人的他们介绍给尊敬的阁下、未来主管那儿教会事务的您。所以我将这些人送去，让阁下您自己亲自调查他们并决定是否收留并帮助他们解决他们的事情。在这件事上最好谨慎行事，很有可能会受骗上当，因为到目前为止基督宗教在那个地方还鲜为人知。

送信人来自沂水，由我们在淄川的一位新教徒陪同。想成为新教徒家庭的名单我附在信中。别无他事，就此搁笔。

顺致衷心的问候！

方济各会马天恩神父谨上

我们可以想象，年轻的传教士们听到这一消息时是多么的兴奋。长期以来，遥远东方的大山就一直在深深地吸引着他们。他们选出圣徒若瑟作为沂州府的守护圣人，为了请求赐福给那些地区的基督宗教，他们已作了多次弥撒和无数次祷告。现在，一条通往那里的道路突然出现在了他们眼前。

1882年9月3日，福若瑟神父写信给扬森总会长，向他报告这一可喜的消息：

善良的圣徒若瑟或许演出了一场好戏。正如会长神父所知道的那样，一年多来，我们一直都在祈祷，请他为我们打通前往沂州府的通道。圣徒若瑟做了什么呢？几天前，从沂州府附近(距离这儿有六十多小时的路程)来了一个人，恳求派一位传教士到他们那里去。他说，有相当多的异教徒接受了天主教的信仰。是的，圣徒若瑟很好地担当起了传教的工作。

当然事情不会一帆风顺，就像马天恩神父在信中所提示的那样。不管怎样，我们果断地决定抓住这一时机。副代牧安治泰想要亲自前去了解一下情况。即使这些主动找上门来的人不合适，或许也会有机会为传教建立新的联系。几天后从沂水又来了一批人，这更坚定了他的这一决心。

10月24日，安治泰神父怀着对上帝的信仰踏上了旅程。他首先到达的地方是李家庄——汶上的一个小村庄，不久前一个传教员曾在这里逗留过。这里还没有什么传教活动，只有三四个男人会在胸前画十字。

“从那里，”安治泰神父叙述道，“经兖州府可以到达曲阜，中国最伟大的圣人孔夫子的出生地。我参观了他的墓碑和庙宇，这是我在中国见到过的最宏伟的庙宇。在泗水城外，大山挡住了我的去路(这位传教士坐的是一辆骡子拉的车，在狭窄的山路上自然不能行走)，我只好掉转方向，不再向东，只能向南而去，一直来到沂州府的附近。从这里向北，是一马平川，可达沂水城。”

到了那里以后，这位传教士对县令作了礼节性的拜访，对方也还之以礼。当时沂水县令是和善的王恩展老人，后来此人成了传教团的朋友。到那时为止，与外国人打交道，他是“新娘子上轿，头一回”。

“多么崎岖的山路啊！”安治泰神父继续写道，“我必须一直雇用六至十个人，一会儿要用石块把路上的坑坑洼洼填平，一会儿在过深谷和走山间小道时要把车子抬起来。这个地方的人们从未见过马车。他们自己用的是手推车，或者用驴子把粮食驮回家。很难说是马车还是‘欧洲魔鬼’引发了很大的轰动。因为两者都让人好奇而赞叹不已。”①

11 月 6 日，安治泰神父终于来到了王庄，它坐落在一处山谷里，风景优美，是沂水县最大的集市之一，也是整个地区最大的商业中心。所谓慕道者的劲敌就住在这儿，神父所受到的接待自然也好不到哪儿去。离计划中的目的地樊峪还有七里地，这个村庄又坐落在山里，车子进不去，所以只能折回找个住宿的地方，但没人理会他，小客栈的店主甚至不愿给这位传教士和他的随行者准备饭食。所以安治泰神父只能在一片嘲笑声中离去。

两里外的村庄里，有一位善良的异教徒十分同情他，同意神父把马车停在他的院子里。而传教士一行人则牵着他的骡子，带着他的行装，沿着山坡朝着樊峪攀登。

邀请传教士来的穷人们的处境，并没有因为他的光临而有所改善。计算下来，共有三户人家：一户在樊峪，一户在跨棒峪，还有一户在瓦屋河。由于私人之间的敌对和仇恨，跨棒峪那家的异教徒邻居把他们给告了，说他家是秘密教派的信徒，还把自己的屋子腾出来让信徒们开会。其他两户人家也因参加了上述教派而缠上了官司。对于贪得无厌的衙门来说，这样的官司是个敛财的好机会。在无计可施的窘境中，为了摆脱无休止的烦恼，他们只好说自己是基督徒，可这样一来事情更加糟糕了。王庄发生的这件事自然成为街谈巷议的话题，最最离奇和可怕的谣言在四处传播。人们说，山东巡抚和沂水县令下了命令要杀死这个传教士。说已经派了二十个人来杀他。简言之，形势变得非常危急。

所以安治泰神父又一次进城，在和县令谈了好多天后县令终于答应他让王庄的村民赔礼道歉，另外，警告各村村长维持秩序，不得对传教士有任何的敌对行为。安治泰神父对事情的解决非常满意，随后又回到了王庄。他利用这有利的形势，在这小镇上为自己买了一所房屋，这样就可以方便地在沂水和蒙阴的村庄里传播天主教了。在经过了两个月的努力后，他争取到了数百名新的慕道者。

此外，天主教也在蒙阴县的井旺庄打开了局面，这个村庄现在已成为蒙阴北部地区的主要传教点。一名富豪——也是秘密教派的一位追随者，成了这里的带头人。

由于副代牧安治泰必须返回坡里庄总部，所以他写信给福若瑟神父，让他来沂水和蒙阴继续这儿的传教工作。没有什么消息比这件事更让福若瑟神父高兴的了。安治泰神父说在那个地区传教前途广阔，这让他那颗传教士的心激动不已。这个新的工作区域位于山区，这让来自蒂罗尔山区的儿子更感到亲切和可爱。

① 弗莱塔格在他的《圣言会的传教》一书第 23 页中写道：安治泰神父在这儿选择的那条路，是有人类以来连中国人都没有走过的路。这是种误解。就是在山里也是有多条通道的。只是这些山间小路不适合大一点的车辆，旅途中之所以碰到种种困难，实在是传教士不了解情况而使用了这样一种交通工具的缘故。

第五章
福若瑟神父在沂水、蒙阴和莒州传教

如同我们从李天安先生的报告中获悉的那样，福若瑟神父在圣诞节的第二天就踏上了征程。他坐的是一辆牛拉手推的独轮车。

福若瑟神父本人描述了这次旅行和自己沿途的所见所闻：

我取道汶上，大约十天之后来到了指定的地方。刚到沂水第二天，尊敬的副代牧神父就离开了我，剩下我孤零零一人，面对这里所有的异教徒。不过，这倒让我实现了年轻时的理想。我只在我们简陋的住处待了一天。这住处由几间濒临倒塌、几间还算完好的草屋组成，是当地政府租来作为盐店的最好房屋了。为了节省开支，今后也不会对它们进行修缮了。两三间房屋里住着我们的新教徒，其他的房屋就由传教人员使用。我住的草屋，像魔鬼般漆黑，可我只得在那里工作。后来我还是把这个屋子修了一下。但是由于缺少房间，改建的小教堂同时也作为工作和睡觉的地方使用。

开始时，我们在这里落脚，深为当地人所痛恨，就是在以后的那些年里，异教徒迷信的激进做法也时有爆发。但怒火在渐渐平息着，一些敌人成了朋友。最后，传教士成了最受欢迎的邻居。

在我对住所周边的情况有所了解后，第二天我就外出，去认识我们的慕道者，给他们以信心，有可能的话，要扩大他们的人数。这些家庭分布得很散，这户在这儿，那户在另外的地方。这对跟在我后面的那匹驮着我作弥撒的器具和被褥等东西的马来说，非常艰难。

像在“老教徒”那儿一样，我得到了那些忠实信徒们的热情接待，甚至妇女们也不顾乡俗的约束前来看我。有的人在学习祈祷时非常用心。一位名叫“Dschau djabin”的白胡子老大爷，每时每刻都把祈祷书带在身边。要记住一句话，他得花上五至十天的时间勤学苦练。对新的教徒来说，学习祈祷和基督教教义非常困难。大部分人在阅读上都入不了门。尤其困难的是教妇女们，因为我没有女教师。在井旺庄，我请了一名十岁的女孩做祈祷老师。

这次走访过程中，我在每户家庭待一两天，一个月多一点就完成了我的这次走访。令我闷闷不乐的是只看到了大约两百个慕道者，其他人来了又走了。不过，新教徒们为此付出的代价不小。慕道者们告诉我，开始时他们连集市都不敢去；以前人们跟他们无话不谈，把他们当作好邻居，现在人们把他们看作是人类的渣滓，没有人再愿意和他们有任何的来往了；他们和他们的孩子被人骂成“一窝二毛子”。那些老掉牙的谣言，比如剖心剜目，放在火上烤等等，又开始传播开来了。人们还威胁说要封门、活埋、把他们的名字从家谱上删去等等。

除了这些谣言以外，人们传播的新话题是，县令也对欧洲魔鬼大为恼火。说他已经让人准备了对付他们的各种刑具，下一个月的26日，就是捉拿他们的日子。一时间，新教徒们人心惶惶，而我们的敌人却弹冠相庆，分外地高兴。

> 为了澄清谣言，我想亲自去拜访县令。这是我第一次拜访官员，我不是没有担忧的。所以在去以前，我和我的慕道者们祈求上帝的赐福。

穿着打扮是很重要的。从前，按照中国的习俗，那些官员要穿显示身份的服装，甚至要衣着华丽，有时堪称奢华，这就要求作为一个级别相当的、有教养的外国人在拜访一位县令时，也要有相应漂亮的衣着和优雅的举止。穿着平常的服装到衙门去，过于引人注目，很容易遭到看热闹人群的嘲笑。但是这位传教士日复一日地奔走在小山村里，一贫如洗，他哪里有钱去顺应这种习俗呢？

"在那个时候，"福若瑟神父在另一处这样写道，"我总是穿着平常服装去拜访县令，不戴帽子，穿一双普通的鞋子，骑一头从基督徒那儿借来的走路直摇晃的驴或骡，或者骑一匹瘦弱的马。衙门里的人说，我穿着破旧，就像一个剃头的（在中国，剃头师傅被人瞧不起）。我对中国官场上的礼仪也知之甚少，好在亲爱的上帝随时随地在帮我。"

第一次拜访沂水县令，得到的收获竟超出了原本的期望：

> 我得到了县令的友好款待。这位老人问我，法国和天主（天上的主人）是否是一回事！他衣着庄重，端坐着回答我的问题，身旁站立着六十多人，或持长矛，或举大刀，还有象征着权力的一些东西。我感谢上帝，让我平安地回到了我的住处，又可以开始我的走访。
>
> 空中弥漫着新的谣言。有传言说，县令没有接见我，而是把我训斥了一番后赶出了衙门。说他甚至在济南府告发了我，用不上几天，我肯定就会被抓起来了。说县令张贴的那张有利于传教的告示是伪造的，或者是花了一千吊钱买来的（因为上面盖有官印）。还说我们是革命党人，在觊觎中国的皇位；说我们是割鸡翅膀的巫师，能把泥团变成银器等等。

那些不了解中国人以前习惯的人，会把福若瑟神父有关异教徒的描述看作是"天方夜谭"。可这些完全符合事实。这些让他和他的新基督徒们深受其害的荒唐的诽谤和猜疑，就像有毒的传染物，扩散到了整个中国，更为糟糕的是，大批民众对此深信不疑。了解中国迷信思想也了解它千百年来如何代代相传的人[①]，看到过古代中国衙门里有些什么刑具的人，对这些谣言是如何产生的就不会感到奇怪了。不仅是平头百姓，就连大多数受过教育的人也相信这样的胡说八道。

笔者回想起与一位职位较高的官员的谈话。他是道台（几乎相当于一个地区的政府首脑），与欧洲人打过多次交道。这位先生当着我的面，不紧不慢地说道："是呀，剜眼睛，掏心脏，这些谣言也不是空穴来风啊。"我非常气愤，反驳说："您怎么也相信我们会做这样的事？""或许你们并没有这样做，"他回答说，"可也许那些新教教徒是这样做了啊。他们药店里的那些瓶子里装的都是些什么呢？"

给身患重病的新入教者涂圣油，往往是很尴尬的。弥留之际的病人床边，站着他的异教徒亲戚，他们用怀疑的目光注视着神父的每一个动作。特别是涂圣油，令他们的怀疑又多了一分。

---

① 维格尔（Wieger）神父在《现代中国的民俗》一书中刻画了民间话本中反映出来的中国人的迷信思想。

老实正派的异教徒来到传教点时，他们也总是这儿看看，那儿瞧瞧，不放过任何一个角落。看得出来，他们总是以为在某个地方会找到一些可疑或可怕的东西。

1897 年，一名来自郓城的老实的传教员，被一名愚蠢的县官杀了，理由是怀疑他给孩子施了魔法并想绑架他们。

新时代的风气让人头脑清醒，大部分中国人认识到以往的控告都是些无稽之谈。但我们不敢断言，在某些角落里是否仍然残留着迷信和偏见，它们会不会在适当的时机又死灰复燃、沉渣再起。只要基督教这一太阳还没有把它明亮温暖的光辉照射到各地，愚昧无知的迷雾就会依然笼罩这片大地。

尽管福若瑟神父面对重重困难，但他的传教工作还是成绩斐然。在这过程中，他得到了新信徒的热情帮助。新信徒们通过对自己的远亲近邻做工作，为这位传教士争取到了越来越多的信徒。

他当时的得力助手，是一位来自山东北部的老教徒，名叫张昌泽（Dschang-tschang-dsche），正是他陪同副代牧安治泰第一次进入坡里庄。尽管他没有受过多少教育，但他多年来一直忠实地为传教事业服务。至少有他在自己的身边，福若瑟当时非常地高兴。后来他又有了几名传教员。

但主要的工作还是落在传教士身上，他也满怀激情和喜悦地投身于工作之中。他不知疲倦地奔走于村庄之间。新信徒们敬爱他，乐意为他提供膳食，再说，福若瑟神父生活俭朴，招待他并不让他们感到为难。在这些走访中，他不遗余力地为新信徒和涌来的异教徒们布道，并讲解教义。那是一种既新鲜又充实的生活。信仰在这大山里深深扎根并不断绽出新芽。不只是在沂水县，而且在邻县如蒙阴和莒州，都建起了多个堂口。

在沂水地区，牛心官庄是最重要的收获，那儿所有的村民都皈依了天主教。

我们曾经报道过通过建立井旺庄堂口而开始在蒙阴传教的情况。在福若瑟神父的精心照料下，这个堂口内内外外都得到了很好的发展。每到星期天，分散住在山边的那些本分老实的新基督徒们，便会像往常一样，带着些必需的食物下山来，共同庆祝上帝的节日。

在这个县的南部，建起了烂石湾和朱下两个堂口。

刚开始，并且直到后来都让我们操心的是榛子崖堂口的建立，这是一个不那么太平的角落。这些住在巍峨的蒙山山系脚下偏僻村庄里的百姓，曾是一炷香教派的拥护者，参加了惨遭失败的在平起义。他们自然一直害怕受到当局的迫害，因为听已经成为基督徒的教派兄弟说起过天主教，所以他们也投奔传教团来了。福若瑟神父先是派了一名传教员去打听情况，然后亲自前往榛子崖。他在一篇报告中写道：

> 我刚到那里，骚乱已经开始了。“这里没有欧洲魔鬼拴马的地方”，异教徒们喊道，气氛非常紧张。甚至在晚上作晚祷的时候，我们也必须设一名岗哨，以确保我们不会突然遭袭。在我们房屋旁，据说一名铁匠打造武器已经有两三天了，准备用于即将到来的跟欧洲魔鬼的战斗。人们也已经定好了监视和杀害我的地方。我好不容易从官员那里得到的一张护身令，刚掏出来便在辱骂和诅咒声中被众人撕碎了。而当我再次去拜访那位官员报告这件事的时候，他认为那没什么值得大惊小怪的。异教徒那边的行为越发难以容忍。这位官员自己也对我显示出敌意，后来竟失去了理智，在众人面前羞辱我。他根本不讲任何礼节，就这样把我请出了衙门。

从省里我也得不到任何的保护。我几乎不能再去探望那些新基督徒了。他们自己也没有胆量,因为异教徒们动辄就对他们使用暴力。我祈求上天特别的庇佑,使基督徒可以躲过这段动荡的日子,并得以继续生存下去。

后来被涉及的设施便是即将建造的教堂。那些帮忙运送木材的基督徒以至异教徒,都被县官抓到衙门,共挨了六千六百大板。可尽管如此,这名官员也没能让他们从内心放弃信仰。基督徒被打得一瘸一拐地离开衙门时,反而安慰传教士:“我们现在是基督徒,以后也是,打得再重也没关系!”

他们回到家中,因为正好是星期天,他们就互相鼓劲,聚在一起作起祷告来了。

在莒州这个大县,不经历一点风雨,传教工作也是开展不起来的。

有关新宗教的消息,是从东面的沂水传过来的。几个人想成为基督徒的消息刚一传出,粗俗丑恶的流言已经纷纷扬扬传开了。一个任人收买的衙门无赖,把一个慕道者给抓了起来,他们编织了一个莫须有的罪名,说他少缴了税。人们想用这样的方式来恐吓新基督徒。为了使传教工作能顺利地开展,福若瑟神父也拜访了当地的官府。他自己写道:

在莒州衙门,他们友好地接待了我。还在我和官员会谈的时候,一个被无理拘禁的基督徒就被释放了,这位善良的老人当着我的面高高兴兴地回家了。那位官员在快到半夜的时候,亲自来到旅店回访,我们就宗教聊了足足一个多小时,官员的那些随从只得站在旁边干等着。后来我又送给那位官员两个鱼罐头和一瓶葡萄酒作为礼物。在我的请求下,他下了一道保护天主教的书面命令。

经过了一到两年的努力,我们在莒州建立了七个堂口,其中最大的要数朱流。离那里不远的韩寺庄,有户新基督徒林家,他们家的老母亲曾是一个秘密教派的首领,她对信仰的执著追求,让传教士也赞叹不已。人们几乎认为出现在眼前的是位慈祥伟大的母亲,她尊重教士,教士的话对她来说便是上帝的话,她为自己能为他服务、能招待他而感到高兴。在几个月内她学了多种祷告——就像欧洲大多数教徒可以背诵出的一样。她家中以前置放神坛的地方,现在摆放着一个纤巧的家庭祭坛,挂上了纯洁的玛利亚画像,她总是面朝着她,长时间地作着祷告。

王家庄传教点成为所有这些活动的中心。可那里的情况并不总是安全的,传教士还时不时地需要使用那位官员的保护令。

如同上面我们看到的那样,传教士和官员的关系以及官员的立场对于传教的开始和生存起着不可低估的作用。总体看来,建立良好的关系是十分必要的。

在中国建立新的传教区(至少在早期)没有不遭遇重重障碍和经历风风雨雨的。怎样做才是恰当的呢?传教士是陌生人,而陌生人在异教徒的国家里是得不到任何保护的。这不仅仅是指外国人,即便是一个从外地迁移来的中国人,他如果没有很好的关系,要想在一个地方立足也是非常困难的。一个不属于本族,不是祖祖辈辈就生活在村庄里的人,得到的只会是刁难和白眼。事情的确一直都是这样的:“希腊人和野蛮人!”“Hostis”就是指陌生人和敌人。摩西制定了恳切的规定,要求善待外来人,不是没有道理的。这种对陌生人的仇恨不是什么高尚的优秀品质。狗恰恰也是这样的——至少在中国是如此:它们也袭击误入村庄的可怜的外来狗,出于本能,只想着自己。自私,是原因所在。

来到一个新地方的传教士，他不只是一个陌生人，而是宗教的传播者，传播因荒谬的谣言而声名狼藉的宗教，在很长的迫害期内滋生的诽谤像重担，重重地压在他身上。地上好像布满了地雷，如果时不时在一些地方出现麻烦或骚动，没有什么可大惊小怪的。如果新基督徒办事不灵活，或者有时因新仇旧恨与他们的邻居发生纠纷，往往就会招致他们的厌恶。

困难如此之大，但天主教仍然能得以传播，早期的传教士用行动证明了这一点。从范益盛(Pottier)主教的一生中我们可以看到，即使受到残酷的迫害，即使传教士被投入牢中受苦，基督徒的数量仍然在增长。当然，最好是当局能够帮助维护和平，保护传教士和教徒免受不公正的敌对，他们是有这样的义务的。法国在上世纪中叶与中国缔结了条约，根据这一条约，传教士可以在各地传播基督教，自由选址建教堂和设立传教点等等，同时也不允许对基督徒因他们信了基督教而进行任何的骚扰。

传教士完全有权利向官员求助，要求他们保护自己以及新基督徒免遭反宗教力量的攻击。我们已经看到，官员对这些请求的态度迥然不同。有些很热情友好，有些(比如蒙阴的那位县官)就态度强硬，不仅不帮忙，反而火上浇油。在这种情况下，传教士必须向更高一级的当局求助，即设在济南府的省一级政府，但是这往往很难奏效。

事情总是如此，如果能得到帮助，那么传教士通过和官员的往来，通过所得到的体面的接待，就会赢得好名声。这样，他个人以及他的工作在陌生的地方也能得到保护，人们也不再只是出于兴趣，而是有胆量追随他了，否则，就不能排除新基督徒蔑视传教士权威的危险。

众所周知，正义女神并不总是待在东方的，尤其是关于官员们的不公正做法，已经有很多记载。可以这么说，人们对他们很是崇拜。公元9世纪，当阿拉伯游客来到中国时，曾对中国完善的法律制度惊讶不已。[①] 中国的官员本该比阿拉伯法官做得更好的。但事实是，在中国的法庭上，钱和人情现在仍然起着举足轻重的作用，它们比简单朴素的法律更管用。谁在中国惹上了官司，要么掏出钱袋，要么随便找一个有影响的人帮忙。

新教徒至少在第一次骚动到来时，他们就试图摆脱与村庄和家族的联系，在传教士那里寻找支持和帮助。传教士必须到衙门去为他们说话。这当然不是传教士的分内事，传教士只需关心传教的事。但是中国人狡猾，他们会把私人纠纷弄得错综复杂，最后一半是私事，一半至少成了传教士的事情。如果传教士没什么经验，此外还善良、富有同情心，并轻信他人，就会被卷入跟自己的职责毫无关联的事情之中，或者因为纯粹的凭空捏造而对簿公堂。我们不想多说了，这些事情对于传教士本人来说是不舒服的，对传教的良好声誉不会带来任何益处。

福若瑟心好，又十分热爱新基督徒，所以也未能幸免于难。他自己曾说起过被教徒欺骗的事情。他上了慕道者们的当，他帮他们在衙门里说好话，虽然他们根本不值得他这么做。他让人就此事进行调查，可报告人遗憾地站在了说谎者一边。于是事情的结果是，他们做错了事，伤害了异教徒，却没有在诉讼中受到惩处。后来福若瑟知道了真相后，他让新基督徒跟敌对的异教徒和解，并向他们赔礼道歉。在以后的几年里，福若瑟对衙门的事

① 里希特霍芬:《中国》第1卷，第571页。

情敬而远之，不过尽管心里厌恶但又不得不常常与衙门打交道。

新时代的来临也给这种关系带来了变化。传教士固然仍与官员保持着往来，但这种交往在以后的传教中不像开始那样举足轻重了。教徒数量越多，反对传教的敌对力量就越小；中国法庭越是依法办事，传教士就越要远离这些事情。他的教徒不能成为躲在外国人背后的人，他们必须是真正的正派中国人，觉得自己和同伴是相同的，也得到他们的平等对待。

就像他自己告诉我们的那样，福若瑟神父在和衙门打交道时根本没有什么经验。如果不是上天赐给他一个合适的帮手，给他派来一个人，对他来说，在这重重困难中找出头绪几乎是不可能的。此人熟悉当地的风俗习惯，懂得怎样在文字方面和个人交往方面与衙门以及更高的官府打交道，所以可以用作秘书或者顾问。他就是半瞎子王硕新（Wang-schuosin），他眼睛虽瞎，人却是十分的能干。

这个人成为基督徒，有着奇异曲折的经历。听他讲述自己转变信仰的故事，很是有趣。在认认真真读了十年书后，这名年轻人到外面去寻找真理了。孔子的学说及其无根基的现世道德观不能让他满足。于是他先到秘密会社那儿去了，可他很快发现，在那些混乱的秘密学说构成的虚幻画面后面，藏匿着叛乱的欲望。他于是立即离开，到道教中去寻找安宁了。作为道士，他到过山东、北京以及满洲里的多所宫观，研究了一大堆道家书籍，除了“玄虚”（hüanhiü）之外什么也没发现。然后他投向了佛教，在佛教的寺庙中待了一段时间，但是他在这里学到的知识，也完全不能满足他，只是“空无”（kung-wu）之类而已。

他本来已打算去朝鲜继续找寻，途中经过设在营口（Ing kou）牛庄的天主教传教点。虽然他在当学生时听说过天主教，他所在的村庄离一个天主教区也只有十五里远，但当时人们说了那么多关于基督教学说的坏话（他们不孝顺，看不起自己的父母等等），以至于他极为蔑视地离去。现在他在迷途中找到了通向教会的道路，也因为他情真意切，因而也找到了通向真理之路，找到了改变信仰之路。

多年以后，他来到了山东南部，成了将福若瑟神父从传教困境中解救出来的帮手。由于他知识渊博、经验丰富，分析事情条理分明，且有逻辑性，所以为传教作出了宝贵的贡献。“就他的性格来说，”福若瑟神父写道，“他是一个火药桶，随时随地都有可能被点燃或爆炸，在清朝大官面前也是如此。我们也只能容忍他的这种火爆脾气，因为他为沂水和周围地区堂口的建立作出了很大牺牲，立下了汗马功劳。”在莒州他差点丧命——一只罪恶的手点燃了礼拜堂，而他正在里面睡觉。

第六章
前往坡里庄，曹州府事件，告别山区传教

在七个月里，福若瑟神父不停地在山区的老百姓中传教，而顾不上休息片刻，现在他终于可以有几个星期的时间暂时离开，第一次去拜访在遥远西部传教的同伴，也向他的上级安治泰副代牧亲自汇报他的工作情况。

我们想让他自己来讲述他这次旅行中经历的种种险情：

我在沂水一下子待了七个月，可没有看见一位教士。在回坡里庄的路上，我们遇到了洪水。我和其他人来到一条很宽的河边，我自己和传教员登上了一条小船得以过河，但是马匹怎么过去呢？我们让它待在河边，在小船边系了根长长的绳子，另一端系住马。当我们到了河的另一边时就开始拉那根绳子，马在万般惊恐中挣扎着来到了河对岸。后来我和我的随从，还有骑的马，掉入了一个深不见底的水坑。一个异教徒脱去衣服，潜入水中，找到了消失在水里的传教员并救起了我们。为了活命，我在水坑中扔掉了手里捧着的每日祈祷书。上来后我发现它落在了我的袖子里。

天很冷，我们全身都在发抖。异教徒很同情我们，让我们到村里的学堂休息。我向农民借了替换的衣服，这样我就可以烘干自己的衣服。

（从这件事中可以看出，中国的异教徒里面也有好心人，他们怜悯陌生人，帮助处于困境中的陌生人，因此前面所说的仇恨陌生人这种话也不能一概而论。）

在余下的路上，我们得经常在深水里行走，所以我们只好雇了个人，让他拿着根长长的棍子走在前面，探出地上的坑洼之处。

在经历了种种艰难困苦之后，福若瑟神父终于来到了坡里庄，在那里受到了他的同伴和基督徒们的热烈欢迎。要说的事情太多了：在他离开期间，在坡里庄和传教区的西部，都发生了些重要的事情，这儿堂口的数量也有了增加。

天主教从李家庄这个点开始，向毗邻的汶上北部和巨野县的张家庄传播开去。随着新基督徒数量的增加，各种困难在增多，敌对情绪也在日益滋长。最糟糕的事情发生在曹州府地区，也是巨野县所属的地区。

曹州府人在邻里乡间被称做“粗人”、“冒失鬼”。他们是盗伙中最厉害的，许多军营里也有他们的人。土地肥沃但人口过多，使得一些年轻人首先选择了这样的生活方式。好斗，敢于冒险，是这儿人的天性。此外曹州府人直来直去，性格豪爽，比起其他地区那些性格温顺的人们来，或许有着更为良好的道德观念。

副代牧安治泰预感到，如果传教想要在这些地区深入下去，就要做好面对极大危险的准备。因此他决定暂缓开始传教工作。可在李家庄的传教员，却在他不知道的情况下接受了曹州府附近坯里（Pili，音译）村一些愿意入教的异教徒的邀请。他前脚刚到，后脚就被人在官员那里给告了，说他是来传播邪教的，被赶了出来。

事情到了如此地步，安治泰认为不管有多大危险，他都有义务亲自去一趟曹州府，去和官员解释一下传教的目的和合法性。如果有可能的话，也要求因传教员被逐而给在新地区传教工作带来的损失给予赔偿。

5月初，他出发了。在曹州府，官员们说一些不着边际的空话应付他。几天后，或许是因官员们的敌对态度（也说不定就是他们自己指使的），来了大批的暴民。就在官员们的眼皮底下，安治泰神父遭到狂热人群的攻击：他们向他掷石块，用棍子打他，然后把他拽出了城外。来到城外，他被暴民绑在一棵树上，横遭虐待，直至奄奄一息为止。

到了夜里，在骚动中逃走的马车夫和传教员赶到了，他们把受伤的安治泰先带到邻近的村庄，随后在第二天早上把他带到了官员那里。在这段时间里，那位官员又发起了善心，他曾让人去寻找受了伤的传教士，现在他假仁假义地挤出笑容接待他，并让人去找各种中草药来给他治伤。

对于曹州府地区以及巨野县可怜的新基督徒来说，这段时间里日子变得更艰难了。更为糟糕的是，一个名叫姚鸿烈的人就住在新堂口张家庄附近，他曾是满清的一名官员，在当地颇有声望，但也是一个反对传教的主要煽动者。

到处都张贴着一份署名为“曹州府代表”的公告，公告中充满着攻击天主教惯用的诽谤字眼，这份诽谤传单的结尾是八个禁止：

1. 禁止信仰天主教。
2. 禁止为外国人服务。
3. 禁止向外国人出售房屋土地。
4. 禁止与外国人一起用餐。
5. 禁止接待外国人。
6. 禁止与外国人打斗。
7. 禁止向外国人出售食物与饮料。
8. 禁止与外国人或接纳他们教徒的人员有任何的来往。

触犯这八条禁令者将遭到驱逐，不允许住在曹州府。他的房屋、土地和财产将归乡镇所有。

安治泰神父想去省里，让政府叫他们赔礼道歉并取得当局的保护。但当福若瑟神父来到坡里庄时，谈判还没取得任何进展，曹州府依然刮着腥风血雨。但这并不能让年轻的传教士们丧失勇气。

带着同伴和坡里庄教区的衷心祝愿，重新振作起来的福若瑟神父很快就动身返回了。返程中同样是历尽了艰难险阻。

“在黄河边，”福若瑟神父写道，“我和我的马陷进了淤泥，陷在里面七八个小时出不来。马陷得太深了，必须托着它的头才使它不至于窒息。只有马嘴还露在淤泥外面。我们说了许多好话，花钱雇了路过的异教徒，请他们在深夜把我们从困境中解救出来。我们还用了半天的时间，来清洗脏得不行的随身物品。”

就像他自己写的那样，在回到了他“时时挂在心上的”教徒身边后，福若瑟神父又像以前一样，用同样的热忱、同样的献身精神开始了他的传教事业，也取得了同样喜人的成果。

当他在次年即1884年的四旬节为新到的传教士布恩溥(Bückcr)神父所接替的时候，他已经可以向后者移交初具规模、并有着共约一千名慕道者的多个堂口。确实是硕果累累啊！他在山区普通百姓中度过的时间虽然短了点，却是他传教生涯中最美好的一段时光。他爱上了这片土地和这里的人们。

那个地方，峰峦起伏，形态各异，山泉潺潺。山上的奇峰怪石和深幽崖谷，还有在山坡上吃草的牛羊，都让福若瑟神父清晰地回想起他的家乡。山区人民的举止和性格，让人倍感亲切，他们甚至说话都不带戒心。更由于都是些小村庄，一家一户住得很分散，这一情况拉近了他们和传教士之间的距离。他和教徒们在建立堂口时付出的艰辛、忍受的苦难以及上帝赐给他的巨大成功，所有这些都使得他与乡亲们的告别变得恋恋不舍。

这一告别让他更加于心不忍的原因是，他将要把这他眷恋的传教区托付的人，是一位初出茅庐的新手。

1883年秋，布恩溥神父、白明德(Bartels)神父，陵博约(Limbrock)和郎明山(Laxhuber)两位副主祭以及两位终身修士从斯泰尔来到坡里庄。布思溥神父自己承认，他被派往沂水时所掌握的语言知识极为有限。后来他熟悉的中国风俗，那时对他来说也是一无所知。在他第一次想行标准的中国式鞠躬礼的时候，自己的头和沂水的那名老官员的头撞到了一起。这样一个毫无经验的年轻人如何能领导这样一个大的传教区呢?

尽管这种担忧是多么让福若瑟神父感到心情沉重，他是多么难以割舍其热爱的群山和可爱的信仰宗教的孩子们，但他不会因这些顾虑和情绪就耽搁行程，哪怕只是耽搁短短的一瞬间，他是个顺从地听从召唤的人。像他这样被毫无准备、出乎意料地从传教区的一端转到另一端，去面对巨大的困难的传教士或许是不多的。面对这样的命令，他遵循自己主保圣若瑟的精神，听从上帝的召唤，即使是深夜也翻身而起，前往新的地方。

在几天时间里，他尽最大的可能让年轻的同事很快地熟悉一切，然后与他道别，和他的教徒们告别，教徒们眼中噙着泪花，一直送他到很远的山谷。

第七章
福若瑟神父成为传教区的行政主管，总会长神父的建议

副代牧安治泰把福若瑟神父从他卓有成就的岗位上调到坡里庄，是要把传教团的管理工作托付给他，因为他打算动身去趟欧洲。

斯泰尔将举行一次全体教士大会，这是圣言会首届大会，也是极为重要的一次会议。安治泰神父作为蒙福的总会长的第一个伙伴，修会的第一位神父，有权利和义务参加如此重要的大会。所以欧洲之行是必须的，是无法推辞的。同时这也提供了决定传教生死存亡的一个机会。

如我们所知，到目前为止，山东南部虽然有了自己的副代牧，但是仍然接受方济各会传教团传教代牧的司法管辖和领导。当然随着传教事业的发展，这种依附关系肯定会慢慢解除。这正像孩子长大了就会离开母亲的臂膀，或者像压枝，一旦长得足够粗壮，人们就会把它从老的主干上剪下来让其自由生长。

离安治泰神父出发还有几个月的时间。在坡里庄，人们一起欢快而又和平地庆祝了复活节。福若瑟神父在耶稣复活节前的星期六那天为二十个人接受神圣的洗礼做好了准备。比起以往要多得多的基督徒和慕道者从四面八方蜂拥而来，大家都为能在坡里庄再次见到福若瑟神父而欢欣鼓舞。

但是在外面的传教区里，形势远远不能令人鼓舞。特别是曹州府，尽管向上一级当局投诉了，但是没有取得令人满意的结果，而且不久就在传教区的上空又重新出现了乌云。在遥远的南方，法国在越南的所作所为引发了中法之间的不和。后来演变成战争，这场战争从1884年一直持续到1885年。空气中弥漫着各种谣言，排外情绪更加高涨。离坡里庄不远的地方，就流传着一个有关巨兽的故事，说是这头巨兽露出了海面，是由法国人和基督徒("假洋鬼子")养着的。所以在1884年的秋天，当安治泰神父离开，福若瑟神父接

手传教区的管理工作时,形势并不是那么美好。

他的任务首先是给予坡里庄堂口的教徒以牧灵照顾和接手传教团所在地的管理工作。后者已经形成了一定的堂口规模。副主祭郎明山领导刚成立不久的小小的神学校,副助祭李天安在一名忠厚老实的新信徒的帮助下照看男孤儿院,并负责厨房和看管法衣室,一些工场,如制鞋铺、缝衣铺等也由他负责。余下的时间他用来看书学习。维天爵修士是木工师傅,负责小型印刷厂(印刷厂是按照中国古老的方法,将用木块雕刻而成的活字拼凑起来印刷宗教书籍的)的工作。岳昆仑修士负责农田的耕作,照看牛棚、马厩和磨坊等。女孤儿由当地的年轻女子负责照料。

如我们所见,当时的坡里庄已经具备了一个组织良好的传教中心的所有东西,只是规模较小,条件差一点。这正是副代牧安治泰在那儿开始传教工作的实际意义和有着远见卓识的证明。尤其值得一提的是,他很快就办起了神学校,开始培养当地的教士。

但是,取得一块田地,建立一家有收益的作坊,对于这些机构的存在也是很重要的。虽然传教团现在而且以后仍然可以得到国外友人和行善者的帮助,相对较小的田地也不能成为如此扩展的事业的基础,但是它益处多多,至少在开始的时候传教团能做到自给自足,而这也是所有传教区所追求的目标。遗憾的是,至少在人口稠密的山东,要得到这样一块能满足传教团需求的大的地块是不可能的。这样的一块地产会给穷苦的农民带来伤害。话又说回来,只要好好耕作,小的田地里也会有好收成的。在一般情况下,土地耕种得好,会带来10%的纯收益。

此外,传教团考虑的是,经营农业可以为男孤儿和一些贫穷的百姓提供有利的机会,让他们通过从事农业生产有所获益。

福若瑟神父现在不只是要搞好上述机构在宗教和物质方面的工作,而且是整个传教团的负责人。对他来说,宗教的事是最重要的。他自然也得关注物质方面的事情,但这只是出于义务,他在一生中对物质都不是那么感兴趣,不像宗教、信仰那样,他是全身心地投入其中。我们根本不用说,对坡里庄,对堂口和那些传教团的机构来说,福若瑟神父领导下的将近两年时间,是宗教生活中一段真正的兴盛时期。他身体力行地祷告和禁欲,他也很想把这种精神灌输给其他所有人。在人们如此贫困的情况下,他成功地做到了这点。在坡里庄常见到人们在作祈祷。一大早人们就起床,然后开始做宗教练习:默祷,作神圣弥撒等等。尤其值得称道的是那些热心于祷告的年轻女子,她们像传教士一样每星期都要过一次斋戒日。教士和修士们一星期斋戒三次。不过,斋戒的次数好像是多了些,因为伙食本来就是很差的:“中国的乡下人”早上喝的是小米粥,吃的是馒头,中午和晚饭是蔬菜,稍微加点肉。咖啡、黄油、土豆等在当时是想都不敢想,这些东西只有花上大力气,付出昂贵的代价,才能从遥远的港口城市天津和上海搞来。而一般是一至两个月才派一名信使去那儿领取和寄发邮件。

传教团住所的人们都对自己要忍受的种种节制感到满意,因为福若瑟神父到处都做着榜样,而且他们也知道,对传教团来说,考虑到自身的经济状况,必须厉行节约。我们前面所说的是外部的困难,它们是由异教徒的排外和法国与中国的开战而引发的。更令人担心的是,在外面工作的传教士(在沂水及其周边地区工作的布恩溥神父和陵博约修士,在汶上县李家庄传教的白明德神父和阳谷县的文安多神父)都很年轻,没有任何工作经验。有鉴于此,人们会很惊讶,在这样的情况下大家竟能坚守在各自的岗位上。布恩溥和陵博约修士的境况最糟糕,两人都身染重疾。布恩溥得了严重的天花,陵博约修士则得了伤寒,一种从此以后给传教工作带来巨大损失的疾病。在福若瑟神父担任行政领导一职期间,尊敬的总会长扬森神父在各方面都给予了无微不至的关怀,像慈父般帮助他,为他出主意、提建议。

尽管有太过啰嗦的嫌疑,我还是不想放弃在这里摘引他当时信件里值得注意的几个段落。它们将他当时对传教工作的看法和采用的方法展现了出来,这些观点和方法对各项工作都有着普遍的教育意义,而且特别有趣。从中我们也可看出,福若瑟神父当时已经广受尊重,在传教团中有着多么突出的地位。

1884年1月4日,刚刚作出让安治泰神父去欧洲的决定,总会长就给福若瑟神父写来了以下这封纲领性的信件:

> 当尊敬的副代牧安治泰神父离开传教团后,顾立爵主教会像我所请求的那样,把所有的权力都移交给您,然后您先是会获得尊重,但同时也得肩负起领导人这一职位的重任。但您不能因此而闷闷不乐!我们会用祷告来帮助您,祈求上帝赐福予您,让您成为一位优秀的领导。您也可以请求安治泰神父给予您一些有利于搞好工作的帮助和指导。我也会简要地告诉您要做的所有事情。
>
> 您需要特别注意的是,新到任者必须对神父授职仪式和传教士这一职业有着充分的准备。我认为这是最重要的。因为如果您在一年多时间里接受了好多个传教士,可他们却没有受过必要的教育,那又有什么用处呢!因此,如果目前只是先考虑保留已存在的那些东西,然后再集中精力搞这项工作,我会感到非常高兴。是的,我甚至不赞成您有什么新的举措,如果它们给前面说的大事带来的只是损害的话。我是十分赞同给生命垂危的异教徒孩子洗礼的,可以继续做下去,同样也要继续为慕道者们上课。
>
> 您全力培养年轻的神父和教士,也是我的愿望。请您制作一张适当的课程表和日程安排表。在课程表中请您优先考虑最必需的:信理学、伦理学和牧灵学。请您亲自传授牧灵学,可能的话也教伦理学。让白明德先生教信理学,布恩溥先生教音乐。李天安、陵博约、郎明山、白明德和布恩溥他们五个都必须旁听牧灵学课程,您必须尽量让他们明白,对于传教士来说什么是最重要的。此外,谈话的时间,即原本的交谈时间尽可能地限制在吃过午饭和晚饭的那段时间。还要鼓励教士们多领圣体,可能的话做到每日一次,因为这是为举行神父授职典礼的最好准备。另外,除了每年举行大避静以外,尽量每月举行一次十八至二十四小时的退省,其间穿插两三次的个别讲课。
>
> 然后您要关心的是,礼拜仪式要尽可能隆重。布恩溥先生现在正在那儿,可以招收些男童入学。您要特别注重复活节前一周举行的虔诚仪式。您要让人经常朝拜圣体,用张开的臂膀走向有着五处创伤的耶稣,祈祷可怜的异教徒皈依。他们的救赎就托付给您了。如果您没有恰如其分地重视对这些可怜的心灵的救赎,或是没有力所能及地那样做的话,您必须对此向上帝作出充分的交代。我们特意为山东南部和曹州府作了许多祈祷,举行了多次的祈祷游行,在尊敬的主前守夜,还应学生的请求,在

圣诞节前的九天里，每晚都作简短的礼拜。条件许可的话，您以后必须在复活节前一周带着您的唱诗班去一趟汶上或者别的地方，在那儿邀请尽可能多的基督徒参加圣礼，或者在圣神降临节前后进行四十小时的祷告，以这样的方式来增进您的教徒和慕道者的虔诚。因为只有提升到如此规模，基督的福音才能取得进展。

今后您必须比以往更勤快地写信，通过问一些有针对性的问题，让我可以用祝福来帮助您，这祝福是上帝针对您恭顺的询问给予的，上帝赐予高层权威的话语会令您茅塞顿开。当然，因为远水救不了近火，事情紧急时，您可以按照事情的重要性自行作出决定，不过事先应征求一下年长教友们的意见。

为了使您保持健康，以应付如此重要的公务，在禁欲和生活习惯方面，您必须尽量听取一位明智的告解神父的忠告，尽量不去做不必要的工作和有过多的忧虑，远离它们，保证有充足的睡眠时间，就像两个半月前我在信里所规定的那样。

如果传教中心能够尽快搬迁到一个更为合适的、位于中心的地方是最好不过的了。更确切地说，以后将建成两个中心：一个在东部，一个在西部。此外，要及时做好与上海建立更好联系的准备工作，这样就不必再从芝罘绕弯路了。

当务之急是：做好准备迎接助手的到来。在大圣若瑟瞻礼节到来之际，谨献上我最美好的祝愿。请尽快给我写信，最好每月一次，至少每两个月一次。您的来信，是为大家写的。

如果安治泰神父还在的话，把这封信让他过目，它也是写给他的。

此外上帝保佑您和所有人。替我问候亲爱的伙伴们。在复活节到来之际，上帝将给予山东南部许多沉睡的心灵以新的活力。

谨致

耶稣和玛利亚圣心的全部爱！

您的同伴

扬森(Janssen)

我引用了上面这封信的全部内容，因为其中有些思想在今天仍然有着指导意义。总会长神父在信中所建议的，并不是每件都能完成得了的。尤其是对年轻传教士的培养，确实非常重要，但那时——当这封信抵达的时候，信中所有的建议都不能得到落实，因为几乎所有的神父们都被作为传教士派到外面传教去了(最终也只能这样做，如果不想让新基督徒们自生自灭的话)。而且，有些建议是过于欧洲式的考虑，不大适合当时的传教环境。这也证明了，对一个相距甚远者来说，要对正在开展的传教工作施加指导性的影响是很困难的。有些人没有长时间地从事传教工作，对传教实践缺乏深刻的了解，他们作出的规定，令传教士们在接受时对其正确性也表示出怀疑。它们往往和目标擦肩而过。由于偏离了目标，会使其中原本优秀的东西也背上坏名声，所以传信部往往把真正的传教工作领导权交给传教代牧或传教主管，也就是交给那些自己置身于传教实践中，清楚知道自己地区的需求和情况的男人，这样做不是没有道理的。

因为当时的传教士和传教事业自身都还年轻，在宗教事务方面从来没有独立工作过，所以人们肯定不会责怪总会长神父对传教实践提出的这些指导性建议。

后来，在传教区成为一个独立的传教代牧区时，他在这件事情上变得有所克制了，他总是小心谨慎地作出努力，给予传教代牧区以充分的行动自由。

不过，他在上述信中提出的某些建议是极为中肯的。因为它们同时告诉了我们，传教工作应该怎样在他绝对正确的观念指导下依靠超自然的力量扎实而又平稳地向前发展。

后来在1884年7月31日寄自维也纳的一封信中，他又写道：

> 尊敬的副代牧安治泰神父告诉了我们他8月的行程，所以这封信——如我先前所说的那样——是给目前已是传教主管的您。我衷心祝愿上帝多多赐福予您，让圣灵使您醒悟，赋予您力量，然后您就可以知道，该如何担当起这艰巨的职责。希望您用一双慈父般警觉的眼睛，去照看亲爱的教友和所有教徒以及慕道者，希望您把众多的迷途羔羊聚集到基督的羊圈里。
>
> 我在您伟大祖国的首都——美丽的维也纳给您写信。您肯定知道是什么把我引到了这里：在奥地利建立一座传教士学校。因此，我在去年和今年的7月3日觐见了皇帝陛下。但愿我们确实没有选错地方！我们真的应该千恩万谢，感谢上帝并相信上帝。
>
> 请你们大家在即将到来的中法战争期间也相信上帝。1860年一切顺利，为什么现在不可以也一帆风顺呢？如果开始时不那么顺畅，那么会有人幸运地成为殉教者的！

在1884年12月19日的信中，他告知寄了些钱并作了相关说明：

> 您现在可以放手大干了。我建议您尽量多造些宽敞的教堂，但只是临时性的，不过并不是非要如此，因为：(一)用这些钱您现在可以多建些房屋；(二)您现在不能预见到以后的确切需求。我听说买小批量木材时价格较贵，那您可以多买一点，经黄河从水路运来，这样可备今后之需。您目前是主管，所以应该在您讲的道理和组织的敬礼中，常常给予您亲爱的教友们以提醒和告诫。

他在1885年1月30日的来信中写道：

> 我衷心祝贺您在现在这个艰难的时刻担任主管这一职务。因为您是恭顺地接受了这个职位，天主圣神肯定也会给予您灵感和力量，让您变得更为强大，让您在他的荣耀下尽忠尽职。您的灵魂也将由于光的沐浴而变得强大，并与壮年时期的耶稣更加接近。这个任务越是艰难，您得到的光亮和支持将越大。大胆地相信上帝吧，对于那些真心相信他的人们，他是不会放任不管的。尽管如此，请您不要希冀不再有苦难，因为所有的美好都扎根于苦难之中，而所有的欢乐都来源于悲痛。当苦难像洪水一样朝您涌来时，请千万不要丧失勇气。即使在狂风暴雨时不能看到太阳，风雨交加，灾难连连，但暴风雨终究会过去，大风会平息，云开日出，温柔和煦的阳光又会再度照耀大地。您那儿的情况也是如此。
>
> 那种带流泪出去的，必要欢欢乐乐地带禾捆回来(《圣咏集》,125:6)。
>
> 您要像一棵橡树那样伫立在风雨中，给您的教友们以力量。
>
> 在您有事必须离开当地时，依我看，可不事声张地将文安多神父留下来，以便帮助照顾那些得病或濒临死亡的人们。

随后，我们必须充分利用这段清政府驱逐外国人的时间，静下心来学习，尤其是学习汉语及宗教知识，接下来，我等待着详细的报告，告诉我每个弟兄在做些什么。

关于在奥地利建立学校一事，碰到了一些麻烦，是有关奥地利国籍的问题，在那儿任教的老师(或许还有我自己)必须申请加入奥地利国籍。如果有必要，我会把您召回来，希望只是一段短暂的时间。

从这段优美的文字中我们可以看到，当时斯泰尔的传教士是如何严肃地看待中法战争以后中国的形势的。可是，就我对福若瑟神父的了解，那有可能被召回欧洲的最后一句话，对他来说，无疑像爆发战争一样可怕。没有什么比这打击更大的了。他毕生只有这样一个愿望：不再回到欧洲去，在中国生活、工作，直到死去。

不让他传教，是对他最严重的惩罚。日后，他自己在给主教的一封信中也提到："请您随意使用我，不要有任何人道方面的顾虑，您可以把我放到最低的职位上，或者将我派到最偏远的地方去，我都会毫无怨言地执行，我有上帝赐福于我，但是请求您千万不要把我送回欧洲。"这也是他义无反顾地投身于传教的精神的一种体现，上帝也满足了他的这一愿望。

让我们来看一下总会长神父在1885年6月12日耶稣圣心节[①]那天的信中的几句话：

为了今天能把这封信寄出去，我比平日起得早一些。我感到非常的高兴，您用讲道和每天排得满满的议程，努力在您的教友中创造出一种规范的宗教生活氛围，根据我的观察，这一切都得到了大家的赞同。

请您继续这样做下去，请您经常举办避静和退省的会议。只要有可能，我也会作出努力，对传教所在地的神父、圣职的候补人员、学生以及修士施加一些积极的影响。

一位上级的最重要的任务——尤其是要为今后工作打基础的上级——就是要好好地培养他的下属。要做到这点，经常召开讲道理的会议是必不可少的。您不必考虑：我能找到那么多需要的材料吗？您只需把作报告的时间确定下来，慈善的上帝、圣灵自然会帮助您找到合适的材料，这种情况我已经经历过无数次了……

毋庸置疑，这些信件，给处于当时那种地位的福若瑟神父带来了些许光芒、慰藉或鼓励。他是怎样努力地遵循有关教会生活的提醒去做的，我们可以从关于他在坡里庄的行动的报告中略知一二。

第八章
巡视之行，新任神父主持的第一次弥撒，山东南部成为传教代牧区

担任主管工作，给福若瑟神父带来了一些忧心忡忡的时刻，好在亲爱的上帝以他那宽

① 圣灵降临节后的第三个星期五，由教皇庇护九世于1856年倡导设立，特别用于病人在这一天领取圣体。——译者注

容慈悲的胸怀给他,也给年轻的传教团带来了些许安慰。

其中就包括他在1885年3至4月间的巡视之旅。可以再度外出传教,已经让他感到十分高兴。他首先去了李家庄,找到了白明德神父,并在他的主保日,即神圣的圣若瑟节,给五十个人进行了神圣的洗礼。为这神圣的一天的到来,福若瑟神父亲自组织祈祷、进行多日的斋戒并亲自为那些受礼者授课。就当地的条件来说,洗礼本身也是非常庄严隆重的。这天无论对于那些新的基督徒,还是对于传教士白明德神父或者福若瑟神父本人来说都是无比高兴的一天。

怀着无比的热情和欢乐,他又赶到遥远的沂水,想去看看那些他亲手建立的山区传教点。在那儿,有一百二十七个人通过神圣的洗礼而成为新基督徒。与在李家庄一样,福若瑟神父也为神圣的洗礼做了非常认真严肃的准备。被允许接受洗礼者,必须两年前就是慕道者;他们接受了各种迫害的考验,不再相信迷信,对宗教知识(学过教义问答手册,学过祈祷的方法)有一定的了解,受洗礼的前一天还在做着最后的准备。

从那以后,福若瑟神父始终坚持这样的做法。除非特殊情况,他不愿意为那些成为慕道者时间不长的人(根据传教规定至少得有一年的时间),对宗教缺乏必要知识的人,仍然有着迷信思想、不关心家庭、不参加祷告和礼拜、没有显示出做一个真正的基督徒诚意的人洗礼。在洗礼正式举行前,他还要再一次地做全面而仔细的准备。

可后来传教事业的不断发展以及基督徒人数的不断增加表明,要在那些居住相对比较分散的教区内做洗礼准备是极为困难的。正是福若瑟神父,主张引入和建议为慕道者开办培训班这一做法。关于慕道者的情况,在下面会继续谈到。

对福若瑟神父这种认真求实的做法我们由衷地表示赞叹。一个传教士必须这样工作,如果他不想建造空中楼阁的话。神圣的洗礼是通往教会之门,只有那些通过正确的途径走进那扇门的人,我们才能期望他日后像一个基督徒那样生活。匆匆忙忙、准备不足的洗礼只会适得其反。那些没有经过认真准备而进入教会之门的新基督徒们,以后将成为可怜的传教士的负担,让他难以对付。缺失的东西很难,或者说几乎是不可能得到弥补的。牧灵工作将是困难重重。

不过,即使是认真地做了准备,也不能排除日后出现重大的失误和失望。如果不是以恰当的方式进行牧灵工作,如果对新教徒们不闻不问,那么即使是已经变得优秀的人,也会故态复萌。这是可以理解的,也是很自然的事情。各堂口本身也存在着很大的差异。有些从一开始就显示出了非常强烈的宗教意识和极大的稳定性,而有些却很少或者说让人根本无从着手。但从总体上来说,关键是下层的组织问题。基础打得好不好,在多年后可以从各堂口的发展情况中看出来。因此,福若瑟神父再三强调:"要把基础打好。"

如果说发现这些山区堂口的"羔羊"数目齐全给了他极大的安慰的话,那么对蒙阴那些可怜的新基督徒们还一直得忍受着的痛苦他却深为悲伤,而这些痛苦却是他们必须长期承受的。摩擦和敌对情绪远远没有消失,尽管在有些异教徒邻居那儿可以察觉到他们的态度有所转变。

1885年秋,福若瑟神父再次有机会外出到教区去,去参加李家庄堂口举行的一个独特的重大活动。

众所周知,在中国人的一生中,除了结婚以外,安葬父母是最为重要的事情。所有的宗教意识，所有孩提般的孝道，最终都归结到死亡与安葬这件事上。通常异教徒对基督徒最大的不满，就是他们没有给予死者以应有的尊重，因为他们没有像异教徒那样按照迷信的那一套大操大办。李家庄——夏天时，白明德神父在那儿建起了一座小教堂——的基督徒们想用一次隆重的葬礼来回击这一指责。为了达到这个目的，他们动用了一切可以动用的力量。从相距两百里地的老基督村白原榆(Bei－yüan－yü)请来了当地最大的乐队。由三位神父给死者送葬。周边的所有基督徒，只要能来的，都来参加这一葬礼，并一起为死者作祷告。无数的异教徒也蜂拥而来，有些是从五十里外的地方赶过来的，为的是亲眼见一下这一亘古未有的大场面。由于人数众多，开始时的情景有些让人担心，基督徒们非常害怕这些激动的人群会影响葬礼的举行。对随后的进程福若瑟神父是这样描述的：

大概是下午1点的时候，我们发出命令，宣布葬礼正式开始。当我们三人[福若瑟神父、白明德神父以及刚刚到达中国的能方济(Nies)神父]身着神圣神父服走出我们的住所时，听到的是哄堂大笑：一个不祥的预兆。不过这只是唯一对我们不敬的地方。

当我为死者祈福以后，送葬队伍出发了：神父们每人乘坐一辆驴、骡拉的车，总共有五辆车，此外还有三名传教员骑着马，以飞快的速度来回穿梭，为送葬队伍开辟道路。一路上旗帜飘扬，情景颇为壮观。整个队伍在拥挤的人群中艰难地前进。在远远的平原上，由虔诚的祈祷者组成的男声合唱团在放声高唱，再远一点，则是在演奏着天主教的哀乐。五辆车后面，是装着尸体的棺材，由几个来自巨野县张家庄的基督徒抬着，他们是特意赶来的，因为那些异教徒们不愿做这件事。跟在棺材后面的，是那些号啕大哭的人，他们撕心裂肺地叫喊着："Uodi die! Uodi die!"(我的爹！我的爹！)来到了坟墓边，人们得加倍小心，以防被拥挤的人群推下去。如果不是那些灵巧的马匹在坟墓边来回地转圈跑动，给我们提供莫大的帮助，这样的惨剧简直是不可避免的。

墓坑大概有两英尺深，长宽相等呈正方形。在这个墓里，这死去的基督徒将与他在四十年前就去世的妻子埋在一起。按照中国人的观念，如果不这么做，就是大逆不道的。坟墓越是高大，越能显示出子女的孝心。

在整个仪式的进行期间，没有发生什么干扰。只是在当天的傍晚，一个无赖在我们住所附近的草堆上燃起了一把火，这明显是针对我们的，庆幸的是火很快就被扑灭了。这次葬礼对于弘扬我们的宗教信仰肯定起了不小的作用。而且因为死者一年前就已去世，为死者所流的眼泪在这段时间内早已哭干，在死者灵柩旁的悲号不过是假模假样的形式而已。所以这个送葬日对我们来说无疑是个愉快的日子。无论如何，那些基督徒们都非常满意，给异教徒们也留下了好的印象。

上帝还给传教团带来了其他令人鼓舞的消息。1885年春，传教团又增添了两名神父，他们是能方济神父和李(Lieven)神父，在副代牧刚回到斯泰尔不久后，他们就踏上了前来中国的旅途。

一年后，1886年的春天，副主祭陵博约和郎明山从顾立爵主教的继任者李博明(Geremia)主教手里接受了神父职衔。与此同时，李天安先生也被授为副主祭。是福若瑟神父陪同这些候选者到济南府去的，在那里他们受到了兄弟般的热情接待，就像那儿的传教团常常给予我们的。

上述的这些人在没有成为神父以前，就被派来了中国，其中是有原因的，因为人们认为，在传教的初期，由于工作并不十分繁忙，传教士们有足够的空闲时间来帮助那些新来的人学习；这样不仅对传教本身有帮助，同时对他们学习语言也有帮助，使其成为一名传教士能更好地工作。后面的这种看法是有道理的，而且也被证明是行之有效的。但前面一点却没有显出明显的效果来。安治泰神父和福若瑟神父很快一头扎到了工作之中，所以他们确实没有时间去帮助这些年轻会士们学习。值得庆幸的是，这些年轻人自身拥有铁一般的坚强意志和如饥似渴的精神，所以能充分利用时间去弥补自己学习中的不足。这两位副主祭也作为楷模表明，人们可以放心地通过自己的努力去取得神职。

这两位神父在1886年的星期天[①]共同主持的第一次弥撒，成为坡里庄的一件大事。所有的基督徒都竭尽全力，要让这一节日变得无比欢快。两位新神父都从他们那儿得到了一套漂亮的节日盛装。教堂内的仪式结束后，堂口的所有教民又聚集在一起，为两位新的神父祝福，并为自己祈福。

对整个传教事业来说，比这所有的事情更为重要和更有意义的是在神圣的圣诞节下午收到的电报："安治泰擢升为主教了。"

当邮差捎来电报时，神父们正在喝咖啡——这对他们来说无疑是一种奢侈，只有在这无比欢庆的日子才有可能。听到这一消息，马上爆发出一片欢呼声。

之前，人们怀着激动而又忐忑不安的心情，翘首期待着尊敬的总会长和副代牧安治泰在罗马协商的结果，可有关此事的可靠消息却始终没有传到山东南部来。安治泰神父甚至不久前还在信中表达了他的担忧，他担心结果可能是不利的。年轻的传教区会升级为传教代牧区，传教区还会有一位自己的主教，这是人们想都不敢想的事。整个山东南部所有受过洗礼的基督徒，包括新受洗礼的，总共只有五六百人。尽管如此，这一几乎不可能的愿望却实现了。斯泰尔传教学校领导下的传教区的迅速壮大和喜人发展，促使传信部建议教宗作出这一关键性的决定，接到这一建议后，后者立即表示赞同。

1885年12月18日，传信部秘书、大主教多米尼库斯·雅各比尼(Jacobini)写信正式向总会长通报了这一喜人的决定，信是这样写的：

> 尊敬的扬森神父，斯泰尔传教本部的主管！
>
> 在本函上署名的传信部秘书在此非常荣幸地代表我们尊敬的教宗在此宣布，在上周晋谒时，我们神圣的教宗同意了本月10日在红衣主教全体会议上所作出的决定，即在山东南部设立新的传教代牧区，并对此表示了高度的赞扬。他授权颇有功绩的斯泰尔总部在国外建立传教区，同时任命尊敬的安治泰神父为领主教衔的传教代牧，因其已经为神圣的信仰在当地的传播作了相当的工作，付出了很多的艰辛。
>
> 关于新代牧区的范围问题，我们教宗在传信部内的红衣主教举行表决后，作出了这样的决定：不仅把三个府或是说行政区，即兖州府、沂州府和曹州府，并且把济宁州

① 耶稣受难期前的第二个星期日。——译者注

地区也纳入了代牧区范围之内。尊敬的阁下,在您的一封克制而有所保留的请求信中曾表示过要放弃这一地区。

关于设立山东南部传教代牧区和任命尊敬的安治泰神父为主教和传教代牧的决定,将以教宗通谕的形式由对此负责的机构根据传信部的指示发出,一旦此通告送达,就赋予您掌管上述传教代牧的所有必要的权力。

在此,我也非常高兴地向您——尊敬的神父,以及您领导的大有作为的机构,特别是向根据教宗所作出的上述决定而被当选的新人,转达红衣主教会议召集人阁下和我本人的祝贺。这样的一个成就会给上述团体以及您英明的领导和忘我的献身精神带来声望,肯定会更大地激发年轻传教士的工作热情。上述机构会欣喜地看到,他们将为传播神圣的信仰而加入到由他们派出的传播福音的队伍中去。希望在上帝的庇护下,年轻的传教士们的队伍会日益壮大。这样,传信部将十分乐意为他们提供开展传教工作的新范围。

最后,我要再次表达我对您的无比尊敬之情。

问候尊敬的阁下!

图鲁斯(Tyrus)大主教多米尼库斯·雅各比尼

1885 年 12 月 18 日于罗马

教宗的这一决定,使山东南部成为一个独立的传教区。它属下的行政区济宁连同三个下属县(在划分传教区时没有明确地提到它们的名字),也被纳入到了新的传教代牧区的范围之中。迄今为止,那位为了传教事业而流过鲜血的副代牧,被任命为主教和传教代牧。

1886 年 1 月 24 日,来自科隆的大主教克雷门茨在来自特里尔的科鲁姆主教和来自勒尔蒙德的伯尔迈斯副主教的协助下,在斯泰尔传教总部的教堂里为新任命者主持了主教授职仪式。

关于这个消息的电报的到达,给庆祝圣诞节的坡里庄增添了少有的节日气氛。

这样,这一传教事业尽管年轻,在最高领导眼里却是成熟了:这是对传教士们努力工作的最好认可,他们的生命也就此翻开了新的篇章。

从现在起,人们所有的思想和期待自然都集中到了将要抵达的新主教的身上,福若瑟神父对这位新来的主教又是怎样的态度呢?让我们来看一下他在 1886 年 3 月 20 日写给这位新主教——他曾经的同会弟兄的一封信:

我代表我本人和所有的弟兄们,向您表示衷心的问候和诚挚的祝愿。上帝通过放在阁下头上的手赐给了您无穷的力量,神圣的上帝会带着他的七种恩赐给您以帮助,使您可以从容地胜任主教的职位。领导权被托付在您这样的一位长者手里,我们自己也深感荣幸。作为个人,我本人或许可以非常坦白地说,我真诚的愿望是成为阁下一个忠实的、顺从的孩子。但是我有着许多的过错,所以现在我就请求您,从心底里祈求您给予我所提及的恩慈。请您不要特别爱护我,或者比起别的弟兄来更偏向于我。

在神圣的圣若瑟节[①]那天，我们极其隆重地举行了早就定好了的感恩礼拜，在这之前我把情况通知了我们的教徒。由神学校的学员们组成的乐队的演奏，得到了人们的交口称赞。按照我的要求，基督徒们几天来早上和晚间都在作祷告，特别是为我们所热爱的主教的平安抵达祈祷。基督徒和非基督徒都在期待着您的到来。这样就有必要知道您的归期，您是否可从上海发个电报来，告知我们您到达的具体日期，以及您是否会路经烟台(芝罘)或清江。

从信的字里行间可以看出，大家都在迫切地期待着新主教的到来。可他到达的时间延误了好几个月，因为安治泰阁下因参加在斯泰尔召开的全体会士大会而无法脱身。可在这期间他派出了一组先行人马，这个小组有三位神父和两位修士组成，他们分别是：恩博仁(Erlemann)神父、德天恩(Vilsterman)神父、卢国祥(Piepen)神父、岳文成(Soseph Overlöper)修士和隋德明(Augustinus Schmitz)修士。这个小组在5月份到达坡里庄，在那儿受到了热烈的欢迎。福若瑟神父以为新的主教就在这群抵达者中间，并且以为德天恩神父便是主教，于是急忙走上前去并非常敬重地亲吻了他的手。很难说当时他们中的哪位更为吃惊和感到意外。这个错误后来经常成为大家的笑谈。

又过了将近三个月，直到七月底，福若瑟神父才亲自迎接了新主教的到来。

第九章
我和福若瑟神父的初次相识，及他对中国人的爱

在结束了在斯泰尔全体会士大会期间的工作后，安治泰主教终于可以在5月中旬离开斯泰尔，回到他已离开了许久的传教团。

笔者作为一名刚被授职一年的神父，也有幸随行。

6月初，我们到达了芝罘，在那里受到了常明德(Schang)神父——当时该地区的主管，后来成为山东东部的传教代牧——的热情接待。巧的是，济南府的传教代牧李博明主教当时也恰恰逗留在那个当时还很小且又不起眼的海港城市。两位山东地区的主教因此便有机会在一起谈论他们传教代牧区共同关心的事情。李博明主教是一位有着丰富实践知识的传教士，而且还能说一口流利的中文。他对我这位新人就即将从事的工作提了很多好的建议。他告诉我，现在应该脱下欧式服装，像中国人那样打扮：中式衣服，剃发，将长辫子盘在头顶中部松松地束起来。这身装束很奇特，可它却服务于严肃的目的。对在内陆旅行该注意些什么，李博明主教也给了我们很多的建议。在他那儿，我也第一次听说了山东土匪的劣迹和做生意时惯耍的花招。

坡里庄的村长张生龙(Dschang sche lung)，是一位忠厚老实、外表虽不起眼却非常勤奋，因而为村民所敬重的老人，他同时也是当地堂口的首领。他特意赶来迎接主教，因为他不想错过这件让他感到光荣的事情。

① 每年3月9日，用于纪念圣若瑟。——译者注

在芝罘把所有必要的事宜处理完毕后，队伍取道陆地，雇了几辆双轮小车向济南府进发。在这样的一次旅途中，尤其是在这炎热的夏天所发生的种种趣事前面已经提到过，因为我并非写我个人的传记，所以对于沿途那些深深打动我这名年轻的传教士心的一些感受和心情，就不在这里赘述了。

大约是 6 月 26 或 27 号的晚上，我们终于到达了济南府。安治泰主教顺道到城门附近一个叫做洪家楼的传教点看了看。这个传教点现在声名远扬，因为从那时起，新建的主教座堂上方两个高耸的塔楼就成了它的象征。

此时，济南府主教府内的人们已经得知山东南部的传教新代牧即将抵达的消息，所有的教士都来到教堂门口列队等候。

当一辆雇来的破旧两轮车吱吱呀呀地穿过大门，钻出车来的是因长期旅行而衣冠不整、面容憔悴的鄙人，迎候的人们是何等的惊讶！好在人们并没有把这位可怜的新来者无意中带给他们的失望之情明显地表露出来。很快有一位教士向我走来，并和我握手，他就是福若瑟神父。见到他，我是多么的高兴啊！这就是那位我耳闻已久，并很久以来一直想结识的人啊！

随后，其他神父们一一向我表示欢迎，其中有副代牧和后来荣升主教的马天恩以及我们早已认识的来自蒂罗尔的教士策诺·默尔特纳（Zeno Möltner）神父。问候完毕后，按照习惯的做法，我们先是去了教堂内放置神龛的地方，然后到餐厅用餐。

我当然不能奢望所有人的注意力一直停留在我这个小人物身上。大家的目光很快集中到了稍晚抵达的主教身上，这自然是合情合理的。

虽然如此，当天晚上我仍然有幸与福若瑟神父和策诺神父进行了一次非常有趣的谈话。这次谈话让我印象深刻，所以完全有理由在这一章里对它作一次回顾。

可能是我说了一句贬低的话，使得福若瑟神父开始为中国人唱赞歌。他赞美他们的良好品质、他们严明的习俗以及相比较而言他们对家庭生活的高度重视（这在山东省内的农民身上表现得尤为突出），他把这些与我们现代大城市里的一些习惯风俗互作比较。

他的赞美似乎有点太过了，以致我觉得我有必要加以反驳。因此，我们陷入了激烈的争论之中。最后我只得说出了这样的话：如果中国人真像他所说的那么好，那么他们当中的异教徒是害群之马一说就无从谈起，所以我根本不能赞同他当时讲述的东西。

对一个几乎只会结结巴巴说几句中文并且对中国的情况一无所知的年轻人来说，说这样的话显然是鲁莽和冒失的。福若瑟神父后来向我坦言，他当时听了我这番话后，对我竟然如此狂妄地反驳在中国传教多年的他而感到惊讶和气愤。日后，我们经常谈论起这个话题。对中国人的评价是错还是对，这常常是年轻的传教士们激烈辩论的内容。一天晚上，我们争论得不可开交，以至于一名勤杂工跑去向主教报告说，教士们在吵架。当打算充当和事老的主教来到餐厅，了解到只是关于中国和中国人的一场激烈争执时，所有的人自然都哄堂大笑、乐不可支。

福若瑟神父有些地方或许有一点夸张，但他是如此地喜欢中国人，以至于他根本不能容忍对他们有不友好的、贬低性的评价。并不是说他没有发现他们的缺点。他肯定知道这些，毕竟他每天都和他们打交道。但对他来说就好比一位爱着自己孩子的母亲，当听到别人指责自己的孩子时，就会万分的心痛——尤其是这样的指责出自传教士之口。

这也再次证明了福若瑟神父是个全身心投入的传教士。一个在中国的真正的传教士必须爱中国人,这是应贯穿于他的所有言行和全部工作的原则问题,也是他一如既往地向他人灌输的思想。这一原则无疑是正确的,不仅在中国,对所有的传教士都是如此。一个传教士必须热爱他所工作的地方的人民。

然而我们并非因为"中国人那双漂亮的眼睛"来到中国的。传教士必须根据上帝的旨意忠于职守,自觉与上帝成为一个整体,为了他,按照他的意愿而生活和工作,无论是晴空万里,还是乌云蔽天,都要从他那儿汲取力量和慰藉。

对于那些并没有完全超脱尘世的人来说,对人民的热爱可以提高对工作的激情。这种感情无疑是一种让平日的工作平添美味的、让人兴奋的珍贵的调味剂。

如果传教士不去爱让自己费心劳神的人,而看到的总是他们身上的弱点,那他的工作最终会变得非常的艰难和沉重。他会失去对工作的热情,变得悲观甚至易怒。这种心态不仅对传教者本人,而且对于托付给他的教民来说都是不利的。传教士必须热爱和尊重教民,这对他们来说恰恰是头等重要的。如果你想要赢得他人,那么你自己首先必须表现出你对他人的热爱和一定程度的尊重。"爱会产生回报",这句话说得一点也不错,所以它常常被引用。厌恶、鄙视、目空一切的行为令人讨厌,会再次产生厌恶和疏远。

如果一位传教士不停地抱怨他工作所在地的人们的缺点(用厌恶的态度否定和评判他们本人、他们的风俗、他们的习惯、他们的住房,可能还会赞美自己的国家,说自己伟大的帝国一切都是那么美好,是怎么和中国截然不同),蔑视中国的一切东西,那么这不仅说明他本人的糟糕,而且他的传教事业也不会取得成就。一些外国人有时公然只把中国人当作"苦力",并且轻蔑地将这个民族视为劣等民族,没有什么比这种愚蠢的"主人优越感"更有悖礼仪的了。

我们自然知道,大家不会去在意这种贬低性的谈话和争论。有些人大喊大叫,是坏习惯使然,或者是发泄自己心中的一点怨气,但在心底里他是喜欢他的教民的,一旦发生些什么,他愿意为他们赴汤蹈火。但是如果这样的一种情绪和态度成了一种长期的折磨,成了一种习惯,那么就会产生不良的后果。

当然我们不必把中国人和中国的东西都看作是完美的,是不可超越的。如果一个传教士不了解他工作所在地的人们的弱点,那么他也自然无法采取正确的改进措施。如果只是一味地表扬,想在他们身上找到所有值得赞美的东西,那么最终只会是纵容他们,使他们变得高傲自负。

神圣的使徒保罗曾经用非常尖锐的言词来形容那些克里特岛人,在哥林多人和加拉太人面前他也同样直言不讳地说出真实情况。福若瑟神父同样也做到了这点。他会非常直接地向他的教民们指出他们的缺点,因为他对基督徒的要求非常严格,所以他的有些报告,特别是他在巡查时所写的报告常常并不是那么令人振奋的。但是没有中国人会责怪他,因为每个人都明白,他的批评是出于纯洁的心灵之爱和高扬的炽烈情感。

他也不遗余力地催促中国人根除迷信思想——对于这种习俗他是毫不留情的。但他是站在宗教的立场之上,这是一个传教士的工作范围,谁都不能剥夺他的这种权利。此外,中国人仍旧可以平平静静地做他的中国人,也可以继续保留他们历代传下来的风俗习惯——如果它们并不有违道德观念的话。福若瑟神父自然牢牢地记住了那句给所有上路的传教士提出的古老告诫:“传教士不可以认为自己要改变或批评当地的习俗礼仪,除非它们是迷信的。他应该赞美那些可赞美的东西。如果不能赞美,他也不应该给予严厉的批评。”

作为传教士来到中国,并不是为了把中国人变成德国人或者法国人,而只是把他们变为优秀的基督徒。对于那些相对落后的地区来说,传教士们可以把给新教民带去超自然的宗教真理和恩宠的同时赐给他们一个健康的世界文化作为自己的责任。

而在那些本身就拥有几千年古老文化的东亚文明古国,无论是风俗习惯、生活习性还是社会关系方面,都已经是世代相传了许多年,传教士要做的第一件事情,就是要去除其中罪恶的、颠倒了的部分。如果老百姓自己想去了解一些外来的文化财富,如果他们想学习外来的知识和技能,就像目前中国的情景,那就是另一番情况了。只要有益于传教事业,那么传教士自然非常愿意助一臂之力,去满足他们对教育和知识的追求,就如他愉快而全身心地去帮着做一切能给百姓带来真正幸福的事情一样。但这不是也永远不能成为他原本的主要工作。他的到来,是为了扩大上帝之国的疆域,解救灵魂让教民分享上帝的恩惠和赐福。因此,如果人们要求传教士必须为国家利益服务,应该为他的国家、为他国家的政治或经济利益效劳,并用这样的准则来如此这番地评价他的工作的话,那么传教这一职业的真正意义已经被曲解了。

一个传教士如果很好地履行了自己的职责,那么他就间接地为提高他自己祖国的威望作出了努力。他高贵的人格和助人为乐的行为赢得了当地百姓的尊重,又反馈到他的祖国。在传教区办学校、建立教育机构,自然在一定程度上会受到传教士本人的家乡、家乡的教育和学校的影响。但是就像所说的那样,中国人应该成为信奉基督宗教的中国人。那些历代传承下来的风俗习惯,以及对祖国的爱不应有丝毫的改变,他们不应把自己看成是外来民族的附属物,也不该被他们的本地异教徒视作这样的人。如果传教士在这点上犯错,那么后果将会很严重。神圣的保罗使徒就曾经强烈地反对要求新基督徒保留犹太习俗的那些人的做法(也就是说借助犹太教的习俗来把他们引向基督教的做法)。当然,这儿首先涉及的是信仰问题,可它却是与犹太人的民族自豪感紧密相连的。

一个传教士,一味赞美他自己的祖国和其所具有的优点,贬低、嘲讽、蔑视所有中国的东西,那么他所得到的,正是他所追求的东西的反面。

这样的行为,会带来伤害,会使人反感。是的,这种偏袒祖辈传统的做法,会激发起一种民族自豪感。无论是爱国主义,还是不那么高尚的民族主义,它们形成的过程,从某种程度上来说与摩擦起电过程有相似之处,它们是在与外来民族的交往中才被激发起来的。一个民族,如果它长时间地不过问他人的事情,或者只是与劣等的邻国交往(就如古代的中国),那么就会产生一种对家乡、对本乡本土和种族的自豪感。而这种常常演变为沙文主义的灼热的爱国之情,却是在与别的国家进行政治、经济和文化交流与摩擦中的产物。在与外国人的交流接触中,人们才会意识到自己的民族特征,从而变得敏感起来。鉴于这一原因,一个想在其他有着高度文明的民族那儿工作的外国人,如果不想伤害或者触犯众怒的话,就必须举止得体,注重礼节。即便是优秀的李安德神父,虽然他是那么的虔诚,是那么的深明教会的教义,在他不久前发表的日记中,欧洲传教士对中国人伤害的言论仍然无法掩饰。

他谈到了那些来自不同国家的欧洲传教士们异口同声地对红衣主教铎罗(Tournon)

说的话:“不能让中国人接受圣职,因为他们自负,摇摆不定,不知感恩。”一位代理人甚至当着一名中国神父的面说:“你们中国人需要受到规定和法律的约束,但我们欧洲人不需要。”[①]此外,他还在一封信中斩钉截铁地写道:“中国人说的话,我是不相信的。”李神父从这些言论中得出结论,并不无痛心地说:“只有欧洲人是恭顺的、坚定的、知恩图报的,即使没有法规的约束也是如此,他们在任何情况下都是可信赖的。”

福若瑟神父认为这种言论不合适,难道错了吗?难道那些笼统的评价不是有违公平和公正吗?要给一个民族,给他们的性格和文化作一个恰当的评价,那该是多么困难啊!而要把几个民族的价值高低互作比较,更是难上加难啊!最容易发生的情况是看本民族全是优点,看其他民族全是缺点。在现实生活中,这种情况也司空见惯,就像乌兰德站在那座著名的比达索瓦桥上所说的那样,这座桥展现出一张“魔幻般的脸”:“有人看那儿是片阴影,可其他人看到的却是金色的阳光。”

如果要特别说说中国人的情况,他们自然有着种种弱点:思想贫乏,不懂情趣,更多的是追求物质财富,而缺乏想象力和工作热情,也不太懂得推想;在做一件事时患得患失,有些人也很虚伪,不说真话,性情野蛮,不知感恩,道德败坏……林林总总,只要继续寻找,还会找到更多的弱点,而且不必费很大的心思。可事实是,如果考虑到他们是异教徒,那么总的来说他们是很不错的。我们中的每一位,从前都在学校里听到过有关异教徒道德状况的描述,可到了中国,就会对所见所闻表示极大的惊喜和意外。他们没有想到所遇见的异教徒是如此之好,尤其是那些朴实的农村百姓,他们那儿规矩很严,家庭生活井然有序,一夫一妻制作为普遍形式被保留下来。我们甚至可以说,在异教徒当中,中国人即使不是最好的,也是属于名列前茅的。曾经有一位年迈的传教士被问道,为什么天意等待了如此之久才让基督福音进入中国,而真正宗教的光亮早已在其他国家闪耀?这位传教士回答道:“因为中国人的忍耐力是最好的。”他想要表达的或许是:因为他们本来就是道德比较高尚的民族,一如那些第一个宣布福音到来的民族一样。

事实是,皇帝时期,罗马的情况要比中国糟糕得多。人们曾经说过,中国人对使他们免遭彻底衰亡的天意特别加以保护,似乎更应该感谢第四戒的恩赐,因为中国人非常强调子女的孝心:“只要活在世上,就要对父母尽孝。”

长寿在中国无疑是最被看重的。中国是个最古老的帝国,几千年来都是位于遥远东方的政治和文化上的世界强国。尽管帝国年事已高,可人们的生活仍然是欣欣向荣,健康向上,儿女满堂,只要是有人居住的地方,都呈现出一派繁荣的景象。如果说这些中国人平淡乏味,有着追求物质利益的特点,但从另一方面来看,他们仍然是团结的、勤劳的、知足的,他们善解人意、通情达理、性格温和,为人还是可靠的。那些曾经在山东传教,后来被派到南太平洋区域岛屿传教的神父们,都经常叹息道:“如果还和我的中国同事在一起,那该多好啊!”

当然,我们并不想因此而抹去也笼罩在中国上空的乌云。中国毕竟是个异教国度。保罗使徒在他的罗马书第一章有关异教徒罪孽的长篇中着重指出的那些东西,也同样适用于中国。可怜的异教中国人也像其他国家已成为耶稣基督的教民的人们一样,同样需

---

① A. 罗奈:《李安德日记》, 第 325 页。

要恩赐和阳光。

可如果中国人愿意真心实意地皈依基督教,如果他们以恰当的方式接触到了这个宗教,得到了必要的心灵指导,那么他们总体来说都可以成为非常好的基督徒。在一些老的中国基督教区,这一信仰已经几代相传,他们中的大部分即使不是最好的,也是很不错的。许多老的基督徒为了信仰而愉快地献出自己的家产,甚至献出他们的生命。在义和团时期,连一些非天主教徒,即那些远离教堂的人也这样写道:“说实话,在中国仍然还有殉道精神!”除了殉教的红玫瑰外,在中国的土地上,还盛开着其他的花朵——一个优秀的本地教士群和众多的未婚女教民,而这在别的教区的土地上似乎是不可能的。

当然,在中国的传教士们对中国人的评价不错,也很有可能是他们偏爱自己的教民之故。但是,那些在南部海港城市,如在新加坡、槟榔屿等处传教的与多个国家的人民有接触的传教士也持有同样的看法,他们说,中国人是最忠实的基督徒。

总的来说,在中国活动的传教士不该抱怨说他分得的是一个不知感恩的地方。如果他所在教区的教民做了这样或那样不该做的事,如果他们犯的某些错误让他反感,给他带来了痛苦,那么他不应该悲观失望,不该去抱怨或者谩骂,而是应该扪心自问:“要让他们变得更好,可我做了些什么呢?”

这就是福若瑟神父在判断中国的情势和评价中国人时通常所持的观点和遵循的原则。即使不考虑这些,他也是确实将他的这些教民深深地记挂在他那颗传教的心中。曾经有一名中国神父问他是否热爱中国人,他回答道:“我怎么能不爱他们呢?他们是我们的孩子呀!”事实上这就是装在一个真正的传教士心中的信念:“只在你们中间心存温柔,如同母亲乳养自己的孩子。”(《得撒洛尼前书》,2:7)

这一信念,是多么真诚地在伟大的使徒保罗的多封信中被提及:“我小子啊,我为你们再受生之苦,直等到基督成形在你们心里。”(《加拉太书》,4:19)每一位传教士,无论他身在何处,都应该有这种爱心,即使把自己托付给他的人们仍是很贫困、很艰难,即使他们文化水平极端低下。这种爱,不是来自肉和血,而是深深埋藏在那人的心中,他并不把与上帝同在但却甘愿做个奴隶看作是种掠夺行为,“圣言成了肉身”,作为至高无上者的他屈尊自己,和我们这样的一些可怜虫为伍。这就是圣徒保罗在他那首伟大的歌中所歌颂的爱:“她相信一切,她期待一切,她承受着一切。”谁的心中充满了这种爱,谁就是一名优秀的使徒传教士,就是遵循上帝意愿工作的人。按照圣徒保罗的说法,一位传教士拥有了这种爱,那么他跟犹太人在一起就成了犹太人,跟希腊人在一起就成了希腊人 跟中国人在一起就成了中国人。

福若瑟神父毕生追求的也正是这种境界,而不是其他。他让自己在生活习惯等各方面尽最大的可能去适应中国人,对他们的性格从来不说一句冷言冷语或者带有侮辱性质的话,因此中国人也不再把他看作外国人。说他是他们的“宗教之父”,不带任何的夸张,也没有任何的贬低。

这如此重要的一课,是福若瑟神父想在新人刚到的第一天晚上就讲给他听的。即使他在说这些事情的时候或许离题太远,而我又对他进行了大声反驳,他也要这样做,但后来我们两人在这个问题上仍然找到了许多共同点,至少是在理论上。当然,我也得承认,我在实际行动中是有所保留的。

第三编
在传教代牧区的西南部建立和扩大传教区，1886～1891年

第一章
主教前往坡里庄，在汶上和巨野传教的副主教福若瑟神父向上帝许下永久誓言

安治泰主教只在济南府休息了短短一天，就马不停蹄地踏上前往坡里庄的行程。那儿距济南府有二百八十里的路程，要走上差不多三十个小时。现在，我们的队伍行进在大路上，浩浩荡荡，颇有些声势。

与福若瑟神父一起来到济南府迎候主教的还有传教团的助手姚丙钧，他来自直隶西南部的耶稣会教团。无论和上司打交道，还是在与衙门就山东南部年轻的传教事业的交涉中，他都显得既机智又老练，在近二十年的工作中立下了汗马功劳。

这名助手身材俊美，穿戴不俗，头上戴一顶考究的礼帽。在旅途中，他那魁梧的身影一直出现在队伍的最前面。

我被允许和福若瑟神父坐在同一辆车上，这样，这次旅行对于我来说无疑更增加了吸引力。时间在我们热情洋溢的闲谈和不时的祈祷中慢慢过去了，在这期间我忘记了天气的炎热以及身体的不适。短短几个小时之后，我就感到已经非常熟悉我身边这个可亲的男人了，就好像我们很久以来就相互认识一样。

虽然他年龄比我大好多，职位也远远高于我，但是他自己坐在车子前面靠近车夫的位置，把车厢里面那尊贵的位置让给了我。而我由于对中国的礼仪缺乏了解，竟根本没有意识到这点。

途中，由于马车夫驾车技艺不精，马车曾三次翻倒在地，除此之外一路上倒也没有发生什么别的事情。所幸的是我们和马匹都没有受伤。只是有几瓶啤酒不幸被打碎了，这些啤酒是安治泰阁下为了庆祝重逢在芝罘买的。

我最感兴趣的，当然是传教，另外就是我将要暂时生活在那里的坡里庄。通过这次在乡间的长途跋涉，我对于在中国生活舒适的要求已经降到了最低点。在听到和看到了这么多东西之后，我敢肯定坡里庄的状况也好不到哪里去。但是当我们在黄河岸边一个破

旧的旅店休息的时候,我还是禁不住有点怯生生地问福若瑟神父:“坡里庄是什么样子的?那里的房子是不是和这里的旅店一样好?”“当然比这要好得多了!”他以安慰和坚定的语气告诉我。是呀,像我马上看到的那样,它们确实好一点点。但是他完全可以省去“好得多”这个词。

在第三天的下午,我们终于接近我们的目的地了。

午后,我们最后一次在东昌府的基督徒那里稍作逗留,他们虽然已经不属于山东南部,但还是倾其所有来隆重地款待主教。

从这里到坡里庄还有五十里地。在这最后几个小时的行程中,我们的队伍变得越来越庞大。策斯劳斯教士第一个骑着一匹骏马飞奔过来,紧随其后的是一群传教团助手和基督徒首领,也都是策马而来。不一会儿我们又看见飘动的旗帜,听到了长号的鸣奏,这是中国音乐中的前奏,随后响起了中国笛子和单簧管的声音。还有一把欧洲号角,一个年轻人在使劲地吹着,发出可怕的声响。从坡里庄那边传来隆隆的爆竹声,鞭炮也噼哩啪啦响个不停。主教坐进了一顶轿子。在人群的欢呼声中,队伍在田间蜿蜒前行:一幅有声有色而又色彩斑斓的热闹画面。

在村口,所有的教徒以及村民们都来了,还有孤儿和学生,在神父的带领下列队欢迎我们,无数的异教徒也从四面八方赶过来看热闹。

一张桌子上,已经为主教摆放好了举行礼拜仪式的庆典圣衣,主教要在这里穿上这件有着兜帽的紫色主教服,然后从主教府出来,手持权杖头戴主教冠,在合唱团的簇拥下进入教堂。但是一场奇特的灾难搅乱了计划。首先是我们把权杖忘在了东昌府,幸好岳昆仑(Ceslaus Blas)修士快马加鞭及时取回了权杖。然后福若瑟神父和鄙人想帮助主教穿上圣衣,可我们两人有谁见识过带有兜帽和拖地后襟的紫色长袍,又有谁懂得这件华美礼服的穿戴方法呢?P. A. 什酣(Sheehan)阁下在他的《路加的传道经历》中描写了一个有趣的场面,叙述了在作弥撒的过程中有着兜帽的紫色主教长袍给主人公带来的尴尬。现在我们也遇到了同样的遭遇。我们越是手忙脚乱地拉扯长袍,它就越是缠绕得厉害。最后主教不得不放弃穿长袍,只是穿着长白衣,披上红披肩向前走去。

此时,我把权杖和主教冠交给了维天爵和隋德明两位修士,并让他们走在队伍的前面。当这支行走的队伍来到官邸的大门时——主教该从这里穿着长袍手执权杖进入教堂——我四处张望寻找那两人,可他们和他们携带的那两件主教象征物消失得无影无踪了。后来才得知,这两位修士误解了我的意思,他们直接进入教堂了,一直在祭坛前面等着我们。

虽然发生了这么多倒霉的事情,但是整个过程还是很隆重的。福若瑟神父用汉语发表了一番热情洋溢的讲话,可惜我只字未懂。但是后面的“感恩赞美词”我听懂了,我们齐声欢呼,内心对上帝的感激和对上帝的祝愿都升腾而起。小教堂里面挤满了聚集在一起的神父和信徒,拥挤不堪,当主教庄严地向他们赐以美好的祝福后,夜幕已经降临了。一顿简朴的节日圣餐给庆祝活动画上了一个圆满的句号。

晚间祈祷结束后,我问其中的一位教士:“我们睡在什么地方?”他的回答让初来乍到的我吃惊不小。他让我爬上一个快要断裂的小梯子,我看到在平坦的屋顶上横七竖八地睡了几个人。这真是一个宽敞的卧室,头上闪烁的星星给我们照明,房间里的装饰就是四周摇摆着的柳树影子以及邻近房屋的黑色轮廓。不管怎么说，即使下面的屋子里有足够的空间来容纳众多的客人，上面还是比下面那窄小、充满霉味和黑压压的蚊子的黏土房要好得多。

庆祝活动又持续了几天。神学校的学生们用拉丁语和汉语朗诵诗歌，演奏音乐曲目，来迎接主教的到来。那些孤儿们甚至学会了一首德语诗歌，一个盲童绘声绘色地进行朗诵。教徒们也想隆重地迎接主教，并且想以恰当的方式邀请主教和传教士们去做客。那几天里宾客盈门、热闹非凡，中国的音乐在这种喜庆的场合是不能缺少的，那几天里，我们一直在欣赏着音乐会，它给我们带来的享受在很长时间里大大满足了我们在这方面的愿望。

欢迎仪式结束后，举行了另外三个神圣的仪式：神父和教士们按照圣言会新的规则来发愿，村里的孩童和孤儿的第一次领圣体仪式，以及坡里庄首次授以神父圣职仪式。

安治泰阁下从斯泰尔带来了主要章节中规则的手写稿。这些新试行的规定，在一定程度上有着极为重要的意义。此外从现在开始还应该立下守贫誓愿。全体传教士都表示愿意接受新的规则，所以短短几天之内发愿就完成了。

根据新的规定，所有的人——福若瑟神父除外，都只是发了阶段性的誓言。而福若瑟神父则被允许立下永久誓言。早在两年前他就写信给教团主管，请求能得到这项恩准。而主管对于他的请求当然也是十分高兴。可因当时缺少具体的规定，所以这一愿望拖至今日才得以实现。

上面已经指出，福若瑟神父实际上很少有时间和机会加入到修会生活中来。尽管如此，他已经是一个非常杰出的修士了。发永久誓言时所许诺过的，他都忠实地履行。他是圣言会杰出的成员，为了圣言会的发展以及山东南部传教的内外建设，他所做的无疑比任何一个人都要多，付出了比他人更多的努力和牺牲。在以后的几章中我们还会有更多的机会提及他所作出的贡献。

如果说发愿还仅仅是在传教士内部进行的话，那么儿童领圣体仪式则是一个真正的公众庆典活动。

孩子们在文安多神父的带领下，作为前期准备，做了大量的教义问答以及相关练习。在慈爱的圣母升天节那一天，他们被允许第一次走向主的桌子。几周以后，善良的副执事和主祭李天安神父带着一脸的纯真和谦恭来到祭台前，他从传教初期就一直尽心尽力地在努力工作，现在他觉得自己毕生的愿望就要实现了。他被新任主教授予了神父职衔，在全体教士和教徒们热烈的祝福中，开始了第一次弥撒献祭。

他对此是多么地向往呀，曾经为此进行了多少次的祈祷啊！这对于历经坎坷、没有太大天赋、年龄也越来越大的他来说真的是很不容易。现在他终于达到了自己的目标。这种幸福好像使他一下子年轻了十岁。①

---

① 遗憾的是李天安神父的传教活动只持续了很短时间。他是第一个由于去世而中断传教活动的传教士。他死于1889年4月4日，被授予神父职衔还不到三年。他的虔诚、安于贫困、无欲无求并且长时间忍受病痛的折磨，这一切都为他去往永恒的故乡做好了准备。他被安葬在坡里庄，安眠在他旁边的是其同伴卡尔·利芬神父。卡尔·利芬神父在三个月后也就是1889年7月11日因感染伤寒而离开了人间。

福若瑟神父没能来出席这次美好的庆祝活动。

安治泰阁下在到达后马上任命他为副代牧,并且把汶上和巨野地区的事务交付于他。担任副代牧这个职位。福若瑟神父目前的工作量不是很大,因为传教活动的区域还很小[①],主教一个人就可以轻松完成管理上的工作。只有当主教不在的时候,有着副代牧荣誉头衔的福若瑟神父才挑起这个责任重大的担子来。

圣母玛利亚升天节的第二天就是"使徒的别离",也就是说,为了迎接主教而聚集到坡里庄的传教士们要离开这里继续去从事他们的传教活动,或者说他们分到了一块新的传教区。福若瑟神父也包括在其中。

我所经历的那次分别时的情景,直到三十多年以后,仍栩栩如生地浮现在我的眼前。小小的主教府门前,热闹非凡。牲口套上了鞍子,祭坛器具和卧具都已经打好包。那时的传教士们个个都像那位希腊的智慧老人庇亚斯,他们或许也会像他那样说:"Omnia mea mecum porto."(凡是我的东西我统统带走)

这时整个坡里庄村,男人、妇女、孩子都聚集到了一起。

当传教士们穿着夏天的白色长袍,跨上他们的马或驴子,各自按照指定的方向踏上遥远的传教征程时,教徒们都围上来,和他们的精神主教福若瑟神父一一道别。很多人都是泪流满面,我当时有这样一种很深的印象,他们的眼泪不是"做表面功夫"—— 在中国是指装出来的表情——而是发自肺腑的真情流露。

福若瑟神父通过他不懈的热情工作,给坡里庄带来了繁荣,也通过他的实际行动获得了全体教徒的爱戴和感激。

第二章
福若瑟神父在他的地区开始传教,他关于年轻的山东南部传教团在西部传教情况的报告

福若瑟神父所分得的地区,位于黄河的另一边,有两三天的行程,是一块面积相当大的区域,包括了好几个县。

---

① 1886 年 10 月的一份统计表显示了新建的传教区的状况:

受过洗礼的教徒	634
慕道者	2150
欧洲传教士	14
未授圣职的教士	4
传教团助手	40
传教团女助手(未婚女子)	14
神学校学生	15
孤儿	102
截至目前已经死亡的基督徒	112
临死前接受洗礼的儿童总数	5160

他所管理的愿意接受洗礼的人大部分住在汶上北部。基督宗教得以以那里的李家庄堂口为突破点进入该区域。

当时年轻的传教士文安多神父正待在李家庄，他通过祈祷和禁欲，努力使汶上人皈依基督教。他得了间歇热，遭到强盗的殴打，但还是以极大的热情尽力去满足新教徒的愿望。

那时有一个在附近区域有众多的追随者的教派首领，找到了这个年轻的传教士表示愿意皈依基督宗教。而这个传教士就像是不小心钓到了一条大鱼一样，非常的激动。不久以后又有很多郭家楼(Kuo-dja-lou，音译)以及附近地区的人来到了文安多神父这里。应这些人的请求，文安多神父向这些地区派遣了传教员，从此便掀起了一场皈依基督宗教的运动。一个乡镇接着一个乡镇争先恐后地提出申请。1886 年时，大约有一千人表示愿意皈依基督教。在郭家楼和黄家庄分别建造了一座小教堂。

可惜没过多久，刚刚绽开花朵的传教活动便遭受到了一场寒霜的袭击。在一次大规模的械斗中(在山东南部村与村之间的这种冲突并不少见)，上面提到的两个村子的新皈依的教徒也参与其中。械斗中有一人被打死，因此就开始了一场旷日持久的官司以及长达几年的敌对，当地的传教活动也由此蒙受了巨大损失。另外在教徒和异教徒之间也有很多矛盾，为了解决这些冲突，这位可怜的传教士也付出了很多的艰辛。

李家庄所建立的基督宗教还把火种播撒到了曹州府所管辖的巨野县。首先接受基督宗教的张家庄位于该县的东北部，距离李家庄二十七里地。

来自这个村庄的张守鸾和崔青云(Tsui-tsing-yün)在济宁州认识了暂时逗留在那里的长老会传教团助手们，于是便加入了新教。当他们听说附近的李家庄来了天主教的传教团后，就到这里来实地了解情况。在后来的一段时间里，他们经常带一些朋友过来，有时候一待就是一整天，他们所需要的口粮都是出门时从家里带来的。在经过了一年多的摇摆不定后，他们决定同其他一百多人加入天主教。这些慕道者对待基督宗教的态度是严肃认真的，学习宗教原理时也是热情满怀。当时的张家庄肯定是山东南部最美丽、最繁荣的村庄之一，但同时也是遭受自然灾害最为严重的地方。可怜的基督徒们在最初的几年里着实吃了不少苦。

与基督教作对的最强大也是最有权势的敌人叫姚鸿烈，他就居住在离张家庄三里地的地方，在谈及曹州府教案时有时会提到这个人。他变着法儿纠缠和骚扰新加入的教徒们。他甚至找来这些教徒的亲戚来做他的帮手。而当地的官员们也被他控制了。有几个教徒在衙门被殴打，在毫无缘由的情况下被关押了很长时间。县里的士绅作出了一个明智的决定："我们巨野县不需要基督宗教，如果谁想要加入基督教，必须离开这里到汶上去。"

在梁山的传教活动始于 1886 年的春天。梁山本来是距黄河南岸五十里处从平原拔地而起的一座小山。山的四周有城墙围绕，城墙里面分布着大约四十个村庄。里面还有照管得很好的花园和农田以及无数的果树。当春天到来的时候，桃树和杏树的花都开了，云雀从碧绿的麦田冲向天空，风景就像天堂一样美。

但是那里不总是像天堂般平静。传教士们就曾亲身经历过那里的混乱。梁山早就是臭名昭著的贼窝。在漆黑的夜里，经常会从围墙那边传来强盗和守卫之间交火的激烈枪声。

这里的基督教是由居住在附近的一个姓张的富人和一位老基督徒传播进来的。姓张的在梁山有一处房产(现在教堂所在地),老基督徒老家在直隶传教区,现长住在这里,当听说附近已经有了天主教的传教士时,他的宗教意识又重新被唤醒了。通过这两个人的推动,很多人来到了在汶上传教的新长老会的陵博约神父这里,请求他派遣一位传教助手。这个请求当然如愿以偿地得到了满足。结果当然是非常有利的。几周后,传教士第一次来访,便受到了热情的接待。

不久,陵博约神父又陪同福若瑟神父作了第二次拜访,福若瑟神父是以主管的身份来访问的。对这次来访的奇特情景,陵博约神父本人作了描述:

> 我第一次访问后过了没多久,福若瑟神父和我又来到了梁山。这天下午我们来到山上,因为山上平坦如地,而且十分的美丽和安静,所以我们爬上爬下,为我们的每日祈祷书祷告。那些中国人当然一直在观察我们,因为我们这样的散步方式对他们来说并不常见,所以他们就作出了另外一种解释。他们想当然地推断,我们想要在山上修建一座大的教堂,我们走过来走过去是在丈量那块位置的大小。巫婆们听说后马上就利用这个事情瞎说一通。她们称,山神由于我们来回走动以及我们要修建基督教堂感到受了侮辱,所以我们如果要想避免灾祸就必须赎罪。她们的胡言乱语传播得很广,可怜的人们听信了她们的谣言后都感到很害怕。好在她们找到了一种可以平息暴怒的山神的办法,那就是:在几个夜晚(日期马上就确定了,我想是两三个夜晚)必须在山上点燃很多的灯笼来表示对山神的敬畏。并且只能是油灯,而灯笼必须由面皮做成。这样梁山的每户人家必须要出一小碗面和一些油。根据我的回忆,所有的人或者是大部分人都满足了她们提出的要求。但是或许是命运的捉弄,正好在那些夜晚刮起了大风,所以灯笼就点不起来了。但是神仙们理解了我们的好意,更重要的是巫婆们已经把面粉放到了自己箱子里,把油装进了自己的油罐里。

不管这个故事是道听途说,还是想象力丰富的人如此讲给传教士听的,我们都把它放到一边不去理会。不管怎么说,在郑家垓这个村庄和附近的几个村子还是建立起了几个小小的堂口,传教团也得到了上面所说的那块土地。因为很多通往坡里庄的道路在这个地方交汇,所以这个地方后来成了传教士在旅途中休憩的场所。有时候,几个倍感寂寞的传教士会聚集在这里,与好客的本地传教士共同庆祝一番。这里就是福若瑟神父所要负责的地区。

在福若瑟神父到达这里后不久,他就整个传教区内西部的情况给主教写了一篇长长的报告。在他担任主管的时候,他一直对这个地区给予了特殊的关注。这份报告也可以使我们窥见当时他所负责区域的状况。关于开始的一些情况,我们已有所介绍。他的报告如下:

> 梁山,1886 年 9 月 1 日
>
> 尊敬高贵的主教阁下!
>
> 下面请允许我向尊敬的主教阁下就阳谷、汶上和巨野三个传教区的现状和发展作一个简短但真实的汇报。

我首先从我所传教的汶上谈起。汶上在今年向我们证明了我们很早以前就得到的那些经验,即让一个异教徒皈依基督宗教比把一个新教徒教育成一个虔诚的教徒要容易得多。正如主教阁下所知道的那样,两年前那些异教徒成群结队地加入了基督教。当时看来好像所有其他神的庙宇都要变为废墟,而只有基督教的教堂屹立在这些废墟之上。可怜的汶上!我讨厌你,我当初对你的爱已经消退。烽烟四起,豺狼和疯狗开始咬人了。在这儿,教徒和异教徒之间发生了很多的小冲突,虽然这些冲突并不像在山东南部其他地区发生的那样严重。另外还有一些肆意捣乱的人,他们是一群披着羊皮的狼,即便是传教团的助手也不在自己的职位上尽职尽责,而是去耕田犁地来养活他们的女人和孩子。这些因素的共同作用,造成了某些新教徒中的严重冷漠和隔阂,而异教徒对于教徒的厌恶更是与日俱增。

我们最好的堂口黄家庄在差不多两个月的时间里没有人去教堂。教徒不断被那些异教徒嘲笑奚落,他们扬言,教徒们不作祈祷他们才会停止骚扰。即使教徒们正在祈祷的时候,异教徒也会带着武器闯入教堂,他们把武器放在祭坛上,一屁股坐到地上,抽着烟斗来取笑和嘲弄这些可怜的新教徒。而教徒们也不敢去赶集了,如此等等。想要经受得住他们这种抵制需要坚定的信仰,但并不是每一个教徒都具有这种坚定的信仰。

主教阁下也知道了很多关于这个村庄的情况。这个可怜的小村庄,对于传教士来说,就是一座小小的骷髅山。在那里,传教士会和弱者一起变弱。人们必须要能装聋装哑装瞎,这需要多么大的忍耐力呀!只有神灵才能重新安排这个世界。

但是,玫瑰即使满身是刺,也能在这些刺中开出鲜艳的花朵。这些年里,有些新教徒在这儿坚定了他们的信仰。对一些人来说,多次遭受迫害让他们蔑视尘世生活,并且引发了他们对永恒的高度评价。有些灵魂已经升腾至幸福的天堂。仅在郭家楼一地,今年就有十五个人去了天国。一个19岁的年轻人尤其值得一提。他就是淘儿(Thaol),一个好小伙子!当我想到,这个可怜的孩子还没有接受洗礼就走了,我是多么的悲伤呀。他从小就失明了,但是对于神圣的信仰却始终有一双明亮的眼睛。没有任何一个人像他那样充满热情。天刚放亮,他就把教徒们叫醒,把他们聚在一起祈祷,如果有人不愿意来,他就一直等,直到那人最终不得不作出让步。每个星期六,他都为教徒们推磨,他说:“这样因了我的缘故,你们明天就一定会来作礼拜。”一天夜里,当他作完晚祈祷回来时,这个好孩子掉进了一口深井,第二天人们才把已经死去的他从井里打捞出来。人们用稻草把尸体包裹起来草草埋了。所有人都为这个年青人感到伤心。这件事情以及其他类似的事情却给了我们的敌人诽谤基督教的口实。

所以后来很长时间这儿都流行一种传染病,据说尤其是那些新教徒最容易受到感染。对一些人来说,这就是一块永远也迈不过去的绊脚石。

虽然面临种种不利情况,基督教还是站稳了脚跟。我们在沙河崖、曹庙(这两个地方都属于汶上县),郑家垓和土山(这两个地方在梁山,属于寿张县)的新教徒都信心满怀,充满着希望。

此外,梁山还成了新的中心。从这里出发,我们神圣宗教的福祉被传向四面八方。周围的村庄(例如刘家涯口),由于缺少祈祷地点,教徒们长时间以来一直把一个当地的塔作为聚集地，远一点的地方如丁家塘也已经有不少人提出了申请。但愿上天把更多的恩赐都洒到梁山来，洒到这个山东南部最美丽的地方，洒到散落在这共同圈子里的众多村庄里，洒到这个大村落群中间那山势平缓且又高高耸起的小山上。

李家庄的南部是整个汶上地区基督教的摇篮和发祥地，这里的教徒数量一直比较稳定。如果与我们在这个传教据点三四年来所付出的巨大艰辛和牺牲相比，那么这个堂口的精神面貌和现状还应该再好一些。关于汶上的事情先说到这里。

巨野的辛酸史主教阁下还记忆犹新吧？谢天谢地！在经历了两年多的斗争后，巨野地区的教堂终于可以缓口气了……曾经在曹州府十三个县人人所惧怕的恶人姚鸿烈①也不得不在用三个手指撑起苍穹的强大的巨人的手下屈服。他曾经一度夸下海口：有姚鸿烈在，曹州府就不能有教堂；有教堂在，就不能有姚鸿烈。他现在比我们刚刚建成的小教堂旁边的一只小老鼠还要安静。他通过他那愚蠢的、肆无忌惮的行为所做到的，只能是使我们在张家庄建的新教堂比原来计划的还要漂亮。"谋事在人，成事在天"，这句话从来就是至理名言，在今天也仍然如此。

另外，上帝惩戒的鞭子，也已经不失时宜地抽打到了这个穷凶极恶的人的家人身上。他的妻子掉进了井里，儿子想要自杀，他的兄弟也丢了官，等等。而我们在张家庄坚强的基督教会根本就没有被这场风暴所击垮。没有一个基督徒背叛我们的教会，反而在周边地区又建起了很多的分会。

上天对阳谷这个地方给予了很多的恩惠，并且还在不断给予。但这个贫穷的地方看起来并不是基督教的一方沃土。这里的人们已经习惯了那种冷漠和熟视无睹，他们自己也不能从中挣脱出来。典型的一点是，在中国到处滋生的帮派在这里也没有适合生长的土壤。可怕的是，县里的官员从来就没有公开表示过对于天主教的好感，哪怕模棱两可的话也没说过一句。异教徒那边也总是麻烦不断。一个相当顺从的新教徒被传教士叫到坡里庄，让他在那里接受洗礼。但是在洗礼进行前他却突然变得怪僻起来，他回到了家里，最终没有接受洗礼就死去了。这些事件给基督徒和非基督徒们带来了阴影，几天之内都挥之不去。

不管怎么说我们都有足够的理由来感谢我们仁慈的上帝在这一年来里带给阳谷的这么多好处：前些年所创建的基督徒堂口仍然继续存在，此外又增添了几个新的，比如李家庄和刘葫寨(Liung-hu-dschä)。有些地方的情况已经发生了明显的好转，尤其是在丁家垓。每逢星期日，阳谷新接受洗礼的教徒们都十分勤快地做礼拜，而这一点是许多老教徒也做不到的。

所取得的这些显著进步以及真正的基督教精神在我们的主要阵地坡里庄能够站稳脚跟，这一切真是令人欣慰。按照我的观点，这令人欣喜的事实原因不在别处，而首先在于从神龛中日日夜夜流淌出来的上帝所赐予的极大恩惠，另外这也是和教徒们的虔诚祈祷分不开的。

我就此打住，主教阁下。我虽然很乐意只给您讲述那些令人愉悦的事情，但是我

① 在安治泰主教返回前不久，教会与姚鸿烈之间的矛盾通过县令乔有年和福若瑟神父的斡旋得到和平解决。这位县令在沂水时就认识了福若瑟，并对他产生了敬意。在吃了一顿饭后就把这件事给解决了。

想尊重事实，所以我就勾勒了我用心灵所观察到的这样一幅形象。如果这个形象不像阁下和我所期待的那样充满着生机和活力，而是像一个刚刚摆脱伤痛的病人，那就是我的罪过和责任了。愿上天能够宽容我！我一直在祈祷，并且还将继续为此祈祷，希望在您主教阁下强有力的英明领导下，我们这一小群信徒能够日复一日在数量上不断增加，宗教信仰更加坚定，具有英雄般的勇气，到了末日审判那一天，但愿牧人和羊群一同达到永生，因我们的主基督之名。

屈尊主教阁下接受我最诚挚的景仰话语，请求主教阁下的恩赐，这是我的荣幸。

问候尊敬的主教阁下

卑职 福若瑟

正如我们从报告中看到的那样，福若瑟神父对于他现在所工作领域的事务是很熟悉的。他是到目前为止那个地方的真正的传教士，他尽力地帮助那里年轻且没有经验的神父。因为新教徒的数量还不是很多，常能与传教士亲自接触，所以他熟悉每个人。这对于工作的顺利开展是至关重要的。

第三章
福若瑟神父在梁山、汶上和巨野的活动

福若瑟神父现在又重新开始了他没完没了的漫游生活。跟以前在沂水和在巡察旅途中一样，他现在又从一个堂口走到另一个堂口。刚开始他用一匹马来驮他的祭器、卧具、衣物和一名传教士用得着的什物以及他随从的用品。因为传教士居无定所，必需品都得随身携带，所以到了冬天牲口身上堆得高高的，要骑上去十分不方便。可能的话，传教士便骑马赶路，而他的随从便背着旅行袋跟在后面。如果要走很远的路，那么角色就发生了变化，随从可以骑上马，传教士则跟在后面走。在山区中这就是最经常的旅行方式。在平原上，福若瑟神父通常雇用一个由一头或者两头骡子拉着的中国小马车。这样，运输必需的物品当然就方便多了。如果习惯了车子的剧烈颠簸，传教士可以坐在车上作每日祈祷、看书甚至用心研读。福若瑟神父通常利用旅行的时间来祈祷或者阅读宗教读物。即使是和其他传教士一起旅行，他也总是要挤出一点时间来进行祈祷。

到了堂口以后，他便努力使自己的逗留能给教徒们带来更多的收获。他严肃地督促他们学习教会教义问答手册，要他们勤做礼拜以及参加集体祈祷。

每天都得祈祷、学习教义手册，每个人，不管老者还是年青人，都得参加考试。

为了能把基督教传播到梁山周围的各个地方，福若瑟神父常去集市，公开给异教徒讲授教义。他用一个小玩具罐和类似的小玩意作为吸引人的器具，他自己也认为，这样的做法对他的帮助很大。他在公开场合宣讲教义并没有取得多么显著的效果，但是为了让不信教的人得到了解灵魂拯救的机会，福若瑟神父不想就这样无所作为，即使在以后也是如此。不管是在旅行途中还是住在客栈，只要一有机会他就向过往的行人布道，或者与他们进行有关宗教的谈话，对这些他有着自己独到的技巧。他不在意自己是否疲倦或是安康，即使在经过了长途旅行之后急需休息或用餐时，好奇的人们蜂拥而来，挤在房间或者聚集在院落里，这本是让人感到厌烦的事，可他却从未对这些人表现出任何的不耐烦，不忍心在没有同他们进行一次友好的宗教谈话前就把他们撵走。当他同其他传教士同行时，他经常也会问："谁能给这些人传授一下基督教的思想？"通常情况下这个任务还是落到他自己，而不是别人的身上，因为他是完成这一任务的最佳人选。

稍有闲暇，福若瑟神父便用来写作。他编写了一本名为《正道威义》(Summa doctrina Christiana)的册子，是针对教会人员的规章，是为检验基督徒们是否虔诚而制定的标准。另外，他还翻译了赞美圣灵的一系列祷文。这一切都是受主教的委托，主教经常在写作方面求助于他。

可那些新教徒们总会闹出什么事来，让他不得安生。完全可以说，这些人滥用了他的好心肠、他对他们的爱以及对他们幸福的关心。教徒和异教徒的冲突此起彼伏，他得不停地帮忙、进行调解。

在梁山出现了一次严重的械斗，很多人都卷入了其中。

在李家庄，有个教徒被他的不信教的邻居控告，被囚禁了好几个月。

在张家庄，刚刚获得的平静重新被同非基督徒的争吵打破，更确切地说是被一桩不幸的婚事打乱。一个信仰基督教的少女同邻村一个不信教的人订婚。当婚期临近时，年轻的新娘却突然声称永远不会嫁给一个不信教的人。她根本不想结婚，而是想一直当处女。她对婚姻的拒绝点燃了冲突的火焰。一个已经订了婚的女孩怎么能拒绝之前已经许下承诺的婚姻呢？根据中国的传统和法律来讲，这可谓是闻所未闻，也是不允许的。结果导致了一场艰难的诉讼，案件一直闹到了济南府。那些异教徒一直声称，将会坚持自己的权利，哪怕到最后成为一捧尸骨，也算是取得了胜利。女孩被迫成婚，但是坚持不愿意参加那些迷信的仪式。

这件事闹得沸沸扬扬，给传教士和教徒们，尤其是那个坚贞不屈的姑娘带来了莫大的痛苦。现在这都是陈年旧事了。他们全家都已经皈依了基督教，当年的那个基督徒新娘虽然还没有成为有着一群健康后代的祖母，但是已经做了母亲。

在所有类似的事件中，这位可怜的传教士受了很多累，在当时的那种境况下，他一筹莫展，无能为力。他写道，他在那段时间里不知何去何从。他那不倦的甚至是置生命于不顾的努力，都是在执行主教的指令，完成主教的嘱托。

现在这个传教士已经在这个岗位上工作多年，积累了丰富的经验，但哪怕是最小的事情他也向主教报告，征求他的意见，这不能不令人感动。

下面的文字摘自当时他所写的某些信件，它同时也能让我们对于这位传教士的日常生活有一个大致了解。1886 年 9 月 18 日，他从梁山报告了几起当地堂口的紧急事件，事件发生在土山和汶上。

我现在有几个问题，期待着主教阁下能给予答复：

1. 在黄家庄发生了一桩错综复杂的事件。一个约 18 岁的女孩，她已学了许多的祷文，按照基督教教义来说可以称作她养母的人，让她和一个异教徒订了婚。我万般劝说，才让这个女孩和一个教徒订了婚，现在他的养母去世了。那个异教徒的很多亲戚过来劝说那个姑娘，他们好说歹说，直到她答应不嫁给那个教徒为止，后来那些亲戚就径直把女孩子带走了。现在未婚夫和他的家人想要通过暴力抢回新娘，并且想要诉诸法律。但是那些相关的文件(订婚信件)在我手上,就像我刚才说的那样,这个女孩子现在不想嫁给那个基督徒了。所有人,基督徒和非基督徒们现在都起来反对我,因为他们知道,是我主持他们完成基督教的订婚仪式的。我现在应该怎么办呢?我是应该把这些相关信件交到未婚夫手上,让他去打官司吗?可那样会惹来新的麻烦。因为新娘已经不再愿意嫁给他了,这样就会产生一场新娘不赞同的婚姻。那个基督徒未婚夫在新娘被劫持后给我的第一眼印象表明他已经放弃那个姑娘了。这样在我看来他就失去了索回这些信件的权利。是不是这样呢?

2. 在梁山这里,主教阁下曾许诺让两个小男孩加入基督教。应该什么时候送他们过去?那个年龄小一点的叫康棠(Kantang),我对他十分满意,我期待着他能够担任更高的职位(后来他成了一个本分的信仰基督教的农民)。

3. 一些地方新入教的基督徒们都热切地期盼着那终生未嫁的王老太到他们那儿去,主教阁下能不能把她送过去?

4. 这里有个男的,能帮我们一些忙,他常向我讨一些戒鸦片瘾的药。恳请主教阁下能从东昌府搞一些来!

在另一封信中他写道:

这里有两户人家宣扬迷信,其中有某某主管的妻子。另外,我还发现有几个人赌博(猜色子)。我让参与赌博的全体人员在教堂里公开请求宽恕,然后我才同意他们进行忏悔,我对那些搞迷信的人说,他们必须等到您的归来,而后接受您认为适当的惩罚,然后他们才能进行忏悔。那个主管在他妻子搞迷信的时候似乎并不在家中。还有一个八十多岁的老妇人,没有参加复活节祷告就到她女儿那里去了。

今天从老君堂来了一个人,家里是信基督教的。他的父亲遭人诬告,现在已经关了四十天,这是一帮衙役干的,官员对此一无所知。是不是应该让姚丙钧去一趟?他如果出场,我想这件事情就可以解决了。被关押的人年事已高,为人正派。

周茂敬或许又要和郎明山神父一起走了。如果他跟我一起来梁山,在众多被围墙围住了的村庄里"开辟宗教天地",那会是怎样一番情景呢?我们可以用四处走动的方式来布道,就像主教阁下所期望的那样。

有件事我不知道怎么做,请予以赐教。最近来了三位举止高雅的人,来自六十里外的巨野,想加入基督教。他们到达时天色已晚。另外从七十里外的老君堂也来了一个人。这些人在这里都人生地不熟,饭食也买不到。遇到这样或者类似的情况该怎么处理呢?我可以为他们提供饭食吗?今天我就这么做了。

高家口的主管来了,向我们提出了他那个老问题。我做不了主,只能把他打发到坡里庄,让他自己向主教阁下说个明白。我请求主教阁下能帮助这个可怜的人。因为一方面他和他那里所有的教徒都很本分,另一方面,我们也不担心他把他的房产和土地清单列出来会给我们带来什么损害。同时,我们还可以走出买不到一块价格合适的土地的困境,自然我们还得建一个教堂,尤其是在有新的教徒加入的地方。他希望能得到一百二十吊钱,否则他就摆脱不了困境。另外他还请求允许他在住宅周围修一堵围墙。这也是必要的,不然的话,那些年轻的妇女们几乎是不可能到那里去的。此外他还想搭建一个小厨房，这样就不必在教堂做饭了。我想请求阁下告诉我，您向他承诺了些什么。

前几天，从郓城跑来一个教徒，满脸是血。据说他被异教徒给打了。虽然他不属于我管辖的范围，但是我认为还是派一名传教团助手去看一下比较好，我觉得这也是您希望看到的。那件事和平地解决了，传教团助手已于昨晚返回。

上述摘录，只是这个勤奋的传教士当时用书信表达愿望和陈述问题的极小部分。这足以让我们了解，福若瑟神父是以怎样严肃和认真的态度来对待他的所有这些任务的。

我们见证了他在这一地区的工作情况，可他待的时间并不长。短短几个月后，主教就派了几个传教士来接替他：德天恩神父到汶上，卢国祥神父去了巨野。我自己在 1887 年圣灵降临节期间得以同传教团助手张书亚(Dschang-schu-ya)两人一起，带上一头驴子在梁山以及附近的地区来回奔走了几趟。

这期间，传教活动在各个方面显示出勃勃生机。在郓城县出现了几个新的堂口；在嘉祥县，零星的传教活动给人以希望和信心；在鱼台县，传教也开始站稳了脚跟。

所有这些新进展都或多或少是从福若瑟神父开始的，或者是受了他的影响，在其他的传教士们来到他原先工作的地方后，他仍对这些新的区域牵挂不已。

但在我们关注这些新地区的传教情况之前，还必须回忆一件事情，它对于传教的历史非常重要，而福若瑟神父也被卷入其中。

第四章
试图在兖州府建立落脚点，福若瑟神父在郓城、嘉祥和鱼台的活动

就像我们上面看到的那样，坡里庄由于其自然形成的纵横交错的地理位置，暂时成为传教的重要据点。先前肯定也是这样考虑的，即在传教活动初期要为自己寻找一个离迅猛发展的新区域较远的安静处所。但是从一开始大家就明白，从长远来看，这里是不合适作为主要据点的。坡里庄同其他传教区的来往十分不便：坡里庄处于西北一隅，在传教区的最边缘，一块常年被洪水侵袭的平原上，被黄河与其他面积既大且极为重要的传教区域分隔开来。这个小村庄也没有什么应对强盗袭击的防卫设施，因而不速之客有时会不请自到。

因此，传教活动刚一开始，安治泰主教就计划把主要据点迁往一个位置更合适的地方去。兖州府处于山东南部的中央，当时还是道台(道台是这个地区级别最高的官员，可以说是地方政府主席)府所在地，这个地方看起来是合适的地点。

如果传教活动能够在最高机关的眼皮底下扎下根，这只会对提高他们的声望有帮助。因为兖州府虽幅员辽阔，可商贸不发达、人口也不多，所以即使是在坚实的护城墙下，也有大片闲置的空地。这样就可以期待不用很多花费和面对很多困难就能得到一块土地。但这并非轻而易举，这一点是事先可以想象到的，因为传教活动还没有在任何一个城市有落

脚点，当然在兖州府也是如此。

作为先前鲁国这个孔子的故乡里最大的城市之一，兖州府的历史意义还没有引起我们足够的重视。这一当时根本没有考虑到的问题，日后却被不信教的文人和官员大肆宣扬，给传教活动制造了巨大的障碍。可那时首先考虑的都是实际要解决的问题。

安治泰主教用他那火一般的热情来寻找解决问题的方法。他返回后不久，便亲自来到兖州府拜会道台和其他官员。福若瑟神父和布恩溥神父陪他一同前往。意想不到的是道台拒绝接待主教。即便如此，三人还是在城中的客栈住了六天。他们每天向圣灵祈祷，想依靠上天的力量使这件事获得成功。与此同时，传教团的几名助手接受委托去打听购买土地事宜。不多久，就有一个机会来了。可此时各种耸人听闻的谣言四起，所以主教认为还是先和两个同伴回去为好，这样就不至于因为有三个外国人在城里而给购买土地带来困难。他的做法是极为明智的。

传教团要购买土地的尝试就像捅了马蜂窝。消息刚一传开，就已经有人站起来反对了。文人的自负和对于一切外国事物的盲目憎恨不断增长。两个文人，唐柯(Tang-kau)和方包臻(Fang-bau-dschen)，更是成为反对者的中坚力量。官员是火上浇油，所以后来气焰不断高涨也就不足为奇了。现在更是第一次出现了斗争口号："在东鲁，孔子的神圣故乡，不允许有基督教传教。"

目前看来想在兖州府落脚希望渺茫，所以主教试着在离兖州府六十里外的济宁购买土地。在这里同样遇到了巨大的困难。

在随后的时间里，福若瑟神父一直为这些事情烦恼。他的传教区就在兖州府附近。所有从那里过来的信使都来拜访他，及时带给他最新的消息。有时还会有一些愿意为传教士进城助一臂之力的人来拜访他，当然并不是单纯出于对上帝的爱，而是期望能够获得好处。福若瑟神父好几次都向主教报告过这种情况。

这期间他一直安静地在他的传教区工作。虽然已经有两个传教士过来帮忙，德天恩神父负责汶上北部地区，卢国祥神父分管巨野和汶上的南部，但他仍和先前一样，独自将区里的种种困难和重要事情揽在肩上。同时他又得照管附近郓城和嘉祥两个地方的大小事情。

郓城和巨野都同属曹州府管辖，郎明山神父把基督教从阳谷传到了那里。有一个被人称为"李太太"的年迈老妇，曾是位虔诚的非基督徒，一生都尽心地供奉神灵，焚烧掉的香就有一车，并捐资修建了几座庙宇，是她最先在城西北角、离城十二里的孙家塘开始传教活动的。她聚集了一些抱有相同想法的人，为基督教争取信徒。尽心尽责的郎明山神父用一辆马车作为交通工具穿梭于他负责的传教区，经常去拜访新建立的堂口并建造了一座小教堂。他用有力和富于激情的语言，给常常成群结队涌到这里的异教徒布道。没有多久，在邻近的侯家庄就形成了第二个小堂口。但在其他地方的传教活动刚开始时发展缓慢，也遇到了不小的阻力。郓城的教徒们在无助或者苦恼的时候开始求助于福若瑟神父，可那时的他还没有被委托来照管这个地区。现在这种情况是越来越多，而现在的他也有了更多的时间待在郓城。主要是一个生活贫苦的孔姓人家——不管有事还是无事都来找他——给他带来了很多麻烦。他曾在斯泰尔的《小小心灵耶稣使者报》上撰文写过这件事情。

从郓城回来以后，福若瑟神父常去巨野和汶上的南部地区，看望那儿的堂口。后来又增加了何家塘、姚家店（Yau-dja-dien）和井家庄。他最喜欢的堂口是经受了迫害考验的张家庄。在那里他还被允许——至少是在一段时间内——把圣体存放在那儿，这对他来说是个莫大的安慰。

距离那里两个小时路程的是嘉祥堂口，这个堂口的一些地方也是在这时建起来的。

嘉祥坐落在一个美丽的小山丘上，是属于济宁的一个县。第一个基督徒是个叫做周隆一的老者，来自周家庄。他在斯泰尔传教团到来之前就已经在山东北部方济各会一名神父那儿报名作了传教团的助手。他的几个亲戚——其中有他的养子周茂敬，还有秀才周奉章——都和他一起加入了教会，后两人作为传教团的助手，兢兢业业、忠心耿耿、踏踏实实地做着工作。这些人构成了嘉祥传教活动的核心。后来，在堂口的周围迅速地形成了众多小的传教团体。1887 年初，福若瑟神父向主教报告说：

> 在嘉祥，好像有很多人打算皈依基督教。这儿似乎形成了两个中心：第一个中心在周家庄，连同周边的康家庄、张家庄、鲁镇（Lu-dschen）、乔家坊（Tsiau-dja-fang）等。不久的将来会告诉我们这意味着什么。第二个中心是在卧龙洞。可关于这些新教徒似乎没有什么好说的，因为他们的教派首领都是些一文不值的人。

在同一个报告中，福若瑟神父第一次提到了鱼台，这个县也归济宁管辖。

鱼台境内湖泊众多，沼泽遍地。春天时，放眼望去，大片充满生机的麦田，就像绿色的海洋上下起伏，一望无际。夏季多雨时，这个平原就变成了一片泽国。地势高一点的村庄这时候就像浮在海面上的小岛。这个地区的大部分都被南阳湖所包围，湖面上渔人驾着小舟在打鱼，放鸭人则勤快地吆喝着他们的鸭群。

因为这儿有几个人报名加入基督教，所以福若瑟神父就派去了一名传教团助手。这个助手在那里待了六个多月，可没有带来什么好消息。这些想加入基督教的人，期望从传教团这里获得切实的物质上的好处，然而这些，至少在当时是无法满足他们的。这样一来，在那里传教暂时就没有指望了。

尽管如此，安治泰主教仍希望花大力气来进入这块迄今为止还没有到过的地区，并且想让教区的西南部也归入基督教区。所以在 1887 年夏天，他果断地交给福若瑟神父一项任务，要他到那里去工作。福若瑟神父不得不突然离开他迄今为止工作的地方，以及他最喜爱的堂口而前往一个新的环境。这一转变对于他来说并不容易，因为这个新地方不能令他乐观。另外，他当时内心也因烦恼而十分压抑，他在前往鱼台的路上有着什么样的经历，我们可以从后来他写于 1888 年的一个报告中看出来。福若瑟神父是这样对他的主教报告的：

> 当我在去年夏天接到主教阁下的指示，要我离开最繁荣的巨野堂口，在江南省和河南省交界的地方重新建立家园时，我怎么也不明白——我就觉得眼前一片漆黑，心头像石头般沉重。我匆忙找出我的随身物品，也没有忘记带上在任何风暴和无助时刻的希望支柱，不知道将要前往何处，我就这样上路了。一方面由于洪水，另一方面由于不计其数的强盗和劫匪，我被迫取道皇帝开凿的大运河，先到济宁州，从那里再前往我新的传教地。亲爱的主似乎是想提升我不足的信心和低沉的意志，在途中给

我带来了很多欢乐，这些欢乐就像一剂良药贴在了这个传教士充满焦虑的心上。在经过嘉祥的时候，我遇到一位71岁的学者（秀才）。他由于脚部伤口疼痛得厉害，几个月来一直被困在床上。主赐我为他洗礼，我凌晨（那天是玛利亚悲伤日）即起，到他的床前作完神圣的弥撒后，为他作了神圣的洗礼。他虽然从昨天才开始成为天主教徒，但是却用他那极好的口才谈论精神的宝贵、痛苦的价值、尘世的易逝，好像他已经在教会学校待过很多年似的。在接受洗礼的前一天晚上，他几乎一夜未睡，在不停地作着祷告。在他的大门上他用大字写道："居尘不染尘，住世恒出世。"（意思是居住在尘土里，但是不被污染；生活在尘世间，却一直游离于尘世之外）听起来是不是有点像中世纪的神秘主义者的学说？这个内心充满喜悦的人，他是多么用力地抓住我们神圣的宗教，就像遇到海难的船员幸运地抓住了一条救命的绳索！……后来据异教徒告诉我们，甚至在临终前他还一直呼唤着主（上帝）的名字，最后他是在欢乐中死去的。上帝保佑他！

在济宁州，我有机会趁着夜色悄悄地为一个来自四川的老年基督徒做圣事，他已经好多年没有见到过神父了。

经过了几天的长途跋涉，也绕了很多弯路，我终于来到了我的新传教区边界。当我了解到，在一个叫做崇眉集的小村庄里有几户从山东北部迁过来的信奉基督教的人家时，就决定先到那里去。我来到了崇眉集。多么凄凉的一个基督堂口呀！就是说，这里充满了贫穷和困苦，犹如基督招待宴会情景的活生生再现，活脱脱一个临时救护所。来自不同地区的六个家庭凑在一块儿，其中三家只得靠乞讨维持生计，剩下的有两个盲人，一个瘫子，还有一个得了痨病。贫困和痛苦迫使他们离开原来的家乡，他们已经有两年没有机会接受圣礼了。

这就是福若瑟神父所遇到的基督教堂口。如果他当初曾希望在这个小的老基督教聚集点找到支柱的话，那么他是彻底失望了。这些人穷困潦倒，和周围异教徒的关系也不好。这个居民点成了给这名传教士带来懊恼和一些不快的根源。传教团最终觉得该把这些财产全部买下来，用这种方式来帮助他们结束自己的贫困生活，而部分老年教徒作为承租人仍然可以住在那里。

由于缺少合适的场所，福若瑟神父也不得不暂时以那里为家，从那里继续着他的活动。后来他成功地在距离鱼台大约有一天路程的一个叫做团里的地方站住了脚。或许这里还有一些想要加入基督教的人，这些人福若瑟神父已经在他上面的报告中简要地提到了。

团里先前是一块洪泛区，常年都被洪水淹没。后来由于黄河河床发生改变，这块地方就被一层富饶的泥土所覆盖，地面随之提高，水退去了，土地又可以用来种植庄稼。虽然这些土地以前都有归属——这些地有数平方公里之大——可现在人们却像强盗般地强行圈占这些新的耕地。来自巨野和郓城的外来者动用武力霸占了这些土地，并在这儿建造起新的房屋。而这些土地原来的所有者被赶跑了。政府无能为力只能承认现状。土地被买卖、继承，久而久之，这种混乱状态就为法律所允许了，但这种状态后来经常被那些试图夺回失去土地的人们所打乱。

福若瑟神父在团里地区的姚家楼建立了一个堂口，后来又有一些其他村庄纷纷加入。

但是这些人的皈依使传教团面临着一个道义上的问题，为此主教恳求副主教作出决定。

对主教的这一要求，福若瑟神父在 1887 年 5 月 9 日作了以下的表述：

在山东南部的鱼台县，有一些外教人要求登记成慕道者。这是一件好事，但也会碰到一些困难。

大约在二十年前，还是咸丰执政的时候，那时的人们无法无天，政治局面极为混乱，周边地区无数的造反者在他们首领的带领下，来到了上述的鱼台地区。在当地的民众部分被驱逐、部分被杀后，他们把整个地区占为已有。

由于政府对造反者无计可施，只能把这件事看成既成事实，宣布他们为该地区的合法百姓，并可得到法律的保护。

契约规定的税收，他们都交到头领的手中，而他是在占领这片土地时被推选出来的。这名首领在他去职时，仍然享受着首领的待遇。

第一个问题是：可以将那些曾亲自驱散或杀害过该地民众但没有或根本不能指望他们对自己的所作所为认罪或反悔的人接受为慕道者吗？

问题二：可以把那些没有像造反者那样参加过争斗，但后来通过法律公告或是通过向造反者购买而获得土地的人吸收为慕道者吗？

问题三：如果对前两个问题可以作肯定的回答，那么是否允许慕道者将税直接缴纳给首领，即那位政府委派的地方官？如果不理睬这位首领（或是绕过他）行吗？根据商定，他到目前为止是收税的，并且为了他的个人所需让属下背上了沉重的负担。

1888 年 2 月 2 日得到的回复是这样说的：

神圣的教宗的特赦法院根据报告对所述疑问作以下答复：

关于第一个和第二个问题：可以吸收他们成为慕道者，但必须要求他们在参加了通常的礼仪后接受洗礼。

关于第三个问题：此事要慎重（是否可直接向皇帝纳税呢？）。

圣座特赦法院

1888 年 2 月 10 日于罗马

当福若瑟神父在团里地区第一次开始传教时，单县的传教活动也同时展开了，并且是以一种非常独特的方式开始的。我们以后会找机会详细描述这一传教活动有趣的开端。

第五章
再次尝试在兖州府购买土地，以及由此引发的风暴，福若瑟神父在郯城和王庄

福若瑟神父甚至还来不及适应在新的工作地点的生活，主教的一道命令就又把他调回去了。

这些年来，兖州府和济宁的那些中间商们从来没有完全放弃他们购地的尝试，现在终

于成功地在这两个地方分别为传教团偷偷地购得了土地。

在兖州府的房子花去了六千吊钱。安治泰主教想要得到这块土地，所以希望福若瑟神父能够陪他前去。中间商——也是地方上有头有脸的人，也通知他们前往兖州府。主教和福若瑟神父计划在8月29日约翰斩首节那天到城里，但是他们根本就没有走得那么远，在去的路上，走到大朔家（Da-Süo-dja，音译）时，他们就听说兖州府爆发了骚动，因为居民们听说传教团新近买了一所房子，并且很快要搬进去。如果说第一次购买土地的尝试已经激起了人们的愤怒，那么这次风暴则来得更为猛烈。为了阻拦传教团派出的“杂种中国人”，大白天城市的大门就关闭了。买家和中间人如果不能成功地脱身的话，都会被抓起来。最糟糕的是，风暴不仅仅局限在兖州府一处，而是很快波及整个传教区。

此时的兖州府正在举行一次大的考试，文人们从很远的地方赶来参加考试，所以兖州府发生事情的消息以及与此有关的诽谤文字四处蔓延。就像后来出版的翻译件（《斯泰尔传教会历史》第229页）所描述的那样，这些揭帖内容十分具有煽动性。

东鲁义士为驱逐洋教，斩杀汉奸，以保乡闾，以伸义愤事：查天主教起自欧罗巴洲，蔓延中国。其教弃伦灭理，唯利是图，以夺人之国为奇功，占人之土为豪举，淫人妻女为智略，创为魂灵之教，谓一入其教，死后魂灵即可升天，其传教者谓之牧士。

继令教民将其祖先神牌送教堂劈坏，所有天地灶君等神呼为魔鬼，均不许供，但供耶稣十字架。以后按礼拜日招至教堂，男女混杂，集聚一起。教民家如有疾病，须请牧士医治，及其将死未死之际，将其亲眷撵出，以小筒取其眼珠，以二膏药封其眼框，然后任其亲眷殡葬。又有孽术能配蒙汗药，迷拐童男童女，剖心挖眼，以为配药点银之用。

天之灭鬼，殆其时矣！彼稍有知识，自当销迹匿声，安分在海口通商，不许入我内地。我等绅民亦不必与彼鬼仇杀。乃现有洋鬼，窜入东鲁，引诱愚民，欲买地建堂，荼毒我民。独不思我鲁为圣人之地，秉礼之邦，家读孔孟之书，人多英雄之选，岂有任从愚民受其蛊惑，害我桑梓，将何颜立天地间，见天下士哉！为此沥血布告阖郡乡谊，同伸大义，门户绸缪，斩杀汉奸，以靖内乱，驱逐洋教，以靖外忧。谨列其条约于左：

1. 愚民有卖给洋鬼暨汉奸房屋田地者，我绅民即率众将该民交出财产，焚毁其屋，田地掘成深坑。

2. 愚民有卖给洋鬼食物者，即割耳示众。

3. 愚民有容留洋鬼住宿者，即割耳示众，并将房屋烧坏。

4. 愚民有为洋鬼役使者，即截其右手一指示众。

5. 跟随洋鬼之中国人，明系汉奸为洋鬼耳目，即将此等汉奸拴住挖眼割耳，再为议处。

6. 洋鬼入境，除拿其跟随汉奸外，即率众将洋鬼逐出境外。如该鬼抗拒，即将该鬼殴死，同伸义愤。

7. 以后境内房屋田地不准私卖，须由绅董查明，方准立约，犯即公议严惩。此次条约所不及者，再行续出。[①]

在传教区的许多地方，都能够感受到这个狂热的布告所带来的影响。他们十分明确地告诫说，如果官员在此之前不能驱逐那些欧洲人的话，他们将在十月初一（1887 年 11 月 15 日）将他们悉数杀光。

但是这样的威胁，就像平时经验经常告诉我们的那样，不必看得过于严肃。不过这段时间对于新的教徒以及传教士来说，确实充满了恐慌和害怕。那些心怀恶意的异教徒现在比以往更加咄咄逼人，至少是常说一些带有各种威胁的话。

安治泰主教本想在济宁买一间房子，也不得不趁着夜色悄悄离开。

在同一个时间里，在梁山的布恩溥神父和当时正在那里逗留的他的助手，在米迦勒节的那个晚上遭到一伙强盗的袭击，财物被抢劫一空。

如果说这次强盗事件和发生在兖州府的骚动在时间上很少或者说是完全没有关系的话，那么福若瑟神父在偏僻的郯城县处理繁重的工作时碰到的事情就与其有着很多的关联。

在这个属于沂州府管辖的地区爆发了严重的动乱。像往常一样，当面临困难和危险时，福若瑟神父总是首当其冲，去搏击风暴。在兖州府之行以失败告终后，他立即接到了主教的命令，要他起程前往沂州府和郯城。同时，他还得前往位于东部的其他传教区，在大约三周后返回。可原来预计的三周时间变成了充满了艰辛和困难的将近六个月。

这样福若瑟神父在 1887 年秋末去了郯城，对他而言这又是一个完全陌生的地方。

为了能够对福若瑟神父所负责区域发生的事件有一个了解，我们必须作一下回顾。当安治泰主教（当时他还是副主教）1884 年前往欧洲的时候，曾经取道沂州府和郯城，途中他投宿在属于郯城的庄家店子。因为有些民众向他表达了加入基督教的愿望，所以他便告知在沂水传教的传教士，让其派遣一个传教助手到那里去。

郯城县城位于沂州府的南面，毗邻江苏省。山东东部的山脉向南蜿蜒，到了这儿，只有几个小山丘突出在平原之上。地下蕴藏着煤和钻石矿藏。有一些小的工厂在采煤，而钻石，肯定是稀有之物，老百姓只是在大雨过后到田地里去翻找。宽阔的官道从这个地区的中间穿过，把南京和北京连接起来。以前这条道路至关重要，但是现在由于有了铁路和海运，它的实际价值大大降低了。

根据主教的意愿，布恩溥神父给庄家店子派遣了一个传教助手，并且好几次亲自走访了这个地方。于是这里形成了一个小小的堂口，开始时充满着种种美好的希望，但是因为传教士们都有很多工作要做，不能经常到这个需要几天行程才能到达的偏僻堂口来，于是这里的新教徒和传教助手孤立无援，如果说这不是一种危险的话，那么毕竟也是有害的。只有极少数的传教助手有能力承担起长时间领导一个堂口的任务。传教活动早就徘徊不前，已经到了必须由一个传教士来接手这项工作的危急时刻。能方济神父奉命接受了这个任务。

在圣诞节的前夜，他来到了他负责的地区。对于一个年轻且没有经验的传教士来说，这是一个凄惨的圣诞节。他自己写道：

① 此揭帖原文作于光绪十三年十二月七日（1888 年 1 月 19 日），见《清季教务档》第 5 辑第 414 页。但德文原著有个别句子缺引，又原揭帖中“牧士”即天主教神父。

在教堂里养着一头公牛和一头驴子,人们已经看不到一丝该房子原来功能的痕迹。没有门也没有窗户,里面所有的东西都脏乱不堪。堂口的精神状态正与这里的破败情景相吻合。四周不见一个教徒。我的同行者到处奔走,去找一些人来打扫一下这所房子。当我们能够将就住进去的时候,已经将近半夜了。

由于这个传教士的耐心和辛勤工作,几个月后他竟然重新把几个小堂口恢复起来了。县里的官员对于传教的态度也十分友好,异教徒们频繁地拜访能方济神父,向他咨询有关基督教义的情况。所有这些都预示着传教工作会有条不紊地向前发展。

但是仅仅几个月后情况就发生了逆转。另外一个官员被派到了郯城,不久,四下里都知道了他不是传教团的朋友。也不排除有这种可能,那就是新教徒和传教助手做了一些蠢事,侮辱了异教徒。不管怎么说,气氛日渐一日地敌对起来。有一个当地的乡绅做了敌对一方的领头人。他们放出话来:"五月十五那天(1887 年 6 月)将袭击基督教教区,把传教士和教徒统统赶走。"在这种严峻的形势下,能方济神父派遣了一个传教助手到衙门请求保护。官员给他的答复是,县里的地方名流跪下来哀求他把欧洲人赶走。"我现在不想这么做,"他说,"但是我也不能保护你们。"所以传教士应该尽快地离开。由于形势日趋危急,能方济神父急急忙忙亲自赶到郯城,但是也像先前那个传教助手一样遭到了拒绝。他认为还是首先退回沂州府为好,到了那里后,再把这里发生的事情先向他的直接主管布恩溥神父通报,随后向主教作报告。

这个传教士刚刚离开,在 7 月初(中国农历六月的第一天),一伙有着三百人的强盗团伙举着旗子拿着枪,毁坏了庄家店子、赵庙(Dschau-mian)和王家店(Wang-dja-dien)三个堂口的教堂,抢劫了教徒。有几个教徒遭到了殴打。

"在这一系列胡作非为之后,"福若瑟神父于 1887 年 9 月 30 日在沂州府写的信中提到,"府里长官派遣县里官员王恩展和郯城的官员来调查。调查的结果几乎等于零,或者是小于零。其中的一个新教徒被抓后押到了城里,被囚禁了一个月,他花了好多钱才把自己赎出来。布恩溥神父此时来到这儿,并且拜访了府里的长官,他满口答应帮忙,可却什么也没做。我到这里时,面临的就是这种情况。"

可怜的福若瑟神父这时陷入了困境。在郯城的传教活动受到了破坏,教徒们灰心丧气,不得不置田里已经成熟的庄稼和家庭于不顾,围在来自沂州府的这位传教士身边,诉说着他们的痛苦和抱怨,这让他忧心忡忡。

他想要帮忙,想尽可能地保护传教团的声誉和在这个地区的存在。但是没有人愿意听从他的这些设想,他处处被拒之门外。很多天他都坐在沂州府的旅店里,他先要等上二十天,因为这时正在举行考试。考生们四处散去后,他终于可以开始和府里的长官协商。这位长官像县官王恩章——福若瑟神父在沂水时的老相识——一样,对福若瑟神父本人很友好。刚开始他表示会考虑福若瑟神父的要求,但是过了几天后态度就发生了变化。发生在兖州府的事情已经传开了。在衙门里和大街上人们对此议论纷纷,要想公正地解决郯城发生的事情现在已变得根本不可能了。福若瑟神父所有的要求:公开警告闹事者的头目,在官府的陪同下把传教士送回来,补偿造成的损失——都被直截了当地拒绝了。只有一点获得许可:郯城的官员应该把被抢劫的教徒和敌对的异教徒的姓名记录在案,并且通过诉讼裁定,他们在多大程度上受到了不公正的待遇。后来举行了这样的一次审判会议，在会上那些被吓怕了的教徒声称他们被勒索的钱是自己自愿给的，并且放弃请求补偿。

当福若瑟神父抗议这种解决方式的时候，知府直截了当地对他说："你们想干什么？我们对待你们比你们在兖州府得到的接待好多了。你们去北京吧！我就从那里来，我知道得很清楚，你们在总理衙门（外交部门）也不会得到什么。"

这样，此事就以彻底的失败而告终。即使是最低的目标也没有达到。那群异教徒庆祝他们的胜利，给县官送去了道谢的礼物（华盖、匾额等），那些新教徒则必须通过向他们的敌人交纳钱财才能平安地返回家园。

在这种情况下福若瑟神父该怎么做呢？清理战场？先行返回，看看济南府或者是北京能否作出有利的裁决？这样的前景十分渺茫，换句话说，是根本不存在的。若是传教士离开，那些可怜的教徒们会失去他们最后的立足点。那发出微弱光亮的灯芯将会彻底地熄灭，在可以预见的时间里不会再被点燃。但是在这种情况下返回已经被破坏的传教区？在这样的形势下，去面对那些冷嘲热讽者、充满敌意的异教徒以及软弱的新教徒？

这是个艰难的选择。福若瑟神父选择了后者——两者中最困难、最棘手的一个。他写道：

> 就像中国人说的那样，我们（他和能方济神父）脸红脖子粗地返回了庄家店子，目的是能使那些教徒逐渐步入正轨。这是一段十分黑暗的日子：异教徒沉醉在胜利之中，我们最主要的敌人一直在暗中监视是否还有人敢于到教堂去，异教徒被禁止同教徒来往，那些靠做小生意来养家糊口的可怜的教徒不得不放弃他们的生意。

传教士们试图通过建立学校来改变他们的处境，并以此逐渐对异教徒产生影响，通过忍耐、祈祷以及个人的交往重新夺回失去的阵地。愤怒看起来似乎正在逐渐减弱，但这在目前而且在将来都是靠不住的和平。有人往传教士的院子里扔石块，威胁说要烧掉他们的房子。他们说新教徒在井里投了毒。由于这荒唐的谣言，整个村庄都去河边打水，直到这些井得到彻底清理为止。要将那些新教徒召集到一起很困难，并且变得越来越困难。传教士和他们也发生了极不愉快的争吵。

在自己面临这种困境的情况下，福若瑟神父在他的信中还试图安慰主教：

> 阁下请不要过于悲伤。不幸也是恩赐！苦难是圣徒最为宝贵的遗产，苦难让我们离我们神圣的主最近，苦难可以使我们的事业更有成果。如果谷粒不掉进地里，也不死去，那么它就会是形单影只的。当然，我凭什么自以为有能力来安慰您那颗宽大的心！

福若瑟神父在郯城一直待到第二年的3月份。根据主教的指令，他必须再次前往沂州府，尝试去解决为遭受到的损失争取赔偿事宜。结果仍然像上次那样令人沮丧。福若瑟神父想去拜访知府时，知府却让下属转告他：如果他是为郯城发生的事件而来，他就可以不必来拜访了。知府自称本人并不反对福若瑟神父，但是即使福若瑟神父到北京去申诉他也不理会这件事情。这件事就这样永远了结了。得知了这个消息，福若瑟神父不得不返回住处。他离开郯城，首先去了他先前在沂水的主要据点王庄。能方济神父暂时还待在他的岗位上。两个月后，在麦收时节，他也去了王庄。他离开后不久，可怜的传教区的形势便急转直下，处处充满了危险，在这里重新进行传教活动看来是不可取的了。能方济神父被调往阳谷，必须长时间离开给他和福若瑟神父带来很多痛苦的郯城。

福若瑟神父在将近复活节时来到了王庄，从 1885 年初起他就没有再来过这个地方了。当他看到沂水的山，想到又可以在他那熟悉的老堂口布道时，他感觉自己就像一个回到家乡的游子，勇气倍增。但是他不仅没有得到休息和安慰，还在这里也陷入了一场风暴。要挽救这场危机，他来得正是时候。

众所周知，风水迷信深深扎根在中国人的血液里。风水是一种神秘的力量，它是由地点、土地状况以及修建的建筑物决定的，可以据此来解释一个家庭或者村庄的幸运或者是不幸。经过了很长一段平静的日子后，这一曾经带来很多祸害的迷信，在王庄又掀起了一阵反对传教的风暴。起因是传教士要在传教点的院子里挖一口井。一位占卜人，即懂“风水”的先生声称，这口井触了龙脉，会把村子里所有的幸运赶走，更重要的是还会破坏这里的市场和小生意。

随后，一群村里的长者便来到传教点，要求将挖好的井重新填上土。在这危急时刻福若瑟神父正好赶到，试图用他那三寸不烂之舌，打消那些老者的顾虑。这些人却坚持他们的要求，他们见教士们拒绝按他们的要求去做，便开始自己行动起来。他们不让运送石料的人通行，并且没收了他们的推车。众多手执大刀、长矛和火枪的异教徒聚集到了传教点，并包围了传教点，一直到天黑才散去。

传教点危在旦夕。所以第二天福若瑟神父就匆忙赶往离这儿有七小时路程的沂水城，向官员报告了这件事。官员做出的决定是明智的，因为井是挖在传教点的院子里，所以没有人有权力阻止他们挖井。那些捣乱的人被赶走，这件事情就这样解决了。王庄的住处在后来很长一段时间都没有再遇到大的敌对事件。

可福若瑟神父又得重新听从主教的召唤，给马备好鞍，返回他半年前同样听从主教命令而突然离开的那个传教区。

第六章
在西部地区的其他活动，开始在单县传教

在后来的几年里，福若瑟神父又来到了山东西南部地区。开始时，那里的整个传教区都归他领导。当时的他并没有像其他传教士那样拥有一个中心据点以及固定的住所。只要是教徒住的地方，就是这名传教士的家。当然这不仅仅意味着不舒适。他经常要从一个土房搬到另一个土房，从这个村到另一个村，从这个区到另一个区，这来回地折腾纯粹就是一种折磨啊。

但是这种不安定的生活也有它的好处，就是不会把传教士固定在某个地方。他仍然保持着思想的自由，避免陷入过于依赖人和地点的危险。另外，最大的好处就是他可以通过这种方式和那些新教徒进行最深入的交往。他对他们了解得很透彻，他们对他也更加亲近。随着传教活动的壮大，以后肯定得建立一个更大的中心据点。由于面临强盗的经常性滋扰，必须把各个地区的主要站点转移到安全可靠的地方。由于工作量的增加，他只得把那些给愿意加入基督教的人办的短训班、冬季学校以及其他类似的机构都合在一起。

这样就有可能给更多的新教徒上课，而给分散在各个堂口的教徒分别去上课是不可能的。但不可忽视的是，在这些优点的背后也隐藏着一些不利的因素。与过去相比，福若瑟神父已经很久没有与他的那些精神上的孩子有交往了，他对每个人不再那么熟悉了。在他面前，那些教徒比以前更陌生、更冷漠了。这对于传教士本人而言可能面临这样的危险：过于恋家，错误地理解所谓的“官邸义务”，对现在来说仍然很重要的到各个堂口巡视和对传教人员管理过于表面化。

就像我们先前提到的那样，福若瑟神父从来没有陷入过这类危险之中。他的坚定意志、他的圣徒精神保护他免于陷入危险。他也可以这样说：“Charitas Christi-zelus animarum-urget me.”（基督的爱，对于灵魂的热诚，在催促着我）最令他感到高兴的是，他不用压抑他对主的热情。这段时间里他一会儿写于寿张，一会儿写于汶上，不久又写于郓城、巨野和嘉祥的信件都表明了这一点。1888 年的整个秋天他都在这些地区活动。尤其是嘉祥的传教活动蓬勃发展，成绩喜人，需要给予特别的关心。

无论他到哪里，到处都会遇到困难。对于他来说，解决这些困难的难度越来越大，越来越棘手，因为他经常缺少一些得力的助手。此外，那些官员、衙门的人以及一些地方士绅都是些反对传教活动的顽固派。在寿张县的后寺栈（Ho-si-dschan，音译），一场激烈的争吵悬而未决，汶上的李家庄又陷入了困境，尤其是在井家庄的传教活动，由于遭到村长景匡瑶（Djin-kuang-Kyau，音译）的竭力反对，很多年后仍是困难重重。在郓城，侯家庄的教徒和异教徒以及不幸的孔姓家族同样陷入了无休止的争吵之中。在巨野，姚鸿烈又东山再起，在同教徒的冲突中给几个流氓撑腰打气。在姚家店，每到祈祷的时候就有人脱光衣服躺在地上，挡住教徒们通往教堂的去路，等等。

新皈依的教徒们都跟随在福若瑟神父身后向他抱怨，福若瑟神父觉得必须帮助他们，因为与人结怨会导致教徒们对宗教失去兴趣。但是由于形势不利，他几个月来的努力都是以失败告终。此外还有一些搬弄是非的人告诉主教，说福若瑟神父过多地干涉诸如此类的事情，总是关心那些跟传教毫不相干的事情。通过福若瑟神父的信件我们可以看出，主教责备了他。

也有可能主教对他的责备并不是毫无道理的，照管新教徒，倾听他们的请求和抱怨，牵制了他太多的精力。主观上他肯定认为，他只是在尽自己的义务，是在根据主教的意图行事。他向主教详细讲明了情况，不但声明愿意听从主教的指示，而且在行动上也是心悦诚服。随着冬天的临近，他工作的中心也在不断地向西南方向，朝着鱼台转移。一年前他曾经心事重重地来到这里，来到这新开辟的单县教区。

眼前在鱼台的传教活动并不能给他带来多少快乐。在老的基督教区内，由于庄稼歉收，老百姓生活贫困以及由此引发的一系列问题也陡然增加。在那里工作确实困难重重。团里堂口的情况也不会好到哪里去。那些世俗的利益在人们心中还是占据着重要地位。当时在鱼台传教时，福若瑟神父就写下了这样的话：“世间很是荒凉，黑暗笼罩着河流。”

福若瑟神父又尝试着向与鱼台毗邻的滕县进发，他派了一个传教团助手去了那里，但暂时还看不到成功的迹象。

而在单县，这块与鱼台西部相连接的地区，前景越来越令人鼓舞。

福若瑟神父在他最初的报告中所勾画出的这个县民众的形象，给人带来的更多的是信心：

> 单县人臭名远扬：每个到这个地方游览的善良人都会败兴而归。都是些野蛮人，他们手执大刀和匕首取人性命，视杀人如同儿戏，不畏惧死亡。在田间劳动时，他们会袭击一无所知的游人，如果遇袭者丢失的仅仅是行囊而不是自己的性命，那他就是鸿运高照。这里有八户大财主，其中最富有的一家据说有十万亩土地，他们非常有势力，但是权力更大的是众多的捕役（衙门里面那些负责抓捕盗贼的毫无善心的恶棍的称呼）。

福若瑟神父在这里描绘的画面，虽然是真实的，但毕竟有些过度渲染。虽然谚语中说“单县不善”，意思是说“单县的人不善良”，但是也远远不像他所说的那样，所有人都是杀人犯和拦路抢劫的盗贼。笔者作为福若瑟神父的第二位继任者，在那里生活了很多年，在这群野蛮的人中间也发现了善的一面。然而抢劫和争斗并不少见。这个县的地理位置就决定了这里的危险系数很高：山东、河南、江苏三省在这里交界。中国的衙门总犯这样的错误，他们往往来到与邻省或邻县的交界处前就止步不前，也就是说，在这里缺少各相应机构之间的携手合作，然而那些强盗当然不会因衙门在边界前的良心发现而被束缚了手脚。所以他们就从一个地区流窜到另一个地区。黄河已经干涸的河床在这里向前延伸，河床前都筑有高大的堤坝，这就为他们的活动提供了某些屏障。

但是就像先前所说的那样，在单县也有很多美好的东西。这一方土地和其他的地区一样平静，这都要感谢福若瑟神父的传教活动。人们完全可以说，单县是他最为钟爱的传教地。

我们还是援引他自己的话，来介绍一下这里传教活动开始时的奇特之处：

> 基督教在单县最初活动的足迹可追溯到1887年。在此之前，整个地区没有一个基督教徒，却活跃着被国家明令禁止的各种帮会。其中几个还施招魂术，试图同世间之外的力量保持联系（在中国，类似的现象在痴迷帮会的人们当中并不少见）。这其中有几个来自秦奶奶庙和寇庄（Ko-dschuang，音译），他们心地善良，为人厚道，这些诚心向善的人后来自己认定，一个总是同邪恶的鬼神打交道的宗教不可能成为一个真正的宗教。所以他们连续三十三天每夜通宵达旦地祈祷能够找到一条正确的道路。这期间其中的一个成员突然癫狂，失去了理智，在其他的教派成员面前，他总是重复着同样的话：“你们朝东北方向走一百里，就会找到了。”两个为首的便起身上路，他们朝东北方向行进，在走了一百六十里之后来到了我们的姚家楼（位于团里），前不久，新的堂口刚刚在这里建立起来。他们要寻找的正确的道路，被他们找到了。他们大喜过望，连忙返回村庄，要把这个好消息告诉其他人。他们前脚走，一个传教团助手跟着就到了，这样基督教就在单县隆重开张了。

看起来主教安治泰阁下似乎是对先前曹州府的事件仍然心有余悸，也由于单县居民的恶名和福若瑟神父的阻拦，他没有亲自来视察这个地区。

最初，这两个村子的新教徒们都是到鱼台去拜访在那里的传教士，他们都是些淳朴正直的人，把对待加入基督教这件事情看得很严肃。尽管如此也不能避免别人对他们的敌意。基督教带来威胁的各种谣言四处蔓延。另外，那些男性教徒还受到他们不信仰基督教的妻子和亲属们的抱怨和指责。一个新教徒说，他的两个伯父相信“开水泼老鼠——死一窝”的谚语，害怕他加入基督教会给他们带来不幸，打算把他给活埋了。在他就要被活埋的危急时刻，幸好传教团助手及时赶到，制止了这场不幸的发生。

在其他一些情况下，同样也显现出用奇特方式保护基督徒们的先兆。

几帮人手执各种凶器，他们从丁楼(Ding-lou)集市出发，想要袭击基督徒。那是一个明朗的月夜，新皈依的教徒们当时正聚集在老师周围学习教义。当这帮人接近秦奶奶庙的时候，突然间一团乌云笼罩，降下一场骤雨，大雨浇得那群人匆匆四散离开(众所周知，中国人都害怕下雨。在大雨中他们那高亢的激情瞬间就会被浇灭)。第二天夜晚，那些丁楼的异教徒又奔袭而来。这晚仍然是风清月朗，可突然之间漆黑一团，那群人惊恐地退了回去。教徒们在三十年前就向福若瑟神父讲述了这两件事情，直到今天他们仍然对此津津乐道。他们把这两件事看作是上帝庇护他们的明证。那些异教徒则把这些事情归于魔力的作用，对于这奇异的新宗教是既敬畏又害怕。

一段时间后，那些新教徒被人告上了官府，说他们是被禁止的教派的信奉者。但是这本来会给教徒带来厄运的诉讼，却拯救了他们。县官进行了调查，结果是他发布了有利于教徒的布告，甚至命令几个办案的衙役在主要场所公开宣布，天父的宗教是好的，并没有被皇帝禁止。

想要加入基督教的人并不多，只有七户人家，但是这为数不多的人已经历了一场风波的考验。不久又有第三个村庄张家桥(Dschang-dja-tchiau)也加入进来，这个村里愿意加入基督教的人数超过了前两个村，但是名声却比这两个村庄差，因为这个村里出过几个坏小子。可是现在，甚至那些异教徒也已经发现，在基督教的影响下，人们的品行，至少是他们中一些人的品行已经有了改观，村子的名声也随之变好了。

第四个堂口是刘家庄，这个村里的新教徒在张家桥有亲戚。

就像已经提到的那样，福若瑟神父在开始时只能给这些新的堂口以很少的照顾。这里的堂口刚开始建立，他就去了郯城，从那里回来之后，他又经常被派到其他教区去。直到1888年的深秋，他才可以长时间地待在单县。幸运的是，福若瑟神父派往这里的第一个传教助手叫孙天一，是个坚定能干的人，他为福若瑟神父的到来做了很多的前期准备工作。几年前参与单县传教工作的其他几个人，也在福若瑟神父的言传身教下成为传教团的得力助手。其中有个叫熊家林的，是孙天一的外孙，尤其受到新教徒的喜爱。另外还有一个叫周奉章的秀才。福若瑟神父在报告中表达了与他们合作的和谐，赞扬他们是传教助手中好的典型。他们通过自己的行动获得了良好的个人声誉，也为基督教争取了更多的信徒。

人们只能祝福若瑟神父好运长驻。对于一个新的传教团来说，没有什么比能干的传教团助手——那些通过自己的能力以及活动赢得尊敬、懂得和别人共同合作的人更重要的了。福若瑟神父试图维护这种高涨的热情，推动传教助手们之间的团结协作，他不仅仅是通过善意的提醒，而且还通过征求他们的意见、对他们的成绩予以热情的肯定等方法来展现对他们的尊重和爱护。当时有这样的习惯，就是当遇有重大节日的时候，为了营造良好的氛围和促进团结，传教团助手们会在传教士那里吃上一顿节日餐，但是由于偶尔也会引发如何花钱等其他的不愉快的事情，所以后来这个习惯也就废除了。

刚开始缺少教授祈祷的女教师，所以男教徒们得先为他们的妻子开祈祷课。

在 1888～1889 年的冬天，福若瑟神父所负责的三十多个村庄已经有一千多名愿意加入基督教的村民了。统计时，他把那些新皈依的一家之长的家庭成员也计算在内，从而得出了这个数字。

除了有几个村庄的人数不明，其他村庄愿意入教的人数经过了仔细的核实。

那些第一次让人把自己名字写入愿意加入基督教的名单里面的人中，总有一些在该严肃时退缩了，这是常碰到的事。开始时人很多，可留下来的寥寥无几，甚至一个也没有。但也有着这样的情况，即开始时规模很小，但后来却逐渐发展成为令人欣喜的堂口。

福若瑟神父在他的报告中所列举的堂口，除了上面提到的那四个之外，还有新滩集、后河滩、前河滩、高村集、黄家楼以及高庄(在成武县境内)。

张家桥暂时可以算是传教活动的中心。福若瑟神父在那里建立了一所学校，有二十个儿童在里面学习。

1888～1889 年的这个冬季，对山东南部来说是一个困难的时期，洪水完全毁坏了地里的庄稼。传教团想方设法、竭尽全力来缓解可怕的困境。根据主教的指示，到处都建起了学校，在学校里孩子们除了上课外还可得到饭食。福若瑟神父在张家桥创建的这所学校，也要归功于这个指示。

这时他又开始建立一个小教堂，更确切地说是一个具有双重含义的“十字教堂”：一方面是堂口的有些事情有违他的好意，给他带来了很多“十字”(指麻烦)；另一方面，这个小教堂确实是建成了十字形，在中国这是个很独特的建筑，它的外观吸引了不少来自远方的好奇者。这对于见惯了那些旧式住宅和庙宇的中国人来说是一种全新的式样。可惜这个设想对于那些蹩脚的中国泥瓦匠来说是太过新颖了，教堂的建造超出了他们的能力。虽然教堂很小，构成十字的两个臂膀每个或许只有十米长，可不久就已经摇摇欲坠了，需要不断地进行整修，直到义和团迫害教士期间被拆毁为止。

第七章
福若瑟神父在单县遇险

在上面提到的有关堂口人数的统计中，福若瑟神父已经提到了属于邻县曹县和成武的几个村庄。曹县在单县的西面，是山东省最大的县之一。这个县拥有很多良田，这些田地尤其适合于种植棉花，县里还有一些十分富足的农户。这里的民众与单县相比性情上要温顺得多，虽然这里抢劫案件也时有发生。

成武在单县的北面，地域狭小，土壤没有那么肥沃，相比之下，居民们也没有那么富足。

福若瑟神父在单县和曹县交界处的宿庄发展了几个新教徒。宿庄的村长自己做了新教徒的领头人。没过多久，他就被团总(管理十八个村庄的首领)控告。这控告无论是主要针对基督教，还是只是一种借口，都暂且搁置一旁。不管怎么说，宿庄村长入了教，并和欧洲人有交往，这件事促使了矛盾的激化。曹县人称当时的县官为“扒皮”，意思就是鱼肉百姓的人。我自己在六年后有机会当面认识他，虽然经历没有福若瑟神父那么惨，但还是吃足了苦头。

衙役们刚来到宿村长的家中，他的亲属便立即涌向福若瑟神父那里寻求帮助，这自然是可以理解的。福若瑟神父也觉得自己有义务来插手这件事，因为根据他得到的消息，这件事情的主要矛头是针对基督教的，刚刚萌芽的基督教面临夭折的危险。所以他便立即前往曹县县城。他的经历最好由他自己来亲自讲述，他向主教作了如下的汇报：

宿刚被抓到城里，县官便立即宣布进行审讯。我刚好来得及把我的请求书呈送衙门。尽管如此，或者更确切地说，正因为如此，县官下令打我们的教徒六百大板。审讯过程大致如下：

县官：二十七个团总（二百多个村庄的首领）状告你在村中窝藏非法教派人员。

宿：这不属实，在我的村里只有天主教。

县官：你为什么不赶走他们？

宿：小人没有权力这么做。

县官：那儿有多少欧洲人？

宿：只有一个。

县官：你是村长，连区区一个欧洲人也赶不走？你为什么不教训教训他？你为什么给他住的地方？让他买食物？以后不要这么做了，这样那个欧洲人自己就会走了。

宿：我没有这样的权力。

县官：如果你不能的话为什么不告诉我？我有足够的手段赶走这些欧洲人。

宿：有人跟我说，这些欧洲人从皇帝那里得到了传播他们宗教的权力，每个人都可以不受阻拦地接受这种宗教。

接下来县官让人对他好一阵痛打，并让他在卷宗上画押，要他作出书面保证，回家后立即驱逐那些“伪教派信徒”。

终于在第三次提审的时候，宿在挨了一顿打之后，作出了县官所要求的保证并且在卷宗上画了押，但是之后他还是没有被放走。

消息很快传遍四方，新教徒们陷入了恐慌之中。虽然我不敢期望能有什么好事情，但是我仍然决定去拜访一下这位县官，以便从这一挫折中向主教阁下说明这儿的形势。5 月 22 日我来到了九十里外的曹县县城。县官承诺在第二天接待我，我开始盼望着这一刻。第二天早上 7 点钟的时候我被叫到大人的府里，他以通常的礼仪接待了我。在这第一次会面时，这位县官就毫无缘由地在众人面前厉声训斥了我的中国随从，我看出这个人性情暴躁，所以决定说话时谨慎一些，这样就不至于再火上浇油。

我说，我是为了宿的事情来的，我不想让解决这种问题的特别方式给县官带来难堪，他可能是得到了错误的消息。即使对于那个团总，那个原告，我也不生他的气，他只是犯了个错，没有把基督教和其他众多的伪教派区分开来。所以他也是可以原谅的。但是现在如果能找到一种合理的方法以符合条约的形式解决问题，这符合我的利益同时也符合大人的利益，否则的话我就得向主教报告了。

现在那位官员开始演戏，他的无耻行径简直难以形容。他谎话连篇，为了不让自己火冒三丈，我不得不努力克制住自己的情绪。他给我看了那二十七个团总的状书

(他们之中至多有三个人知道这件事情,其他人就是随意写下了自己的名字,就像官员亲口对我说的那样,他们中没有一个人在公堂上被询问和作过笔录)。他也给我看了宿画押过的卷宗,宿保证要把那些"非法教派成员"驱逐走。

但他对宿是基督徒这件事情声称不知道。他自称虽然询问过宿属于什么教派,但宿说他自己也不知道教派的名字,那位官员还说了一通内容相同的愚蠢的废话。另外,他还称三天前就已经把宿释放回家了,对宿还待在城里,自己也感到吃惊呢。这只老狐狸!我对他说,我要把宿一起带回去,他表示同意。最后他要求我出示我的公文(护照),询问了我出发的时间,然后我就离开了官府。我在内心感谢仁慈的主,因为我至少是眼下使得这个基督徒重获自由。我派人把宿叫过来,他满心欢喜地来到我们住的旅店。

现在主教阁下您请听事情后来的发展。那大概是早上9点钟左右,突然有一群手执棍棒的年轻人闯入我们的会客室。没有和传教团助手孙(Suin)或者是我们当中的任何一个人说一句话就一把抓住宿,打得他叫苦连天。然后他们开始对我下手,也在我背上狠狠地打了几棍,然后把我拉到前院,扔到地上,把从附近茅厕里掏出来的粪便涂到我的脸上,把我拖出了大门,他们不断地对我进行咒骂并以死亡相威胁,拖着我在众目睽睽之下穿过城里的大街和郊外的小道。

下面具体的细节是我们从一封寄给总会长神父的信中摘取的:

我对于他们来说可能是身子越来越沉重了,因为他们又重新把我拉了起来。我得立起身来自己往前走,他们不停地拧我的胳膊,用力地拉我的头,扯下了很多头发,这样我只能头朝着天,吃力地朝前走。他们还不停地威胁我:要把我丢到井里去,一会儿又说把我扔到护城河里去。

我看到我身旁有我的一名传教团助手,他也一样被绑着被拖着,于是我就轻轻地对他说,他应该表现出悔改和痛苦的神情,随后便会赦免了他。事实上我认为,我们最后的时刻来到了,我把我的生命作为传教团的祭祀献给上帝。我多次想到背着十字架的基督,他是怎样被拖着穿过耶路撒冷的大街的,我庆幸自己可以获得与耶稣同样的羞辱。同时我又对即将到来的肉体上的折磨感到害怕,一直祈求自己能够坚强起来。就这样我们穿过了通往郊外的长长的大街(大概有三里路长,即一公里半),最后来到了野外。此时这伙人又来了精神,重新开始对我们拳打脚踢。

这时突然一个看似领头的人站起来示意,说他不允许再对我继续进行折磨。所有人都听他的话。他们把我推倒在地上,这时的我仍然被绑着。我利用这片刻的安宁,对这些人说了几句话:"我这是平生第一次看到你们,你们也是第一次看到我。我从来没有伤害过你们,你们却用这种方式来对待我!可我一点也不怪罪于你们。就我所传播的宗教来说,你们对它并不了解。如果你们了解它的话,你们对它的热爱会大大超过你们现在对它的憎恨。"我被绑着躺在地上,讲述着基督教的种种美好,差不多有一刻钟的光景。他们不再那么愤怒,为我松了绑后,这伙暴徒们便四散走开了。

孙和周奉章这两名传教团助手的遭遇和我几乎一样。孙的伤势相当严重。我身上多处都肿胀起来。这时我的车夫驾着车过来了。车子的上半部分已经完全损坏了,遮阳的罩子被撕得粉碎。当我开始检查我的物品时,发现很多东西已经不见了。

所有用于作弥撒的器具都已经丢失，我的怀表、衣服以及一个漂亮的十字架还有几吊钱等也不见了，只有圣餐杯还在。我们穿在身上的衣服也都是完全破碎了。我和周奉章的鞋子也没有了，帽子也不知去向。

就剩下我们几个人独自站在那里了，我们穿着撕破的衣服看着对方，大家都四肢肿胀，鲜血直流，脸上涂满粪便，站在这个完全陌生的地方（距离我们的教徒们有九十里远），此时我们做的第一件事，只能是哈哈大笑。① 在这种情况下我们踏上了返回的路途。途中找到一点水时，我首先把自己的脸洗了个干净。

因为我们的钱被抢走了，在这个四处都陌生的地方找不到一个过夜的旅店。在这个漆黑的夜晚我们迷路了。我们辨别不清方向，向一个异教徒打听怎么走，可他给我们指了一条错误的道路。我们又饿又累几乎不能赶路了。我们的三头驴子也只剩下了一头，这个可怜的家伙也经常跌倒在地。

这样一整夜就过去了，一直到早晨天蒙蒙亮，教徒们起床去作祈祷的时候我们才终于到达了张家桥。因为用于作弥撒的器具都被抢走，所以好几天我都不能通过举行神圣的礼拜来找到安慰。我精疲力竭，半死不活地躺在我的住处。

这就是对 5 月 23 日的事件的真实描述。

下面的文字摘自寄给主教的信：

我们不禁要问：谁是这幕后的主使？通过暗中询问我们没有丝毫的怀疑：挑唆者是而且只能是曹县的官员。这里我列出以下几个证据：

1. 处理宿这一案件的方式方法以及县官在公堂上翻来覆去说的话。

2. 参与这一暴行的年轻人中，有两个穿着衙门里衙役的服装。其他的人从他们的穿着也可以看出来，他们不是来自乡村，虽然他们在事后一直声称他们是乡下来的佃户。

3. 在事情发生前半个小时突然出现一个把总（衙役头目）带着四个衙役向我们索要教徒宿。在从我们口中得知县令已经把宿交给了我时，来人声称，县令现在下了命令，宿应该跟他们回城里去，那里还有一些事情等着他处理，事情处理完后他才可以跟我们回去。宿不同意跟他们走，他们就对宿说他必须跟他们走，因为还有事情要处理，如果宿想拖延时间，那他就再也回不来了。县官是想把宿带回去，这是明摆着的事。那个把总自称认识衙门里的人，说以后可以就这件事为我们作证。

4. 我拜访县官时，他歪曲事实，谎话连篇——事情发生后也是如此。我们被殴打后刚上路时，他就派人骑马赶来告诉我们说，他得到事发的消息后，马上就命令关上四个城门，而且已经抓捕了七名殴打我们的人和房东，还有那个地方（巡警），等等。但是事实上完全是另外一回事，因为：

5. 我派了两个可靠的人，让他们亲自去城里秘密打探，其中一个叫崔桑成的，来到了一个姓李的人开的店铺，他是我们房东的一个邻居。这个开店的邀请我派遣的人去他家里过夜，他愉快地接受了。晚上，李姓店主一五一十地向他讲述了事情的经

① 福若瑟神父开玩笑地问他的同伴："我们今天不是很有面子吗？看看有多少人给我们护驾！"

过。他和全城的人都认识那些参与殴打的县官的兵士。自然也没有人被逮捕。我们刚离开，县官就把那年老背驼的房东叫到了县衙里，让他坐下然后问道："谁打了那个洋人？"那房东说："老爷（县官）的兵士。"县官："你得说：那些乡下来的佃户打了他。"

随后就让他回去了，但是马上又把他叫回来，又把同样的话向他叮嘱了一遍。这个房东并没有把县官给他说的话保密，而是向包括李店主在内的人讲了。所以全城的人都知道县官是这个事件的策划者。那些经常到李的店里来的兵士们说，他们没什么可害怕的。他们都是按照县官的吩咐去做的。在打斗过程中我自己也听到有人说："是县官让这么做的。"

这件事情迅速传到了曹县、单县和成武这三个县，引得人们惊恐不安。在单县，据说有几个团总也有类似的想法，想通过这样名噪一时的举动来讨好所在地区的人们。祈望主教阁下能够尽快控制住这场风暴。

这样，福若瑟神父在一定程度上作为一名传教士接受了战斗的洗礼，初尝了殉道的滋味。他必须感谢仁慈的主给予他本人的恩赐，因为痛苦就是恩赐，他和其他所有真正的传教士一样，都清楚地知道这点。但是他也可能心情沉重，因为他看到当讥讽和咒骂像潮水般涌来时，有些可怜的新教徒被吓得气馁了、退缩了。我自己也还记得，这件事是怎样闹得满城风雨。我那时在嘉祥，离曹县有几天的路途，即便过了很久，这件事仍然是人们街谈巷议的话题。

整个争执是因宿庄这小小的堂口而起，在经历了这次风暴之后，它已经脆弱不堪。新教徒们对于基督教的信仰更加摇摆不定。尽管传教士作了各种努力，但还是不能让即将熄灭的火花重新燃起。这样在很长一段时间内，基督教在曹县几乎是销声匿迹。直到接替福若瑟神父的德天恩神父重新开始在那里传教后，在这个让福若瑟神父付出了种种艰辛和历经种种磨难的地方，基督教这棵禾苗才重新茁壮成长起来。

至于谈到这一事件本身，虽然主教作出了不懈的努力，但教会的损失还是未能得到弥补。恰恰相反，据说后来县官利用这个机会聚敛钱财，名义上是民众必须承担这次诉讼的费用。据说有几个招了供说出自己名字的无赖被关押起来，不久之后又被释放了。最后福若瑟神父还被道台责备，说事情是他自己挑起的。

主用其他的方式安慰并赐福于他。这次事件后不久，单县最东面的薛孔楼便建立了新的堂口，并且立即成为单县最令人欣慰的堂口之一，不久又建立了一系列新的堂口。

除此之外也总能看到光明、仁慈的主总能用他父亲般的慈爱来关怀我们，在经过艰苦的工作和忍受极大的痛苦后，不乏给我们以慰藉的香甜美酒。

1889 年初共同在梁山庆祝复活节就是这样一个例子。由于坡里庄因正在建造教堂没有场地，所以安治泰阁下就决定在梁山庆祝复活节。几乎所有的传教士以及培训班学员和培养传教团助手的学校全体人员都聚集到了那里。山的四周到处开满了桃花，欢叫的鸟儿四处飞翔。

客人们从四面八方赶来。那个拥挤的简陋的小屋里以及小院子中人头攒动，所有的屋子都被占满，睡觉时一个人紧挨着另一个人。虽然到处都拥挤窘促，但是却洋溢着喜庆和节日的气氛。能够重新聚在一起彼此交谈是多么的愉快呀！

我又回想起另一个节日。那是快到新年了，也是我同福若瑟神父一起到梁山布恩溥神父那里去。福若瑟神父从南面过来，在张家庄和我汇合。我们一起漫步在冬天的田野，互相交流彼此的观点和经历，他关切地对我这初来乍到者问寒问暖，他那高尚的心灵融入手足之情，这是多么美好的时刻呀！晚上，我们到好客的布恩溥神父那里去，他幽默风趣，为了能好好款待我们，把所有中国乡村厨房能做出来的东西都拿出来了。

第二天，我们又信心满怀地踏上了艰难的传教路途。

第八章
传教区边缘的新建堂口，传教团内部出现了一名坏助手

就像我们上面提到的那样，在经历了曹县事件后不久，福若瑟神父成功地在薛孔楼发展了一个新的堂口，这个堂口从一开始就发展顺利，在一名杰出的传教团助手的带领下，结出了丰硕的果实。福若瑟神父计算了一下，新发展的教徒大概有二百人，他们都很团结，对宗教充满热情，都是些老实巴交的普通百姓。他们学习祈祷和教义很卖力，不久就开始考虑怎样教会他们的妻子，并要和那些迷信的风俗彻底划清界限。我们可以想象，福若瑟神父听到这件事会是多么的欣慰。他自己也感到吃惊，那些妇女们没有女老师教也能学到那么多东西。前来祈祷的人们每天都把那间用作祈祷室的小屋子塞得满满的。不久便为男孩子们建立了一所学校，他们在那里学习宗教知识和中国的古文。

这个堂口和其他堂口一样，人们同迷信的决裂是这么的快速而又彻底，这就给那些新教徒们带来了极大的麻烦，特别是邻里或自己家里有人去世的时候。那些不信教的人刚开始可能还不能理解，这些新入会的教徒会同祖辈传下来的风俗这么彻底地决裂。他们经常又拖又拉或者对他们冷嘲热讽，强迫教徒去参加那些旧的仪式，而站在基督教的立场来看，教徒是不可以参加这些仪式的。那些新皈依的教徒们总是遵循耶稣说过的话："我来并不是叫地上太平，乃是叫地上动刀兵"(《玛窦福音》，10：34)以及"人的仇敌就是自己家里的人"(《玛窦福音》，10：36)。到了中国的新年，如果教徒们拒绝在家里立的祖先牌位前下跪(叩头)的话，那么情况就更糟了。在刚开始的那些年里，每到新年，无论是1889年还是1890年，都会在这个堂口或那个堂口发生骚乱。在这段时间里，这些新建立的堂口都会有几天或者几周面临一触即发之势。

以前，传教面对的是中国根深蒂固的强硬而又固执的保守主义。现在，当教徒数目显著增加、变法维新之风吹到了村庄之后，很多旧事物都被吹走了，或者至少是有所松动，异教徒们对于基督教的一些做法也变得宽容了，也可以说是见多不怪了。来自这方面的阻力已经远远没有以前那么大了。

暂时的暴雨并没有能够阻止幼小的基督教种子破土发芽。不久之后，薛孔楼周边地区又增添了很多堂口，其中一些还发展得有声有色。

这些堂口几乎全部位于县和省的交界处：这种状况本身就很不利，因为边界地区通常是十分的不安定，由于地处偏远也给管理增添了困难。安治泰主教对此也是兴趣不大。他更愿意在传教区的中心地带建立堂口。他特别劝告福若瑟神父，要他在属于济宁或者是鱼台的乡镇甚至是在兖州府本地争取教徒。

福若瑟神父并不赞同主教的这种设想:“至于在传教区的边缘地带进行发展一事,我不想就此请求谅解……但请主教阁下考虑的是,我必须在亲爱的主召集他们的地方接纳他们。我在传教区北部也作了很多次的尝试,但到现在都是无果而终。我也根据主教阁下的指示派了一名传教团助手到远在东面的夏镇(距离这儿三百里)去,但是他两手空空而回。南部边界愿意入教的人通过其他教徒的帮助加入了天主教,而本来应该是我去接受他们的。在鱼台,尤其是在梁镇(Liang-tscheng),如果县官不张贴(可以自由选择宗教的)告示,设立新堂口是不可能的。他一直对此向我许诺,却从来没有什么行动。”

主教似乎对这个答复感到宽慰,因为毕竟他像每个务实的传教士一样清楚地知道,在传教时耶稣的至理名言是怎样真切地得到证实:“圣灵随着意思吹。”(《若望福音》,3:8)人们已经多次经历了这样的情景,想要在那里发展新教徒,却没有人乐意加入,而在其他的地方,完全是非常偶然地建起了堂口。现在,在我们辛勤劳动了很多年的地方才获得了迟来的收获。上帝虽然用我们这些可怜的人来传播他的基督教,并且传教士的工作肯定缺少不得:“信道是从听道来的。没有传道的,怎能听见呢?”(《罗马书》,10:14—17)但是上帝告诉我们,我们所得到的恩惠都是他赐给的。

这些新的堂口也把基督教的火种播撒到了邻近单县的江南省。那里的侯家庄有四十一户人家加入了基督教。这是一个不小的收获。福若瑟神父立即派遣了一个传教团助手到那里去,以稳定那些新教徒,并且急忙派人前往负责该地区传教事务的耶稣会传教士艾赉沃(Leopold Gain)神父处。几年来,艾赉沃神父一直祈求能在这个地区,也就是在徐州府发展教徒。当我1886年夏天在上海遇到他的时候,他在地图上把那个地区指给我看并且说,他是多么地期望能在那里传播基督教。那时他的努力还没有取得什么特别的成果。他同一个年纪稍大点的传教士已经被人打过并且驱逐过了。

现在他突然有了一个可以站稳脚跟的机会。侯家庄成为他的第一个传教的中心据点,他本人也和福若瑟神父及其后继者建立了最深厚的友谊。这种亲密关系也一直延伸到其他的传教士,而且他们都忠诚地维护着这种关系。福若瑟神父和艾赉沃神父多少次在他们那简陋的土坯房子里促膝谈心啊!艾赉沃神父在性格上也受到了福若瑟神父的感染。他是一个真正意义上的圣徒,全身心地投入到教徒们身上。他和他的同事们后来还得克服很多的困难。强盗和那些叛乱者给他们的生活带来了无尽的烦恼,但是并没有能够阻止他们的行动。在艾赉沃神父以及其他多位赶来帮助他的传教士的努力工作下,徐州府的传教事业日见繁荣。于1890年建立的一个堂口已经发展成了数量众多的传教区,拥有三至四万名受过洗礼的教徒。这里也是:“圣灵想吹到哪里就吹到哪里!”

在这个县南部和东部边界堂口不断增加的时候,在通往成武县方向的北部地区的传教活动却停滞不前。福若瑟神父在这里有过一段相当不愉快的经历。

他往那个堂口派遣了一名传教助手,可惜此人非常的不可靠。他是曾经在兖州府参与购买房产的一个中间商。由于这次事件所引发的骚乱,他不得不从家里逃了出来,现在是一无所有。传教团不管是否愿意都得同情他,因为他毕竟是在为传教团办事的时候遭受损失的。他也想要加入基督教,学习了基督教的道理,最后他被托付给福若瑟神父,以便可以成为讲解教义的老师或者做一名传教团助手。就像我们期待他在买房产的冒险中所展示出来的智慧那样,他很机智而且能言善辩,但却是“一个靠不住的人”,他对基督教的了解只是一知半解。他偶尔还会偷偷溜到兖州府去，1890 年 2 月的时候，他从那里带来消息说，县官把传教团的房子改造成了“学堂”，据说县官向民众征收了两万吊钱，来和传教团继续斗下去。就像后来福若瑟神父在主教面前诉说的那样，在这个男人的眼泪面前，福若瑟神父心软了，于是就给他洗了礼，然后把他派遣到成武县的堂口去做传教团的助手。由于在南部新堂口工作繁忙，福若瑟神父没能对这位新的传教团助手进行足够的监督，所以他在这段时间里做了一些坏事，迫使福若瑟神父对他采取行动。这个坏家伙为了逃脱传教士对他的惩罚，便怂恿那些新教徒为他说话。

福若瑟神父匆忙赶往这个传教团助手所在的堂口。他在那里的遭遇写在了 1890 年 5 月 13 日给主教的一封信里。他写道：

> 前几天，我碰上了一件此前在中国从未有过的伤心事。这次经历给我带来了极大的痛苦，可能也会使主教阁下受到伤害。
>
> 事情是这样的：成武县所有想加入基督教的人——或许几个除外——突然之间就背离了他们的初衷。我简单地向主教阁下描述一下事情的经过。
>
> 我知道，在那里做传教团助手的某某，给其他人作出了很坏的榜样。他多次插手诉讼案件，在这个过程中，有一次把四十吊钱装进了自己的口袋。另外他还多次到戏院里去，把那些街头卖唱的人(花姑)叫到祈祷室里面去，向她们兜售鸦片，口中脏话连篇。面对这种情况，我除了把他开除还有什么办法呢？我也这么做了。这四个堂口的村长便立即到我这里来为他求情。我说，我不能答应他们的请求，而且我早就应该把他开除掉了。另外我补充道，我今天会亲自到成武去，更准确地说是到那个地方去，我也确实去了。那个传教团助手某某却比我先到一步，把那些新教徒拉到了他那一边，并且作了安排。
>
> 当我到达那个地方的时候，那些教徒就像见到鬼一样四处逃窜。祈祷室空荡荡的，里面只有一张床板，一会儿有人过来把它也搬走了。炊具也全部都被带走了。当那些不信教的人把我的牲口牵走并免费给它们喂草料时，已经夜深了。我们自己打水做了一顿简单的晚餐。第二天早上我还给这个不幸的村庄作了一次弥撒，然后闷闷不乐地离开了。
>
> 教徒们并不是针对我的，但是他们坚持要某某人做传教团助手，而不要其他人，因为他能给他们搞到一切东西，包括那些他不应该弄到的东西。那些教徒自己也承认，某某人做得不对。那儿一些不信教的人也不喜欢他，在这整个地区他都是臭名昭著，因为他把自己变成了一个专为他人打官司的蹩脚律师。
>
> 据我所知，他不想因为自己的不检点行为而受到惩处。
>
> 今天，一个 80 岁的老人来到了张家桥为他求情。我对老人说，这件事情至关重要，因为它牵扯到几乎二百名教徒。我能饶恕他的，就是不直接赶他走，而是把整个事情向主教阁下汇报，由主教来作出决定。
>
> 主教阁下考虑得更加深远，所以我愿意按照您说的去办。某某人活该马上被赶走，这是确定无疑的。但是如果考虑到那二百名新教徒的话，那么减轻处罚可能是更加明智的。不过这样一来就会出现问题，即教徒们将来也会这样地要求赦免他们犯下的罪恶。在这些冷漠的坏教徒中也有一些正直的人，我不能理解他们为什么也会

做出这种事情来。

但是这件事情也不是完全无法理解。在中国,"面子"和敬畏起着很重要的作用,而且不仅仅是在中国如此。

那些无知的缺乏教养的新教徒觉得有愧于他们的传教团助手,所以就为他说情,他们认为,福若瑟神父很快就会屈服的。也正应了这句话,"有什么样的国王,就会有什么样的臣子"。一个这样的传教团助手培养出来的当然也是这样的教徒。但是正如福若瑟神父所观察到的那样,他们之中也有一些好人,他们完全不想堕落下去。可这件事根本不是宽恕与否的问题,而是一种极为卑劣的行径,带给传教士的是痛苦,是一次针对他的示威。

虽然这个传教团助手又为非作歹了一段时间,但是他在成武已经大势已去。福若瑟神父在几天后给主教的信中写道:

> 我根据阁下给我的信件中的指示,让那个某某人前往您那里。他是否会这么做,是很值得怀疑的。成武那些想加入基督教的人,大部分不愿自甘堕落,现在已经对某某的做法感到非常愤怒。他做得太过火了,竟然唆使人们不要加入天主教。不管是在异教徒中间还是在教徒中间,他都站不住脚了。

福若瑟神父经历了这次事件后,经验更加丰富了。但我们从中可以看出来,福若瑟神父固然要忍受这样或者那样的困境,可他无论如何是没有理由去抱怨工作缺少变化了。按照中国的话来说,他尝尽了酸、甜、苦、辣、咸。可这就是传教士的工作!

在同样由他负责的鱼台传教点,情况也好不到哪里去,据说是贫困的崇眉集给他带来了很多麻烦。在那里,破产成了一大祸害:贫穷、债务、不团结等等。为了帮助那些居住在那里的老教徒,人们把土地借给他们或者是租给他们,但是所有的努力看起来都无济于事。最后福若瑟神父认为有必要给主教提一个建议,他应该把整个村庄都买下来,或者把其他的人迁到那里去,或者是传教团买几头耕牛和必要的农具,自己来耕种大部分田地,另外再找一个可以信赖的人来进行管理和领导。后一种方法虽然得到了采用,但是也没有起到多大的效果。

我们在另一个地方,看到了一个农村企业对于传教的重要意义。在崇眉集的经验表明,如果这样一个企业确实想在物质和道德方面有所收获的话,那么必须有一个好的稳定的领导,比如通过那些理智的教士们的不懈努力,否则的话就有可能一事无成,即使不会带来精神上的损失,也会产生怨气、烦恼和物质上的损害。

第九章

保护问题,福若瑟神父第二次成为主管,主持年底布道,新的困难,一个欺骗性的堂口的建立

当福若瑟神父在山东的西南部带着几分喜悦和几分痛苦对新的堂口进行管理的时候,一个问题出现在传教团的面前,它在后来的时间里激起了不少波澜。当时,山东南部

像在中国的所有天主教传教区一样，都处于法国的保护之下，这就是说，所有的传教士都持有法国的护照，法国的公使馆代表他们与中国政府交涉有关事宜。传教活动目前的状况就是由这一历史原因形成的，而山东南部也处于这种状况当中。

因为德国在北京也设有公使馆，那么这个使团自然而然地就对山东南部的传教活动——这里的传教士几乎是清一色的德国人——产生了特别的兴趣。

事情的转机出现在德国公使巴兰德先生同总理衙门达成的一项协约中，协约规定持有德国护照的传教士同法国的传教士一样，享有同等的权利，并且同样受到中国当局的保护。

巴兰德把这件事情告知了安治泰主教，并要求他放弃持法国护照，而改为持德国护照，把传教活动置于德国使团的保护之下。

当消息传到坡里庄的时候，正有一大群传教士聚集在那里。安治泰阁下把公使的信给大家看，所有的传教士都一致认为，这件事情是大家期待已久的，它符合传教的实际情况，考虑到了传教士的国籍，也与支持传教的朋友们的要求相吻合——传教活动不能由外人控制，而应该掌握在德国人自己手中。但是他们也认为，对于这样一个影响深远的重要问题，只能在欧洲亲自同罗马以及其他有关部门进行商议后才能作出决定。

在这种情况下，主教安治泰在 1890 年踏上了去欧洲的旅程。

这年雨水很多，坡里庄又遭水淹了。主教在一次旅行中，因为要在水中跋涉很长路程，而染上了疾病，全身都起了脓包。1890 年 8 月，病还没全好，主教就踏上了返回欧洲的旅程，这样福若瑟神父就第二次成为传教团的主管。

安治泰主教作出了独特的安排，他把整个山东分成了三个传教区。福若瑟神父除了负责整个山东的传教管理工作之外，还应特别关照曹州府。白明德神父被任命为沂州府的负责人。笔者当时是坡里庄总部的负责人，也是传教学校的老师，被委派负责整个兖州府。这是一个重担，因为笔者年轻且经验不足，难以胜任这个任务；但是谢天谢地，这个担子又不是很重，因为在这个地区有很多年长且有着丰富经验的传教士在一道工作。

这样安排的目的，是使福若瑟神父可以把他的主要精力放在重要的曹州府的传教上。他像往常一样认真地对待这项工作。

在秋天的那几个星期里，福若瑟神父忙于频繁的人员调动，一旦脱出身来，他便开始穿梭于各个堂口。在几个相对较老的和大的堂口，比如张家庄和何家塘，他亲自主持年底布道活动。文安多神父在其间也给他以帮助。

福若瑟神父对于所谓的年会(下会)，也就是年度堂口牧灵照顾十分重视。正如他所认为的那样，这是维护堂口基督精神的关键所在。基督徒们分散在各个村庄，很少有机会聆听祷告和领圣事，在年底的布道中应该把他们彻底唤醒，使他们具有新的精神，使他们的生活充满新的基督精神。如果福若瑟神父只是走马观花，匆匆听了告解就允许他们去领圣体，然后便继续匆忙赶路，是达不到上述目的的。

福若瑟神父习惯于按照当时的规定，每天只听七个人的告解，在一个堂口一直待到把所有告解听完才动身离开。但是他并不是一到堂口就开始听告解。他用前几天的时间来做准备工作：做特殊的简短祈祷，每天三至四次布道以及讲解主要教义。刚开始他通常会讲解“要理六段”也就是六个主要的信仰要义，然后是讲述天堂地狱、领圣事所必要的知识等。在教徒去领圣体之前,他们每人还必须通过一个关于基督教义的测验。通常一旦确定了斋戒日,所有的人都通过穿衣打扮来为领圣事做准备:理发、梳头、穿上干净一点、好一点的衣服。

福若瑟神父的饮食,通常都是每家每户轮流负责提供的。这样一种全面的传教活动对于这个堂口来说确实是一种恩赐。福若瑟神父在结束了这样的一个活动之后写道:“我希望亲爱的上帝能赐福于他们,为他们扫平坎坷。”但是传教中的其他事情也使他疲于应付。有几个官员的所作所为令人相当不快。在阳谷,能方济神父在老塘(Lau－tang)的一个葬礼上,遭到一群激动的异教徒的围攻,马车被砸坏,他自己只能逃跑才得以脱身。

这件事情就发生在主教启程之前。主教亲自前往阳谷,去找官员商讨此事,但是在客栈就遭到一帮异教徒暴徒的围攻谩骂,他也只好匆忙离开。那官员叉着腰看热闹,听之任之,没有提供任何的保护。他认为在北京有上面的保护伞,所以不惧怕任何的指控或抱怨。在这种情况下,这个地区的氛围是怎么样的,就不需要作进一步的描述了。没过多久,可怜的能方济神父在张家庄刚建造好的一个祈祷堂就被人纵火焚毁了。在这件事情上,官员也是不闻不问。而且他的邻居——范县的官员竟然仿效他,驱逐了被派往那里的两个传教团助手。

在郓城,官员把传教团派去的第一个助手教训了一顿。他就是我们先前提到过的姚丙钧。他是个很机灵的人,通常所有的官员他都能应付自如。这名官员让他在公堂上下跪,骂他是狗屁,并且命人打了他二百大板。

所有的传教士都向作为主管的福若瑟神父倾诉怨言,可他对此也无能为力。由于传教团的保护问题悬而未决,所以传教团是两头落空。一方面尽人皆知审判只会带来不快,另一方面上诉也是根本不可能的。

幸好其他的地区都相安无事,但是也谈不上有什么成果。

只有在兖州府周围——那个与传教势不两立的地方——似乎突然之间打开了大门。在主教前往欧洲之前,那里出现了一个人,他自称是十八个村庄派来的代表,这些村庄想要全体加入天主教。这要求“皈依”的情况有些蹊跷,但是主教一直以来的迫切愿望就是使基督教能在兖州府找到一个落脚点,所以他对此事相当感兴趣,让福若瑟神父向他汇报事情的进展情况。福若瑟神父写道:

> 主教阁下还念着兖州府的十八个村庄。我找不到一个愿意去那里的传教团助手。在兖州府现在可怕的谣言四起,人人都觉得这是件性命攸关的事情。最后我觉得有必要让赵神父(他是刚刚被任命的中国神父)和李和文(Li-hüo-wen)一道去。接下来请主教阁下听的,是赵神父在那儿发现了什么。这整个事件的领头人声称他劝说了一些人,而且是不少见过世面的人,要他们放弃原有的名字而成为天主教徒。据说是以此来与城里那些与他们为敌的文人对着干,“反传教会所”就是由这些文人领导的。
>
> 这十八个村里的普通百姓对整个事情却一无所知,“够不上”(做这件事他不够格)。百姓的名单完全落到了领头人某某的手中,赵神父不得不完全听命于他。他不让布道,他说这儿都是有知识的人,他们自己什么都懂。为此他们还自作主张买了一座房子,现在向我们索要买房的钱——三百三十吊(Diau)。领头人容不得半点反对意见,他声称主教阁下曾向他许诺过,并且很快抛出了要挟的话来:“我不管了,我不

操这个心了。”

这样我就陷入了尴尬境地,想求助于主教阁下。因为我们现在需要行动,并且不能等待太长时间,此外,我想如果那些文人不出面的话,我们在兖州府周围将无处安身。所以我希望能按照主教阁下的意愿行事,克服不利的情况,抓住这一机会,想法在那里站稳脚跟。因此,我决定冒一次险,把三百三十吊钱给他。

几天后,他汇报说:

兖州府这十八个村庄加入基督教的事情泡汤了。那些文人买了房子并且向我们要钱,却不让我们插一句话。我认为,仁慈的上帝啊,这样的路通常是行不通的。或者这次是个例外?我希望主教阁下能就此事作进一步的指示。

几周之后,他又写道:

兖州府的这十八个村庄早就不想加入基督教了。这是个彻头彻尾的骗局,是想从我们这里骗钱。我秘密地派人到那里打探消息,问了许多人——从捡粪的到有学问的人。所有人都咒骂天主教,声称即便给他们一万两,也不把房子卖给传教团。

那些人声称买的房子根本不存在。在商定好的那些文人来接赵神父那天,确实来了几个人,但是他们没有得到钱便立即大怒,要求必须有人跟他们去兖州府一趟,不然他们不能向他们的委托人交差。这根本谈不上是邀请神父。而且,他们声称如果没有直接来自济南府的书面许可,即便买到了房子,他们也不会加入天主教。不用再说了!这是一帮有身份的乌合之众啊!感谢上帝,我们至少没有损失掉我们的两锭银子(一百两,上述买房子的钱)。

我们意识到,在传教过程中我们也必须提防谎言和欺骗。

第十章
司艮德领事的旅程

就在上述事件发生几个星期后从欧洲传来消息,说保护问题终于得到解决。帝国首相卡普里维在1890年11月24日给主教安治泰写的一封官方信函中告诉他,他的相关申请被批准了。同一天,德国驻北京的公使巴兰德先生接到来自柏林外交部的一份电报,指示他把山东南部的传教士和传教活动置于德国的保护之下。

后来的事实证明,德国政府对于这个声明是认真严肃的。在北京的使团早就知道传教团在兖州府和济宁府立足困难重重。巴兰德先生差遣德国驻天津的领事司艮德男爵亲自前往山东南部,特别是到兖州府去实地了解情况。

1月初,司艮德先生踏上旅程。他首先到了济南府,受到了巡抚张曜的接待,并派遣几名士兵保护他,一路陪他前行。

福若瑟神父听说领事到了便急匆匆地赶来,在前往兖州府的途中同他见了面。他的报告风趣地谈到了见面的整个过程。他写道:

得知领事到达的消息后，我便匆匆从传教区最南部出发同他会合，途中遇到韩理(Richard Henle)神父，我们便结伴而行。当我们穿过兖州府的西门时，由于我们挤在一辆四面遮蔽的车里，所以躲过了一直窥视我们行踪的哨兵的眼睛，而跟在后面的传教团助手则被他们抓了起来，被当作"汉奸"送到了公堂上。幸运的是在离兖州府七十里的地方，我们就遇到了从济南府迎面赶来的领事先生。计划当天就往兖州府，我们热切地期盼接下来可能会发生的事情，并且不敢怠慢地祈求上天对我们的庇护。领事先生似乎对于事情接下来的进展早有准备。

我们到来的消息已经先于我们本人传到了城里，我们发现城门紧闭。司艮德先生不费力气便打开了城门，骑着马行进在城里的大街上，并且一路寻找客栈或者是投宿地，但是所有的客栈都是大门紧闭，或者是锁得严严实实。领事的随从当中有一个人不得不从门下爬进去，把门闩弄开，我们才得以住下来。百姓很平静。济南府派的几名官兵衣服后面上的汉字表明了他们是巡抚的士兵，这样才控制住了城里的局面。副总兵为我们找到了一个客店，并布置得舒舒服服，当我们前往客店时，行走在长长的大街上居然也安然无恙。

我们拜访了所有的衙门，从高到低，首先是道台(山东南部级别最高的官员)。他是个三十二岁的年轻人，头脑敏捷，可惜或许由于过于年轻，凡事不敢独自决断，因此不得不依靠那些文人。接下来拜访的是镇台(将领)，他是个很友好的中国人，非常熟悉欧洲的状况，对于像克鲁伯、毛奇等名人非常感兴趣。他考虑得很周到，在送给领事的礼物中除了他的漂亮的照片以外还有几罐牛奶、几瓶香槟酒以及香烟。接下来终于轮到去拜访总兵和副将。前者长了一双像猞猁一样的小眼睛，显露出他的狡诈和狠毒；后者是个头脑不十分清楚的老头，就像中国人说的那样，他更适合回家带孙子，而不是在外面当官。他们的回访很是隆重。总兵的士兵们身着红色的服装，队伍威武雄壮，手里举着沉重的长矛、大刀或者是推着生锈的后膛炮。还有打扮得漂漂亮亮的马和骡子，驮着金光闪闪的炊具。另外还有不计其数的中小官员，头戴白色的、蓝色的以及其他颜色的花翎顶戴。最后，身穿贵重华丽彩绸礼服的大官们终于出场了，领事先生穿着简朴的黑色衣服，真是相形见绌。能够目睹这些真是十分有趣。

礼节性的拜访过后，双方开始谈判和协商。领事的要求是，必须归还主教阁下在城里合法购得的土地，或者至少是面积差不多大、地段同样好的一块地。那些官员迟疑不决，借口说眼下还不能完全解决这件事情，因为民众完全不能容忍外国人待在城里。谈判一拖再拖，直到一个晴朗的早晨全城都贴满了红色的谩骂的帖子，上面写着："我们，全城的大小官员，定于12月15日痛打和驱逐欧洲洋鬼，集合地点：息马地。"15日到了，城里的街头上，聚集了一眼望不到边的人群，他们像海面上汹涌的波涛来回涌动。息马地成了一个被粗暴捅了一下的马蜂窝。人们在那里分发武器，盘算着各种阴谋诡计。因为这里正是主教购得的地块所在地，房子已经被人们拆除，在原地建了一座重正院(正理的学院)。后来我们得知，这里共来了四十八队人，每队有五百人。一下子聚集起这么多的人，我们可以想象，这群人是多么的好斗和勇猛啊。在12点钟的时候他们将要开始行动。是的，刚到中午便听到人群呼啸的声音，并且越来越近。愤怒的叫骂声和呼喊声充斥了街道，他们敲着鼓，打着锣，已经要撬官府刚刚锁住的客店大门了。上午各官员派来约三十个人来保护我们，他们全是些和善的人，并且手无寸铁。他们挡在客店门口，就好像添了那么多的门闩一样，阻止人群冲进来。

为了把这场闹剧演完，那个年老的副将突然出现了，他坐着抬椅来到现场。门打开了，人群在外面静静地等候，他走了进来，让我们保持镇定，并且向领事先生保证，那群人在对领事动手前得先打死他。领事手里拿着上膛的左轮手枪对这名官员保证说，他会把首先冲进来的六个人解决掉，然后手执帝国旗帜为皇帝去死。但是他又惋惜地说，一个德意志帝国领事的死可能会让他这位年老的副将和整个中国付出巨大的代价。经过半个小时的谈判，副将又回到了人群中间，他对人群好言相劝，又打躬又作揖，才使他们平静下来。因为整个事件根本就是当局自己策划的，而不是民众，所以这些人在作出这些愚蠢的举动后便回家了。副将觉得还有必要派几名小官员在门口守卫，来继续扮演法利赛人的角色。人群还没有完全散去，各部门的大小官员便又重新聚到这儿，对刚发生的事件向领事表示道歉。他们想要使领事相信，这里的民众群情激奋，官员们无论如何努力也无法说服他们，所以外国人想要在兖州府落脚暂时是不可能的。领事先生看穿了其中的鬼把戏。晚上他给道台写了一封信，信中说是总兵们策划了这一系列事件。第二天他去了济宁州，从那里给济南府的巡抚发了一封电报。在给北京公使的另一封电报中他写道："兖州府民众暴动，是由文人和地方当局策划的，参加者大概有一万人，我安然无恙。"

在离开前，韩理神父用削尖的石笔在墙壁上用德语写道："我们走了，但是我们还会再来。"我们在这儿待了四天，在这个对我们来说非常重要的城市中心，我们暗地里作着弥撒，愿仁慈的上帝能够倾听我们的祈求，并且帮助我们立即打开兖州府的大门。城中好些人告诉我，城中的居民并没有像官府和那些文人那样对我们充满敌意。当我们从城里出来的时候，我对此就更加明了了。因为我们并没有听到看热闹的居民说一句嘲笑的话，甚至没有看到他们脸上带有讥讽的表情。只是在领事先生到达西门的时候，才突然从城墙两旁窜出一队手拿棍棒的人，他们可怕地高声喊叫："打，杀！"但是当马背上的领事转过身，拿手枪对着他们的时候，他们立即就四散逃窜了，他们都是些被收买的无赖，为了几个钱就胆大妄为。

在途中，领事先生只是顺道拜访了济宁州，那里的官员同样是按照老规矩给他说了一大车的好话，许下很多空的诺言。但是他同时也表达了一些好的意愿，他把那个主要的滋事者用枷锁锁了起来，并且承诺会公开发布告示，告诉民众和那些文人同德国签订的条约内容。

从济宁出来后他们共同前往坡里庄，途中还参观了几个堂口。对于这里的教民来说，这样的拜访无疑是十分新奇的。司艮德先生说一口很好的中文，他通过他的友善的举动和对于中国习俗的了解，赢得了传教士和教民们的尊重。

在途中，他自然是缺这少那，也十分的疲劳。在潮湿的夏天过后，寒冷严酷的冬天来临了。过黄河时，那刺骨的西北风和河中的流冰给他们留下了难以磨灭的回忆。夜晚是在破旧的小旅店或者是又穷又小的传教点里度过的。

1 月 31 号，这一小队人到达了坡里庄。在这个当时仍然是传教的根据地的地方，领事受到了热烈的欢迎。司艮德领事在坡里庄度过的这两天,对于他和他的随从来说,是早就应该得到的小小的休憩。

由于保护问题得到解决,传教活动终于可以站稳脚跟,现在自己的祖国在他们的头上张开了一把保护伞,他们不必像以前一样任人摆布了。传教士们得知这一消息时,个个喜出望外。领事先生来访,他们都带着感激之情亲身体验这有效保护的首个验证。

当然,作为信徒,所有的人都知道,保护每个人的是上帝,所有的一切都掌控在他强大的手掌之中,“若不是耶和华看守城池,看守的人就枉然警醒”(《圣咏集》,127:1)。

第十一章
在济宁城购买房产,福若瑟神父离开单县接手济宁地区的传教工作

1891年夏天,安治泰主教从欧洲返回。福若瑟神父前往天津迎接,目的是为了能在那里和北京举行的谈判中助主教一臂之力。不言自明,这些谈判所涉及的问题,至少一部分是围绕兖州府和济宁府的传教。德国公使馆尽一切所能帮助传教团解决困难。通过他们的努力,主教得到了北京外交部写给济南府衙门的推荐信。当时权高位重的李鸿章总督也过问了这件事情,写去了推荐信。

安治泰阁下立即前往济南府,在8月18日受到了山东巡抚张曜的接见。这是他第一次可惜也是最后一次同这位能干的官员会面。张曜当时重病卧床。他只同主教交谈了几句话。“您在济宁的事情,”他说,“我会马上处理,但是兖州府那里您还得稍等时日。”

几天之后他就死了,有些饶舌者就趁机利用他的死来散布对于传教不利的消息。但是死者的承诺却得到了不折不扣的遵守。他的后继者委派负责传教事务的道台张上达去解决那些还没有解决的问题,尤其是基督教在济宁落脚的问题。

第二次去济南府的时候,张上达向主教保证说:“今后我们会真心实意地支持传教活动。”这次他也对主教进行了回访,并且在回访时又重申了他的承诺。

德国公使馆的积极活动显然已经起到了明显的效果。

不久之后,山东巡抚衙门委派的一名官员来到了济宁,他来负责处理长久以来悬而未决的基督教落脚问题。福若瑟神父受委派作为主教的代表,在其中予以合作。

当政府真正重视起这个问题之后,事情自然马上就顺利解决了。四五年前在近郊买好的房子还给了传教团,另外当地官府还帮忙在城墙里面购得了另一处房产。在谈判期间,民众没有一丝一毫反抗的迹象。这些都毫无意外地完成了。到10月底时,福若瑟神父就已向主教和德国公使馆汇报事情取得的成果了。

主教阁下在这期间去了陕西,是去参加在西安府通远坊举行的第二次地区宗教会议。所以也不可能跟他就细节问题进行商量。福若瑟神父觉得这次生意做得很值。刚刚购得的地块面积很大,上面还有不少保存完好的中国式房子,一段时间内可以满足传教团的需要,而且价格也不是很高。尽管如此,还是不很合主教心意,因为这块地紧靠城墙,处于一

幢高大寺庙的下方。在他看来，如果发生暴乱，就会危及这官邸的安全。谢天谢地，这样的忧虑在后来并没有成为事实。

不管怎么说，传教团终于在济宁府有了立足之地。虽然兖州府几年后对于传教团来说仍然是大门紧闭，但是现在在山东南部的最大城市之一终于有了一个据点。长期以来一直为之奋斗的问题终于得到了解决。

主教觉得现在应立即在济宁的城内和乡村地区大力展开传教工作。作为所有人中无可争议的最能干的传教士，福若瑟神父被委以这项重任。而他原来在单县的工作则由能方济神父接管。

我自己则接受了任务，把我几年来一直领导的传教团助手学校迁到济宁去。费德勒(Hermannn Fiedler)修士负责找房子，并为刚买到的房子作室内布置。在1892年将近新年的时候，由我们那些背着塞满衣服的布包的学生、能方济神父和鄙人组成的一支队伍从坡里庄出发了。对我们来说，这次离别有点悲伤，因为在我们面前又是不确定的未来。另外，刚刚传来的我们亲爱的兄弟——好人郎明山神父的死讯，也使我们陷入了悲痛之中。

我们在济宁遇到了安治泰阁下和福若瑟神父。福若瑟神父有机会去对他已经离开很久的传教团作一次短暂的拜访。

我们刚到不久，他就前往单县，这次是和能方济神父一起去的。他是领能方济神父过去，然后会马上回来。但是“谋事在人，成事在天”，两人离开还不到一个小时，能方济神父就跌跌撞撞地回来了，他面如土色，衣服上浸满鲜血。传教士们坐的车刚出城就翻车了，能方济神父的胳膊严重骨折，去单县的事就泡汤了。他落到了一个中国庸医的手里，那个医生给他接骨，让他疼痛难忍。在几个月的时间里，这个庸医每天都要把他的胳膊折腾两三次，他这样折磨人，竟然还索要昂贵的诊疗费。

痊愈之后，能方济神父去了汶上，而当时负责这个地区的德天恩神父则去了单县。这样福若瑟神父就解脱了出来，终于可以同他万分牵挂的教区告别了。结束在单县和周边地区的工作时，他给主教写了一个报告。在报告中，他对过去的一年里所发生的值得提起的大事作了一个回顾，并且描述了一下各堂口当时的状况。

从这个报告中可以看出，刚刚过去的一年(1891年)充满了上帝的恩赐，但同时也不乏危险和灾难。

圣灵降临节时，一场可怕的“风暴”席卷了我们的薛孔楼堂口。在这天，那里将会有不少新教徒接受洗礼，同时要给为保护神所建立的小教堂举行落成典礼。整个堂口都热切地期待着这个节日的到来。

除了一位同伴，福若瑟神父还邀请了邻近的江南传教区的艾赉沃神父。正在为节日作准备的消息也传到了异教徒的耳朵里，这些消息于是转变成了各种荒诞的谣言。有人说，在这天教徒们会在外国人的带领下在薛孔楼竖起革命的大旗。外国士兵也会参与其中。

传言说，传教士已经在附近的市场上买好了几千斤重的面包。另外有人说，欧洲人会搭台演戏。总而言之，各种稀奇古怪的谣言到处流传，而人们也对此深信不疑。

这样，在圣灵降临节这天，民众从四面八方蜂拥而至就没什么可大惊小怪的了：有走来的，有骑马来的，有乘车来的。当然这其中也少不了卖粥的、卖熟食的、卖花生的、卖水果的小贩。人声鼎沸，像阵阵波涛声，盖过了这小教堂。而里面的一小群基督徒则像受惊的羔羊围在它们的牧羊人身旁。后来福若瑟神父写道：

形势马上就变得严峻起来。理智告诉我们，节日庆祝活动应该尽可能从简。教堂落成典礼悄悄进行。根据简化了的洗礼的仪式，我给四十名成年人进行了洗礼。没有举行计划中的大弥撒，而只是作了默默无声的小弥撒。这期间喧闹的人群就像海上的波浪汹涌澎湃。咒骂声、诬蔑声在空中回响。石块像雨点般向教堂袭来。守在门口的多名教徒和传教团助手都被刀刺伤。

当民众的激愤达到高潮，我们传教士既不能稳定教徒的情绪也不能稳定异教徒的情绪时，最可怕的事情马上就要发生了，这时上天给我们一个灵感，这或许是唯一能拯救我们的方法。我们传教士穿过人群，朝野外跑去，每个人都朝不同的方向跑。这拯救了教堂和堂口，因为那群人也分散开来，并且跟着传教士朝野外跑去。我们停下后，每个人都给追逐而来的人群讲了足足两个小时的道理。现在人群有点冷静下来了，他们各自回家了。

这样，我们幸运地抵挡住了第一场风暴，但是立即又有了第二场，它比第一场更加糟糕，后果更加严重。

在圣灵降临节那天，有个异教徒在那里的教堂里看到了他年轻的妻子(她是薛孔楼人)。这就是引发一场大火的火星，这对我们在单县的教徒来说是历经几个月的一场严峻考验。

回到家后，这个可怜的年轻女子(大约十八岁)就遭受了惨无人道的殴打，被打得奄奄一息。当她再次被打时，她逃到了附近的辛庄堂口。在那里，她声泪俱下，感动了教徒们，于是他们接受了她并且保护她不受迫害。

异教徒们得到了风声，于是聚集到一起，手执武器来到了辛庄。他们首先毁坏了那里的教堂，对传教团助手破口大骂，最后把他的手反绑起来悬空吊了一夜。然后他们带着那个妇女凯旋了。这个不幸的妇女知道，在家中等待她的也没有什么好事，于是选择了自杀，她服了超剂量的鸦片而死去。

这一不幸达到了无以复加的地步。那些异教徒立即跑到城里，控告传教团助手杀人。他被逮捕并投入了大牢。这件事引起了轩然大波，一时间引得群情激奋。在后来的几个月里，教民们都要忍受谩骂。几个教民在地里干活的时候遭到袭击和殴打。有人用突然袭击的方法来威胁他们，所以他们必须日夜放哨。在一些礼拜堂里，基督教的图画和书籍被撕毁。即便在官府门前，威胁的言论也日益增多。我们作好了应对最坏情形的打算，有些教民已经做好了牺牲的准备。

这名传教团助手在监狱被关押了四个月之后，我们才得以在一名级别稍高的官员(这名官员是专门为了解决这件事情从济南府过来的)的帮助下，证明了他的清白，把他从牢房里救了出来。

人们的愤怒渐渐平息了下来。对于基督教的亵渎也慢慢消退，经过这次旷日持久的迫害，基督教堂口变得年轻了，信仰也更加坚定。我的内心在欢呼，并且衷心地感谢上帝。因为我可以断言，在这场风暴中没有一株幼苗夭折。

正好在这个时候单县的传教团得到一个机会，为官府作出了突出贡献，因此获得了巨大的声誉。这是上天的安排。

一个名叫杨二(Yang-örl)的强盗头目,几年来一直闹得这个地区人心惶惶,并且已经做了很多坏事。我也不记得官员派官兵去抓捕他多少次了,但是一直没有擒获。官府出一大笔赏金来捉拿他(大概有五千马克)。

在一个明月高悬的夜晚,杨二来到了一个堂口,走进教堂同传教团助手和教民交谈了起来。他们准备了饭菜,当他酒足饭饱之后,传教团助手骗他交出了自己的武器。他刚把武器交出来,就听到一声令下,他就被捆绑了起来,当天夜里他就被二十个人押解到城里交给了官员。

官员当然非常高兴,送给教民八十马克作为奖赏,并且公开宣布:"现在一切都清楚了,天主教只想做好事。"他给那个堂口刻了一块匾额,以纪念他们的这一壮举。

福若瑟神父之前肯定没有被告知此事,但是我们从这个报告中可以推断出,他也觉得这是一件好事。几年之后,又有一个臭名昭著的强盗头目被两个传教团助手用相似的手段擒获,但是这次事情不太顺利。为了躲避强盗的报复,那两名传教团助手不得不立刻逃离,很长一段时间内,其他的传教团助手和传教士也陷入了极度危险的境地。笔者后来曾经亲自同被抓的强盗的兄弟——他也是一个臭名昭著的强盗,有过一次激动人心的会面。[①] 人们可能会怀疑,在这个强盗猖獗、官府弱小、传教士完全依靠人们的善意而生存的地区,采用这种方式干预是否合适。从当地的情况来看,传教士们让地方官府去为地方的稳定以及缉拿强盗的事情操心,自己不和这帮暴徒结仇而引火烧身,这无疑是正确的做法。如果说在最近一二十年里虽然有强盗的滋扰,但是传教团相对来说没有受到太大的冲击的话,那这显然得归功于上帝的保护和对这种信念(也就是传教士只为民众的福祉工作,而不去关注其他的事情)的贯彻。

福若瑟神父在他的报告中讲述了上一年的外部状况之后,转而谈起了传教区内部的情况,他写道:

如果说到传教区的教会发展情况,那么主教阁下可能不会忘记,单县还是一个很年轻的传教区。传教士来到这里才三年,而且中间还有很长时间不在。异教徒和教徒之间的鸿沟很深,传教士花了很多的时间,付出了辛勤的劳动,才把这些鸿沟填平。要培养出满意的教徒,不是花几个月的工夫就可以做到的。一个良好的开端要花费很多力气。打基础也要付出很多辛勤的汗水。现在等待传教士的是堆积如山的工作。或许我们的劳动和牺牲在单县所换来的丰厚回报没有其他任何一个传教区能比得了,而这也是事实。

曹州府的居民们以果断和坚毅著称,不像其他地方,他们不把钱看得很重,尤其是我们也没有给他们提供这方面的机会。他们每天只能吃一顿饭,虽然是如此的贫困,但是他们以顽强的毅力去履行他们的宗教义务,这种毅力使传教士也赞叹不已。

现在不可能把所有的堂口情况都介绍一遍,我只提其中的几个。

---

① 半夜时分,他带着他的几个人来到礼拜堂。他逼近我,一边威胁着要报复,一边用上了膛的枪指着我,这时他背上背的另一把枪突然走火了。子弹从他耳边飞过,射穿了茅草屋顶。在他衣服上烧了一个大大的洞。这个人说话马上就换了一个口气。我觉得之所以会发生这种奇异的事情,是因为我神圣的守护天使始终在暗中保护着我。

从济宁前往单县的途中，首先到达的是薛孔楼堂口。两年多以前，这里只是由于一系列偶然事件中的一个，成了天主教区，这些偶然事件在先知先觉的上帝的掌控下发挥了重要的作用。现在这个堂口已经成为一个典范，带动了整个单县的基督教建设。我还没有发现其他任何一个地方像这里这样完美，“一心一意才成大事呀”(《宗徒大事录》,4:32)。在圣母领报节那天晚上，我们一起在薛孔楼庆祝这个节日。在这次活动中，友好的耶稣会士艾赍沃说的话不无道理，他说在他二十四年的传教生涯中从来没有哪天像今天这样美好。新教徒们以巨大的热情去准备洗礼或告解以及第一次领圣体。1891年的圣灵降临节，我在这里给四十名教徒进行了洗礼，在圣母领报节又有五十六人受洗。先前参加了洗礼的教徒已经常常被允许去参加神圣的告解，在前面提及的节日那天，有三十一名教徒庆祝了自己的第一次领圣体仪式。这是第一次在护守天使教堂里存放至圣圣体，最后在圣体匣前赐福祈求，圆满地结束了这次庆祝活动。人们可以想象得到这个堂口的喜悦激动之情，他们为了这天的到来进行了三四天的斋戒。

向西三里地是小小的辛庄，教民人数虽然不算多——薛孔楼一共有一百五十名教徒，而这里还不到四十人——但是他们同样虔诚，并且还保留有旧的基督教印记。

再向西十五里，是王家坑堂口。如果不是半年多以前受到迫害被压制，这个堂口是很有希望的。

往东南三十五里，是陈家后滩的两个村。这两个村共有一百五十名教徒和愿意加入基督教的成年人。如果考虑到这个堂口已经有三年历史了，那还是有着发展前景的。这里最大的困难是，在有些家庭只有孩子信仰天主教，而他们的父母都是异教徒，而且尤其是那些妇女难以被教化。可是这些孩子们却以他们惊人的毅力劝说好些老年人皈依了基督教。

往东南五里，坐落着贯庄这个小村庄，这里有一百四十名愿意加入教会的成年人，同样也有着美好的憧憬。整个村庄几乎都信仰天主教。由于这个村庄有很多信心十足的年轻人，所以这个堂口的前景是美好的。

从这里向西二十里，就到了义庄。义庄或许是整个单县里的佼佼者了。他们对于神圣的基督教的热情、对于神父的爱和热情是我之前从未遇到过的。传教士一到义庄，立即就会被蜂拥而至的人群包围，这时人群中就会发出欢呼，充满了节日的喜悦，传教士所受的所有的苦都变成了甜。如果传教士去田间作野外祈祷，一群孩子就会跟着他去(这个堂口大概有三四十名孩子)，他们站在那里，等到传教士祈祷完毕后再跟他一起回去。人们每天晚上都会看见一群孩子在户外跑上跑下，虔诚地作念珠祷告。简而言之，这个堂口就像是上帝的宠儿。这里有四十五户人家信教，他们都饱含对宗教的热情。据我所知，他们虽然加入天主教还不到两年，在一天之内却有六十人接受了洗礼。

义庄紧贴古黄河的河岸，这里是个很不安宁的地区。当传教士在那里逗留的时候，教徒们会整夜放哨。

在先前的黄河河床南岸，义庄的对面，离河南的边界只有两里地，是我们的刘庄小堂口，这里有六十名愿意加入基督教的成年人。

往西北走十五里，就到了杨庄，这儿有一百五十名愿意加入基督教的成年人。这个堂口还年轻，需要悉心照管。从这里往东北走八里路，就到了有四十名教徒的黄家楼(Huang-dja-lou)，再远一点就到了李家集，上次在这里我给四十人进行了洗礼。再往北两里地坐落着刘庄，这里有六十名教徒，可以说这里是前面提到的所有堂口的主堂口。周边更小一点的堂口我就不提了。

单县的西部在这一年里一直相当的平静。但在这儿的个别堂口很难再获得进展。可惜单县的这个曾是基督教摇篮的传教区，由于缺少人手几乎是让其自生自灭了。神父很少或者只来这里几天，而传教团助手几乎从来没有被派到这里来过，因为主要的精力集中在了新的堂口。

单县传教区的情况是：这个传教区有将近五百名受过洗礼的教徒，有些已经被允许作忏悔和领圣餐，而那些还未被允许的人，经过精心的教育，几个月后也会获得许可。另外，还有超过一千名愿意入教者在为接受洗礼做准备。这也许就是经过三四年的工作而结出的丰硕果实。

“希望上帝的神灵能将这稚嫩的幼苗置于他的羽翼之下，用恩赐的雨露来滋润它们，让它们结出更多的果实。”(《若望福音》，15:2)

事情确实是这样，回首在单县的活动，福若瑟神父发自内心地感谢上帝。可能在描绘上面这幅图画时，他千辛万苦培养了许多孩子，他对他们在精神上的爱，为他调制了画的颜色，所以有些容貌被描绘得很鲜亮美观，但是就像他自己所说的那样，这些容貌的色彩并没有过重。我在三年后追寻着他的足迹漫游，我可以证明，他的描绘大体上是基于事实的。福若瑟神父确实是打下了一个很好的基础。当然，这幅图画在几年后已经没有他原来描绘的那么鲜艳和漂亮，这也是很自然的事情。5月许下的承诺，夏天和秋天并不总是都能兑现的。当这些堂口成为老堂口时，刚开始的那种喜悦激动就会消退，就像每个人生活中的那样。新鲜事物的刺激消失了，接下来就是理智地去履行日常的义务。

好的种子中也长出杂草，不利的局势和恼人的事情困扰着堂口，扼杀着开初的美好希望。

另外，随着教徒数量的增加，老的堂口不能像新堂口那样得到那么多的照管了。

几年之后，这幅图画不再跟以前完全一样，那是毫不奇怪的。但是就像所说的那样，福若瑟神父在单县竭尽全力，工作卓有成效，虽然他自己认为这需要感谢他所耕耘的那块土地，但是我们也必须补充一点，他自己也积极地努力参与其中，所以在上帝的恩赐下他能成功地建立起这么多美好的堂口。

人们同时也看出，这个勤奋、虔诚、充满了圣徒精神的传教士即使在巨大的艰难险阻中也能取得这么多的成就，他的勤勉、他的言语和他的榜样对于他负责教区的发展是多么的弥足珍贵。诚然，各个堂口有不同的情况，但无论是城市还是乡村，是平静还是不安定，民众是这种还是那种性格，有这种还是那种习俗，不管怎么说，传教士们都是热爱这些堂口的。福若瑟神父在他所负责的教区留下了他的思想、生活和工作的鲜明印记。这句圣徒的话：“也不是辖制所托付你们的，乃是做群羊的榜样”(《伯多禄前书》，5:3)，对于传教来说比人们一般认为的有着更深的含义。

在传统的天主教国家里，信徒不只是受个别神父的影响，因为天主教存在于他们丰富的宗教生活，存在于他们伟大的历史长河之中。每个天主教徒面前是众多的神父、主教、教堂以及基督教生活的堂堂外在。在传教区一切都不存在。这里的传教士可以说是基督教的唯一代表，他的生活是“基督的缩影”：他是什么，传教团助手是什么，天主教就是什么。异教徒只把他当作天主教的代表，对于新的教徒来说他是唯一的领导和榜样。他们的全部精神生活应该在上帝的恩赐之下随同自己的生活一起点燃并且变暖。就像救世主所说过的那句重要的话一样：“你们是世上的盐，你们是世上的光。”（《玛窦福音》，5：13－14）。如果有一个人，那他应该是传教士，他可以说：“你们该效法我，像我效法基督一样。”（《格林多前书》，11：1）。这是传教士这个职位的美好之处，但同时也是他身上所肩负的沉重的责任。

传教活动很幸运，因为这些传教士都是真正的圣徒般的典范人物！所以开展传教活动并取得成果的第一个条件是：要培养刻苦勤勉的传教士，以及能干的、可信赖的传教人员。

第十二章 “恩赐的胜利”

为了对上面所描述的福若瑟在单县作出的成就作进一步的补充和说明，我在下面引用一篇文章，文章的题目是“恩赐的胜利”，是福若瑟神父准备在1900年发表的。这虽然与我们刚才讲述过的内容有一部分重复，但无论是它的内容还是文章中恰当反映福若瑟神父特点的写作方法，还是会使很多读者感兴趣的：

> “在世界上，上帝的教会里最神圣的、令人称奇的是在五洲千百万民众中奇妙的传播史。”“过来跟随我”，耶稣对安德肋亚斯和西蒙说，这两个高尚的兄弟当场离开了他们的船和渔网跟随耶稣。“从无花果树上下来，匝凯，因为今天我要住在你这里。”这位富有的收税官是贫穷的耶稣的忠实信徒。“扫罗，扫罗，你为什么逼迫我？”这个暴怒的迫害基督徒的人成为伟大的圣徒。而他这永恒的宗教在犹太国传播了足足三年，它的万能的奇迹更加稳固了他的学说。但是以色列的儿子们却更加顽固不化，给他们的拯救者准备好了十字架。
>
> “从来没有寻找过我的人找到了我，这个帝国的孩子们被抛弃了。”这样上帝的儿子开始了他的传教，所有的传教士们都走上了这条道路。如果天底下还有任何东西的话，那么传教首先是一种恩赐。在我们传教士踏上圣徒的旅程之前，主给我们的警言中最重要的一句话是“没有我，你们什么也做不了”，如果谁不在上帝恩泽的阳光中行事就会对耶稣的信使诉苦：“虽然我们整夜都在工作，却一无所获。”上帝的恩赐之水流到哪里，哪里就会四季常春，哪里泉水枯竭了，即使是出现奇迹和好的征兆也毫无用处，更不用说一个小小的人微言轻的传教士了。我用在单县，也就是我负责的传教区的几个事实来进行一下解释，但是就像刚才我写的那样尽可能简明扼要。让我写长篇大论，我没有那么多时间。
>
> 没有什么比把基督教在单县的引入和繁荣归在我头上更加荒诞和不公了。在把

我们神圣的宗教引入到单县这件事情上我没有动一个手指，这完全是上帝恩赐的成果。

单县是多个被朝廷禁止的教派泛滥的地方。其中一个同阴曹地府有往来，借助于这些力量，教派的信徒和首领就可以预知未来，从冥界得来消息，神奇地治疗疾病等等。这些教派的一些信徒都是善良的农民，他们只想行善积德。后来他们自己认识到，一个总是同邪恶的魔鬼打交道的宗教不可能是真正的宗教。所以他们大概接连二十天，每天晚上祈求“大神”，希望能给他们指出一条正确的道路。在这祈祷的过程中，有个成员每次都会精神恍惚，他总是颠来倒去地重复一句话：“朝东北方向走，到那里去找，你们就能找到。”其他的人就按照他说的向东北方向走，来到了有十个小时路程的姚家楼，在那里我们已经建立了一个堂口。在那儿，他们对我们的神圣的宗教有了初步的了解，所以当他们回到家以后，都非常想加入基督教，现在其中的一部分人已经接受了洗礼。这就是单县的最初的基督教化。这最初的阶段几乎看不出是人为努力的结果。这个小村庄叫秦奶奶庙，它是单县基督教的摇篮。

现在这个基督教的孩子从摇篮里爬了出来，为了能将他自己这头小羊和无辜的羊羔聚集在一起，壮大他的羊群，他应该首先把眼光投向哪里呢？

张家桥是个远近闻名的土匪窝，那里有一些不幸的寡妇，她们的丈夫由于为非作歹，最后栽在了正义手中，付出了痛苦死亡的代价。一些可怜的孤儿找不到吃的填饱肚子，因为他们的父亲由于抢劫而罪有应得被官员分尸了。这次张家桥肯定又做了什么坏事，因为官府的人把它包围了，这次它将会彻底地从地球上消失……可谁会相信：这个小村庄，除了少数几户人家，都是想要加入天主教的，因为恩赐的时刻已经来临。自从这个地区有人生活以来，那些使这里不安的咬人的恶狼，已经变成了基督的温顺的绵羊。张家桥已经在装饰一座十字教堂。这个村的一些儿童和出色的成年人经过了重生的沐浴，整个周围地区都对教会充满感激之情，因为是基督教把这个人人诅咒的强盗窝的强盗变成了有教养的村民。当彼得认为麻布里面的动物的肉不干净而不愿意吃时，上帝对彼得说“上帝所洁净的，你不可当作俗物”。这些野兽野性越大，主的恩赐把他们驯服和转变的成就就越辉煌！

为了取得新的辉煌，上帝的话就是颗种子，它应该被上帝恩赐的风传播到哪里去呢？

我已经进行了很多次布道，在房屋里，在教堂里，在集市上，在屋顶上①，甚至在强盗面前。我这么说并不是炫耀，因为我没有意识到，有时我仅仅只是为一个人皈依教会作布道。

从这儿往东南方向，距离这里六小时的路程，几乎紧贴着江南的边界上，坐落着陈家后滩。这是个贫穷的小村庄。因为彼此相邻，所以我就派了我们为数不多的新教徒中的一个人去那里，他什么都懂，但是对于布道却一无所知。我派他去劝说他的亲戚皈依基督教。现在我们在那里已经有了一个三十户人家的模范堂口，这些人中有一些已经成为了典范。

① 在屋顶上布道据我所知是在巨野的张家庄进行的，当时有上千人聚集在一起参加一个葬礼。

听,下面这个堂口是怎么建立起来的。它就是薛孔楼,向东走六小时的路程,就到了这个单县最繁荣的堂口。一个刚入教不久的新教徒路过那里,天突然下起雨来。那里的人们还从来没有听说过天主教,我们的新教徒便开始用他那可怜的知识,东拉西扯地讲述天主教的种种好处。经过商量,他们立即作出了一定要加入天主教的决定。一个传教团助手被派往那里。这个堂口有二百人,他们的热情超过了其他的堂口。很多四五岁的孩子能够背诵的祷文比欧洲的成年人还要多。因为这里的小教堂不能容纳这么多祈祷的人,所以好心的人们就在地下挖了一个大洞作为教堂,这个地下的洞使我想起了早期基督教的地下墓穴。在前年的新年献辞中,曾经提到过要筹集资金在山东南部造一座德国的守护神教堂,如果施舍所得到的资金富余的话,我们将会在这里建一座小型守护神教堂来代替这个大洞。如果薛孔楼的这些乖巧的孩子能够在德国孩子为他们建造的守护神教堂里面虔诚地祈祷,这该是一幅多么令人神往的画面啊!我在这个村里已经感受到了很多喜悦。当我有机会前往那里的时候,太阳是多么欢快地照耀着这一张张大大小小的脸。这些善良的人为了让我住得舒适,把能拿来的东西全部奉献出来了。我们也已经举行了一个天主教的葬礼,这让所有的异教徒都很震惊。很久以来,我在山东南部终于又看到了基督教的旗帜:中间是救世主的画像,上面是十字架。这场葬礼是为信仰基督教的村长的父亲举行的。他在半年前刚皈依基督教,但是他一直坚持自己的信仰,在跟他一样年长的教徒中寻找纯真和活力。

我不想隐瞒的是这里发生过一件小事。一个信仰基督教的妇女突然被鬼附身了,她倒在地上,看起来像死了一样,一点脉搏和呼吸的迹象都没有了,就这样一动不动地躺在那里。异教的那些瞎子算命婆念尽了她们的咒语,却一点效果也没有。最后这件事情被我知道了,我想要帮忙。仿照神圣的圣方济各·沙勿略的做法,我让我们的孩子们手拿圣水和十字架来到了现场,他们把十字架放在被鬼附身的妇女心脏上方,把圣水撒在她身上,然后开始祈祷。他们刚念了两段祷文,这时这妇女开始剧烈发抖,然后马上开始讲话,她害怕地大声喊:“你们干什么,你们干什么?给我让开路,让我走,给我让开路,让我走。”她解脱了!相似的情况还出现在相邻的村庄。那些异教徒毫无办法,于是找到了教堂,请求我们帮他们驱鬼。我们的小小驱魔人甚至还没有到达他们家里,那恶鬼就识趣地离开了他们的身体。

妖魔逃走,是因为基督给了他的教会战胜它们的力量,这点对于我来说并不奇怪,但是那些可怜的异教徒看到了征兆却不会解释,这很令人感到惋惜。一个异教徒来到教堂想要得到建议和帮助,来摆脱那折磨他很久的鬼。我们问他是否在家里供奉着异教的神灵,他应该把它们统统毁掉。他回答说他没有勇气,但是他乐意把它们都带过来让我们毁掉。他带来了一大堆狰狞的鬼脸,从此之后他在家里的那些烦恼就结束了。但是他仍然像以前一样还是个异教徒。这正是我要说的东西:他们布道,想做几次就可以做几次,在我看来,我们也可以制造奇迹,帮他们驱鬼,但是如果没有光亮从上面照进这些人贫乏的内心,那么它就会像先前一样一直掩埋在黑暗当中。不为主的恩赐所吸引的人,是不会到主这里来的。如果为主的恩赐所吸引,那么也就不需要别的什么了。“老妈妈你是怎么成为天主教徒的?”人们问一位老大妈。她回答说:“几年前我看见一个神父在路上走,他和善地问我:老太太,好不好?这件事我一直记在心里,所以我就加入了天主教。”

我认识一个在教堂里长大的男孩,在他的家乡当时还没有教徒。几年后他把他的虔诚带到了那里,村子里很多人加入了基督教。这些不是恩赐的胜利吗?

我们的好邻居,在与我们相邻的江南传教的耶稣会教士,为了能够在两省交界处让基督教扎下根,花了很大力气,费了不少周折,但一切都是徒劳!去年12月,来自薛孔楼的一个教徒找到机会穿过边界撒下了一颗天主教的小种子,这粒小种子使耶稣会的传教士建立了有四十二户人家的堂口,他们的主教和传教士费尽千辛万苦也没能做到的事情他却做到了。所以我们的传教士只是收割者,他们收获耶稣捆好的庄稼。我们种植并且浇灌,成长和开花是控制在那派我们来这里的主的手中。

“我们被邀请去参加那个羔羊耶稣的婚宴是多么的幸福呀。”上帝的恩赐是传教和传教士卓有成效进行工作的唯一因素。但是这种恩赐通过祈祷才能得到!所以山东南部的恩人和朋友们,继续前进,用你们可贵的忠诚行为,但更主要的是用你们虔诚祈祷而得来的丰沛雨水来滋润和灌溉上帝的花园。为那些仍然处在黑暗和死亡的阴影中的人祈求光明,祈求我们的新教徒都能够具有坚定的信仰,传教士都能忠诚于工作,直到我们经过艰苦的人生奋斗之后最终能够在天堂赞颂上帝恩赐的胜利为止,直到永远!

第四编
在传教的中心，为传教团内部建设所做的工作，1891～1896 年

第一章
福若瑟神父在济宁，为传教团内部建设所做的工作

我们追随着福若瑟神父布道的足迹走到现在，获得了大量的机会，来见证他是如何历尽千辛万苦，有时甚至冒险去为基督宗教开辟新的领地，如何尽心地呵护浇灌这些年轻的新堂口，在它们遭遇困境时又是如何支援帮助它们的。一句话，见证了他是如何在外部开展他的传教事业的。以后我们还会一直看到他在这方面所做的工作。直到生命的尽头，他也从未停止做一名最根本意义上的传教士。然而，从现在开始，他的工作开始越来越多地转向传教团内部，转向被称为传教事业繁荣昌盛的首要条件——培育，即关心传教士和所有传道者的心灵建设，这是整个传教活动的核心。

当然传道也不可能离开自然界的辅助手段。自然与尘世都应该为上帝的王国的建设共同努力。资金对于传教来说，如同面包对于人类的生存一样必要，政府部门的支持和人民大众的欢迎对于传教而言就如同好天气对植物的生长一样有利。传教士则应当具备相应的知识与能力，能够聪明地把握机会和利用这些自然条件。但是与其他事情相比而言最为重要的基本条件，则是激励传道者心灵和推动所有传教精神。

耶稣基督用一幅非常形象生动而又含义深刻的葡萄画面道出了真理："我是葡萄树，你们是枝子。枝子若不常在葡萄树上，自己就不能结果子；你们若不常在我里面，也是这样。"(《若望福音》，15:4—5)。只有当传道植根于耶稣基督的充满生命力的葡萄树里面，它所有的器官都被耶稣的精神激活并填满时，才能结出宝贵的、丰富的上天之果实。"生命在他里头，从他丰满的恩典里，我们都领受了"(《若望福音》，1:4、6)

一直以来，福若瑟神父都被这些伟大的真理完全渗透，因此他的所有坚持不懈的努力和追求始终遵循一条准则，那就是使他自己和所有他的同仁，尤其是他的教士弟兄们的心灵都被这一精神所充满。

除了负责行政管理的那段时间，虽然对传教士和其他传道者的精神引导并非他的本职工作，但正如我们所见，他的工作已经将他远远地引向一块处于边缘的、却是新的未开辟的领域，而这一领域很少有机会对广大的传道者圈子施加影响。

尽管如此，那时由他带来的宗教影响(我们不说教育作用)已经不小了。他的整个人格都在发挥着影响力。即使不说出来，所有的传教士也都视他为榜样，将他看作真正的圣徒，是合上帝心意的牧师。他的勤奋令所有的人折服。他善良的心地、无私的谦逊和恭顺使他敞开心灵之门。他与主教是第一批传教士，在工作年限和经验上都要超出其他人，还有他的副主管的职位，尽管这只不过是一个荣誉头衔，但是这些都帮助他获得了一个领导职位，而这个地位不是根据法律法规选举确立的，而是建立在他的同仁认可、关爱以及信任基础上的。

为了不让这种地位使人难堪，而他自己也可能对此并没有更多的想法，因此他尝试着将充满于他内心的精神传递给他周围的人。

他从单县被派到济宁，他的精神影响有了更大的传播范围。因此，他也从边缘走向了中心。

济宁州虽不是位于山东南部的正中，但是对于大多数传教士而言，比起偏远的坡里庄确实容易进入得多。除此之外，这个大城市还为开展必要的货币交易以及规模较小的买卖提供了更多便利，因此经常有传教士从四面八方来到这里。由于当时主教暂时还留在坡里庄，福若瑟神父便成了这里最先接触到的传教团领导，和在济宁附近开展传教活动的传教中心。在他那里，传教士们可以倾诉他们的烦恼和困惑，可以得到安慰和建议，或者至少能得到亲切温暖的话语，他们将他作为自己学习的榜样。领导整个传教团也是领导所有教团成员和圣言会传教士的仍然一直是主教，他除了担任传教代牧这一职位以外，还同时担任着副代牧的职位。而福若瑟神父无疑是令人心悦诚服的第一人。正如我们所说过的，他的影响力已经不仅仅来自于他的职位，更多是在于他的人格。1897 年为传教事业被谋杀，献出宝贵生命的韩理神父，习惯用下面这样一个非常恰当的表述来形容上述情况：“主教是传教团的父亲，福若瑟神父则是母亲。”人们几乎无法找到更简短或更贴切的表达了。“母亲”用他那仁慈的胸怀、深入人心的影响力以及全部的爱心，为每个人都能得到真正的福祉而操心劳累，这就是他为整个传教团做的，并且做得越来越多。这一点远远胜过了其他的一切，他也正因此成为山东南部的幸福源泉。

主教委派给他的使命，也指引着他越来越朝这个方向努力。

在他刚到济宁时，就被允许参与几个重大事件。它们成为 1892 年传教团内部建设最重要的几个事件。在济宁站稳脚跟之后，传教团的事业进入了一个崭新的时期，现在它们的内部建设自然也应得到相应的发展。

像他所属的传教团一样，安治泰主教内心充满着对圣灵由衷的爱。他印有圣像的徽章上刻有这样的一句格言：“他是我的光，我的力量。”无须多说，这种虔诚是没有任何新意的，不过它绝对是笃信宗教的、天主教式的；教会在它们的“信经”中所说的，也在身体力行地做着，“无论何时何地，不变的是对圣父圣子和圣灵的尊崇和颂扬”。如此对圣灵的爱，从开始起就是绝对圣洁的，它是这位有着坚定信念的中年人的最高信仰。在庄严的“来吧，造物主”和震撼心灵的“来吧，神灵”中回响着他对圣灵的虔诚，而这样的虔诚对于传教而言也尤其合适。如圣灵曾经在创造世界的早晨漂浮于水面之上，从一片混沌之中唤醒美丽的新生命一样，如果要使这里出现上帝恩赐的生命的话，上帝也必须漂浮到这被死亡的阴影笼罩着的异教徒的土地上来。就像上帝曾经赋予最初传道者的语言与行动以神奇的力量与成效一样,如今的传教人员也只能在他那里找到支持与力量、安慰与幸福。这也正是救世主自己向使徒们承诺并给予的巨大恩赐。在安治泰主教看来,似乎只有当世界上所有的传教人员都认识这一点之后,山东南部的人们才会真正认识到这点,因为这里是儒教思想的中心,在这个地区,无数的困难、危险和阻碍每时每刻都在不停地给传教士们带来无助与自怨自艾的情绪。

这些考虑促使安治泰主教做出了一个决定:通过一个庄严隆重的仪式将传教团奉献给圣灵。传教士们全都欣喜万分,接受了这一想法,圣灵降临节被定为举行这次壮观的庆祝活动开始的日子。通过高级神父施米茨(Schmitz)博士(后任科隆副主教)的友好推荐,成功地请到了一位虔诚的艺术家格拉斯(J. A. Grass)先生,来为这次活动创作一幅感恩画:圣灵的形象。

这神圣的祭典活动为期十天,在圣餐大厅举行,为了让自己能在这静穆的气氛中与最初的传道使徒们结为一体,从耶稣升天日开始,传教士们就开始撤回到他们的驻地坡里庄、王庄和济宁。安治泰主教也特地来到济宁,在那里,他的九名传教士,其中也包括福若瑟神父和笔者,又重新集结在他的身旁。仪式就将在这里,在这座大城市的中心,这所谓的“圣土”的边界举行。

摘自一则庆典报道的这段文字或许可以让我们了解有关庆典的情况:

圣灵降临日!咆哮的南风宣告了庆典的开始,现在这神圣一天的太阳正冉冉升起,安静而喜悦,用它的第一束光芒照亮了这座因昨日的喧嚣所累还在沉睡的城市。而在我们的驻地,它则找不到任何一个熟睡的人,只有一群虔诚的祈祷者,天刚破晓就跪在盛装打扮的小祭坛前。在祭坛的上方,圣灵的画像正等着揭幕。所有的人都照最初传道者的样子,空腹等待着。

在将近“第三个小时”的时候,即 9 点钟,尊敬的主教阁下在他的助手们的陪同下,身着华丽的大红祭披,走到了圣坛前。福若瑟神父首先向在场的基督徒布道,宣讲这个庆典的意义,随后,主教便在圣坛的阶梯上跪下,当他用因感动而颤抖的声音说出“来吧,造物主”时,圣灵画像的幕布随之滑落。外面的院子里鞭炮齐放:这是第一次在驻地响起这鞭炮声。在我们眼前立着那幅被烛光环绕、镶着花边的可爱的美丽图画。画的上方是道祥和的彩虹,圣父与圣子端坐云中,他们之间飘着被光线映亮的圣灵,他幸福的光芒洒满人间,照亮世界,七位漂亮的小天使正向他投去敬仰的目光。

声声轻轻的祈求“来吧,造物主”,颤抖着穿过这个可怜的小教堂。所有的眼睛都注视着前方的画面,那是仁慈的上帝今天从天堂降临,因此,每个人都在为自己举行授职仪式,此时主教正用拉丁语庄严而又缓慢地作着祈祷。他祈求圣灵接纳这个可怜的传教团就像圣灵选了那座葡萄山一样,他恳求上帝像保护自己的眼球那样保护传教团,祈求上帝用他那仁慈的翅膀为传教团遮风避雨,祈求上帝接纳所有的传教士、基督徒、新教徒,还有可怜的异教徒。

庆典活动宁静而肃穆,外面则开始了一天的喧闹:小贩高声叫卖自己的商品,乞丐在一扇扇门前苦苦哀求,官员在铛铛的锣鼓声中穿过大街……来往的人没有一个知道圣殿内正发生着什么,可能有一两个因听到鞭炮声而停住脚步惊奇地询问,里面的“欧洲洋鬼子们”究竟在做什么，然后又继续赶他的路——去做坏事？——去买地？——去享乐？不管去哪儿，今天，枷锁都应将他套上，还有所有像没有牧羊人看管的羊群一样迷途的人，还有数以百万计的被恶魔的铁链束缚的人们。我们要将这所有的人纳入这玄妙的联合中，我们的联合使得今天的山东南部已经献身于光明和仁慈的上帝。这片土地，这片几千年以来被龙的阴影笼罩的土地，如今已在仁慈圣灵的翅膀的庇护之下。

这些充斥于我灵魂中的希冀，在接下来举行的隆重的大弥撒中，均化为内心的祈求。在庄严的感恩赞美诗声和祈祷的圣礼中，这一具有纪念意义的庆典降下了帷幕。

从来到山东南部到我写下这些文字，当中经过了整整二十六年：这是充满欢乐与痛苦的二十六年，是既坏又好的一段时光。在这些年中，圣灵的仁慈与怜悯就如一条金色的彩带般将时空环绕。“他的慈悲伴随我们度过了生命的每一天。”那时，安治泰主教在他的新年致辞中写道：“为圣灵举办的庆典仪式，为山东南部打开了一口怜悯之泉，福祉从泉中涌出，涌向我们的后来人。”而此言已越过希望的界限成为现实。尽管直到现在山东南部的异教徒中还没有很大的突破，但是我们历尽艰难险阻才种出的小果园总算没有被毁，在我们的笨拙的双手浇灌之下，幸福的果实在开花结果，并允许在我们贫穷困苦时采摘，这正是圣灵对我们的怜悯和保护。

整个庆典完全符合福若瑟神父的心意，虽然他在其中参与不多，但却是尽心尽力。

还有一件事则为他的活动提供了更大的空间，从另一方面来看，这一事件可以说是传教团内部生活的基础：在前面描述的庆典后几个星期，安治泰阁下令传教士们前往坡里庄参加一个会议。会议的首要任务，就是全面彻底地讨论传教士和传道人员必须遵守的章程。

第一次从欧洲返回不久，在被任命为主教之后，安治泰阁下就已经将一些传教士以及传道过程应遵守的规则和告诫编入了一本小小的“传道手册”中。当时，这本小册子由传教士们自己排版，并用手扳印刷机打印出来。转眼间六年过去了，人们的经验在增加，同时增加的还有曾经没有注意到的任务和要求。现在，全部的材料都有必要作全面彻底的复核，从所有的宣传活动、宗教会议的规定，以及为其他传教团所证实确实有效的章程中，选出合适的材料，并根据传教团的需要，编写出一本实用的小册子来。它也应该适合于其余的传教人员：必须为传教团的男女助手（女的大都为处女）以及教民的会长也制定出相应的规章。对于那些不太了解传教团在中国如何工作的读者来说，对所提及的规章制度作个解释是有必要的。

如果说在过去的几十年里，欧洲要求普通教徒提供宗教帮助的呼声越来越高，那么在中国的传教团则可以满意地说，尽管他们贫困、人手少，但他们却以杰出的方式，成功地利用普通教徒这一因素来推广基督宗教。如果没有男女助手和堂口的领头人（所有的这些人都是普通教徒），传教将会是怎样一番景象？传教员是教士们开辟、教育和领导新堂口时的好帮手。如果有一个地方出现接受基督教的意愿，就会派去一名传教员。

是传教员第一次告诉那里的人们基督教的真理。只要他们有兴趣听的话，就引导他们祷告，为异教徒们布道。他是这些新堂口的领导和支柱。而传教士们的来访——由于堂口的数量众多又很分散，传教士们也只是走过路过而已——只是监督助手们的工作、为他们的活动注入新的生命以及考验和鞭策新加入基督教的教徒，直到这些愿受洗礼者通过神圣的洗礼成为真正的基督徒为止。即使之后原本该做的牧灵工作、举行圣礼以及布道等任务都落到了传教士的肩上，堂口仍然不能缺少传教助手的帮助。在更长的一段时间内，还必须坚持做同样的工作，以便让人们的基督教生活规范化，让作祷告和遵守上帝以及教会的规定深深地铭刻在教民们的心里，尤其还要对孩子们进行教育。

在挑选传教员时，人们总是尽可能挑选正直、善良且对宗教教义知识有着深刻认识的基督徒。如果他还受过良好的教育、拥有优秀的品格和良好的举止，自然更受欢迎。至于传教士可以支付给他助手的微薄工资，几乎连他自己一个人都养活不了，更别提养家糊口了，所以遗憾的是，人们往往只能找到一些品行不端的人担任传教助手。

男助手是做男人的工作，女助手通常是加入基督教的少女和妇女，她们自然是做女人的工作。一位具有优秀品德和受过良好教育的善良的基督少女，在任何地方都会得到普遍的尊重，可以对堂口产生非常有利的影响。

男女助手只是临时性地在一些堂口工作，至多在那里工作上一年半载，而堂口会长则总是待在那儿的。他们本人是堂口的成员，由基督徒们选举产生或由传教士任命为该堂口的首领。堂口要做的事情包括：在教士们到访期间照顾他们的生活起居，负责教堂的维护维修，出面解决共同关心的事情以及与异教徒发生的争执等等，所有的这些都是会长的任务。一个好的会长是一个堂口真正的宝藏，是它的支柱。然而，在不少情况下，在新建的基督教堂口中，恰恰是它们的首领不具备这样的品质。

其原因就在于，特别是在最初开辟新堂口的困难时代，他们就已经具备了加入“外国教会”的足够勇气。但众所周知的是，那些善良而单纯的灵魂却并非恰恰是最有勇气的。因此，有时成为会长的人，胆子极大但却不具备优良的品行。任何一样世俗利益都会将他们驱使，他们想从传教士那里得到的并不是真理，但是以这种方式，他们却也成为其他正直、善良、怀着一颗纯洁的心加入基督教的人们的铺路人，为他们打开了随后踏入通向基督教的大门。

要将那些通过各种关系而成为会长的首领排除，刚开始的时候对于传教士来说往往是一项艰巨的任务，因此，传教士们必须与这些品行不端的首领们进行斗争，直到他们改过自新或者被推下台，不再产生危害为止。

但并非所有的人都是这一类人。总体说来，堂口会长以及传教员们对于传教士来说都是重要的支持和帮助。传教士们的主要任务之一就在于很好地利用这些人的力量，给他们灌输正确的思想和精神，引导他们进行卓有成效的合作。

从上面所说的可以看出，一个好的、针对这些不同类型的普通教徒而定的规章是多么的重要。以前主教就已经颁布过一些临时的规章制度，现在，一本专门针对男女传教员和堂口会长的规章小册子开始编写了。

最后，主教还希望能对至今为止的传统的祷告方式做些改变。

根据老的习惯，基督徒们——至少是那些勤奋的基督徒们——会在一起进行晨祷和晚祷。在大的堂口里，他们会因此聚集到共同的祷告点进行祷告。祷告时声音很大，用的是半吟唱半背诵的方式。共同祷告所采用的祷词则是老一辈们传下来的，这对于新入教的教徒来说似乎是特别的不适合。这些祷词实在太多，以致祷告的时间拖得过长——晨祷和晚祷各半小时,因此它成了一个相当大的负担。间或有人会提出这样的问题:每天花这么大的精力在一起晨祷和晚祷是否真的是件好事。应主教的要求,福若瑟神父于1888年做完对圣灵表示尊敬的连续九天的祷告后,就此发表了他的意见:“我认为,除了我们的日历上标出的日子以外,在其他的时候基督徒们并没有义务进行共同的晨祷;共同的晚祷则只需在万圣节到复活节期间的每天晚上。这里有两个原因:一是因为他们在这段期间内不会耽误什么;二是因为如果不利用冬天的时间,他们将永远不会去学习祷词,也不会去听布道和讲课。这就是我的肤浅之见。”

可能所有的传教士都会达成这样的共识,即无论采用哪一种形式,共同祷告对于中国的新基督徒而言都是必要的,但是缩短祷告的时间也是一件好事。

另一个愿望是用更加简单易懂的方式撰写祷词。从前,老一辈传教士们撰写的祷词,使用的是高深的文言文,也许早些时期受过教育的新基督徒能懂,但对于我们的贫穷的村民则太高深了,这就像是要求普通的天主教徒用拉丁语祷告一样。

但是要作改变并非像看上去那样简单,因为这些通常采用的祷词,就像所有的德国天主教徒嘴里说出来的“我们的天父”(“Vater unser”)和“万福玛利亚”(“Gegrüßet seiest du Maria”)一样,已经是将中国的基督徒联结在一起的一根纽带。改动是十分困难的,它会破坏公共宗教生活的统一。

尽管如此,安治泰主教还是决定至少采用以下的方法进行部分修改:对一些祷词作少量改动,删除难以理解的段落,代之以易懂的新内容,尤其是打算在山东南部通用的圣灵祈祷中增加具有本地特点的祷词。

在所有的这些重要的工作中,福若瑟神父都发挥了不可或缺的作用——既参与了传教指南手册的编写,也参与了针对男女传教助手和堂口会长而制定的规章的编写和定稿,还有新的祷词的撰写。他的经验、他对中文表达的驾轻就熟,使他在这些工作上如虎添翼。规则章程的很大一部分,尤其是对圣灵表示尊敬的祷词都是他起草的。

身为行政代理的安治泰主教,把这次会议开成了一次代表大会。因为根据欧洲的情况而制定的传教规章制度在这儿常常碰壁,所以会议应该通过讨论来确定对哪些地方进行修改或删减。所有这些重要的商议,以一次反思会议和欢庆1892年在圣巴尔多禄茂会议上作出的共同重温圣愿这一决定而宣告胜利结束。

众所周知,理论和实践是两桩极为不同的事。一般说来,制定规则并非难事,但是要很好地执行却是另外一回事。在如何执行这一问题上,安治泰主教还是想在这年的年底寻求福若瑟神父的帮助。他委托后者到郓城、巨野、嘉祥、汶上和寿张等地作一次视察,并就视察情况提交一份报告。

福若瑟神父于1892年12月开始此次旅行。在他提交给主教的有关报告中,对传教团的内部发展给予了最大的关注。在某种程度上可以说,他对传教实践作了一番反省,并尝试找出其中的不足之处。他问自己,为什么在有些堂口笼罩着冷漠与对宗教的漠不关心,并得出了以下几点原因:

> 第一,我们的传教是一个全新的事物,我们的堂口就像是沙漠中的片片绿洲,它们是费尽千辛万苦才形成的,它们的保护需要更多的人力……可我们的传教区内,没有让我们新培育的作物可以倚靠的基督教老堂口。

第二个重要因素是操之过急，已获取的领地还没完全巩固就急于征服新领地。老的堂口没有得到广泛而深入的发展，反而因缺少应有的照管而倒退、日见萎缩，对于管理这些堂口的传教士而言，成了真正的苦难之地。新堂口都是按照老堂口的模式建起来的，刚开始时就驶向了相反的航道，很有可能在未来仍是朝着那个方向航行，因为它们从一开始就没有从正确的角度去认识和理解基督教……

在有些堂口，对物质的兴趣和暂时性获得好处的希望占据了太大的比例。即使不能马上排除这所有的一切，那么至少也应使超物质的东西成为将物质因素连接起来的链环。

贫穷与困苦极大地影响着传教工作的展开：

我们大部分的基督徒，在大半年的时间——确切地说是在冬季，正是传教士们开展他们的传教活动的时候——都必须为生计发愁，他们忍饥挨饿，毫无疑问，这给我们的工作带来了极大的困难。但是这种情况暂时却无法改变。

但是不完全是这些外部因素致使我们的传教活动收不到令人满意的效果，我们的传教实践似乎也对此负有责任：

这些基督徒们缺乏足够的教育，不开设这样的教育课程，基督教是无法站稳脚跟的，此外，还缺乏足够的超自然食粮，这些食粮首先是从经常去的、被妥善组织的领圣体一类活动中涌流出来的……我发现某些受过洗礼的人对于一些教义的真谛，该知道的"必需的圣事和教规"，似乎连最粗浅的概念都没有。为什么会出现这样的情况呢？可能是我们的宗教课程被过多地委托给了传教助手的缘故。遗憾的是这些人自己大都没有足够的能力或者没有受过足够的培训，或者根本不具备绝对必要的一颗虔诚的心，去对教会的教义进行有益的阐释。

因此传教士们就肩负着双重责任，既要自己动手给新基督徒们上课，又要做传教助手们的强大后盾，让他们逐渐掌握所需要的本领。

两个会带来同样不幸后果的极端做法是传教士们必须避免的：一是要避免一直待在一个地区，这样会在基督徒当中产生疲劳效应以及造成他们的冷漠；二是要避免像头被猎狗追赶的猎物一样匆匆从一个堂口赶到另一个堂口，而不留下圣徒般热情传教的任何痕迹……比较得体的做法，是在每一个堂口待上四五天，并且要全身心地、不辞劳苦地投入到对堂口的照料之中，只有这样，传教士的每次造访才能够使该堂口大步向前……至于对女教徒的教育，比起对男教徒的教育来，我发现有着更大的缺陷，因此我以为，在这方面传教士也必须更多地尽力而为。可以采取的办法是在晚祷之后开设共同的教育课程，更好的方法或许是对女性教徒进行专门的教育。

由于传教士的使命不是完成一个自然的而是一个超自然的事业，基督教完完全全是扎根于超自然的仁慈的土壤中，信仰就从这土壤中生、死，因此我们可以得出这样的结论，即传教士们必须更多地借助超自然的方法来完成他的事业。"里面躺着瞎眼的、瘸腿的、血气枯干的许多病人"(《若望福音》，5:3)，这些在毕士大池边等候水动起来的人当中，只有那些浸在有疗效作用的圣水里的，才会真正健康，其他的人则依然是旧病缠身。这条规则同样也适用于我们对待圣礼的态度——必须以巨大的热情来对待圣礼。儿童时期已接受洗礼的男孩女孩，到了十二三岁时仍不参加忏悔和受圣餐是不妥当的。我认为，在接受洗礼后的第一年就可以让新基督徒们参加圣礼，此后不是每年一次，而是要经常性地让其参加圣礼，每次都要做好充分的准备，不分老幼，大家都要参加。此外，在做准备时，教士们不能只是起监督作用，而把剩余的工作都丢给男女传教员。他必须亲自去抓教育和做准备工作，否则的话，人们做事就会马马虎虎，我们宗教最神圣的事务就有可能遭到亵渎，就如珍贵的东西得不到他人的赏识，而这会给整个堂口带来厄运，这种不幸，会从根部毒害堂口，直到把它给毁了。

关于福若瑟神父所批评的这些弊端，说句公道话，有一点是需要强调的，即一些传教士是初来乍到，没有什么经验，他们不久前才从欧洲来到中国，连语言都还没有掌握，因此只能将上课的任务统统交给当地的男女传教员。

除了这些通常的看法外，我还要增添两点更为普遍而且意义更为深远的看法。不可否认的是，我们的传教士分散在各地，不少的时间浪费在"瞎忙"上，也可以说从早到晚都被堆积成山的事务压得喘不过气来。原因是得经常外出、频繁地走访堂口、接待来来往往的使者、处理基督徒内部的以及和异教徒之间的争吵和冲突、解决因钱而产生的纷争等等。"可我们将要祈祷并为圣言服务。"(《宗徒大事录》,6:4)以前的使徒们选举出副主祭，让他们担任相对不是特别重要的职位，这样一来，他们就能够全身心地投入到从狭义上来说相对自由的使徒的事业上去。

难道我们不能在我们当中也任命这样一些人，让他们来完成一些相对不太重要的事务，而不用每件小事都让传教士去做？这样的机构可以按照以下的模式来设立：(1)会长（堂口领导）；(2)总会长（地区领导）；(3)当家先生（传教员召集人）等等。

（注：这个建议听上去很有说服力，但也有值得商榷之处，因为这些人还没有达到可以放心地托付重任的程度。）

要说的第二点：在我看来，会长在我们这儿似乎直到现在为止也没有拥有他们本该拥有的地位和影响力，因此他们的职位也没有创造出本该创造出来的福祉。如果每个传教士都能把他的堂口会长召集起来，尝试通过对他们进行教育和合适的指导，将他们引到新的航道上来，这样就一定会取得丰硕的成果。

在就一般情况谈了看法之后，福若瑟神父进一步对个别的地区和堂口进行了专门的描述。

或许不需赘言，福若瑟神父除了指出在前面描述的、他尝试找出原因的弊端以外，也注意到了很多令人欣慰和称道之处。他对传教士的评价是赞扬为先，虽然在这份视察报告中，谈的都是些不足之处。而这正是视察的目的所在，即通过视察来发现这些弊端。考虑到一些传教士年轻、没有经验以及缺乏语言知识，这些弊端不被发现也就不奇怪了。有些批评也不尽正确，比如福若瑟神父关于"匆忙获取新领地"的说法。传教士们必须在他们去的地方接纳那些愿意入教的人们。福若瑟神父自己难道是属于忍心去拒绝这些人入教或是对他们不理不睬的后一种人？虽然，老的堂口正因此而受苦受难，它们的抱怨，只能归咎于上述原因，但遗憾有时是不可避免的。

但是总的说来，福若瑟神父在他的叙述中所提出的批评，是绝对有道理的。这些批评也向我们表明，他是如何将传教团的内部建设放在整个传教工作最重要的位置上，他是多么希望这些超自然的东西能够贯穿于整个传教实践之中，并且看到它们能生机勃勃地发展。

第二章 1892～1893 年在济宁及周边地区的传教活动

“就像渔夫手里拿着钓竿，在岸边来来回回地走动一样，我在过去的一年里，在济宁这块土地上，甩出去的是拯救的渔竿。”在 1893 年的复活节报道中，福若瑟神父用这样一句话，形象地描绘了他自己在过去一年里的传教活动。我们不能由于上一章当中所讨论的一些大问题就忘了福若瑟神父的首要任务还是他原本的直接的传教工作。正是出于这个原因，安治泰主教才将他召回济宁。他的任务是在山东南部的中心地区创建传教区，就像他在其他地区以极大的热忱取得巨大成功一样。在这里，他也应该成为一名“钓人渔夫”。

但是他在济宁所找到的鱼塘，与他离开的单县并不相同。在这里张开大网，也捕不到让人高兴的新长大的鱼，而且还不时遭受波涛的冲击。现在只能说是在忍耐，几乎是在绝望中拿着渔竿来来回回地走，哪怕这儿或者那儿至少会有一条小小的鱼愿意上钩。时间、局势和当地的民风，那时所有的条件，没有一个有利于在济宁成功地开展传教活动。

我在济宁的最初几个月，是与福若瑟神父一同度过的，由于身在其中，我对那时的情况有足够的了解。如先前提到过的，当时我接到任务，要和传教助手学校的学生们一同迁往济宁。同时主教还希望除了办好传教助手学校以外，还要为那些想从根本上认识天主教的城里人办一些速成班。刚开始的时候，为了不让上课成为他们的负担，若有必要，包括吃住，所有一切都免费。

有这样的优越条件，自然会有一批人愿意来上课，来了大约有三十人：像通常的城里人那样，圆滑，受过一些教育，穿着整洁得体。我也竭尽全力通过对基督教教义的讲解以及上一些宗教实践课，把这些人引入我们神圣宗教的真理之门。

但很快我便注意到，我的学生们根本不是在学习与宗教有关的事情。天主教传教团在他们的眼里只是一张用来“做掩护的小桌”，或者至少是一块能够赢得任何一点世俗利益的跳板。当他们发现这些希望化作了泡影时，他们的热情也随之熄灭。于是他们一个接一个地偷偷溜走了，学校在 1892 年的圣灵降临节关闭时，最后几个忠实可靠的也消失不见了。

一年后，福若瑟神父就这短训班的草草收场写道：“来到这个学校的学生像众多麻雀一样，只是为了填饱自己辘辘的饥肠。去年学校的关闭就像一声猎枪响，如今所有的学生们早已不见踪影，只有一位改变了信仰——他在船只颠覆以后，仍不时地将头抬出水面（直到 1918 年的今天，他仍然坚持着）。这位正直的 H 先生为了成为勇敢的缪斯之子所付出的巨大努力，一定会得到更好的回报。”

好吧！努力也并非如此“巨大”，不过的确是竭尽全力了。这个试验没有带来好的结果,可能只会更加加深该地区的异教徒对传教的错误认识。由于我们费了很大的劲在济宁获得了一个落脚点,因此很大一部分异教徒都认为我们是为了追求某种物质利益——当然每个人都是根据自己的想法来进行判断的——对我们而言,要做的就是用什么方法来一直赢得追随者。谁加入我们这个队伍,就有权得到某种物质报酬。这我会在学校里有所了解,福若瑟神父同样会在他的传教工作中有所体会。他认为,"和我打交道的那些人,都是些斤斤计较的人,除了钱,他们什么语言都不懂,就像鼹鼠一样只知道一直往地里打洞。传道者们很可能会带来人们度日的面包,但决不会为饥肠辘辘的人彻底消除饥饿的说法,驱散了所有'虔诚地'听布道的人"。

在这种情况下,他在过去一年中所做的努力(即在城郊的三个地方建立基督教堂口)都没有获得成功。所有这一切都是瞬间即逝的短暂热情。具有代表性的是一个"新的教徒",他亲口对福若瑟神父说:"为了得到几亩地,我下地狱都愿意。"

福若瑟神父将与这种偏见作严肃的斗争视为己任是完全正确的,但这却早就不是唯一的困难了。

总的来说,这里的民风没有为传教提供任何的便利。我们在官员的帮助下获得了一块住处,但是我们远没有因此在人民当中扎下根来。目前,我们在他们的眼里就是可恨的或者至少是被他们瞧不起的欧洲鬼子,说我们无恶不作,什么坏事都干得出来。在开始的几个月里,我们并不缺少来拜访的客人——都是些来自各个行业好奇的人们。由于我们想争取这些人,所以我们使出浑身解数来接待他们。有时在会客室一待就是几个小时,也谈些宗教上的事,但更多的时间则是倾听他们的絮絮叨叨,耐心地回答那些屁股似乎沾在了凳子上的人的好奇的问题。

通过一些张贴在这儿或那儿的谩骂性标语,我们清楚地认识到,尽管如此,有些人对我们还是怀有敌意的。人们说我们的坏话,这真令人惊讶。他们还变换方式通知我们,说在某一天将要袭击我们,要把我们杀死。

而那些简单淳朴的农民对我们也完全没有一点好感。当福若瑟神父想要参观远近闻名的戴家庄园林时,他可能亲身体会到了这一点——那些人没有好声好气地把大门指给他看。不论是他自己还是那些拒绝他的人都没有想到,几年之后,戴家庄这里的房子会成为山东南部圣言会的中心驻地,而且福若瑟神父也会把他的家安在这里。

从这些事件中所流露出来的不友好情绪,一直都是由兖州府挑起的。那儿为保卫儒学而成立的文人团体,在很长时间内都没有放弃对传教团的敌意态度。

然而,对福若瑟神父来说,困难似乎并不仅仅在于这些暂时的现象,尽管这些困难是传教团在这个地区实实在在碰到的。他更倾向于寻找更深层次的原因,并认为原因主要在于这里的人的性格。他认为,这些地区的人比曹州府的人还要可怕,他们没有更高的追求,而只相信物质的东西,对于宗教的态度十分冷漠。

他还认为,儒教思想已经在这一方面产生了有害的影响:"离孔子的家乡越近,崇高理想以及高涨的宗教热情的嫩芽在土壤中死得就越彻底。"

这个想法当然有它的理由。只是纯粹地研究尘世生活、其迷信崇拜完全停留在实用层面上的儒教思想,即便没有直截了当地拒绝崇高的宗教思想,但也没有对宗教思想表示过尊重。它在人民当中毫无疑问地起到了安抚人心和使人冷静清醒的作用,使老百姓更热衷于本身就倾向的物质主义。这种影响在孔子家乡的土地上表现得尤为强烈，这也在情理之中——在大树的阴影下，任何植物都不可能健康地成长。

事实上，到今天为止，在这片地区，在孔子真正的家乡，我们传教团所获得成功相对而言也是最小的。

如果要将济宁及其周边地区的人们对宗教的冷淡仅仅归咎于孔老夫子，那也是不尽合理的。大城市里商贸发达，但常常是鱼龙混杂，它们又紧靠繁忙的京杭大运河，所有这些都不利于朴实、单纯的性格以及宗教思想的形成，而且也是造成这片土地更加不适合传教活动的原因之一。

委托福若瑟神父到这儿来，要做的并不是件什么轻松的工作，而且他自身各种各样的严重疾病也试图将他打倒，但是这所有的一切都无法浇灭他的热情。福若瑟神父并不是那种轻易被困难击倒的人。尽管他得承受如此大的压力，独自暗暗地叹息和做着祈祷，但他的工作一点也没有耽误。他具备了一个真正的传教士必须具备的品格，即承认现状，并满怀对上帝的信任，从现实中创造出能够创造的东西来。在一次演讲中，他引用了已故罗马皇帝泽费鲁斯(Severus)喊出的口号："让我们工作吧！"来激励他的传教兄弟们，为了上帝和圣灵而孜孜不倦地奋斗。而他要求他的传教兄弟们做的，无论在什么地方、在什么情况下，他自己一直都在坚持不懈地做着。

他那时在济宁也是这样做的。我很清楚地记得，他是如何努力地在外奔走。他只是偶尔进一趟城，回到我们中间，与我们一起过上一两天。这一两天的时间里，除了唯一的一次我们一起去城墙边散了一会儿步，其他时间他就整天埋头于工作。

福若瑟神父的工作，得到了一位来自湖北的年轻的新基督徒的帮助——他的叔父在济宁当官。1892年的圣灵降临节，举行宗教庆典过后没多久，这位年轻的小伙就主动来到传教团并提出要为我们做些事情。

考虑到他叔父的缘故，他马上就被接纳了，我们希望通过他能够获得一定的支持，并能建立起新的关系网。开始时，他的宗教知识是远远不够的，福若瑟神父必须在这方面给他以帮助。反过来，这个年轻人也帮助他与衙门打交道，处理一些小事。几年之后他转到铁路上工作，但不久就死在了岗位上。

虽然在一年里勤奋苦干，福若瑟神父可以回顾的成就却是真正少得可怜。在济宁城里，几乎没有任何一个值得一提的愿受洗礼者。但在城南十八里的地方，在一个湖边，形成了一个小小的堂口张家桥，福若瑟神父希望它能够成为"众多分教堂的总堂"，因为在它周边的村庄里，表现出明显的基督教倾向。

在城西与嘉祥的交界处，刚被授予圣职的中国侯教士辛勤耕耘的地方，三年前就已经存在着堂口，但却一直没有任何新的消息。

"济宁向北四十里的地方，已在汶上的地界上建起了潭阳(Tan-yang，音译)堂口。新皈依的人都是老的帮会会员，他们承诺要成为好的基督教徒。城北八里地是包村(Bau-tsuin，音译)，有八至十家农户，但那儿的新基督徒不大可靠。

比较坚定的，是住在济宁东南方向二十里地的二十里铺的一些新基督徒。它的邻村肖兴庄(Siao-sin-dschuang)，有四户从阳谷迁来的基督徒家庭，还有五户也加入了他们的基督教，这五户人家的心意是真诚的。除此之外还有几户人家：陈庄(两户家庭)、丁庄

(Djin-dschuang)和丁家塘(Dji-dja-tang)(都只有一户人家,但却是真正的基督教徒)。这就是过去的一年中在济宁所争取到的所有人。”

福若瑟神父在这里没有提他试图在梁镇这个大集镇站稳脚跟所做的努力,以前倒是提到过一次。这个集镇坐落在一个斜坡上,很有气势,远处是一个湖(南阳湖)。这里有十至三十户人家愿意加入基督教。但是村民们开始时提出各种各样的要求:他们要求福若瑟神父帮助他们重建跨湖的大桥,因为大桥倒塌之后,集市便一直荒废着。要求之高简直不可想象。比较容易满足的是第二个要求:他必须花三百吊钱买一所房子,作为临时的祈祷的地方。在前面关于堂口情况的复活节报告中没有提到这件事,很明显,到现在为止这件事情没有任何进展。

现在,福若瑟神父在传教报告中提到了邹县。这个县位于济宁以东,兖州府以南,作为智慧老人孟子的家乡而闻名乡里。邹县的城南坐落着孟子的圣殿(孟庙)——一座保存完好的、占地面积极大的寺庙,院中有一片古老挺拔的柏树林。在横跨这片小小土地的众多山岭中,沂山不仅以它的高度,而且以它奇特的外形以及它作为进香朝拜圣地的美誉位居群山之首。大旱时,很多使者远道而来,只为取这山坡上的泉水。人们说无论这水在哪里都会带来雨水。这样的迷信,在过去几十年的经历中,多次得到了证实。

而安治泰阁下恰恰特别希望能在这紧挨兖州府的县里争取更多的基督徒。虽然建起了几个堂口,但它们都只是勉强维持着。福若瑟神父做出了很大的努力,来推动这些教徒的前进,并发展新的教徒,可他得到的回报却很少。就是在这里,加入基督教一定会得到物质上的好处的观念根深蒂固。针对郭家营和肖堂两个相对较老的堂口,福若瑟神父写道:

> 我尽力去做一些让他们感到温暖的事情,他们也承诺会尽最大的努力,可我刚离开几天后就“故态复萌”了……去作祷告是随心所欲,完全没有规律的。这两个堂口倒是没有彻底垮掉,因为在一堆稗子中毕竟还是有着一些好谷粒的。
>
> 在东南五里地的地方,新建了堂口包家店(Bau-dja-dien),然而这个孩子长得怎样了,我还不得而知。
>
> 紧挨着滋阳(属兖州府)的是四潭店(Si-tan-dien),这个堂口在上一年的风暴中几乎完全被摧毁,堂口共有四五十个人,但是这些新教徒离信仰似乎还有很大一段距离。
>
> 除了提到的这些地方以外,在前几个月里,还有一些其他的地方也提出了入教的要求,但是一些流言飞语和威胁性控告将所有这一切都扼杀在了萌芽状态。总体说来,尚未解决的兖州府问题就像一座沉重的大山压得邹县透不过气来,这个问题不解决,天主教就没有办法在邹县深深地扎根立足。

相比之下,同样是由福若瑟神父负责的鱼台县的前景就乐观多了。刚开始的时候,该县县令没有给传教团提供任何方便。福若瑟神父对他的“就任”表示祝贺,但是并没有像中国人通常做的那样得到回复或答谢信。而这位官员在公开场合表现出来的态度比我们刚开始预料的要好得多。传教团的发展突飞猛进,完全出乎我们的意料。福若瑟神父是这样写的:

多年以来不知感恩的鱼台(另外鱼台的确也是单县皈依基督教的推动因素)在过去的一年中终于从梦中醒来。如果所有这一切不是假象的话,那么在不久的将来还有一些地方会要求皈依基督教。姚家楼好些年以前就已经信了天主教,但长期以来缺少人手,几乎被人们遗忘,所以那里竟然还没有一个人接受洗礼。事实上,这少数几个教徒应该感到光荣的是,他们并没有像其他一些受到更多照料的愿受洗礼的堂口那样,没过多久就把所有的信仰给忘了个精光。去年秋天我从崇眉集出发,作了一番调查,看看在姚家楼及其周边地区是否还有什么可以被挽救的东西。令人欣慰的是,已有几个传教助手被派到那里去了。

时机真是再好不过了。由于当地的官员帮了几个小忙,我们传教团在百姓当中一下子就树立起了良好的外部形象,一些人现在也有了加入我们的勇气。

愿受洗礼者的人数迅速增长,在几个月内就翻了十倍。最大的一个堂口是李芦村(Li-lu-tsuin,音译),拥有一百四十名新基督徒,紧随其后的是新陆屯(Tsien-lu-tuin,音译),有一百名愿受洗礼者。

与济宁和邹县相比,鱼台具有一定的优势,就是这里的新教徒比较好管理。这里从一开始就制定了很好的规则,愿受洗礼者中的一些人家境不错,他们愿意在物质上作出一定的贡献。

我们有充分的理由相信,我们可以从这儿出发,为许多船民[①]的逐渐皈依做好准备,他们常年在海上漂泊,从整体上来说拥有不错的声誉。

在鱼台的其他地方,到现在为止我们仍然没有打开局面。只是城里的几个穆斯林家庭表示要加入基督教,但到目前为止,我对他们的情况依然没有更多的了解。

我认为,无论如何都必须有一位传教士长期待在鱼台,只有这样,才能够在接下来的一年里取得丰硕成果。

根据上面的报告,这一年福若瑟神父在看上去似乎不知感恩地区的工作还是有所成就的,他得感谢“带来丰收的主人”,尤其值得称道的是,上一章中所提到的他的工作,都是在远离传教团的情况下进行的。11 月时他也去了一趟单县,那儿的德天恩神父正发着高烧。因此,他只有极少的一点时间为自己的传教区做点事情。

他在他的报告结束时所表达的愿望——为鱼台地区配备一位传教士,在一定程度上已经得到实现,给他派去了中国的夏教士作他的助手。可这样一来,等待他本人的却将是一个崭新而完全不同寻常的任务。

---

① 这些被称作“men dse”的船民,他们的家就是他们小小的船只。他们很少有不受当地百姓歧视的。遗憾的是,到目前为止,山东南部的船民中并没有太多的人皈依天主教。但在江南传教团中,船民中有许多年长的基督徒,他们诚实可靠。

第三章
福若瑟神父担任传教助手学校校长及传教团司库

在前文中我们已经多次谈及传教助手的问题，我们已经看到，这些人在传教工作中起到了怎样的重要作用，同时也经常能从福若瑟神父的嘴里，听到对其中一些人存在的缺点所作的尖锐批评。

如果说传教员对于在中国所有的传教团而言都是必不可少的后备部队，那么对完全是从零开始的山东南部尤其如此。传教士们——开始时大家都是新手——对当地的语言、习俗以及传教实践都不熟悉，而堂口也同样是新的，必须对它们进行经常性的教育和管理。

因而从四面八方都传来了这样的呼声：给我们派好的传教助手！这样的呼声，到今天仍时时响起。但是从哪儿去获得这样的助手呢？眼下是依赖邻近的传教团。那些在家无所事事、在自己的传教团中又找不到用武之地的人们，他们自告奋勇，表示愿意出来一道工作。一些人是有着精神上的追求，或至少是受忠心为上帝的事业而奉献的真挚意愿的驱使，另一些人则是意在获得为传教助手这一职位所提供的一点钱，尽管报酬不多，每月平均五六吊钱，按照当时的汇率约七至九马克。靠这些钱发不了大财，甚至几乎养不活自己，只有在十分节省的情况下才有可能为家庭省下几个铜板。

除此之外，助手一职并没有太多的诱人之处。在新建立的基督教堂口传教，会有种种不快，诸如此类的事情我们在前面已看到了许多——一会儿是异教徒制造事端，一会儿又是新教徒不顺从、不听劝、不守规矩。

因此，除了拥有相应的宗教知识以及具备良好的品行外，要很好地担当这一职位，还必须有足够的牺牲精神和虔诚信仰。当然，对于传教实践而言，多多少少还是人们谈论政治时所说的那样，是“尽力而为的艺术”。如果要想看到所有的理想都得到实现，所有的要求都得到满足，人们可能需要长时间地等待。这就是说要用现有的手段和力量勤奋工作，这样一来，就只得凑合着使用外来人。必须心怀感激地承认，他们之中也有一些确实很能干的人，为传教工作作出了杰出的贡献。其他的则鲜有甚至完全没有价值，更有甚者则是成事不足，败事有余。

如果说质量还有待提高的话，那么数量也是远远不够的。其他的传教团也急需自己的有用人才，只是想到相邻传教团中去寻找富余人员的做法，长此以往是不足取的。

迫于形势，年轻的传教团必须不论好坏，尽快从自己的新教徒中培养出一批助手来。鉴于这一迫切需求，助手学校才应运而生。安治泰阁下第一次从欧洲返回后，就立刻下令建立了一所这样的学校，最先由同时担任神学校校长的林伯克神父出任校长。

和开始传教几乎一模一样，这一机构在刚开始的时候，无论是外部设施还是内部的操作，都是因陋就简，就地取材。

人们从新教徒中选出了一些认为可能适合成为传教助手的人，即那些上过几年私塾或者除此之外看上去具备所需品行的人。在其他工作允许的情况下，林伯克神父会给他们上一些宗教课，时间安排及课程设置等等暂时还基本未确定下来。刚开始的时候，学校过的完全是“东颠西簸的生活”。1887年年底学校迁到了梁山，并由布恩溥神父担任校长，一些时日之后又必须迁回坡里庄，校长由文安多神父接任，没过多久，这一职务移交给了笔者。

如上文所述，在1892年新年之始我们又必须重新上路，到济宁创建我们的家园，直到我于同年圣灵降临节被召回坡里庄，为大会的召开做准备，学校也因此暂时停办。

不到一年，福若瑟神父接到了在济宁重新开办传教助手学校的任务。这是一个新的可并非他本身所喜欢的工作，但他仍然以极大的热情和充沛的精力投入其中。他最喜欢的是作为一名传教士在外面东奔西走，然而服从的呼声对他而言就如同上帝的召唤。此外，他自己也非常清楚办好这一机构的重要性。这关系到传教团内部的建设，因此，他也想尝试培养出热情而勤奋的传道者，正如他对于传道工作所寄予的期望一样。

他手头所拥有的物质条件是否适合办学，那是另外一个问题。那时从各个不同地区来到传教学校的人们，无论是在年龄上还是在受教育程度上都十分不平均，从20岁到60岁，各个年龄段的人都有。他们中有几个曾经念过很多年书，也曾经在外面的学堂教过书，个别人是秀才(相当于学士)。我们的学生当中甚至有位“翰林”(相当于院士)，留着雪白的胡子，在这儿学了好几个月。而这位老者的学识并不见得如何渊博，他的这一头衔，得感谢某种特权。许多学生在这以前并没有受过什么教育，既不会看书也不会写字。

对宗教的认识程度也同样参差不齐。一些人已经受洗多年，而另一些人是新受洗者，直到此刻才开始接触基督教。

学校的课程是清一色的宗教课，批判异教徒的迷信思想、宣传天主教的真理，所采用的是一本全面解释教义的问答手册，其内容涵盖《圣经》和教会的历史，以及对共同祷告的讲解，最后几乎每天都有布道的实践活动。

一部分课本是以前的传教士编写的。学生们通常在学校学习两年，然而实际上对于学习期限并没有严格的规定。

上面所述是我在的时候安排的学习课程，福若瑟神父可能也是按照这个安排来办学的。

尽管学生的人数不是很多——开始的时候大约三十人，之后增加到五十人左右，尽管宗教课本的内容多少是比较熟悉的，但是老师有很多工作要做，尤其在开始阶级，因为部分教材比较艰深，对于那些门外汉而言存在很多语言上的障碍。

福若瑟神父在1894年5月15日给主教的信中写道：“这学校着实让我费尽心思。”确实，他一直都在不懈地努力着，尽可能完美地完成托付给他的任务。正由于如此，他上课以及备课都十分认真。他将给学生灌输精神之信仰以及真正的虔诚视为第一己任。

在他从事教育的整个期间——学校的事务从那时起占据了他的很大一部分时间，因为他后来有一段时间担任神学校的校长，而且兼任传教助手学校的老师——他从来不是一个只强调理论知识、上课枯燥无味的教书匠，而是一位思想极其活跃和热情宽厚的传教士。他动用一切手段，通过语言和实例，竭力将他的圣徒精神、他的虔诚和奉献精神都投入到托付予他的事业中去。

在处理具体事务时，他始终都遵循符合自己信仰取向的根本原则：“重行动，轻形式。”

(Fortiter in re，suaviter in modo)他希望引导他的学生在前进的道路上尽可能走得更远，因此他对他的学生在虔诚、自我克制、吃穿简朴、顺从和守时等方面都提出了特别高的要求。在细节问题上，他亲切友好、充满爱心，会顾及当地人的个性特征；他对所有人都一视同仁，这在一所中国的学校里是极其重要的。他爱每一个人，给予他们相同的关怀和照顾。因此，他也赢得了学生们的尊重和信任，如同一名好老师和神父应该得到的回报一样。

尽管他无比虔诚，但他却有着对高雅艺术的追求，不想将他的学生引向不健康的假虔诚，这一点可以从他将维泽曼(Wiseman)枢机主教的著名戏剧《破碎的宝石》翻译成中文并让他的学生与几个孤儿一道在圣诞节的时候表演一事中得到证明。

这出戏剧讲的是圣人亚历克西乌斯的传奇故事。中国人至少是中国的传教士们对这种圣人的生活似乎有着极大的兴趣。该剧还有更早的版本，完全改编成中国式戏剧，经常在基督教堂口中演出。

那个老版本与福若瑟神父的版本没有丝毫的相同之处。他的翻译是一项艺术，他的翻译展现出了他对民众语言的掌握是多么的完美，其中几幕翻译得尤其明白晓畅。

幸运的是，在过去的几年中，我们成功地找到了一个副本，尽管残缺不全，但还是通过重印，在它消失之前及时拯救了它。

由于欧洲的戏剧形式和中国的戏剧形式完全不同，因此排练这出戏剧花了很大的功夫。曾经是帮工协会成员的赫尔曼修士有过这方面的经历，因此由他来担纲舞台指导。恩博仁神父为戏剧画了舞台背景，这样，这个给官邸人员带来极大喜悦的戏就能上演了。像以往一样，流浪汉的角色总是演得最好的，因为这一角色最容易达到它所要求的相同效果。

除了担任传教助手学校的领导以外，福若瑟神父还担任着主管和司库之职，最后，他还得一如既往地关心整个周边地区的传教工作。他真是“身兼数职”啊！

济宁的驻地扩大了。魏若望(Joh. Weip)神父带着他的神学校——他是该校的校长——也迁到了济宁。为了帮助费德勒修士对驻地进行扩建，吴好思(Ambrosius Vierhaus)修士也来到了济宁，扩建工作对建造主教住宅是非常有必要的。

由于在兖州府地区建立驻地希望渺茫——那儿的文人们甚至放出话来，二三十年后才会允许传教团在那里扎根——因此就只能先将济宁建成传教团的总部以及主教的住处了。传教团计划建一个大教堂，一幢供传教士们居住的房子，可目前只能满足于一些建筑上的小改动。

作为主管，福若瑟神父要为驻地所有人员的甘苦而操心。此外，他还要做好司库的工作。毋庸置疑，这后一项工作是福若瑟神父在所有工作中最不愿意承担的部分。与钱打交道向来不对他的胃口。早在香港他刚开始传教的时候，打算让他在一个港口城市担任传教团司库的说法，一段时间内传得很广，这让他惶恐不已。而现在，他虽然不是在一个港口城市，却管理着经费，掌管着传教团的资金往来。他就是以这种性格，与商人们打着交道，先由这些商人从上海取回传教团的经费，再把这些经费分配到各个传教地区。另外，他还必须保障将一些对于传教士来说必不可少的用品，如蜡烛、弥撒酒、书籍等，及时送到他们的手里，要为他们购置一些小物品，并要把现金出纳账整理得井井有条。虽然他不是很喜欢做这类工作，可它对传教的正常运作却是很重要的。在处理这类外部事务时，干练沉着是一名传教士应具备的素质；在和钱打交道时，要使财务账目清楚就要头脑清醒、勤俭节约、精打细算，这些也是一名传教士应拥有的重要品质。不管怎样，福若瑟神父做得不错，因为当他请求主教将他解职并派另一名传教士去接替他的工作时，遭到了主教的拒绝：他必须继续履行他的职责。对于传教团来说，经常更换司库是没有好处的。

另外，福若瑟神父在支出时也非常节省，尤其在他的个人需求上，他懂得把个人的支出控制到一个最小的量。他还竭力做到与主教的指示保持一致。1894年春，当一些身处绝境的基督徒们向他乞求施舍和救助时，他立刻向主教报告了此事并询问对策，得到回复后，亦严格按照主教的意见去做。

第四章
在滋阳和滕县建立首批堂口，在薄梁的恐怖日子

福若瑟神父一直担负着的外部的传教工作，虽然并不是很费力，但较之传教团的内部工作，则有着更多的烦恼。他只要一有时间，就必定会亲自走访堂口。然而对于在驻地以外本来该做的灵魂上的帮助，比起以前来只能更多地依赖他的同事们了。

在这一年里，也赢得了一些新的堂口。在济宁地区，在城郊成立了新堂口五里营（U-li-ing），而在先前提及的大型集镇梁镇，也有二三十户人家经过长期的犹豫之后，终于声称要加入天主教教徒行列。就连原先的兖州府地区，在这段时间也有新的突破，建立了蒙家村（Mung-dja-tsuin）堂口。

邻近的潭阳（Tan-yang）位于汶上境内，基督教可能是从那里传入的。因为安治泰阁下特别重视一切与兖州府有关的事情，所以维天爵先生就接受了长期留驻蒙家村的任务，他是作为未授圣职的僧侣来到传教团的，但他在神学校学习，正朝着成为教士的方向做着努力。他和蔼可亲，为当地人提供医疗帮助，因而赢得了许多朋友。

然而兖州府的孔教卫道士们却把他的存在看成是对当地和平的莫大威胁。县令也对他恶语相加。县令多次传见地保，婉转地向他表示，蒙家村已经变成了一个“狗窝”。如果他不马上将欧洲人驱逐出去，他本人乃至整个村庄都不会有好日子过。听到这个消息，村里好事青年的气焰自然越发嚣张了。他们朝传教士的屋子投掷石块或是做其他一些恶作剧。而传教士则表现得相当镇静，在遭到恫吓时仍默默地忍受着。县令觉得有必要重申他的命令，让地保干得更凶狠些，可他突然从济南府得到指示，让他收敛一点，不要再去骚扰蒙家村的基督教徒了。

在滕县这个大县里，现在也建立起了一个堂口，福若瑟神父几年前曾派去一名传教团助手，但当时未获成功。

一位来自王磨店（Wang-mu-dien）的老师，由福若瑟神父推荐，到江南的一位耶稣会神父那儿工作，并在那里接受了基督教，正是他促使了这个新堂口的建立。

如同福若瑟神父在他的复活节报告中所预言的那样，在鱼台，新基督徒的数量增加了，但是麻烦与纠纷也不少。

在团里地区，驻有一些官兵，他们的小头目为非作歹，无法无天。在这些小头目与基督教堂口之间有时会产生严重的摩擦，对此新的教徒或许是有责任的。这些无所不为的头目中，有一位甚至要求几个被他视为眼中钉的基督徒公开宣布脱离基督教。因为县令除了说两句漂亮话外根本不提供实质性的帮助，所以福若瑟神父把这件事通过书信的形式报告给了兖州府的田恩来总兵。此人后来与传教士一直交好，在兖州府充斥着反对基督教的思潮时，他也对教徒们的合理申诉给予友善的回应。

与同一年发生在邹县的事件相比，这些混乱就只能算是一些小波澜了。在那儿，各式各样的麻烦纠集到了一起，它们一个比一个棘手。

如同我们前面已经看到的，基督教在那个县仍然没有得到充分的发展。尽管如此，安治泰阁下仍决定在离兖州府仅十五里地的西滩店建一座教堂。他打算自己长期住在那里，这样，可以方便地就近处理兖州府的事情。

费德勒和吴好思两位修士被派往那里去修建教堂和完成一些木工活。这两个可怜的修士在那儿确实受苦了。岳昆仑修士曾一脸严肃地说过，他将会因建造这座教堂而搭上他的性命。附近的百姓不友好，虽然不是公开表示出敌意。在建造过程中，流传开这样的一种谣言，说传教团无权无势，没有人保护他们，因此可以随意把他们的东西拿走。一些人甚至把建造教堂当作是一次勒索钱财的好机会。

在兖州府以及周边地区采购不到物资，所有的物品都必须到其他的地方高价购买。大批的工人成群地涌过来，如果不用他们或觉得他们不合适而辞退他们，就会骂声四起，恫吓不断。人们甚至可以听到这样的话：他们会用刀刺死欧洲鬼子。

福若瑟神父亲自出来主持正义。在一次走访西滩店时，他的车顶篷被人偷了。尽管出现了这一意外，他仍然认为目前的局势不是那么可怕。在他看来，人们只是在搞些卑劣的动作和恶意诽谤而已，明显的危险并不存在。

与此同时，在离邹县大约一天路程的另一头，在薄梁这个大的集镇上，一场大灾难正在酝酿之中。

薄梁是一个非常大的集镇，离梁镇不远。它被一座山脊隔开，分成了两个部分：南薄梁和北薄梁。

在这个村庄里，有一位白胡子老人，他在多年前就听说在山东北部有过天主教，在他的推动下，建起了一个约由三十户人家组成的基督教堂口。夏神父经常去看望那些新教徒们并对他们非常满意。他还认为周边地区同样也充满着希望。但是没过多久，在前几个月里，就出现了异教徒的村长和传教助手及新基督徒之间的纷争——在大多数的纷争中，双方都不无责任——起因是老掉了牙的对基督教陈腐的厌恶感和家族之间的敌对情绪。这一广泛传播的反基督教和排外的思潮如火上浇油，大大激化了矛盾。1893 年 7 月，用于祈祷的房子突然失火，这样事态就变得严重起来。据说这火是与教会作对的村长指使一名帮工放的。

福若瑟神父立刻想办法息事宁人，他专门委派夏神父去薄梁处理此事，可惜没有成功。不仅没有能与异教徒们和平地达成共识，他们反而来到城里把基督徒给告了。县令是个顽固的儒家弟子，他马上受理此案，并下了逮捕令，连夏神父也一起被抓了进去。

现在能做的当然只有果断地采取行动了。福若瑟神父寻求主教的帮助，主教经过交涉,让省里派来了一名官员负责调查这一争端,此人是跟福若瑟神父非常熟悉的秦章根。福若瑟神父曾与他一起处理过济宁的事情,后者也曾多次被委任处理与传教有关的事情。这位官员来了以后,很快便与地方士绅达成协议,把这件事给解决了。异教徒那帮人作出了小小的赔偿,出了八十吊钱,作为对被烧毁的财产的赔偿。福若瑟神父请地方士绅吃了顿饭,他们也应邀而来,他是想与他们、也与这位官员建立起良好的关系。他希望从现在起,邹县的和平能够长久地得到保障。可惜他大错特错了。那位省里的大员很快调任了。在临近新年之际,在薄梁又发生了可怕的事情,与这次的事件相比,前面所有的一切不过是小巫见大巫而已。

正当整个中国沉浸在农历新年(1894年的2月初)一片祥和的气氛中,所有的人都欢欢喜喜过年时,突然有几个新基督徒匆匆来到了济宁,他们神色慌张,面色苍白,衣衫褴褛,步履蹒跚,就像那些与死神擦肩而过的人一样,他们来报告在薄梁发生的可怕事件。五名基督徒被杀,还有很多人正与死神搏斗或处于非常危险的边缘。其他的人有的被赶走,有的被逐散,有的被洗劫一空。到底发生了什么事?

年前几天里,新受洗者和敌对的异教徒之间又出现了新的争吵。所有那些被深深压在心底的陈年旧事被翻了出来。新基督徒们是怎样引发这场纷争的可以暂且不去理会,但他们无论如何没有想到的是这场灾难现在会降临到他们头上。即使是他们的敌人,那些异教的文人们,可能也没有打算走得如此之远,没有想到由他们所发动的暴民会爆发出如此疯狂的激情。

在前一天晚上喝过酒壮过胆之后,新年那天,火焰般的狂热便突然间迸发出来。这群下层民众,一旦野蛮起来,便完全不知分寸。他们开始疯狂地烧杀抢掠。一名新基督徒满身鲜血,很快落入这群暴徒之手;另一个卧病在床,被当场刺死。即使是妇女他们也不放过。一些妇女和男人们绑在了一起,被拖到异教徒的寺庙,在那里开始了新一轮的残杀和凌辱。到那天晚上为止,共有五人被杀,将近二十人受伤。那些侥幸脱逃的人们,向四面八方逃窜而去。那时正值寒冬季节,那些害怕受这一事件牵扯的没加入基督教的朋友和亲戚们,都将家中的大门紧锁,因此那些逃亡的人无家可归,又无处可去,只能无助地四处奔走。有两个孩子藏在一个竹筐下,躲了整整两天;一位母亲带着她的两个孩子一起逃亡,却在黑夜里丢失了她最小的孩子,再多的眼泪和悲鸣也唤不回她走失的骨肉。有一天她听说,她的孩子死了,尸体已经被狗拖去吃了。其他人则逃向了山谷。几个人跳到结了冰的河里,在芦苇丛中藏了起来。没过多久,第一批逃亡的人来到了济宁。

人们完全可以想象,这样可怕的消息会在那里的传教团驻地引起怎样的震惊。不仅仅是那里,这消息就像野火一般,从它的发生地蔓延到了各个地区,使整个空气中都充满了各种危险的气味。这类事件所产生的影响,就像一块沉重的石头被扔进了水里,激起高高的浪花,余波经久不散。在长达几个星期的时间内,整个传教团都或多或少地受到了这类事件产生的余波的影响。

最为忙碌的自然是作为那个教区的主管福若瑟神父了。他首先得安排那些可怜的逃亡者。他们被安顿在传教团的驻地,他们一直住在那儿,直到恢复了平静,他们能够安全地回家为止。这种情况持续了将近一年。

福若瑟神父以极大的爱心接纳了这些人,他还让孩子们接受教育,给那些有能力的人安排工作。更不用说的是，福若瑟神父还为他们传授了足够多的宗教知识。

同时，他还得着手处理那件事情。可在这里人们却碰到了几乎不可逾越的障碍。那些薄梁的文人，按照法律法规应当被处以死罪，他们躲到了邹县整个士绅界的背后。可怜的县令，他对此事负有不可推卸的责任，面对如此强大的敌人根本不敢轻举妄动。据说他无计可施，只能一个人为他自己的可悲而流泪。那些凶手们则逍遥法外并到处吹牛说大话。向在兖州府的上一级政府申诉同样毫无效果。如此只能再次请求济南府的巡抚干涉了，但那儿同样也没有作出任何公正的裁决。福若瑟神父遵主教之命，亲自去省城，经过交涉，两名官员被派来调查此事。当他们来到邹县时，迎接他们的是一群武装了的乌合之众的辱骂和威胁，十天后他们无功而返。他们让人转告主教说：这件事闹得太大，而他们智力不够，所以他们无能为力。

那些士绅现在真的是趾高气扬了。他们的气焰究竟如何之嚣张，由下面的这段张贴在街角的公告可见一斑：

> 亲朋好友们，路过的官员商人们，我们可以告诉你们，我们终于成功将邹县境内的欧洲鬼子的宗教彻底根除了。来调查的秦姓官员，受不了文人和民众的辱骂和嘲笑，也没能拿到他所希望的有人向他行贿的银两，在几天前跟那个欧洲人一起偷偷溜走了。请所有路过的官员和商人们都来支持我们，让我们一道将兖州府所属各县中的欧洲鬼子的宗教彻底消灭。我们的祖师爷孔子和孟子的学说必须重新发扬光大，只有这样才能够防止发生更多的灾难和不幸。
>
> 请于7月15日在我们的“二圣人”孟子的居所前集合。
>
> 消灭欧洲鬼子会

就这样过了七个月，其间死了十名新教徒，还有几个受了伤卧床不起。逃亡的人必须依靠传教团的救助才能活下去，他们的田地都已经被异教徒们没收，收成也被他们抢走了。

直到向德国公使馆求助后，才终于获得了一些赔偿，恢复了宁静。

那是段不堪回首的日子，因为其他地方的人也起而仿效薄梁的做法。

那些全副武装的乌合之众曾有两次跑到邻近的梁镇，而那儿的小小堂口没有遭受与薄梁同样的命运，还得感谢当地的士绅和堂口首领——他们到那些好斗之人那儿去，好言将他们劝回。

然而让他们付出的赔偿却微不足道。这次暴行的组织者承担主要责任，他拿出一千吊，用来建造一个小教堂，另支付五千吊作为对教徒们所受损失的赔偿。承诺要把凶手抓起来并绳之以法，至少官方是这样说的，在征得了主教的同意后，很快就依据法律下达了死刑判决书。

现在基督教徒们终于可以回家了；一个小教堂建起来了，异教徒们对待基督徒和传教士们也不再像以前一样那么充满敌意了。

但是这个基督教堂口却在这次事件中经受了太多的打击，就算福若瑟神父有再大的热情，也无法给他们灌输要成为一名像他一样的殉道者应具备的宗教思想。之后的很多年，这个堂口都处境艰难，直到最近几年才渐渐有了起色。

第五章
在济宁举行大型避静，福若瑟神父担任沂水的主管、济宁神学校的校长

从这章奇特的标题中我们就可以猜出，我们又来到了福若瑟神父人生中的一个新的转折点，尽管这一过程非常之曲折。幸运的是，呈现在我们面前的这张画面，并不像我们曾在薄梁事件中所看到的那样野蛮而令人气愤。

首先该提及一件事：一些最年长的传教士立下了永久誓言。它使山东南部圣言会的内部建设向前迈出了一大步。

在80年代初期和中期，第一批传教士离开斯泰尔时，圣言会还没有多少发展。除了安治泰主教和福若瑟神父以外，所有年长的传教士都是通过暂时圣愿受圣言会约束的，即便如此，这样的宣誓也早就过期了。同时兼任行政代理的主教，由于传教事务的庞杂，时至今日，还没有宣布为立终身愿所需要的初学课程做准备，而这种练习是早就应该做的。总会长圣下催促要尽快解决这一问题。如果不可能有规定要求的整整六个月的时间来为立终身愿做准备，那至少应给这些先生们几个星期的时间，来安安静静地独自一人为如此重要的仪式做些准备。在这么多年的奔波操劳、关怀他人之后，也应该给他们自己足够的时间静下心来想一想，为今后进一步的努力和斗争积聚新的力量。

这是总会长所表达的强烈意愿，他就此事给主教写信：

> 我很高兴，这八位即将要立终身愿的先生，到目前为止一直都在他们的岗位上英勇地工作着，现在他们表示了要永久加入圣言会的愿望。如果他们真的愿意成为这位母亲的忠实儿子，并且不仅以坚定的德行来帮助建设母亲的精神家园，而且还要成为这栋精神建筑的有力支柱和坚实地基……
>
> 噢，尤其是第一批人，他们是真正勇敢、可信赖的人，他们对于传教团和圣言会的繁荣是多么重要啊！后人该向他们学习，把他们作为榜样。

在讲到如何做准备时，他建议：如果可以的话，由主教亲自来作祈祷练习的演讲，接下来的练习活动则让福若瑟神父来主持。后来也确实按照这个计划做了。1894年7月底，与会者们来到了济宁。他们来自各个不同的堂口：白明德神父来自沂州府，他在那里建立了教区，并在城里购得了一处漂亮的住处；卢国祥神父刚刚从强盗手中脱逃——他们把他和斐德礼(Petry)神父在蒙阴山里拖来拖去，拖了整整两天两夜。德天恩神父不久前在单县和曹县同样经历了种种危险。除了提到的这三位，还有五位教士，其中包括直到现在为止还保持着年轻人般旺盛热情的文安多神父和笔者。

当主教用几个演讲亲自为这次短期培训班揭开序幕之后，接下来就由福若瑟神父主持练习活动。不再设立修士见习期，而是举行这为期四周的遵照神圣依纳爵所作的大型神操，并由尤德(Judde)神父领导。严格规定的默祷一直持续，只是在圣母玛利亚升天日

那天中断了几个小时。宣誓仪式在 8 月 28 日圣奥古斯丁日那天隆重举行，为了检验成果，主教专程从外地赶回来了。

就在这次盛典的前夜，奉主教之命在德国进行募捐的陵博约神父也赶到了。这一天对于所有的与会者来说都是终生难忘的，只是他们当中仅有几个人尚在人世。

尽管福若瑟神父在这次准备工作中所做的事并非影响深远——因为他的工作仅限于讲默祷课，但是总会长恰恰建议由他来协助主教的工作并不是没有意义的。通过这件事，他让大家明白他的心思，要让福若瑟神父比起现在来更多地参与圣言会的领导工作，让他内心蕴藏着的宝藏——高尚的品德、高贵的精神和圣徒般的热情，在对他的同仁作精神上的引导和培养上结出丰硕的果实。我们很快就会看到，从今以后福若瑟神父是怎样在这个方面发挥他的影响力的。

但接下来他却得服从指派去做别的工作，比起他近年来的历程似乎又走下坡路了。宣誓仪式之后，根据传教区新的划分和职位的配备，他被任命为圣若瑟总铎区的驻外代理人，即沂水、蒙阴、莒州的传教主管，总部设在王庄。

这样一来，他就要告别济宁，重新回到山里去传教，在那里他待了十年，做了大量开创性的工作。

毫无疑问，这次的调动对他个人而言没有任何令他不快之处。祈祷练习的目的就在于在人的内心建立起常人难以企及的冷静沉着。我们可以说，福若瑟神父的品行完全达到了一个很高的境界，因此他能够平静地接受这种或类似的调动。他想成为他上级的驯服工具。但是沉着冷静并不意味着毫无感觉，可以肯定的是，比起在济宁不那么值得让人感激的任务以及不怎么合他胃口的教学工作，他个人更乐意在山区传教。

上帝，用十字架育成其宠爱的独生子的上帝，要让“他预先所知道的人，就预先定下效法他儿子的模样”(《罗马书》,8:29)，但此时此刻他也没有忘记让福若瑟神父去经历辛酸和苦难。

在山里只逗留了几个月，他就又服从命令回到了济宁。他现在被任命为神学校校长，为那些即将成为教士的年长学生做最后的准备。这绝对是一项更为重要和神圣的任务。

天主教传教团在传教过程中，自古以来就把培养当地人成为神职人员作为他们最重要的任务之一。谁不知道那位大众圣徒给他的学生提摩太和提多这方面的提醒？他给提多写道：“我从前留你在克里特，是要你将那没有办完的事都办整齐了，又照我所吩咐你的，在各城设立长老。”(《弟铎书》,1:5)

只有通过当地的神职人员，宗教才能在一个民族中真正地根深蒂固。在作宣传推广方面，相信当地能干的神职人员也会作出卓越的成就来。掌握语言知识、熟悉民风民俗、了解民众的性格，所有这一切，一名国外的传教士必须费很大的气力才能做到，或许还不能完全做到，而他们却能毫不费力地做到这些。

在一个民族认真严肃地对待基督教时，让一部分人来担任天主教教士，这不仅仅只是一件合情合理的事，因为如果说耶稣基督的“遗愿”、对宗教的爱、感恩及仁爱的伟大法则要求天主教民族有义务为了信仰的传播和异教徒的皈依，而把自己的儿女派到遥远的地方去，那么每个民族包括新皈依基督教的民族，同样有义务去关心这一信仰在自己的土地上、在自己的人民当中的维护和传播，并为之提供共同工作的人员。

有关这些问题我们已经写了很多，如果我们要在这儿继续详细讨论这些问题，那就是多余的了。

我们的宗教一贯是毫不犹豫地沿着这条道路前进的。我们在异教徒国家新开垦出的垄沟中撒下基督教的新种子，它们很快培育出一批当地的神职人员和一批当地的教团成员，尽管这儿的土地还不太适合它们生长，就同在未开化的部族中一样。这些几千年来都生活在野蛮当中的部族，就像是沙漠中的土壤一样，在对精神以及性格方面有着崇高理想追求的天主教教士在这里扎根之前，可能需要一番长时间的土壤改良以及几代人的基督教教育。

但有些民族就不一样了，它们已经达到了一定的文明程度，已在相当程度上做好了在它们的土地上播种的充分准备，比如一些古老的有着高度文化的民族以及现在的中国和日本。

因此，现在的主要任务是培养发展一批当地的神职人员。早在1659年第一批神父踏上前往中国传教的征程之前，负责传播工作的红衣主教会议就已把这一任务嘱托给他们了。

> 这个神圣的团体（传信部）的目标在这里：派遣你们这些主教到那些地区去，是要让你们想尽办法为当地的青年提供教育，这样才能使他们成为有能力的司铎，能照顾自己的那些地区。要在你们的指导下，有力地推动教会的发展。你们要始终记住这个目标，要把尽量多的、合适的人引向圣职，要教育他们并在合适的时期内祝圣他们。①

在山东南部，从一开始就已经在关注这个问题。安治泰主教并没有因为信徒人数少、传教团开始时遇到极大的困难而停止设立神学校。来自老堂口坡里庄的几个老实孩子，不久之后又增加了几个周边堂口新入教的小男孩，他们在坡里庄被集结起来，刚开始由郎明山神父来照料——那时他还是副主祭。1886年由神父陵博约接任，笔者也被允许帮忙上了一段时间的课。在刚开始的时候，教室、课程的安排等，简朴的程度人们是难以想象的。只有一间房，既是老师的办公室和书房，也是休息室和卧室。校长就住在旁边的一间小土屋里。教学的重点是学习中文、拉丁文以及开设宗教实践课。现在在中国广为引入的实用课程，在那个时候似乎并不是特别需要的。

现实的情况要求这些学生帮助做很多的事情，在斯泰尔，学生们也这样做，并取得了很好的成效。他们必须帮着在院子里、在地里干活，帮着造房子。坡里庄新造的小教堂的粉刷工作就完全交给了这些孩子们。他们演奏中国的乐曲、唱歌、放焰火——有几个孩子焰火放得很好——来为大型的庆典活动助兴。

如此一来，他们的学习受到影响，自然是可以理解的了。尽管如此，到19世纪80年代末90年代初的时候，就已经有几位神学校的学员可以接受神圣的神父职衔了。他们是夏文林、赵永荣和侯伯禄。他们还以其他的形式研修过多年教义，出于特殊的原因他们被派往了山东南部。

① 传信部给代牧们的指令，香港，1905年版，第128、278页。

1892 年,陵博约神父在以极大的热情结束了神学校的领导工作之后,受主教的委托踏上了去欧洲的路途。他离去后,神学校立刻被拆开了。初级部的班级仍留在坡里庄,学哲学和神学的高级部的学员,跟随魏若望神父去了王庄,后来又迁往济宁。开始时,所有的哲学和神学课由他一人担当,工作量是够大的了,但他却应付自如。他甚至还为学生们编写了一本哲学和思想品质方面的教科书,尽管是分批写完的。

在欧洲,如果让一位教授独自承担所有的高级课程,那是完全不能被接受的,就是对在中国的我们来说,也绝不是理想的状态。只要有可能,我们就会给各个部门、特别是神学校配备足够的师资力量。但是“不能去要求做力所不及的事情”——目前并不是要培养学者型的神学家,而是要培养正直而虔诚的教士,而且他们必须具备他们的职业所要求必须具备的知识,并勤奋努力、勇于献身、愉快地为上帝和为感化心灵而工作。陵博约神父和魏若望神父在他们担任神学校校长的几年中,以极大的热忱认认真真地朝着这一目标作着努力。

现在,神学校学生的培养工作,要交给那些既虔诚又富有经验、看上去最适合担此重任的传教士手里,引导他们进入到实际的神父生活中去。福若瑟神父是担当这一工作的不二人选,所以他被聘任为神学校校长。

他的学生人数并不多,只有九个人。他们当中有两个人很快就可以接受神父职衔。其中一个的名字在此以前我们已经提到过多次,他就是以前的维天爵修士,后得到了上面的允许,也到神学校学习来了。剩下的八个人十年前在神学校设立时就入学了:他们当中的六个人来自老的基督教家庭,其中有几个来自别的传教团;另两个人是新教徒。大家都已经是二十四五岁到二十八九岁的年纪,不再年轻了。

我们完全没有必要再去叙述福若瑟神父是怀着怎样神圣的责任感来接手培养教士这一教育工作的。在两到三年的时间里,虽然时有中断,但他却全力以赴。他上的课与实践紧密结合,他的领导作风充满着庄重的教士精神。他教学工作的成果之一——同时也是他如何从事教学的标志之一——就是这本有关弥撒的小册子——《新约圣事》。这本书是他为他的学生所写,并让学生照着练习的。还写有一本有关每日祈祷要义的小册子,可能还有其他的书。可惜的是这些作品大多都已丢失,只有有关弥撒的那本书被完整地保存了下来,并在几年前由我们现在的神学校教师印刷出版。

1896 年春季,福若瑟神父就已经可以为他的两个学生举行神父授职圣礼,为另外七个举行低一级的授职礼。几个月之后,他将他的教学活动从课堂搬到了广阔的传教天地,与他的七个低级别教士一起来到曹州府,接手韩理神父的工作。这样做是为他的学生们提供机会,让他们把迄今为止所学的理论知识放到严酷的现实中去检验。

据我们观察,在中国的传教团中这种为未来的神父们设置的实践课,几乎是一种普遍的做法,且古已有之。这些学生通常会被分别送到不同的传教士那儿,在他们的监督下担任一年或两年的助手工作。这样一来,一方面可以使他们了解到自己所追求的工作的效率,并检验自己是否适合这一职业;另一方面,人们也有机会在实践中检验他们对职业的忠诚程度和敬业精神。考验期在不同的传教团里是长短不一的,在个别情况下,学完哲学课程后就可以开始实践了。这样做的好处是,如果要进行选拔,不需拖延时日。在其他代牧区,则要等到把全部理论知识学完为止。

其他的传教区是否也有将未来的神父们派出去工作一段时间,让他们在实践中提高,笔者一无所知。不管怎么说,这一做法对当地的情况来说,是一大福音,而中国的传教团也能援引耶稣基督的这一例子:上帝告诉他的门徒们,要他们记住自己的伟大身份和巨大任务,最后吩咐完毕后,才试着差他们去外邦传道。(《玛窦福音》,10:5—42)

安治泰主教对这一通常的做法作了些更改。他让所有的未来神父在见习期内都待在福若瑟神父的身边。在这段时间里,他们中得有人做好帮助其他先生传道的准备:其中的一位就是目前的田神父,他在梁山传教时落入强盗之手,遭到了毒打。不过,他遭遇如此不幸并不是第一次。

后来,当繁重的传教工作无法让福若瑟神父继续照看这个培训班时,只得由罗赛神父接手,并让他帮助做好授予七名学员圣职的准备工作。1898 年 11 月 1 日,授职仪式刚结束,又把他们交给了福若瑟神父管带。他是在什么地方,又是如何带好这些年轻人的,我们在以后的机会中再谈。

第六章
既是传教士又是会士;福若瑟神父成为顾问、督导;在戴家庄置地买房;在济宁作避静;在戴家庄设立初学修士学校

"既是传教士又是会士(修会)"——一个奋不顾身作宣传的人和一个安安静静守规矩的人——两种生活的典范,初看起来是那么的格格不入,但它们完全不是截然相对的,就像无数的经验所证明的那样。只要留心一下传教过去的历史和现在的情况,我们就会看到,教团是多么热心地投身于传教事业。诚然,一些伟大而笃信上帝的传教士并非属于修会,我们绝不会去诋毁这些人们的伟大功绩,我们也绝不会宣称一个好的传教士必须也是个修会成员。但事实上,自中世纪早期以来一直到近代,传教工作主要都是由修会来完成的。

目前,传教地区完全分给了各个修会,它们或多或少地会打上自己的印记。理由是很明显的。托付给了一个修会的传教区,都希望得到长久、持续和建设性的发展。一个独自拼搏的传教士即使他精力充沛、热情满怀并积极主动,能干出一番大的事业来,他的工作也面临着孤军奋战和工作缺少连续性的危险,因为一旦他手脚受缚,或许就无人能接替他已经开始的工作。

与之不同的是,一个修会一旦接受了一个传教区,它就会提供某种相对稳定的局面。即使它的成员工作不很努力,他们也可以互相取长补短,互相帮助,把已开创的事业继续下去。

此外,这些修会构成了传教区在国内的根据地,它为在世界遥远的地方工作的传教士提供有力的支持,派遣后备力量。同样,在发生战争的情况下,也必须派出相应的后备力量,跟随在部队的后面,预先做好组织等工作。

那些在家的人，则负责培养年轻的新人，在合适的时刻派他们奔赴前线。他们还帮助筹措必要的物资，为修会争取朋友，为其外部成长开辟更多可以生根的土壤。最重要的是他们构成了“祷告的大军”，就像站在高山之巅伸展着双臂的摩西，祈求能给他带来胜利的武器。

对每个传教士来说，在一个好的修会中接受虔诚、自我否定、忘我献身以及争挑重担等美德的教育，对他们今后的传教生涯是一种极好的准备。当然，如果传教工作中的一些实际需要，如学习语言、学一点科学知识、做一点技术方面的培训等等都能纳入考虑之中的话，这样的准备将更有意义。

但传教士可以从他的修会职业中直接汲取最大的好处是修会的规章制度、上级的督促、经常性的神操和来自多方面的激励，所有这些都将其锤炼得强大而能干，完全能胜任他的工作，使他激情满怀，同时又让他在不明智的过分热情面前保持清醒的头脑。一个传教士，只要他曾经在一个修会待过，人们就可以大胆断言，他越是努力将自己培养成一名修会修士，那么他必定也越会成为一名很好的传教士。

当然，一名优秀修会修士的有规律的生活，给传教团带来的印记，完全不同于修道院里一位教士的平静生活。他的这种有规律的生活必须有一定程度的弹性，不能总是死板地跟教堂的钟声保持一致，保持着僵硬的不能更改的形式：“灵魂的拯救高于规章制度。”(Salus animarum suprema lex esto)就这种规范的精神，即修会精神本身来说，这是他必备的，比起他在家中修道院的教友和传教士学校里的同学来他更应具备这种精神。

因此，如果修士要想成为一名好的传教士，那么首先必须改进他们的宗教生活，提升他们的精神境界，当然还要谨慎地处理好伟大的传教任务，这是每个人的责任。我们曾经提起过的传教团的内部建设以及它在超自然基础上的进一步深化，首先得在这里付诸实施。

而这也正是让总会长反复考虑的想法，他一再强调，要妥善安排传教团的日常生活并打算让福若瑟神父一起来做这项工作。

福若瑟神父是再合适不过的人选了！他本人不仅仅是一位出色的传教士，而且还是位堪称典范的修士，他办事认真可又不拘泥于规则，就如我们刚刚所说的那样是最理想的了。他忠于自己的誓言，这一点更是不言而喻。而他的顺从，我们更是已经有了足够的证明。至于神圣的纯洁，如果人们还要求拿出证据，对这样一位毫无瑕疵、在任何情况下——哪怕是遭受丝毫一点怀疑时——都能够证明自己的高尚、内心充满了对耶稣基督的爱的传教士表示怀疑的话，那简直是不可理喻了。

而福若瑟神父的神圣的安贫也可以作为所有人的榜样。传教士在日常生活和传教工作中，需要这样或那样一些东西，在这方面，哪些是必要的，哪些又是合适的，很难有个定论。福若瑟神父总是满足于最最必需的东西。他的中国长袍总是非常普通的，就连与官员们会面时，他也衣着朴素。对待其他事情，他也像穿衣一样不挑剔、不讲究。

他房间里的东西，包括他的书，也都只是他平时急需的。多余的东西他一概不要。这样，调动工作就不怎么困难了。他搬家的时候根本不需要“家具搬运车”来搬他的物品，只需打个包就完事了。

至于其他的一些规定，如祈祷、禁欲等等，他一直以来所做的，都超过了规定的要求。

他与同仁之间亲密无间的爱，随着时光的流逝非但没有减弱，反而与日俱增。他越来越懂得去感激令人尊敬的捐助者，并给予其孩童般的信任。

基于这所有的一切，总会长认为福若瑟神父是山东南部传教团的重要支柱也就不足为奇了。总会长托付予他的职位和任务，无不清楚地证明了这一点。1896 年 2 月，第一次为山东南部——那时候传教区仍把省名作为自己的名字——任命了四名顾问，福若瑟神父排在第一位。担任这一职务之后，福若瑟神父开始为传教团的工作出谋划策。只要情况允许，总会长希望他能一直这样做下去。

一个月还不到，他又给福若瑟神父安排了一个更重要的任务。从传教团建立至今，圣言会还从来没有对它作过访问。总会长似乎认为此时时机已经成熟，“因为这项任务需要一个非常了解情况的人来完成。”他在 1896 年 3 月 12 日给安治泰阁下的信中这样写道：“而在我看来，除了福若瑟神父以外没有第二个人选。”福若瑟神父应该作为总会长的全权代表，对在山东南部传教的所有圣言会成员进行一次走访。就此，总会长写了一封信，标注的日期是 1896 年 3 月 5 日。一开头，他就用友好的文字写道：

> 亲爱的副代牧先生，最可信任的兄弟！
>
> 在您的命名纪念日之际，献上我最衷心的问候和祝愿，并感谢您迄今为止在为传教团和圣言会的工作中所作出的所有贡献。所有这一切都会写进生命的篇章里，没有任何事是没有任何回报的。
>
> 您将收到我的一个委托，它也是我的礼物，在附件中对此有详细的说明。

在那份印刷的附件中，他就此次访问的目的说了以下的话：

> 我想让您代表我到每个成员那儿去一次，带着我给大家的嘱托，这样他们就可以借此机会来到您的面前，向您——我的代表说说知心话以展示对理智的信任……
>
> 我委派您去山东省的南部完成这项任务，并不是我以此来使用下命令的权力，而是委托您向我报告，哪些有关规则和圣言会的事情您认为是合适的。
>
> 我希望，那里的兄弟们会给予您同样的信任，这信任是您的年龄、您到现在为止所作出的好榜样以及您为传播神圣的信仰所做的工作赢得的。
>
> 请把此信交给尊敬的主教先生，和他一起考虑您此次出行的时间，并选出那些需要神职人员至少在心灵上给予帮助的人。
>
> 具体的方式由您自行选择。您可以去他们的住地一个一个地看望他们，也可以用我的名义把几个人集结到一个合适的地方。
>
> 圣言会为你的这次行动祝福，并希望你能满载而归。

遵照给予他的指示，几个月后，即 1896 年的仲夏，福若瑟神父开始了他的走访之行。在这次旅行中，他几乎走遍了传教团所有的地方。

这次访问旅行回来之后，他最为迫切的愿望，就是给所有的教士和修士们提供一次共同进行避静的机会。到目前为止，鉴于传教团的现状，传教士们每年的神圣避静要么是单独进行，要么是在小范围内举行，其内容也只是满足于朗读一本合适的书籍。而这次是委托一位传教士主讲。跟主教商量后，决定由指导避静的司铎、本书的作者来担此重任，他那时正好由于在自己的传教区内爆发严重的骚乱而滞留于济宁，因此有足够的时间来做这件事。

就这样，1896 年的秋天，第一次的共同避静短训班在专题讲座中开幕，之后在山东南部每年都要开办一次这样的班。为了不使教民缺乏必要的灵魂上的帮助，神父们被分成了两批。未授圣职的教士也有他们自己的祈祷练习。福若瑟神父和安治泰主教也积极参加了第一期短训班，安治泰在他自己的房间内听讲，因为他的房间内有一扇窗户正对着祈祷室。福若瑟神父在整个讲座期间都坐在第一排的椅子上：如往常一样，肃穆而谦恭。直到现在我还记得当时曾产生了一个鲜活的想法，那就是要尝试描绘一下那集于他一身的神父和传教士的典型形象。

还有一件对于传教团的后期建设十分重要的事件也发生在这一时期，即我们在离济宁北面约十里地（一小时的路程）的小村庄戴家庄买了一块地。这块地像一座花园，美丽壮观，里面有很多假山、池塘和各种各样的观赏植物，此外，还有几幢漂亮的房子和一些农田。这是几十年以前一个富有的官员在他家道中兴时让人建造的。

如当时在中国司空见惯的一样，这些官员家庭很快就变得穷困潦倒，他们的财产一部分被变卖，而上述的地产也在那个时候，在 90 年代，落入了使他们变穷的租户手中。这座花园尽管杂草丛生，但仍不失为一处美景，尤其是在春天的时候，济宁的百姓常来踏青游览。福若瑟神父也曾去过一次，不过却被看门人轻蔑地拒绝了。一转眼四年过去了，对传教团的极度仇视情绪慢慢冷却了下来。传教士们后来已经可以偶尔走进花园里去了。这座花园的拥有者之一甚至还托中间人向传教团打听，看我们是否有意买下他所拥有的那部分，先谈的是东面的，总面积的一半不到，那是一个菜园，另有几间房屋和一些田地。由于价格非常低廉，所以就买下了，如此一来，戴家庄的一部分土地就成了传教团的财产。

买下这块地后，福若瑟神父和几个年长一些的传教士早就有过的一个想法，提上了议事日程。

邻近的耶稣会传教团每年夏季都要去徐家汇待上一个月，受此启发，福若瑟神父他们想，如果能够设立一个机构，让我们的传教士们每年都可以一起在那里作避静，并且通过开会、通过在正规的集体生活中实实在在的操练和相应的休息整顿，让我们的传教士为他们的使徒事业和内心生活积聚新的力量和动力，那对我们在山东南部的传教一定是一件非常有益的事。

戴家庄好像就是为此目的买的。在一次讨论会上，安治泰阁下在 1896 年 8 月把分散在各地的顾问召回坡里庄参加这次会议，与会者认真地讨论了该计划，并决定逐步实施这一计划。

由于我也要参加这次讨论会，因此就同福若瑟神父一起前往坡里庄。途中，到了晚上，我们只能在黄河边搭起帐篷露天过夜。可能是由于我们骑的牲口选的不好，所以我们在第二天只得在 8 月那灼热的太阳下吃力地走着赶路，一直到中午时分才来到一个堂口，在那里做了一次神圣的弥撒。

到了第二年，我们的新地产戴家庄就已经可以被用作讨论会上所决定的用途了。那时，正好又有几名传教士快要立终身愿，他们只需作所谓的最后一次初学了。如果说以前是把准备期课程缩短到一个月，那么这次打算给这七位先生较长的单独修习时间。

总会长非常关心，期盼这次的初学能够顺利进行。他还给这七位在做准备的教士亲自写了一份情真意切的信函，他本人希望能妥为保存这份信件，到下一次类似的场合还可以再次使用。这一信件同样也值得我们牢记在心。信函的内容如下：

斯泰尔，1897 年 5 月 28 日

亲爱的、尊敬的兄弟们！

尊贵的主教先生在一封信函中告诉我，你们已经要开始我们条例中规定的立终身愿前的见习期了。

得到这个消息，我心情激动，高兴万分，再次衷心地祝贺你们，同时以你们精神父亲的身份，告诫你们要好好珍惜这段宝贵的振奋精神的好时光。

伟大的财富——上帝唯一的儿子和他的孩子们不死的灵魂，都托付给了我们。但是横在我们面前的还有一道特别严格的审判，谁知道，人子将会在何时到来？我们已经有五位兄弟惨遭毒手落入死神之手，正值盛年却离你们而去。因此，我由衷地祝愿你们每个人都长寿，我不知道，你们也不知道，死神到底有多远。死后就将面临审判，在天堂的门前就是痛苦难熬的炼狱之火。

利用此生的悲悯，远离一切上帝并不赞成的所有尘世之爱和世上生物之爱，使自己的灵魂变成上帝所要求的那样的教士，才是幸运的。对他而言，与尘世告别并不困难，而升上天堂却越来越容易。当人们更多地尝试将自己从自爱、自我审判、自我意志和自我尊重中解放出来，所有这些就会更快地消失。

圣奥古斯丁说过，两种类型的爱会建立和构筑两种不同类型的王国：爱自己一直到轻视神，爱神一直到轻视世界和自己。

哦，愿后一种爱越来越多地占据你们的心灵！愿你们让这种爱为救赎灵魂而发挥它的巨大作用。因为深受上帝喜欢的最最纯洁的灵魂，也是那些用他们的渔网捕捉到最多鱼儿的人的灵魂，也就是那些不图虚名，扎扎实实，不是为自己准备更大的地狱，而是准备进入极乐天堂的基督徒们。

我请求主持这次练习的尊敬的先生带上这封信，并将信中所表达的一些想法细细解释给你们听。

当然这次练习的益处，更多地取决于你们本身的努力而并非取决于他说了些什么。我请求你们很好地利用这段时间，以极虔诚的态度来重视祷告、冥思，重视对条例、教义手册和禁欲的学习。最主要的是你们要试着把所有的这一切都牢牢记在心里。因此，仔细地消化穿插在避静中的那些有关禁欲主义的重要报告，是件极好的事情。这样一来人们就会对材料进行更深入的思考，但不应忽视的是，该将学到的知识应用到自己的身上。

尤其重要的是，你们在这段时间内要深切地怀念时刻伴随我们左右的保护神，并学会真诚地崇敬圣父、圣子和圣灵，他们通过恩典居住在我们的心中。

另外，尤其要利用这段时间，学会逐渐地去除自己身上不大能引导他人的东西，学到能很好地引导他人的知识。

希望这次虔诚的练习能起到这样的作用，即把你们大家不断地引入到圣灵对圣言会每个成员所要求的那种精神中去，为别人建造心灵居所，去建造和加固修会的精神房屋 ——上帝千百次地保佑你们！怀着神圣的爱意向你们大家致以我最衷心的问候！

你们亲爱的兄弟和精神上的父亲

A. 扬森

又记：如果这封信确实能够发挥作用的话，那么今后主持立终身愿前准备期练习的先生，或许仍可使用这封信。因此我请求保留此信。希望这封信函以后也能给接替我的尊敬的先生过目。

当上述信函到达的时候，练习已经开始几个星期了。

韩理神父也参加了练习班，面对盗贼和非教徒百姓以及不友好的官员们制造的种种困难和骚扰，他以高昂的圣徒般的热情一直坚持在曹州府传教。在他和与他一道来参加练习班的能方济神父身上，几个月后总会长的告诫得到了验证："我主会在你们没有想到的时刻出现。"

在韩理神父参加练习班期间，福若瑟神父代替他，带着他的学生一起去了曹州府。这样他就无法担任练习班的管事了，这一职位由德天恩神父接任。尽管如此，他在内心仍然在关心着这一得到上帝庇佑的宗教练习的进程。只要工作允许，他都会亲自赶回戴家庄。我们大家在 1897 年圣体节时见了面，并利用这一机会，首次在山东南部举行了一次圣体节游行活动。到目前为止，在非基督教甚至还是敌对的地方举办这样的一个庆典还未曾有过。

花园四周砌起的一道围墙，阻止了心怀叵测者的涌入，为我们的活动提供了一个合适的场所。

我们第一次高举着神圣的耶稣基督画像，行进在由上帝开创的自由的大自然中，只有少数几个虔诚的人紧随其后。我们教士自己还练唱了几首多声部的圣歌。在还不属于传教团的相邻公园的围墙上，躺着、坐着一群群的异教徒，他们好奇地往这边张望。这是一个美好的小型庆典活动，对于参与的传教士而言，想出在非基督教的土地上举行颂扬上帝的游行这一激动人心的好主意，能在这个多年未曾举行的庆典上回想起遥远的美妙的青年时光，让他们感动万分。

第五编

义和团暴乱时期，内忧外患，1896～1900年

第一章
兖州府开启了它的大门，义和团暴乱开始

除了我们在上一章节中所描述的那些事件以外，还有另外一些对传教团的生存和发展有着重大影响的事件，正是出于这一原因，在这儿是不能够悄悄略去不提的。

这些事件当中的第一件是个好事儿：经过十年的围攻后，1896年，兖州府这个堡垒终于被攻下来了。正如我们所看到的那样，排外和保守的儒家思想把这个城市建成了一个坚固的壁垒，阻挡着传教团的推进。由刚开始的极为简单的搬迁问题发展成为一个有关原则的争斗："这边是孔子，那边是基督！"到传教团得到了无可争议并有条约保障的权益，可以在兖州府定居并且开展其日常工作。在这整个过程中，这里的居民没有如其他地方那样制造更多的麻烦。1882年时，安治泰主教就以一位普通神父的身份参观了曲阜的儒家圣地，而且没有受到任何的阻挠。只是由于士绅们的挑唆才激成了对抗，他们形成了一种固有的观念，即传教团不可去兖州府，北京政府也赞同他们这样做。可是当地政府过于软弱，对士绅们的挑唆只能听之任之。

其实这整个煽动都是毫无道理的，因为兖州府根本就不是孔子的出生地，而且也从来不是这个帝国的古老首都，也不属于孔子曾经住过的县府。如果不让传教团上那儿去，那么在其他地方也照样会被人们用这种或那种理由赶出来的。

安治泰主教一向把兖州府的士绅看作是一个强劲的对手。他毫不气馁地关注着兖州府问题，并且不懈地寻求着这一问题的解决方案。他不想放弃这有关整个传教团利益的大问题，因为它像"一座大山重重地压在传教团的身上"，会影响传教团在整个地区的发展。所以安治泰主教一次又一次地试图去挫败这种抵抗。还在1895年的夏天，在兖州府的当地政府被北京告知有关情况后，他亲自去了一趟兖州城，与官员进行磋商。后者邀请他到孔庙商谈，结果竟然演变为一场严重的民众暴动。整个事件如同以前的那些暴动一样，很明显是官方在玩骗人把戏。兖州府的民众在组织这样的暴动上已经是轻车熟路。他们想威吓一下主教，给他点厉害看看，让主教死了再到兖州府来的这条心。但是事情闹得太大了些，因为暴民们在愤怒之中演砸了他们的角色。在骚动中，两位官员自己被打

了，被人投掷了粪便。主教的一位随从受了重伤。主教自己只是挨了几下冷拳。如以往一样，事情很糟，“主教被打”的消息对于那些城外好斗的民众可不是一剂镇静剂。

但是这件事也有好的一面，北京和济南府终于意识到必须结束这场胡闹。来自德国公使馆的一份电报称：“总理衙门承诺发布一份公告，对士绅展开调查，并惩罚相关士绅，归还房屋，派官员护送您返回兖州府。”

高层长时间内犹豫不决，在经过了来来回回的多次谈判后，1896 年夏，官员们终于同意为传教团另购一处房产，而不是传教团以前购买却被强行充公的那一处。教士岳文成奉主教之命首先进城，去看一下新得到的房产。刚到城门口，就有一群乱哄哄的百姓站在那儿等候他。可因为他像一位中国老人一样留着胡子，百姓们感到惊诧，所以才放他进城。作为首次察看房产的战利品，他带回了一包张贴在街头巷尾的侮辱性传单。例如“神灵”说，如果欧洲人进城的话，在这次大旱里老天就不会降雨。这真叫人忍无可忍！传单被送往北京，然后来了一道严厉的命令，要求立即平定暴乱，并且要在主教下次进城时礼貌有加。幸运的是很快就下了一场暴雨，而用不着因此去杀害欧洲人。中国神父张振铎先行去往兖州府，很快教士岳文成也去了，去张罗那些购得的房子。这些房子都在回民住的区内。显然，官员们是有意选择这个地方的。几个星期后的一个清晨，安治泰主教离开西滩店，搬入城里的新家。

所有的反抗活动一下子都消失了。传教团得以安静地生活和工作，而且与官员和民众友好相处，平安无事，即使在 1900 年爆发义和团运动的那些艰难日子里，兖州府的主教住所和教堂也没有遭到破坏。

这一在艰苦和长期的奋斗后终于取得的胜利，对于主教安治泰来说是莫大的喜悦。整个传教团在听到这一消息后都松了一口气，绑在他们身上的一根绳子终于松绑了。

在兖州府内，现在正热火朝天地做着各种准备工作。恩博仁神父负责济宁的教堂和住房的建造，白明德神父则被委托监管修缮和布置兖州府的房屋，并尽可能早一点把神学校也搬过去，这些是传教团目前的中心任务。

可在这段时间里，地平线上早就生成的乌云又朝着传教团压来。1894 年 6 月，中国为了保住对朝鲜的控制权，和日本卷入了一场战争，这场战争以中国大败并签署《马关条约》(1895 年 5 月 8 日)为结局。因为这场战争，所有可用的兵力，即使是维持国内治安的各个省的兵丁，也被送上了战场。这样一来，在强盗横行的曹州府，那些野蛮的年轻人现在可以胡作非为了。一时间盗贼四起。每一帮强盗都有上百号人，他们为非作歹、横行乡里。乡村的老百姓，特别是家道殷实的农户深受其害。对于传教士来说，这段时间也不好过。他们在城里没有安全的住房或是居无定所。尽管在一段时间里强盗们没有对传教士表现出明显的敌意，在个别情况下甚至很有节制，但是也不能指望他们发善心。有几次传教人员受到他们的恶意纠缠，传教士本人有时也受到威胁。但是在仁慈的上帝的保佑下，整个传教团并没有受到特别严重的伤害。但是从强盗的四处横行，却衍生出另外一场真正的危险，而且不只是威胁到山东南部这一个地方。

强盗横行霸道，人们忧心忡忡，此时一些邪教的原来门徒想出了一种法术，可以使人免遭伤害，刀枪不入。此法十分简单：在纸上写下咒语并点燃，把灰烬倒入水中搅和吞服。不同的神，献的祭品和举行的仪式也不同，要反复念几句咒语，长时间作祷告，同时用砖石击打身体，双手握拳等等。当认真做完所有这一切之后，人们便能够像“长角的西格弗里德”一样刀枪不入。“越是愚蠢的事情，越容易被人相信”，在中国，我们无数次验证了这句话，这次也是如此。此外，对传授这一法术的那些师傅们来说，这也是一个很好的财源。所以在这么短的时间内迷信得以广泛传播，也就没有什么可奇怪的了。其中肯定有一些着魔的因素在起着作用，否则就很难解释人们为什么会对这种迷信活动坚信不疑，并如此执迷不悟。

邪教的追随者们称自己为“金钟罩”（金钟伞），或“铁布衫”（铁制的衣衫），因为他们的法术能像金钟或铁衣衫一样保护身体。由于他们外出时总是随身佩带大刀和举着红缨枪，所以人们也将其称之为“大刀会”。在山东北部，在这段时间内迷信活动也进行得如火如荼，他们称自己为“义和拳”，德文译为“Boxer”（拳击者）。

其实，它并不需要政府的厚爱来支持这场胡闹，可现在政府却出来帮忙了。和日本作战的军队一蹶不振，此时，一位听说了曹州府大刀会的聪明官员突发奇想，他想：如果中国的士兵能够穿上义和团的法术保护衣，日本人的子弹再也不能把他们撂倒了，那该是一件多么美妙的事情啊！说干就干！该教派在曹县的大师傅刘士端被上面叫去，为士兵们传授他的法术。可听人们说，他在施法术时没有成功，于是双臂被打得皮开肉绽。

尽管如此，他却载誉而归。消息不胫而走，说是皇帝授给了他顶戴花翎。人们搭台唱戏，以示祝贺。该组织于是得到了正式的承认，并以更快的速度四处传播。

通过这件事，它的追随者们对这一神奇的法术更是深信不疑。可如果这儿或那儿有人受伤或是被强盗杀死了，人们总会找到些为之辩解的蹩脚理由。

这一新的宗教派别在开始时并没有对基督教表现出明显的敌意。它一直宣称他们只是想保护房屋财产，只是对抗强盗。当他们真的成功地捉住了一些强盗头子后，本该负责捉拿盗贼的官员们却不再让他们这样做，而是自己开始钟情于这一运动来，他们像那些无知的农民一样也完全相信起了这一魔术。

没过多久，这个新的宗教派别就越来越公开地表现出反基督教和排外的情绪。传教团从一开始就面对着许多敌人：本能的仇外，经荒谬的流言一再挑唆和煽动起来的对传教士和基督徒的反感；另外，教徒们受基督教义的束缚不再参加异教徒的那些弄神作鬼的活动，还有随处可见的个人之间的恩恩怨怨。所有这一切都加深了大刀会和基督教区之间的矛盾，滋生出不满和敌对情绪。这里面也有着这一运动所具有的疯狂特性这一因素。对基督徒的威胁很快就察觉到了。一件小事就能导致一场纷争，这就给那些大刀会的英雄们提供了展示他们明晃晃的大刀和红缨枪以及他们是当代英雄的大好机会。

早在1895年底，情况就不妙了，尤其是在属于神圣的格雷戈留斯教区（Dakanat Zum hl. Gregorius）的单县、成武、曹县和青岛。强盗和大刀会在这片土地上为非作歹。基督徒们忧心忡忡，尽管传教士们反复要求他们保持安静，让他们要有耐心。没过多久，在1896年初，人们担心已久的一场大规模的冲突爆发了，不过这场冲突只是导致了精神上的伤害：对新的教徒和传教团的恐吓和威胁暂时远远大于物质上的损失。传教士当中的一位叫伯义思的神父，在一个集市上被一群拳匪围了起来，他勇敢的表现以及一位官兵小头目和县令的介入，才使得他暂时脱险。与此同时，曹县一些新建的基督教区受到了攻击。县官不是积极地去干预，而是想方设法来掩饰这一切。至少可以这么说，他们自己，也是坚决反对传教的。曹县的县令就是这样的一个人，他曾自夸过他是如何在七年前风风光光地将福若瑟神父撵出这个城市的。能指望这些人做些什么，不是明摆着的吗？

即使官员们也有心相助，可他们力量有限，根本不可能有大的作为，大刀会已经羽毛丰满了。

自从大刀会对传教团表示出明显的敌意后，遍布天空的乌云就从来没有散去。所有传教士和基督徒都深信，只要政府不尽快对大刀会采取严厉措施，那么前面发生的事情只是更大事件的前奏而已。可根本不能指望政府会有所动作。任何对上层的抱怨都徒劳无功。正如人们所想的那样，传教士方面尽量避免任何能引起新纠纷的因素。虽然如此，1896 年 6 月还是爆发了一场新的大风暴，这次是在邻近的耶稣会传教团。

在砀山县，耶稣会传教士投入了大量精力，他们冒着危险不倦地工作，然而却在一位基督徒和异教徒之间发生了一场争执。后者叫来了山东大刀会的一帮人，对所涉及的基督教教区进行扫荡，这个教区遭到攻击后，山西南部和江南的一些相邻堂口也遭到了打击，基督徒们被洗劫一空，并被逐出家园，礼拜堂和教堂被拆除或烧毁。一些基督徒的房屋也被烧了。大刀会对南部相邻地区作了彻底清洗之后，他们挥师北上，向单县、成武和曹县进发。这整场行动对于可怜的基督徒来说就像是一场突如其来的龙卷风，他们就如一群可怜的羔羊，被闯入的恶狼四处驱逐，落荒而逃。大部分人逃到了济宁，在那里得到了安置和救济。以前福若瑟神父高兴地提到的可靠堂口悉数被毁，至少从外部看是如此。十天之内，仅仅在单县一地就有五处比较大的教堂被烧毁，十一所大、小礼拜堂被捣毁，二十八个堂口里的教徒遭洗劫，他们的房屋被部分烧毁或破坏。可接下来也轮到了那些异教徒百姓。比起人数不多又不那么富裕的基督徒来，劫掠富裕的异教徒收益更丰。谁也不知道，这场灾难还要持续多久，迟钝的政府机构何时才会采取行动来加以制止。当时山东南部的道台是后来成为义和团首领而声名狼藉的毓贤。在上面的再三催促下他才派出了他那些横行暴虐的士兵。可此时单县的农民百姓已经出来自救。在几位精明强悍的地方首领的指挥下，他们和大刀会在马良集附近打了一仗。在这场战斗中，无数刀枪不入的勇士被打死了，三十多名大刀会成员被俘并在单县城内处死了。曹州府以南弄神作鬼的头儿刘士端和曹德礼也付出了他们的生命。经过了这一次打击，大刀会在一段时间内温和了许多。

不过，再过几个星期，基督徒才能平安地返回自己的家乡并重建被摧毁的家园。通过艰苦的谈判，终于和政府达成一项协议：政府拨出一万吊用于重建被毁的教堂；而基督徒中只有很小一部分人获得赔偿：每间被毁草屋获得二两白银，每间被毁的瓦房获得四两白银，大部分人没有得到赔偿。传教士只得自己出面帮助他们渡过难关。

福若瑟神父本人一直强烈地关注着上述事件。那都是他早期辛辛苦苦建立起来的宝贵的传教区啊，可现在却在遭受着蹂躏！他几乎认识每一个受苦受难的教徒。由于在风暴爆发时他正好在济宁，因此他能亲自照料那些可怜的逃难者。特别是在义和团暴乱过去以后的那段时间里，所有与苦难和骚动以及对他们的照料相关的事情，让他本人操碎了心。

第二章
福若瑟神父第三次被任命为行政主管，传教士能方济神父和韩理神父被杀

1897 年夏，在前面所提及的基督圣体节之后不久，济宁城里主教住处的围墙内，聚集了一大批来参加全省教士大会的传教士。这次会议的目的，是推选一位代表前往斯泰尔参加即将召开的最高神职人员大会。发出参加该会议邀请的尊敬的圣言会创始人认为，山东南部的主教作为省级主管有权利参加该会，另外再选一位传教士。候选人当中有两位获得相同的票数：福若瑟神父和卢国祥神父。这就要通过抽签来决定了。福若瑟神父作为年长者先抽，可他没有抽到！我看见他一下子高兴地松了口气。他得回欧洲的想法就像一个可怕的幽灵突然离他而去了。我们早先就听说，他无论如何都不愿离开中国，他得回欧洲并将完全离开传教团对他来说是最重大的牺牲。

他的这种担心不存在了，可却被加上了另一重担：主教的离去使得整个传教团的责任都压到了他的身上，方向盘又交到了他的手里，真正是“临危受命”啊！

尽管义和团暴乱在传教区的西南角暂时得到控制，可依然是阴云密布。传教区的多个地方都在抱怨官员和民众的敌对态度。自从极端保守的李秉衡就任山东巡抚以后，这种敌对态度越发明显了。

福若瑟神父自己在一篇报告中粗略地估算了一下在这段时间内传教团所遭受的不公正待遇。他先是提到了一些很久以前发生的事情，然后说道：

> 自从李巡抚通过暗中指示煽动排外情绪以后，他所有的下属官员自然都心领神会，唱起了一个调儿。有人公然在大街上劝告人们要小心提防外国人的宗教，就像现在已离职的汶上县令通常所做的那样。我们的教徒仅仅因为他们是基督徒而被鞭打，此外还要为他们的“宗教之父”额外另加二百大板，鱼台县令就是这样做的。济宁的副将曾亲口告诉我，我们外国人把孩子们的眼睛和心脏都剜出来了，人们在天津找到过证据。其他人——遗憾的是山东南部我们的最高上司兖州府道台也在其中——对有根有据的抗议全然置之不理，不给我们回信，也不让我们去拜访他们。在菏泽县，他们违反所订立的条约，强迫我们的基督徒为异教的民俗活动缴钱，那儿的县令毫无理由地让我们的教徒上法庭，把他们关进大牢受苦达数月之久。一人受折磨而死，另一人得了精神病，其他人付出了重金才获得自由。租给我们房子做祈祷室的一位异教徒被罚款三十吊。我求助于县里的官员，然而徒劳无功，于是我又求助于兖州府道台，仍然毫无结果。众所周知，那位好官彭副将由于公平公正地解决传教事务而丢了在济宁的官职。还有杰出的济南府道台张上达(Dschang-schang-da)，他因为为传教团做了一些事而被降级。每一位公正公平对待我们的官员，都感受到脚下的土地在摇晃。

他本可为这一小结再增添其他一些内容。韩理神父在菏泽县的元庄(Yüan-dschuang)遭强盗袭击已过去很长一段时间了,但是薛田资(Stenz)神父在巨野李庄遭人刺杀却是最近的事情。能方济神父和诺广训神父在滋阳遭强盗袭击,除了上帝保佑外,还得感谢跑得飞快的马匹,才侥幸得以逃脱。在金乡,县令将传教助手易学根(I-hsueo-ngen)判处死刑,仅仅是愚蠢地怀疑他对孩童施了魔法。

布恩溥神父也从沂州府来信,他同样显得很悲观:官员的态度预示着将来的工作会异常艰难。

安治泰主教开始时犹疑不决,不知是否应该应邀去参加最高代表大会,考虑到上述这种种情况,也就不令人费解了。但是这项任务看起来也十分紧急,此外,他去罗马述职的时间也到了。[①] 现在他终于可以把他的副代牧看作是一位经受过考验的人,并能够放心地把传教团的事务托付给他。于是他在 1897 年 7 月 29 日从坡里庄起程。在这之前,福若瑟神父热心地帮助他写好了必须呈交给罗马的报告。本该由他传授传教知识的下级教士,现在只能托付给他人,自己又要再次接受在济宁的职位。在那里他不仅是传教团的行政主管,还要关心于 10 月 16 号重新开张的传教助手学校。后一项任务让他有些头痛,因为他觉得,由于有许多其他的工作要他去做,要他去操心,因此这件事情会让他力不从心。该学校大概有四十名学生。恩博仁神父负责建造济宁的圣灵教堂,它壮丽宏伟,一点点在增高。其他传教士也在各自的区域里努力工作着,直到一声惊雷在传教团炸起:能方济和韩理被杀了!

11 月 2 日早晨,这可怕的消息从距离济宁七十里(七小时)路程的事发地张家庄传来。福若瑟神父立刻带上德天恩神父和诺广训神父启程,亲自到现场去调查这可怕事件的经过。到了那里,他从薛田资神父和众教徒的口中获知了整个流血事件的来龙去脉。

作为巨野传教事务负责人的薛田资神父,在万圣节前夜和他的副手韩理神父来到我们所熟知的老教区张家庄。接下来的几天里,能方济神父也从邻近的汶上赶了过来。这几位先生们很长时间没有见面了,所以有很多话要说,有很多问题要讨论,整个晚上就在愉快的交谈中度过。

他们为第二天将举行的安灵弥撒作了一次操练,然后还一起唱了感人的"Miseremini mei, saltem vos amici mei"(怜悯我吧,至少是你们,我的朋友),最后,他们在深夜时分安静地进入梦乡。

在这个可怕的夜里后来发生的事情,是薛田资神父讲给我们听的:

"我的这个传教点只有一个可以住人的房间,理所当然地我将它让给了我的客人们。我自己在大门附近的看门人小屋那里找到了过夜的地方,那大门就紧挨着神父们睡觉的房间。

因为周边一切都静悄悄的,所以我们没有采取任何的防范措施,我甚至连门都没有锁。

我马上就睡着了,直到在我窗前响起的一声尖锐枪响将我惊醒。强盗们已经闯进了院中。一开始我根本没有想到他们并不是强盗。我马上跳到门边插上插销。从门外他们

① 在欧洲的主教每隔五年,在欧洲以外的主教每隔十年,都应去罗马述职。——译者注

的谈话中我听出来，他们认为在这个房间里睡着的是看门人。所以他们在门口布下一个重哨，不让看门人出去帮助那些神父们。

此时，他们对旁边的房间开始了猛攻。他们用沉重的横梁木和石块猛击门窗，一边撞击一边开着枪。我的房间被外面的火把照得通亮。

旁边的房门突然发出轰隆一声，窗户震得格格作响，凶手们发出可怕的叫喊声冲进了房间。开始是一阵可怕的寂静，突然韩理神父喊道："Scha-liau-jen，有人被杀啦。"马上就有一部分凶手走出房间来搜寻我的下落。教堂，法衣室，储藏室，厨房，所有地方都搜遍了。很多次人们都骂骂咧咧地从看门人房前走过，因为他们找不到我。

这时教徒们都起来了。为了不使自己陷入危险，凶手们逃走了。

守在门口的岗哨刚一撤走，我便马上奔了出去。我听到旁边房间内传来痛苦的呻吟。我还没有踏进院子，凶手们试图又一次发动进攻，幸亏被教徒们挡住了。

我来到了兄弟们睡的房间。那是怎样一番情景啊！地上是满地的血！两位神父躺在一张床上——其中的一位，能方济神父，在形势紧急的情况下，显然是想冲过去帮忙的——能方济神父身体蜷屈着，一只手挡住脸部，作出防卫的样子。韩理神父仰面躺着。我首先察看伤口。能方济神父可能在我进屋时已经死去，但是韩理神父还活着，只是已经不能说话了，眼睛睁得大大的。当我呼喊他时，他听出了我的声音，唇边露出浅浅的微笑。当我给他总赦罪和敷了圣油之后不久，他的身体就变凉了。"

万灵节下午时分，福若瑟神父和德天恩神父两人来到两位遭杀害的兄弟尸体前。他的心情肯定异常沉重。躺在那里的两位曾是他亲密的朋友。和所有的教士一样，他赞赏和敬爱能方济神父的恭顺、谦卑、责任感，对上级和同事的忠诚不渝。能方济神父从1885年踏上山东南部的那一刻起，就以无限的忠诚和忘我的奉献精神——有时是在十分困难的情况下——勤奋地工作着。福若瑟神父就曾和他一起度过了在郯城的艰难岁月。他在阳谷也是困难重重，然后前往单县，被人恶意地打断了胳膊从而很快结束了在那儿的工作。之后他在广阔的汶上地区承受着劳累和苦难，不久前还遭到了强盗的袭击。就是在几天前，他特别请求副代牧恩准他作这一次旅行，谁知这竟是一条不归路。传教士当中没有人不爱戴能方济神父。和他一道丧命的韩理神父，同样得到人们的尊敬。尽管他是1889年秋天才抵达山东南部，但是他已经成为教区内最杰出的传教士之一。他天资极高，身材魁梧，仪表堂堂，能言善辩，聪明能干，更可贵的是，他是一名亲切、高尚、性格开朗的人，凡与他有过接触的，都为他所吸引。他具有奉献精神，不知疲倦，愿意为每个人服务。他总是精神抖擞地投入传教工作，在特别困难和危险的巨野县和菏泽县建立和发展了一大批新的模范堂口。尽管有一段时间，特别是最近一段时间里，困难之多几乎使他的脑袋开裂，可他仍将传教事业放在自己的心中，无论付出什么代价，他都不会放弃传教。

现在上帝这么突然地将他和他的兄弟召回天国。最后的争斗肯定十分的可怕，张开的伤口——县令在验尸时共发现能方济神父身上有十三处、韩理神父身上有九处严重刺伤——清楚地表明了凶手的残忍和凶狠，他们是用长矛乱刺一通的。

这就是给福若瑟神父留下的深深地刺痛着他的印象，作为主管的他还有着另外的忧愁：如果这件事传出去，有可能成为其他罪恶行为的信号，那么现在的传教向何处去呢？同一天，从梁山又传来一则消息：10月31号晚上那儿也发生了一起袭击事件。从前就十分不友好的政府这次会怎样呢?

在这一时刻,只能稳住那一颗战栗的心,用顺从和信任的行动把自己交予上帝。“你要把你的重担卸给上帝!”(《圣咏集》,55:22)“上帝是我的牧者,我必不至缺乏!”(《圣咏集》,23:1)

令人安慰的是,由于上帝的保佑,起码薛田资神父逃过了凶手的魔掌。另一个值得安慰的是教徒们表现出的爱心和忠诚,连一些异教徒在那些天里也自发地流露出悲伤的心情。他们成群结队地来到两位死者的尸架旁放声痛哭,这两人是为了他们而离开人世,献出了自己的生命。

第二天早晨,巨野的官员也来对尸体进行官方尸检,首先是要搞清楚最困扰他的问题:凶手是谁,犯下如此罪行的动机何在?

人们现在感到困惑不解。是强盗袭击吗?中国官员当然倾向于是强盗干的，这样对他们来说解决起来比较方便，至少牵涉面不会很大。暗探也以此为线索逮捕了一批人。最后在一个砖窑内发现了被盗的物品。于是又有一批人被逮捕。但民众都认为被捕的人是无辜的,教士们也坚决反对借捉拿谋害传教士凶手之名去迫害无辜百姓,但有几个人还是被后来担任义和团领袖的毓贤下令处死了。

神父们从一开始就根本不相信这是一起强盗袭击,因为强盗通常都是满足于抢财劫物的。如果对他们打家劫舍不构成威胁,他们是不会杀人的。而这儿显然是冲着杀人而来的。是不是一开始就应该在大刀会的会员中去寻找呢?暂时拿不出什么证据,但是随着时间的推移这种推断变得越发可信起来。

虽然早就在曹州府南部和江南开始了追捕行动,但大刀会从来没有销声匿迹,他们对基督教的敌意也从未有所减弱。

10月底到11月初发生谋杀的那几天,也正是邪教教徒们活动最猖獗的时间。我自己也还清楚地记得11月1号到2号那个夜间。我正在一个小村庄里,它位于古黄河的南岸,紧挨着河南省,是个臭名远扬的强盗角。小屋外狂风呼啸,天上在淅淅沥沥地下着小雨。那是一个伸手不见五指的可怕的夜晚。白天我去了薛孔楼,和基督教堂口的领导一起商量工作,并作出了做宗教练习的安排。我们还没有开始工作,就收到了福若瑟神父的信件,告知我们两位神父被杀的消息。同时我们还得到另外一些消息,说大刀会成员正在向我们逼近。我们当然得马上散会,基督徒们逃走了,有的跑到附近的异教徒村庄里躲了起来。当晚,大刀会的人果然在嘹亮的号角声中来了。幸运的是他们并不是冲我们来的,而是去了团里,鱼台的那片老的黄泛区。他们的目的是夺回那片耕地。后来我听说,他们受到了手持土枪守候在河岸上的村民们的迎头痛击,惨遭失败。

但是情况仍然如故,并没有好转的迹象。当我提醒单县县令注意这些情况,请求他发布命令,就发生的谋杀对传教士提供保护时,他回答我道:“如果你们觉得这里不够安全,那就回欧洲去吧。”这其实就是当时山东南部极具代表性的一种想法。从其他地区也传来类似的消息。在那些天里,传教士经常听到的两个字就是“杀他”。

如此说来,传教士倾向于是大刀会策划了这一谋杀,也就不足为奇了。直到后来,在几个月之后,薛田资神父认为他找到了可靠的证人和确切的证据,这些人证物证证实了上述猜测,并暗示了真正的凶手。官员们迫于当时的巡抚——臭名远扬的毓贤的压力,已经逮捕了一批人,他们现在已经不想理会这些证据,所以官方一直没有就这件事作出正式的说明。但是在这件事过去很久以后,人们才听说,薛田资神父提供的证据是正确的。现在这个问题只有历史学家感兴趣了,但在当时,显而易见的是对传教团,尤其是对尊贵的副代牧神父、传教团的代表来说,追求的并不是报仇雪恨。人们坚持一定要抓到真正的凶手,只是为了保护无辜的人免遭不幸并且尽可能地避免类似的谋杀重演。

福若瑟神父在这段时间里忙得不可开交。他要告诉所有的传教士那两位亲爱兄弟的死讯,请他们——只要走得开——来参加 11 月 17 号在戴家庄举行的隆重葬礼。

同一时间里,他还给在欧洲的主教和总会长发电报、写信,向中国有关当局和德国公使馆作必要的报告。在 1897 年 11 月 5 号给安治泰主教的信的结尾处他写道,他希望上帝给予他和托付给他的整个传教团"满满的慰藉,而这正是我们在朝圣途中跨过这洒满泪水的山谷所最需要的"。

葬礼如期举行,许多传教士都到场了。因为前一天下了整整一天雨,所以有个别人淋得浑身湿透,到傍晚时分才赶到。

两具棺木摆放于院子中央,四周摆放着美丽的白色菊花。这些散发着独特忧伤气息的秋天的花朵,是友好的异教徒从济宁送过来的,表达着他们的深深哀悼。最注目的是神圣的十字架,他们两位是为着它的胜利来到中国的,现在他们在这片荣耀的土地上倒下了。

受福若瑟神父的委托,笔者用简短的中文致悼词。然后,忧伤的送葬队伍在教堂的祈祷声、颂歌声以及教徒们的祈祷声中缓缓地向院子的北面行进。棺木暂时安放在地面上,四周用砖砌起围墙。没有马上将他们入土,有两个原因:一是根据中国的司法程序,以后可能还有必要再次验尸,所以尸体应暂时安放在地面上,直到结案为止;二是因为还不是很清楚传教士的墓地具体建在何方。

到目前为止,还从没有将弟兄们安葬在这个传教区中心的先例,人们不想在主教返回并表明他的态度之前作出决定。

后来被人指责说是要复仇的想法,福若瑟神父从来未曾有过。但是当两具棺木长年累月地摆放在这临时存放地时,那就不会不让人产生这种非基督意义上的想法。我强调这点,是因为在我个人看来,这其实可以算作一项特殊的功劳和聪明的政治行为,当我不久后就任主教,在新建的公墓上最终隆重地安葬两位死者,并且有很多尊贵的客人出席时,我意识到了这一点。我为此得到太多的赞美。长久地保留临时坟墓并不是出于政治原因,也不是出于在谋杀事件七年后的 1904 年 11 月 2 日举办一场隆重的追思会的原因。

现在,这两位为传教事业奉献了生命的兄弟已经在青松翠柏的绿荫下躺了二十年。旁边是与他们埋葬在一起的多位弟兄,他们在共同期待着再生。当传教士们来到戴家庄时,他们总会光顾这肃穆场所,作番严肃的思考,并就内心请求和代人祈祷作出决定。

第三章
占领胶州，北京和天津之行，传教团内部的不安

那可能是在葬礼的一天或两天之后，传教士们因为还要商讨一些事情，都还逗留在济宁。当他们正围坐在桌前时，一位传教助手奔进来，报告了一个消息：德国军舰攻占了胶州湾。

对这一来自衙门的消息，传教士们都半信半疑。人们已经千百次地领教了中国的流言飞语，为什么这次要当真呢？一位先生认为，如果真的有军舰占领胶州，那一定是俄罗斯人，因为众所周知俄国人对胶州觊觎已久。但是这次流言却和往常不同，人们并没有说谎。德国军舰确实开进了胶州。海湾入口的礁石上已经飘起了德国国旗。传教士们后来才相信了这个事实，并且明白了他们为什么会来以及他们是如何来的：安治泰主教接到两位忠实可靠的伙伴的死讯后，马上从斯泰尔启程来到柏林。皇帝旋即命令海军上将迪德里希斯攻占胶州湾，直到中国人为暴行付出一份让人满意的赔偿为止。

在山东南部的传教团里，人们还沉浸在这可怕事件和与此相关的恐吓性谣言的阴影里。传教士们恳切地建议副代牧火速前往北京，力促德国公使馆采取保护措施，以防日后发生类似事件。对怎样起草达到这一目的的申请，人们也基本上取得了一致看法：前提当然是在主教没有提出其他的建议下才这样做。抵达天津后，福若瑟神父第一次吃惊地获悉，德国政府已经是怎样全力介入此事，公使馆方面又已经提出了怎样的要求。

海靖(Hey King)先生当时代表德国在中国的利益，他热情地接待了副代牧。他们讨论了所有相关问题，对困扰传教团的种种困难，他表现出充分的理解。

几天之后，两人就中国政府如何赔偿和提供何种保护措施达成共识，这些也大多为中国政府所接受：罢免具有敌意的巡抚李秉衡和其他几位官员，在曹州府、济宁和兖州府建造三所赎罪教堂，并由皇帝赐给匾额等等。

所有的条款已经多次见诸书籍，对它们作深入的探讨已经没有必要了。可如果人们将这一胜利归功于福若瑟神父，那是不妥当的，因为他只不过是收获了安治泰主教在柏林通过谈判所取得的成果。很有可能其中的主要条款在那里就已定下来了。无论如何，这些条款大大超过了福若瑟神父和其他传教士的希望和期待。

在所有的条款中，有两条对于福若瑟神父来说十分重要。一是为身在危险地区的先生们建造安全的住房，最好是建在城内。到目前为止，曹州府境内的传教士还没有一处像样的、空间足够的房屋。他们住在缺少保护的小村庄内，经常得搬家，随时都面临种种危险。二是他迫切希望从前因友好对待传教而被革职的彭副将能成为山东南部的道台。他的两个要求都得到了满足，同时得到了一笔筹建七处传教点的款项。

在谈判中由德国政府提出并写进了《胶澳条约》的其他要求，福若瑟神父当然是不关心的。无论是他还是在山东南部的传教士们都没有为此被请去出主意。这些要求包括租借胶州湾，设立铁路局和矿务局，都是带有政治和经济性质的，与谋杀传教士的赔偿一事至多只是表面上有些关联。据我所知，这只不过是中国对德国与法国和俄罗斯在《马关条

约》以后作出了有利于中国的帮助所给予的补偿。至于赔偿要求如此之高对传教团是否是桩好事,或者是否正是传教士被杀这件事才导致缔结具有深远意义的《胶澳条约》,在现在,在时过境迁的今天来回答这个问题,已经没有了实际意义。不管怎么说,如果传教在它工作的百姓眼中是一种为政治服务的因素,那么有人把这看作是传教的一大损失是有一定道理的。

福若瑟神父现在终于可以放心地踏上返回之路了,他顺道去了河间府,并参观了直隶西南部耶稣会传教团的漂亮设施,该传教团在献县城附近建有主教府和它们的传教总部。他十分喜爱那里的学校,虽然他自己并不想成为一名教师,但是他回来时还是带着希望,希望在山东南部也拥有这样管理有序的良好设施。但在此之前还有其他事情要做。

他带回来的消息,对于整个传教团来说,意味着一个新时代的开始。乌云终于散去,传教士和基督徒们都相信,他们终于可以松口气了。

当然这还是需要一段时间的——直到人们感到已经刮起了可以扬帆远航的劲风,直到人们确实相信这次不再只是中国方面的空洞承诺。根据和德国签订的条约,德国在山东沿海果真得到了一块固定的根据地,此时人们才得以看到以前怀有敌意的官员是如何转变立场的,而且在更大的范围内,在官员中,在民众中,甚至在基督徒当中,都可以感受到一种奇怪的情绪转变。像一道突如其来的闪电,既带来了好处,可也隐藏着极大的危险。一些官员突然对传教以及基督徒表现出从未有过的迁就。金乡年迈的县令曾经不公正地将一名传教助手处死,现在却希望传教士陪他一起亲自拜访各个基督堂口,以此来向众人表示他真诚的"转变"。

在接下来的几个月里,年轻的光绪皇帝在康有为及其同僚的推动下,颁布了多道改革法令,这些法令似乎要改变中国这条航船原来的方向,使其来个彻底的转向。一个全新的时代来到了。

长期以来一直被人踩在脚底下的传教,现在也一下子蹿红了。慕道者从四面八方蜂拥而来。吸引他们的当然不是超自然的原因,也不是出自对基督教的热爱,更多的是因为这个"外来宗教"让人艳羡的声望或是其他人的举动为他们作出了榜样。这是在传教和宗教历史上一个多次重复的极为自然的现象:由外部条件引发大批民众的皈依。人们不该毫无顾忌地指责这种信仰的改变。上帝以他的睿智利用了这自然所赋予的时间和机会,他还把这样的一些条件纳入到了他的恩赐范围内,是的,是他自己促成了这些条件的形成。

这种效而仿之的动力,这种"对民众的吸引力",在这样的形势下能如此有效,肯定不是上帝因此而简单地植于人的本性之中,让他们变坏,就像令人遗憾地经常所发生的那样,而是作为一种力量,一种让他们变好的力量。

在这段时间内蜂拥而来的人们当中,总会有几个,或许有好多人是不可造就的,这些人肯定会被慢慢淘汰,但是也有很多人,他们开始时只是因上帝的恩赐在表面上转向基督教,但是在无私的照料下他们会从内心作真正的转变,并成为教会的忠实成员。

如果传教士高兴地欢迎这些蜂拥而至的人们,并乐意承担起压在他身上的对他们进行宗教教育的工作,那么他不应该受到指责。

但是这一段时间也隐藏着极大的忧患。这次表现得尤为明显,因为这种转变来得太突然了，一些基督徒和传教助手的内心失去了平衡。对东方性格的人来说，很难让自己保持平和的心态，特别是当他们一会儿被捧得很高，高高在上，一会儿又摔得很低，沦为了奴隶的时候。

在官员们表现得特别友好的那些地区，基督徒们感到自己已成了左右时局的主人。一些人相信，解决纠纷，清算旧账，羞辱从前的敌人的时候到了。

另外的一个大威胁，就是在新的基督徒中混入了许多不忠实的人。他们为了一己的私利而滥用传教的声望，或是给基督教会的好名声抹黑。

需要说明的是，这样的局面并非普遍如此，仅是个别现象而已，但是危险是够大的，所以必须尽快作出防范。

福若瑟神父仍坚守其岗位。刚看清这一形势，他就开始倾注全力去预防这样一些弊端的产生。他鼓励其他传教士也这样做，对引发冲突的传教助手和基督徒，或是加以惩罚，或是免去职务。他拟了一份通告，在群众中广为散发，通告中禁止基督徒滥用任何教会的权力，并且要求异教徒，如果发现有人利用传教团的声望做出不公正之事，他们可立即向有关传教士举报或是直接将其押送衙门。

至于新来的慕道者，我们要对他们作深入的了解，不只是向基督徒的首领了解他们的情况，而且要向异教徒所在地方的首领了解他们过去的经历和他们入教的动机。

换句话说，人们作出了很大的努力，一方面是充分利用这有利时机使得传教事业取得更大的成果，另一方面却是要消除所有不健康的东西。这些努力受到了官员和异教徒首领们的肯定，也有利于传教团获得尊重和赢得新朋友。这些肯定是必要的，因为无论是秘密的还是公开的敌人，他们的人数都很多。

我们在前面曾经提及有过一段骚动的时期。对于这个时期人们只能作如此评论：从一方面来说传教的声望日益提高，主要是外国的因素在里面起着作用，而在另一方面，仇恨和愤怒仍然会死灰复燃。大刀会并没有完全解散，人们总是能听到有关他们犯下的骇人听闻的暴行。他们会再次袭击传教团，杀害传教士的流言也从来没有停止过。在嘉祥传教的德华盛神父确实也受到一次攻击，拿福若瑟神父的话来说，是“因为出现了一个奇迹谋杀才未成功”。曹州府的几位传教士认为未来一片渺茫。这些看法并非完全不正确，这点我们可以从下面的事情看出来。

福若瑟神父在这段时期里，必须引领着传教这条小船闯过汹涌的波涛。从外部来看，他的生活也是极不平静的。从北京回来不久，刚过春节，他又动身前往济南府拜访新任巡抚张汝梅。巡抚热情地接待了他，并且回访了福若瑟神父，这在当时是十分罕见的。离开那儿后他又接着去了青岛，去拜访这块新殖民地的总督，特别是去迎候亨利亲王。他要代表整个传教团和所有的传教士向亲王表达他们的谢意，感谢德国在传教团身处险境时提供了有效的保护。他计划在 1898 年 2 月初抵达青岛。

济南府与青岛相距一千里(步行得一百个小时)。福若瑟神父只得坐手推车走完这条路。在快到青岛前面的一座大城市胶州时，他的两位弟兄文安多神父和恩博仁神父加入了他的队伍。后者是一位勤奋的建筑师，如果想在未来买一块建筑用地，他总能提出建议并提供帮助。一位受法国领导的方济各会传教团的教士阿马多伊斯神父，也提出来要一道前往青岛。在胶州的西部郊区，驻扎有一个德军分队，大概有三百人。当这些德国军人认出这些留着长辫，穿着长袍，看起来完全是中国人可突然说起他们的语言的传教士竟是他们的同胞时所表现出来的震惊神态，的确十分有趣。

还有一件同样有趣的事情发生在神父们继续前往青岛的路上，这次是遇上了由一位德军军官率领的粮食供应队伍。

大概是他们离开胶州第二天的中午时分，在翻过了最后一片丘陵以后，这群赶路人既惊喜又高兴地发现，眼前出现了一片美丽的蓝色海洋，它向东南方向延伸直到望不见尽头的远方。伸入陆地的，则成了安全的、美丽的胶州湾，海面辽阔，一望无际。四周耸立的群山和散落在各处的小岛，为这幅美丽的图画配上了动人的画框。当时的青岛只有低矮的中国小屋和几处士兵营地，是由当年的章总兵下令建造的。他的功绩还有那座伟大的长长的码头栈桥，它朝着南方，伸向那纵深的大海。

传教士们首先在一个破旧的小客栈落脚。亨利亲王还未抵达青岛，这他们在胶州就听说了。这块小小殖民地的司令官是当时的总督特鲁佩尔(Truppel)。一听到传教士们来到的消息，他马上热情地邀请他们住到他的府邸去。不想给人增添麻烦的福若瑟神父开初执意不去，但最后不得不领受这份好意，和他的同行者们一起住进了总督的官府，那从前曾是中国总兵的衙门。对于驻扎在青岛的德国人来说，传教士的首次来访，是一件值得关注的大事。人们认为有必要用图片和文章把这件事记载下来，因此把这件事告知了国内的媒体。在所有的报道中，柏林的一家地方报纸刊登的一篇文章，极富同情感，我在这里引用其中的一段话：

> 人们的最大兴趣当然是集中在副代牧福若瑟身上，他曾经落入疯狂的中国暴民手中，并差一点就被杀了。从他那挺直着的腰板上，一位曾是真正蒂罗尔人所拥有的强健的身躯上，确实能看出他曾遭受过无数次痛苦和他生活的清贫，这是他在中国内地传教十九年，并长期担负繁重的传教团职务而必须经历和忍受的东西。他弯着脖子，脸颊消瘦狭长，脸色苍白，瘦骨嶙峋，眼睛深深地陷在眼窝里，可一说起他所从事的工作，这双友好和善，看上去极为平常普通的眼睛里，却闪动着激情和坚强不屈的力量。

特鲁佩尔总督和海军上将迪德里希斯以及全体军官和官员们，做了最大的努力，让传教士们在他们中间生活得快乐和舒适。第二天是星期天，在东部军营举办了一场隆重的战地礼拜。礼拜在露天进行，晴空万里，真是一个好日子。福若瑟神父委托恩博仁神父用德语讲道。在正式布道前，恩博仁神父说了为什么是他承担这个任务的原因：因为他是最晚一个从欧洲来到这里的(虽然也已经有了十一二年)，所以福若瑟神父认为他是使用母语最流利的人。

在传教士们动身返回时，军官们还为他们准备了一个特别的惊喜。

早上9点他们踏上归途，此时从东部军营方向来了一队人马，总督带着一群军官骑马来到他们面前。军乐队奏响了“伟大的上帝，我们赞美你”的庄严圣歌，与此同时，一位摄影师站在一个有利的位置，将整个自然美景和感人的告别场面抓拍下来。然后队伍继续前进，来到山岭的最高处时，总督停了下来，简短地说了几句话，再次表达了他对传教士们的友好情感。接着是握手告别，互道“再见”。军官们返回青岛，传教士们则踏上归程，返回他们遥远的传教所在地。

对从传教事业开始就一直在中国内地生活的福若瑟神父来说，由于与欧洲这个外部世界完全隔开，所以他对在青岛的所见所闻，有着极大的兴趣，这是完全可以理解的。人们对他以及同行者表现出来的亲切和友好，让他感激不尽。

“在青岛的日子，”他自己这样说道，“是我一辈子忘不了的。”他赢得了干练并且友好的特鲁佩尔总督的敬爱。后者也用友好和充分理解的方式来评判和对待中国所有的一切以及中国人，并试图用这种方式去影响他的下属们，这尤其让福若瑟神父深受感动。如果我们没有弄错的话，特鲁佩尔阁下也会一直保持着对福若瑟神父充满敬意的回忆。

如我们上面所获悉的那样，福若瑟神父本打算利用这次旅行，为传教团在青岛购得一处房产，最后却一无所获。这是因为政府方面仍然缺乏必要的措施。

青岛之行可以说是把传教士从他们孤独的状态中拉了出来，让他们第一次与家乡的世界作直接鲜活的接触。从现在开始再也不缺少来自外部的客人了。其中有两位值得一提，他们就是以环游世界的旅行家和作家而声名远扬的两位先生恩斯特·冯·黑塞·瓦特格(Wartegg)和欧根·沃尔夫(Wolf)。福若瑟神父作为传教团的主管热情地接待了这两位先生。他陪同他们去了一些地方。两位成了传教团的朋友，对传教团和它的工作表现出浓厚的兴趣。欧根·沃尔夫尤其关心传教团两位传教士被杀一事。因为他从神父们那儿得知，那些被清府官员抓捕的人们很有可能是无辜的，所以他顺便去了趟巨野衙门，让该县县令(他对该官员的评价是:“他是一个好的诗人，但确是个差劲的官员。”)把被告送到他住宿的客房。

这件事后来被某些人重新提起，利用它来控告欧根·沃尔夫:他未经许可挑战司法权威。福若瑟神父也被卷入其中，因为他当时在场并被要求作证。

在这些外出旅行和工作的过程中，托付给他的那个缺这少那的传教助手学校有了怎么样的发展，这事很难说得清楚。但不管怎么说，当主教在离开九个月后重新回来时，他感到十分开心，因为他可以把领导传教团的重任交回到主教的手中了。

第四章
日本之行，胶州地区纳入山东南部传教团，引导新神父参加传教实践

我们从一位有机会在青岛见到过福若瑟神父的普通教徒口中得知，副代牧瘦削的脸庞让他多么的惊讶。不必奇怪！福若瑟神父一向很瘦，而现在他的胸部又染上了危险的疾病，尽管他的满腔热情、他的苦行精神和充沛的精力使他能坚持下去。他履行自己的义务，认真程度超过了一个健康人。但是长年累月的工作、担忧和危险，内心和外部的压力，还有他对自己的严格要求，严重摧毁了他的健康体魄。最终他不得不承认:不能再这样继续下去了。他的喉咙也不行了。如此喜欢和热心于讲道的他，一下子感到自己再也不能大声说话了。除此之外他还咯血。从各种病痛可以断定，他的喉部和呼吸器官受到了严

重的损害。福若瑟神父很快认识到，他患上了肺结核。虽然目前没有迫在眉睫的生命危险，但他能肯定的是距自己在尘世间的生命结束已为期不远了。他没有消沉和悲伤，而是焕发出新的力量，更努力地去追求完美，忠实地履行他的义务。他比以往更早地去把目光投向永恒。是的，有时他会向我说出他的快乐。他说，上帝恩赐他，让他得了这种可以拖很久的病，这种病会时时提醒他，同时让他有充分的时间为死亡做好准备。我们可以想象，他的弟兄们，特别是主教，会从另一个角度来看待这件事情的。对后者来说，必须为传教事业挽救这宝贵的生命。所以在他从欧洲返回后不久，就吩咐福若瑟神父到上海就医，并且要他必须照医生说的去做。

1898 年 7 月初，福若瑟神父来到上海，他从那儿写信给主教：

> 我到上海已有一段时日，在等待乘船前往长崎。我咨询了德国的策德留斯医生，这是位上海的大名人，正像门尼奥特神父（他是遣使会的巡视员和全权代理人）所宣称的那样。医生认为，我的肺部已经受到感染，医疗技术在这方面无能为力。最重要的是保持安静、休养和予以很好的照料。此外要每天三次服用鱼肝油以保护嗓子。他劝我去日本长崎附近的温森疗养。他说，这病有可能彻底治愈但也有可能导致死亡。
>
> 那么我就以上帝之名去长崎了，看看这日本的领土。亲爱的上帝将会做他认为对的事情……

他在这儿写下的简洁语言，对他来说其实是不容易的，就像短短几行字所透露的那样。离开了传教团，整天闲散无事，只是担心自己身体的好坏，所有这一切都有违他的灵魂，与他长期以来所奉行的传教和苦行精神相违背。

其他人会为能在有着自然美景的日本度假感到高兴。他不是，尽管在温森并不缺乏与人交流的那种愉快感受。我听他亲口对我说，他结识了一对德国夫妇，他们也是到日本度假休养的，自从初次相识后，他们对福若瑟神父的尊敬之情与日俱增。但尽管如此，他并不觉得那是自己的家。有种东西在吸引着他返回自己的传教事业。在他于 7 月 17 日写给主教的一封信里，我们可以窥见他的身体状况和心情。他写道：

> 温森是一个极佳的疗养胜地，周围群山环绕，气候宜人，旅馆是欧式风格的，在那里有钱就可以买到所有的东西，旅行费用不是很高。医生认为，我应该在这儿至少待上三四个星期；如果我能坚持三个星期，那就会好许多。现在几乎不咯血了，只是得忍受失眠和消化不良之苦。不过会逐渐好转的。
>
> 我就返回胶州一事找过驻长崎的领事。他说两地之间没有直接的航线了，因为煤不再像从前那样从日本而是从欧洲运来。① 所以我无论如何得先去上海，然后从那里去胶州或是沿大运河北上去济宁。我盼望着回到传教团去。作为一个旅行者，我还很笨拙，没有一点经验。此外，我还得和英国人和法国人打交道。不管愿意不愿意，我现在都得和人不着边际地闲聊。要用一个自己不熟悉的语言来和人说话，确实是一种折磨。可至少有了一些消磨时间的机会。

① 原文如此，疑有误，似应为“不再像从前那样从中国……”。另外，煤从欧洲运来，也觉不甚可信。——译者注

我想在温森再待上大概十四天，然后经长崎回到上海，这也是上帝之愿。

我借此机会再次感谢您的恩赐，是您如此慷慨地允许我作这次休养之旅。

几个星期后，他回到了济宁。他的病并没有痊愈，但是他觉得自己有了些力量，并且认为是生还是死都必须也应该交予上帝去安排。

从一定意义上来说，福若瑟神父说自己又能投入工作了，安治泰阁下自然十分高兴，而他此时已经为他准备了一个新的重要任务。

根据1898年7月14日教皇传信部的指令，德国新获得的胶州地区以及毗邻的即墨、高密、胶州、诸城等区域和山东南部传教区合为一处。这样一来，传教团的区域大为扩展，但同时也增加了工作量和新的任务。他们现在要为在青岛的德国天主教徒、平民和军事人员中的教徒作心灵上的指导，同时还要为新取得的广大地区的传教事务操心。

白明德神父被派去青岛，他负责解决第一项任务。即由他来暂时对德国人做牧灵工作，一位刚从欧洲过来的教士做他的助手。除此之外，他还要把注意力放在传教团的物资供应上。我们以前曾经提及，传教团如果在这片土地上有自己的收入来源，该是多么的重要啊！如果他们在很长时间内不能获得家乡朋友们的资助，那么他们就应该逐渐为维持自己的开支做好准备，因为他们越是放手大干，他们的任务越是增多，钱就越显得捉襟见肘。

在坡里庄搞农业生产，就是为山东南部这一目的服务的，但它的收益只能满足很小一部分需要。

为传教团筹集资金的另一个方法——多个代牧区都是这样做的——是在沿海城市置地，然后在这购得的土地上建造房屋以供出租。

一些传教团成功地用低廉的价格购得土地，然后建房造屋，因而获得了丰厚的收入来源，大大减轻了传教团经费支出的压力。关于"传教团富有"的流言飞语，就像人们有时听说的那样，说他们拥有许多房屋甚至是"整整一条街"，似乎不那么可信。传教士需要钱可并不是为了自己，不是为了他们的个人享受，而是为了传教团所要开展的伟大的宗教、慈善和文化活动。如果能用这种方法筹得资金，而不是在世界各地乞讨，让本已负担过重的传教朋友们增加额外的负担，这当然是一件好事。

主教安治泰也打算在青岛购买几块地产，作为传教团的辅助性资金来源。白明德神父接受了这一委托。他开始着手办这件事。但青岛的情况远远没有上海、天津、汉口和其他城市那样乐观。尽管如此，在一年里，他还是造了几处房屋，获得的收入对抵消传教团的费用作出了令人欣喜的贡献。

另一项任务，即在德国占领的区域和四个与其相邻的县内布道，托付给了福若瑟神父。他以前的学生——他们已于1898年11月1日接受了神父职衔——将给予他帮助，说明白一些，就是这些年轻的神父该在他可靠的引领下熟悉神父生活和传教实践。

产生这一计划的想法是完全正确的，也是值得牢记在心的。

对于这些年轻的神父来说，这样做也是意义重大的，因为他们能够在他们的神父事业开始时就得到正确的引导。一次宗教会议上说得好，根据经验，一个人今后的整个生活和工作都取决于最初引导的好坏。

这些新手在遇到困难和危险时——一个新的不寻常的职业会给他带来困难和危险——他绝对需要一位充满爱心和富有经验的朋友和领路人,给予他建议、安慰、提醒和警告,尤其是通过他自己活生生的榜样来支持他、引领他。

如果说这一做法适用于每位神父和传教士,那么对于中国的新神父也是如此。

对新手来说,刚开始的神父生涯总会给他带来某些异乎寻常的困难。从青年时期起,他们便在神学院接受严格的教育,总是在领导和老师的看管之下,习惯于精确的作息制度,而现在他一下子被放到了一个自由的生活环境中。种种限制——以前也是他的依靠——没有了,他现在是自己时间、工作和与人交流的主人。是的,现在他该去引导其他人,该和他迄今为止一直离得远远的外界打交道了。他也必须给予基督的信徒神父般的关心。到目前为止,他还不习惯手里有钱,可现在他得处理经济问题了。到目前为止,他一直是谦卑的,可现在却受人尊敬了,他还得面对各种各样的要求和抉择。虽然作为传教助手到外面的传教区做过实习,给了他对传教工作的初步认识,但与现在相比那完全是另外一回事,因为作为神父的他一下子被推上了前线。

"这时的人们是需要有个人作为依靠的。"一位诚实的中国新神父对我说道。

在传教过程中,神父应该怀有和保持他那教士般的虔诚和品德,是的,这种美德应该持续增长。他该学会很好地完成多种多样的传教工作和牵一发而动全身的日常事务,他该以聪明、坚毅和坚定的来自心底的满腔热情融入生活和工作。

他做到了这一点,那么他就将成为一名符合上帝心愿的神父,那么他无论是现在还是未来都会幸福无比,尽管可能有沉重的苦难和风暴在等待着他。

可如果他一开始就在歧途之上,身处颠倒的实践和精神世界之中,那么就会带来损失,不仅对他本人而且甚至会对传教事业造成持久性的严重伤害。本是神父的奇妙而美丽的春天对他来说或许会成为痛苦的种子。

他在实践中犯的种种错误和内心遭受的严重伤害,会导致他对职业缺少兴趣和产生种种不满,更为糟糕的是,它们会引发严重的后果。

年轻的神父迫切需要一只经验之手来引导他们。所以对每一位传教领导者来说,派出年轻的神父时怎样对他们作相应的使用和分配,是一件责任重大的事情。而且因为同样要考虑到传教团的需要,因此这一任务更是难上加难。

那些受委托对年轻神父进行最初的指引和领导的人,也完全明白肩上所负责任的重大。这也意味着"我将从你的手里要求他的血"(《厄则克耳》,3:20)。人们会想起年迈的使徒约翰,他曾把学生托付给主教照料,后来又把他索要了回来。当然,要带教一个年轻的神父助手肯定不是一件舒服的事情。年长的传教士或许首先会让这些新的助手多挑重担、多分担忧愁,以此作为一种帮助,但是他该怀着满腔的爱自己先去承担这一重任,用慈父般的关怀接纳这些新人。他付出的,将带来百倍的回报。

看了上面的描述,我们就明白为什么主教安治泰会将七名接受了圣职的新人托付给福若瑟神父了。

另一个问题是,将一大批新神父托付给一个人,一个不堪重负的人是否合适,即使他是最最能干的人?此外或许更成问题的是,他给他们分配的工作区域是否适合他们呢?

一名年轻的神父应该像模像样地工作,对他来说,最好是能很快和彻底地学会如何给人以精神上的慰藉这一工作，可现在在新建的传教地区根本没有这方面的机会。

福若瑟神父描述了那儿的情况：

> 尽管即墨和高密很多年前就有过传教，可这里仍然完全处于初期发展阶段。这儿的慕道者大多从来没有看见过一名神父（山东东部的传教士因为缺乏神父的原因很少在这儿开展工作）。整个即墨没有一个礼拜堂，没有一所神父可居住的房屋。传教团的全部财产是传教士在高家洼（Kau-dja-wa）买的一扇门。由于正值冬季，所以不可能去建房造屋。基督徒的住房条件也很差，所以我们这些新神父很难为自己找到一个小小的工作区域。

除了这些不利条件之外，还有严重的迫害和风暴正好在那个冬天由山东的东南部袭击着托给福若瑟神父掌管的区域。有关这方面的事情我们将在下文详细描述。这样一来，福若瑟神父就被牵扯了大量的时间和精力，所以他不能给那些传教的同事们以必要的、也是他自己所希望的那么多帮助。不过，为了达到这个目的，他竭尽全力做了在这种情况下所能做的一切。只要有可能，他就把他的那些年轻神父召集起来，或是开会，或是举行宗教讨论，为他们寻找可做的事情。可他也觉得有义务，在半年后提醒主教自己所在的传教区其实并不适合对这些年轻神父的培养。他认为把他们分配到有着许多工作要做的传教区去才是合适的。

安治泰主教在派遣数量众多的神父时或许有着其他的考虑，他是要尽可能快地在新的区域内发展传教事业，所以这一想法有某些正确的一面。而且在不多的几个月里无可争辩地确实出现了一些好的兆头，但是一个地区的传教事业不是可以强行实施的。我们在前面已经看到，“圣灵想吹到哪里就吹到哪里”这句话是多么的正确。如果要让种子发芽，上帝必须创造良好的气候，环境和形势也需相得益彰。这一好气候现在似乎还根本没有出现在这个传教代牧区的东部。

主教接受了福若瑟神父的建议，结束了半年的试验后，把一部分年轻神父派到了其他地方。

第五章
政变，毓贤，张汝梅的备忘录

为了更好地理解福若瑟神父和传教团接下来的经历，我们必须把他们放到中国历史的框架里去检视，那时的中国正处于行将解体的颇具戏剧性的高度紧张气氛之中。

千百年来，中国都是无可置疑的遥远东方的强国。它并不缺少血腥的大规模战争，可这些要么是帝国内部的争斗，要么是外族的侵略，而万变不离其宗的是那些民众，他们要么是已经受了中国文化的影响，要么是很快就会屈从于这一影响。中国不管过去还是现在都是“中央之国”，不管是内忧还是外患都不能使其动摇。在这个过程中出现的困难和问题，都不会超出到目前为止的历史经验，在某种程度上可以按一定的模式加以处理。

直到通过和欧洲国家的接触，中国才猛然从“唯我独尊”中惊醒过来。进入中国的宗教、文化和政治影响,不再适合到目前为止的模式。出现的问题、困难和危险,是旧中国所始料未及的。

如果涉及的只是几个传教士,他们唯一的追求是为宗教生活指引新的道路,或许与此同时以高尚无私的精神为提高这个民族的科学和文化水平而工作,他们这些人在允许他们完成宗教任务的前提下,是愿意适应中国的风俗习惯的,这样即使是保守的中国人也会觉得危险是极小的。最糟糕的是,他们认为可以采取暴力,用迫害的方法轻而易举地收拾这些传教士。

上世纪中叶以来,当欧洲强国越来越多地开始和中国接触时,这种冲击是更加的强烈和令人不快。外来的战舰占据了海港,外国的军队踏上了中国的土地,展示了作为现代军事大国的一个小小举动。中国不管愿意不愿意都只得容忍外国公使馆的建立,给外国贸易开放自由交易的场所,收回对基督教和传教士的迫害法令。

在风暴日益频繁的同时,现在又增加了外来影响。传教已经赢得了众多新的追随者。一种新的文化在渐渐地征服着这片土地,并威胁着儒家学说独霸天下的统治地位。外贸在改变着经济发展和交通状况。尤其是它日益痛苦地感受到外族在政治上施加的压力。1894年和日本之间的战争,让全世界都看到了"中央之国"的软弱无力。

现在有一种议论,叫做"瓜熟了就该分而食之"。报界在毫无掩饰地讨论着如何瓜分中国的问题。每个外国列强都在想方设法为自己谋得势力范围。中国被迫设立新的租界和割让土地:俄罗斯拿走了旅顺港和大连湾;德国租借了胶州;先前已经得到了香港的英国,现在又得到了威海卫;法国人则拥有广州湾。中国人的铁路建设权和矿山开采权统统被低价转让或是受到了钳制。

简言之,古老的中国意识到了自己的生存危机。它的生存命脉受到了攻击,最迟钝的眼睛也不能再对这一危险视而不见了。

但是又该如何防御呢?

出路有两条:一条最快、最便捷的是针锋相对,抵抗所有的外来者。在中国的政治家和官员中从来就不缺少持此类观点的人。其中的几位我们已在前文中提及,山东巡抚李秉衡就是这一观点的代表人物。

但是也有着持另外一种观点的人,他们认为:不抵抗,不是盲目地采用强硬手段,而是要"学习"。必须打听到外国力量强大的秘密,学其长处,从内至外都强大起来,创造帝国的再次辉煌。这也是日本走的一条成功的强国之路。这一思想在中国也有着某些代表:他们是群有着远见卓识的人,或多或少是追求中国的健康发展。大力支持这种进步思想的,是南方的激进政治家们。

中国的南方民众,尤其是广东人,不像北方的中国人那样平心静气,他们的血管里流动着的血要活跃得多。他们脑子灵活,善于学习新生事物。他们通过移居国外和开展贸易,与外国频繁接触,来往增多,这些或许也是起了作用的。

到目前为止,在中国同时存在着这两种不同的观点,二者互不相让,谁也占不了上风。抗击外来威胁的斗争,在某种程度上可以说并不是事先组织的,而是带有偶然性,是匆忙之间作出的决定。

上文提及的将领土割让给欧洲列强,报界披露的瓜分计划,深深地刺痛了民族的自尊，深刻地揭示了局势的严峻，同时引发了刻骨的仇恨和敌视。必须有一个明确的态度，这是无法回避的。几年来，年轻的光绪皇帝已越来越多地亲自接手原来由他强硬的姨妈慈禧掌管的政务。他热衷于改革，现在他坚定不移地走到了台前。他重用进步的改革家，改革派领袖康有为成了他的心腹。人们完全可以指责这些改革家和年轻的皇帝过于激进。年轻人年少气盛，当时以保守的儒教学说捍卫者面目出现的同样年轻的康有为，那时也正处于意气风发的阶段。在他和他的一帮朋友的影响下，皇帝的诏书像潮水般下达，如果这些改革法令被贯彻的话，中国必然会发生翻天覆地的变化。近十五年来产生的所有新事物，早在那时都宣布了。赞成把辫子剪掉，甚至引进基督教将其尊为国教，这些他们都向皇帝作过推荐。

中国似乎迎来了一个全新的时期。但如果古老的中国就这样悄无声息地被人埋葬，那就令人惊奇了。皇帝的改革思想在民众中没有得到任何响应。那些老文人惊讶地连连摇头，有些人从现在开始对可恨的外国真正流露出极度的恼怒和愤恨。当然并不缺少煽风点火的人。其中最可恶的就是在山东任职的毓贤。这个典型的排外狂热分子，常常是我们前进道路上的拦路虎。他是满族人，一名顽固分子。他作为多年的曹州府知府，因常年剿匪而得到嘉奖。可民众却是这样说的：他杀的人越多，强盗也就越多。强盗们讽刺地称他为“毓小辫子”，简称“小辫子”。

19 世纪 90 年代中期，毓贤被调离曹州府，随后他平步青云，先后任职山东南部道台，省按察使，甚至在 1899 年 4 月被任命为山东巡抚。和他有过多年来往的曹州府名流，当时就认为他不适合担当如此重任。在一个小小的强盗区做官他是个不错的人选，但位高权重他就能力不济了。他是那种对改革怀有刻骨仇恨的人。还在早年，传教士们便时不时地领教到他那铁拳的威力。不过他一向处事谨慎，即使现在身处如火如荼的改革浪潮，面对德国的强大攻势，他仍不敢轻举妄动。但是他并不甘心，在 1898 年春天他还任职按察使期间，提交了一份控告传教团的起诉书，以此来惩处传教团。

这份起诉书——说得准确些是封诽谤信——虽然当时没有引起严重后果，但它毕竟预示着一场暴风雨的来临。并不只是这一件事！尽管皇帝倾向于改革，但威胁的言论却从来没有停止过。

这时，在 1898 年 9 月 21 日，北京突然发生了彻底改变整个中国政治形势的政变。皇太后废黜了年轻的光绪皇帝，自己又重新掌握了大权。皇帝的那些提倡改革的顾问们面临着死亡的威胁。要弄清导致这一暴力行为的原因，将会花去我们好多笔墨。个人的权力欲望是一个因素，或许也是最关键的因素。但是对于国家和民众来说，政变其实也是对那场改革政策的一个宣判。如果说以前受宠的是激进的改革派，那么现在得势的则是狂热的排外分子。那些看法片面的中国老人和满族人，他们狭隘地认为可以通过暴力来解决外族的威胁。赶走所有外国人！中国要像以前那样重新关上自家的大门！刚毅、端郡王、年迈的老英雄董福祥，还有上文提到的毓贤等，都是在那个时刻越来越受年迈的皇太后倚重的关键人物。“用大刀杀外国人，把他们赶到大海里去”，这是年老的董福祥对皇太后说的话，现在越来越清晰地成为政府的指导思想。如果说军队在到目前为止的斗争中失灵了，那么现在得依靠民众了：组织全体民众起来反抗，尤其是利用义和团来实现这伟大的爱国主义思想。发动民众的口号是“保清灭洋”，也就是“保卫清皇朝，消灭外族人”。

接下来的所有事情，都是在这一影响下发生的，也只有从这儿能得到充分的解释。它们是古老中国作最后的殊死抗争的前奏。

山东南部首先感受到了这排外政策的强大打击。是的，恰恰是这片地区成了为今后大规模的军事行动作演练的地方。

这当然是有其原因的，因为山东南部是大刀会的发源地，而毓贤恰好是他们的幕后指使人，他能够在这儿实现他的计划；最后，还因为胶州被占所引起的强烈不满被转嫁到了传教团的头上。

遗憾的是传教团深受其害，而在中国除传教士以外的外国人，同样还有公使馆，并没有意识到将要出现的危险是他们的影响所致，或是把这一危险马上放到历史的背景里去理解。人们只是倾向于把发生所有严重暴乱的责任推给传教团这个在将来的混乱中饱受灾难的可怜群体。

除了宗教范围之内，当时极少见到对传教事业表现出友好态度的人，人们对传教团更多的是憎恨和偏见。中国官员向来就习惯于把传教士当作替罪羊，现在他们更有理由如此。在传教团这只替罪羊身上，他们可以平息最初的愤怒，可以通过对传教团的谴责来掩盖心中的排外情绪。说到这方面，山东巡抚张汝梅 1899 年 4 月离职时提交给青岛政府的一份备忘录，尤其包藏着祸心。在这份备忘录中，传教士受到严厉指责，好像是他们用闻所未闻的方法欺压百姓并因此而引发了强烈的敌对。这里还写道：传教士们被当地的基督徒利用来侮辱民众，他们站在不良分子的一边。轻微一点的惩罚是不让异教徒吃饭，或是在吃饭时强迫他们跪着为基督徒倒酒。一旦基督徒的财物被偷，异教徒必须付上百倍或千倍的钱来赔偿。这样，整个村庄都陷入了苦难之中。这些控诉是如此的恶毒，因为它们是用善意、关心和爱护的口吻写的，因为张汝梅早先对外国人表现得公允有加，连传教士也将其视为他们的朋友。是什么让他走到这一步，这是否是他对激进的新当权者的一种屈服，以此来请求原谅他以前对“洋鬼子”的迁就，是否把这种做法看作是一种忏悔，又有谁说得清楚呢？但这一指责出自他这种人之口，人们是不会感到奇怪的。

现在比起任何时候都更多地能在公开场合和新闻界听到这样的谴责：传教士和基督徒自己犯了错，他们的愚蠢和侵犯引发了这些暴风雨。套用一句老话：欲烧邻居屋，自己也遭殃。人们很少想到或是不愿承认的是，这其实只是政治形势严峻和陷入了政治纠纷之中的缘故。

上面提及的对传教的指控是否有根据？如果有，在多大程度上是合理的？基督徒和传教助手并不总是无可挑剔的天使，他们当中时常有不轨行为，我们在前面坦率地作了陈述。可以肯定的是，某些传教士有可能在这里或那里做过错事，但这样一些过错，在人们的传教过程中是永远无法完全避免的，它们的影响是微不足道的，或许会引发某个地方的不满和骚动，但无论如何与目前四处爆发的暴风雨是没有任何关系的。是的，在这些事件的发展过程中我们甚至会举出明证，证明在大多数情况下民众的狂热都和传教没有任何关系，或者说尽管狂热分子在传教和民众之间制造矛盾也根本不存在两者之间的敌视。传教团成功地获得深刻而广泛的同情，恰恰是在他们以前遭受众多苦难的地方，只是由于官方明目张胆的煽动，才引发了许多地方的骚动和混乱。

就这些事情本身而言是没有什么值得惊讶的：传教士长年累月和民众打成一片，习惯了他们的行为方式,传教士的目的只有一个,那就是争取民众加入他所传播的宗教,一般来说,是决不会如此愚蠢笨拙地去侮辱群众让他们成为自己的对立面的。

人们不能因此而去抱怨传教士。如果他们遭受这样的指责后悲伤不已,竭力为自己辩护,并面对这些指责指出在他们看来什么才是敌视的真正原因时,他们看到的、他们的判断大体上是正确的,1900 年的义和团暴动用它那些可怕的暴行不幸对此作出了最好的证明。

就张汝梅备忘录中特别之处而言,即使是在传教士的那些要求下对这些提出指责看法时,都只能无奈地表示,这些指责完全是不真实的,无论如何是过于夸张了。几乎所有的人都众口一词:“在我们那儿从来没有发生过这样的事情”,或者是“我不认为传教士和基督徒破坏了和平”,或者如年老的彭道台在济宁说的那样:“人们或许可以乱说一气,但是并没有证据。”

第六章
新传教区的工作与困难
——日照,尤其是山东东南部爆发的骚动

在前面作了针对性的介绍之后,我们可以再次拾起我们叙述的话题了。像我们已经听到的那样,德国新的殖民地及与其毗邻的即墨、高密和胶州等县的传教工作都被委托给了福若瑟神父,一段时间之后,诸城和日照也被划入该区。这是一个非常辽阔的工作区:南北长达 400～500 里,宽有数百里,高山、丘陵穿越其间,往东是有着众多海湾的大海。

新教的传教士,特别是美国的长老会教士,从他们的中心传教点芝罘和潍县向外扩展,已经在这里工作了三十多年,并建立了几个传教站。相反,对天主教传教团来说,还很少或者说根本没有在这片土地上耕耘过。因此,福若瑟神父必须像在他生命中多次经历的那样重新白手起家,投身于艰苦的创业,吃力地东奔西走,没有一个固定的住处,没有一个安全的据点。与此同时,他的肺病越来越让他感到身体不佳。尽管他声称觉得自己比起以往更身强力壮了,然而他还是不得不承认他一直备受咯血的折磨。现在面临从四面八方压向他的重负和麻烦,痊愈是不能指望了。

他不顾自己身体的安危,仍然以他固有的勤勉工作着。

他首先在这个地方转了一圈,以便了解传教的可能性和认识一下那些现有的慕道者。1898 年 11 月 12 日他就向主教汇报工作了:

> 我去了趟即墨,想了解一下基督教在那儿的传播程度。这里已有良好的开端,我们可以在此基础上很好地开展传教工作。整个即墨没有一个接受过洗礼的人(除了 3 个小孩和一个老人,曾经由白明德先生洗过礼),但是在近 1 至 6 年里,我们已经在为数不少的地区有了慕道者。他们虽然对宗教一无所知,但都心地善良,而且不提过高的要求。我们为他们分担了忧愁,他们很高兴。我相信,将这些堂口作为我们传教工作的起点,并从这里向根本没有基督教的胶州发展、向高密和德国的殖民地扩展,

肯定是再好不过的事了。

这里大多数人还从来没有见过一位神父,也找不到一处祈祷场所。在异教徒的刁难下他们已经吃了许多苦,如果还没有一个传教士出现在他们当中的话,这里的基督教可能渐渐又会彻底湮灭。在高密也有几个有着类似情况的堂口。

显然,至少是天主教的传教士们在这里还没有找到发动民众的机会。他们也许在想,尤其是在附近有德国大炮保护的这个地区,民众会怀着极大的尊敬和极度的畏惧之情面对这些陌生人。但事实恰恰相反。这儿异教百姓的这种鄙视态度,这样明显的敌意,是他整个传教生涯中从未见到过的,福若瑟神父向主教就是这样汇报的。

由于福若瑟神父必须为七位新神父提供住宿,找到一个能把他们召集前来开会、同他们一起做避静的地方,于是试图在胶州和即墨找一间房子。然而当地人现在的口号是:无论如何都不可把房子卖给传教士。他发现慕道者们同样也深陷某种困境。比如他们中的一个人拒绝为庆祝牛王节而举行的戏剧演出出资,于是人们就随便找个借口把他的公牛给牵走了。

福若瑟神父在原指望能得到帮助、支持的地方,即即墨县令的衙门,看到了与民众中一样但可能更为激愤的情绪。1898 年 11 月 8 日,当神父向这位先生通报自己将访问他时,遭到了他本人还很少经历过的冷遇。这名县令让递送名片的人转告说:他不接待传教士。福若瑟神父再次递上名片,并说自己有要事相商,因此请求安排见一次面,神父得到的回答却是冷嘲热讽:请他先去散几天步,然后再来重新提出申请。福若瑟神父确实没有时间去散步,于是径直来到衙门,请求看门人去通报县令说,自己有紧急公务,如果县令根本无意接见,那么县令可委任一位下属接见自己,然后向县令通报他的愿望。此时这位官员终于自己出来了,劈头盖脸地对福若瑟神父说:“打开天窗说亮话,我无法满足您的任何愿望,我们两人之间也没有什么话题可谈。”然后发表了一通指责对基督教中坏分子的训斥性讲话,并说对基督徒的素质也无法作出判断,因为他自己不久前才来到即墨,对这方面的情况了解不多。福若瑟神父好言好语希望他能理智些,然而他的愤怒却不能平息:“所有的邪恶都源自传教士,青岛被占也是如此。”最后的这句话露出了他的真实想法。

福若瑟神父强压心中不快离开了。按照中国礼节进行回访是不可能的了,连个回访的帖子也没有。相反,就在同一天,陪同传教士的传教助手正在一条路上走着,遭到一伙人的袭击,被打得鲜血直流,而这帮人是由衙门里一个官兵小头目率领的。这些事情清楚地表明了风是从哪里刮来的。或许还会有更糟糕的事情发生。差不多在福若瑟神父在即墨有此不快的同时,薛田资神父在南面靠海的日照县经历了一场更为糟糕的奇遇。

安治泰主教刚刚在不久前把这位在巨野遭遇了种种磨难的传教士派往日照。毫无疑问,主教是希望他能在那里不受任何干扰地工作,同时也能在这个靠近海滨的地方,在美丽的山间自然风光中,从那些所经历过的苦难和危险中恢复过来。如果人们在北京政变之后对未来有所担心的话,就会相信正是在这代牧区的东部,在靠近德国殖民地的地方,会比任何其他地方更加安全,再加上那里在很长的时间里没有发生过较大的动乱。人们认为,在那里最不可能会有任何危险的存在。

就其本身而言,日照迄今为止都不是一个和平的传教区。那里的人们,尽管由于靠海,人们可能会以为他们见多识广,但在当时却非常落后、保守、极为仇外,像山东南部其他地区的人一样爱寻衅滋事。几个有名的当地士绅在民众中有着很大的感召力，官员们却相形见绌，因为这是个小县城，没有兵勇，力量薄弱，而这个地区却地域广阔，由于横亘着许多山脉使人难以窥见其大。

我们在日照经常看到人们聚众闹事，和县令对抗。

开始在那里传教，还是刚到山东南部的前几个年头。当时就从王庄派了一名传教助手去那儿工作。后来形成了几个尽管规模小但确实不错的基督教堂口。然而日照以前和现在都是不那么富饶的地方，多次发生过严重的迫害行为：小教堂被毁，传教士遭驱赶，基督徒们被严重打伤……近段时间来好像恢复了平静。前不久在那里工作的中国夏神父尽管仍然报告有一些小的纷争，但都是些鸡毛蒜皮的小事，德国牢牢地占据了邻近的胶州，使得那些不安分的人不再敢轻举妄动了。

薛田资神父于11月初到达日照。11月8日，他动身前往街头，这是个坐落于山里的新堂口，从城里往北得走七十里地。那里的基督徒和异教徒发生了争吵，已经闹得满城风雨。薛田资神父本打算利用这一机会，与村长和对立的一方心平气和地谈一次，来解决这个问题。县令派了几个士兵一路保护他。令这位传教士非常惊讶的是，在他到达时，他邀请的多位村长，只来了一位，其他的都不肯露面。和平协商化为泡影，他正考虑返回时，突然一大群愤怒的人涌进了村庄——那天正好是集市——他们大声恐吓、高声谩骂，正在寻找他呢。这位传教士在匆忙之中躲进了一个异教徒的院子里。但是他的敌人很快在那里找到了他，开始对他进行残忍的折磨。他被捆了起来，半裸露着身体，光着脚丫，被一群粗野地、嘲讽地、粗暴地对待他的人拖着往山上走了大约十里路。这群人在一个异教徒的寺庙里对他进行了百般凌辱和折磨之后，又把他拖进了另一个地势更高的寺庙。他们让他在一个疯子面前待了半夜，并给了这个疯子一把刀，要他用刀杀死这个欧洲魔鬼。另一个人在这个被捆绑着的人裸露的背上磨刀，说要磨快一点准备杀了他。然后用一根绳子，扎住了捆绑在背后的双手，把他往高处拉，把他高高地吊在了那儿。

这个残忍的游戏持续了差不多三天两夜。

第二天，县令在得知了这次袭击的消息后，来到了街头。得知他要来的消息时，薛田资神父正被人拉到梁上，人们赶紧松开了绳索，将他重新送往位于山下的那座寺庙。在进行解救他的谈判时，对他各种各样的威胁和虐待还在继续着，一直持续到第二天的中午，他才被允许用一台轿子送往城里，县令在他的衙门里接待了他，招待他吃饭给他压惊。文安多神父和法来维神父两人从邻近的莒州赶了过来，他们是看望这位受难兄弟的第一批人。

在同一天或者是第二天的晚上，福若瑟神父也赶到了。他在得知发生在日照的骇人事件后，立刻动身前往青岛。他从那里乘坐一只帆船跨海过来，打算用这只船把受伤者运往那港口城市，让他在那儿尽快地得到必要的护理和医治。

在县令的再三请求下，福若瑟神父松口同意把这件事情立刻交由官方处理。这位官员想通过一种大度的补偿来尽快解决这件事情，也是让自己少担一点责任。福若瑟神父认为应该同意这一做法，因为他作为副代牧，特别是作为东部传教区的主管，在一般情况下是应该首先对传教团的官方事务负责的。此外，传教工作的基本原则是，尽可能快地在当时当地通过和平途径来解决出现的困难和纷争，只有在情况危急时，才提请上一级部门解决。因此福若瑟神父认为,尽管这件事情性质严重但仍然采取这种方法,是完全符合主教想法的,另外,不管怎么说,这位官员看上去还是善意的。除此之外,他还希望通过快速、和平的调解使激愤的人们平静下来,恢复和平,避免类似情况的发生。和在场的传教士们协商后,他与县令经过了长时间的谈判,最终达成如下协议:作为对这次暴行的赔偿,在街头建一所小的草屋,用作礼拜堂(里面被隔成 9 个小间)。这个条件显然是过于温和了些,人们可能会怀疑这是否恰当。如前所说,福若瑟神父想通过这个温和的行动平息众人,但是却留下了一个问题,即那个偏激的团伙,如果让他们如此容易就逃脱了惩处,是否会变得更加有恃无恐?其他人会不会因此而受到鼓舞也去搞类似的袭击呢?

安治泰主教持后一种看法,当他一听到这一事件的调停条件时,就表示完全不同意。他对济南府的有关部门解释说,他并不认同这一解决方法,他要提出另外的条件。

确实,在经过了长时间的认真谈判后——在谈判中,日照的县令没少设置障碍——达成了一个新的协议。根据这个协议,政府方面要支付一大笔钱作为赔偿,除此以外,把日照城里一块很大的广场连同迄今为止异教徒用作寺庙的一间房子移交给传教团。另外,还应捉拿为首闹事者并加以惩处,等等。

这件事情尤其引起我们兴趣的是,福若瑟神父因此受到了牵连。他的做法产生了异议,对此他当然不能抱无所谓的态度。面对外界,这件事情对他来说是一种侮辱,他的谨小慎微可能给传教团带来了麻烦的想法在折磨着他。尽管如此,在他当时的信件中也找不到一丝抱怨的语气。他心甘情愿地接受上司的评判,只是请求原谅,原谅他因情形所迫擅自做主作出了这一草率的决定。这是他在 1898 年 12 月 5 日信中的话。两天之后他又写道:

> 我从心底里对我在日照的行为感到遗憾,可惜,我的上帝呀,太晚了。当阁下大人收到我的信时,您会像我希望的那样,至少能相信我的出发点是好的,我根本不是为了突出自己而这样做的。现在,我无法改变任何东西,只能请求阁下大人的宽恕和原谅。

如果安治泰主教认为,用这种激烈的处理方式就能预防骚乱的发生,那么他会大失所望的。

薛田资事件只是一场新的残酷迫害浪潮的序曲,现在它像一股冲毁性的洪水,向传教士们席卷而来。

12 月中旬,文安多神父报告说,他在与日照接壤的莒州县建立起来的几个最可靠的基督教堂口,遭到了异教徒团伙的破坏。

破坏行径像雪崩一样一波接着一波,似乎突然有一种不寻常的狂热出现在人民中间。显然有秘密力量从中作祟。人们谈论着秘密组织,即所谓的"黑会";其他的人则不加掩饰地谈到了"大刀会"。不管这群乌合之众和他们当中的首领是谁,他们的目标是:摧毁传教。基督徒们遭到驱逐、抢劫和虐待,教堂被摧毁。凶杀和故意杀人似乎也不能排除在外。人们想从道义上消灭传教,让基督徒脱离信仰,将外来影响连根拔除。在这整个运动中最离奇的事情是莒州县令在袖手旁观看热闹。这群乌合之众甚至可以大摇大摆地进城去,并在当局的眼皮底下做坏事。没过多久,不只是莒州的传教工作成了一片废墟,日照的其他地区也遭到了破坏，沂水的部分地区也是同样的情况。接着，郯城也遭遇了同样的命运，所有的基督徒都逃离了。只有位于群山中间的王庄这个小小的传教士住地，多亏了沂水县令的大力干预，才没有受到暴风雨的波及，四百名基督徒在那儿找到了庇护所。由于生活的空间狭小，以及因这些事件而引发的巨大饥荒，使一场严重的伤寒在这群可怜的逃亡者中间蔓延。传教士住地的二百五十人病倒了，四十至五十人因病死去。最后，住地的负责人恩格礼神父和对他忠心耿耿的斐士尔弟兄也受到了感染。日照的一些基督徒逃到了青岛。人们所到之处，满目是病痛和饥荒，基督徒和传教士所忍受的物质上的匮乏，就更不用说了。

现在又是先派福若瑟神父去救援了。尽管他在自己的传教区内忙得不可开交，尽管在前不久的日照事件中蒙受了严重的侮辱，他还是马上接受了主教的委托前往被毁坏的地区，去确定已造成损失的大小，并尽快解决这些争端。在寒风凛冽的冬日，他拖着虚弱的身躯，踏上了遥远的、在当时情况下又十分危险的莒州和沂水之旅。仅在从日照到莒州的路上，他就两次遭到偏激的团伙的攻击，幸运的是他们跑得没有他那匹忠实的马那么快。2 月 20 日，他在沂州府与文安多神父汇合了。此时他才清楚地知道，他将一无所获。因为官员们明确地告诉他，在这种事情上，他们也无能为力。

因此，当 2 月 26 日主教写来一封信，把他从这个没有可能取得进展的任务中解脱出来的时候，他是非常高兴的。主教写道：这件事应该并且必须由更高的主管部门来处理。这样一来，解决这件事要走的路就更长了。

中国政府却压根儿不急着去制止这种暴行。他们的态度变得越来越让人费解。地方当局似乎放不开手脚，没有一位官员敢于站出来与偏激的宗派作有力的斗争。就连那些从骨子里对这种不法行为不齿的人也顶多只是做些官样文章。一些官员甚至公开偏袒偏激者一方，比如郯城的县令，就毫不隐瞒他对传教士的敌对态度。那些以前被传教士看作朋友的人，例如多次给福若瑟神父以忠告的兖州府的彭道台和田总兵，现在也持模棱两可的态度。他们两人都在 3 月份去被毁的传教区视察过，他们没有全力去解决事端，反而对传教士和基督徒大肆责难和谴责。一些主张恢复平静、保护传教的官员和士绅遭到了训斥。这次视察所带来的明显成果是：道台在沂州府给了布恩溥神父二百两银子，作为给遭受苦难的基督徒的补偿——还有就是敌对势力的更加强大。骚动没有被镇压下去，火却烧得更旺了。至今为止尚完好无损的传教区东部的这些地方，现在也被毁掉了。

这次运动并不只是针对传教，而是针对所有的外国人，1899 年复活节前后，从青岛乘船过来的三个德国人，在经过从港口通往沂州府路上的韩家村时，遭到了一群愤怒的村民袭击，得感谢他们随身携带的毛瑟枪，三人才幸免于难。

第七章
工作，受迫害，历险，在即墨和邻近地区遭受的苦难

从没有什么值得称道的日照之旅返回后，福若瑟神父又孜孜不倦地开始了他自己这个庞大传教区的工作。由于薛田资神父暂时不在，而且又增加了诸城和日照这两个县，这

个传教区域越来越大了。尽管在衙门和民众当中存在我们上面提及的反感情绪,但他在开始时还是取得了很大的成功。在12月5日那天,他就已经向主教汇报说,他已经成功地在胶州的北郊以三千二百吊的价格买下了一处不错的房产。一位友好的人以自己的名义购得了这幢房子,然后马上以相同的价格转卖给了传教团。县令听说后十分恼火,并将那位好心的中间人狠狠地训斥了一顿。但最终他还是勉强承认这次买卖为有效,并且按规定在买卖合同上盖了章。

同一时间,还成功地在即墨西郊以一千五百吊的价格买下了一块地。

田神父也试图在诸城为教团购一处房产。福若瑟神父起先因为价格太贵——四千四百吊——而打了退堂鼓。但是考虑到其他一些有利因素,比如该房子位于市中心,市口好,院子大,而且维修得不错,此外还考虑到在一个如此重要的城市里获得一个据点所带来的种种好处,最终他同意做这桩买卖。而且他应该感到庆幸的是,他及早地做出了这个决定,因为传教团想在城里买一处房产的消息刚传开,城内的总兵便纠合了势大力强的众多士绅与传教团作对,但是他晚了一步,买卖已经按法律程序完成了。虽然他们愿意出三倍的价钱,福若瑟神父不能也不愿意再把房子让出来了。激动的情绪渐渐平息了,士绅们甚至也开始与传教团友好往来了。

如此成功地建起了这样一些外部的据点,似乎预示着传教团在某些地区会获得很大的成功。成功的例子大多出现在诸城的南部。在很短的时间内便建起了四个新的堂口,在福若瑟神父看来它们都是如此的生机勃勃,因为根据他的判断,这些新人入教并不是出于不道德的目的,另外还有些人打算加入基督教徒的队伍。

可惜的是这一希望被从相邻的日照所涌动过来的风暴扼杀在萌芽之中。正如前面所述,在薛田资神父遭受迫害后,很快在莒州爆发了一波新的迫害浪潮,这股浪潮随即再从那里重新扑回了日照,席卷了那里的其他几个基督教堂口,并同时殃及到了诸城新建立起来的几个堂口。

1899年复活节前后,福若瑟神父给主教写信。在信中,他描述了传教团在日照的悲惨遭遇:

> 在日照,牧羊人遭殴打,羊群东分西散,直到现在都不能把它们聚集到一起。基督徒的财物被洗劫一空,房子被摧毁。我估计全部损失高达3万吊。基督徒的异教徒亲属不敢为他们提供一个栖身之地,他们的土地无人耕种。地里成熟的小麦可能也归了迫害他人者。有四名基督徒被打死,多人受伤。县令对此不闻不问,为首闹事者因没有受到惩罚而趾高气扬。上百名妇女和小孩在日照城内悲伤地哭泣。男人们跑到了三百里之外的德国占领区,传教团只得承担起照顾这些遭受了重大损失的逃亡者的责任。在如此严峻的情况下,传教事业根本不可能取得进展,这就不难理解了。可让人不可思议的是,在日照附近的费家河,却在这场风暴中建起了一个极具希望的慕道者堂口。它坚持到了今天,二十年后的现在,依然是一个可爱的基督徒堂口。

他继续写道:

> 就目前来说,在所谓的势力范围中,这包括胶州、高密、即墨和德国占领区,传教

遇到了前所未有的困难。德国人占领青岛让人们义愤填膺……只是知道自己无力改变这种状况，才使得民众没有采取暴力行动。尽管是这般的无助，但反抗的怒火依然此起彼伏。比如前不久就有四千余名手执武器的暴民集结在德国占领区。

复活节的前几天，数百名群众作为德国占领区的代表来到即墨城，他们强烈要求县令上书在京城的皇帝：他们宁愿交双倍的税给皇帝，也不会给德国人一分一厘。

根据福若瑟神父的经验，民众的不满针对的是年轻的德国殖民地。不过人们还能期待其他什么吗？在和平时期占领青岛必然会引起公愤的。

在建立新殖民地之初，误解和失策是不可避免的，它们会激化这种情绪。对于在青岛的德国人来说，中国的国情、与中国人打交道的方式方法是全新的，是完全陌生的。人们首先必须学会互相认识和互相了解。

直到后来，在经验像润滑油般注入了殖民地这台机器的齿轮后，在中国人也看到殖民地为他们带来了怎样的好处之后，在他们的生活逐渐富裕起来，有了更多的受教育机会，在革命的浪潮中青岛成为最安全的避难所之后，都使得民众用另一种目光来审视德国殖民地。他们是多么成功地赢得了中国人的同情，这在1914年秋天的攻城战中表现得尤为突出。这种态度的转变，给殖民地和导致这种转变的人们带来极大的荣誉。但是在开始时并非如此，当时的青岛对中国人来说是一根眼中刺。

福若瑟神父认为占领青岛是引发敌对情绪的主要原因，他对形势的判断是否言重了，那是另外一个问题。如果他或者其他传教士对外也不加掩饰地持这种观点，在胶州的人们自然感到不快，他们调转矛头，将责任推到了传教团的身上。福若瑟神父极度痛苦，他后来写了一篇文章——或许是在其他人的要求下——试图为传教团辩解，对这种责难进行反击。

像我们在前面所叙述的那样，中国人的愤慨是有着深刻根源的。可以肯定的是，德国的行动不会让人产生好感，但它确实也只是那场政治大纠纷的一个部分，这些政治纷争迫使中国的老一代狂热分子先是秘密地煽动仇恨心态，然后进行有计划的反击。

与莒州和日照的迫害大多是自发性质相比较，发生在即墨的反基督徒骚动更多的是有组织的。

首先是在民众中散播各种流言飞语："井里让基督徒或陌生人投了毒，小孩被施以魔法，被拐骗。"然后再在他们中间制造混乱。

官员们对此置若罔闻，他们不去禁止这些恶毒的谣言，反而助纣为虐。虽然那位古怪的即墨县令——福若瑟神父与他有过一次不愉快的接触——几周之后就离任了，但是他的接任者却是有过之而无不及。

在民众的情绪被激化之后，几位士绅在官方的支持下建立了所谓的民兵团——"团练"，说是防御盗贼，其实是要根除基督教。

3月初，当福若瑟神父结束了我们上面提及的前往沂州府的莒州至沂水的艰辛之旅返回之后，发现即墨的传教正处于风雨之中。一群群手执武器的憨直的民兵团员从一个基督教堂口到另一个基督教堂口，他们强迫基督徒改变信仰，强迫他们交付罚款。一份张贴在集市的"给各方朋友的公开信"中，开宗明义地说明了事情的原委："近来，追随上帝的人数正在急剧增加。这些追随者不再遵守大清国的民风民俗，而是听从外来人的规矩。

基于这一情况,我们这些签名的人,在经过共同协商后,命令每位追随基督信仰的教徒必须交纳罚款三十吊。如果当事者不想支付,那么他的牛和驴、衣物和家具将被充公。任何为基督徒提供避难所的人将被处以同样数额的罚款。我们说到做到,决不退让……”接下来是六位为首分子的签名。

惩罚之严厉,远远超过了告示中所提到的程度。所有可能的或不可能的控告基督徒的理由都被挖地三尺找了出来,来增加对他们的痛恨,为迫害寻找可能的借口。而且这种迫害并不是针对那些确实有理由予以谴责的基督徒中的坏人,反而是他们中的好人首当其冲。福若瑟神父至少没有放弃努力,他让异教徒自己公开说出他们主观上的理由,来了解迫害的真相。他特地派了一位中国的新神父——安(Ngan)神父,前往张家屯(Dschang-dja-tuin),即那个煽动敌对情绪的主要据点。异教徒被要求将他们的不满讲给中国神父听。福若瑟神父对有些说法写文章作了反驳,他写道:

房子里很快就涌进了许多异教徒控诉者,现在人们在听他们有些什么不满。其中一个控诉说,十年前全村人把他的猪给杀了,并给煮了吃掉了,其中一个又吃又喝的人现在成了基督徒。人们要他赔那头猪,可这名基督徒拒绝赔偿。第二个控诉说:基督徒N在他的地盘上砌了一堵墙,但是墙给砌歪了,如果用测锤测一下,那堵墙就在异教徒的地盘上。第三个控诉道:十七年前一名女子上吊自杀了,按照习俗,很多人都来帮助解决纠纷,其中一人现在也成了基督徒,他应该把十七年前参加调解而得到的好处费“吐出来”,可他不肯把钱拿出来。还有一个没有一寸土地的乞丐也控诉说:基督徒N从他的地里偷走了两亩半地的大豆等等,这就是张家屯的那些主要心怀不满者!

这些抱怨是否足够成为全面反对所有基督徒的理由呢?

显然,他们只是想找到掩饰他们整个行动的借口,来迷惑公众,尤其是青岛方面的公众。但迫害的目的在于折磨和恐吓基督徒,让他们放弃他们的信仰。

可怜的基督徒在遭受着苦难,其中一些被棒打,许多人都无家可归。福若瑟神父极度悲伤地看着年轻的传教事业在他的眼前遭受着毁灭:软弱的新教徒想通过放弃信仰和交一点钱求得太平,而其他一些有着坚定信仰的人,则像一群野兽,被四处驱逐着。

福若瑟神父不顾所面临的巨大威胁还是四处奔走给他的基督徒以安慰,给他们壮胆,尽可能去挽救可以挽救的一切。在这个过程中,他自己差一点也成了狂热团伙的牺牲品。他在上面提及的文章中写道:

为了平息骚动,我想去拜访即墨的县令,亲自向他寻求保护,想通过中间人引见但没能成功。当我在3月17日在返回途中经过乔家庄时,我去看了一下那儿的一户基督教家庭,这时来了一批暴民,约有二百余人,他们厉声呵斥我,要我立即离开这个村庄。为了不引发更大的骚动,我马上离开了那里。那群暴民跟在我的后边,他们用语言不停地辱骂我,并捡起一切能在地上找到的东西朝我扔过来。我想让我的马跑得快一点,我姓高的仆人跟着马跑。有七八十人一直跟在我们后面追,跟了大概有半个小时,快到下一个村庄时,终于赶上了我们。这时,我被拖下了马,他们打我,用石块和泥土掷向我,然后强行把我押回村庄。直到一位老人出来说话,他们才同意放我走。我幸免于难，只是受了一些轻伤。

第二次遭袭发生在两天之后，那次我是去走访高家洼基督教堂口，我和中国田神父只是靠了出现的一个奇迹才保住了性命。数千名手执武器的人从村庄的两边走过，我们瞅准了一个机会，趁着没人发现我们赶紧离开了。一旦被他们发现，他们就会拿着明晃晃的大刀追赶我们。但我们还是摆脱了他们的跟踪。

这些经历，让福若瑟神父很是悲伤，很久之后心里仍感到隐隐作痛，就像他挨了打一样。

这些事情发生后，他不仅通知了县官，还马上向毗邻的青岛总督作了汇报。耶施克总督认为，一名受德国保护的传教士在其殖民地附近受到如此对待，他不能无动于衷。于是他派了 12 名士兵到乔家庄进行巡逻，这次军事行动并没有什么收获。即墨的县令却借机向总督和福若瑟神父发去了警告信，抗议德方违反了条约。在信中他竟然否认在乔家庄曾发生过这样的事。在给福若瑟神父的信中，他干脆说，在乔家庄根本没有虐待过一个欧洲人。这位传教士说的所有话纯属子虚乌有。如果说有群众围观，那也是传教士自己挑起来的，因为他用祈祷书打了一名小男孩。最后那句话完全是无耻的谎言。福若瑟神父还从来没有动手打过一个人，这次也肯定如此。他是在毫无准备的情况下遭到这群暴民袭击的。

这位县令全盘否认基督徒受难和遭到迫害的事实，并宣称根本没有发生过任何危害治安的行为，最后他还恶毒地补充道："你们传教士宣传你们的道义，遗憾的是在我们中国现在有很多傻瓜，他们宁愿死过去千百次可仍是要跟随你们，那他们就要多受苦了。"根据他的说法，可怜的异教徒是受迫害的羔羊，而被赶出家园的基督徒却是可恶的狼：这一说法，是有预谋的，在接下来的几个月里，被一些官员们多次改头换面地引用。

福若瑟神父对此回答道："在二十年里，我从来不知道有强迫人们成为基督徒的例子。受强迫而成为基督徒，太不合情理了！"

按照这位县令的说法，福若瑟神父的所有指控成了无稽之谈。为了弄清事情真相，青岛总督府派遣了一名德国官员，他将在县令和福若瑟神父两人同时在场的情况下询问事件的参与者。有一大群人参加了这次不同寻常的审判。首先是福若瑟神父发言，他声音洪亮，如实地将事实作了陈述，然后是审问当事人和牵扯其中的基督徒。这次福若瑟神父又像上次在郯城那样遭受了惨痛的失败。异教徒否认自己有罪，这并不出人意料。熟悉中国法律的人都知道，一个有罪的人是不会主动认罪的。可现在轮到那些新教徒了。由于害怕迫害他们的那些异教徒，而且认为传教团不能给予他们保护，所以他们也否认了一切。他们说，他们没有受到惩罚，也没有人强迫他们交钱，他们交钱是自愿的。这些对于福若瑟神父来说就像是当脸给了一个巴掌。他现在就像一个说谎者和无理取闹的人，站在充满敌意的县令、民众、还有将这些陈述写下来的德国官员面前，而他也可能越来越怀疑这名传教士说的是否是真话。这一事件在青岛引发的坏印象，因前面所提及的前巡抚张汝梅刚好也是在此时出笼的控诉书而进一步加深。

后来，福若瑟神父也经常提到当时自己是多么的难堪。但是事情还没有了结。乔家庄的异教徒们尽管在那次审判中占了上风，可并没有就此罢休。因为知道自己有罪，所以他们不时派遣细作到青岛去，去打听总督是否在这件事上有进一步的动作。福若瑟神父的仆人，一位热情洋溢的年轻人，他是乔家庄那次打人事件的见证人。在派往青岛的细作中，他认出了其中一个正是最先殴打传教士的那个人。他当机立断抓住了这个人，但或许是急于立功，在抓人时鲁莽了些。他先是把他关在了一家小客栈里，第二天便将他交给了警察：很显然，他认为自己做了一件值得表扬的好事，在德国人眼里是立了一功。在中国人看来他这么做是对的，但德国警察却并不这么看。仆人的自作主张被视作是剥夺他人的自由。被他抓的人被释放回家，可他自己却被投入监狱。此外，几天之后在青岛出版的《东亚瞭望台》上还可以读到这样的消息："这里只发生了一起中国人所做的野蛮事件，而且是福若瑟神父的仆人所为。"

完全没有必要对这件事再去说些什么，这一简短的报道无论怎么说都是不恰当的。我之所以引用这一报道，只是因为它表明了当时笼罩在青岛的某些圈子里的是怎样的一种气氛，是因为福若瑟神父在这次事件中所遭受的道德上的谴责，因这次打击已经达到了无以复加的地步。

所有这些事件都发生在耶稣受难节前后，并在接下来的时间向东部转移。福若瑟神父想用怀念上帝的方法使自己得到安慰。十字架是上帝最喜爱的荣誉标志，"上帝喜爱的人们，他会去惩罚他们"(die der Herr lieb hat，züchtigt er)。或许是上帝的好意，是故意让福若瑟神父在承受肉体上痛苦的同时还得在后来遭受道德上的诟骂。在曹县他受此苦难，在即墨也是如此。

当然他不会就此而沉缅于悲伤之中。在写给主教的复活节报告中，他只是简短地提了一下发生在他身上的一些事情。他的全部精力又放到了传教事业的开拓和发展上。虽然福若瑟神父多次去重新尝试由自己或者是通过传教助手将断了的线重新连接上，可在即墨那种情况下要想继续发展是不可能的了。

在胶州似乎也没有取得任何进展。在有着几个以前建起的慕道者堂口的高密，脚下的土地也在颤栗。大火每时每刻都有可能腾空而起。

在德国占领区，仇外情绪也十分强烈，以致传教团根本无法插足其间。某个地方刚蹦出一颗希望的小小火苗，马上就被仇恨德国的人们给掐灭了。福若瑟神父很想在昌口(Tsang-kou)建一所学校，但是却缺少合适的老师。

我们引用数据的这个报告刚刚寄出，矛头直指传教团的一个重要转折点出现了：发生了有重大影响的两件事。第一件事，是日照被青岛派出的军事小分队占领了。不只是传教团，就像我们前面所看到的那样，还有德国政府派出的三名使节、军官和官员们，都亲身感受到了这种仇外情绪，这种情绪的激烈程度，使总督府认为进行大力干涉的时候到了。上尉法尔肯海因在3月底得到命令，让他率领一队士兵前往日照。沂州府的中国总兵马统领(Ma-tung-ling)在听到这个消息时颇不以为然，他先是放出话来，做出好像要带领士兵和德国人干一仗的样子。可事实上德国人这一坚决的行动，对那些在明里或暗里煽动仇外的人来说是一种不小的威慑。中国官员现在软了下来。肆虐在山东南部、传教团东部地区的暴风雨稍稍平息了一些。主教也可以就逃亡的基督徒返回家中和遭受损失的赔偿问题进行谈判了。现在是该对有些地方的基督徒所受的损失作出赔偿了。

但是这一希望不是很大，人们还得做好费很大口舌的准备。之所以会这样，是因为出现了同样发生在这些天里的第二件事：可怕的毓贤擢升为山东巡抚。所有人都预感到此人心术不正，接下来发生的一件件事情证实了这种猜测。

但是对受损地区的赔偿问题目前已经提上了议事日程。福若瑟神父得到任务是，在5月和6月两个月里前往传教区的东部地区，以确定损失的程度。他把自己管辖的传教区托付给了薛田资神父和梁神父、李神父两位中国神父，剩下的五位新神父被分配到了其他区域。安排妥当后，福若瑟神父踏上旅途，前往遭受暴风雨袭击的地区。接受过这样一些任务的人，都知道这些任务是多么的棘手，要完成它们又是多么的吃力不讨好。福若瑟神父这次只能是重新硬着头皮上了。他不辞辛劳地走访了整个东部传教区，他尽自己所能，每到一处都给人们以安慰、帮助和鼓舞。他和一些传教士会合在一起，计算出所遭受损失和破坏的多少并确定赔偿的方式方法。这次任务完成之后，他又重新回到了自己工作的地区。

他发现这儿的情况几乎没有任何好转，一些基督徒还是不敢回到自己的家乡。在短暂的沉默后，传教团的敌人又开始蠢蠢欲动了。他们从曹州府那儿召来了大刀会，人们不分白天黑夜，在操练着这个秘密帮会的迷信做法。福若瑟神父在8月3日就把这一情况向主教作了汇报。原来的那些正直的“民兵”现在已经成为名副其实的“大刀会会员”，已经在为决定性的1900年做军事上的准备。官员们处之泰然，不慌不忙地观望着。传教团和可怜的基督徒们前景黯淡。在传教区的西面，纷争又开始抬头了。

福若瑟神父在写给主教的那封汇报上述情况的信中，也试着去安慰，让他振作精神，而主教在这段时间里因过度忧虑心情沉重，还没有从一场大病中痊愈过来。

他完全有理由这样做，因为他自己差一点丢掉了性命。走访东部回来以后，一场严重的伤寒让他躺到了病床上，或许是在与贫穷的受苦受难的基督徒的接触中染上这个病的。中国的梁神父是第一个把这个消息传给兖州府的，他用的是奇怪的字眼：“副代牧神父的病来得凶险啊！”

鉴于他日渐恶化的身体状况——肺部在那时根本没有痊愈——人们必须作最坏的打算了。感谢上帝的仁慈保护，他竟然从死亡的边缘又回来了。他是用怎样的信念来面对这次疾病，在前面提到过的他给主教的信中可以看出一二：

> 即使是我，也是在那段时间内，得了我人生中第一次最严重的疾病。在生病期间我想了许多……尽管对我来说——这点我不想向仁慈的主教阁下有所隐瞒——像是一个极为可悲的牺牲者，在工作并不尽如人意、年龄又不是太大时就出现在上帝审判员的面前，所以我在面临危机时，真诚地向亲爱的上帝建议：主啊，如果我的死对山东南部有利，我愿意献出我的生命，使传教不因我而受到损失。事实上，如果人们离死亡如此之近，那么尘世间的所有眷恋将会像迷雾一样消散，人们会深深后悔自己以前曾为这些眷恋所累。如果这次死亡离我而去，但是它马上又会回来的。是亲爱的上帝，又一次让这棵果实稀少的果树继续存活下去。我再次向尊敬的主教保证，我别无他求，只是希望对传教能有所帮助。

在发出上述信件后，接到了一则消息，这要感谢海恩（Heyen）修士，是他后来告诉我的。就像在接下来会看到的那样，他和福若瑟神父在1900年的义和团暴动中都待在坡里庄。在风暴已经渐渐平息，其他的传教士还没有返回时，福若瑟神父有一天收到了一封来自欧洲的信。看完信后他对那位兄弟说:“一个我素不相识的人写信给我说,他要把他的十年寿命送给我!”刚说完这话他就感到后悔了,然后他又说了一句:“这种事是不该说的,下不为例,我求你不要把这件事说出去。”那位好兄弟也诚实地遵守了诺言,他一直保持沉默,直到福若瑟神父去世为止。这位弟兄从来没有向我们提过这件事。人们思索着他说的每一个字,最能引起注意的是“我”(mir)这个字引起的奇怪巧合:他于1898年染上严重的肺病,而他去世是1908年,刚好是十年。

在说刚才那件事情时,海恩修士也问过福若瑟神父,基督徒说他神奇地多出来面包或谷物,以及一些类似的事情,这些奇迹是怎样出现的呢?福若瑟神父笑笑说,这些都是没影子的事。可他希望海恩能相信下面一件事:在一次海上旅行中——这件事肯定发生在上一章中所提到的时间段里——他碰上了一场大风暴。当时波涛汹涌,要将船只吞没。他坚信,对他和船上的人来说,最后的一刻来到了。此时他想起了上帝赐福的力量,在胸口划了一个十字,突然间复归于风平浪静。他根本没有想到这是一个奇迹,至少是因他而出现的奇迹,可他也感觉到了似乎是上帝赐福的力量出现在天空的明显征候。

这个故事是真实的,讲述这个故事的这位好兄弟的诚实可信可以为此担保。我自己却想不出来从福若瑟神父口中听过这样的故事。他本人并不相信奇迹,对中国人容易相信的这类故事,他总是善意地加以开导和批判。可非常奇怪的是,民众虔诚的敬仰赋予了他这种高尚品德如此神奇的力量。

第八章
西部发生骚乱,福若瑟神父第四次担任行政领导

在传教区的东部——像我们上文所写的那样——狂风大作的时候,在西部的兖州府和曹州府两地,传教工作在平静地继续进行着,并且还取得了相当大的成功。主教可以在1898～1899年冬天所作的巡视之旅中,给数量众多的成年人施以神圣的洗礼。这正是令人奇怪之处:早先东部一直被认为是平静的地区,西部是无数骚动的发源地,但是现在角色互换了。

此时,我们在上一章里提及的两件事情让我们喜忧参半,喜的是德国在日照的军事行动部分缓和了东部地区的骚动,忧的是毓贤的职务提升了,并因此在西部爆发了骚乱。

如果我们现在再回过头去看看当时发生的事情,再阅读一下传教士1899年写的信件,我们就会注意到,在似乎乱作一团的混乱中有一个早就制订的方案。它左右着它们以及政府部门,特别是巡抚毓贤在其中扮演的领导角色,明明白白地展现在我们的面前。这些尤其值得注意,这是因为传教士们写他们的报告、信件,都是在互不知情的情况下写的,每个人只有机会去了解发生在他身边的事情。最让人感兴趣的是,官员们在无人追问的情况下自己坦白了这次迫害行动的缘由。

4月13日,文安多神父向主教报告,莒州的一位官员对他说:太后不敢羞辱德国人,所以命令民众出来,唆使他们把德国人赶出青岛,逐出传教区。

就青岛而言,要达到上述目的,还得等上一段时间。但是中国人希望马上就能解决传

教区内的这一问题。他们认为东部的这项任务已经完成了，遗留问题可以方便地通过发动新的骚乱来予以解决。现在好戏该在西部开演了。事实也是如此。我们在传教区东部已见证过的迫害场面在我们眼前重演了，不过这次是有条不紊，安排得更系统化了。

当安治泰主教还在传教区的东部做调解工作时，在西部德华盛神父传教的嘉祥县爆发了骚乱。5月20日，一帮由三四十名大刀会成员组成的全副武装的歹徒，在一面旗帜的引导下，来到了高家垓(Kau-dja-häol)堂口。他们先是到了礼拜堂，用长矛刺破了圣像，然后把它给烧了；用令人发指的方式玷污圣坛，并把它给拆了，在捣坏了所有的物品后，他们奔向了基督徒的家。一大堆人被捆绑起来遭到了殴打，并要求他们交出一千七百吊钱。由于基督徒们交不出这些钱，所以他们地里的小麦被歹徒割了。

之后，在其他地方也陆续发生了类似的事件。骚乱向周边蔓延，波及了邻近的汶上南部和济宁。在很短的时间内，整个地区都被拖进了动乱之中。

作为该传教地区分会长的德天恩神父，做出了所有的努力来控制骚乱。他有礼有节地催促官员要尽职尽责。可他们的胸膛里好像突然有了两个灵魂。很明显，这种混乱状态让他们很尴尬，他们或许意识到这样下去不会有好的结果。另外他们可能也担心，传教团遭到如此蹂躏，德国的保护力量是不会无动于衷的。可另一方面，对高层势力的恐惧和各种秘密的指令也束缚着他们的手脚。面对德天恩神父提出的严正抗议，他们临时编几句好话，或是用空口的承诺来敷衍了事，但实际上什么都不做。写给正在东部逗留的主教的所有信件和电报一无用处，再说在目前情况下它们也不可能帮上什么忙。在接下来的时间里，基督徒们被拖走，他们受折磨，遭关押，几天后才被放回来。其他一些人被处以高额罚款，另外一些人遭抢劫，在遭受种种羞辱后被迫作出忏悔。这些仇外的歹徒手执长矛，耀武扬威地奔走于乡间。传教士和教徒们得躲起来，只有在城里的住处目前还算安宁，尽管常常可以听到要把传教士斩尽杀绝的威胁声，尤其是在济宁。

德天恩神父还在6月22日这样写道："如果不尽快制止暴乱，传教区的西部马上就会被完全摧毁。一位总兵说过，这次迫害行动是毓贤制定的一个周密计划，将会慢慢地扩大到整个山东省。官员们要么袖手旁观，这就使得大刀会的会员们如鱼得水；要么蜻蜓点水般做做样子，其结果是暴乱者受到了鼓舞，更加变本加厉地迫害基督徒和传教士。"

德天恩神父所写的句句是真。举个例子吧：当大刀会袭击被经常提及的老基督教堂口李家庄时，兖州府的总兵和副将以及汶上县令正好都在五里外的一个集镇上，也就是说三个顶头上司都在场，还有他们率领的士兵。他们只要说一句话就能把暴民赶走，可谁都不开这个口。他们没有发布相应的命令——人们后来是这样传的——反而说道，只要去抢基督徒的东西就可以了，但不要杀死他们。

破坏行动在继续进行着。在上述几个县折腾够了之后，骚乱向巨野和郓城扩散而去。6月，一些堂口第一次遭到袭击。在这两个地方传教的齐恩来神父和诺广训神父所描述的情况，与德华盛神父和德天恩神父描绘的一模一样。

诺广训神父在6月3日写的信上加了这么一段话："南面流传着可怕的谣言。不过大刀会内部有分歧，其他地区的大刀会会员根本不赞成搞这类暴乱。"

最后一句话值得注意。恰恰是在大刀会发源地曹州府的南部，可以很明显地看到，这次骚乱不是从内部而起的。当处处刮起狂风暴雨时，这儿的异教徒和大刀会的老会员却很安静，显然他们以前经历了够多的事情，在他们中间不再感觉到有反对传教士的敌意。一年来，在南部的四个县里没有发生过一起闹到衙门里去的纷争，基督教徒和异教徒们和睦相处，谁也没有兴趣去打扰对方。

突然，一股恶毒的谣言像一片有毒的乌云也笼罩在曹州府大地的上空。这些谣言和福若瑟神父写于即墨的报告如出一辙：水井被德国偷偷派来的人，确切地说，被传教士投了毒。谁也不知道这些谣言来自何方。老百姓开始恐慌不安。水井被挖开，派了人值班守卫，据说这儿那儿抓到了下毒的人。事情发展得越来越离谱，在该地区来回奔走的传教士们使用的牲口，不让到井边喝水。曹县的培渥蓝神父想用张贴告示的方法，来反击对传教团的诬陷，他悬赏一百两，用来奖励抓到真正投毒者并把其带到他这儿来的人。自然没有人愿意挣这个钱。尽管有种种谣言，但曹州府的中心地带南部的五个县，仍然是安宁的。然而在济宁周边相邻的地区，此时却是骚乱不断。主教在此期间亲自去了济宁，但他在当局那儿也是一无所获。逃难的基督徒们从四面八方涌到了那儿的传教总部。一片难以置信的混乱状况。德天恩神父把这种混乱情景报告给了总会长，他写道：

> 所有的人都跑到了济宁的传教总部，每天都会有新的坏消息传来。我们在这段时间里不得不听的抱怨和牢骚，我就略去不写了。我看到可怜的基督徒独自一人或三五成群地涌入我们的传教总部，有男人、女人和小孩，甚至还有抱在怀里的婴儿，出逃时匆忙带出来的衣服，一包包扛在肩上或用手推车推着。他们大多只能在晚上赶路，但路上仍然不安全。每个人都跑到神父这儿来，来寻求保护、帮助和安慰。我们尽可能地照料他们，给他们提供维持生活的必需品。他们遭到抢劫、遭受迫害，这些并不是最糟糕的。很多家庭走散了，不知道亲人的去向。有些人跑到了非常偏僻的地方。人们看到一些人遭受虐待，但不知道他们究竟是死还是活。

在很短的时间里，济宁的传教总部就聚集了太多的难民，大约有七八百人。但即使在这儿的城里，危险也越来越大。人们被迫采取保护措施，来抵抗可能发生的袭击。恩博仁神父正在兖州府卖力地建造一座新教堂，采取这种措施是必要的。现在，他就像建造耶路撒冷的建筑工人，必须一只手拿着镘，而另一只手舞着剑。

到目前为止，一直处于安宁状态的曹州府南部地区，也被卷进了旋涡。

8月1日，巡抚毓贤到曹州府巡视。人们说，他在路上就打听，询问这里的大刀会和基督教徒是否和平相处。他肯定不满足于提出这样一个问题。很快，骚乱第二天，就已经在他的眼皮子底下爆发了。人们说，领头的是巡抚带来的人，他们有由巡抚签发的官方命令，甚至还有皇帝的旨令。

现在，骚乱的浪潮向南部的成武、定陶、曹县和单县等几个城市蔓延。就像诺广训神父说的那样，南部四个县的大刀会在开始时根本无意加入骚乱的队伍。在成武这个被巨野的骚动首先波及的地方，大刀会首领自己说：他们对基督教徒没有什么不满的地方，他们跟着干，只是迫于巨野大刀会会员的压力。曹县的一些老会员，其中有被杀害的原来首领曹德礼的儿子，他们一致同意要联合基督教徒一起抗击这些新的"强盗帮"。他们不想参与这些野蛮的活动。当暴乱者对基督教徒和富裕的异教徒烧杀抢掠时，基督教徒确实和异教徒以及前面提及的老的大刀会会员联合起来，共同进行有力的反抗。在几次血腥冲突中，暴民被彻底击退了，被抢的钱财也被夺了回来。很多人死在了打斗现场，一些人被抓起来送进了衙门，这让县官们颇为尴尬。

在单县，一些异教徒的村长们也准备进行抵抗。连提督、总兵们在开始时也答应提供帮助。但现在当暴民们真的蜂拥而来时，他们的手却受到束缚，以至于不能兑现他们作出的承诺。他们公开表示，上面不允许他们去攻打这些暴民。尽管如此，他们至少还是做了一些表面文章：他们的士兵开拔出去，对那些抢劫的歹徒发布一通要严加惩处的讲话，没收了他们的长矛。这已经足够让他们四处逃窜了。基督教徒和异教徒联合起来一致对敌，所以相对来说只有少数几个堂口受到破坏。一个明显的证明：要扑灭一场大火是多么的简单！一些官员们也乐意这样去做，他们对毓贤的政策公开表示不满：这样做没有好结果，国家的安宁会受到破坏。其中一些对这种做法极为反感的官员，以逮捕“强盗”的名义抓住了几个大刀会会员，但是这样的消息如果被捅到上面去，那就惨了，巡抚不大发雷霆，也会将他们一顿臭骂。

毓贤绝对不想让人们严厉惩罚他的这些“爱国的”大刀会会员。他是整个骚乱的幕后主使，已经是公开的秘密了。

即便是开始时对青岛被占大为恼火，或许是带着一份快意注视着这场混乱的年迈的李鸿章，到了 1899 年夏末，也对安治泰主教这样说：“毓贤必须离开，不然你们就不得安宁了。”不过这说起来容易做起来却难。可怜的主教从来没有像在这段疯狂的时间里那样一筹莫展，传教区的形势每况愈下，抱怨信和电报雪片似的向他飞来。如何应对主教的责难，中国当局整个儿都想不出招儿来了，可不久前官员们还是处处隆重地接待了主教的。传教团脚下的土地好像陷下去了。也不能指望从公使馆方面得到有力的支持。咄咄逼人的海靖先生在 6 月初已调任他处，接任他的是克林德(Ketteler)男爵。他肯定也想保护教会的利益，但当时局面混乱，形势变得更为扑朔迷离。

中国人在玩着狡猾的两面派手法。毓贤本人就是个伪君子，他保证竭尽全力去平息这场骚乱，并装模作样地贴出要打击大刀会的告示。他确实颁布了这样一个一本正经的告示，但是没有人把他的话当真。他派兵去保护民众，可这些士兵暗地里却和大刀会歹徒沆瀣一气。他说，传教团的抗议完全是无理要求，出现骚乱是基督徒自己的责任。他与同吹一个号的总理衙门，就是采用这样的骗人把戏，来对付公使提出来的所有抱怨。

面对这种放肆的言论和以前的抗议，尤其是张汝梅的抗议信，公使馆自己也是将信将疑。我们也听说了，在青岛发行的德国报纸发出的也是类似的声音。由传教士在欧美发表的一些文章，也没有能帮助改善德国官方人士的态度，相反，他们的心情更为紧张激动了。

尽管如此，也不能阻挠克林德男爵到总理衙门为传教团说话，这当然也在情理之中。但在那儿人们给他的漂亮承诺，都是些“蒙人的烟雾”，所承诺的命令要么没有发出去，要么被毓贤压了下来。只要毓贤还当权，所有的努力都无济于事。

那年 8 月，安治泰主教因天气炎热一直身感不适，也因去年的担忧和激动，无论是精神还是身体上都受到了严重的伤害，他前往天津，主要是想办法让毓贤离职，可恰恰是这个愿望，不知出于什么原因暂时没有得到公使馆的支持。或许是他们太相信中国的报道和传言，或许是有其他方面的政治考虑。后者看来是最有可能的。中国的经济开发、铁道建造和矿山开发权都被提上了欧洲政治的议事日程。为此，世界强国的所有外交官们用手中的乐器弹起了和平的调子：和平，和平。但从中国内部传来的却是刺耳的回声："不要和平！"

尽管主教和传教士给公使馆发了许多电报，写了许多信件，也在口头上对当时山东南部的形势作了汇报，但公使馆极不理解，这可以从公使于1899年9月18日发给柏林外交部的一封电报中看出端倪。这封电报也让总会长扬森神父过目了，主要内容也刊登在了报纸上，这封电报是这样写的：

> 报告过于夸张。暴民在某些情况下抢劫了当地基督徒的财物，但既没给德国传教士也没有给当地基督徒带来痛苦。主教到了这里（北京），他解释说，他的副手（福若瑟神父）得到了巡抚答应赔偿的承诺。如果传教士真的受到严重威胁，主教是不会离开那片土地的。传教士的报告都及时送到了他那儿，这些情况也通报给了中国当局。估计形势会有所好转，因为正如主教所提及的那样，从上周起骚动已经停止。

如此错误地估计形势，当然也就不能期待会采取什么有效的措施。主教心情沉重，只能立即返回。总理衙门给的书面命令，没能给他和传教团什么帮助。是的，毓贤现在反咬一口，他控告基督徒，因为他们抗击了义和团。

此时的传教区内，破坏行动像旋风一样在继续肆虐。大约在8月底9月初，黄河以南以及最后遭波及的曹州府南部的工作被破坏殆尽。大水开始退去，虽然破坏仍然经常发生，但形势还是好多了。此时黄河北部位于旧的坡里庄传教总部附近的地区，如阳谷、寿张和观城等地受到波及了。尤其是观城的县令，特别热衷于打击传教。他所做的就是把水井投毒看作是已得到了证明的事实。当义和团离开山东南部时，锋芒已有所削弱，但他们将自己的阵地渐渐转移到了邻近的传教区。遗憾的是，在那段时间里，他们的所作所为比山东南部还要激进。1900年春天和夏天，在上述混乱的继续发展过程中，出现了血腥的恐怖场面，整个基督教堂口被杀得空无一人，中国的教会却因此多了许多英勇献身的先烈。还在1899年10月18日，克兰佩神父在成武就预见到有可能发生这样的情况：他听说，在下一年，即1900年将会发生一场大革命。

山东南部现在已是一片废墟。如上所述，暴乱不间断地肆虐了大概有一年的时间。1898和1899年之交的那个冬天，从11月直到春天，整个东部地区的传教也深受暴乱之害。数百个基督徒家庭遭抢劫或被驱逐，二十名基督徒被杀，另有一部分人受伤。到了夏天和秋天，破坏行动移到了整个西部地区。只有几个堂口和比较大的传教据点在这场暴乱中免遭破坏。五十处小教堂和礼拜堂被毁，四十多处受到程度不一的破坏，另有九十多处遭受了抢劫。受这次风暴袭击的有大概一千六百个基督徒家庭，有六十三名基督徒受伤，五名被杀。数百户家庭被勒索钱财。许多家庭被迫变卖房屋，许多人选择了离家逃亡。如果想返回家园，他们面临的是两种选择：改变信仰或继续受到歧视。几乎在任何地方都不再能进行多人祈祷了。对上帝的赞美似乎听不见了，年轻的基督教被踩在了脚下。重建传教区几乎是不可能的了，可这项工作必须得开展起来。

主教要将这项严峻的任务，交给一贯忠心耿耿并富于奉献精神的他的副代牧。他自己打算在近期内去一次欧洲，一是治愈他那已受到伤害的身体，二也是——这也是最重要的——向国内的官方人士介绍这儿的严峻形势。福若瑟神父又一次担负起领导传教的重任。在几个星期前，他才刚刚从病床上爬起来。他尝试着先在自己被破坏的传教点恢复秩序，把堂口的基督徒重新聚集起来。在高密县，已经修复了几个礼拜堂，但是其他一切仍是混乱一片。以前的仇恨仍在熊熊燃烧。青岛也是情况险峻。可严峻的形势并没能妨碍偕夫人一起在青岛逗留的亨利亲王，他友好地接见福若瑟神父并邀其一道进餐。

但是在青岛出版的报纸《德亚瞭望台》刊登的几篇文章中表明，在德国官员中，还有多个对传教极不友好的批评者。

和往常一样，9 月初福若瑟神父离开他去年来到的工作之地，这是他遭受苦难多于享受快乐的地方。途中经过济南时，他受主教的委托，去拜会巡抚毓贤。后者约他于 9 月 11 日面谈。关于与这名仇视基督徒和洋人的大人物奇特的会面，福若瑟神父只留下寥寥几行字，但从这字里行间可以看出，毓贤这一次又厚颜无耻地扮演了一个伪君子的角色。

福若瑟神父写道：

> 我介绍说，传教区仍然没能恢复平静，因此要求给予两处受到威胁的传教总部提供切实的保护。听完我的陈述后，他命令参加会见的潘道台马上发电报给阳谷和济宁的县令，要他们大力维护当地的和平。
>
> 对已经发生的破坏行动，毓贤认为应该给予传教团和基督徒以全额赔偿。为了防止欺骗和偏袒行为的发生，赔偿的数额应由一监督委员会来加以确定，该委员会应由当地官员或其代表以及主教委派的传教士组成。当着我的面，巡抚三次命令潘道台，将此事下达所属各府各县，并命令他们遵循这一命令，从速平息这些骚乱。

这些都是甜言蜜语。福若瑟神父是否会受其愚弄呢？这些花招当然不会给可怜的传教事业带来任何好处，至于赔偿也是没有希望的事情。可毓贤也许认为，对于山东南部来说，这场斗争已经够残酷的了，基督徒变得不堪一击，传教的生存基础也被连根铲除。正如所说的那样，形势渐渐平静下来，虽然不时会刮起一阵阵狂风，但是真正的风暴中心已经转移到了其他地区。

主教已经打点行装准备返回欧洲。刚要启程时，从公使馆传来一条令人高兴的消息，使他在与经受着严重考验的传教团作别时内心特别的轻松。毓贤被解职了，袁世凯被任命为山东巡抚。克林德男爵强烈提出这一要求并最终成功地使它变为了现实。12 月 14 日，他亲自给主教写了一封友好的信件：

> 我衷心希望，将对我们怀有敌意的巡抚毓贤解职并由袁世凯将军接任此职，是符合你们对我多次谈到的愿望和要求的。我可以肯定，后者不仅有权，有这样的愿望，而且还得到了最上层的命令，去结束山东的混乱状况，清除会党，保证德国传教团不受干扰地从事传教工作。让我们将这看作是圣诞祝福，感谢主的赐予！
>
> 所以您，尊敬的主教先生，请安心返回家乡并在获得新的力量后重返我们的身边。

主教和整个传教团在听到这则振奋人心的消息之后，都松了一口气。将毓贤解职，克林德男爵为传教团做了一件无论作何种评价都不为高的大好事。如果在此人担任巡抚期间爆发 1900 年时针对山东南部传教团的那场灾难，那么传教团或许就不会留下什么东西了。他在山西，在这个多年来以风平浪静著称、传教团肯定不会给他带来任何烦恼和厌恶的省里竟然如此地为所欲为；那么在先前那些长期以来迫不得已抱怨和拒绝他的传教士和基督徒的山东，他还会做出什么好事来吗？

人们应该相信，福若瑟神父再一次地担当起驾轻就熟的管理重任，不会是那么心情沉重了。但情况并非如此。对未来沉重苦难和残酷战争的担忧在撕咬着他的心灵。他在12月28日写了一封短信，寄给了即将到达上海的主教，信中写道：

> 在尊敬的阁下不在时，我还从来没有过像现在这样对于领导传教感到前所未有的恐惧和沮丧。请您为可怜的山东南部祈祷吧，请您务必尽快返回。

还有其他一些担忧在压抑着他。1900年本应庆祝圣言会成立25周年。人们通知福若瑟神父说，他也被邀请参加此次庆典。对其他人来说这是个令人高兴的消息，但福若瑟神父却相反。他就此事写信给主教：

> 新到的先生和卢国祥神父通知我，说总会长想让我回斯泰尔。我恳求尊敬的阁下能马上想办法说服总会长先生放弃这一想法。返回欧洲，对我来说是一种莫大的牺牲！我很愿意让恩博仁神父享受这份荣耀。

后者在负责建造兖州府的主教座堂，刚要开始盖屋顶了，他作为接到圣言会邀请的第一个学生，很快就和薛田资神父一起前往欧洲。而福若瑟神父却与由他领导的传教团一起面对更加艰难的岁月，就像他到目前为止所经历过的那样。

第九章
和袁世凯谈判，有利的前景，灾难的降临

安治泰主教在返回欧洲之前，曾有机会去济南府拜访新任巡抚袁世凯。他对这次会面十分满意并对未来充满希望。他认为，在这位先生的领导下，山东的秩序将很快得到恢复。传教团内部却不是如此乐观，因为严峻的现实仍然表明情况正好相反。尽管狂风暴雨已经停歇，但大地仍然在抖动。山东南部仍然不时发生一些袭击行为，而山东北部和东部的状况也有待改善。在那儿，不时会升腾起熊熊大火。数百名基督徒还流浪在外，大刀会在那里继续招兵买马并无恶不作。大刀会似乎时间越长人数越多，他们的所作所为就越是肆无忌惮，为所欲为。1月初，英国传教士卜克斯在泰安府以南的肥城被杀，显然，在那儿，仇外和狂妄仍然是主要原因。卜克斯是去济南府参加他姐姐的婚礼的，在返回的途中经过那儿，他不可能去伤害什么人。一个月之后，法来维神父在日照几乎遭受到同样的命运。他当时在土山(Tu-schan)堂口，几个异教徒找到他，要他借钱给他们，否则他们就无法阻止异教徒群众对他的袭击。法来维神父对这些强行借款的人好言好语，并沏了一壶茶招待他们。但是他们前脚刚走，马上就听到枪声大作。有好几百号人的团伙举着旗子，拿着武器正在靠近。幸好基督徒手上也有一把很好的武器，是支先进的自动步枪。他用典型的中国式夸张对他们夸耀说，这支枪能一下子接连发射十三颗子弹，每颗子弹可以杀死十个人。这对那些胆小的歹徒来说是太可怕了。他们信以为真，暂时离去了。可是

在另一个早晨他们又来了,这次人数更多,他们封锁了所有的出口,为的是要抓住欧洲人。此时法来维神父认为,为了基督徒的利益,为了大家的生命安全,他不该让人们再遭受一次袭击。在晚间,他听取了一个人的忏悔,去看望了一位生病的老太,为一对新人祝了福,在凌晨两点庆祝了圣餐,然后所有的人都纷纷找安全的地方躲了起来。

当然,这种情况并不是偶然的一次。

在高密县,情况同样糟糕。一位八十高龄的老年基督徒被袭击基督教堂口的大刀会会员杀害。骚乱还以更激进的方式表现在反对铁路建设上,那时刚开始建造铁路,铁路工程师和铁路工人遭到狂热暴民的袭击,以致计划的工程无法完成。

从传教区的其他地方也传来了义和团频频出击的消息。虽然毓贤已被解职,但他的阴魂不散。众所周知,他在北京老太后那里还是得宠的。人们都说,英国人因为他们的国民卜克斯被杀而要毓贤的脑袋。他们得到的回答是,这颗头颅太大,他们如果能得到一位县令的头颅就该知足了。这些都是无聊的谣传。毓贤暂时保住了他的脑袋瓜,甚至还担任了山西省的巡抚。他和他的同僚们仍深得北京政府的宠爱。但是上述民间谣传也表明,人们认为就是现在毓贤也应该为在山东发生的骚动担当责任。甚至一些在中国发行的欧洲报纸也开始渐渐接受这种观点。《东亚劳埃德》在1月份刊登了一篇文章,文中称毓贤是山东骚动的幕后指使人。晚些时候,《天津时报》写道:"太后打算依靠义和团"。这些对传教士来说是某种满足,他们长期以来根据自己的经历所断言的东西,已慢慢被目前为止都不想承认的人们所接受。

在经历了所有这些艰难困苦后,山东的人们自然也会怀疑袁世凯。他自己表现得相当克制,赔偿损失的话一字未提。年迈的彭道台在1月初去了济南府,回来后对福若瑟神父说:主教肯定是误解了袁世凯的意思,他根本没承诺过任何事情。

福若瑟神父于是亲自前往济南府,并在2月10日拜会了袁世凯。对于这次面谈他向主教作了汇报:"昨晚我见到了巡抚,确实是位能干的官员,看起来对我们外国人并没有恶意。但在解决我们的事情上却有着巨大的困难。巡抚不想讨论基督徒的赔偿问题,只能给每人一点小钱,每个大人四吊,每个小孩两吊。"从这封信里我们还可以看出,法国公使馆也为遭受严重损失的山东北部传教团付出了全力。三个星期之后,福若瑟神父写道:

> 传教团的情况怎样了呢?什么也没有得到解决,无论是在济南府还是在我们这儿。袁世凯本人是友善的,但摇摆得很厉害。而且昨天据衙门的人说,他已经被解职了。不管怎么说他也做不了什么事,因为几乎所有的下属都反对他,据说他们联合起来向太后奏本告他。到目前为止,根本未提及对传教团和基督徒的损失赔偿。所有的要求都一一落空。现在传教团内部是心乱如麻呀!

不过,袁世凯至少还是有所动作的,他针对义和团的公告和对山东北部几帮义和团的有力打击并非毫无成效。义和团不敢再像以前那么嚣张,或许是自己也对那些打打杀杀厌烦了。但是正像福若瑟神父所说的那样,人们其实都知道,北京刮的却是另外一股风。大多数官员都认为插顺风旗是聪明的选择。人们在传说,北京来了一份秘密书信,信中允许大刀会的存在。但值得称道的是,袁世凯和他属下的官员们一起仍然公开打击这帮匪徒,正如在金乡发生的一样,县令就会配合地动用他的士兵去打击他们。

更糟的是现在从邻近的直隶省不断传来的坏消息,教堂遭烧毁,多名基督徒被杀,一个个堂口整个儿遭到血腥清洗。这是一种极为嚣张的做法,就像人们到目前为止在山东南部所听到的一样。奇怪的是,面对这些暴行,一些国家的公使馆竟表现出无法理解的乐观,把这些可怕的罪行看作是无足轻重的小事。不过,德国公使馆似乎认识到了目前局势的严重性。3月初,克林德男爵写信给福若瑟神父,询问目前的传教情况,信中言词恳切并充满着赞扬。没过多久,他又来信建议为各传教点配备武器:“叛乱的帮派反对基督教,反对该教的传播者和他们的信徒,他们顽固不化,中国政府对这些暴行无所作为,采取武装反抗的防范措施看来并不是没有理由的。”

公使现在也在这儿说起了“对传教士的仇恨”。不过他是否清楚地认识到,人们殴打基督徒,但矛头所向却是外国人,而且最终会发展成事关外国人、甚至是公使馆自己生死存亡的一场战斗。如果外交界能更好地倾听来自中国内部的声音,那么许多事情就不会发生了。

此时,袁世凯已经开始着手办理基督徒的赔偿问题了。他选派了一小批候补官员,到乡村,把基督徒召集起来,给他们发放几吊施舍钱。拿到钱的人必须立下字据,声明他们所有的要求都已得到了满足。真是滑稽可笑,这些施舍人和县里的官员一起就这样走了几个堂口,根本没有把此事通知对这些事情最有发言权的传教士,几个人的钱是胡乱给的,一个应该赔偿一千二百吊的人,只给了他十二吊。甚至出现了抢劫者自己接受施舍的情况。大多数基督徒拒绝接受这样一种方式的赔偿。

福若瑟神父马上对这种荒唐的做法表示抗议。他写信对传教士们说,基督徒如果想接受这份施舍,这当然随他们的便,但他是不会劝他们去这样做的。

此外,从袁世凯那里也收到了一封措辞强硬的信件。信中要求福若瑟神父严厉训斥法来维神父,因为他在日照煽动骚乱,提交了不实控告信等等。福若瑟神父应该管一管,让传教士们遵守教会的法律(守教规),让他们报告是如何完成任务的。这又是在颠倒黑白了。几天之后福若瑟神父又亲自去拜会了袁世凯。

这一次的印象很不错。上面提及的意见分歧轻而易举地得到了解决。他写道:“巡抚有着良好的愿望,可他自己却抱怨说,他的属下并不听命于他。大家联合起来反对他,并且拒不执行他的一些出于善意的指令。现在他再一次给了我许多承诺,但都是些空话而已。”

事实上这些确是一纸空文,如果不是的话,则要感谢主教的努力,他让柏林发出了一个严厉的警告。在3月份,安治泰主教有机会在外交部、帝国海军部,并最终有机会向皇帝本人详细陈诉在山东南部发生的事情,促使他们关注中国的严峻形势。对他来说尤为重要的是要澄清一切针对传教工作的误解和偏见,解释在保护问题上为什么要考虑当地基督徒的问题。当时的观点是,公使馆不必去保护基督徒,它只需关心传教士的人身安全。即使在帝国议会,一些中央党的议员(其中有格勒贝尔和阿伦贝格王子)也持这一观点。

在提出这一观点的有关辩论中,可能首先是考虑到了派遣军舰的问题,中央党并不赞成这一要求。前面提到的观点无疑是出于这样的担忧,即提供保护不过是出动战船的前哨战。很难指望上面提到的议员们会就涉及国际法的如此棘手的问题发表原则性的看法，这个问题就是，在多大程度上允许一个国家去保护自己在陌生国家里倍受折磨的子民，尤其是在多大程度上能够保护那些受迫害的中国基督徒。总会长扬森认为，有必要写信给中央党党团的领导人，彻底地谈一下他对这一问题的看法。他这样写道：他并不赞成派遣远征军去讨伐中国，或是进行武装干涉。但是他想指出的是，根据条约，中国基督徒的信仰自由是应该得到保障的。另外他还指出，彻底放弃当地的基督徒会对中国政府产生怎样的反作用，他还用许多历史上的和政治方面的事实来阐述上述问题。总会长神父说得完全正确。说到保护，那么就很难将基督徒和传教士的命运区分开来。这些我们都能从到目前为止发生在山东南部的事情清楚地看出来。

如果让基督徒去遭受敌对帮派的种种迫害，也可以说是不受任何法律的保护，就像过去的岁月里所发生的那样，那么对传教士、对他们的机构设施、对他们的工作的保护就是徒劳的了。传教士也认为，如果只是保护自己个人，而让我们的毕生事业毁于目无法规的贪官污吏和狂热的歹徒匪帮，我们心有不甘哪！同样，福若瑟神父也向公使馆严肃地指出了这点，并指出这种从狭义上来理解保护会带来什么样的危险。

安治泰主教在柏林也持同样的立场，并且在那儿得到了正式许诺："对危及传教工作的行为、对违反条约袭击中国基督徒所引发的伤害应进行干预。"不只是字面上，而且从意思上来说，这都是传教团有理由希望得到的承诺。

如前所述，主教在柏林的会谈和晋谒皇帝还获得了额外的成功，外交部发了一道紧急命令给北京，要求保护传教士和传教团。

柏林频频闪电，北京很快就雷声隆隆。3 月中旬，福若瑟神父收到了克林德男爵的一份电报：他该去一趟济南府，巡抚接到了解决传教团纠纷的命令：赔偿问题和安治泰阁下根据先前的约定提出在兖州府得到 10 亩地皮的转让问题。

这样，福若瑟神父只得再次坐上他的双轮推车，花上三天的时间，颠簸着踏上了去济南府的旅程。最近他一直生病，几乎不能说话。此外还第一次出现了水肿的迹象，脚肿得很厉害。观城的一位基督徒说，他可以用一只特意宰杀的母鸡的血涂抹在肿痛部位来驱除疼痛。确实，在作了两次这样的治疗后，肿块消失了，是用对了方法呢还是碰巧，那是另外一回事。没过多久，又出现了疼痛。在接下来的几年里，福若瑟神父常常得忍受脚肿之苦。

在这种情况下独自进行重要的谈判，似乎是不可能的，因此这次他让德天恩神父陪他前往。袁世凯给予两人的接待，并不是那么令人鼓舞的。当副代牧提及公使的电报和此行的目的，说巡抚大人肯定也从总理衙门得到这样的指示时，袁直言不讳地表示："德国公使不能对我说什么，总理衙门的命令也与我无关。"他请副代牧和济南府"洋务局"的下属官员联系。他还说，如果在两三个月里能基本上解决这些事情，他会感到高兴的。

福若瑟神父马上给德国公使发出电报，通报这次会谈的成功。官府必须根据会谈内容发布一道新的命令。从现在开始，事情一下子变得顺利起来。经过多次的商量，现在取得如下成果：派出三名知府级别的官员，与传教士一起确认传教团和基督徒所受的损失。然后找到肇事者，让他们承担赔偿。如果三名官员不能用这种方法给予全部赔偿，那么缺额部分由巡抚负责解决。

现在，希冀的目标似乎终于实现了。有关这一协议的消息就像一道阳光，照亮了长时间乌云笼罩下的整个传教团。尤其当承诺的官员出现，政府机器在众人的期待中开动起来，这些悬而未决的问题终于要解决时，不管怎么样，对传教团来说，都是新的一天的开始。

山东南部从来没有经历过像在那个时间里的突然变化。福若瑟神父本人自然已经看到了潜伏在地平线下的星星火火。他刚在济南府签订好上述协议，就接到了克林德男爵的电报："这里的政府因事件频发而无法招架，现已陷入恐慌之中，要想尽快解决希望不大。"

发生了什么?!

袁世凯把他的部队集中到了济南府。人们在谈论着从直隶省传过来的义和团开始大举进攻的可怕谣言。但是山东南部目前却一片平静。传教士们在忙着处理赔偿的事情。基督徒为有可能得到赔偿而感到高兴，尤其是除了其他种种苦难之外去年的收成不好，而今年又要再次面对歉收和饥荒。年迈的彭道台重新回来参加磋商，为的是尽早完成协议中要解决的问题。山东南部的义和团反应平静。在兖州府，人们在忙着主教座堂的收尾工作，教堂的骨架建造前不久刚刚完成。在传教区的东部，被破坏的小教堂和礼拜堂也重新建了起来。所有这一切似乎预示着将有一个秩序井然和局势平静的未来。

现在身处山东南部经常预知风暴到来的人们，在风暴真的到来时，却是一无所知，这只能归咎于邮路不畅和交通闭塞。在北京城和周边地区，暴风雨已成一触即发之势。深信义和团并将老太后诱入圈套的狂热分子，认为作关键性一击的时刻来到了。到目前为止的所有事情，包括发生在山东南部的事件，不过是这关键一击的前期准备和序曲。5月19日，法菲尔主教阁下在一份给法国公使的呈文中指出了可怕的严峻形势。公使团开始有所清醒，决定抽调士兵前往北京，为每个公使馆配备五十名保卫人员。对此，英国公使却不以为然："在我看来，没有任何事情能证明法菲尔阁下那阴郁的预见。"

6月8日和10日，义和团的端郡王，他是新皇位继承人的父亲，一个毫无教养的莽汉，被任命为总理衙门大臣。6月12日，各省督抚收到了"抵制蛮夷"的命令。还在一天前，6月11日，所谓的西摩尔远征军就开拔到了离北京四十公里的地方，后来见形势不妙被迫退回天津。该远征军由来自七个国家的两千一百名士兵组成(其中有五百五十名德国人)，奉命前来保卫和解救受到严重威胁的公使馆。6月17日，大沽炮台被联合舰队占领，随即开始了对天津的猛烈炮击。

在北京，义和团也在蠢蠢欲动。从6月9日起，首都处处冒烟，时时起火：海关，皇家造币厂，供电中心，皇家中国银行，所有有欧洲人任职的机关，都陷入大火之中。然后是所有的教堂和传教设施，也被大火吞没，只有北堂除外，法菲尔阁下和雅尔林阁下及三千四百名基督徒(其中男性七百三十人)，八十名法国人和十名意大利人——其中有四十名士兵——被围困在那儿，他们是6月15日起就被包围起来的。

6月11日，日本公使馆的一名秘书被杀。6月20日，德国公使克林德男爵在去总理衙门的路上遭一名满族下级军官枪杀。陪同他的翻译科德斯也受了伤，他跑得快才救了自己一命。这样，对公使馆的包围此时也已成为事实。同一天，臭名昭著的诏书颁布了，它要求杀害所有外国人。如果我们想进一步观察这些历史事件的进程，这些现在把整个文明世界拖入紧张、把中国引向毁灭的边缘，把它变为几乎所有文明国家的军队野蛮厮杀的战场和角斗场的事件，那就会离题太远了。

我们将上述情况进行简短的概括，是因为它们与山东南部充满着希望的气氛相比较，形成了一个独有的鲜明对照。在那里，6 月 20 日以后，赔偿委员会仍在全力以赴地工作着。没多久，那里也出现了闪电。

委员们突然被要求处于半工作状态。福若瑟神父得到袁世凯的要求，要他马上集合所有传教士，并且马上动身前往青岛或任何一个港口城市。

人们常常在讨论是什么促使袁世凯这么做的。是政治上的圆滑？或许他想两边讨好：外国人这边，他把陌生人早早地安置到了安全的地方；政府那边，他可以说，看，我把所有的欧洲恶魔都赶出我的地盘了。当时人们都持这种观点，但这种看法对这位聪明的巡抚来说是不公正的。他实在是太有远见，早就预见到了利用义和团打仗是种荒唐的做法，政府的严厉呵斥也将无济于事。他和他的那些中国总督、巡抚中的干练的同僚，如张之洞、刘坤一、李鸿章和端方一样，看到了由于杀害外国人而给自己和本省带来多大的不幸和灾难。另一方面，必须考虑到被煽动起来了的民众的狂热天性，尤其是仇外的官员们，他们完全听命于北京，把巡抚的态度看作是叛国行为。就是在济南府，所有有影响的官员，上至省里的司库，下至县令，都一致反对他。每天都能在城门口看到攻击巡抚的诽谤性帖子。在这种情况下，对于巡抚来说，让外国人尽快地安全撤离是唯一正确的做法。因此，给所有官员下了紧急命令，让他们立即着手疏散传教士。官员们马上找到传教士，先是找到福若瑟神父，告诉他必须刻不容缓地执行巡抚的命令。

对于传教士来说这似乎是种恩惠，这肯定也是巡抚的本意，但对福若瑟神父来说却是像被判死刑一样可怕。离开传教区和基督徒——在现在这种危急的关头——没有什么比这让他更生气的了，而另一方面，难道他能违抗当局的命令而置传教士于必死无疑的境地？这对他是一种煎熬，是他一生中最最困难的时刻。凡是亲眼见过他的人，或是因有类似疑惑而拼命挣扎过的人，都会感觉到，在那些天里他会是怎么样的一番心情。

他首先做了在这种情况下该做的事情：他给所有传教士发电报或派出信使通告目前的局势，要求他们马上启程前往青岛，对于较远的随时都走得开的人，他命令他们躲到附近的港口城市去。

第十章
传教士撤离，福若瑟神父去坡里庄，个别传教士碰到的危险

得到由信使传递的消息，收到副代牧神父的电报，传教士们吃惊不小，他们纷纷赶到了济宁。大家立即聚集在一起，商议下一步该怎么走。所有的人都留下，或是大部分留在传教区，那是根本不可能的。官员们在拼命催促和恫吓，因此不可能死守在这儿。让所有的传教士面临可能的死亡危险，使传教区一下子失去所有的工作人员，也是一种荒谬的做法。福若瑟神父不能不考虑这种观点，尽管他有为传教可以牺牲自己的精神，并竭力主张在困境中仍然待在异教徒中间。于是他决定，作为第一步，大部分在场的传教士该取道上海去青岛。

德天恩神父接受了领导撤离的工作:7月2日,十一名神父和三名修士在多名士兵的护送下离开济宁,首先坐双轮推车去台儿庄,从那儿乘小船去镇江(Chin-kiang),然后搭乘轮船去上海和青岛,在克服了种种危险和艰难以后,他们在7月底终于到达目的地。

车队离开时,福若瑟神父站在大门口送别。最后的几天大大消耗了他的体力。他的胸部疼痛得更加厉害,不再能大声说话。就在他眼皮底下发生这种情况下,要和传教士们一一作别,让他分外伤感。但是接下来怎么办呢? 他自己决定,不管发生什么事情,他无论如何也会在传教区待下去。再说巡抚的驱逐令并不包括那些中国的神父,他们比较容易躲藏,也可以把他们分派到比较大一些的传教点去。他暂时还可以用该来的传教士还没有全部到达为借口,来应付不断督促他上路的官员们的催问。两天后又来了几位神父,最后一批是卢国祥神父和来自坡里庄的海恩修士。卢国祥神父是6月28日在曹州府得知这个可怕消息的,当时他正和当地的官员在协商赔偿事宜。他随后立即返回了坡里庄。传教点住处已人满为患:许多孤儿聚在哪儿,基督徒们情绪十分激动。他稍微帮着整顿了一下秩序,暂时把工作托付给一位中国神父,然后根据副代牧神父的指示,与海恩修士一起赶到了济宁。在他后面又来了两名耶稣会神父,郝费尔(Höffel)神父和一名中国神父,衙门的人让他们赶紧离开他们在直隶西南部的传教区。两人在城门口被守卫的士兵拦住盘问了好一阵子。

当这个消息传来时,福若瑟神父正站立在那小小的管风琴舞台上,沉浸在深情的祈祷之中。当他听说衙门的人又找上门来时,突然脸色苍白,大惊失色。这些天里,衙门的人总在催逼着他,折磨着他,让他赶快离开。此外,德国驻芝罘领事馆发来的电报也到达了,来电也要求他迅速撤离。面对这所有的催促,他和其他一些人是不可能在传教区待下去了。在内心极端痛苦的情况下,他祈求上帝,希望得到安慰、力量以及光明。

所有的人都聚集在一起后,就又面临着那个老问题:现在怎么办? 是走还是留? 福若瑟神父自己还是决定留下来。但是待在哪儿呢? 官府要求他们必须立即离开,怎么样才能躲开他们呢? 如果不遵从他们的意愿,会不会不仅不能给教徒们以帮助和保护,反而会给他们带来麻烦? 大家又一次讨论起来。福若瑟神父不想离开他的传教区,"你们走吧,"他说,"你们还年轻,有力气,还可以为传教工作很长时间。我是个半死的人了,如果我死了又有什么关系呢? 我为什么不能牺牲自己呢?"最后只得投票决定。应该按照多数人的意见办,多数人的选择是"撤离",到最后,只有两个人决定要留下来,他们是福若瑟神父和齐恩来神父。

所有人现在都请求副代牧服从多数人的意见,放弃自己的想法,因为那是不必要的牺牲。因为有两名中国神父在场,所以他可以把济宁的主教府交给他们来打理。郝费尔神父还用《圣经》里的话提醒他:"有人在这城里逼迫你们,就逃到那城里去。"(《玛窦福音》,10:23)

大家都为出发做好了准备。第二天一大清早,悲伤的队伍离开了主教府。人们做出把福若瑟神父向门口推的样子,因为他还在犹豫不决之中。他和齐恩来神父坐到了最后一辆车上。到了离开济宁二十里地的西面,在一处空旷的地里,他突然让他的车停了下来,叫住了在他前面的卢国祥神父和海恩修士,并请他们等一下。其余的车辆以及士兵此时已经走得远远的。副代牧神父眼含泪水,对站在他身边的人说,作为传教区的首领如果不能待在传教区，他内心无法平静。但是他也不能容忍其他的传教士死去，因为他必须为所有人的生命负责。可他自己却想要悄悄返回坡里庄。其他人都反对他这样做，但没有丝毫效果。海恩修士一听说要返回坡里庄，便哀求副代牧神父带他一起走。在此之前，他就已经恳求过能够留在那里。现在他重新提出这个请求。这次，他的愿望得到了满足。

大家用简短的一句“天堂再见”互相道别。齐恩来神父登上了卢国祥神父的车，海恩坐到了副代牧神父的车上。前一辆车向西，去追赶已经走远的队伍，后一辆车向北走了一小段路，然后斜着穿过田野：朝着坡里庄的方向！

经过这样的一个转折，福若瑟神父又找回了内心的平静。海恩很高兴能跟他一起走。前往坡里庄的两天路上没有发生什么意外。他们途中遇到的山东村民，显然对政治上的最新发展一无所知，因此两人可以安然返回。

奇怪的是那些护卫的兵士在兖州府第一次休息时，根本没有发现少了一辆车和两个人。没有人发现已经有两个人溜走了。队伍继续前行，好像什么也没发生过一样。

现在如果我们回顾一下发生的事情，那么不得不说，福若瑟神父的做法在当时的情况下是非常明智的。他让其他的传教士离开，是迫于当时的形势；但他自己却留了下来，悄悄地、在官员不知情的情况下返回坡里庄，藏在这个唯一有着很多有利条件并且根本不会被发现的地方，这是非常正确和恰当的。是上帝指引他这样做的。他是怎样突然做出这个决定的？显然他一直在思考这个问题。在距离济宁大概二十里的地方，拉他车的马在经过一座高桥时受了惊，车子似乎要从桥上掉下去。就在这一刻，福若瑟神父决定要留下来。是不是这刚过去的灾难突然使他变得成熟了？或许有可能。善良的上帝不会无缘无故召唤他的臣民的。总会长是怎么评价福若瑟神父这一壮举的，可以从 1900 年 9 月 21 日的一封信中看出来：

> 听到您在 7 月所做的事情后，我一方面十分震惊，一方面也很敬佩。您明知山有虎，偏向虎山行，冒着生命危险，到最后一刻决定留在您的被迫害的孩子身边。海恩修士与你同行，为的是和您待在一起，与您一道面对死亡。
>
> 像卢国祥神父告诉我的那样，教友们开始时“根本”不同意这样做。我也完全支持他们的看法。可后来在您的一再请求下他们让步了。他们肯定觉得此时存在着一种特别的上帝的意志，一种圣灵的特殊推动力。但愿我的看法与他们是相同的。所以对你的决定我表示衷心的祝贺，愿上帝能赐予您帮助，不断地实现它那神圣的意愿。

现在让我们先来看一下那些突然离福若瑟神父而去的逃亡者和那些继续留在山东南部的其他传教士的情况。青岛之旅对第一部分人来说，决非是一次轻松愉快的游览旅行，途中经历了各种各样的艰难险阻，还总得善待一路护送的兵士。队伍在穿过沂州府后就一路朝海岸走去。离海岸不远处碰上了伯义思神父，然后带上他一起继续往前走。最糟糕的莫过于从青口（Tsing-kou）到青岛的那段海上旅行。众人乘的是一只小驳船，这只小船装载着一大宗正在霉变的渣饼，发出阵阵难闻的恶臭。波涛汹涌的大海和猛烈的暴风雨耽搁了行驶的速度。电光紧贴着小船闪耀，为了不让小船被卷入大海，船上的旅客把自己与一根麻绳紧紧地扎在一起，途中没有足够的食品，还得提防海盗，他们只是看到船上配备了武器才缩了回去。

魏若望神父的逃亡之路险情丛生,他能活下来得归功于一个特别的机缘巧合。他取道大运河前往上海,途中衣物被抢,只给他留下了衬衣和长裤。他有时躺在船底部尾舵叶的下面,有时躲在停靠在运河岸边的船里,一躲就是好几个小时。这时他发着高烧,他染上了严重的伤寒。他已经准备把自己交给跟踪他的人了,但四处张望见不到一个人。他踉跄着走向一条船,后面跟着一群孩子,嘲笑着这个半裸的欧洲鬼子。但是困境越是巨大,上帝的保佑也就越近了。一个好心的异教徒怜悯这位筋疲力尽又身患重病的传教士,想办法弄来了几个面包,让他喝茶,而且驾着船,把他先送到清江浦(Tsing-kiang-pu)去。许多终日在运河边闲逛的懒汉,从来没有看见过一个欧洲人,他们从四面八方涌过来围观。他们想用一个铁钩来钩住这只小船不让它开走,但他的保护人成功地陪他前行,把他带到了一条汽船边,还给他买了到镇江(Chin-kiang)的船票,到了那里以后,切瓦里尔(Chevalier)神父和善良的护士们给了这位垂死的病人无微不至的照料。

贾兰伯和培渥蓝两位神父从单县出发,经江南省前往镇江。途中,来自滕县的海明德(Heming)神父碰到了他们,也加入了他们的队伍。

布恩溥神父和戈巴德神父在沂州府待的时间最长。那儿的胡进树(Hu-djien-schu)知府,通情达理又与人为善,他尽可能地保护传教活动。但是到了最后,特别是往北京开拔的军队在民众中引发极大的骚动时,他也承认已无法面对危险,所以也敦促他们赶快离开。前往青口码头的路上有很大的危险,直到派来一队强有力的护卫兵士后,传教士们才幸运地上了船。

形势较好的是一些山区,像沂水、蒙阴和莒州。成立时经历了种种混乱的传教点王庄,这次却被证明是最安全的地方之一。地处山区消息闭塞,与周围民众能很好地沟通,尤其是文安多神父的出色工作,维护了这儿的安宁。

当官府派来的人出现并要求传教士离开时,所涉及的人员正好都集中在王庄:学校校长恩格礼神父和他忠实助手斐士尔修士,作为地区主管的文安多神父和新近任命的、在蒙阴传教的年轻神父窦思德。

文安多神父邀请衙门的人喝酒。几杯酒下肚,他们就吐露真言了,传教士必须离开,是因为皇帝下了诏书,诏书上说,要赶走所有的传教士,把教堂变为国家财产,要强迫基督徒们改变信仰,所以派他们来了。听到这儿,文安多神父狠狠一拳打在桌子上,震得桌子上的杯子都跳了起来。他写了封信把这件事告诉主教:“我对官员们说了,这一切都是错误的、愚蠢的,他们不该插手让基督教徒改变信仰,这与他们根本没有关系。他们应该管好他们的分内事等等。我还说,我不会离开,尽管这可能要付出我的生命。他们也不必来保护我,我会保护我自己。”接着他以他独特的乐观态度补充说:“让我喘口气吧!更多的以后口头再报告吧。”换言之,即使面临种种危险,他也希望不久能重新见到主教。

听到这些慷慨激昂的话语,衙门派来的人赶紧开溜了。恩格礼神父在王庄负责看管武器,文安多神父和窦思德神父仍然走村串乡去传教。由于前者要到莒州城里去,所以他去见了县令,现在县令坚持要他在士兵的护卫下去海岸。文安多神父接受了他们的护送。可走了一天后,来到了一个基督教堂口,他对他的护卫士兵说,他现在不想继续走下去了。他得做礼拜,接着还有其他的事要做,他们可以悄悄地打道回府。士兵们回答说,他们不可以这样做，并且开始拨弄枪支，文安多神父拿出两把毛瑟枪说他也有武器，到了这儿，他们的任务就完成了，他们该赶快回去。这样他就摆脱了令人讨厌的护卫士兵，又可以从一个堂口到另一个堂口安心传教了。

从现在起，衙门不再打算去抓什么人了。这三个县的县令，莒州县令除外，并不多么令人生厌。他们站在袁世凯一边，显然没有什么兴趣去照太后那个冒险的诏书去办。再者，山区的百姓一向和善，在山里躲起来也很方便。

尽管如此，那儿的传教团也没有能避免激烈的打斗。在有些地方，狂热的义和团又开始了行动。文安多神父新修好的一批小教堂和礼拜堂又遭破坏。许多基督教徒又四处逃亡。当文安多神父来到季家山堂口的时候，基督教徒们正和想抢劫一名基督教徒的义和团歹徒在打斗着。那些强盗被打得落花流水，灰溜溜地跑了。整个地区又安静了下来。

窦思德神父也秘密地在蒙阴继续传教，从一个堂口到另外一个堂口。

在最东面，在日照和胶州，法来维神父仍勇敢地坚守在他的位置上。所有其他的欧洲传教士则只得去了青岛。

第十一章
福若瑟神父在坡里庄和王庄

当福若瑟神父和海恩修士出乎意料地出现在坡里庄的时候，我们可以想象，那里的基督教徒会发出怎样的欢呼声。现在他们重新有了支持和依靠。暂时还没有人来袭击这个传教点，但是使人忧虑的谣言从四面八方铺天盖地而来，同时也来了逃亡者，他们来自山东北部或直隶传教区，而且人数在一天天增加。在很短的时间内已聚集了1200多人。福若瑟神父整天忙着讲道和听取人们的告解。他一下子神奇般地恢复了体力，又能大声并长时间地布道和连续几个小时听取告解，一如他健康的时候。在做了认真仔细的准备工作后，他为一大批慕道者，大约有150人，作了神圣的洗礼。教堂里共同的祈祷声整天不绝于耳，一批人接着一批人，没有中断的时候。人们满腔热情，准备着可能到来的殉难。如果像在别处发生的那样，现在要让基督教徒一下子作出这样的决定，那么我们只能祈求上帝，让他们愉快地为他们的信仰而死。但这种情形不会来得这么快。阳谷的县令并不知道还有两个欧洲人在坡里庄。他猜测可能只是些中国的基督徒，因此一次又一次地要求他们离开传教点并自行散去。他威胁说，如果他们这样做，就不会有什么事，但如果他们不听从命令，那么他会带着他的兵士来攻打他们的住处。时间也定下来了，什么时候来驱散人群，什么时候往房子上贴封条。外面的强盗和不良的异教徒们，每天都在焦急地等待着县令来进攻的时刻。由于传教点的大门紧闭，所以只能在平坦的房顶上与衙门派来的人进行对话。县令的要求让基督徒们不知所措：他们应该逃跑呢，还是应该拿起武器来和县令对着干呢？福若瑟神父认为，不应该出现后面一种情况，人们应该去和义和团争斗，而不是与作为合法政府代表的县令去抗争，这种事更不能在他的监管之下，也就是说在他担当责任的时间内发生。

在别的传教团那儿，这一问题是用其他方法解决的。在那儿，人们全力以赴地抗击着由政府派出的正规军队。福若瑟神父没有人可以商量，又缺少有关其他传教团如何做的详情，因而认为这样做是不允许的，或至少是完全不恰当的。但在一部分基督教徒那里，他不能说服他们接受他的观点。他们说："只要是打我们，不管是义和团还是官兵，我们就要进行反抗。如果不让我们这样做，那么最好让我们离开，让我们逃离这个是非之地。但是只要你们两位（福若瑟神父和海恩修士）在这儿，那我们也不会走，我们不能也不会丢下你们不管。"

现在是个两难的选择，要么反抗，要么离开。福若瑟神父先是想推迟做出选择。他从附近的诺村（Ngo-tschen，音译）给青岛发了一份电报："有可能获得帮助吗？"我本人当时正好在青岛为军人和平民堂口做心灵慰籍工作，所以收到了这份求助信。我马上和海军长官取得联系，却没能得到令人宽慰的回答："北京的公使馆被围，联系正在攻打天津，青岛无兵可派。唯一可救的是取道大运河或黄河。"不能指望从什么地方能得到帮助了。

6月15日晚上传来消息说，阳谷县令刚刚收到了一份来自济南府的电报。但不知道电报里说了些什么。后来才获悉，原来是袁世凯下的一道命令，要求不要去干扰坡里庄。基督徒却把意思猜反了，于是都吵着要赶紧离开。堂口的负责人一起来到副代牧处，请求他也马上撤离。一些农户家已经人去楼空，留下来的人则决心要和来犯者、强盗或县令一战到底。尽管人人都劝他离开，但福若瑟神父却认为他不能屈服于来自四面八方的规劝。进入夜晚时，一切都已安排妥当。一部分年幼的孤儿已经送往青岛，年龄大一些的男孩同样给了路费，让他们自己找安全的地方躲起来。太小的男孩和女孩们被寄养在基督徒家庭。传教点托付给一位年轻的中国神父李长祥照看。

所有事都安排妥当之后，在几个装扮成士兵的强壮的年轻人陪同下，福若瑟神父和海恩修士仍坐着马车去王庄。他认为那儿的传教点是个合适的据点。他在坡里庄只待了六天，是忙碌而辛劳的六天。

他选择了经泰安府的大道去蒙阴。到了那里后就必须改坐手推车了。那天是7月20日，是最热的时候，也是那场混乱的最狂热时期。在这种时刻，两位欧洲人横跨数省作如此长距离的旅行，坐的是手推车，很难把自己藏起来，如此显眼的做法，这怎么可能呢？这无非是有力地证明了山东的大多数民众中卷入混乱的人数是多么的少。在煽动者大肆活动的地方，则完全是另一番景象。例如，潍县的一个大的美国传教点就成了义和团的牺牲品，而且那里的新教传教士是被从青岛派出的援救队解救出来的。福若瑟神父和海恩修士在路上的同时，胶州附近有我们的两名基督徒被杀，他们是被派去给青岛送信的，而信件也消失得无影无踪。中国的田神父带着学员去青岛，途中几次遭袭。失散的学员们如果夜里还不能脱逃，那么就会被抓起来，遭关押或是被杀死。最终他们还是零零星星地到达了这座港口城市。和他们相比较，我们的这两位游客是够幸运的了。

在王庄，人们天天都在议论着何时会遭袭，可形势却是相对的平静。其中丰收在望起了很大的作用。这里庄稼长势很好，而在西面，土地裸露着，庄稼被烧毁了。

过了没多久，福若瑟神父就高兴地接待了夏神父。我们从青岛派他到内陆去看望教友们，去了解一下他们的命运。他是推着那个手推车穿村走巷过来的。福若瑟神父对他的来访分外高兴。虽然神父带给他的信件和消息并没有什么安慰性的东西，但不管怎么说，它们是那些爱他、关心着他的人们的音讯啊。我这里有几封信，他本想有机会时寄出去，但似乎是永远没有寄出过。字里行间充满了对传教和传教士精神状况的担忧。关于他自己的情况，他写道：

> 仍然在咯血，但看起来或许不是那么危险。我的咽喉随天气而变化。最近几天我几乎不能说话，但是我却能在坡里庄的教堂里坚持好几场布道，感觉不是很累，为的是让人们做好殉道的准备。而我竟是个逃兵！
>
> 县令发来了一道告示给坡里庄，定下了他和士兵以及民兵团来坡里庄驱逐基督徒和封闭大门的日子。基督徒陷入了绝望之中，坚持要用武力抗衡县令，如果他一意孤行的话。因此我不能再待在那里了，尽管很痛苦，也只能把传教点托付给年轻的中国神父了。

接着他又介绍了传教区内的可悲局势。信中表示出对坡里庄的担忧，但他以为现在已经有所减轻。夏神父年长且阅历丰富，他将去坡里庄并接手那里的领导工作。

在这些痛苦和煎熬的日子中，迎来了一个节日。若是往常，它对整个传教区肯定是个重大的喜庆日子，对福若瑟神父本人来说，也是个荣耀的日子。7 月 25 日是他第一次走上主的祭圣的日子，至今已 25 年了。尽管在那段时间里痛苦多于欢乐，可人们不会忘记到王庄的传教点走一走，来参加这位深受爱戴和劳苦功高的副代牧的美好传教纪念会。

文安多神父出席了纪念会。晚间窦思德神父也来了。一个素雅的橡叶花环挂在小房间门的上方。举行了一个还算隆重的神圣弥撒，由恩格礼神父布道，为几位传教士和传教点内的人员准备了一顿简单的饭菜，此外还燃放了几个爆竹和一些烟花，但最特别的是——那是福若瑟神父的最爱——长达十三小时的祈祷弥撒：这些就是纪念会的全部内容。它是在可怕迫害的乌云翻滚中，在还看不到任何一颗希望的星星在闪烁的情况下举行的。参加了这一活动的所有人，都利用这天领圣餐的机会，为平静地死去做好了充分的准备。从外界没有得到什么祝贺信件。由在青岛的传教士共同署名的贺信，本该寄送给他，但从来没有到他手中。这好像是敬爱的上帝有意识地这样安排福若瑟神父的一生，即让他不会得到来自外部的任何荣誉。天堂里为他编织的花环，肯定要美丽得多。如果福若瑟神父真正像常人般那么去感受，那么他也会对这平静的、半是欢愉半是伤感的欢庆而深感满意。这正符合他永远献身神父事业的牺牲精神。

庆典过去没几天，灾难又像洪水般再一次向他袭来。在来王庄的路上，他已经派出几名随从人员回坡里庄了解那儿的情况。现在那些人都回来了，却没有带来任何好消息。副代牧神父刚离开，传教点就一片混乱。一部分基督徒想逃跑，另一部分则倾向于留下。那些准备逃跑的人，想把传教点的财物、他们认为是好的东西（衣服等等）占为己有（如果传教点被毁，所有的东西都会落到敌人的手里，他们这么对自己说）。如果不缺失许多东西，基督徒自己之间也会发生争吵和混乱。是的，真的就发生这样的事了！钟声在敲响，教堂内听到的只有哭泣和抽噎声。上帝的居所倒塌了：亲爱的圣母，帮助我们吧！人们这么恳求着，祈祷着。中国神父抱住了圣母塑像的脚，高声呼叫：“圣母在哭了。”基督徒说，他们看到神像的眼睛里有眼泪流出来。

是真的，还是看花了眼，或是情绪过于激动产生的幻觉？现在谁来作评判呢？事实是，这件事在很大程度上让基督徒深受鼓舞，更加团结。现在他们决定留下来保护传教点。这也是很必要的，因为逃亡在外的逃难者坚持不下去了。副代牧神父离开的那个早上，基督徒和孤儿们被送往四面八方的消息刚传出去，强盗们就闻讯而来了。孩子们遭抢劫，不管愿意还是不愿意，只得返回传教点。逃跑的基督徒也很快回去了。没多久，第一波攻击就开始了。因为县令没有带队前来，所以这些“义和团”没费多大劲就被击退了。在接下来的三次战斗中，依然是基督徒获胜。基督徒中只有一人因为天黑被自己人误杀而死去。

然而，这些歹徒是冲着基督徒的财物而来的。他们的房子大部分被毁被烧。同样，与传教点只有一条路相通且位于围墙之外的女孤儿院，也被放火烧了。女孩们已经被及时转移到了传教点北面一个封闭的庭院里。发生了这么多的事情之后，传教点内的秩序被完全打乱了。年轻的中国神父根本没有足够的力量和影响力，去召集从四面八方跑来的情绪激动的难民。现在是最紧急的时刻，得重新委派一位新的领导人。

这些就是带给福若瑟神父的消息。坡里庄在召唤他，而他也不会第二次让人召唤。听到这一消息的第二天，他便和海恩修士踏上了归程。文安多神父随他们两位返回，到天黑时才到达蒙阴。那里的小小传教点已遭查封。文安多神父派人去衙门，让把门打开，县令亲切而友善，马上答应了他的要求。

这几位旅客在传教点里找到了那辆本来可以用的车，但它被砸坏了，可不仅仅是这些。他们来回奔走不会没人看见，人们很快就知道“欧洲恶魔”来了。巧的是当时李秉衡的军队正驻扎在城里，这支部队本是前往北京参加围攻公使馆和抗击外国人的战斗的。一听到传教士来到的消息，他们就决定杀死他们。幸运的是那位好心的县官提早得到了这个消息，于是马上派人给传教点通风报信。

就在当天夜里，旅客们便上路了，而且是步行。文安多神父到山里的一个基督徒堂口去，福若瑟神父和海恩修士走一条岔道，这是他在这儿传教时走过的。后来听说，一队士兵确实沿着大路在追赶他们，但是很快空手而回。

离蒙阴三十里的地方，这条岔道把两位旅客引到了一个小矿山旁。当黝黑的矿工们看到这两位高大的欧洲人时，马上破口大骂并威胁他们。这些年轻人做出要动手的样子。海恩修士和中国随从把武器拿了出来，福若瑟神父则在他们的中间继续前行。看到这种情景，那些好斗的矿工们好汉不吃眼前亏，只得悻悻而去，跑回了他们的矿里，让这些旅客通过。

更危险的经历，是在这群人晚上到达一家小旅店的时候。尽管天黑，还是有好奇的人认出了这两名欧洲人。村长认为执行皇帝诏书的时刻来到了，应该在当天夜里就把这两个外国人给杀了。得感谢陪同我们的中国人，他能言善辩，说自己是衙门正式派来的人，才推迟了死亡到达的时刻。

怀有敌意的歹徒们刚离开，我们的旅行者立即悄悄上路了。现在是趁着夜色赶路，一直走到天明，这是一次艰难的旅程。时值中国的三伏天，走在路上，酷热难当。福若瑟神父的身体已经很虚弱，再者也不习惯步行。因为他想在第二天就作弥撒，所以直到上午11点，终于到达老的基督教堂口敦庄(Dung-dschuang)时，他都没有进食。那里可怜的基督徒们为这次出乎意料的来访而欣喜若狂。尽管已经筋疲力尽，福若瑟神父还是作了弥撒，然后才吃了点东西。在这期间，基督徒们找来了一辆独轮车，而且用稻草编织了一个顶用来遮避阳光。有了这个交通工具，到坡里庄的旅程才舒服了许多，而且途中也没有再碰到更多的危险。

第十二章
返回坡里庄，暴风雨减弱，受破坏留下的痕迹

经过五天的长途跋涉，福若瑟神父一行人到达了坡里庄。大概是圣母玛利亚升天日的前一个礼拜。让中国政府和一部分民众如痴如狂的义和团狂热所引发的危机还没到来。直到公使馆获解救，皇室大逃亡形成了波及整个国家的可怕紧张局势以后，形势才慢慢地趋于缓和。坡里庄的情况仍十分糟糕。福若瑟神父在于8月17日到达青岛的一封电报中写道："坡里庄处在巨大危险之中，四周聚有大批民众。"

关于当时的情况有一些详细的报告，来自海恩修士写给安治泰阁下的信（1900年10月8日）：

> 我们回来之后，发现异教徒已经把我们的土地和园子瓜分一空。地里的庄稼或是被割去或是遭损害，地里播上了新的种子。但我们还是把所有的东西都要了回来，把庄稼也收了回来。卑鄙的阳谷县令，尊敬的副代牧先生认识他，没有想到为我们做些什么。只能靠自己了。我们在五百亩地上种了小麦，这样，坡里庄的一切都恢复了正常。对传教点和传教团来说，最幸运的是尊敬的副代牧先生没有一道去青岛，而是很快从王庄回来了。他在这里如鱼得水。我以前从来没有想到过，一向亲切和善的副代牧先生也会如此严厉，如此的节俭。

这位好兄弟的寥寥几行字，告诉了我们福若瑟神父当时在坡里庄工作的方式方法，他在返回以后是怎样用自己的宽容，用怎样不屈不挠的精神来平息人们的激动情绪，又是怎样将被破坏的秩序重新恢复过来。但也告诉我们，在刚回到坡里庄的那几天里，风暴已经开始渐渐平息。北京被占后，一些认识模糊的人终于清醒了。更令他们吃惊的是八国联军的到来。但是狂热还没有完全消退，要完全恢复正常，还得持续一段时日。

此时，福若瑟神父第一次告诉巡抚袁世凯，他还在坡里庄，并请求给予一些武器和钱物，因为他和他的随从面临巨大的困难。袁世凯自然十分惊讶，他本以为所有的传教士都去了青岛，不料还有几名仍然待在内陆。他没有表现出恼怒，反而十分友好地满足了这些请求。他给了这个处于困境中的传教据点二十把步枪和银钱两千两（Tael）。

巡抚表现出来的好意帮助不小，使得坡里庄和其周边的环境大为好转。

现在，在基本重新平静下来后，福若瑟神父终于有时间和机会来了解传教团的大体情况，来了解1900年夏天这场灾难带来了多大的破坏。

在给主教的一封信中，他简要地谈了上述情况，并描述了传教团当时的状况。我从中摘录了几句：

> 1900年11月8日，坡里庄
>
> 十分感谢尊敬的主教先生您10月18日的来信，信中您高兴地通知我您已顺利抵达青岛……现在，如果您返回时发现您宝贵的传教区已成为一片悲惨的废墟，尊敬的主教先生该是多么的痛苦。亲爱的上帝也知道，要让可怜的山东南部重新恢复过

来，需要付出多少的工作和努力呀！

接下来，福若瑟神父提到了去年发生的种种事情，1899 年与 1900 年之交的那个悲惨的冬天，“可怜的基督徒没有饭吃，没有地方睡觉，只得四处流浪”，提到了 3 月底和袁世凯签署的关于最终解决赔偿问题的协议，提到了派到这儿来工作的官员们的情况。

就行动的发展而言，就像晴天霹雳，暴风雨一下子就来临了，它史无前例地摧毁了中国所有的传教区，让这个世界陷入狂热之中。

此后发生的一切，尊敬的主教先生早已从逃到青岛的同事那儿知道了详情，我在这儿只能简单提一下，再说，由于信息极为闭塞，我对传教区内发生的悲剧知道得也很少。

我们的坡里庄长时间以来就设了障碍用于自卫，即使是来传教点巡查并想清除它的县令，我们也是在屋顶上与他对话的。最糟糕的是，观城、朝城和范县等地区（就在这儿附近）已成一片废墟。所有房屋被毁，东西被砸或被抢，连地上的一棵小树也没能保住。坡里庄大概有一百间房舍（大概是三十至五十幢房屋）被毁。坡里庄遭到四场袭击，有一次来了约有五千名义和团成员。现在大部分逃跑的基督徒都已返回。但是他们面临很大困难，没有住房，没有粮食，没有衣物。异教徒亲属常常是不敢伸出援手。县官们发下了文告，这就是他们做的全部事情。阳谷县令是迫害基督徒的最大凶手。他禁止在公开场合张贴为基督徒鸣冤叫屈的帖子，后者因此一直得不到法律的保护。

没有一个地方像阳谷和寿张那样形势险恶，受打击最大的是隶属于曹州府的菏泽。

在这儿，知府让人拆除了刚于 7 月 7 日造好的赎罪教堂。笨拙的拆墙者不知道欧洲式房屋拱形结构的诀窍，几个拆墙者被埋在了废墟之中。知府贴出公告，禁止人们“成为基督徒”。在其他一些县里，也发布了类似的禁止布告，确切地说，是正式要求基督徒们作出放弃自己信仰的书面声明。对此，用了一句含糊的顺口溜：“不信洋教，改恶从善，遵循真理。”一些基督徒听从了这一要求，他们部分地认为这份声明并不包含着对信仰的否认。还有一些够软弱的，他们屈从于异教徒的威胁，到异教徒的庙里祭神去了。但是大多数仍然坚持自己的信仰，他们或是躲开了迫害，或是勇敢地反抗。

还有巨野、嘉祥和鱼台等县。这些县的县令行为恶劣。最恶劣的是那个以前被欧根·沃尔夫称为“蹩脚诗人”的鱼台县令。他把我们在鱼台城里的传教点改建为一个蚂蚱庙（蝗虫庙）。每个月的初一和十五，他都到庙里参拜蚂蚱神。我们在崇眉集的房屋也被他烧毁，庄稼被收割，可怜的基督徒们怨声载道，仍然在没完没了地忍受着折磨。

嘉祥的县令也是如此，是他亲自指挥把我们在城里的教堂洗劫一空。最后还有金乡县令，现在还有数名基督徒在他的县里受牢狱之苦呢。

在滕县和峄县，形势也令人沮丧。我缺少那儿的确切消息。

单县县令同样也不是好东西。

那个地区的主管贾兰伯神父就这一情况报告说："我听说，县令是李秉衡的一个亲信，他亲自带领他的士兵和差役将我们城里的传教点洗劫一空。此外，他还让人摧毁了所有规模较大的教堂，如薛孔楼和沂庄的大教堂。在这些村庄里，所有基督徒的房屋都被烧了，只有青庄(Tsing-dschuang)和庄家桥(Dschuang-dja-tchiau)两处的房屋未被烧毁。所有这些堂口在1896年到1899年间曾遭到义和团的猛烈攻击。最后，县令贴出布告，要求基督徒在五天之内返回城里并放弃自己的信仰。这样做的人，会受到他的保护。据我所知，只有一个来自N的家庭和三四人这样做了。定陶的情况与单县相似。曹县县令不错，成武县令也是如此。但那里的基督徒要向地方长官缴纳罚款。"

福若瑟神父接着写道：

> 济宁、兖州府、汶上和郓城的官员表现得十分友好。[①]
>
> 据我所知，这附近只有一名基督徒被义和团杀害，也就是来自观城王庄集的王炳祥(Wang-bing-siang)。沂州府好多人被杀，但我不知道死者的名字。布恩溥神父会详细地汇报此事。

然而被杀害的人数，远远多于福若瑟神父的估计。像前面所提及的那样，在1899年时，在沂州府和其他地区就已经有好多基督徒被害。在青头寨(Tsing-tuo-se)这小小的堂口就有三人被杀。尤其是在郯城，以前就有多人被杀身亡。在最近的那场风暴中，有三人遇害。郯城的县令是毓贤的走狗，与几位村长是沆瀣一气。城内的传教点先遭抢劫，然后被士兵拆除了。在莒州，文安多神父虽据理力争，但多座教堂仍然被毁，基督徒也被强行带走。在几乎所有地方，情况大同小异，这儿也就不再一一赘述。

上面断断续续的记载，只是给出了过去一年里被毁情景的一个极不全面的画面。这已让人伤心至极，但还不能与其他传教区发生的事情相比较。在那里，数千名基督徒被杀，整个堂口被夷为平地，主教、神父和嬷嬷们也死于刽子手的刀下。与山东南部相比，山东北部传教区的情况要糟糕多了，直隶、山西、满洲里和内蒙等地传教区惨遭蹂躏的可怕景象那是更不用说了。例如在山西，毓贤邀请传教士到自己那里做客，说是要保护他们。这些可怜的人接受了这个卑鄙的伪君子的邀请。7月9日，所有人都被杀了，其中有两位主教、九位传教士、七位修女、三十三位新教信徒，传教士和他们的夫人及孩子也惨遭毒手。太后为这次斩首特地下了一道旨意(参见赫尔曼的《中国历史》一书)："我下令，所有外国人，不管男女老幼，统统斩首。不准放过任何人，以割去给帝国带来不幸的可恶毒瘤，还我们的忠实官员以和平。"

显然，上帝对于山东南部是有着特别偏爱的，它保护了可怜的、经受了种种磨难的新基督徒免受更大的灾难。这要归功于坚持不懈的祈祷、作弥撒、组织祈祷游行和领圣礼，以及圣言会的各个机构为苦难中的传教团所做的这一切。当然还有福若瑟神父本人的祈祷。他以深深的宗教精神，接受了阵阵暴风雨，把它们看作是上帝的授意。他祈祷的热情因这些风暴变得更加高涨和炽烈。他最忠实的同伴海恩修士每每谈起这位副代牧神父英

---

① 在济宁，整个暴风雨期间伴着两个中国神父。除了失窃以外，传教点内没有遭受更大的损失。同样，兖州府的传教点因有当局的保护也几乎是完好无损。这两座城里的漂亮教堂在暴风雨中安然无恙。

勇且忘我的祈祷生活时,现在仍然是一脸的崇敬。虔诚的神父跪在神龛前,一祈祷就是几个小时。1900 年、1901 年之交的除夕夜,他一夜未睡,在教堂内通宵祈祷。他还立下誓言,在今后几年里,要在我们比较大的传教点,在耶稣心灵节那个星期五的前夜作弥撒和讲道,以示虔诚。除此之外他还做了什么,赞扬了什么,传教团又该怎样来感谢他的祈祷,上帝本人是最清楚的。

除了祈祷求得上帝的保佑以外,山东南部传教活动得以继续,毫无疑问还得感谢巡抚的举动。福若瑟神父完全意识到了这一点。9 月 27 日他就向主教报告说:"到今天为止,袁世凯对我们是'亲切友善的',我们十分感激他。"

在上面被引用的报告中,他还写道:"袁世凯到目前为止所做的一切,都证明他是一个正直的官员,我们万分感激他。只是他的下属似乎并不听命于他,但是一旦上面的形势明朗了,这一点也会发生变化。我想建议尊敬的主教信任这位巡抚。"

现在须将目光投向未来:重建传教区。

这位高贵的传教士,在经历了那可怕的几个月之后,并没有要求休息或是恢复。他热情满怀、勇敢地重新面对新的工作。9 月,他像往常一样,写好了寄回家乡传教协会的年度报告,并且请求各地支持传教事业。首先让他担忧的是如何留住那些信仰变得不坚定的人。在 9 月 29 日的信中,他便就此问题询问了主教。福若瑟神父说,那些对县令含糊言辞作出承诺的人,无论如何不比直接叛教的人好到哪儿去。"我们在告解室该怎样对待他们,又怎样对外宣布对他们的处置?我听马天恩主教说过这样肯定的话:公开忏悔和做四十天的斋戒。"

为了防止出现类似的情况,必须进一步深化传教实践,处处把基础夯实。

大部分基督徒处于巨大的困境之中,赔偿问题在催促着他赶快解决。他也就此向主教提出了建议:

> 关于赔偿问题,我认为 5、6 月间我们和袁世凯商定的模式是唯一可能和有效的。如果人们想让政府负责赔偿,那么中国现在根本承受不了这样的负担,对于事件本身来说,毫无疑问最可行的方法是,谁做了坏事,谁就应该承担后果。谁煮了汤,谁就该自己喝下去。只有这样,未来的和平才能得到必要的保障。这是我的观点。至于被毁的教堂,当然应由当地官员或者是当地政府负责赔偿。袁世凯巡抚最应该过问这件事,有了他的关心,解决此事也就简单了。我在去年春天让人把这些都写下来交给了我。

福若瑟神父这里给出的建议,事实上也被安治泰阁下采纳了。他尝试和省里以及地方官员一起来解决所有的赔偿要求。到了第二年的 4 月,他就告知北京的公使馆,他在这方面已经取得了满意的结果,并且不需要外交官员们的帮助。不过这些也不是那么简单,而是拖延了好久,因为时不时地还是会碰到与此相关的不同看法、疑问和提出额外的要求等等。

这种做法是否像福若瑟神父认为的那样是唯一可能和有效的,人们当然可以持怀疑态度。对那些涉案的县官、村长和大刀会成员们来说,要求他们支付赔偿肯定是对未来的一种严正警告。但真正困难的是如何公平地让他们分担责任,如何找到真正有罪的人。

说到最后，所有暴行在道义上的幕后人不是民众，而是煽动争斗的官府。其他大多数传教团都是通过公使馆提出他们的赔偿要求。不可否认的是，这样做更累一些，但也更加容易达到目的。

对传教团来说，比这些物质问题更重要的，是怎样尽快恢复有序的精神指导工作。

福若瑟神父给数量不多的中国神父分配了工作。其中的一位是曾经受托管理坡里庄传教点的年轻的李神父，在得知他的家人——父亲、母亲、兄弟姐妹——在义和团的大刀下因勇敢地坚持信仰而献出了生命之后不久，也郁郁寡欢而离开了人世。能做事的人越来越少了，所以福若瑟神父迫切希望逗留在青岛的传教士能尽快返回。

"在我看来，"他写道，"传教士现在应该从青岛动身了。人们可以毫无危险地待在城里，可基督徒需要他们的牧羊人。希望主教阁下也能尽快回到他的羔羊中间来，他们遭受了那么多痛苦，急切地期待他的归来。"

主教接受这一邀请，是在一个多月以后。他先到北京拜访了公使穆默(Mumm)先生和陆军元帅瓦德西(Waldersee)伯爵，于12月初才到达济南府。德国方面派了一支小部队，护送他到高密县的边境，在那里，一支中国部队接手了护卫任务。在济南府，主教受到了袁世凯友好而又热情的款待。人们一直害怕德国军队会挺进山东境内，袁世凯想通过主教的斡旋排除这一危险。

他很爽快地答应用以前与福若瑟神父所商定的办法解决赔偿问题。会晤中还提到了在传教团的帮助下建造一所规模较大的现代化学校的问题以及类似的一些问题，但是没有取得具体的结果。

安治泰阁下请求福若瑟神父去济南府。在暴风雨时期一直期盼，将领导的重任交回主教之手的时刻终于来到了。主教和整个传教团都由衷地感谢他的奉献精神，他以这种精神将自己的全部都献给了山东南部的传教事业。

在做好必要的通知后，福若瑟神父首先回到坡里庄。他还有七个星期的时间，有足够的机会去面对那个顽固不化的阳谷县令，去处理附近几个县的令人讨厌的赔偿问题。

12月底，在经过了漫长的等待之后，逗留在青岛的传教士们终于被允许和要求返回传教区。他们的回家之旅，比起六个月前的出逃，是舒服得多了，也风光得多了。一路上有人护送，住宿和餐饮都有妥善的安排。在所有人都回到自己的岗位上后，福若瑟神父也离开了坡里庄，并投身于新的工作之中，济宁和戴家庄的一摊子事情，已经等候他很久了。

第六编
担任区会会长，一个新时代的开始，1900～1904年

第一章
福若瑟神父成为圣言会在山东南部的区会会长

1900年年中的时候，时局混乱，可有一件事却成为福若瑟神父一生也是整个传教事业进程中的转折点：他被任命为圣言会在山东南部的区会会长。

其实早在年初，在1900年1月3日，总会长神父给在华教士们的一份通函中，就提到了要作出这样的一个任命。尊敬的创建人在这份信函里，首先表达了对那些遭到残酷迫害的传教士们的问候，然后讲述了圣言会本部为陷于困境中的山东南部传教团而举行的多次祈祷活动。他继续写道：

> 上一次的教士大会上决定，在本会所分布的所有地区，如果教会的负责人是一名主教，即使他也是本会会员，负责地方和一个省或负责修会工作的职位应该与教会负责人的职位分离。
>
> 教士大会作出这样的决定，肯定是借鉴了有着类似情况的许多其他传教修会的经验，并且也考虑到了神圣的传信部作出的关于在东方传教的最新规定，规定中提到了这件事，说即使教会负责人不是主教，也要将这两个职位分开来。
>
> 当然，只有在所涉及的区域内，而且是在高层领导的指示和先前必要的安排以后，这一决定才能生效。在这之前一切照旧，而且到目前为止，尊敬的安治泰主教先生仍然该被看作是区会会长。
>
> 但是现在，他想回欧洲一趟的请求得到了神圣的传信部的恩准。因此我决定让尊敬的福若瑟神父代理他的区会会长工作，并同时告诉他，他可以选择一名他认为合适的教士担任副会长，帮助他处理日常事务。

一开始，福若瑟神父想推掉这责任重大的职位和重任，他向总会长神父推荐了其他几位在他看来更合适担任这一职位的人选。他说，如果由他担任此职，“会马上走下坡路的”，但这并不起作用。

半年后，1900年6月1日这一天，他被正式任命为区会会长，任期为7年。正好在罗

马逗留的总会长从那儿同时发来了一封通函，向教士们和兄弟们传达了这个已作出的任命。他在通告上附了如下的说明：

> 尊敬的安治泰主教可以一如既往地行使他作为听命于罗马教皇的主教和山东南部的传教代牧的权力，而福若瑟神父作为接受圣言会会长领导的修会性主管，也可以行使相应的权力，履行相应的义务。
>
> 因此，我提醒你们所有人，在他任职期间，要按照我们圣言会的规定以及你们所立的崇高誓言来服从、尊敬并热爱身为会长代理人的他，用你们高尚、虔诚的信念来帮助减轻他繁重的工作。
>
> 或许所有人都会竭力向两位领导在他们各自的权力范围内表明自己的顺从，但是要避免一切有可能引发教会和修会权力之争的不得体的行为。在欧美，所有的修士都必须服从他们的主教和他们修会会长所拥有的权力，尽管他们是从主教那里得到工资或生活费，住在属于主教的房子里。现在在大多数从事传教的修会中，都将两个职位分开来了，因此，我相信，只要渡过开始时的难关，其他修会中两者之间关系融洽，在我们这儿不仅是可能的，而且会做得更好。
>
> 我希望，创建了我们圣言会的上帝会帮助我们，让一切按照他美好的愿望发展。我们也必须在传教区建立一个良好的传教环境，让它提供能满足个人和他们作为传教神父和修士能持续发挥作用的条件。如果我没有弄错的话，我们这个事业现在为越来越多的人所认可。所以，我希望，你们要用爱、信任以及服从来迎接新的区会会长。困难不可能一次就得以解决，因此我们还要给予更多的宽容之心，正如我们通往天堂之路实质上是一条锤炼忍让之心的道路一样。我深信，新的区会会长也会尽心竭力去克服困难。你们大家越是信任他——他以他的正直和为当地的传教事业已经作出的许多牺牲赢得了这种信任——他就会做得越对，做得越好。
>
> 所以说上帝会帮助我们，让我们一如既往做他忠实的仆人，而你们也会在教会负责人的领导下，勇敢地在他神圣的葡萄园里继续耕耘。

总会长神父的上述说明，向细心的读者透露了福若瑟神父接手的新任务并不像人们事先期望的那般简单轻松。

在通常的情况下，区会会长这一职位非常重要但又是困难的。然而，福若瑟神父担任此职和即将行使这一职权面临的情况，困难更要大出许多。

这里有必要稍稍作一解释，有此必要是因为所涉及的问题不只是圣言会一家，而是在过去的几十年里几乎所有在从事着传教的修会和宗教团体。

之前我们已经强调，“修士”和“传教士”根本不是两个相互排斥的概念，它们两者可以非常好地统一在一个人的身上，我们可以在教会发展史以及传教的历史中经常找到两者完美结合的例子，福若瑟神父本人堪称这方面的典范。

但是在另一方面，我们都清楚与这两个职位相应的义务和任务是互不相同的，身为正式修士的传教士如果担任这两种职位，他就负有两个方面的责任：一是在官方的等级制方面，它遵循司法权来规范教会的事务；二是修会中的等级制方面，它的任务是根据修会的章程来对它的属下在宗教和社团生活中加以领导和监督。

在像欧美和其他较大的区域里，在同一个主教管区内，会有许多教区神父和修会的神父并肩作战，平和谦让地完成这两项任务，在一般情况下并没有特别大的困难。在传教区内，只要传教区域还没有专门划分给每个教团，情况也大致如此。

我们发现，在17、18世纪的中国，不同的修会和宗教团体在同一个地方有许多从事传教的神父在肩并肩地工作着。他们服从他们修会负责人的领导，接受修会指派的全权代表的检查(贝克神父在讲述贡纳特神父的一生时提到，通常每四年来巡视一次)，教会的司法权则由在外面的传教代牧来行使，他们大多住得很远。

19世纪上半叶，传教事业迎来了一个新的高峰，从那以后，传信部改变了同一个传教区内有多个修会在传教的做法。他们认为，增加在外传教的宗座代牧区的数量，将传教区分配给固定的修会或宗教社团会好一点。被选定的教团负责它所管辖地区的发展，从他们的传教士中间选出负责传教的宗座代牧，任命他们的同时授予主教的职位。教会法规通常用来指定修士拥有主教职务的做法，也适用于在外传教的宗座代牧：他仍然是修会的成员，他立下的誓言仍然有效，他也有义务去留心修会的规章制度，只要它与他的其他任务是一致的。至于留心到何种程度，则由他自行判断决定。即使是这样的一种关系，他也不需过多地听从修会主管的领导，就像不必过多地履行他在教会担任职务的义务一样。作为一名修会成员，他有着一种特殊的地位：这个位置一方面给予他必要的行动自由，另一方面却迫使他去这样做，此时的他才真正——只有这样才有可能——在上帝召唤他加入的这个修会的精神中，在他对上天立下誓言的精神中，像一名忠实的修士那样生活，而且会做得很好，因为他的主教职位使他感到有责任让自己做到尽善尽美。

通过任命宗座代牧，传教的领导问题得到了解决。他是他所在传教区的领导者，在通常的教会事务、牧灵工作等等方面，他代表代牧区内的所有教士，无论是修士还是教区的神父，都得接受他的领导。但如果这些传教士是修士，那么他们归谁管呢？

我们已经看到，到目前为止，山东南部的宗座代牧同时也是修士们的主管。这是大多数传教区迄今为止所采用的方法，它也适合于刚刚起步时的状况。传教士的数量很小，即使只有一个领导也没有很多事要做。此外，集所有权力于一身似乎更能保证有效和统一的管理。

但不可否认的是这种制度会带来弊端，并随着时间的推移肯定会愈发明显。

教皇保罗三世早已颁布敕令——那是在1559年7月19日——并非偶然。该敕令规定，一个被提升为主教的修士不该同时兼任修会的主管。做出这项规定的原因非常明确，当一个修会将他的成员派往一个遥远的国度时，它必须保证这些人在那里是优秀的修会成员，模范地遵守各项规章制度。为了大家的利益它必须要求他们做到这点，修会成员一时的和永久性的幸福依赖于他们作为修会成员的忠于职守；为了整个修会的利益要求他们做到这点，不致让修会因弥漫在从事传教成员中那种非修士的、松懈的精神面貌而遭受严重伤害；最后是为了传教的利益，因为以圣徒般的热忱全身心地工作与严谨的宗教生活是相互制约的；回归一种真正的修士精神也就是回归到传教事业的精神之中。但从中也可看出，如果修会该对所有一切都负有责任，那就必须在对它的成员进行内部的管理时享有完全的自由。在选择高层神职人员时，它可以依照自己的意愿，去选择完全听命于修会最高领导，无条件接受其监督，并视其表现可将其提升或解职的人作为高层领导。可一位主教不该享有这种充分的自由，因为他的这一职务通常是终身制，他对修会主管，至少对他自己的修士生活并不负有责任。

当然也不能排除以下这个危险，教会的权威和可以干涉个人隐私的修士的权威集中到了一个人的手里，而没有更换的可能，会对每个人形成很大的压力。为了消除这种弊端，遣使会会士在中国的传教工作中设立了巡视员这一职务。目前有两名巡视员，一名在华南，一名在华北。

当传教的代牧在他的传教区内同时担任修会的主管时，巡视员负责管理多个传教区，当然只是负责修会事务，他可以建议将一个传教士从一个传教区调动到另外一个传教区。

耶稣会教士的做法不一样。他们为每一个传教区都任命了一位管理修士的主管。他们走的这条路，从此以后，也为所有正在传教的教团和社团所采纳：他们是圣母圣心会修士传教区和嘉布遣会修士传教区，后者在 1893 年出版了有关传教中两个管理机构分离的章程。最近，方济各会修士传教区也任命了一名新的教团督导员。如上面所报道的那样，山东南部是在 1900 年设立这一制度的。

这样便出现了管理上的双轨制：传教代牧和修士主管。前者处理教会和牧灵工作方面的问题，后者负责解决传教士们私人和修会方面的事情。这样的解决方案看似简单，可实际上也掩盖着某些难处。因为这意味着要把相互交错的地方分隔开来，所以就产生了多个问题，有个人的、司法权上的，还有财政上的。

尽管教皇就这些问题作出了原则上的规定，但怀疑和不同看法仍然存在着。在那些年里向传信部提出的许多询问，各修会多次尝试制定“章程”，把其作为管理两个机构的准则，都充分证明了这一点。所有这一切应该服务于理顺两者之间的关系，尽可能地在这两名主管之间营造一种融洽的、高效的合作气氛，它们确实也起到了这样的作用。但是，尽管制定了章程，而且严格遵守章程，也不能消除产生的种种摩擦，其中还存在着某种危险。因为就像这双重的权威会有力和高效一样，如果一方支持另一方，提高他的地位，那他自己就会显示出片刻的软弱；如果两人之间缺少和谐的配合，或者让人感觉到两人不和，就会更加明显。如何避免这些矛盾，是两位主管的个人私事。他们在一起工作，拥有相同的下属，他们不同的义务经常交织在一起，交叉在一起。如果不是偶尔有些意见分歧的话那该是多么的美好，不过在同为圣徒的保罗和彼得之间、在保罗和巴尔纳巴斯之间也出现过这种情况。在这些争议中谁是正确的，通常是根据教会的规定来作出裁决，首先是传教区的好处，因此是主教拥有最后决定权。不过人们当然还是希望不要出现这样的情况，尤其要避免会影响下属团结、良好精神状态和信任的事情发生。长期的细心照料、相互的信任、团结一致是事业兴旺不可或缺的条件。

从上面的叙述中我们可以得知，被任命为区会会长的福若瑟神父面临的是多么棘手的工作，以及由此对他的道德品质提出了怎样的要求。通过这一任命，也再次强调了从他开始进行权力的分离。他没有现成的路可走，各自的权利和义务还没有像后来通过章程、教会的决定或经验那样划分得那么清晰。但对他而言，这一切暂时确是一个未知的领域。

除了在这狂风暴雨的年代要承担管理这一沉重的担子外，现在福若瑟神父又接下了这荆棘丛生、责任重大的任务，这是他的教会父亲依赖上帝的力量托付给他的任务。这是修会会长因他忠心耿耿而委以他的重托。因为他暂时根本没有完成这一任务的方法，所以他感到这个任务给自己带来的压力更大。那段时间里他给被他选拔为顾问的同事写信,在谈到这件事时,语气中透出一种紧迫感。

精心组织好一年一度的避静,顺利召开全体大会,对他来说是保持严谨的宗教生活态度的有力保障。因此,他打算从这件事做起,还在1900年3月,传教区的形势仍是十分混乱的时候,他就求助于一位同事,希望由他来做避静的导师。但由于突如其来的暴风雨和传教士被驱赶,一切美好的愿望成为泡影。不过,福若瑟神父的担忧并没有因此而消除,相反,担忧变得越来越大。从他的信中可以得出这样的印象:比起他当时正面临的困难和窘迫,他对传教士精神上的安康更为放心不下。他认为只有大力推动精神生活,才有希望在未来打破这一僵局。他在内心里企盼传教士在青岛逗留期间可以有助于这个愿望的实现,只可惜这些信件从来没有到达收信人的手中,在一封专门寄给我的信中,那是封留下来的副本,我认出了他的笔迹,信的内容如下:

> 目前的动乱,有助于唤醒我们大家内心中一种更美好的宗教和更真诚的基督精神,对我们来说,它是一味苦口良药。现在我请求您和其他两位顾问,也许还可再邀一位或几位先生仔细商榷一下,怎样来更好地利用这一忏悔和悲伤时间。我是说,每一位轮值的先生,在保留德天恩神父多年前在戴家庄所制定的议程的前提下,把这一活动当作他们的修士初学。其他的先生每天可参加一到两次的为初学修士们举行的宗教讲座,在参加了一个需确定的议程以后,自己集中精力去研究学习,每周组织三次有关伦理和牧灵神学以及神父职责的讨论。我认为,规定不应该太严格,但也不能太松懈,因为我把这段时间理解为忏悔和悲伤时期。我觉得,每个传教士都必须做这样的理解,只要他胸口跳动着一颗传教士的心。
>
> 关于组织讲座,监督规则的执行情况和主持讨论会,我不得不请求您和其他两位顾问,请求你们同意用对上帝的爱来尽最大的努力做好这些工作。我无法具体确定每个细节,因为这些事情显然应该在当场协商解决,我请求你们在权衡形势和实际情况后作出最好的判断。
>
> 如果魏若望神父能来,他可以帮助主持有关伦理学的讨论和做些其他工作。修士们自己也得有个领导,或许卢国祥神父愿意接受这一安排?如果他头疼不能担任此职,有可能让诺广训神父干吗?请你们商量后决定个人选。
>
> 我才疏学浅,可上帝会赋予你们更好的提示,给你们更多的灵感。所以你们只需勇敢地工作吧!我只能用我那绵薄的祷告陪伴你们。我真诚地答应你们,我会这样做的。上帝与你们同在,上帝与我们历经考验的传教事业同在!

总会长神父在15天前,也就是在7月6日写给传教士们的信中,也作了类似的提醒。他首先谈了应为处于困境中的传教事业安排祈祷,谈到了德国政府对传教提供保护的步骤,然后他继续写道:

> 来自中国的消息听起来很可怕,特别是来自北京的消息。我们要为未来做些什么?我们祈求上帝保护传教士和基督徒,保护那些落入敌人之手的人们,让他们增强信念,无论是生还是死,大家都忠实地信奉的这一信念。
>
> 我经常扪心自问,还会出现殉道者吗?谁能否认出现这种情况的可能!上帝想

得到粘满鲜血的祭品吗？耶稣，即献身的耶稣基督，必须在此以前用带血的祭品来为他的仆人打开深奥的天书，中国才能皈依基督教吗？

只有上帝才知道答案。无论如何我们都会颂扬那些为了信仰而流血牺牲的人们，他们该得到赞扬。而有着这种机会的所有人，作为你们的宗教之父，我请求并提醒你们，要本着既欢快又严肃的态度和对上帝的信赖迎接它的到来。

遭暴力而死亡自然会带来痛苦和恐惧，但是为了上帝而死是甜蜜的，怀有免去炼狱之苦而直达美丽天国的企盼也是甜蜜的。

此外，亲爱的兄弟们，你们要在你们领导的带领下，尤其是在目前作为你们教会和修会主管的尊敬的福若瑟神父的领导下，去完成这两者向你们提出的任务，去做形势要求你们做的事情。

如果你们已聚集在青岛，没有更多的牧灵工作上的事情可做，那么你们可以利用给你们提供的这段闲暇时间去学习一些最必需的东西，尤其是学习伦理、信理、每日祈祷书中的仪式指示、弥撒书以及其他一些教会法规的重要部分。因为在那里共同生活的人或许有很多，所以你们可以利用这一机会，一起做神圣的避静，通过严格遵守我们通常所作出的修士生活的教规，再次增强自己的思想信念。

如果有更多的空暇时间，我建议每周就道德问题共同进行两到三次的讨论。上帝保佑你们！

上面引用的福若瑟神父的信，还有他给王庄的其他顾问所写的相似的建议，就像所说的那样并没有达到预期的目的。遗憾的是我得做些补充：可惜热忱的区会会长对青岛逗留期间该做的事情所寄予的希望，只有很少的一部分得以实现。究其原因，是所处环境极差，传教士们住在塔埠头，那是个嘈杂的城区，他们挤在一个小房间里，住处对面是一个喧闹的水手酒馆。

此外，总督当局提出了一份申请，要为前往北京的人们物色翻译，这一动议在刚刚集中到这儿的小小团体里引发了混乱：15 位传教士声明愿意随军北上。他们这么做既考虑到了他们的同胞，也考虑到了中国人，人们希望利用他们双方的利益。由于从欧洲来的部队已经配有翻译，所以就停止了招募有此愿望的传教士。而我自己则作为灵魂帮助者必须陪同一支部队前往高密。

因此，建议中的讨论会和避静就大打了折扣，至于想圆满地举办修士初学班（为立永久誓言做准备）就更不用提了。撇开这所有其他的不利因素不看，所涉及的先生们本身都有着这样的愿望，那就是等待经最近一次最高神职人员大会修改的新规定的正式公布。他们愿意等到发愿的那一天，也等待着修士初学班的开办。

福若瑟神父在其区会会长生涯的开始就得马上尝到在这方面倍感失望的苦涩，神的旨意以另一种方式迎接了他的到来。

第二章
在教团所在地戴家庄首次开办避静

总会长神父在1900年1月3日发出了通函,我们在前面已经提到过其中的一段内容,通函里有以下极为重要的规定:

> 一般来说,在修会团体中,有必要把在外传教的社团成员每年两次或多次集中起来,在社团的一个合适场所参加培训,主要是作神圣的避静,此外要作一些有益的、为总会长所赞同的安排,以便为以后的传教工作积累充沛的精力,如果有必要的话,也要在身体素质上有所提高。
>
> 我对我们修会团体在中国的成员也有同样的要求,同时我决定,这种集结的时间不应该太短。可能的话,为教士办的这种培训至少该持续一个月的时间。关于作避静和生息力量的具体时间,与教会主管商量后加以确定。此外,还应在这座房子或那些房子里,辟出房间用于这重要的集中学习,添置或购买必要的设施、物品以及书籍。我要让区会会长或是他的副手承担这样一种义务,就是去关心这件事,去精心确定合适的时间,每年向我汇报一次这件事进行的经过,并把对我决定中有疑问的地方告诉我。
>
> 我相信,令人尊敬和佩服的兄弟们会欣然接受这一要求。但愿圣明的上帝和耶稣基督赐福予你们,并让你们从中得益,我们大家从心底里企盼的,就是成为这神圣的职业中、虔诚和勤奋的传教生活和修士生活中的强者,为的是在这个永恒的法官面前成为在各个方面都符合上帝崇高意愿的勤劳而忠实的仆人。

对上述决定的思考是从中国的特殊情况出发的,邻近的耶稣会会士的传教活动给了他极大的激励。

备受鼓舞的赞成者还有福若瑟神父本人。他希望,这个制度的设立会成为促进和振奋宗教热情的永不枯竭的源泉,成为修会和传教精神的保护和支柱。这一主意刚浮出水面时,人们就已决定把戴家庄的房屋作为实现这一目标的最合适的地方。可惜传教团最后只得到了那最小的最不显眼的部分。

总会长神父现在催促新任命的区会会长,尽快去买下那剩余的部分,同时他请求主教把以前购买的房产作为财产转让给圣言会。现在,在区会会长的职位与传教代牧的职位分开以后,修会也该有自己一处房产了,区会会长可以在那里工作,并且可以把他的兄弟召集到身边来。

一封日期为1901年1月31日的广为散发的通函里,在欣喜地传达了教会对社团的认可后,他又谈到了这个问题:

> 我已经委托区会会长神父和尊敬的主教就房产事宜取得联系,修会迫切需要这样的房子,有一个能为你们的幸福作出适当关心的场所。由于教会主管——尽管对他来说是次要的工作——也有着类似的关心责任,所以他会乐意地在这件事上尽可能地给我们以帮助。

事情也正是如此。安治泰阁下很愿意把传教团买来的那部分转让给修会，剩余部分的购买也进行得很顺利。

早在 1900 年春，福若瑟神父就开始尝试购买用地，但由于找不到卖主，事情就搁了下来。事后人们应该感到庆幸，因为有谁知道那年夏天就刮起的风暴会造成多大的破坏。如今，当局面又再度平息下来以后，就很容易找到卖主了。1901 年初，当福若瑟神父从坡里庄来到这儿后，马上就开始了购房谈判。但奇怪的是，他未曾想到会在总会长神父那里碰了壁。后者不愿意让修会去接收属于房产的田地。他写道："社团为什么要自己耕种？那需要多少的人力呀！这要求很多的兄弟去看管和经营呀。"

福若瑟神父肯定很快对此作了说明：区会会长的房子带有这么大一块可种庄稼的耕地，该是值得高兴的一件事。山东这里劳动力富裕，耕作田地困难不会很大。

早在 1901 年春，福若瑟神父就搬进新居了。他花钱不多就成功地得到了一处理想的房产。现在修会有了自己的家，连神的旨意都无法再找到比这更合适更漂亮的房子了。

尽管这个壮观的花园开始时杂草丛生，房屋破旧不堪，由贫苦的佃户耕种的田地十分的贫瘠，但是经过辛勤的努力一切都会好起来的。

福若瑟神父立即投身于工作之中，一些兄弟也给了他极大的帮助。几周以后，至少一部分房间已经可以住人了。不过如要把传教士集中到戴家庄看来依旧不行。尽管如此，福若瑟神父却不想把集结传教士这事拖到下一年。因此他和主教商量，是否把这次的避静放在济宁的主教府举行，同时也和他商定了合适的时间，初步安排在 7 月或 8 月。这或许不是一个明智的决定，因为在中国这段时间也是"大伏天"，温度升得出奇的高，这会给紧张的思想学习带来极大的困难。在后来的几年中，大多选择在 6 月或者是在 8 月 20 日到 9 月 20 日之间，这样天气就好多了。教徒们此时全力忙于收割，所以几乎不可能开展传教活动，神父们因此可以轻松脱身了。

把这些问题解决之后，就要开始抓大事了：为计划中的培训班从内部做组织上的准备。尊敬的总会长神父曾给福若瑟神父提了个建议，让他去上海学习耶稣会会士的做法，尤其是他们每年集结的具体方式方法。与此相关，还有另外一个打算。

多年来一个呼声越来越高：该请一名外来神父担任避静的负责人。他们特别青睐的是在江南地区传教的耶稣会教士切佩(Tschepe)神父。虽然传教士中并没有人与他有过交往，但他精明能干的名声已经广为人知。此外，他还是德国人，人们可以指望他用德语作报告。福若瑟神父十分高兴地采纳了这个想法，他也很愿意接受人们给他的建议和帮助，尤其是现在正处于起步阶段，尤其需要一个经验丰富的教团成员的帮助。

切佩神父是否真的是恰当的人选，是否能争取他来担当此项工作，这些只有在上海、在当时当地才能作出判断和决定。因此，福若瑟神父在 4 月踏上了去上海的旅途。途中他路过青岛，我们因此颇为荣幸，可以接待他，同时也招待因重要传教事务专程前来的主教。我已经有一年半没有见到福若瑟神父了，1900 年中所有可怕的事情都在这期间发生：他在这段时间里经历了多少波折啊！可让我惊喜的是，他的身体不是变得羸弱，而是更为健壮有力了。尽管他的健康状况还有待改善，似乎在上海应该去看一次医生，但比起暴风雨前是结实了许多。其他地方他一点也没有改变，和蔼、善良、谦虚。病痛的折磨一点也没有改变他高尚的品格，而是更坚定了这种品格，给了他更大的力量，让他更精力充沛地投入到他认为是上帝所要求的事业中去。顺便说一句，从那时起，他似乎是出奇的无所畏惧，面对外部危险时也是如此。这种大无畏的精神，在后来我们共同工作的几年中，表现得尤为明显。当地平线上乌云翻滚，恶毒的谣言在空气中弥漫时，我有时会在他面前表现出恐惧，我会对他说，我们又得遭受义和团的新一番冲击了。然而他的回答却总是很镇静："不会再出现这种情况了，我们不会再遭这样的罪了。"这种担忧似乎不再会让他感到不安，而在以前他还时不时抱怨说，从四面八方涌来的困难和危险压得他透不过气来，心中闷闷不乐。我本人之前也见到过一次，那时他正患着心脏病，脸色苍白，泪水在眼眶里打转。如今这种内心和外部的悲痛似乎不能再那么轻而易举地击倒他了。他离"长大成人，满有基督长成的身量"(《厄弗所书》，4：13)越来越近了。

过了几天，在主教结束了关于在青岛建立一个带有女子寄宿学校的女子修道院，在保护区和势力范围内设立德国学校的一系列事情的商讨后，福若瑟神父就乘船继续他的上海之旅。

由于在那儿没有见到传教团的首脑，主教和主管都不在家，他只得在原计划外延长他的逗留时间。在来自维尔茨堡舍雷尔(Scherer)神父的热情陪同下，他有足够的时间亲眼看到传教团在徐家汇的良好教育设施。他甚至去佘山朝圣了——那是一座小山，耶稣会会士们在上面建立了一座圣母教堂和一座天文观察站。当时只在周边地区出名的佘山，近年来却成为吸引朝圣者纷至沓来的地方，有些朝圣者甚至来自中国遥远的省份，因此现在正打算建造一个大一点的罗马式的朝圣教堂。

福若瑟神父并不是仅仅去朝圣，他是想利用这一机会找到前面提到的切佩神父。后者住在离人口稠密的商业城市无锡不远的观音山附近，多年来他就是那里的长老，在当地影响很大。当这位来自山东的朝圣者突然出现在自己面前，并带来一份请求时，这位年迈的神父吃惊不小。面对请求，他生动风趣地回答道："我是耶稣会士，只做上级吩咐我做的事。"这个回答以及他整个人的人格魅力令福若瑟神父心潮澎湃。在福若瑟神父 5 月 9 日从上海写给我的信中，字里行间显露出这种心情：

> 切佩神父是一名极其出色的耶稣会士。但愿上帝成全我们，让他来负责我们的培训班工作。因此我给主教和总会长写了信，希望这件事情可以成功。可您一定要在我们身边，和我们在一起待上一个月。(福若瑟神父也许担心我因工作繁忙而脱不开身。)当您看到一位留着长长白胡子的老先生，仍然妙趣横生，朝气蓬勃，您会感到高兴的。他刚写了一本书：《原始中国人》——多么有成就的人！(注释：这里可能出了差错。在切佩神父所写的那么多书中，我不知道上面提到的是哪一本。)

耶稣会传教团的上级乐意接受福若瑟神父的请求。切佩神父也收到了于 1901 年仲夏前往山东的委托。不过——正像他的总会长神父先前不无担心的那样——不是在最热的季节里接连两个月领导长达四周的神圣依纳爵的大型避静，而是负责为期八天的心灵修炼，同时参加研讨会，提些建议。

福若瑟神父的描述很正确，他确实是一位出色的耶稣会士。身材高大，留着雪白的长胡子，戴一付中国式宽边角质眼镜。尽管已经 70 岁了，但是还透露着年轻人的朝气；他思维敏捷，对一切可能的事情都兴趣盎然，有着充分的理解力。耕作，养蜂，养花，就如对传教活动、科学和苦行一样，样样精通；他是一个精力充沛的工作狂。尽管他忙于传教，却还能掌握必要的汉语知识，尤其是充分了解中国的历史，并撰写出一系列有关中国的历史书籍。

正是这最后一个原因，让他分外高兴接受邀请，来到山东这个中国文化的圣地。它为他提供了多年来梦寐以求的机会，近距离地来认识儒学的圣地。

对他要做的工作尤其重要的，是他真实而坚定的虔诚、他健康的苦行精神、他的高大和丰富的关于依纳爵学说的知识。

他讲授的祈祷神操课也获得极大的成功，至少大家都毫无例外地抱着很大的兴趣来参加了，我们完全有理由相信，收获是巨大的。他习惯在讲述思考点以前，常常举几个或多个实际的例子：用简明易懂且又独特的语言，尽管不是纯正的德语，辅以传教生活中的实例。由于长期生活在中国人和法国人当中，他对德语已生疏了：他说“第一帮和第二帮”，而不是说“第一组和第二组”等等。他的思想观点简明扼要，但有着丰富的内涵，与祈祷神操书中的精神和罗特汉(Roothaan)神父的解释完全一致。

本应在祈祷神操后举行的研讨会，在今年却不大成功。因为有些先生在祈祷神操一结束后就得马上往回赶，免得教区在很长时间内缺少教士们的帮助。

这至少是一个良好的开端。集中到一起参加学习，参加精彩的宗教讲座，最后还有区会会长神父的亲切关怀，有利于加深对宗教和传教这一职业的热爱，加强为实现一切美好愿望而作出的努力。带着满满的祝福，传教士们回到原来的工作岗位上去。福若瑟神父十分高兴。这个培训班意味着向前迈了一大步。他发自肺腑地感谢切佩神父的大力支持，感谢他的上级，是他们给他派来了这个人。

在姚宗李(Paris)的回信中，他告诉福若瑟神父，切佩神父将被调往扬州去了。

这样一来，后者很快利用了这一机会，以罕见的认真态度，把他在负责祈祷神操时大力倡导的对上帝意志的全身心服从，付诸实践。在山东度过的每一周和每一个月，对他来说都是那么的美好。他感到高兴的是，又一次生活在德国同胞之中了。做礼拜时唱起德文的赞美歌，也让他倍感喜悦。尤其使他振奋的是可以游览山东的历史名胜。安治泰阁下热心地为他铺平了道路，给他备了车，派了随从，动用了和官员们的关系，让他到处都受到热情的款待。即使在旅途中，切佩神父也是一位忠实的教团会员，“那么，先生们，现在让我们保持一小时的安静，一起来作默祷”——然后会有一段时间做每日祈祷，做念珠祷告、反省等等。可在空闲时间里，他总是很开心，满脑子的奇怪想法。

这次异乎寻常的传教活动结束后，姚宗李阁下来了通知，把他从令人喜爱的教区——离开那些诚实顺从的基督渔夫，在他的讲座中，他曾充满着爱意谈起过他们——调往一个因传教工作屡屡受挫而名声不佳的地区。这是一个很好的祈祷练习的实践机会。

福若瑟神父在给我的一封信中简短地提到了此事：“切佩神父在扬州闻名遐迩，那曾是传教区里最糟糕的一个地方，他也感到幸福和满足——真是一位让人羡慕的修士！”

我如此详细地讲述上述情况，是因为我想再现让福若瑟神父本人都欢呼雀跃的美好印象。这位优秀的耶稣会神父已经成了他的好朋友。他们不仅经常有书信往来，他还想方设法，后来又让切佩神父两次到山东南部来负责避静培训班的工作。

第三章
区会会长在1902年的忙碌身影及他所作的讲座

组织教士共同作宗教祈祷练习这一重大任务，由切佩神父在1901年胜利完成了，不过现在该轮到未授圣职的修士们了，无论愿意与否，福若瑟神父都必须在同年11月份为他们作讲座，并担任这个修士避静班的领导工作。同样落到他肩上的还有1902年要举办的所有避静培训班。他和主教商定，这一年的第一期培训班应在麦收时节举办；第二期则从8月20日开始，同时他还要负责一个为期七周的修士避静班，这是为十四位教士所开办的，他们这些人将许下永久誓言。

福若瑟神父面对如此多的工作，不免有些畏难情绪。他已经很长时间没有用德语作讲座了，他谦虚地表示，他胜任不了这项工作：这一说法也是无可辩驳的，可事实恰恰相反！他的讲座虽然不像切佩神父那样有独特之处，但也表现出绝对的扎实功底和丰富的思想内涵，充满了赋予他本人的那种苦行主义信念和火一样的热情。"我也甘心乐意为你们的灵魂费财费力"（《格林多后书》，12:15）回荡在耳边，他经常强调的词是：勇于牺牲，全身心投入，为了上帝的事业而努力工作和忍辱负重；这所有的一切都建立在一个坚固的道德良知基础之上：谦恭、清贫、忠顺、守贞。在讲座中，他也一五一十地转达了尊敬的总会长提出的建议，及其在多次通函里流露出来的想法。让我利用这个机会，在这里补充一些写于1901年1月31日的信件的内容，信中提到了"我们应该特别注意的多个非常重要的真理"：

1. 我们必须首先相信来自神的旨意的安排。因为《圣经》中说过："那些爱上帝的人，会得到世间一切最美好的东西。"

2. 如果偶尔一次发生的事情和我们的希望背道而驰时，我们不能失去勇气。因为我们身在大地之上，是为了使上帝考验我们的道德良知，也就是接受是否信任他和是否具有承受困难和痛苦的耐心的考验。棕榈叶只会奖赏给那些经受住考验的人，所以我们要多加小心，不能半途而废，或者屈服于可怜人类的情感冲动。

3. 想要获得幸福，必须审视自己的身份。身为修士者，应该全心全意地当好修士。集修士和传教士于一身者，要尽可能好地把两种身份联系起来。身为教士者，应安心当教士。如果你是个未授神职的修士，也应该努力做好自己的分内之事。

有一句极为重要的告诫：我们所处的境遇都是上帝所安排的。"甘心情愿地接受你的身份，最好不要希冀其他。"要在自己目前所处的环境中，尽可能地做到最好：这是为了上帝的荣耀，也是为了自己的尊严，还有他人的福祉。切勿被不满足的愿望与思想所困扰，诸如："幸福就在你尚未达到的地方"、"在其他地方你可以发挥更大的作用"或者"如果与你相处的人们和你所生活的环境是另外一种样子就好了"这样的一些气氛与想法很容易侵袭传教士们的思想，就如同粉霉病一般慢慢削弱他们的工作热情，导致"传教疲倦症"的出现，让他们变得无精打采起来。他们一定要接受自己的处境，因为这是上帝的意愿，是要通过天意的安排，通过目前的情形来考验他们的恭顺。——“我们的和平在他的意志之中”。

4. 这个世界的各个等级，尤其是在修士当中各等级的主要维持力量在于：一方要保持权威，而另一方则要心怀敬畏之情。因此各地所有的上级主管们都应该更加珍视下属们对他们的服从、尊重和爱戴。即使前者没有做到这点，后者也要努力保持那些美德，既要自己坚持，还要让他人也这么做。另外还要注意，不要让自己的言行使上级在其他人那儿遭受伤害。

5. 以上所述适用于修会的所有成员，不仅仅只针对他们的行政主管，还包括他们的教会领导。我们有义务去严肃而认真地对待这一问题。如果我获悉在我们的教众兄弟之中有人没有履行这些义务的话，这会使我感到非常悲伤。神圣的三位一体的上帝把秩序带到了人间，这些义务正是建立在这一秩序之上的，纵使不合我们的心愿，依然对我们具有约束力。它们明确地来源于上帝的秩序，所以必须得到加倍的尊重。

6. 我们每个人都一定要注意自己说的话！尽我们所能维护上级的权威，避免用无情刻薄的方式去评判他们的行为和意图，或者未经允许就妄加评判。我们根本不该对他人进行批评，或是动辄指责他人，好像我们有义务这么做，然而这样的义务并不像有些人以为的那样会时常出现。因此，我们要重视主所说过的话：“你们不要论断人，免得你们被论断。”（《玛窦福音》，7：1）。如果我看到那种怀有敌意的责备他人的欲望在我们中间蔓延开来的话，我将会感到多么痛心啊，因为这种欲望是有损于修士灵魂的呀！

7. 由于这个原因，我们修会内的所有上级领导人员都有保持清醒头脑的重大责任。因为如果他们的所作所为激起了那种责备的欲望的话，那么他们不但会因气恼而受到伤害，而且其权威将受到削弱，属下那原本美好、谦卑的灵魂也会受到污染。在这样的情况下，人性的弱点是很容易暴露出来的。

福若瑟神父很喜欢向别人阐释他的主管领导的这些以及类似观点，因为它们和他自己的想法是完全吻合的。而他特别身体力行地去实践自己的思想。“我来，要把火丢在地上。倘若已经着起来，不也是我所愿意的吗？”（《路加福音》，12：49）。把这种想法灌输给所有人，去爱中国人！简言之，他在自己的生活和工作中的做法，也体现在了在他的劝诫里，他之所以成绩卓著，也应归功于这一想法。他自己没有实践过的，决不会去苛求他人。

如果要对他的讲座挑刺，唯一不足的或许是他的语速过快，在表达上有时有一些夸张。——不过后面这一点纯属个人风格问题，没有什么好争论的。福若瑟神父对于来自他人的批评不仅没有感到反感，反而一再真诚地征求他人的意见，力求把一切都做到最好。

除了计划中的避静之外，每天晚上他还给那些正在为立终身愿做准备的先生们作一次宗教讲座。上午是讨论会，通常是讨论手册里的规章制度，也就是有关传教实践的问题以及类似的题目。

在接下去的几年里，他念念不忘的依然是如何将避静和讨论课办好，办得卓有成效，这是他最挂念的头等大事。他一直在寻找一位能带领大家进行避静的合适人选。我们很高兴在 1903 年和 1907 年，切佩神父能又来到我们这儿，有机会再次聆听他那精辟的讲座。他所讲的内容总是充满新鲜感，而且是欢快的、虔诚的，能振奋我们的精神，让人深受启发。1906 年，福若瑟神父自己担负起了作讲座的责任。1904 和 1905 年间，他把这项任务交给了写这本书的笔者。

现在，他十分关心的是让所有的先生们能在戴家庄待上“整整的一个月”，并且要很好地利用这一个月的时间。在作规定的避静时，督促大家严格地保持默祷的状态。在接下来的几个星期里，对宗教生活方面的祷告、沉思、研习和讨论在时间上作出了明确的规定，同时也留出相应的空闲时间，给有助于恢复健康的活动留出必要的空间。根据总会长神父的看法，在培训班的日子里，精神和身体都应该得到很好的休息。对那些怀着一颗真诚的心来参加该课程的人来说，这的确是他们想要达到的目的。一座小小的教堂，简朴而宁静，虽然面积不大，却拥有七个圣坛，足够举行圣礼仪式，吸引着人们去作真诚的祷告。讨论会和那个为此而设立的小小图书馆推动着众人去作心灵上的思考。一个美不胜收的花园为休闲漫步提供了得天独厚的场所。福若瑟神父不是那种兴味索然的人。他甚至设法造了一条保龄球道。当他组织一场愉快的休憩晚会时，这是他在开办培训班期间一直喜欢做的，摆上几瓶啤酒，身边的教友们说上一些幽默有趣的话，回忆一下年轻时的岁月，此时他会发自内心地欢笑，或者与大伙一起唱起心爱的古老的民谣，歌声响彻这宁静的中国的夜晚。出于由衷的爱和善意，他试着去接纳每一个人。他是有这样的机会的，因为在培训期间，所有人都要在他那儿做所谓的“个别谈话”了。

正如前面所说，就和福若瑟神父的心愿一样，每个参加这种培训的人，在培训结束时其身心都能获得重新洗涤，重新投入到传教生活中去。

福若瑟神父作为区会会长所做的当然不仅仅是召开研讨会，主持避静，这一点无需多言；然而，作为一位管理修士的主管所要做得最多、也是最难的事情是留意每个人的私人问题，关心他们的苦乐。而这一点往往并不被大家所注意，也不太会被立传者记载下来。在这一点上，福若瑟神父的所作所为，他的建议和关怀，为人们带去了多少福音，等到后来那次大规模报复浪潮发生时就显现出来了。

不过还有一项工作不能被忽视，即在这一过渡时间内去归纳和整理区会会长管辖范围内的文字资料。总会长神父特别要求所有一切，文件、档案、票据等等都要进行细致的整理。他还派了一位年轻的教士来协助区会会长完成此项工作。

当然，这样的协助至少暂时看来是帮了倒忙。这些年轻的传教士和修士被派来了，现在开始在他的手下工作，但也给作为修会主管的福若瑟神父带来了新的任务与麻烦，也就是要把这些人引领进入神秘的汉语世界和传教生活之中。只要能从其他的工作中挤出时间，他就会投身到此项任务里去。可惜的是，在当时和以后的几年里，他实在抽不出那么多的时间和精力来培养这些新人，而且他们中的大多数也必须很快就被外派到教区里去。但是，他还是努力使得这些新手能在尽量短的时间内学会尽可能多的汉语。即使在“闲暇时间”，他也会以一种轻松自然的方式，频繁使用中文的成语谚语，或者讲解一些有关传教实践中的问题。

他如此喜欢和乐意参加这些条例规定的交谈，却不允许这样的活动在空泛的、毫无意义的闲扯和废话中白白度过。他要借此机会实现"在轻松中获得所有有益的东西"的原则,但也不会强迫别人,或者显得十分做作。

很显然,鉴于他目前的身份,为了达到上述的目的,他必须努力扩建和提升在戴家庄的田产。考虑到这一点,总会长神父曾向他那里派去了一些兄弟。魏承恩修士负责家政,何(Romanus)修士负责农业,马天嘉修士主管园艺工作。在此期间,隋德明修士从事老房屋的修缮工作已经有一段日子了,费德勒修士和吴好思修士凭借他们在建筑以及木工方面的技术为他提供了许多帮助。暂时不打算新造大的房屋,通过一系列的扩建和改造,让那些旧的中式房屋具有新的功能。这项工作进行得颇为顺利。一个旧的大厅被改建成了一座庄严肃穆的小教堂,另一幢房子变成了餐厅和图书馆。通过适当的划分,又多隔出了一些小房间,这样在举办培训课程时,每位教士就可以拥有一间自己的小房间了。

福若瑟神父还为佃户们操心。本着真正的传教精神,他在搬来之后立刻去关心那些迄今为止一直隶属于这片田产的异教农民家庭,并且成功地使其中一部分人皈依了基督教。由于外来户的迁入,这一小小堂口的人口增加了。鉴于原先的佃户们的房屋已经部分破损了,福若瑟神父让人替他们盖了新屋,添置了新家具。这样,又有一批新的基督羔羊聚集到了他的周围,这使他倍感欣慰。

所有这些建造和重建工作都被放心地托付给兄弟们去完成,而他自己则踏上了巡游的旅途,这是他作为区会会长需要进行的视察巡游。这样的巡游不仅为他提供了近距离认识各位传教士、了解他们的生活和工作的好机会,更可以让他全面了解传教的情况,可以考察一下经过了风暴洗礼后的教区都发生了哪些变化。

福若瑟神父对此怀有多大的兴趣,这自不必多言,尽管他现在已不再拥有副代牧的尊衔了。安治泰阁下之所以撤销了他的这一职务,是因为从那时起,在任命了一位区会会长以后,教会和日常行政方面的事务必须要区分开。不过他依然是一位全身心投入的传教士,通过最活跃、最真诚的工作为使徒传教事业的内外发展做着努力。

第四章
义和团运动之后的传教情况,新时期的开端,教育和建造学校的计划

当时,重建工作是教区里的主要任务。安治泰主教在回来之后立即着手的争取赔偿问题在1901年春已经基本上得到了解决。现在要做的是将被风暴吹散了的羊群们重新聚集起来,治疗因迫害活动而留下的累累伤痕,重建被毁的大小教堂,使遭到劫掠的教民们获得应有的补偿。工作庞杂繁多,而且常有不和谐之声。一开始,总是有这位或者那位官老爷不予以配合,关于暴乱可能死灰复燃的谣传也一直没有停止过。在一些地区,先前骚乱的余波依然没有平息,尤其是在日照县和沂州府的东部,不少暴徒还在那里横行。而巨野县的情况更糟,1901年夏天的一个夜晚,曹庄遭到了一伙歹徒可怕的血洗。有六名基督徒惨遭毒手。事后有传言称,这些歹人之中就包括当年杀害两位传教士韩理和能方

济神父的凶手。在这事发生的前几天，在寿张县的凤凰集村，一个强盗帮也杀死了三名教徒。袁世凯曾经严令属下官员，务必将曹庄的凶犯迅速拿获。和中国的许多类似命令一样，这道指令在被执行时同样大打了折扣，的确抓了一些人，可永远没有擒获那起恶劣案件的真正元凶。

从这些事件可以看出，传教区还没有完全恢复安宁。这是那场席卷了整个中国的风暴过后留下的层层涟漪。老太后逃到了由巍峨的群山环卫着的西安府，而且据说朝廷正在策划组织一支新军投入抗击外虏的战场中去。瓦德西元帅以迅捷的行动抢先下手，粉碎了这一愚蠢的行为。尽管如此，全国依然谣言四起。另一方面，那麻烦的赔偿问题也再一次起了风波，无疑又平添了各种烦恼。直到问题得以解决，政治局势也稳定了以后，全面的安宁才终于重回教区。教民们从此可以过上平静的生活了。他们能够重建屋舍，耕作田地，也能让自己的心灵重新得到关怀了。

现在，民众和官员们逐渐开始进行反思。1900 年的恐怖事件使得所有人都相信，用暴力手段来抵御外来影响的做法终究是不可行的，中国已不能再躲在长城背后将自己同世界隔绝开来了。那些过于守旧的狂热分子大势已去了。

由此引发的第一个结果就是，现在人们已不再像从前那样对基督教徒斜眼相向了。很少有人再抱怨说骚乱是由基督徒，以及传教士们对教徒单方面的袒护而引起的了。现在，同样在多年以后，从官员的口中经常可以听到以下令人诧异的评价：基督徒们改变了，自打义和团运动以后，传教士们也变得更聪明了。这种说法只符合少数个别的情况，从总体上看，它并不正确。并不是教民与传教士改变了，有所变化的是民众和官老爷们。一旦他们开始以更大的包容度来对待基督教民和传教士，衙门所面临的种种抱怨和麻烦自然也就迎刃而解了。可是就此我们还绝不可以断言，永恒和平的旭日已经在我们教区的上空冉冉升起了。在当时以及以后的日子里，令人不快之事仍然在发生着，只不过频率下降，而且造成的破坏程度也不及以前了。

现在新教民的数量也在增加，特别是在西部地区，慕道者的数量非常之大，正如一些传教士所言："想要多少就有多少。"皈依基督教的热潮从没有像在义和团运动之后的那几年里如此汹涌过。

在其他大多数的传教区里也都呈现出这样的情况。只需将中国教区现在的统计数据和 1900 年的数据进行一下比较，就能发现天主教会在中国取得了多么非凡的增长。老话说得好："殉道者的血就是播撒传播基督教的种子"，用于此处倒也不无道理。

除了这些日益增多的对民众心灵进行关怀的义务之外，传教活动又面临着新的课题。

无论对于中国，还是对于传教事业来说，在经历了前几年战乱的阵痛以后，一个新时代已经到来了。古老的中国开始转型为一个现代化的文明世界，这一转变——它无疑是整个世界史中最重大的事件之一——经过了长期的酝酿准备，并屡遭挫折，现在明显地加快了前进的步伐。我们现如今(笔者作此拙文时正值 1918 年)还依然身处该进程的初始阶段。事事大多还仅流于表面。这个民族的主要群体在思想上、感情上以及生活习惯上对此变革都尚未产生深切体会。然而我们今日所生活的中国已然与上个世纪迥然不同了！30 年前，甚至是 20 年前，即使在最大胆的梦中，我们也不会相信如今在我们的眼前所实现的一切：火车呼啸着在孔夫子的圣地上飞驰而过；邮差每天都会有规律地敲响我们家的门;中国人已经不单单钟情于他们那古老的旱烟袋了,不少人抽起了香烟,还试着喝起了啤酒;是啊,甚至连他们的辫子,在外国曾经是全体中国人的标志,也已经被剪去了;此外还有,传统文化的一切辉煌都必须让位于现代的教育体系,这一体系按照外国的模式,正不断地发展壮大着;当年如此骄傲和自我感觉良好的中国人现如今已倾向于向外国人学习了,即使还谈不上热衷于舶来品的话——中国人不仅想要他们自己的议会,选举大战,建立政党和新闻机构,就如同其他现代国家那样,甚至就连那张已存在了四千年、历经了众多王朝更替的古老龙椅也被推翻了,取而代之的是高举五色旗的共和国,以及那至少在名义上成立的口号:自由和人人平等。纵然想象力再丰富的人,在 20 年前恐怕也不会设想到今日之巨变吧?

这一暴风骤雨般的过程对于中国到底是福还是祸?对于世界到底是好事还是坏事?它给我们带来的一些结果是否原本可以变得更好些?要回答这些问题绝不容易,而且也只具有理论上的价值。我们必须考虑到目前的现实状况,并且相信上苍保佑中国,也保佑所有其他民族。中国已向新的国外文化敞开了大门,这样一来,长期守旧而僵化了的大众,拥有 4 亿人口的这个民族焕发出了活力,在寻找新的道路。迄今为止,新教的美国和异教的日本是对他们最具影响的领路人和先驱。去那些国家留学是中国青年的首选,在那里学习有用的知识,但同时也吸收了某些不健康的思想。天国赋予我们教会教化各民族的使命,引导他们踏上通往圣土的道路,教会怎能对此袖手旁观呢?它难道不应该投入此变革的洪流之中,向他们赐福,尽全力指引他们吗?

如果我们扪心自问,在这 18 年来我们都为此做了些什么,我们绝对有理由屈辱而又谦恭地摇摇头。不过我们也可以补充一句,责任并不完全在我们身上。之所以没能取得更大的成就,在很大程度上必须归咎于缺乏相应的物资与力量。

总的来说,天主教的传教士以及他们的领导已经充分意识到了新时代赋予他们的任务,并为之竭尽所能。且不用说基督徒的数量增长迅猛,在学校和教育领域也是成绩斐然,如果没有那场可怕的世界大战,我们现在的步伐本可以跨得更大一点。这里所说的同样适用于山东南部。

安治泰主教在他与袁世凯的第一次会谈时就获得了深入探讨教育问题的机会。这位劲头十足的袁世凯在以后的一段时间内,其实是在山东和日后在直隶所有一系列改革的最有力的推动者。他计划在济南府开设一所高等学府,并委托主教从中提供帮助。可惜安治泰主教没能答应他的要求。结果袁便转而寻求美国传教团的帮助,后者派来了海耶斯先生作为筹建这所学校的项目负责人。但是他也好景不长。鉴于当地对于儒学的崇拜,他不久便被迫离职了。

安治泰主教拒绝了袁世凯,这并不表示他不想在建造新式学校的问题上发挥作用。他非常明白该问题在此时此刻,此种情况下具有何等意义,并确实准备牢牢地把握住这一机会。的确,就在他和巡抚的那次会谈中,就已经提出了一套自己的建造学校的计划,并寻求到了巡抚的支持。

这个问题为什么直到现在,在传教区成立了差不多 20 年之后才受到重视,这其实并不令人惊讶。在中国的传教实践中,学校从未获得过像在非洲那样的地位:在那儿,它似乎是传教方法中的首选。那里流传着这样的口号:“先赢得孩子,再通过孩子来赢得他们的父母。"在中国,由于家族的亲缘关系非常强,家长的权威相当大,所以最好采取相反的策略:"先父母,后孩子。"得到了前者,也就得到了后者。因此这里的传教士把重点主要放在了成年人身上。从前在中国教区,学校的目的仅限于培养必要的传教人员,另外向中国的孩子们进行宗教教育,如果可能的话,也对他们进行相关的中国式的教育。只有在个别情况下,它才会成为发展新教徒的传教手段。正如我们所看到的,相应的在山东南部已经有了一些教育机构:神学校,培养传教助手的学校,部分供孩子学习宗教基本课程的祷告学校,还有按照古老的当地方法教授中国古典知识的小学。其数量自然不算多,可是在中国的教区,除了少数更大、历史更悠久的教区之外,平均水平也不过如此。就连这些小小的学堂,它们都时常要为自己的生存而奋斗呢。山东大多数贫困的农民并不特别看重学习。他们需要他们的孩子们下地干活,捡柴火和拾肥料。对于他们来说,读书实在是种百无一用的营生。

教授新式科目,外语和外国科学知识的学校在那时是不可想象的。守旧的中国把这些统统视作纯粹的胡闹。在这种情况下,教区自然不会在这一没有什么发展前途的领域上浪费太多力量、金钱和时间,因为还有那么多事情必须去做。

尽管如此,如果我们有一点前瞻意识,至少在那时培养一些人才,以便在后来的新时代发端之际作为我们的辅助力量,那就更好了。新教的传教士们就是这么做的,他们在这一方面领先了我们一大截。他们从很早以来就致力于多方面地开展这项工作,而天主教的传教士们则在尽全力进行着直接的传教活动,去直接关怀各个灵魂的福祉,因而占用了全部的精力。对于散布在无数的小地区的那些新加入的教徒们来说,由天主教所提供的灵魂关怀(布道、宗教课程、聆听忏悔等等)的重要性是不言而喻的。可这样一来传教士就无暇他顾了。让传教士感到安慰的是,这样的灵魂关怀建立和培养起了真正的基督教精神,而那些非天主教的学校和文学活动在民众中,特别是在非基督徒当中,首先只能为基督教创造出一种舆论氛围而已,或者说只是一种糅合了基督教和儒教的氛围,创造出一种充满着基督精神的理性主义。不过也决不能就此否认学校和舆论界的巨大意义。毕竟,想要对上层人士产生作用,在更高层次的精神生活中发挥影响,只有走这条路才是可行的。

如前面所述,山东南部传教区在1900年以前对于建立学校的问题一直都没有给予足够的关注。郎明山神父早在80年代末就计划兴建一所规模大一点的学校。它将是一个综合性的机构,各级学校、传教助手学校、神学院都集中在一起,位于沂水的某座山上。他本人为了此事竟劳累而死,而这项计划也随着他共赴天国了。

十年之后的1897年,主教自己也认真地提出了一份兴建大规模学校的计划。福若瑟神父曾把准备上呈至罗马的申请书用心地翻译成了拉丁文。利奥教皇对此颇感兴趣,并且表示愿意提供财政上的支持。然而如同许多其他的计划一样,该方案由于受到了那场迫害风潮的冲击而不了了之。况且福若瑟神父本人对这件事也并不十分的热情。

在于1897年12月28日写给主教的一封信中,他就此事谈了自己的看法:

主教阁下,请容许我就兴建学校的问题提出我个人的观点。但是您也知道,作如此大的规划我是力不能逮的。

几年前,当阁下提出建立高级学校的倡议的时候,萦回在我脑海里的只是严格为教会获得好处(stricte in bonum Ecclesiae)的学校，那种按照欧洲的男童神学校以及寄宿学校的样式建造起来的、类似于耶稣会办的学校，而不是覆盖了所有学科、教授各种自然科学、外语等等的学校。凭我们在山东南部的力量，还远远不能达到建造后者的要求。郎明山神父的方案(经过一定的修改)也是我所赞成的方案。耶稣会士们在献县已经差不多实现了这一目标。那里有二百名学生。四位教士和二十位老师专门负责相关的工作，但也已经相当忙碌了。教育必须按照严格划分的各个年级，系统化地进行，就如同欧洲的全中学制那样。各项规章制度必须完善，使得它就好像是一所井井有条的神学校。到了一定的年级以后，同样得进行分级考试，然后分别进入神学校、传教助手学校等等。我认为，戴家庄是个非常适合设立这样的较大规模机构的地方。当然建造时必须有一个统筹的计划才行，就如建立布里克森(福若瑟的家乡)的文岑梯努姆(Vincentinum)高级文科中学那样。以上仅是在下的一些肤浅之见，是一些不成熟的想法。

上述信函写完后，中国的局势发生了出乎意料的剧变，使得学校问题也出现了变化。

中国现在迫切需要现代化的学校。上级主管部门乐意为之提供帮助。对于传教团来说，现在正是涉足这一领域的大好时机。尘封已久的大门已经开启了，身居高位的异教徒们长久以来对传教活动都持一种不信任和抵制的态度，通过学校，可以架起一座连接他们的桥梁。通过学校，可以有机会向文化人士施加精神上的影响；不过最主要还是对于基督徒后代的教育和培养，以使得教民们在社会地位和精神上不再落后于其他民众。

这是在对形势进行了充分的利弊权衡之后得出的不容辩驳的结论。如今，兴建学校的时机已经成熟了！

我们在前文中曾经提到过，在青岛的一次会晤中(1901 年 4 月)谈到了其中的部分计划。不过当时首先考虑的是当地的利益，即设立一所女子寄宿制学校。这样的学校似乎可以在青岛有其立足之地。为了落实这一计划，主教把目光投向了已在其他教区内广施善行的方济各会教团的圣母玛利亚女传教士们。他与该教团令人尊敬的首脑交涉，请求将部分女传教士划归到我们教区的辖下。白明德神父被授命负责建造必要的房屋，以便这些女传教士在 1902 年初就能入住青岛，开设一所女子寄宿制学校。由于她们无私忘我的奉献和精心的管理，这所当时建造的学校历经了青岛所遭受的各种风风雨雨，尽管处境艰难，依然将福音撒遍了四方。

另外，当时还建立了一所小型的铁路学校，用德语授课，从青岛，更准确地说，是从胶州地区招收学员。山东铁路的主管、土木工程监督官希尔德・布兰特(Hilde brandt)是这项计划的发起人，因为他希望借助这一最快捷的方法培养出一批可用、可靠的人员，从事新建铁路线的站台以及乘务值勤工作。这一想法也得到了实施。因此，当我们日后在山东的铁道线上旅行时，能很高兴地看到在几乎每一个车站上都有我们的学生在欢迎我们。他们大都是年轻的天主教徒。

可是，这些并不是安治泰主教最初的建校计划。他一直念念不忘的是在兖州府建造一所现代式样的高等级学校。

他希望赢得政府对这所学校在财政和道义上的支持，允许招收异教学生。在与袁世凯进行了多次谈判之后，终于签订了一份协议。根据协议，主教和巡抚拥有对这所新建学校的共同监督权。欧洲教师由主教聘请，中方教员以及一位中国督学则由政府任命。宗教课不列为正式课程。在以上条件得到满足后，巡抚才同意每年为学校提供两千两的资助，以后增加到四千两，并正式承认这所学校。

安治泰主教觉得，自己其实在这份协议里占了个大便宜。于是，在兖州府展开了热火朝天的建筑工程，或者说，有不少工作早已进行许久了。1901 年 8 月 15 日，主教便可以为已完成了主体框架的教堂举行落成典礼了。这一天也是他个人成为教士的"白银"纪念日（二十五年）。大批传教士和所有的中高层官员都参加了庆典，向主教表达他们的祝贺。而他则感谢上帝，缅怀走过的二十五年历程。随着教堂的落成，他觉得自己的一个人生目标，在兖州府建立教区，已经以一种美妙的形式得到了实现。这肯定是他在庆贺自己成为教士二十五周年的纪念日上所收到的最喜欢、也是最有意义的一份礼物了。

在这座新教堂的阴影下，如今又矗立起了一系列新建筑：一座供主教居住的宅院，神学校的校舍，它们在胶州湾地区发生骚乱的时候曾经作过临时避难所，以及计划中的那所公共学校的一些必要建筑。早在 1902 年初，即中国农历的 2 月，这所学校便举行了隆重的落成典礼，官员们也到场祝贺。特鲁佩尔（Truppel）总督发来了贺电。那位年迈的彭道台在典礼上讲了话。这是他一生中第一次在公开的场合发言，而且所说的又是像月球上的景色这样他一窍不通的话题，即关于"现代化学校"的话题。他的致词里堆砌着许多文言古语，如"废话不说，须专心研习汉语也"等等，但到底还不算糟。在这之后又有过多次别人的讲话，但从智慧上说，都不及这位年迈的彭道台的致词了。

开始时，学校的领导工作由柯瀛洲神父负责。他招收了三四十名异教学生。为了完成招生计划，不得不从孤儿院的孩子中挑选部分学生。学生的受教育程度参差不齐：并排坐着的既有几乎不会阅读和书写的小男孩，也有一些大孩子，他们已经接受过数年的中国教育。但他们也缺乏其他一些科目的学前知识。老师们必须从初步知识和乘法口诀表开始教起。中文、德语、算术、地理以及一些自然学科——这些是暂时的主要课程。至于教学计划和教科书等等，一切都还处于摸索阶段。中国政府自己也不清楚，他们在教育领域到底应该追求些什么。

数月后，在当年的农历 10 月，即公历 11 月，在济宁开设了第二所类似的学校，由培渥蓝神父负责管理。第三所学校建在胶州地区，管理者是司鼎名神父。

福若瑟神父本人对于这些学校的建立并没有显示出特别的兴趣。他采取了观望的态度。但这没有妨碍他非常努力地帮助主教进行那些累人的谈判，尤其是帮助完成那些必需的书面工作。

在结束这一话题之前，笔者还想再通报一下这些机构与设施后来的命运。

开始时，一切都运转正常。学生数量不断增加；学校的存在对于传教事业的帮助也日渐明显。教区得以借此同有影响的社会名流和官员建立起亲密而友好的关系。有些猜疑和偏见已经被完全排除了。即使那些异教学生没有皈依天主教，他们其中的一部分在生活中也会依靠天主教会，并且心存感激。

1903 年秋，兖州府的学校获得了新的宝贵的师资力量，是三位从欧洲来的"玛利亚小教团"的成员，所谓的"玛利亚修士"，这一教团在日本已建有一流的教育机构。无论是作为修士或者老师，他们都表现出色，在校长加勒瑞（Gallerey）先生的领导下，他们不惧艰难，自学汉语，前来教育和培养中国的学生们。

济宁方面，后来转由布恩溥神父负责。那里的教师人数也有所增加。

然而，尽管我们不断努力，尽管我们在开始时满怀希望，可是困难却日益增多，工作的前景愈发渺茫。首先，政府于 1903 年决定，在兖州府、济宁和胶州开办自己的国立学校。根据协议，教区有义务也为这些学校聘请欧洲教师。这在某种意义上是有益处的，因为影响范围扩大了；可这对教会学校来说却是不利的，因为这些国立学校不但不收学费，甚至还提供免费住宿和生活费，这当然会影响到我们的生源。

而教育部作出规定，外国人开办的学校无权颁发由国家承认的毕业证书，这使得形势更是雪上加霜。这样一来，主教当初签订协议时的主要目的，即得到国家对学校的完全的法律认可，就不得不被打上一个大大的问号了。投诉与争辩换回的只是些好听的托词而已。毕业生们必须到济南府的高等学校参加考试。这可不是学生们想要的。他们想在离开这所学校的时候，能和国立学校的学生一样得到一张合法的文凭。如果办不到的话，那还不如一开始就去国立学校念书。原本有一阵子我们的学生数量很多，但这样一来便急剧下降了，而且就算新招来的那些学生，其资质也相对比较平庸。

最后，还有关于孔子崇拜的问题。根据合同，信教的学生可以例外，可以不举行此种仪式。可是政府不打算让那些异教学生也成为例外，至少没有在书面上进行保证。虽然我们的学校从来没有举行过这种由政府规定的祭孔仪式，但相关的法律依据问题一直没有得到解决，这也就意味着风险也会持续存在。

所有这一切，特别是完全禁止宗教课的做法，以及双重领导所带来的麻烦——由传教团和政府各派一位教育监管人员——使得学校的工作效率下降，成果寥寥。在此期间，中国的教育事业继续发展，并逐渐初见雏形，这也给教会的教育活动带来了发挥的空间。如此一来便出现了一个紧迫的问题：迄今为止投入到学校中的这些力量是否可以发挥更大的功用，取得更大的成功，如果放弃沿用至今的与中国政府“合伙办学”的方式，开设自由的独立的学校的话，是否会更好？

权威人士和在学校工作的传教士都给出了肯定的回答。当 1908 年对协议进行第二次续约时——第一次是在 1905 年——教区方面便提出放弃协议，于是，那些建立于 1902 年的学校也就随之停办了。

第五章
福若瑟神父再次成为教区副代牧，宗教预备培训课程，1903 年发生的其他事件

1903 年 1 月，安治泰主教宣布在兖州府召开一次会议。会上要讨论传教区的重新划分以及其他相关的问题。主教利用这一机会，再一次任命福若瑟神父为副代牧，这是他以前曾经拥有过的荣誉。任命书上所署的日期是 1903 年 1 月 20 日。原先已任该职一年了的魏嘉禄神父前不久调任去了青岛。

主教的这一行动无疑满足了传教区的愿望。从经验、声望和品德上讲,没人比福若瑟神父更适合这个职务了。而他原本担任的区会会长一职并没有因此而变得困难,反而更容易了。因为由于职务的关系,他在教会事务中又拥有了一定的权威,于是他便可以更自由地行事,不用再把修会与教会的事情分得那么泾渭分明了。在当时的情况下,如果不考虑其他因素的话,这份安排对于教会来说是一种不可小瞧的节省人力的做法。把区会会长和副代牧的工作交给一个人,就可以使另一个能干的人有空去处理其他事情了。

福若瑟神父绝不是个沽名钓誉的人,但他还是非常高兴能够再次成为副代牧,唯一的原因就是他借此终于又可以直接参与到修会和基督教堂口的实际事务中来了。我们明白,他的心中对此是多么渴望啊。在戴家庄时就是如此,只要有可能,他就像一位传教士那样去工作。他不但在周围建立起了一个小型堂口,勤勉地为当地百姓带去灵魂上的关怀,更通过举办宗教预备性课程来影响更多的民众。

我们在这里说到了慕道预备性课程,那就有必要先解释几句。在一些传教区,人们把它理解为一种为那些意欲成为基督徒的人们提供为期几个月必要的宗教课程的机构,同时向他们免费提供膳食。在经过一些相关的准备之后,为他们举行洗礼仪式,然后再让他们离开。

在山东南部教区,这样的课程并不多见。在各个堂口,只有当主教偶尔巡游路过时,或者进行年度布道时,才会举行洗礼仪式。传教士的任务是由他自己或者他手下的传教助手们为待洗礼者做相关的准备。当堂口和教徒的数量比较少时,即使采取这种办法也总可以提供充分的入教准备。可传教区越是发展,教徒的数量越多,此项工作的难度就会越大。一个传教士已经承受着为数量众多的已受洗者提供牧灵工作的重负,他怎么可能还有余力去为那些分散在多个村庄里的二十名、三十名或四十名待洗礼者做准备,哪怕只是好好地认识一下他们呢?在某些堂口,近几年来已有数以百计的成年人受了洗。形势如此之好,于是不可避免地会有一部分人,即使人数并不多,在受洗之前没能做好足够的准备。这种做法是不健康的。洗礼前的准备越不充分,日后在接受灵魂关怀时所遇到的困难就会越大。这样的教徒不那么靠得住。在以前的风暴中,我们得出了这一经验。这些风暴清刷了谷场,将一些陈糠烂谷都吹走了。当优秀的教徒们很快又聚集起来,心态重趋平静时,一些新发展的、对基督教还知之甚少的慕道者们却在迫害浪潮前退缩了,他们再也没有回到教会,纵使日后众多新的皈依者又蜂拥而至,他们依然没有出现。可是还有相当一部分刚受洗礼的人竟也经历了相似的命运。在一些地区,传教士们不得不花费很长时间去寻回这些迷失了方向走丢了的羔羊,在洗礼前所缺失的东西,现在以这种方式进行着报复。福若瑟神父所一直强调的问题现在就看得很清楚了:没有什么比一个良好的基础更必不可少了。有一段使徒的警言说得好:“只是各人要谨慎怎样在上面建造。因为那立好根基的就是耶稣基督,此外没有人能立别的根基。若有人用金、银、宝石、草木、禾秸在这根基上建造,各人的工程必然显露,因为那日子要将它表明出来。有火发现,这火要试验各人的工程怎样。”(《格林多前书》,3:10—13)

义和团的风暴正是这样的一把火,它考验了教徒们的忠诚,也考验了教会的工作,但部分结果并不让人满意,而且根据上文所述情况看来,结果也不可能变得更好。不过绝大多数人毕竟依然能保持忠诚,通过了火的考验,我们应该为此感到庆幸并且感谢上帝。

但是由此可见，为待洗礼者做好扎实的准备以及对新皈依教徒的教育是何等重要。福若瑟神父相信，他把时间花在这个工作上是最值得不过的。在征得主教的同意后，他于1902年冬在戴家庄开办了第一所慕道预备性课程学校。他要求邻近的传教士们为他输送一批正在准备进行第一次忏悔和领取第一次圣餐的新入教的基督徒。

他的邀请得到了可喜的反响。到处都给他送来了人，人数之多几乎超出了戴家庄的接待能力，也是他自己所没能想到的。在大约四周的逗留时间里，会提供给他们简单的伙食——这是必要的，因为否则的话就不会有良好的秩序——此外，也是最重要的，就是让他们能听到生动活泼的宗教课程，指导他们如何面对基督教生活。在这方面，福若瑟神父显得如鱼得水。人们只要看一下，他是怎样站在他的新教徒中间，就如同一位慈祥的父亲在他的孩子们中间，就明白这一点了。没过多久，他就能叫得出每个人的名字，熟悉他们的家庭情况，对所有人的忧愁和关心的事情都表现出浓厚的兴趣。但他所做的所有这一切，都只是为了赢得他们对基督的虔诚之心。有助于这一目标实现的，主要是他那出色的布道和他编写的宗教知识问答讲义。身为一名老的传教士，他明白如何让听众对自己所宣讲的材料产生兴趣，使他们印象深刻；他引导大家向前，给他们以温暖，让他们在结束课程之后有一种获得了新生的感觉。就算过去了很长时间，依然会清楚地记得他们曾经参加过这么一个课程。

下完了第一盘棋，紧接着就会再下第二盘。

福若瑟神父在1903年3月26日"圣若瑟夫节"给我的信中写道："我筹建了第二所慕道预备性课程学校，招收了一百八十四名学员。其中的艰辛自不必多说。我认为，在戴家庄，或是济宁，或是兖州府开办一个常设的、具有类似目的的慕道预备性课程对于整个山东南部都会造福不浅的。"

几天后，即3月30日，他又写道，他已经开始在兖州府筹建另一所慕道预备性课程学校了，那里可以为大约一百名慕道者提供洗礼前的准备。

进入这一学校学习的慕道者等了很久准备接受洗礼，他们已在传教助手那里学习了必要的祷告方法和基本问答手册上的内容。宗教预备性课程将为他们做最后的准备。将通过问答授课以及布道宣讲的方式再一次讲授宗教真理，让他们多多祈祷，最后通过自己的祈祷练习迎接他们生命中那个伟大日子的到来。对新教徒的教育，并不限于慕道预备性课程学校里"口头上"的，就如同在某些传教区里所常见的那样。他们应该先在家里下定决心，向人们表明自己要成为基督徒的意愿是认真严肃的。如果他们不是由于渴求精神上的食粮而是出于饥饿的原因才接近基督教的话，那么危险就近在眼前了。对于这样的人，耶稣基督曾说过："你们找我，并不是因见了神迹，乃是因吃饼得饱。"(若望福音，6：26)

后来的事实证明，福若瑟神父的这个打算在较大城市里常年开办宗教预备性课程的想法实施起来并不容易，因为农民们不可能在一整年中都有时间去参加这么一个课程，况且让人们大老远地汇集到一处也并不是件那么简单的事情。

这种训练最好还是在各个分散的区域内进行为好。

卢国祥神父，作为传教士和作家已经为山东南部造福颇多，现在又用他那支生花妙笔为这桩善举服务。他想到了一个好主意，在欧洲为我们新皈依的教徒寻找教父，每月向一位慕道者提供10马克的生活费，这样一来，就能使一位慕道者有机会花一个月的时间参加宗教预备性课程，为受洗礼做好充足的准备。这个幸运的受洗者要将那位高贵的施主视为他的教父，更要为他祈祷。

他还以同样的方式为首次领取圣体者征集乐善好施者。在山东南部，人们习惯于把第一次领取圣体，当然还有首次办告解与洗礼区分开。这样的话，充分的准备工作就很受欢迎，甚至是必不可少的了。对于那些参加了慕道预备课程的人们来说，能在第一次领取圣体之前得到一次灵魂的重新洗涤，将是一种巨大的幸福。像这样的牧灵工作是不可能在各个分散的地区都充分地进行的。必须把人们集中起来，大家一起上课时，教士就是一条河，否则的话就得变成一滴一滴的小水珠逐个喷洒。如果这种训练组织得好，它将成为促进教徒们信仰生活的一种极好手段。

依靠自己的力量在山东南部开创这些慕道预备课程的福若瑟神父，终生都是这项事业的热情推动者。当然，这里最重要的不止是“做什么”，而是“怎么做”的问题。如果有一位传教士能以如此火一般的热情，如此坚决、如此灵活机动地经营他的宗教预备课程学校，就如同福若瑟神父所做的那样，那么他一定会大有作为的。首先要做的是，那些准备接受洗礼的人们，在这之前就该显示出他们是严肃认真的慕道者，此外，要耐心细致地对待上课、宗教练习并遵守纪律。在此期间，教士不应该吝啬自己的力量，那些最虔诚、最热情的传教男女助手也是好帮手。他如果这样做，就一定会看到自己所付出的努力是多么的值得。只有当一个传教士在经过数周的艰苦工作与悉心筹备之后，终于看到那些大大小小的孩子们迎来了他们的伟大日子，接受了洗礼或者第一次领取了圣体时；当他看见贫穷的新信徒们在圣礼进行时是多么的认真、真挚和虔诚时；当他看到在一个又一个人的眼眶里打转的泪水，或是脸上由于崭新的、充满了宽恕的基督教生命和光芒而洋溢着幸福和欢快之情时；当他们把他当作宗教上的父亲而由衷地表示感谢，并许诺一辈子行善，从他的手中接过了玫瑰念珠作为一份珍贵的纪念品时；传教士才会感受到慰藉与喜悦。当然遗憾的是，不是所有人都能坚持到最后。不过，传教士可以问心无愧，他已经做了他应该做的事，他也可以希望日后会与这群羔羊中的许多人在天堂里重逢。

可如果训练时不够认真，没有完成上述的要点，那么这些慕道者就不会有大的作为，该课程的作用也是大可怀疑的。

正如我们在上文中顺便提到的，福若瑟神父在兖州府开设了第三所慕道预备课程学校。因此，他于3月底重新又把住处搬到了那儿，戴家庄的事务临时托付给了另一位传教士。

当时在兖州府涌动着一股办学热潮。除了新建的德中学校和由优秀的陶加禄神父（他刚结束流亡生活来到胶州）领导的神学校之外，也该让培养传教助手的学校重新焕发生机。郝德明神父接手了这所学校的领导工作。来到他旗下读书的人不多，但鱼龙混杂，因此开始时给他带来极大的困难。当他在福若瑟神父的支持下幸运地挫败了一次罢读企图之后，学校的常规运行终于渐渐地步入了正轨，只是由于不久后因迁往济宁而有过短时间的中断。迁至那里后，郝德明神父便常年忠心耿耿、孜孜不倦地投入到了对传教助手的培养以及他个人的写作中去了。

福若瑟神父本人给这批成为孤儿的男童女孩带去了慈父般的呵护，只是他们还得住在非常狭小的房间里。不过，给人以灵魂关怀，开办宗教预备课程和安排避静练习，特别是区会会长和副代牧的工作，占去了他的全部时间。

在这所有的工作之中，位于兖州府的主教府由于驻青岛总督特鲁佩尔阁下的来访而格外洋溢着喜庆的气氛。这是自司艮德领事那次引发了巨大伴随效应的访问之后，12 年来德国高级别官员首次造访兖州府，这对于这座城市来说可是件不寻常的事情。总督在众多军官和士兵的陪同下，受到了主教以及地方官们的隆重欢迎。此次访问恰逢圣周和复活节。福若瑟神父忙得不可开交。他既要着手准备为他的慕道者们洗礼，而且随着信徒数量的迅速增加，他还要倾听大量的告解。尽管他实在无法抽出很多时间接待客人，不过能再次见到特鲁佩尔总督，依然满心欢喜，他从心底里敬仰这位总督。

在此期间，传教区内的其他地区工作仍然在进行着，并取得了大小不等的成果。曹州府那座被毁的赎罪教堂已经得到了重建，而岳文成修士正在成武和单县兴建教堂。总体上看，各地都呈现出一派宁静祥和的气氛。唯独在郯城、沂州府东部和日照，传教的形势还有待改善。在郯城，1900 年以前的问题依旧没有得到解决。一些很有势力的乡民首领不赞成与基督教民以及传教活动和平相处。过了好长一段时间，才把以前风暴的余波彻底加以平息。

日照的情况更加糟糕。那里似乎比其他任何地方都更充满着敌意。当地的官员地位羸弱低下，又没有军队帮他的忙，这恐怕是一个相当重要的原因。一些带头闹事的头目——还是 1900 年前的那些人——总能将百姓们蛊惑起来。衙门却从不敢对他们采取强硬措施。就在前几年，骚乱又起，一位来自于沂州府东部的教徒惨遭杀害。尽管如此，主教还是与济南的巡抚商定，让我们与那些首领通过协商达成和解。我之所以写下“我们”，是因为那时我自己和法来维神父正好在那一带活动。有一个头目和他的手下很不乐意这么做，但还是进城来拜访了我们，并且保证日后将会与我们相安无事。然而，另一个参与了上述谋杀事件的头目，他来自于因为薛田资神父事件而出名的街头地区，他却拒绝了我们的邀请。当地的官员亲自前去找他，劝他理智点，让他前来赴会，却遭到了他手下手执武器的暴民们的包围与威胁。沂州府长官派去的一队士兵的境遇就更加悲惨了，有一部分被暴徒们杀死在了山谷之中。这回可捅了大娄子了。政府无论如何是不能容忍发生这种事情的。那位姓胡的长官亲自率兵出发，而且潍县方面也派兵前来支援。在此期间，暴徒们在山上构筑了防御工事。官兵花了好几天才攻陷了这个山寨。许多从犯死在了战场之上，可是主犯却逃之夭夭。这起事件闹得人心惶惶，对于基督徒来说，在那形势吃紧的几周里，日子很是难熬。但日照最终还是恢复了安宁。那一次的征剿为当地的动荡画上了句号。

第六章
安治泰主教去世，福若瑟神父第五次成为教区的主管

1903 年 10 月底前后，安治泰主教又回了一趟欧洲。虽然他只是想短期离开，但是中国的官员这次却表现出非同寻常的热情，对主教表现出崇高的敬意，这是以往任何一次饯

行时都不曾有过的。他们一直送到了离城很远的地方。袁世凯的继任者,对传教事业充满了善意的周馥巡抚,还备下了珍贵的礼物,请安治泰主教转交教皇。

在柯瀛洲神父的陪伴下,主教取道西伯利亚,经由新建成的西伯利亚铁路线很快于11月11日就到达了罗马。距离出发还不到一个月,也就是在11月25日的中午,电报已将主教溘然长逝的噩耗传到了兖州府。一则多么令人震惊的消息啊!这么一个充满活力的人,他建立了这个教区并且领导它多年。不久前还很健康、矍铄地和我们道别,现如今却已离开了这个世界,这真是令人难以置信。直到数周之后,待收到了书面通告,特别是由总会长神父发来的书面通函以后,传教士们才了解到在主教那功勋卓著的一生最后时刻的一些细节情况。

总会长神父写道:

> 一次出人意料突然的死亡。11月24日,一次中风夺去了我们的中国教区的创建者与首任主教的生命。刚于11月23日上午觐见了教皇后返回,由于我们在罗马的神学院已人多为患,他便在罗马附近的阿尼玛休息,次日下午1点左右便突发中风。3点钟时人们发现他昏倒在地板上。起初人们以为他只是暂时性的休克而已,便把他抬到了床上。然而,他却再也没有醒来。下午5点时,死神那冰冷的手伸了过来,为他那功绩颇丰的一生划上了句号。他没有能够领取临终圣体,但令我们感到一丝慰藉的是,在场的人最终还是意识到了主教的大限即将来临,因此阿尼玛的修道院院长(洛宁格神父)为他作了临终赦罪与涂抹圣油的仪式。这样一来,我们的主教兄弟在辞世之际并没有错过如此重要的圣礼。也许是天父刻意安排让他以这样的方式结束生命的吧。在这一点上,我还想讲一下柯瀛洲神父向我报告的他们在洛雷托(Loretto)停留期间所发生的事情:"尊贵的主教先生经常祷告,而且极其虔诚,这深深地触动了我。"

我们也要感谢柯瀛洲神父为我们带来了过世的主教最后两天的情形。

11月23日早上的觐见持续了大约一刻钟,安治泰主教向教皇敬献了周馥总督转托的以及一些私人的礼物,或者更准确地说,是由圣拉斐尔(Raphael)神学院的学生呈递上去的。他对于此次觐见非常满意,满心欢喜地回来,当晚便愉快地留宿在我们在罗马的那所小小的神学院里。

次日清晨,他在玛利亚方济各会女子传教士学校做了圣弥撒之后,就返回了他的房间。他没去吃午饭,但并没有引起众人的注意,大家以为他被谁邀请外出了。直到下午收到国务秘书、红衣主教梅利·德瓦尔给主教的一封信,人们才想到去找他,结果正如上文所述,发现他由于脑梗,毫无知觉地躺在地板上。在他的桌上还有一封刚开始写的书信。

尊贵的总会长神父继续写道:

> 星期四下午在阿尼玛举行了尸体告别仪式。随后,遗体从那里被运到了卡姆波桑托(Campo Santo)。11月26日,星期五,许多人前来为他送葬,举行了隆重的安灵弥撒仪式,接着便下葬了。

就这样,这位足迹遍布世界的主教,终于在圣彼得大教堂后面那宁静的卡姆波桑托圣地上,在那片德国人在罗马的古老墓园内,找到了自己最后的安息之所。他的墓穴正位于第十二幅耶稣受难图之下。他的纪念碑,一尊青铜半身像,被安放在卡姆波桑托的教堂里面。

> 我们现在的任务就是为这位高贵的逝者祈祷。我们在自己的两个教堂和女子传教士学校里都为他作了追思弥撒。您在那里一定也会以相似的方式行事,并且向逝者献上您的祈祷。亲爱的兄弟们,我们要从主教去世这件事中学习该如何积极思考死亡,并及时为之做好准备。
>
> 追忆逝者,我们可以发现他的许多优点和值得效仿之处。还有他的善举,整个教区和每个人都向我们证明了这一点。我们要尽力学习他的长处。最后我们还要请求上帝仁慈地宽恕他由于人性的弱点而犯有的过错。如果这一切还没有发生,他可以将清白之身尽快地接纳到天国里,并让我们日后在那里与他相聚。
>
> 我主上帝先是把逝者作为神学学生送进了我们的教团,从此再也没有离开。此外,他成为第一名教士,被教团授予副助祭和神父职衔,与你们的副代牧神父一起成为教团的第一批传教士,并成为教团的第一位主教。他和副代牧共同建立起了我们的第一个传教区,并为之付出了近二十二载的年华。他从 1882 年起先是担任副代牧,自 1886 年起成为教团的传教代牧。
>
> 在这期间,他在诸多层面上都作出了巨大贡献,其中不得不提的就是传教区的迅速扩大,它在许多大城市,尤其是在济宁和兖州府都扎下了根。而后者,正如你们,尊敬的兄弟们所知道的那样,是相当困难的事情。因为在那些中国的官员的心中,对传教事业有着一种根深蒂固的厌恶之情,这种厌恶在 1887 年还演变成了一场彻头彻尾的阴谋。尽管如此,他还是凭借令人肃然起敬的毅力坚持了下来,并且取得了很好的结果。教区也得以在这块土地上生根发芽。
>
> 对于自己在那里为高度崇拜的圣灵所做的一切,他当然也是十分欣喜的。看到他为纪念圣灵所造的漂亮的教堂刚一落成就挤满了热切的祈祷者,分布在周边的其他那些美丽、巨大的教堂也是如此;看到宽敞的主教府终于变成了摩肩接踵的圣地,向整个国家播撒着福音,他怎能不心花怒放?

总会长神父要求为已故主教做祈祷,福若瑟神父早已做到了。这其实是他在接到噩耗后最先关心的事情。他委托教士们,每人各为逝者做十次圣弥撒以使其灵魂安息,信教者要为其作为期三个月的特别祈祷。在兖州府举行了三次隆重的安灵弥撒仪式,还有一次长达十三个小时的祈祷。另外,教徒们也为去世的主教作了多次弥撒,为其祈祷的更是数不胜数。

在 12 月 2 日于兖州府举行的追思弥撒上,各级地方官员,上至提督和地方行政首脑,下至下级官吏,悉数到场。如此多的人前来参加弥撒,再加上斯泰尔和兖州府方面收到的从各地发来的唁电,其中包括巴伐利亚的摄政王、德意志帝国首相冯·布洛先生、德国驻北京公使馆、驻青岛总督府、驻济南府领事馆、北洋大臣袁世凯,还有巡抚周馥,由此可以清楚地看出,这位已故的主教是一位多么杰出和影响巨大的人士,在公众生活中又是有着多么高的显赫地位。也就是说，主教在生前就已享有崇高的声望和荣誉，得到了广泛的认可。[①]

在上文中对于主教的生平和作用只是浮光掠影般地提了一下。然而细心的读者不难发现，总会长神父在其通函中追思逝者时所表达的感谢与赞许之词是何等的恰如其分。他为山东南部地区的工作作出了巨大贡献，即使是在内外交困时也没有放弃，殚精竭虑、百折不挠地同所有反对他和敌视他的势力进行了大量的斗争，不断扩大着下辖的教区。当年他是在最困难的情况下开创教区的，身边只有一百五十八个皈依的灵魂。而现在当他辞世之时，已拥有约二万三千名已洗礼教徒，三万六千名慕道者，五座大型教堂，四百座小教堂和祈祷室，四十六位教士（三十五位欧洲人，十一位中国人），一座神学校，多所孤儿院，还有一些学校和其他机构设施等等。教区虽然历经多次风暴冲击，却已深深地扎下了根基，而它本身就是为已故主教建造的最美丽、最珍贵的一座纪念碑啊。

当然，这一切并不仅仅是他一个人的功劳。他手下那批勤奋的同事怀着一颗乐于奉献的忠诚之心提供了很多帮助，其中最重要的就是福若瑟神父。没有人能像他那样长年支持着主教，言听计从，心甘情愿地接下最棘手的任务，担任最艰难的职务。

两个性情、气质、性格如此不同的人，他们的生命和工作轨迹自传教区开创伊始就被紧紧地联系在了一起，而且能够很好地互补。我们不得不说，从中看到的是上帝天意作出了那令人注目的巧妙安排。如同命中注定似的，就在几个月前主教再次任命福若瑟神父担任了副代牧。按照教会的规定，在主教离世后，现在福若瑟神父就将全权负责教区的工作，直到一位新主教被任命为止。

噩耗传来时，他正在兖州府。我本人则于数日前到了那里。主教在临出发前将神学校的领导工作托付给了我，我是去上任的。这样一来，我便可以在某些情况下帮助福若瑟神父完成需要他完成的工作了。

首先要整理已故主教留下的遗物，清理传教区的财产状况，这些情况福若瑟神父知之甚少。还有就是给修会各机构以及传教区的友人们起草报告，并发送出去。

此外，在主教府还有一大堆事情需要处理。除了我们在前面章节中已经提到过的那些机构和部门之外，还有一座女传教助手学校正在筹建之中。早些年在坡里庄时，就曾为想要替传教事业出力的少女们开设过培训课程，这一课程坚持了好几年。福若瑟神父迫切希望能使该课程在兖州府得以恢复，而且经过已故主教的批准，他已要求下属传教士们将合格的申请者们送来了。在12月，从各地陆续来了七八十名女孩，远远超出了这些狭小房间所能接收的范围。这一课程以及对她们的培养现在已暂时成了福若瑟神父的负担，使得本已超负荷运转的他不堪重负。可是对他来说，所有担子中最为沉重的就是“对所有教堂的担忧”：整个传教区的责任，现在已经完全压在了他一个人的身上；和所有传教士、传教区友人们保持书信往来；要解决这庞大传教区内大大小小的上千件事务。按照惯

① 早在1891年教团接受德国庇护时，他就被德意志皇帝授予了二级带星皇家勋章，以及巴伐利亚摄政王授予的米歇尔勋章。数年后，他又获得了二级带星红鹰勋章和他本人可因此而擢升为贵族的巴伐利亚皇家功勋勋章。1893年，他从中国政府那里获得了三品顶戴，后来又升为二品顶戴。在义和团动乱之后，和平终于重新来临时，他获得了很少会授予外国人的一品顶戴；据我所知，当时只有北京的樊国梁（Favier）主教和豫南的安西满（Volonteri）主教享受到了同等殊荣。

例，要在1月中旬完成年度总结，准备下一年的开支预算，此外，还有很多其他重要的事情会突然出现。

福若瑟神父决定在中国新年之际召集各传教点负责人召开一次会议，并利用这一机会讨论一系列事关传教区内部组织结构的重大问题。虽然根据“位置虽空，但一切保持原样”的原则，没有提出什么新的重大安排，但此次商谈所具有的指导意义仍然很有价值。不少日后在传教区中实施的，被证明是有益的、为大家带来福祉的行动，例如代理以及会计制度，定期碰头会，为新入教者开办的预备课程，为男女传教助手举行的培训课程，在兖州府设立的女童孤儿院，在戴家庄增设机构等等，基本方案都是在那次会议上确定下来的。在2月15日副代牧发布的公告中，已经将部分特别具有实践意义的内容公之于众了。

会议刚一结束，中国的教士们就希望笔者带领他们作年度避静，福若瑟神父则以教区巡查员的身份开始了他的使徒巡游旅程。他首先前往济南府，以便按照中国的习俗在新年之际前去拜访当地的高官们。接着便开始在教区的整个东部地区视察，或者说，是一次工作繁重、劳心劳力的传教之旅。他的足迹踏遍了各乡各县、各个村庄，他布道、授课、主持各项圣礼。他在路上马不停蹄，足足四个多月，直到圣灵降临节的前夜才返回，时间之长，远远超出了他在兖州府的代理人的预期。他是如何克服这一路上的旅途劳顿的，这实在令人感到惊奇。早先的病恙已经痊愈。旅途之上自然亦有苦辣酸甜各种滋味，就如同传教士通常的生活那般，可是他却由衷地感到欣喜，因为他又可以按照自己的心愿到各地去传教布道了。他自己把这次辛苦的巡查称作是一次“休养旅行”。

在此期间，传教区的西部又出现了爆发严重动乱的迹象，不过幸运的是，这回它并不是或者并不全是针对传教区的。

1904年2月初，日本人攻击亚瑟港（旅顺），日俄战争爆发，不少人已经开始担心会产生新的骚乱。在当时，中国人还把日本人看作是自己的朋友，认为后者是出于高尚的无私精神要为他们把满洲夺回来。日本军队的胜利被认为几乎就是中国的胜利。尽管如此，这次却并没有出现排外浪潮。可济南的地方政府却在山东南部地区引发了一场不小的麻烦。事情的起因是以前赏赐给退伍士兵耕种的、免费免税的大片土地，即所谓的“屯地”（tuin di）。

由于财政困难，政府突发奇想，准备对现在的这些土地拥有者们征收一笔土地购买费，而且以后每年都要交地税。可怜的下层官员接到命令，让他们去好言相劝，使百姓就范，或者采取武力也未尝不可。这可是一桩苦差事，因为它涉及济宁、嘉祥、巨野、郓城、汶上等县的众多村庄。农民们觉得这一要求很不公平，于是都拒绝照办。在受到官府的进一步逼迫后，他们袭击了济宁的县衙门。于是济南的军队前去镇压，结果导致整个地区的动荡。在民间，各种不着边际的谣言满天飞，各村各庄重又垒起了围墙，有钱人四处寻找可以隐藏财物的安全地方。一些传教士，特别是济宁的布恩溥神父和培渥蓝神父，还有曹州府地区的德天恩神父试图让骚乱平息下来，他们的努力受到了当地官员与百姓的赞誉和肯定。1904年复活节前后，当济南府派来的一位姓商（Schang）的省法官在郓城受到起义者的围困时，骚乱达到了高潮。他最后偷偷地逃了出来，还抓走了一个乱民头目。后者被砍了头，首级悬挂在郓城县城示众。官府通过这样一些诛杀贼首的行动，通过善意的劝解和让步，当然还有很重要的一点是，此时正好天降大雨，随之而来有着许多地里的活要干，于是动乱逐渐平息，才又恢复了往日的平静。

传教区在这次骚乱中遭受的唯一损失就是传教活动受到了干扰。从另一方面来讲，也就是出现了一个新的、恶狠狠的敌人。在汶上地区的南部，一些过去大刀会的会员乘着骚乱又重新粉墨登场了。同时在宁阳、泗水、汶上、滋阳等县，也就是在教区的中心区域，有一种新的邪教逐渐蔓延开来，即所谓的“Tsä-li-di”，意为“在理的”。他们不喝酒，也不抽烟。在其他一些地区，这一邪教也拥有众多追随者，特别是在兵士当中，他们是真的要禁欲。但最困扰我们的倒不是它所宣扬的什么禁欲，而是该教喜欢聚众滋事，有时还会使用暴力手段。和老的大刀会相比，它只不过是新瓶装旧酒罢了。普通民众饱受其信徒，大多数是些小伙子的骚扰，而且没过多久，也殃及了我们在宁阳地区部分新加入的教徒。这个邪教折腾了很长一段时间，给教区带来了诸多麻烦，一直到它后来慢慢地自行消亡为止。

鉴于这次动乱，福若瑟神父认为有必要提醒省一级的地方政府注意一下其中潜在的危险。巡抚周馥接受了他的意见，并且抽出时间出访兖州府和济宁。他专程拜访了福若瑟神父，参观了教区的设施，如学校等，以此向教区和副代牧本人表达善意与友好之情。一位旧式的行省督抚在中国人的眼中是一个位高权重的大人物。那些小官们必须得出城，在官道上诚惶诚恐地跪迎。与他随行的还有大批下级官员和士兵。这么一位大人物亲临传教区，而且和我们的传教区首领交谈甚欢，就好像两人是同一级别一样，这种效果对于老百姓来说要胜过一百道下发的谕令。在以后的几年里，巡抚又数次光临传教区。这情形已和几年前大不相同了。那时，传教士就像是被社会唾弃的人一样，必须在那些狂热的群众面前东躲西藏。即使是在那样的情况之下，福若瑟神父依然坚持着完成传教的使命：“首先，我们是上帝的仆役，无论是得到荣耀还是忍受羞辱。”（《格林多后书》，6：4、8）

在福若瑟神父忙于接待巡抚之时，在戴家庄为修会神父们开办的月度培训课程已经开始了。虽然他把在避静上作演讲的工作移交给了他人，可是其他所有的事务，其中包括主持各种讨论会，也还得由他来完成。在为欧洲教士开设培训课程之外，他还开设了对本土教士的培训课程。他亲自为该班讲解避静，并且在避静结束之后的一个月里每天召开一次有关伦理学的讨论会，每月交三篇书面作业。培训教士的课程结束后，接着就是为未授圣职的修士开设避静班，最后是开办男女传教助手培训班（同样是有持续数周培训课程的避静）。总之一句话，这是充实、忙碌、不倦工作的一年。

附录

传教士人名德、汉文对照表

Freinademetz	福若瑟
Cosi	顾立爵
Anzen	安治泰
Riehm	李天安
Wewd	文安多
Francis · Xavièr	方济各 · 沙勿略
Ricci	利玛窦
Schall	汤若望
Offe	陶福音
Wieger	戴遂良
Bücker	布恩溥
Limbrock	陵博约
Tschepe	切佩
Scherer	舍雷尔
Paris	姚宗李
Roothaan	罗特汉
Hildebrandt	希尔德 · 布兰特
Favier	樊国梁
Grass	格拉斯
Soseph Overlöper	岳文成
Zeno Möltner	默尔特纳
Ceslaus Blas	岳昆仑
Henle	韩理
Schmitz	施米茨
Wiseman	维泽曼
Joh. Weip	魏若望
Ambrosius Vierhaus	吴好思
Hermann Fiedler	费德勒
Petry	斐德礼
Judde	尤德
Steuz	薛田资
Verbiest	南怀仁
De Maichi	马天恩
Poffier	范益盛
Bartels	白明德
Janssen	扬森
Nies	能方济
Lieven	李神父
Jacobini	雅各比尼
Schaug	常明德
Erlemann	恩博仁
Vilsterman	德天恩
Piepen	卢国祥
Augustinus Schmitz	隋德明
Tournon	铎罗
Sheehan	什酣
Gain	艾赉沃

时人评论

胡凯等译　陈晓春校

威廉二世的“匈奴演说”
——对1900年7月27日皇帝在不来梅港演说的考证及阐释性评注[①]

贝尔恩德·索瑟曼

1900年7月27日，午后1点刚过，在不来梅港栈桥临时搭建的木质观礼台上，威廉二世皇帝向即将远赴中国与义和团作战的远征军发表送别演说。这就是被载入史书，并引起历史界争论的“匈奴演说”。[②] 尽管在当时便立刻有人对其加以详细的评注，并就此展开了激烈的辩论，可是，人们却找不到演说稿确凿的原文。在皇帝的传记里，在他的演讲稿选集里，还有在与那个时代有关的专题论著里，有许多种经过编辑的演说稿的版本与节选，可是却找不到完整的演说稿原文。[③]

7月27日，星期五，不来梅港，三艘运兵船——“巴塔维亚”号、“德累斯顿”号和“哈勒”号——整装待发。这天上午，威廉二世饶有兴致地参观了其中的两艘舰船，然后回到了他自己的游艇“霍恩措伦”号上。12点，他邀请北德劳埃德的监事会主席普拉特、总经理维甘德和巴林、不来梅市和不来梅港德高望重的绅士们以及许多高级军官在船上共进午餐。整整三刻钟以后，大家前往劳埃德大厅参观。皇帝参观的时间定在13点。陪伴在他身边的除了皇后以外，还有埃特尔·弗里德里希和阿达尔贝特两位王子、帝国首相霍恩罗尔侯爵、普鲁士战争部长冯·格斯勒、远征军指挥官冯·莱斯勒中将和外交国务秘书冯·布洛夫伯爵。面对即将踏上征程的士兵和周围的观众——在港区聚集了数千人——，皇帝向他们致辞送别。接着，冯·莱斯勒代表全军向皇帝致谢，乐队演奏“威廉皇帝万岁”一曲。14点不到，“巴塔维亚”号首先驶离港口，接着，另两艘运兵船以15分钟的间隔起锚出发。[④]

尚在威廉二世演讲之前，布洛夫就已经和霍恩罗尔及维甘德商定，只允许在场的记者

---

① 《历史杂志》(Historische Zeitschrift)第222期，1976年，第342～358页。

② 参考托马斯·尼佩尔德(Thomas Nipperdey)对新闻界在引述演说辞时所做的不恰当的曲解与省略的评注。《历史杂志》第213期，1971年，第710页。

③ 即使是致力于寻找该演说稿原文的米夏埃尔·巴尔福[Michael Balfour,《威廉二世皇帝与他的时代》(Der Kaiser, Wilhelm II. und seine Zeit)，柏林，1967年，第239页及下页]，他的工作也不够仔细。在研究过程中，他是以《西北德意志报》(Nordwestdeutsche Zeitung)的文章为史料基础的。可是这篇文章在选词、语言、句子结构、描写和断句方面随意篡改原文，况且该文本来就是将各种版本编纂在一起写成的，已经偏离了原稿。而最后，巴尔福在使用这篇大杂烩时所做的省略及遗漏更令文稿前后不连贯，面目全非。

④ 参见《福斯报》(Vossische Zeitung)，柏林，第348号，1900年7月28日(早间版)。在此，衷心感谢不来梅“德意志新闻研究会”的同仁，多特蒙德的“报业研究所”和奥尔登堡州立图书馆在对各种地方报纸取证方面所做的工作，感谢他们提供的信息和给予的支持。

发表经过布洛夫修改的演讲稿。[①] 因为三个半星期以前，也就是在1900年7月2日，在威廉港，由于布洛夫和霍恩罗尔过晚地介入相似的事件，导致他们无法及时阻止新闻界发表皇帝对第一批中国远征军所做的不适宜的声明。那一次，皇帝自己将演讲稿交给了沃尔夫电报局(WTB)的代表。[②] 亲耳听到7月27日演说的人们尤其关注皇帝特意强调的一段话："如果你们碰到敌人，就杀了他们，不要宽恕他们，不要留活口。如果有谁落在你们手里，就好好地收拾他们。一千多年前，匈奴人在他们的王阿提拉的率领下，在历史上留下了不可磨灭的名声。现在，你们要像他们那样，在中国树立德意志的威名，直到所有中国人不敢蔑视德国人。"[③]

7月27日，看起来那些记者都信守了诺言，等到布洛夫修改完演说稿以后再将修改稿见报。[④] 当天下午及傍晚，在按惯例应向柏林各报纸发送消息的16点30分、18点30分和19点30分，沃尔夫电报局均未提供任何有关皇帝在不来梅港演说的信息。直到22点30分左右，沃尔夫电报局才发出一份电报(为便于标识，以下简称为"WTB I")，那是一篇用间接引语引述的、经过缩略的文章，仅有两段引文来证实德国人的能干，富有献身精神，在装备精良的敌人面前勇敢作战，以及皇帝的祝福之词。[⑤] 有关匈奴人以及要求士兵在战斗中不要宽恕敌人、不要抓俘虏的章节不见了。[⑥] 以下文字据称是直接引自皇帝的演说稿的："'你们要和装备精良的敌人战斗。可是，你们不仅要为公使的死复仇，而且还要为许许多多的德国人和欧洲人报仇。'此外，皇帝还说：这样，即使在千年以后，在中国，德国依然会威名赫赫，以致没有任何一个中国人胆敢斜眼看德国人。"(WTB I)

皇帝的话给在场的人留下了深刻的印象，尤其是让士兵冷酷无情地战斗的要求有违国际法及基督教的道德观念。一名隶属东亚第一步兵团的志愿兵说，皇帝援引了士兵们对其所做的入伍宣誓，接着，他以十分"激动和有力"的声音说了一些令这名志愿兵难以忘怀的话。[⑦] 看看接下来的几天中运送军用物资和军队前往不来梅港的火车车厢上的标语，就知道皇帝所说的"不要宽恕他们"的话对士兵们的影响力有多大。[⑧] 7月27日，人们看到的是诸如"口令，北京"或是"通往中国的快车"等标语。[⑨] 三天以后，标语就变成了

---

① 参见布洛夫《回忆录》(Bülow, Denkwürdigkeiten)，柏林，1930年，第1卷，第359页；详细情况参见该书第358页及以下几页。

② 参考约翰内斯·潘茨勒的演说，《1896～1900年威廉二世皇帝的演讲稿》(Johs Penzler, Die Reden Kaiser Wilhelm II. in den Jahren 1896－1900)，第2部分，莱比锡，1900年，第205页及以下几页。

③ 摘引自《威悉报》(Weser－Zeitung)，不来梅，19288，1900年7月28日(早间第2版)，第1页。

④ 布洛夫说，他成功地阻止了一名记者发电报，将其速记下的、未经改编的文稿传往柏林(布洛夫，同上，第359页)。在此，布洛夫用与原文相似的话修改了"宽恕"一节的内容。相关页(第358页及后页)正确的时间标注应为：7月3日，7月27日。

⑤ 参见《北德意志人民报》(Norddeutsches Volksblatt)，代表工人阶级利益的喉舌，班特，175，1900年7月31日，第1页。

⑥ 参考潘茨勒发表的电报稿，同上，第211页及以下几页，注解。

⑦ 同上，第212页。

⑧ 《中国骚乱时的帝国海军，1900～1901》(Die Kaiserliche Marine während der Wirren in China, 1900－1901)，海军司令部，柏林，1903年，第171页。

⑨ 《威悉报》，19287，1900年7月27日(午间版)，第1页。

“复仇是甜蜜的”和“不要宽恕他们”。[①] 因为有很多人亲耳听到了皇帝的演说，布洛夫无法将类似的话完全压制下去。所以，午夜刚过不到一小时，各报纸编辑部便从沃尔夫电报局收到了第二份报道(WTB II)。这是一篇直接以演说稿形式写就的文章。7月28日，星期六，《帝国报》(Reichsanzeiger)的非官方版发表了这篇半官方的报道。[②] 虽然，WTB II包含了“你们想必知道，你们要和诡计多端、勇猛、装备精良而且残酷的敌人作战。如果你们碰到他们，记住：不要宽恕他们，不要留活口”这段话，可是却没有呼吁士兵们像阿提拉统率的匈奴人那样作战的要求。也就是说，“匈奴演说”的这一半官方版本(WTB II)中竟然没有出现“匈奴”二字！

对于大多数报刊编辑部而言，这第二份得到布洛夫许可的电报(WTB II)来得太晚了，以至于无法在星期六刊印。而《汉堡外国人报》(Hamburger Fremdenblatt)[③]以及不来梅港[④]、不来梅和威廉港的地方报纸却发表了第三个版本的演说词。这个版本的演说词与前两个版本大相径庭。在这篇文章里看不出布洛夫修改的痕迹。通过对现有各报纸的比较可以发现，撇开书写方面的细微差别不谈[⑤]，以上提到的各家报纸发表的演说词的内容是一致的。这份稿子极有可能出自沃尔夫电报局不来梅分部一名员工的速记报道(原文A)。他不是不知道布洛夫的命令，就是故意不去遵守。《威悉报》的编辑在7月28日早间第二版中醒目地援引了沃尔夫电报局不来梅分部的这篇报道。[⑥] 相反，因为布洛夫的指令，柏林的沃尔夫电报局总部则无法将不来梅分部的未加删节的报道公之于众。如前文所言，延迟了许久，它还是不得不刊印经过加工的演说稿版本。[⑦]

在《回忆录》里，布洛夫在解释这件事情的时候说，皇帝未经删节的演说词之所以这么快就与公众见面，是因为一个精于世故的威廉港地方小报员工的缘故。这个人应该坐在港区某幢正对着皇帝的建筑物的屋顶上，速记下了皇帝的演说而未让旁人察觉。然后他回到威廉港，在当天下午刊印和发表了这篇演说词，并将其寄给其他编辑部。[⑧] 布洛夫说，发表这篇演说词的是“一份在威廉港发行的小报”，但这种说法并未得到证实。[⑨] 尽管《威廉港日报》(Wilhelmhavener Tageblatt)上载有未经删节的演说稿(原文B)[⑩]，但该文

---

① 同上，19291，1900年7月31日，第1页。

② 参见《德意志帝国和普鲁士国王报》(Deutscher Reichsanzeiger und Königlicher Preuβischer Staatsanzeiger)，柏林，178，1900年7月28日，非官方版。

③ 参见《北德意志人民报》，175，1900年7月31日。

④ 有关不来梅港报纸报道的情况可参见《汉诺威日报》(Hannoversches Tageblatt)，204，1900年7月29日(附页3)。

⑤ 比如没有用“Male”而用了“Mal”，没有用“Deutsche”而用了“deutsche”，没有用“Kultur”而用了“Cultur”。

⑥ 《威悉报》，19288，1900年7月28日(早间第2版)，第1页。

⑦ 菲利浦·奥伊伦堡—赫尔特菲尔德侯爵自称曾想将皇帝演说的大致内容告诉一些记者。不过那些记者都动身走了，只有一个人留下并听了他的介绍。可是他的话听起来不太可信。如果只有这么一个人，在报纸上只会出现一段嗜血的文字，而不会是整篇文章。侯爵最后说：“将演说词公之于众对皇帝造成了很大的伤害。”(参见约翰内斯·哈勒，《菲利浦·奥伊仑堡—赫尔特菲尔德侯爵的生平》，柏林，1924年，第257页。)

⑧ 布洛夫，同前引书，第360页。

⑨ 在1900年前后在威廉港刊行的八种报刊中，有三种可以得到查证[《威廉港日报》(Wilhelmhavener Tageblatt)，《北德意志人民报》和《北方守卫报》(Nord－Wacht)]。另参考瓦尔特·巴尔顿《目录》(Walter Barton, Bibliographie)，《奥尔登堡年鉴》，57，1958年，第41～80页。

⑩ 《威廉港日报》及官方报纸，皇帝、国王及市政府的官方喉舌，威廉港，175，1900年7月29日，第1页。

是在第二天才公之于世的，并不像布洛夫说的那样能在7月27日晚上便送到皇帝面前并让其觉得十分有趣。另外，值得注意的是，除了遗漏"Zeugniβ"（证据）一词以外——这估计是《威悉报》刊印时的失误——这篇文稿与沃尔夫电报局不来梅分部的版本（原文A）一模一样。

在接下来的几天里，德国的新闻界大肆刊印和评论沃尔夫电报局的两份电报（WTB I，II）。除此之外，也有一些报纸提到了个别北德报纸，尤其是与社会民主主义者走得比较近的那些报纸所发表的那个未经修改的演说稿版本（原文A，B）。在这之后，德国北部的报纸才发表了布洛夫修改过的第二版演说词（WTB II）——那个被称为"真实可信版本"的演说词——并对布洛夫的改动和省略大加讽刺与评论。[①] 7月27日，英国路透社直接将22点30分的电报稿（WTB I）从不来梅港发往国外。[②] 第二天，《泰晤士报》将这个版本的节选与驻柏林记者的报道一起发表。而那时，驻柏林记者已经可以使用沃尔夫电报局较晚公布的演说稿版本了（WTB II）。[③] 法国和英国大使分别于7月28日和8月1日将这个半官方的最终版本（WTB II）发往巴黎[④]和伦敦[⑤]，而政府各部并未对此再作询问或给予指示。

与收录集注的半官方的发言稿、具有圣徒传记特点的皇帝演说及说教文稿选集（潘茨勒[⑥]、克劳斯曼[⑦]等的著作），或是对威廉二世的演讲及其他发言的论争及评论性文集一样[⑧]，在与此次演说有关的那些人所著的回忆录中，同样很少原版全文收录1900年7月27日皇帝演说词（原文A，B）。尽管恩斯特·约翰在其最新的袖珍书版本中提到了版本传袭的混沌状态，但他所顾及的仍然仅是《帝国报》经过修改的版本（WTB II）[⑨]。约翰沿袭了当时保守的报纸的解释，将"euch"（你们）一词加入了"宽恕句"之中并歪曲了该句的真实意义，使句子变成：中国人不会宽恕"你们"，会将"你们"全部"屠杀"。

---

① 《威悉报》，19289，1900年7月29日（早间第1版），第1页。

② 1900年7月29日，伦敦《泰晤士报》（Times）从巴黎报道，"宽恕"一节"看起来是德国皇帝所做的最过激、最让人吃惊的言论之一。这种让士兵盲目屠杀的要求使这里所有的人感到震惊。人们感到震惊，并不仅仅出于人性及文明玄虚的感情基础，而是因为皇帝送其军队前往中国时所表现出的愤怒给人以不详的预感"。

③ 同上，36/206，1900年7月28日，第7页。

④ 《法国外交档案，1871～1914》（Documents Diplomatiques Francais，1871－1914），第1系列，第16卷，巴黎，1959年，第375页及下页。

⑤ 《不列颠有关战争起源的文件：1899～1914》（British Documents on the Origin of the War，1898－1914），G·P·古奇及H·谭佩烈出版，第2卷，第5页。

⑥ 潘茨勒，同前引书，第211页及下页，载有两个演说稿版本（WTB I，II），而且还毫无道理地加进了"euch"（你们）一词，从而将原文改成："（敌人）不会宽恕你们，不要留活口。"在三年以后再版的布洛夫伯爵的演说词中，潘茨勒将"euch"（你们）这个词去掉了（第2卷，第148页，注解4）。可是在1966年，恩斯特·约翰却在印刷时又将这个词加了进去。（见本页注解12）

⑦ 奥斯卡·A·克劳斯曼（编者）：《皇帝的演说：威廉二世的演讲及公告、书信和电报。德国皇帝的个性化肖像》（Oskar A. Klauβmann，Kaiserreden. Reden und Erlasse，Briefe und Telegramme Kaiser Wilhelms des Zweiten. Ein Charakterbild des Deutschen Kaisers），莱比锡，1902年。

⑧ 参见威廉·施罗德（编者）《亲自执政：威廉二世的演说及其他的公开发言》（Wilhelm Schröder，Das persönliche Regiment. Reden und sonstige öffentliche Äuβerungen Wilhelms II.），慕尼黑，1907年。

⑨ 参见恩斯特·约翰（编者）《皇帝的演说：威廉二世的讲话、说教及祝酒辞》（Ernst Johann，Reden des Kaisers. Ansprachen，Predigten und Trinksprüche Wilherlms II.），dtv354，慕尼黑，1966年。参考《欧洲历史手册》（Handbuch der europäischen Geschichte），特奥多尔·席德尔出版，斯图加特，1968年，第6卷，第223页，注解2。

“匈奴演说”独特的史料来源、特殊的资料获取过程，特别是其令人无法满意的科学考证都表明，有必要公布可资引证的1900年7月27日威廉二世演说的全文。这项工作的实施应该以7月29日不来梅的地方报纸(《威悉报》)及威廉港的地方报纸(《威廉港日报》)所发表的一致的版本为基础[①]，在刊印时也要考虑《威悉报》的前言。这篇前言中含有相关基础信息的提示[②]：

根据沃尔夫电报局驻当地分局的报道，皇帝对东亚远征军士兵的讲话原文如下：

自从德意志帝国重新崛起以来，它还是第一次面对重大的海外使命。过去，我们也曾遭遇过相似的情况，其规模超过了大多数德国人的预期。这是德意志帝国重新崛起的结果。当德国侨民遭遇危险的时候，帝国有义务保护他们。所以，这只是神圣罗马帝国未完成的使命再次显现而已。而新生的德意志帝国有能力完成这一使命，因为它的国家机器赋予了它解决这项任务的可能性。三十年来，为了实现和平，我们的军队辛苦劳顿，培养了成千上万能征善战的德国人。你们接受的训练，遵循的是朕已故的伟大祖父所制定的原则。在三次荣耀的战争中，你们证明了自己的实力。现在，在异国他乡，你们同样要[证实]我们所走的军事发展道路是否正确。你们在海军中服役的战友们的表现已经告诉我们，我们训练部队依据的方法和遵循的原则是正确的，而这也是你们将要做的。听到其他国家的统帅们用最崇高的赞誉之词称颂我们的战士，我们所有的人都感到无比骄傲。

我赋予你们的是一项重要的任务。你们应该声讨严重的不义之行。中国人竟然无视延续千年的国际法，卑鄙无耻地嘲弄外国使节及宾客权益的神圣不可侵犯性。这样的事情在世界史上简直是闻所未闻。而且，犯下此等劣迹的竟然是自诩拥有数千年文化传统的民族。可是，你们却会从中发现，如果某一种文化不以基督教为其基石，它会沿着什么样的轨迹发展。每一种异教的文化，无论它看起来多么美好，一旦遭逢大事，便会崩溃没落。所以，我派你们到那里去。你们要证明的，一是德意志干练的传统；二是你们的献身精神，你们的勇敢和乐于承担艰辛的品格；三是我们的武器和旗帜的尊严与荣誉。你们要展示你们的军风军纪以及克服困难的勇气和自制力。你们要和装备精良的敌人战斗。你们不仅要为公使的死复仇，而且还要为许许多多的德国人和欧洲人报仇。如果你们碰到敌人，就杀了他们，不要宽恕他们，不要留活口。如果有谁落在你们手里，就好好地收拾他们。一千多年前，匈奴人在他们的王阿提拉的率领下，在历史上留下了不可磨灭的名声。现在，你们要像他们那样，在中国树立德意志的威名，直到所有中国人不敢蔑视德国人。你们将和占有优势的敌人较量。不过我们对此已经习惯了，我们的战争历史便是明证。从伟大的选帝侯和你们所在团的历史中，你们已经学到了如何与强敌作战。主的祝福与你们同在，整个德意志民族都在精神上伴随着你们，护送你们走过全部的征程。伴随你们的，还有我对你们最美好的祝福！不管身在何处，你们都要展示自己的勇敢。你们的旗帜上铭刻着上帝的恩赐，基督教将会进入中国。在你们入伍的时候，你们曾为此向我宣誓。

① 参考第18号和第22号脚注。

② 书写及断句与原文相同，方括号里是《威悉报》中缺失的单词。

现在，我将送你们踏上幸福的旅程。再见了，战友们！

将两份经过布洛夫修改的文稿——一份是7月27日22点30分沃尔夫电报局的报道（WTB I），另一份是7月28日1点的报道（WTB II）——与原文（原文）加以比较，并对1900年内政及外交方面的事件加以整理归类，便能对威廉二世的“个人统治”、德国对华政策的动机和表现、布洛夫修改皇帝发言的目的及责任得出结论。[①]

沃尔夫电报局驻不来梅分局的速记版本（原文）保留了皇帝讲话的语气与风格：文体上的毛病并未得到润色。所以，尽管间隔很近，在开始的三句话里“herantreten”（出现）和“erstehen”（复活，重新诞生）这两个词被重复使用。在第十一句里，“Heiligkeit”（神圣性）这个词也被连用了两次。在明显经过布洛夫删减的第二份文稿（WTB II）里，避免了这些问题。而且，与原文相比，布洛夫还在第十七句（原文）里加入了“werden”以使该句在语法上显得更准确。原文中重复的结束词、冗长的祝福和对基督教的反复提及都表明，至少这部分演说词不是皇帝事先构思好的。而且，这也说明沃尔夫电报局的职员忠实地记下了皇帝所说的话。

值得注意的是，关于德国公使克林德被杀一事，这三篇文稿都只是一笔带过。而威廉二世恰恰是把这件事当作其采取外交及军事行动的理由的。皇帝仅仅在第十一句和第十六句话中提到了德国公使被害一事。1897年11月，为了在东亚地区彰显其实力政策，德国从中国手中租借了毗邻俄国与英国占领地的胶州为其殖民地，租期九十九年。此后，胶州发展成为德国的军港和贸易基地，同时也成为传教活动的根据地。1900年夏，义和团运动的爆发和6月20日德国公使的被杀改变了德国政治面对的环境条件。于是，德国便尝试着用一项符合其长期纲领的短期计划来应对这一变局。对于德国而言，最困难的问题是如何打入长江流域，因为那里是俄罗斯和英国的势力范围犬牙交错的地方。在7月8日发给外交国务秘书的一封电报中，德国皇帝从军事方面的考量谈起，最后得出结论：德国只宜“静观”俄罗斯与英国之间的事态发展，并专注于保护其颇具价值的殖民地；该是德国重拾传教活动、重开并保护传教站的时候了；德国应大力推进铁路和港口建设[②]；作为国际政治领域的短期计划，德国必须在与其他列强取得一致的前提下积极地处理中国事务；必须达成协定，对中国实行武器禁运[③]；德国应该努力争取联军的指挥权[④]，不让中国被瓜分，并“组建一个有能力恢复和维护秩序的政府”[⑤]。至于德国及其他欧洲国家的经济及商贸利益，他却没有提到。[⑥]

在7月27日的演讲中，皇帝将德意志帝国致力实现的海外利益和责任放在突出地

---

① 这里所提到的课题超出了本文的范围。而涉及威廉二世的事情，即使在布洛夫任职期之外，这些问题看起来也是有用的。如据伯恩斯托尔夫伯爵1902年夏天所述（《回忆与信札》，Erinnerung und Briefe，苏黎士，1936年，第44页），在布洛夫时代，除了重要的“每日邮电事件”，系统的检查也是演讲准备工作的组成部分。

② 《大政治》（Groβe Politik），第16卷，第4558号，第46页。

③ 同上，第4582号，第65页。

④ 同上，第4578号，第61页（尤其是相关的注解）。

⑤ 同上，第4553号，第41页。

⑥ 然而，瓦德西的《回忆录》（Denkwürdigkeiten，斯图加特/柏林，1923年，第3卷，第6页）却谈到了这个方面：“对于我们在东亚地区的商贸发展，对此次远征皇帝陛下寄予了厚望。他嘱咐我尽可能多地向中国索取战争赔款，他需要这笔钱来扩建海军。”

位。他有意识地援引德意志民族的神圣罗马帝国的传统，并相信能够从中推导出道德及历史方面的法理依据，以支持其保护海外德国人利益的行动。此外，德国的行动是欧洲对华政策的组成部分。欧洲各国对华政策的首要目标是向亚洲人推广欧洲文化以及拓展基督教的影响力。7 月 27 日，威廉二世在演说中（原文）赞美德国军队和海军的强大与干练，而这也是远征军努力效仿的目标。在其他两份经过修改的文稿中（WTB I,II），虽然布洛夫听任皇帝颂扬德意志的军事政策——德国的在华军事行动被视为争取尊严与荣耀的契机——并记下了外国军事专家的赞许之词，可是，他删除了有关德国人在三次战争中证明其优秀品质的话（第六句）。同样，他将暗示德国人要像匈奴人那样战斗的文字删得干干净净。而且没有要求德国士兵在欧洲的名义下团结作战的提示。皇帝强调的“德意志的干练”（第十四句）被联想丰富地改成了“普鲁士的干练”（WTB II）。在经过修改的第二版文稿中，“宽恕”一节的措辞被改得缓和了。尤其是结尾部分，布洛夫削减了一再重复的祝福语以及有关基督教道德的论述。在后一封电报（WTB II）中，“如果某一种文化不以基督教为其基石，它会沿着什么样的轨迹发展”这句话（第十二句）被布洛夫删除了。总的看来，经过修改，文稿的句子结构安排更妥当，标点更合理，语气也更有号召力、更坚定。在原稿中使用一个感叹号的句子，布洛夫用了三个感叹号（WTB II）。

尽管未再刻意强调敌人的强大，但最后一个版本（WTB II）所刻画的敌人的形象更招人憎恨。在 WTB I 中，为了描述中国人的性格特征，布洛夫增加了“诡计多端”和“残忍”这两个形容词。与要求士兵毫无怜悯心地进行战斗的呼吁相反，所有三种版本的文稿都呼吁德国士兵向全世界展示他们的“军纪”、“纪律”和“自制力”。在一篇经过深思熟虑、通盘考量的演说稿中，这样的问题是很难被忽视的。在这里，皇帝是在特殊的情况下进一步即兴发挥，不假思索地信口开河，乱说一通。但如果大家看一看对过去几周里皇帝所作所为的评论，这一切就比较容易理解，也就不再显得这么异常了。过去，威廉二世就强烈要求用军事行动来解决中国的问题。早在 6 月 19 日寄给布洛夫的电报里，皇帝就在边注中要求动员海军陆战队并要舰队做好出海准备，因为德国应该“真正地攻击北京并将其夷为平地”。[①]

那么，当时人们是怎样评价皇帝在不来梅港所做的演说的呢？与所谓的“每日邮报事件”不同的是，这篇演说并未给德意志帝国招来外交方面的麻烦。在后来的《回忆录》中，布洛夫将其称为“在当时最糟糕的演讲，也许是威廉二世所发表的演说中最丢脸的一个”[②]。而当时的帝国首相，霍恩罗尔侯爵，在当天的日记中将其称为“令人振奋的演讲”。“那些人都是些志愿者，他们看起来对即将开始的旅行和征战兴致勃勃。”[③]同时代的外交官、记者和军官们都听过多次皇帝的演讲，所以他们“并未立即”把皇帝的演说当真，因为他们熟悉皇帝澎湃的激情。[④] 7 月初，威廉二世便在威廉港就与“匈奴演说”相同的话题做过讲话，宣布将对中国采取报复性的军事行动。对此，法国外长达勒斯向驻巴黎的德国大

---

① 《大政治》，同上，第 4524 号，第 12 页及第 4527 号，第 14 页。

② 布洛夫，同前引书，第 359 页。

③ 霍恩罗尔－席林侯爵、克劳德维希侯爵：《帝国首相时期的回忆录》（Hohenlohe－Schillingfürst, Fürst Chlodwig zu: Denkwürdigkeiten der Reichskanzlerzeit），斯图加特/柏林，1931 年，第 579 页。

④ 瓦德西，同前引书，第 2 卷，第 443 页。

使表态说,皇帝的讲话"给全体法国人民留下了最为深刻的印象"。皇帝的话不应被理解为对中国的战争宣言,而应被视为针对革命的作战檄文。①

尽管至今为止,旨在将所有利益国的军队置于统一指挥之下的外交谈判进展拖沓,但就在"匈奴演说"发表前的几周,谈判各方得出了令德国满意的结果。英国少将西摩尔对第一批远征军的指挥一塌糊涂。这一次,英国人的耻辱是法国造成的,"在英国人在南非(在英布战争中)大丢其脸之后"②,他们秘密地抗拒由英国人担任统帅。日本方面也暗示,他们"愿意接受"德国军官的指挥。③ 7月10日,德国和美国签订了商贸协定。至于英国,仍然陷在南非的事务之中。所以,它只能期望和德国联手抵抗俄罗斯,以维护其在长江流域的利益。④ 在这些前提条件下,布洛夫交给驻维也纳谈判代表的有关当前政治形势的乐观报告就显得有根有据。⑤

1900年8~9月,德国的报纸与杂志充斥着详细批驳或是捍卫皇帝观点的文章与评论。支持皇帝的人让熟知东亚情况的专家讲述其他国家,尤其是中国人在战争中的非人道行为,以唤起读者对皇帝讲话的理解。⑥ 保守的报纸不假思索地继续支持皇帝提出的口号,它们高喊着:"杀到北京去!不要宽恕他们!"或者尝试着像《帝国信使》那样曲解皇帝的话:"我们更应该这样来理解皇帝的话:皇帝是想用这些话提醒士兵们,注意那些无视国际法的中国人可能给他们带来的危险。如果他们遇到那些中国人,他们不应该忘记,那些不久前被皇帝称作'残忍'和'诡计多端'的中国人不会放过他们,而是要杀害每一个战败者和俘虏……"⑦在《帮助》中,针对国内外的批评声浪,弗里德里希·瑙曼同样试图为皇帝的讲话辩解,但同样令人尴尬:他认为"这种过分的敏感根本就是没有必要的"⑧,因为"直截了当地指出那些黄皮肤的狡猾骗子所有的残忍行为和狡诈伎俩"并没有什么坏处。此外,德国军队并没有能力收容大量的俘虏。"如果抓了五万名中国俘虏,我们该怎么办?"他继续问自己,并得出一个自负的回答:"这样,我们就必须看着他们,养活这些黄种人,而我们就无法作战了!身处蛮荒之地的远征军不能将养活俘虏……的重负揽到自己的身上。"受到瑙曼指责的只是那些与宗教有关的文字。"实力政策与传教是两件事。也许在必要的时候,可以以此为主,以彼为辅,可是这两者绝对不可能统一在一起。我们战斗是为了我们的国家,而不是因为我们信仰基督教新教。为了传播福音,我们派出了传教士,而为了政治目的,我们派出的是海军。"⑨

---

① 《大政治》,同上,第4557号,第44页及下页。

② 同上,第4581号,第63页。

③ 同上,第4561号,第47页。

④ 见1900年10月16日的《扬子协定》。

⑤ 《大政治》,同上,第4586号,第86页及下页。

⑥ 《慕尼黑最新消息》(Münchner Neueste Nachrichten),引自《汉诺威日报》,206,1900年7月31日(附页1)。

⑦ 《帝国信使》(Reichsbote),摘自《威廉港日报》,176,1900年7月31日。该报认为自己作为"官方报纸",必须参与解释皇帝的话。

⑧ 《帮助》(Die Hilfe),第6年辑,第31号,1900年8月5日,第2页及下页。原文摘引是被禁止的。

⑨ 同上,第2页及下页。因为这些话,瑙曼在一次私人谈话中受到了卢约·布连塔诺的尖锐指责,而瑙曼似乎接受了他的批评。(布连塔诺说"匈奴演说"是瑙曼所做,这是个错误。)参考卢约·布连塔诺《我为德国的社会发展而奋斗的一生》(Lujo Brentano, Mein Leben im Kampf um die soziale Entwicklung Deutschlands),耶拿,1931年,第229页。

《威悉报》则明确无误地表达了自己的反对意见。它认定演讲稿最后部分的语气骤然变得尖锐，并且偏离了"外交界在与中国交往时应该选择的方式。作为最高统帅，皇帝对他的士兵们做了这样的发言，这些话令大家觉得这是一场关乎生死的战争"。[①] 社会民主党和自由党的报纸一致谴责7月27日的送别演说，他们要求帝国首相立即对此表态。[②] 汉斯·德尔布吕克在《普鲁士年鉴》中写道，与匈奴人的比较以及"不要宽恕"的话真的让他感到沮丧。可是，他也让人考虑，国外是否熟悉皇帝充斥着夸张和比喻的演说稿。只有将这篇讲稿当成一时的即兴之作，人们才能把握这篇讲话的意思。[③] 以上所载的对"匈奴演说"的反应虽然不能揭示公众舆论的全貌，但却至少能显示各种不同的观点以及趋于极端的政治立场。

几个月以后，1900年的秋天，皇帝在不来梅港的演说还在议会引发了一场激烈的辩论。威廉二世未经深思熟虑的发言令中央党对是否批准其所求之事犹豫不决，社会民主党和自由人民党则反对皇帝的政策。在此期间，已经成为帝国首相的布洛夫在11月19日和20日的辩论中为皇帝辩解，说皇帝是以士兵而不是外交官的身份发表演说的。另外，对于所有的人而言，"听话的士兵的一根小手指也比所有杀人的拳匪更招人喜欢"。作为世界大国，德意志帝国有权力介入中国事务。最后，需要考虑的是，7月27日皇帝向部队演讲的时候，大家都以为被包围在北京的欧洲人已经全部遇害了。[④] 布洛夫在国会为威廉二世的辩解比战争部长冯·格斯勒的做法要高明。格斯勒以在语言和观点方面均显失败的表达方式，用在历史政治方面流于幼稚的言论，认为皇帝的行为"从人性方面来看是可以解释的"，"从人性方面来看是美好的"。在来自左翼的呼喊声和全体代表越来越响的轰笑声中，他要求大家避免"纯粹从表象上考察世界历史"。"我认为，应该从整体上考察世界历史。……数百年来，他们可怕的攻击（指来自亚洲的掠夺战争）令我们苦难深重。现在，一千五百年以后——否则的话，世界历史对我们的酬答会来得更快一些——欧洲的人民（速记下来的报告显示，说到这里大家"哄堂大笑"）终于团结在一起，不是为了仿效匈奴人，而是为了在东亚地区重建法律秩序。"[⑤]

布洛夫对1900年7月27日"匈奴演说"的修改有助于将其对国内外公众的刺激控制在一定的范围之内，并使讨论的重点落在"不要宽恕敌人……"的表达上。然而，尽管布洛夫在皇帝演说稿的半官方版（WTB I,II）中略去了"匈奴"这个刺激性词语，他却无法阻止这个词渗入并留存在国内外一部分公众的意识之中。在第一次世界大战期间，英国、法国和美国的宣传部门便曾重提此事，用"匈奴"这个词煽动人们反对德国的情绪[⑥]，并将德国

① 《威悉报》，19288，1900年7月28日（早间第2版），第1页。

② 《北德意志人民报》，175，1900年7月31日，第1页。

③ 《普鲁士年鉴》（Preußisches Jahresbuch），101，1900年9月，第567页。

④ 参见舒尔特斯的《欧洲历史年历》（Europäischer Geschichtskalender），NF 16/1900，慕尼黑，1901年，第154页。

⑤ 《速记报告》（Stenographische Berichte），X，立法议会任期，会期II，第1卷，1900年11月18日，第37页及下页。

⑥ 参见埃尔·温怀斯《一战期间美国针对德国的宣传》（Erwin Weis, Die Propaganda der Vereinigten Staaten gegen Deutschland im 1. Weltkrieg），埃森，1943年。比如书中写道："如果匈奴人获胜，自由将从地球表面消失。"（第339页）。

皇帝描绘成为匈奴王阿提拉。①

当地一些报纸刊印的沃尔夫电报局驻不来梅分局未经修改的演说稿版本(原文)以及其后进行的论争——与直到今天仍在流传且以书面形式传播更广的半官方版本(WTB II)无关——为我们寻找隐藏史料的工作奠定了基础。只有这样,才能让人理解,为什么皇帝在不来梅港的演说被称为"匈奴演说"。

(胡凯译,陈晓春校)

中国的战争和传教活动②

保罗·柯玛斯基

尊敬的女士们、先生们,亲爱的教友们:

我的报告的题目是"中国的战争和传教活动",我想不出还有什么比它更合时宜的话题。几个月以来,整个文明世界的注意力都集中在远方的一个庞大的国度。它比全欧洲的领土大一倍半。它为数众多的人口,它的人民的智慧和精明,他们的朴素和坚忍不拔,他们的勤劳和经商才干——简言之,他们用来应对经济竞争的独特方法令其成为一种威胁,一种在将来可能会令西方世界惶恐不安的危险因素。

关于中国,如今我们已经谈得够多的了,写得也够多的了。学识渊博的专家、地质学家、人种学家、历史学家、语言学家、商人、政治家、拥有实践经验和科学知识的人分别从各自的专业领域向我们阐析真相,拨开了直至几个月前仍然遮蔽着大多数欧洲人视野的迷雾。我们真诚地感谢他们所做的解释。但是人们应该想到,同样的感谢也应给予传教方面的专家们所做的说明。与其他专家相比,他们的阐释真实而不可或缺,在可信度方面也毫不逊色。可惜的是,我们不得不承认事实并非如此。在读者那里,传教团体的专业报刊和熟知在华传教事务的行家所发表的文章不是根本不被阅读,就是被视为有失偏颇的一家之言而被有所保留地接受。相比之下,如果是所谓的"中国问题专家"谈起传教活动,对其加以评论或加以谴责,不管他们是作为寻欢作乐的旅行者、公务员、技术人员还是工程师远赴中国的,也不管他们在中国待了多久——这是指生活在中国边境或是开埠港——人们却会好奇地倾听,相信他们的话,并把听来的话当成确实可靠的金科玉律广为传播。现在,我们不想否认,那些不是专家的人也为传教活动说过和写过不少真话与好话。我只想提醒大家想想利维斯通和来自苏格兰尼亚萨传教团的亨利·德拉蒙德的著名论断。在中国发生战争的短短几个月的时间里,那些"伪专家们"灌输给我国民众的对传教的评判、

① 1900年11月26日在柯尼斯堡传教工作会议上作的报告,柏林:祖国出版及艺术社,1901年,第25页以下。参见格奥尔格·胡贝尔《世界大战期间法国针对德国的宣传1914～1918》(Gerog Huber, Die französische Propaganda im Weltkrieg gegen Deutschland 1914－1918),慕尼黑,1928年,第247页。另参考H·汪尔德谢克《世界大战期间及现在英国的欺骗宣传》(H. Wanderscheck, Die englische Lügenpropaganda im Weltkrieg und heute),柏林,1940年,第51页及其后(尤其是证实"匈奴人无视战争规则"的图片)。

② 柯尼斯堡宗教会议上的报告,1900年11月26日。作者为保罗·柯玛斯基,密斯瓦尔德的牧师(东普鲁士),柏林城市传教团书店出版社,西南约翰尼特路6号,柏林,1901年。

偏见、敌意和伤害，大多不是单纯的对事实的模糊曲解，也不是纯粹因为缺乏专业的审核及客观的批评，而是恰恰体现了他们对传教活动的盲目排斥。“滚吧，传教士！”他们是这么说的：“传教士被中国人干掉了，大家欢欣雀跃。”如果战争结束，那么“制止传教士的胡作非为便成了国家最重要的义务”。

既然有这样的观点立场，有人将这场令人伤心的战争的全部责任推到“传教活动”身上，或者——如一些人所希望的——作出“相比天主教而言，新教的责任更大”这样骇人且激烈的指控便不足为奇了。也许，人们还会论及导致战争爆发的其他原因，比如暴露列强吞并野心的干涉行径，报纸上有关列强企图“瓜分中国”的轰动消息，影响与改变传统的经济运作模式、收入、工作和生活方式等因素的各种西方机构的仓促建立等等。可是，被不假思索地盲目重复和一再强调的战争的主要责任却被归咎于传教活动。

谈及此事，许多德国报纸都是这种论调，而人云亦云的学舌读者则有成千上万。因为事实就是，大多数读者，即使是受过教育的读者也一样，他们对重大公众事件的看法都源自报纸。这并不是很糟糕。报纸往往先混淆视听，然后再像个正直的人那样，公开、诚实地更正自己的错误。但是在这件事情上，报纸并不是这样做的。大多数重要的报纸并未勉为其难地纠正错误的报道。这样一来，为数众多的读者便不会改变对教会和传教活动的敌视态度。于是，对于每一个对传教活动心存善意的人而言，尽己之力纠正舆论导向便是一项光荣的义务。上帝保佑我们，但愿今天晚上回家的时候，我们每一个人都能下定决心对自己说：我不仅想听到事实真相，而且还要以坚定无比的信念为真相辩护。对于针对新教在华传教活动的指控，我会用合适的方法处理和应对，决不任由它在我面前大肆宣扬。至于什么样的处理方法才是合适的，每个人都能在瓦尔内克教授的著作《德国报界对在华传教活动的评论》（价格二十五分尼）中找到答案。

说到我的报告题目，“传教”和“战争”是其中的关键词。现在有人指责在华传教活动，认为它与政治勾结在一起，并因此成为诱发战争的主要原因。所以，我在报告中也会提到有关殖民政策的问题，而且不仅对相关的新教传教活动，只要有必要，也会对天主教的传教实践进行考察。说到“战争”，当然不可能追踪军事行动的进程。也许，有必要找出中国历史上诸多的战争诱因以资比较，尤其是在传教开始之前发生的战争。也就是说，在那个时候，传教活动不可能对战争的爆发以及战争中的暴行负有责任，无论那些战争的缘由与进程和眼下的这场灾难有多相似。

朋友们！只要粗略地想一想，每个人就都会对自己说，数百万人在这场战争中所表现出的如此恐怖的愤怒一定有自己的来由。归根结底，这来由就是中华民族的千年历史。不考察这段历史，就根本无法对当前的骚乱作出评判。

中华民族不仅是世界上最大的民族，而且还是除了埃及之外最古老的民族。我曾经站在埃及的金字塔前，惊异地瞻仰人类用双手创造的巨大工程。俘获观者身心的，与其说是建筑物庞大的外观，毋宁说是它的悠久历史和蕴涵其中的历史记忆。当雅各和他的子孙徙居埃及的时候，就发现金字塔已经存在了。而二百五十年前，亚伯拉罕就已经从中找到了更久远年代的见证。中华帝国的历史同样悠久。当亚伯拉罕迁往迦南的时候，这个庞大的帝国已经奠定了基础。当我们的祖先还穿着熊皮御寒的时候，中国人已经身着丝绸做成的衣服了。他们对纸、火药和指南针、印刷术和瓷器的使用及拥有比我们早很多。

他们的文学成就是无法比拟的。仅北京皇家图书馆收录书籍的目录就价值一百五十马克。[①] 中华民族孕育了数不尽的杰出学者、政治家、诗人、思想家、雄辩家和哲学家。在二十四个朝代的历史中,也涌现出了在精力、能力、治国才干和政治远见方面,即使与西方优秀的国王和皇帝相比亦毫不逊色的帝王。

千年以来,中国的确高高在上。得益于中国人高水平的文化孕育出的智慧,中国作为统治者凌驾于周边国家之上。所以,中国人将自己的国家视为所有教化与文明以及所有世俗政权的中心,就没有什么可奇怪的了。他们骄傲地称他们的皇帝为"天子"、"世界之主",称自己的国度为"天朝"、"中央之国"。这就是不知道"那些你从父辈那里继承的,掌握它,占有它"的含义却又爱炫耀的人的傲慢,也是麻木不仁、缺乏活力的人,贪图安逸、不思进取的人,回顾过去却又惊愕不已的人——就像罗得的妻子——的自负。这种狂妄自大使这个民族越来越排斥外面的世界。日久天长,对所有陌生事物和外来事物的抵制被习惯化,成为这个民族的本性。

中国人根本不想了解我们的文化和文明,不想接触我们的铁路和机器,也不想知道我们的宗教。他们将我们视为尚处于文明发展蒙昧期的毛头小子,而将自己看作成熟的成年人。"你们的文化是属于昨天的,"他们说,"你们的发明我们早就有了。你们的机构和政府形式乃至你们社会民主的共产主义,我们都已经尝试过了。同样,我们也曾为生存而斗争,追求财富、幸福和权力。我们也体验过革命和改革,经历过怀疑和信仰狂热的岁月,克服不宽容而最终走向宽容。你们西方人还陷在这些事情之中,而我们已经超越了这一切。在我们这里,青春的激情汇聚而成的沸腾的蒸汽在冷酷的现实生活面前早已凝结,化成追求尘世的喜悦与幸福的愿望。我们通过祭奠死者与先祖、履行自己的义务和与亲友的友爱来享受这份喜悦与幸福。"

这样我们便能理解,为什么中国会怀着狂热的愤怒抵制来自西方世界影响的每一次入侵。然而,那些报纸——比如《科隆人民报》(Kölnische Volkszeitung)、《汉堡通讯》(Hamburger Nachrichten)、《柏林日报》(Berliner Tageblatt)等——指责传教团,诘问传教士:为什么你们不让这个和平的民族信奉能给他们带来幸福的神佛呢?他们不喜欢你们这些传教士,也没有叫你们到中国来,为什么你们要闯入别人竭力阻止你们涉足的地方呢?如果他们这么讲,我们完全有理由反问他们:你们这样指责我们,可为什么你们又明知故犯呢?为什么你们不去谴责同样闯入中国的商人、殖民者以及从事商贸活动和科学研究的那些人呢?难道他们没有打扰爱好和平的中国人的生活吗?难道同样的事情,对殖民政策而言就是合乎情理、不言而喻的,可一提到传教,怎么就变成无理和挑衅了呢?

我们并不否认,商贸、科研、新闻等诸多部门均有权直入禁区,以充实与丰富当地的精神世界,促进当地科学的发展,并为当地的生产活动开拓新的、富有购买力的销售市场。如同每一位个人、任何一个民族都没有权力隔绝孤立于世界之上。如果某个民族——比如中华民族——成了文明发展的障碍,那么民族交往的浪潮最终会以惊人的力量冲垮堤坝,清新滋润的水流将会荡涤淤积的泥沼。

而你们也并未禁绝我们的权利与义务,阻止我们去做基督教的良知让我们做的事。

---

① 根据前后文的意思,这里所说的目录应该是《四库全书总目》。——译者注

《科隆报》(Kölnische Zeitung)就写道:"只要新教仍是我们的权威标准,我们就无法回避以下的话可能带来的结果:'到世界各地去吧,去教化那些异教徒!'"

就这样,世俗和宗教的力量都踏进了"天国"子民的生活圈。

早在罗马帝国全盛时期,希腊和罗马的商人已将丝绸制品,也就是所谓的"丝绸服饰",引入西方,作为价格昂贵的奢侈品卖给罗马和亚历山大城的那些好打扮的居民。

继他们之后的,是巴格达哈里发时代的阿拉伯人。那些穆罕默德的追随者甚至在中国南部取得了一个自由港。但是一个世纪以后(公元 878 年),他们就在一场可怕的血腥屠杀之中沦为了中国人狂热的仇外情绪的牺牲品。

发现新大陆以后,在 1517 年,葡萄牙人为了建立贸易联系来到了中国沿海。这是那个闭关保守的国家第一次面对西方世界较大规模的扩张行动。同样,这次接触也以恐怖的流血事件告终。那时,那些非人道的残暴行径和现在中国人在战争中的所作所为如出一辙。所有的外国人都被斩首或刺杀。来向中国皇帝献礼的无辜的使节也被镣铐加身地押回广东,投入监狱,而且很可能被杀死在监狱里。靠了大炮的掩护,葡萄牙舰队才仓皇逃脱。

我们大概已经发现,直到那时,传教活动还根本没有介入其中。残酷屠杀阿拉伯人的缘由只能是中国人对外国人的狂热憎恨。而在第二个例子里,葡萄牙商人肆无忌惮的血腥行为也是诱发因素之一。以上两件事都可以被视为目前这场战争的根源。任何与宗教有关的动机都是不存在的。正相反,同样在这个时期——葡萄牙人来华几十年以后,但仍是在 16 世纪——西班牙奥古斯丁教团和方济各会的教士成功地打开了进入中国内地的通道,并为天主教在东亚的传教事业奠定了基础。

相比之下,新教在华传教的开始要晚很多。它就像一株细嫩的小树,目前的骚乱仿佛一阵飓风将它折断。可是它的根还留着,它以后还能在异域生长。直到 19 世纪初,虔诚的英国人罗伯特·马里逊的到来才标志着新教传教活动的开始。继他之后,来自波莫瑞的德国传教士卡尔·郭士腊也来到了中国。他是第一位来华的德意志传教士。1820 年,在斯特丁,他在国王弗里德利希·威廉三世的车驾前递交请愿书。在请愿书中,他以热忱的笔触表达了希望成为传教士的愿望。他被交托给柏林的范尼克接受培训,并于 1831 年来华。在那里,他在衣着打扮和生活方式上都和中国人一模一样。他坐着帆船沿着海岸旅行,散发由他翻译成中文的《圣经》和《圣经》片段。

这就是新教传教活动在中国的开始。

我认为,即使是传教活动最激进的敌视者也很难认定,这样一个平静而无私的个人行为会激起中国人对洋人的仇恨。

而世俗政权对中国命运的介入却是另一码事。这里牵涉到的,首先是英国商人出于自私的商业目的,为了进口鸦片所做的令人伤心的事。政府垄断的鸦片贸易每年能为英国人带来九千万马克的收益。吸食鸦片的严重后果是骇人听闻的。它摧垮瘾君子的肉体与精神,吞噬他们的灵魂与意志,夺走他们的精力与健康、尊严与美德。为了吸食鸦片,那些中国人变卖了他们拥有的一切,甚至是妻子和孩子。如果做母亲的因为吸食鸦片而没有乳汁可以供给她的婴孩,她会将一个鸦片烟泡吹入啜泣的孩子的口中,而这个孩子……便会安静下来了。中国政府所采取的对策,比如给吸鸦片者打烙印,鞭挞他们,甚至判他们死刑,都无济于事。鸦片的毒害甚至蔓延到皇室,道光皇帝的两个儿子都成为鸦片的牺牲品。

难道我们还不明白,中国人沸腾的怒火最终是针对那些入侵的凶手而发的。可怕的鸦片战争就是这样爆发的。和布尔战争一样,那是一场可耻的、非正义的战争,是英国历史上不光彩的一页。毫无防备的城市被英国的舰队夷为平地,广东也被占领了。按照1842年签订的《南京条约》,中国必须开放5处港口为商埠,赔款三千万马克,还要为广东代理商被销毁的两万箱鸦片支付两千万马克的赔偿金。英国人以香港为基地,比以前更大张旗鼓地经营可耻的鸦片贸易,直到今天。

我想,这种令人发指的暴行不会在短短几十年里便从人们的记忆中消失,尤其是对中国人这样的民族,他们甚至将外国人踏上他们神圣的领土当成一种亵渎,被强迫与"异域的魔鬼们"打交道也被他们视为对自尊的侮辱与伤害。而且,如果我们问自己,现在的这场战争究竟是怎样发生的,要回答这个问题,我们不仅要审视昨天和前天发生的事情,而且还要回顾历史,考察新教尚未在中国开始传教的历史时期。

朋友们!中国人饱受西方世界违背人权的冒险政策的折磨,与1806～1815年德意志民族的境遇相似。但我们当然不会站在社会民主党人的立场上,把他们视为神圣事业的殉道者。因为,驱使西方列强来到东方的最深层原因,并非对领土的贪婪和政治野心——就像那个嗜血的科西嘉人那样[①]——而是无法遏止的经济利益和文化利益的不断膨胀,扩张、贸易和商业强制的合理运作,希望推动本国的集约化生产在世界贸易领域向外发展的愿望,以及为本国的海外游子创造谋生条件的打算。而中国人发动的这场充满狡猾与奸诈、谎言与兽行的战争,也迥异于1813年为了道义和追求至高的理想而进行的自由之战。

然而在这里,我们首先无法否认,我们的士兵、商人、研究人员、殖民者、工程师和技术员在国外也有道义上的义务,即以基督教的良知、职责与责任心来保持基督徒的本色。同样,我们也无法否认,无论如何,那些英国的基督教徒在中国的行为都是对基督教信仰的玷污——不仅在国内,而且在海外也是如此。

而鸦片战争也仅仅是一系列战争罪孽的开始而已。在此过程中,法国人也加入了英国人的队伍,接着是俄国人,然后是日本人,直到现在,几乎文明世界的每一个民族都在"中央帝国"攫取自己的合法利益。总能看见被砍下的中国人的头颅,而天文数字的战争赔款在不断地流失,无助的巨人的领土则一片片地被蚕食。满清官员和北京宫廷可笑的自负、亚洲式的不忠诚以及中国人的狂热一而再、再而三地引发新的纠纷和新的赔偿要求。每一次新的民族屈辱都令中国人对洋人的仇恨更接近爆发的沸点,以致最终在拳匪之乱中以摧枯拉朽之势蔓延到全中国,不管是朋友还是敌人,有罪的还是没有罪的,都被吞噬其中。

新教的传教活动也被攻击得遍体鳞伤。传教士们究竟做过什么坏事,那些人竟然不让他们立足,而且还对他们大吼:"你们滚!"

朋友们!如果我们研究一下帝国议会报告中有关殖民地的争论,便会发现,有一些问

① 这里指拿破仑。——译者注

题一直被作为评判的标准提出来:“进口与出口的规模如何?殖民地是不是有利可图?殖民地将来会为我们带来些什么?”简言之,人们考虑的是占有,他们所想的一直只是去占有。至于生活在那里的人们和我们一样,同样有权利对生活提出要求,同样有权利维护自己的生存条件,同样有权利按照自己的意志保持自己的本性,这些事情却从未有人过问。无论如何,在与中国发生矛盾纠纷的全部过程之中,世俗机构并没有给予这些问题足够的重视。

传教活动是不可缺少的补充,它是商业和政治活动在我们这个时代所取得的成就之中唯一的理想化因素。传教团——尤其是新教传教团——绝对不是想占有什么,他们所想到的是施予和祈福。传教士的动力并非利己主义,而是爱心。爱心想建设的,正是利己主义已经破坏的。爱心不会与战舰以及杀戮无数的火炮为伴,为爱心护航的是主的庇佑,主的话语则是它的武器。帝国首相霍恩洛厄侯爵在 1894 年 12 月 11 日的议会发言中说:“政府最不可能放弃对基督教传教团体的支持。没有他们无私忘我和造福社会的工作,殖民地的全部工作便会发生问题。”

传教士们在中国犯了什么错误呢?

他们的不幸——而不是罪责——在于,他们是伴随着武力侵略来到中国的。根据 1842 年鸦片战争结束后签定的《南京条约》,基督教新教的存在和天主教一样得到了中国方面的宽容。于是,应郭士腊的请求,先是巴塞尔和巴尔玛的传教士学校,接着是中国联合会和柏林传教团派遣他们的工作人员来到中国。

夺人性命的鸦片,用血腥的武力胁迫来镇压中国人的反抗,被摧毁的城市,被迫开放的条约港以及大量的战争赔款——这就是西方世界带给中国人的“礼物”。在这以后,中国人极不信任地抵制西方人新的“赠予”,并将传教活动视为西方列强进一步散布屈辱与不幸的新工具,这也就不足为奇了。只有这样,才能解释那些针对基督教徒的闻所未闻的污蔑之词,它们深深地扎根于中国人的心底,不仅是路边那些天性向恶的无业游民和缺乏判断能力的无知苦力,甚至满清官员、封疆大吏乃至亲王和皇室成员都对其真实性深信不疑。也许可以回想一下方才提到的葡萄牙商人们的罪行。那时,他们抢走中国人的孩子,把他们运到印度卖作奴隶,以致后来人们在背后议论,说基督教的传教士们都是些人贩子。他们把人折磨得肢体不全,基督教的医院和育婴堂便是证据。他们甚至连死人都不放过,把死人从坟墓里挖出来,亵渎遗体,并用其肢体制作药品和符咒。而那些以男人和女人在同一间房间里进圣餐和做礼拜为素材的毁谤,其卑鄙下流简直令人作呕。

这种丧失理智的污蔑挑起了人们对传教士的仇恨,并令恨意不断加深。归根结底,这份仇恨并不是针对传教士的,而是针对所有“出身鬼魅的蛮夷”(在皇帝的敕令中,就是这样称呼洋人的),所有“头发与胡子均为赭色的红发魔鬼”,他们来自“浓雾和风暴长年不散、终日不见阳光的国度”。

也就是说,一方面,中国人世袭的对基督教徒的仇恨归因于世俗政权的占有欲和肆无忌惮的血腥行径;另一方面,这份仇恨亦来自中国人的民族性及其落后的世界观。中国人的世界观因循守旧,他们无法理解民族发展与民族交流的时代新要求,仇视异文化,毫无远见地攻击周边的一切。如果把中国比作一个人,那么他这样的人最好还是应该被监护起来。

当然,无法否认,在华传教活动也有其致命的要害。他们在为曾被钉在十字架上后又复活的上帝之子工作。耶稣用自己灵魂的力量触及人们的良心,他宽恕罪孽,用对上帝的信仰帮助异教徒驱除他们晦暗、胆怯的心中对恶灵与整个看不见的恐怖世界的惧意。当光明与阴暗、基督教与异教遭遇,一场大战便无可避免。这是一场你死我活的较量,它不会因为某种协定或是让步而停止。但是,对传教活动抱有敌意的批评并未提及这场灵魂之战,因为那些批评家们根本理解不了此战的意义。而对于中国人对传教活动的仇恨,这场较量同样不具有决定意义。因为在宗教方面,中国人实在是太冷淡、太漠不关心了。

大多数中国人每天都在为生计挣扎,他们深深地沉溺于世间的俗务之中。“我们吃什么,喝什么,穿什么?”这些忧虑便是生活中唯一能够打动他们的事。米价是涨还是跌,是否将会有一场新的饥荒来临,欧洲进口的新的运输工具是否会令他们失去工作、无法糊口,这些问题都在困扰着他们。对他们而言,所有非尘世的和超自然的东西都只存在于意识的阴影之中。他们也有自己的神,他们向其献祭,对其膜拜。但是,他们这么做是无意识的,只是出于本能,出于对陌生的、高高在上的权威的依赖性。“在中国,就像在古代的罗马(传教士伯斯坎普这样说道),对于一般的人而言,所有的宗教都一样,都是正确的。对于哲学家而言,所有的宗教则都是错的。而在政治家眼里,所有的宗教却都同样是可以利用的。”如果皈依基督教能带来物质利益,中国人便会发誓放弃他们的宗教。如果他们无法攫取实利,那么他们只要能顾忌一下礼仪,友善地亲近基督教也就足够了。在Elbing①,有个中国人——不是下等人,而是中华帝国政府的全权代表——在星期天去玛利亚教堂参加新教的礼拜。他这么做,只是为了顾及他熟识的神职人员。对,他是个有头有脸的人。一个星期天,他甚至走上祭坛,并亲切地与主持仪式的牧师握手。这件事令全镇惊讶不已。现在,连对宗教如此无所谓的中国人也疯狂地憎恨基督教,很明显,这里一定有其他的原因,而不仅仅是因为传教团告知的有关基督教的真相。

中国人的愤怒首先是针对传教士和信仰基督教的中国人,这当然是事实。在中国内地,传教士是被国人憎恶的洋人的唯一代表。商人们只能在条约港活动,而传教士却可以深入内地,在那里安家落户,设立教堂。在内地,传教士们远离军舰的火炮,毫无保护地暴露在盛怒的中国人面前。他们被中国人袭击、谋害,被伤害致残,甚至被屠戮,并不是因为他们是传教士,而是因为他们是离中国人最近、最没有抵抗能力的洋人。同时罹难的还有许多中国的基督教徒。他们遭遇不幸,也不是因为他们信仰基督教,而是因为他们是那些被憎恨的洋人的追随者。最痛恨洋人的地区,却是传教活动尚未涉及的地区,比如湖南省。这就表明,狂热的憎恨很少是明确针对传教活动的,尤其是新教的传教活动。同样值得思考的还有,大屠杀的根源绝对不在传教士或信仰基督教的中国人身上,大屠杀并未在新教拥有最多追随者的南方诸省如福建和广东爆发,而是在领事人员及移民而来的洋人聚居的北方诸省。

不,令民众愤怒的原因并不是宗教。只有当中国人依其异教徒的本性不相信传教士不谋私利,而是认为传教活动肯定与政治有勾结的时候,传教才会牵涉其中。

我们必须承认——当然,这并不表示我们找到了战争的真正原因——很遗憾,天主教

① 地名,译名不确定。——译者注

传教团在某些场合的行为的确成了中国人对传教活动不信任的证据，并证明宗教与政治相勾结是天主教会的本质特征。安治泰主教为了确保传教活动的生存与繁荣，便在柏林外交部鼓动当局占领胶州，这件事表明传教与政治之间的瓜葛。同时，安治泰的举动也证实了传教士的无能。1897 年，两名天主教传教士在山东被杀以后，作为对暴行的补偿，天主教不仅坚持处死凶犯，而且除了索取巨额赔款之外，还要求建造三座天主教堂和六所传教士学校。最后，他们还要求罢免、降职和流放清廷官员。这也是传教活动与政治的结合。同时，这也使人们完全有理由形成很有嘲讽意味的看法，将那些（受到伤害的）"价格昂贵"的基督教徒当成现代的殉道者。

这些指责却不适合新教的传教活动。他们走的是主的道路：超常的耐心和吃苦的勇气。这是一条受难之路，但却是正确的道路，因为只有披荆斩棘才能取得成功。今年 9 月 6 日，柏林传教社团的传教监督文德兰在委派最后三名候选传教士时——其中一名就将负责中国南部（广东省）的传教事务——就是这样敦促他们的。他说："[参照《传教报告》(Missionsberichte)10 月刊，第 597 页]即使你们宽容忍耐、恪守信仰地履行职责，还是会掀起针对新教的激烈反抗。如果迫害教徒的狂潮爆发，难道我们应该以暴制暴，要求世俗当局施以援手，以便对恶行加以严惩并索讨巨额赔偿吗？不，这不符合基督的想法。基督说：'你们不知道你们是哪一位神的孩子吗？'（《路加福音》，9：53）《圣经》也会允许我们寻求当权者的保护，耶稣门徒保罗也曾这样做。（《使徒行传》，22：25）可是主也说过（《马太福音》，10：16）：'我差你们去，如同羊进入狼群。'所以从基督门徒的身上也一定能发现那种超常的耐心和吃苦的勇气。要传教，就必须追随主走上苦难重重的道路，一条必须披荆斩棘才能取得成功的路。主会令大家努力工作。你们会在这条路上获取丰硕的果实，洒过眼泪以后，你们会得到丰收的喜悦。"

这就是我们伟大的德意志新教传教团的生存基础。没有任何一件事——我强调没有任何一件事——能予人口实，以致人们非议这些传教团的传教士背弃了他们的原则，将他们的神职建立在政治的基石之上。天主教会为他们的传教士在中国争取到了官职品级，以便他们更有效地维护其利益，以及直接插手司法事务为自己谋利。而当满清政府将相同的权利赋予新教传教团的时候，后者却拒绝了这项政治特权。

我认为，仅此事实便足以擦亮新教传教活动反对者的眼睛，至少能驱除那些部分出于无知，部分出于对新教、天主教传教活动和传教实践不假思索的混淆而形成的偏见。曾经担任驻北京公使的巴兰德先生的声明——可惜不久前才完成——至少标志着向新教传教士赔礼的开始。他在《德意志周刊》(Deutsche Revue)中声明："我想指出的是，我那些关于新教传教士在中国所作所为的发言主要是针对英国和美国的传教士，而不是指德国传教士的。"他还提到以前的一篇文章。在那篇文章里，他已经强调过："德国的新教传教士，或者说得确切一点是德国—瑞士的新教传教士在两广从未遭遇过责备与控告。"过去，人们认为新教传教士是在中国引发仇洋的血腥暴行的真正原因，新教的罪责甚于天主教。而现在，口风已有所不同。

至于巴兰德先生提到的英国和美国的传教士——没有指名道姓，也没有举出具体的事实——必须承认的是，在过去二十年的时间里，有大量所谓的"自由传教士"或是"信仰传教士"来到中国，来自美国的这类传教士少于来自英国和瑞典的。他们没有接受过必要的培训，尤其缺乏足够的语言知识。他们来到中国，只为了四处旅行和布道。他们肯定会做出不得体的举动，也许还会令人讨厌。尤其是那些自由传教士，他们过于重视新开辟的传教区的数量。救世军经常做出的不得体和招人讨厌的宣传就是我们熟悉的相似事例。在细微的世俗工作中，新教传教士也会对受保护人施以援手。以后，他们会发现，那些人不配得到他们的帮助与照顾。每一个德国的神职人员都能从自己的工作经历中举出许多这样的例子。将中国人仇恨洋人的熊熊怒火归因于这些事情(传教活动的反对者只是声称发生过这些事情，却未加证实)，就好像要用小水洼里的水汇聚成海洋，或者用坑洞里的光亮来解释火山爆发一样荒谬。

不，中国人的怒火像火山一样爆发，一定有他自己的原因，这个原因植根于中国那被可笑的漫画歪曲的民族自负感和数世纪以来习惯性的抵制所有外界渗透的自我封闭之中，即中国人的民族性。这种封闭最终导致该民族十分活跃的思想变得僵化，陷入了阴郁、呆滞的泥沼。中国人的才干孕育出的所有成果，都因为高傲、谎言、怯懦、残忍、多妻制以及风俗的野蛮化而被扼杀，枯死在这个泥沼之中。

中国是个病入膏肓、得了老年性坏疽的耄耋老人。根据医学信息，“如果给养来源被切断”或者“血液失去提供营养所必需的特性”，“尤其是出于厌食”，就会得这种病。在中国，我们就能找到这些症候。手术是必要的，“把坏死的组织与健康的剥离。这种分离要从在生与死的临界塑造年轻的、脉络丰富的组织器官开始”。

现在，世俗当局已经给这个垂死的年迈巨人做了彻底的手术。英国人给他带来了麻醉用的鸦片，这是给道德方面动摇不坚定、饱受病痛折磨的病人的最后一剂毫无希望的药石。给病人的不是解药，而是毒药。他们笨手笨脚地切割着年老体弱的病躯。当病人因为疼痛而叫喊的时候，他们只是更紧地把他压在刑凳上。接着就是不上麻醉药，为活生生的病人截肢，也就是所谓的与铁路建设及矿山开采联系在一起的领土侵占。每一刀都给神龙的躯体带来伤害。每一条铁路都破坏了受香火的祖庙带来的福祉。直指心脏的手术所带来的是透入骨髓的创痛。如果手术是必要的，还有谁会去责备医生呢？但是，如果病人提高嗓门直至大声怒号，在剧烈的痛楚之中挥舞起拳头，不加分辨地见人就打，别人也不应该感到奇怪。

那么传教活动呢？

她也参与了手术，但不是为了给医生递上锋利的手术刀，而是为了像善良的护士那样，用双手轻柔舒缓地缝合伤口。她也被巨人的拳头击中，因为盛怒的巨人根本就认不出她是谁。她不应该挨打。那个巨人只是盲目地攻击身边所有的人。可是，他的拳头沉重而有力。在惨叫声中，可怜的护士倒在了他的攻击之下。她还听见自己的兄弟和亲戚讥讽的嘲笑声。他们幸灾乐祸地喊道：“你在那里找什么呢？你活该如此！”她躺在地上，只有少数几个忠实的朋友在照顾她。但是这种情况不会长久，上帝会帮助她重新站起来。然后，她依然会无怨无恨地照顾那位病入膏肓的老人进食，并给他服食能创造奇迹的药物。

因为传教团不仅想要缝合伤口，而且他们还想治愈病人，包括那些没有人能够处理的腐烂的坏疽。他们从不放弃永恒的上帝的话语赋予他们的良药。这种良药曾为年迈力衰、病弱不堪的世界注入青春的活力。在将来，这剂良方也能令中国重获新生。

是啊，大家都在问自己，那个非基督教的庞大帝国将来会怎样。人们在问自己，在民族与世界历史的庞大计划中，这个帝国的存在意义和生存价值究竟为何。这个计划到底存在与否呢？我们现在看到的和正在发展的，仅仅是欧洲剑拔弩张的氛围中所积聚的能量的狂野释放吗？其趋势难道是："弱肉强食，强亦为更强者所吞噬。难道在民族之间的接触中，社会问题能简单地得以解决吗？"

全部的民族史，是否只是各文明圈之间强制性的互相纠结，其趋势则是漫无目的、毫无意义、没有目标的循环往复？现在上演的这出戏是否意味着旧的循环的终结和新的循环的开始？而位于新的循环中心位置的，除了共产国际以外，还有来自中国的黄祸以及能够淹没整个西方世界的经济竞争。

这些问题与观点令国务活动家和殖民政治家对世界的认知毫无结果地迷失在黑暗之中。以下的话适合于那些政治家："我们的知识是不全面的，我们的预言也是片面的。"

在上帝真理的光芒照耀之下，所有这些问题都是那样清晰明白、显而易见，而我们找到的显然与传教活动密切相关的答案又是如此明确无误、广泛全面。

当时，耶稣门徒保罗对位于世俗权力及教化巅峰的罗马人说(《罗马书》,1)：上帝也许在创世之作中给过他们启示，以致他们没有任何借口。可是，他们却走上了自己的道路。至于这条路通向何方，人们看到的是宗教生活的彻底衰亡以及由此引起的道德的蛮荒和堕落。

圣保罗的这番话适用于所有异教徒，包括信奉异教的中国人。从中国人身上——如同过去发生在希腊人和罗马人身上的那样——我们会看到，如果没有基督教新教，一个民族可以凭借自己的力量发展到何种程度。上帝让他们走自己的路并给了他们足够的时间，让他们将所拥有的一切高超智慧发挥到极致，而其结果便是我们今天看到的中国。粗略地一瞥已经足够了：

中国是文学家的故乡。中国人对本民族经典著作的敬畏之心一点都不亚于我们对《圣经》的虔诚。中国的十三种经典著作的确值得称颂，在道义的严肃性及道德的纯洁性方面，它们在所有异教的文学著作之中是无与伦比的。可是结果呢？却是道德的沦丧和残忍的兽行。在这个世界上，我们无法在任何一个其他的异教民族中发现如此普遍和令人憎恶的恶行。

中国的三种宗教蕴藏着伟大而崇高的思想。道教颂扬不可为而能创造一切、不可见而能洞悉万物的道。人只能通过行善、断念和默默地忍耐来从精神上接近它。那么这种崇高的教义带来的结果是什么呢？就是在星空和自然现象之中，在龙、虎、狐狸这些动物身上寻找道的存在。简言之，是和招魂及驱魔联系在一起的多神论。

孔子的学说里有许多精妙的箴言来规范人与人之间的交往，劝人尊敬父母、敬畏皇帝、尊重死者。它所带来的结果又是什么呢？是因为担心没有后代祭奠先祖而实行的一夫多妻制，是被娃娃亲破坏的家庭，是对死人的膜拜，是敬畏鬼神，是杀戮女孩以及为了给敌人带来不幸而偷盗对方先祖的尸骸。

最后是放弃世界、轻视俗世万物的佛教。当然，它也拥有高尚的思想和庄严的律条。它规劝病人和垂死的人将所有的希望寄托在菩萨身上，并告诉他们彼岸的世界里对善行的奖赏以及对恶行的惩罚。而在此岸，它则要求信徒们节制、宽容、富有同情心以及行善以履行神圣的义务。佛教又给人们带来了什么呢？一方面，他们用尽了自私自利、谎言和占有欲等种种手段，完全置身于追求物质生活的争斗之中；另一方面，他们又令人同情地对彼岸世界心存畏惧。在可怜的民众面前，因为毫无良知、淫乱和吸食鸦片而堕落的佛教僧侣将彼岸描绘得十分恐怖：十八层地狱、烧红的烙铁、锯子，还有装着尖刀的支架，人的灵魂会被变成可憎的牲畜，比如猪、耗子、虫子或是苍蝇等。

是的，“他们无知的心就昏暗了。自称为聪明，反成了愚拙”(《罗马书》，1:21—22)。

我们不要搞错了，这就是那个民族在民族与世界历史的庞大计划中的存在意义和生存价值。虽然令人不快，但是这一切向我们证实了主的话是正确的：“没有我，你们什么都做不了”以及：

> 如果上帝的手
> 没有施予我们明亮的光芒，
> 我们的知识与理智
> 就会被黑暗包裹。

这与传教活动有什么关系呢？上帝希望所有的人都能得到帮助，也希望成千上万的中国人能够领悟真相。他以“上帝的宽容”忍受这一黑暗的时代并不是徒劳的。(《罗马书》，3:25)他“放过无知的时代”(《使徒行传》，17:30)，让中国人在这么多世纪的时间里保持其特征和民族性也不是白费力气。对于这个民族，上帝一定有他特别的计划。这个计划就是将成千上万的中国人作为遗产交给圣子，以便让他们将圣子奉为神明，让这个民族成为他的财产。为了达到这个目的，必须在中国传教。

世俗当局来到中国有着完全迥异的目的，这是不言而喻的。但同样毫无疑问的是，所有世俗的计划和约定——比如德国与英国的“门户开放协定”——最终都必须为上帝伟大的救世计划以及与之相关的传教事业服务。

详细地说，还有许多问题——尤其是政治领域的问题——尚未解决：真的有可能履行那些和谈条款吗？李鸿章和其他和谈代表所做的所有让步，会不会只是中国的谎言外交，为了稳住列强、死里求生而要的狡猾的政治手腕与花招？仅凭一纸和约，难道就能杜绝中国人对洋人的可怕仇恨，瓦解成千上万的拳匪了吗？真的能够阻止一个拥有四亿五千万人口的大国进口武器与战争资源吗？这样缔结的和平真的比或长或短的停战状态更有价值吗？拥有敏锐的观察能力、精明的计算能力、无穷无尽的人力资源和自然资源的中华民族难道不能成功地摆脱对外国的依赖，自己生产包括武器和战争资源在内的外国人生产的商品吗？如果现在的这场战争只是无法测度的骚乱的开始，我们又该怎么办？

这些当然都是政治问题。但是，这些问题也牵涉到传教活动。传教的历史告诉我们，上帝国度的扩张总是紧接在世俗的文化与政治之后进行的。

随着有关中国的政治问题进一步发展，在华传教活动完全有可能受到阻止与妨碍，但是它不会因此而遭到扼杀。基督教传教士可能会被杀害，可是传教活动却不会消亡。基督教并不是一种普通的宗教，只有它才能使人类遵循上帝的意志，成为上帝想要的人。所以，我们也不用对目前敌视传教活动的浪潮惶恐不安。我们只是感到深深的惋惜，不仅是因为舆论对传教尤其是饱受伤害的新教传教活动不公正，而且还是因为人们缺乏基督教徒的热情，缺乏传教知识，对传教活动不友善、不理解。传教活动也会因此遭受挫折。按照上帝的意旨，人们对传教的敌意会越来越深，就像约瑟夫被投进监狱那样。可是，我认为那时找不到对约瑟夫一无所知的人。如果现在有消息传来，说所有在华传教团将因为异教徒的憎恨和身为基督教徒的当权者的嫌弃而被扼杀，那么成千上万的人会投入一场新的十字军战争，并重拾当时十字军骑士的口号"这是上帝要的"。当然，在中国传教要比在非洲的任何一个异教民族传教都要困难。因为在中国，传教士要面对的是结构严密的组织体制。但是，主的话在这里同样适用：重要的不是危险，也不是困难，"而是收获"。在这场可怕的战争中，倒下的传教士越多，对我们而言，主的指示便显得愈加紧迫："向收获的主请求，请他派遣工人来收割吧！"

附录

报告结束以后，应总负责人D·布劳恩先生的提议，齐聚于市传教士学校大厅的听众们一致发表抗议声明如下：

"我们抗议那些既不了解中国和中国的情况，又不熟悉传教士及其工作的人对传教活动的评价。我们抗议那些不愿了解传教士所从事的信仰事业，却要玷污其神圣性的人所提出的反对传教活动的要求。同样，我们抗议所有将传教与政治耦合在一起的做法。最后，我们发誓坚定不渝地对主保持忠诚。主也向中国伸出了施予幸福的手。不到全人类都成为信徒统一在主的旗帜之下，慈悲的主是不会休息的。"

（胡凯译，陈晓春校）

对在华传教问题的辩论

出版人

可以预料，会令有关在华传教活动的争论重燃战火的，不外乎以下三者：其一，德国议会，当它就德国对华政策进行磋商的时候。其二，想为安治泰主教开脱的《科隆人民报》(Kölnische Volkszeitung)，安治泰习惯且喜欢将该报当成自己的报纸来利用。其三，冯·巴兰德先生，为了证实最先由他提出的指控："尤其"是新教传教团对中国骚乱的爆发负有责任。

德国议会已经发表过意见，《科隆人民报》也刊登了文章，唯独巴兰德先生却沉默不语。看来，公众持续多时的对在华传教问题的争论暂时可以告一段落了。不管怎么说，这场争论所造成的伤害已经够多了。对于那些有坚定信念的传教士而言，这些伤害并不算什么。他们知道，基督在十字架上所受的屈辱是与传教事业紧密联系在一起的。可是，这场争论却令那些反对传教的人对传教事业的敌意更深，许多对此漠不关心的人被吓得不敢继续支持传教活动。而在很长的一段时间里，公众舆论也会因此对传教事业不利。然而，新教传教团完全有理由对争论的结果感到满意：最初对新教传教团的指责，认为他们必须对发生在中国的血腥灾难负主要责任的攻讦完全停止了。①

1. 德国议会并没有对新教传教团加以攻讦，议会的攻击仅仅是针对天主教传教团的。当帝国首相声明（以后会论及），他不会因对天主教传教团的攻讦而“以任何形式对天主教传教士区别对待”以后②，倍倍尔议员便对此提出抗议，仿佛“他希望听到天主教传教团与新教传教团受到不同的待遇”。议员里希特竭力申明：“我的论述既不是针对新教，也不是针对天主教的，而是从总体上针对传教活动而做出的。”事实上，这种攻击仅仅是针对天主教传教团的，尤其集中在安治泰主教身上。尽管冯·巴兰德先生一再地卷入争论之中，而议员施丢克尔一再强调，这位最先发起攻讦的人“所认定的许多事实都缺少证据”且“巴兰德先生收回了许多自己说过的话”，但是对于新教传教团，却没有专门的指责。③ 由此，我首先要强调的是：德国议会并没有提出特别针对新教传教团的指控。

从总体上讲，除了一般主要源自俱乐部中闲聊瞎扯、对中国基督教徒质量的轻蔑评价以外——比如里希特议员所做的发言——议会对传教团的讨论是本着实事求是的态度、在平和的气氛中进行的，不像那些受到新闻界煽动的人们所担心的那样。是的，不仅是施丢克尔、巴赫姆和战争部长冯·格斯勒等人，议员巴塞尔曼、冯·卡尔多夫和施拉贝尔也对传教团的权利、义务及善行提出了令人欣喜的证据。以下是卡尔多夫讲话的引文：

> 对于每一个在外传教的基督教信仰团体和每一个教派而言，通过传教来完成主的指示是他们的生存需要。每一个教派，每一个信仰团体，如果懈怠此项使命，就会自我枯萎，失去活力。作为传教团的朋友，我们无论如何都会以此为思考的出发点与前提条件。……德意志的新教传教团——从他们那里我也多少了解到了一些中国的情况——始终尽力避免触及政治方面的事务。……传教士们一直说，我们与我们的领事们牵连越少，便愈能为他人与社会造福。关于传教士的影响与作用，倍倍尔议员认为，一般情况下向传教团求助的都是些坏人。是啊，我们的主耶稣基督不是也向税吏和有罪的人布道嘛！

倍倍尔议员对传教团的分析最为详尽。当然，我们不能指望一个自称“非基督徒”、“看不出宗教与迷信之间有什么区别”、“视一切宗教为迷信”的人会理解基督教的传教事业。如在战争部长面前，他就承认：“无论如何，我们是无法就基督教的意义，尤其是传教团的意义达成共识的。”然而，即使面对这样一个反对者，将他没有说过的话强加给他也是

---

① 又有人提出了新的质疑。现在，许多报纸上又刊登了以下具有倾向性的新闻：柏林，12月13日。本月11日，从北京传来消息：“昨天，在各国公使会晤的时候，法国公使提到了为信仰基督教的中国人索取赔偿的问题。萨多夫解释道，这些人已经通过抢掠使自己获得了补偿。即使是传教士，他们也以他们自己以及信仰基督教的中国人有权要求赔偿为借口，参与了抢掠活动。有些传教士可能已经变卖了所有抢得的物品，另一些人还在兜售他们的战利品。对他们而言，甚至连中国的神像也都毫无神圣性可言。”对这些话加以驳斥是多余的。那些生命受到最严重威胁、必须四处东躲西藏以求自保的传教士会去抢劫并兜售抢到的赃物，这是根本无法让人相信的事情。至于说他们变卖神像，这简直是荒唐。理智的人不会不去怀疑，这些话究竟是从哪里传出来的。

② 所有引文均出自官方的速记报告。

③ 即使是引用哈尔内克在汉堡所做的报告中的话“所有为了基督教的传教活动而使用武力，或是为了传教的目的而求助于武力的企图，都是应当受到谴责的”来支持自己观点的里希特议员也没有这么做。他只是将规模较小的福音一抗议派传教协会的年会当成“福音抗议派传教团全体会议”了。（译者注：这里对两个传教组织和会议名称的翻译是根据字面意思直译的，译法并无把握。）

不公正的。他并没有说过传教活动本身应受到谴责，它必须被禁止或是被压制。他也没有说过传教只会带来伤害，同样他没有像《汉堡通讯》(Hamburger Nachrichten)所写的那样对传教士的被杀幸灾乐祸。而他确实说过的，也是他在结束语中的总结证实了这一点：

> 在我看来，巴赫姆议员是在和风车搏斗。我并没有想对传教团的意义作任何限制。我并没有否认传教团有权利、他们应该或是可以在世界上他们认为有需要的任何一个国度里努力劝说别人皈依基督教，我只是要求——我一直在强调这一点——将传教与国家事务分开，将传教团的活动视为他们的私人事务并让其承担由此产生的全部责任，国家则根本不必关心传教活动，不应介入其中，而应让其自负其责。这是十分简单的观点，并没有对传教的本质加以任何形式的贬低。我知道，我们中的许多人为了他们坚定的信念做出了什么样的牺牲，经历了什么样的苦难。所以我也知道，应该珍视那些具有坚定的宗教信仰的人所取得的成绩。他们在异国他乡与蛮荒的民族打交道，并试图在那里传播优于当地文明的文化。嗣后，他们还会成为他们自己事业的牺牲品。但是，这与我反对将传教活动与国家利益以及国家事务联系在一起并没有关系。我只希望大家最终能明白这一点，除此之外别无奢求。

这场辩论所涉及的主要问题在于：国家是否有义务向传教团提供保护，以及传教团是否有权要求国家给予此种保护？倍倍尔对此持否定态度，里希特亦是如此。而帝国首相、战争部长和议员施拉贝尔、冯·卡尔多夫、施丢克尔、巴赫姆甚至李科特自己的意见则与他们相左。施丢克尔提醒大家："在屋子里，那些东西剧烈地相互撞击。"他这么说是有道理的。正如冯·卡尔多夫所说的，我们新教的传教者最好与使领馆没有什么瓜葛。无论是沉默还是发言，议员们认为新教传教团就其对政治的态度而言，毫无遭受攻击的理由。这样的说法让人感到高兴。显然，这里有一个无法以抽象的方式加以解决的复杂问题。因为事实上，时局的发展导致海外传教活动与世界政策之间相互关联。这种联系是无法以快刀斩乱麻的方式加以解决的。即使没有世俗政权的保护，我们也要前往到那些危险的地域，并将继续到那里去。但是，一旦世俗的力量在那里出现，无论身为传教士的我们，还是代表世俗政权的他们，都无法避免彼此之间的接触。就算他们愿意这么做，他们也做不到。不管怎么说，除了缔约各国应当给予侨民的保护之外，我们并无其他的要求。面对由事态的实际情况催生的彼此之间的义务，以及双方职业上的原则差异所造成的彼此使命之间的界限，要让传教团与海外当局就此相互理解，可是一件难事。

我并不打算从原则上论述海外传教活动与世界政策之间的相互关系问题，这也不是能够顺带着讲清楚的事情。我希望，我很快能有时间专门探究这个时兴的研究课题。那么，现在的问题是，国会的态度究竟如何。我们已经知道，倍倍尔议员的观点是将传教与世俗政权完全分离。那现在最重要的便是，世俗政权的官方代表——帝国首相怎么看这件事。他的重要声明如下：

> 如果我理解得正确的话，昨天倍倍尔议员先生说天主教传教士在一定程度上对目前中国的骚乱负有责任。我认为这种观点并不正确，送交给我的报告并未证实这一点。我不会因为倍倍尔议员先生而采取任何不利于天主教传教士的行动，不会以任何形式对天主教传教士区别对待。至于安治泰主教先生，多年以前，他就已经将他

> 的传教团置于德国的保护之下，我将此视为主教先生的杰出功绩而给予高度评价。我们还会继续保护传教团，而且我们将在东方包括在中国行使对德意志天主教传教团的保护权视为一项光荣的义务。我们乐于承担此项义务而不会加以逃避。

首相先生是在维护安治泰的名誉，这并不令人感到惊讶，因为政府的中国政策与这位主教本人紧密地纠缠在一起。撇开这一点不提，该声明特别指出对置身于德国保护权之下的天主教传教团的保护。这么做的原因很容易理解。倍倍尔议员不仅以其片面与夸张，而且以经常为之的尖酸刻薄的言辞及其攻击倾向，特别是以争论中具有倾向性且可笑的对义和团的褒奖，挑起听者强烈的抗议。这样一来，反而掩盖了他间或而发的中肯之言。倍倍尔议员是这样回答首相的话的：

> 帝国首相是如此倚重中央党的支持。而中央党则必须令人们将重点和主要的注意力集中到传教活动以及帝国给予传教事业的支持上，以此让其选民们以及信仰天主教的民众理解并接受该党在殖民政策方面的态度。只有这样，中央党和帝国政府才有可能在殖民问题上实现合作。为此，他们互相勾结，双方都知道自己能从对方身上得到什么。他们双方所做的正是政治交易，如果允许我这样说的话。中央党是一个拥有决定性力量的政党。如果政府能够与中央党站在同一阵线上，那么事情就好办了，就天下太平了。

尽管这位发言人的观点往往更多地遭到人们的反对而不是赞同，但是在议会里，没有任何一个人能够驳斥以上激烈言辞的正确性。

帝国首相着重强调了对天主教传教团的保护权。当然，他并不想以此表明不对新教传教团加以保护。但特别的是，政府和天主教传教团之间专门签署了保护协议，可是，和新教传教团之间却不存在类似的保护协议，新教传教团也从未要求缔结这样的协议。尽管如此，我们负责任的帝国政策领导人却宣称，他不会对天主教传教团区别对待。我当然知道，他在讲话中这么说，“主要”是为了反驳倍倍尔议员对天主教传教士的指责。但即使如此，这些话仍然会令新教传教团的代表们不满，因为这种区别对待事实上确实存在：和天主教传教团订有保护协议，与新教却没有；天主教的传教士，尤其是在山东南部活动的安治泰主教，在涉及政治问题的时候，他们的表现与新教的传教士不同。而与天主教传教士相比，新教传教士在这方面的做法更合适，更无可指摘。当然，我所说的这一切都是从传教的立场出发的。巴赫姆议员也说：“正是从宗教的立场出发——在这一点上我与我的同僚施丢克尔的观点一致——不仅应期盼，而且更必须斩钉截铁地坚持，绝不能给人们留下传教士充当其祖国政府政治间谍的印象。劝说其他国家皈依基督教——这无疑是正确的原则——只能一方面在教义以及良好的示范，另一方面是自愿的信念的基础上进行。所有哪怕只带有一丁点强制性的手段都必须加以避免，无论其意图如何，也不管其来自何方。”

无论如何，一位中央党的议员补充道：“我们的传教士从未向我们的政府提出过任何无理要求，他们也绝不会这样做。”说得很对，他们没有向德国提出使用强制手段迫使中国人皈依基督教的僭越要求。今日今时，天主教传教团不再以如此拙劣的方式利用国家的力量为自己服务。而在过去，他们却大张旗鼓地这样行事。比如在马达加斯加，甚至到了今天,他们仍在尝试着这么做。可是,安治泰主教明目张胆地以高官的身份、倚仗德国为后盾,通过德国政府强迫中国修建教堂以资赔偿,要求罢免中国官员,并穿针引线帮助德国占领中国土地,可谓极尽强迫之能事。从理论上讲,我们与巴赫姆议员的观点完全一致。而在实践方面,世俗政权对待天主教与新教传教活动的态度不尽相同。事实真相是不容抹杀的:安治泰主教曾经作为"政治间谍"在活动。那位议员自己也承认,"由安治泰引发的(对胶州的)租借有可能的确令他自己的传教活动困难倍增"。然后,他又补充道:"从德意志帝国、德国人民以及议会的立场出发,根本没有理由因此而指责安治泰。"我们清楚这些明白无误的言辞的意思:主教抛弃了传教的立场,但是他得到了人们的谅解,因为他为德意志帝国立下了政治功绩。

可是现在,我们不必继续讨论帝国首相的话了。他是站在政治的立场上处理这个问题的。从政治的角度出发,"安治泰主教将他的传教团置于德国的保护之下,首相将此视为主教的杰出功绩而给予高度评价"。帝国首相对主教介入胶州事件及其在中国的挑衅行为所保持的沉默意味深长,无须多做解释。我们还是先放下这个问题吧。为什么德国政府与德意志天主教传教团签订保护协议,却不考虑与在规模方面超过天主教甚多的新教传教团签订类似的协议呢?安治泰将其传教团置于德国的保护之下,他的"杰出功绩"究竟何在?回答只能有一个:因为这样一来,德意志帝国便能指望在本国及海外获取政治利益。由此,我们看到的是1,对两种教派传教团的"区别对待"以及2,出于政治原因而对天主教传教团施以保护。而天主教传教团利用此项保护权为自己的需求服务,以从这种"区别对待"以及帝国政府交托给自己的政治利益之中捞取好处,这是无法避免的结果。巴赫姆议员提到宗教保护权时说:"德国政府接管了天主教保护权,其程度及规模与过去法国对所有在华天主教传教团所做的并无轩轾。"这就是说,每一个人,只要他们对法国及天主教传教团以往围绕此种保护权的所作所为有一定程度的了解,就能看出德国对天主教传教团的保护会带来些什么。事实上,德国对传教士的保护以及对传教士被杀的赔偿并不能令安治泰主教感到满足。相反,他坚决要求德意志帝国对信仰天主教的中国人同样施予特别的保护。

对安治泰主教的攻讦主要是针对其政治行为,即他在占领胶州一事中的积极殷勤,他与发生在中国的灾难之间的联系,以及他由于对自身权力地位充分自信而导致的挑衅行为。即使是中央党的发言人也不得不承认,这些攻击之辞的依据主要在于安治泰自己的文书文件。责难的主将又是消息灵通的倍倍尔议员,支持他的有里希特议员。而其他人只是顺带提到了这件事。施丢克尔只是在发言结束时抗议"将两位传教士被杀视为占领胶州的缘由"以及"由于德国政府的参与令中国人被迫修建三座教堂以示赔偿"。我不再赘述他们说了些什么,因为除了我和荷尔巴赫的书册里所写的内容之外,他们并没有带来什么新的信息。

巴赫姆常常站在倍倍尔的对立面上为传教活动辩护,并说了许多颂扬传教团功绩的话,连新教的传教者也衷心赞同他的这些话。巴赫姆议员以善意和英雄式的方式诠释令人不快的事实,这份诡辩艺术真令人受益匪浅,他的诠释简直成了对安治泰的赞扬。安治泰身处困境之中——因为他在自己的文书中是这么说的——,他更应效仿帝国首相在12000件传教事件中的做法。可是罗马绝不能说"l'eccavimus"。为了对安治泰的文过饰非稍加说明,我暂且将对天主教传教士插手中国司法事务的不成功辩护以及吸收不良分子加入天主教的事情——此事被称为“偶然发生的意外”——放在一边。

主教在胶州事件中所扮演的“灾难性的角色”,巴赫姆议员比较容易应付。他重复道,安治泰主教“并不是作为传教士,而是作为德意志公民”在行动。就连我们都无法理解这种对传教士身份的划分,那些中国人当然更无法理解了。安治泰主教当时“来到柏林是完全出于偶然”——在说出这样没道理的话之前,坐在一边的帝国首相应该仔细想清楚。被巴赫姆议员誉为“聪明人”的安治泰根本不是“碰巧”来到柏林的。他来柏林是有目的的。而且,他频繁地造访柏林。那么,那时他去柏林究竟想干什么呢?在1898年2月8日的议会会议中,首相先生正式解释道:“德国对胶州的占领——根据安治泰主教呈送给外交部的‘明确无误’的声明——不仅关系到在华传教事业(也就是说安治泰的天主教传教团)是否能繁荣兴盛,而且更影响到传教活动能否继续开展。这是一个生死攸关的问题。”如果安治泰是来要求德意志帝国的保护以使传教活动得以“延续”,那么他就不是“碰巧”来到柏林的。这位议员应该查阅一下一丝不苟的荷尔巴赫所写的编年体记述。

对于安治泰主教在兖州府的挑衅行为,巴赫姆是用以下的溢美之词开始为其辩解的:“与这位至今为止在中国生活了二十年的男人相比,没有人比他更了解那里的情况。他已经向大家展示,自己对中国情况的了解有多深入。现在,他说的中文甚至比他的德语表达更好。在特定的场合是否应该做某些事情,像他这样的人是不会在决定的时候犯错误的。”

这样的吹捧令人反感,尤其是因为这番说辞是以不知谦逊的主教先生的自我标榜为基础的。也许他能说一口流利的汉语,但是,他的汉语真的比自己的母语说得好吗?基于D·花之安的声明,我对此表示怀疑。在中国生活了二十多年,而且已经写出了杰出文学作品的花之安——而安治泰在这方面的成就却不为人所知——对我说:现在我开始理解中文了。这是那位谦逊的男子所说的话。而根据有教养的中国人的证言,他却是对汉语最知根知底的人。说“没有人”比安治泰主教更了解中国的情况,这不仅是一种夸张,而且也是不正确的,因为这个聪明人的判断根本就是错误的。他在兖州府对清廷官员的胆大妄为也是他的认识错误:灾难发生了,而他并非没有责任。即使是像安治泰主教这样的“聪明人”也会出错,而且他已经犯了错误。细述兖州府事件的经过只是浪费笔墨而已。安治泰自己的(第一份)报告以及他的传教士薛田资神父在《东亚劳埃德》(Ostasiatischer Lloyd)中的报告都令他不可能洗脱自己的罪名。

涉及安治泰的有名的言论是胶州是最近发生的大规模迫害行径的原因,而巴赫姆议员对这一问题的辩解最积极。可是,他的辩解还是以“聪明的”主教对自己曾经发表的声明所作的聪明的评论为基础的。他说:“这份新年祝词[1900年,见《科隆人民报》,参考《传教汇刊》(Allgemeine Mission-Zeitschrift),1900年,第97页及后页,我请大家查阅一下]的开头说,迫害行径发生的‘原因’是对胶州的占领。左派的先生们便将其视为证据,认为占领胶州的确是导致义和团运动爆发的决定因素。如果除了援引安治泰主教的新年祝词之外,还能看一下主教自己在此后所做的精确的解释,那就能得出比较公正的结论了。主教先生说,20年以来他只说中文,已经无法精确地分辨不同的德语表达之间的区别了,所以他犯了表达方面的错误。他只是想说,暴动爆发的最后一个诱因在于对胶州的占领，就好像最后一滴水珠，当它落下时，容器里的水便满溢了。”

敢在德意志议会中说这样的话，也真是叹为观止。安治泰主教是个精于世故的外交家，他的德语很好，他在《科隆人民报》上发表的文章便能证实这一点。在过去的二十年里，他也有过不少机会说德语，因为他一再地、长时间地在德国停留。如果将他写于1897年、并由现在的帝国首相于1898年在国会中引用的两篇声明与其1900年的文章加以比较的话，就可以明确无误地看清后者的意义以及写作动机。方才引证过的、我在中国的暴乱发生以前在《传教汇刊》上发表的文章，以及暴乱发生以后我在荷尔巴赫的书册中发表的那篇众所周知、也更为深入的文章，都在这方面提出了令人信服的证明。而在议会中，对此加以批驳的则是倍倍尔：“安治泰主教在新年祝词中以最公开、最无所顾忌的方式承认，他提出的占领胶州的建议以及由此引发的对胶州的占领导致了暴乱的发生。巴赫姆先生认为，虽然我援引了安治泰主教的这篇祝词，可是却没有读过他在其后所做的解释。是的，先生们，当安治泰主教发现，他在新年贺信中承认这些事情是做了一件大蠢事，是犯了一个政治错误的时候……他当然要试图收回自己的话。可是木已成舟，他已经在新年祝词中承认，夺取胶州是引发暴乱的最重要的原因之一。”①

在此，对帝国议会辩论的阐述将告一段落。这场辩论并不能令新教方面感到完全满意。不管是帝国政府还是中央党，都未明确地表示反对和拒绝政治与天主教传教活动的相互勾结。

2. 关于《科隆人民报》(1900年11月16日)刊载的题为《中国官员与天主教传教团》的文章，我们的阐析简短得多。经过精明的盘算，这篇文章发表的时间恰逢议会辩论的开始。在议会辩论中，巴赫姆议员——也只有他——提到了这篇文章，而且他也只是顺带引证该文而已。

为便于理解，我将这篇文章的引言原封不动地载录于下：

> 当罗马教廷派驻山东南部的代表——安治泰主教先生于今年夏天在德国停留的时候，一名《科隆人民报》的员工与他作了深入的会谈。会谈的主要内容载于鄙报今年7月24日的第668号中。在会谈中，主教先生谈到了针对他和他的传教士的持续不断的指责，即认为他们对眼下的这场战争负有“罪责”的攻讦。他说：“去年秋天，当我在那里第一次听到这些指控的时候②，我立刻或直接上门、或写信、或通过外交使节口头向我所辖传教区的所有道台(大约相当于普鲁士的行政专区主席)表达我的愿望，请他们说说我所辖教区的传教士是否有应受讦责的地方。为了回应方才提到过的对我的攻讦，如果有必要的话，我保留将1899年10月到11月间我收到的那些中国高官的答复在德国发表的权利。”
>
> 当时，我们预见到了这种必要性，并恳请主教先生将这份资料提供给我们使用。

① 为了不引起误解，我要解释一下，作为传教者，我根本不会擅自评论占领胶州是否具有政治上的必要性。我和所有新教传教团的代表并不是反对德国在中国占领土地，而是反对一个天主教传教团的主教去鼓动当局占领胶州，以作为天主教传教士被杀的补偿，并将其视为关系到天主教传教活动是否能够继续开展的至关重要的事情。而且，这位天主教传教团的主教竟然还因此受到赞扬。我想，这是显而易见的事。

② 这里对排版的修改是我所为，出现在《科隆人民报》引言的结尾。

他欣然同意了我们的要求，并委托我们安排发表这些资料的时间。鉴于目前在帝国议会举行的有关中国问题的辩论，这些由中国高级官员提供的证词具有特殊的利害关系。我们援引安治泰主教提供给我们的资料的原文，并附上他的简短评述。

薛田资，1900 年 7 月 27 日

去年年底，有关方面攻讦我的传教活动，指责传教士和基督教徒对那场叛乱负有责任，也就是说，他们认为是传教士和基督教徒激怒了信奉异教的中国人。那时，我便委托传教团的七位教长，敦请所有教区的官员们开诚布公地说一说，传教士和基督教徒是否曾压迫过异教徒或是以恶劣的方式对待他们，如果有，他们是怎么做的。我嘱咐他们，与官员的会谈应有第三者在场，以便有人为中国官员所说的话作证。

在这里，我原文載引教长们的报告。在去年年底，我已经将这些报告呈交给德国和中国当局。①

将收到的这些文件片段载录完毕以后，《科隆人民报》在文章结尾威胁道："看到以上这些报道以后，如果在德国或在其他地方，还有人认为德意志的天主教传教士因其压迫（异教徒）及其他恶行而应对暴乱负责，他就是在造谣污蔑。"现在，我们就耐心地等着看他们被诅咒吧。

我已故的母亲通晓许多谚语俗语。她常讲，如果我们这些孩子中有人在家里做了坏事，而其中的一个过来竭力保证：做坏事的肯定不是我，她往往会说："有谁在别人指责之前就为自己辩解，那么就等于承认自己就是肇事者。"看到那位"聪明的主教"为了与巴赫姆议员交谈而做的表演，这句话便活灵活现地出现在我眼前。去年秋天，在山东南部，对天主教徒的迫害行动已经开始了。可是据我所知，当时在德国还没有人指责天主教的传教活动，认为其应"对眼下的这场战争负有罪责"，而且这场战争根本还未爆发。可是，安治泰先生已经在搜集辩解的素材了，这也太聪明了一点。人们会发现他的企图何在，并产生怀疑。现在，我不想质疑这些文件的正确性。但是，我必须归纳一下放在我们面前的这些材料的基本情况。在这些材料中，一部分根本没有，另一部分只是顺便提到"聪明的"主教对道台提出的问题："传教士和基督教徒是否曾压迫过异教徒或是以恶劣的方式对待他们，如果有，他们是怎么做的"。那些文件片段所有的引证材料几乎都是从一个模子里刻出来的，只有一份提到了一位有罪责的天主教徒。我只要摘引其中的一份就足够了。我就选择第一份，也是最详尽的一份：

圣·安德烈亚斯教区

该教区包括九个分区：滋阳县（兖州府）、宁阳、汶上县、巨野县、曹县、鱼台县、济宁州、嘉祥县、金乡县。

教长 P·比尔斯特曼向我报告：

1. 我首先去了彭道台那里。他说："巡抚张汝梅在给青岛的德国总督写的信中说，在他所熟悉的自己的辖区内并没有发生什么事情。有些事本来就是彻头彻尾的

① 估计这就是《呈交给帝国首相的报告》，帝国首相正是以此为基础，认为对天主教传教士的指责"并未得到证实"的。

谎言。(比如,说基督教徒向异教徒收罚金,人们只是这么说说,却无法提出证据。)

2.滋阳县县令说:“那些折磨基督教徒的暴乱分子是从西面来的,而且也不是我的辖区里的人请来的。也就是说,这不可能是出于私人恩怨的报复行为。”对于是否有异教徒遭到基督教徒不公正待遇的问题,他回答道:“我不知道发生过这样的事情。我只记得一个案子,那次是个基督教徒在争讼中败诉。如你所知,我做了对基督教徒不利的判决。”

3.当迫害行动达到巅峰的时候,济宁的地方官曾四次对我说:“在我的辖区里,基督教徒与非教徒之间的关系是最和谐的。你们遇事时迅速的自我克制以及避免争执的做法,让我节省了不少精力。所以,我很感激你们。那些有名望的异教徒到处称赞你们和气的态度。”

4.汶上县姓司的地方官是传教士的敌人,是巡抚毓贤的近支亲戚。他过去曾说:“基督教徒曾有十五次对异教徒处以不公正的罚金。所以我不可能认认真真地去镇压叛乱。”可是,当要求他说出被害人姓名及住址时,他对彭道台说:“我听了那些人的闲言碎语,这样的事情并不存在。”

5.被问及基督教徒是否压迫过异教徒以及他们是否招致异教民众的憎恨时,鱼台县的地方官在回信中写道:“在我的辖区里,人们对天主教怀着最崇高的敬意。而且,天主教甚至能将野蛮人变成好人。天主教的传播对我而言是件大好事。根本没有压迫的行为或是引发基督教徒与异教百姓法律争讼的事情。”

6.济宁的地方官说:“他写了两封信,让隶属于他的、十分敌视基督教徒的嘉祥县地方官告诉他,基督教徒是否策动过对异教徒不公正的诉讼,如果有,在哪里发生过。直到现在,已经过去了好几个月,他都没有回答。”只要这个基督教徒和传教士的敌人有任何可以拿得出来的罪证,他一定会欣喜不已地说出来。

7.直到几天前,传教士P·戴维斯才向金乡县的地方官征询意见。地方官回答说:“毓贤巡抚对暴乱负有责任。他禁止捉拿叛乱者。但是我还是有办法铲除我辖区里的大刀会势力。我干脆把他们当成强盗来抓。”

8.宁阳的地方官收到了信函,向他询问是否有基督教徒压迫异教徒并招致民众的憎恨。他回信说:“那个叫卢克廷(音译)的基督教徒是个坏人,大刀会会众受到了他的压迫。”可是,大刀会会众抢光了卢克廷的东西,不久后又烧了他的房子。因为卢克廷行使其权力,屡次控告抢他财物和烧他房子的大刀会会众。为了摆脱此事的纠缠,那个地方官便说:“如果你再来告状,我就把你抓起来。”如果除了卢克廷的案子,这位地方官再没有其他事情指责基督教徒和传教士的话,那么他也就承认了传教士和基督教徒是十分和气的。

9.在邹县只有少数基督教徒。多年以来,这些基督教徒和异教徒之间都未发生过冲突。所以,向当地的地方官询问情况看起来是多余的。

10.在巨野县根本没有基督教徒,所以没有必要质询那里的地方官了。

P·比尔斯特曼教长签署

由安治泰主教负责监督正确性的副本并没有给我们想知道的答案,甚至没有回答是否有人指责天主教传教士干涉中国司法。人们谴责传教士,并不是指责他们“压迫异教徒或是以恶劣的方式对待他们”。所以,我也不必继续深入研究中国官员所说的那些话。安治泰主教有德意志帝国为其后盾,并以中国高官自居。受其威吓的中国官员为了不给自己找麻烦,便说了一些人们想听的话。这是他们从经验中学来的。兖州府事件已经传开了,不止一位中国官员因为这位强有力的——我不想说残暴的——主教而遭到罢免或调职。重要的是另一个问题:安治泰在胶州事件中的政治行动是否也是导致中国发生的这场灾祸的原因之一。对于这个问题,主教自己亲口、并在《科隆人民报》做出过肯定的回答,还提出中国的亲王做证人。看起来,《科隆人民报》完全忘却了这件事,所以我们必须唤起他们对这件事情的记忆。1900 年 1 月 26 日,正是《科隆人民报》刊登了主教的声明,如下:

山东巡抚毓贤曾亲自公开地告诉我那些有教养的中国人和满清官员的想法:因为传教士被杀,招来了德国人,然后就发生了胶州事件及其后的一切。是你把德国人叫来的。……你们对这一切负有罪责。李鸿章与我熟识多年,他也是十分了解自己的国家及其情况的中国人之一。去年(1899 年)9 月 3 日,李鸿章在一次会谈中对我说:山东乱成一锅粥,他并不感到惊奇。他说:“占领胶州的动机是山东南部,这种观点逐步在民众之中传播开,并引发对传教团及基督教徒的仇恨。起义与暴动是理所当然的结果。”

这些是主教自己提出的中国有权威的官员所提供的精确证词。没有任何一个耶稣会的辩护者能抹杀这些证言。现在,我们就静静地等着《科隆人民报》所说的那些污蔑中伤的到来吧。

3. 终于谈到冯·巴兰德先生了。在第 7 版我撰写的《德国报界对在华传教活动的评论》中,注明日期为 1900 年 8 月 20 日的“第一篇结束语”里,我曾要求巴兰德先生对一系列表达精确的问题做出回答。在那以后,尽管他经常有发言机会,可是我却没有等到他的回答。此后,我寄了一封信给《基督教世界》(Christliche Welt)的出版人,这封信被刊登在该杂志第 45 号(11 月 8 日)上。信的内容如下:

尽管没有人要求我这么做,但还是请您允许我对由冯·巴兰德先生挑起的有关在华传教问题的论争简短地说几句。在巴兰德先生对在华新教传教团提出严重指控,以及我明确地要求他对所做的指控提出证据之后,我对他在《Deutsche Revue》以及《基督教世界》(第 42 号)中给予的根本不充分的回答感到十分失望。传教士克郎茨对他的答复作了恰当的反驳。尽管似乎有必要补充一些内容,但是我不会再一次研究巴兰德先生的回答了。事实上,从他的回答里的确找不到充分的理由,来指责新教的传教活动应对目前在中国发生的灾祸负主要责任。冯·巴兰德先生坚持这一观点,却又没有为此提出证据。必须强调的是,巴兰德先生未曾提供过证据。他也没有证实以下诸点:

1. 与新教传教团的领导人相比,“实用的理念”在天主教传教士中“地位崇高的领袖(比如安治泰主教)身上能发挥更大、更迅捷的作用”。

2.“导致人们错误地攻击天主教传教士的往往是那些新教的传教士”,而且“新教传教士缺乏基督教的仁爱之心以及世俗的礼仪分寸”。

3. 新教传教士“常常通过欺诈手段来购置地产”。

4. 他断言:“传教士的抱怨与索求占据了外交人员三分之二的工作量。”但他未向我们证实,他所指的究竟是哪些公使馆及使领馆的人员和哪些传教士——无论是天主教的,还是新教的。

5. 他未证实萨利斯伯瑞爵士并不过分的理智要求——要求传教团更谨慎小心地行事——遭到了传教团的拒绝。

6. 他也没有证实新教传教士“毫无良心上的疑惑与折磨便离开他们的教区潜逃到开埠港来”。

对于这些针对新教传教团的指控,冯·巴兰德先生要么提出证据,而且是大量的证据——因为不能因有个别人犯了错误,就做出一概而论的判断——要么必须收回他的话。巴兰德先生收回了他对德国新教传教团的指责,可我不认为应该为此感谢他,因为巴兰德先生只不过是做了他应该做的事而已。而我们必须坚持,让他对我们的英国、美国教友履行他应尽的责任。因为,这里所涉及的根本不是传教团——比如在中华内地会——的个别弊端,我们更熟悉它们,而且比冯·巴兰德先生更坚决地与这些弊端作着斗争——而是新教传教团是否对眼下这场可怕灾难的仇洋情绪的剧烈爆发负有责任?巴兰德先生是这么认为的。每一个神志清醒的人都会发现,对于这场灾难,中华内地会那些心地善良的姑娘们以及一些传教士在修养方面的缺陷是没有责任的。

冯·巴兰德先生对新教传教团的攻讦引发了人们对天主教在华传教活动的探讨。通过研究,人们得到了确切的证据,以证实天主教的在华传教活动与当前的骚乱之间必然存在着因果关系。身为外交官员,巴兰德先生一定知道此事。但是,他却完全无视这些事实。现在,他用“机智”一词来描述天主教的在华传教活动,“以从一开始就杜绝分歧与争论”。这是一种委婉的表达方式,而这种表达所涉及的,恰恰就是被他自己置于论战核心的争议问题。荷尔巴赫已经出版的《致安治泰主教的公开信》提供了不可辩驳的证据,以证明这里所涉及的绝不是单纯的“机智”而已。也许,这封信最终会让巴兰德先生收回他的指责:“尤其是新教传教团”负有责任。

对于这封信,我必须补充的是,直至今日,巴兰德先生仍未提出信中所要求的证据。[①]

① 正当我结束这篇文章的时候,我从布雷斯劳收到了曼采尔博士在“福音—抗议派传教协会”西里西亚临时会议上所做报告的纲领,内容如下:

(1)无论是因其内容还是因其后果,都必须严肃对待冯·巴兰德先生对在华基督教传教团的攻讦。

(2)这些攻讦是针对(非德国的)新教传教团的,至少是针对“福音—抗议派传教协会”的工作的。“福音—抗议派传教协会”的工作目标恰恰是巴兰德所说的话里值得注意的内容。

(3)因此,现在终止在华传教活动根本就不合适。现在应该做的,是按照德国新教传教团正派规矩的工作方式对传教团进行改革。

(4)尤其在山东(胶州),尤其是现在,“福音—抗议派传教协会”更应得到德国新教传教团的朋友们最有力、最快捷的支持。

(5)德意志新教传教团在中国的各个分支必须团结在一起,但必须与卫理公会传教团彻底划清界限。

(6)与天主教在华传教团也应该保持距离,尤其当它们从事政治活动的时候。

而"福音—抗议派传教协会"是否会因为这些驳斥巴兰德先生的恭维话赢得许多传教团朋友们的心,这还是没有把握的事。

(胡凯译,陈晓春校)

德国报界对在华传教活动的评论[①]

D.G.瓦尔内克

前言

一段时间以来,我一直盼望着,对于在不信仰基督教的世界里拓展基督教的影响这一伟大的事业,德国的报章媒体终于能有所理解,至少也会一改传统的敌视态度,冷静、客观地审视传教活动。然而,前几个星期里报界对在华传教活动的批评,尤其是对新教传教团的大肆挞伐却令我的愿望变为泡影。这场充满仇恨的口诛笔伐的始作俑者是《汉堡通讯》(Hamburger Nachrichten)。有个曾在那场灾难爆发之前不久去往天津的"年轻的汉堡商人",不无惬意地向报社的人聊起德国人在那里的狂欢盛宴。于是,编辑未作任何修改,便充满敌意地将他的话刊登出来:"传教士被中国人干掉了,大家欢欣雀跃。"人们应该想到,德国的读者是不会相信这种人对传教士的评论的。可遗憾的是,这些人的话混淆了视听,令无法了解传教活动实情的公众无所适从。因此,我们有义务对此加以抵制。

本来,我打算再补充一些更早以前发表的文章,以证明新教教徒早已警告过天主教的传教活动与海外政策相勾结的危害——遗憾的是,现在德国的情况也是如此。我们并不是现在才认识到政教勾结——尤其是在中国——会招致祸端。不过,我们现在不妨到记忆中去求证一下,看看谴责新教传教团是眼下那场可怕灾难的"祸首"是多么不公正。我觉得,只需回顾一下那些相关的文章便足够了:《在中国的传教活动与政策》(《传教杂志汇编》,Allgemeine Missionszeitschrift,1898年,第207页)还有《安治泰主教辖区内对天主教徒最新的迫害行径》(同上,1900年,第97页)。而天主教传教团干涉中国司法的情况,我们也早已谈论颇多了,尤其是《传教杂志汇编》(1898年,第345页)中的《天主教在华传教实践一瞥》。

不过,有两份材料我无法决定是否应当保留。在柏林一位贵人的建议之下,《周报》(Woche)编辑部委托我替他们写一篇有关在华基督教传教团的文章。我很乐意执笔,且已于7月17日交稿。八天以后,也就是7月25日,我的稿子被退了回来,还收到了编辑部的回复:

"我们感到十分遗憾,但是我们只能……将稿件退还给您。我们……想要的是对在华传教活动的客观介绍,因为我们的原则是尽可能不在我们的报纸上挑起任何论战。但是,您在文章中对天主教传教团的抨击过于激烈,对于一份拥有大量信仰天主教的固定读者的报纸而言,这样的文章是无法刊登的。"

---

① 第2版,柏林:M.瓦奈克,1900年,第38页以下。第8版,柏林:M.瓦奈克,1900年,第45页以下。初次发表于《传教杂志汇编》(Allgemeine Missionszeitschrift)第36期,1900年,第353~375页。

所以，我将这篇文章加入书中，以便读者看后能够明白，那些“过于激烈的抨击”其实是对天主教在华传教活动本质特征的真实揭示。冯·巴兰德先生在《周报》中毫无理由地攻讦新教在中国的传教活动，而对此种攻讦的抗辩却被拒绝刊登。这也是人们必须看清的事实。

无独有偶，《科隆报》(Kölnische Zeitung)也拒绝刊登莱茵传教团寄来的实事求是的声明，而且还附了一篇同样不真实的批评，该批评对新教的传教活动不无中伤之意。这便是所谓的“客观”。

第二份补充材料包含一篇来自梵蒂冈《真理之声》(La voce della verita)上的文章。这份材料授予了德国政府对天主教在华传教活动的保护权。希望它能让德国政府明白，能实现本国政治行动与天主教传教活动相结合应当感谢罗马的成全。

哈勒，1900年8月1日

D. G. 瓦尔内克

降临在所有在华洋人身上的那场腥风血雨，令整个西方世界陷入最深切的哀痛之中。面对这场灾难，我们却还要被迫驳讦许多德国报纸[①]对在华传教活动充满仇恨的批评——令人惊异的是，这些批评尤其是针对新教传教活动的——这实在是件令人痛心的事情。特别是当传教团正在狂热的仇洋情绪激烈的大爆发中勉力挣扎，而且我们不知道还会发生什么变故时，这种痛苦便更为钻心。毕竟我们尚未得到确切的消息，在死难者中到底是使馆人员居多，还是商人、工程师、士兵或是传教士居多。无论如何，不管是天主教还是新教，均有大量传教士被杀。惨遭屠戮的还有更多信仰基督教的中国人，人数竟达数千。无辜者淋漓的鲜血催人泪下，而我却要为了论战提笔写作，这真是让人为难。

我还必须承认，不得不一再地重复已经说过的话，对我而言也是件难事。而为了这场反对传教的笔战，我必须不断地说服自己接受这样一个现实，那就是德国报界对传教活动的报道折射出何等的无知和缺乏理解，还有就是究竟可以告诉对传教知之甚少的广大德国民众哪些相关的消息。这也是令人沮丧的事，而这在英格兰和美国是不可能发生的。所以，如果我勉强自己再次探究那些已经人尽皆知、无须辩驳的事情，请读者们原谅我。圣保罗会为我辩解，证明我所做的事是正确的。(《腓立比书》，3:1)

一

对在华传教活动最主要的指责莫过于认为它应对眼下这场灾难负主要责任，或如攻讦热情无出其右的《汉堡通讯》所宣称的：它是“唯一”负有罪责的。在探究这一问题之前，有些事情必须解释一下。

首先要弄清楚这样一个事实：我们——至少是部分地——在和原则上反对传教的浪潮打交道，而掀起这场浪潮的正是那些“高雅”的报纸。除了《汉堡通讯》，处于浪尖的还有《科隆报》的教育与产业版。《汉堡通讯》认为，“所谓的义和团起义一旦被镇压，国家最崇高的义

① 我的面前放着德国各地寄来的五十余份报纸。这样，我就能对报纸上对传教活动批评的规模及情况有相当全面的了解。在这些报纸中，过半数的只是摘引其他报纸的文章，有些文章加注表示赞同，有些则没有任何自己的注解。

务便是遏制传教团的胡作非为”。后来,它们不无仁慈地认为对压制传教的行为要加以限制,可又认为应当“撤消对深入内地的传教士的保护”。而最可怕的是,《汉堡通讯》(第167号)刊登了一个曾在巨变爆发前不久远赴天津的——当然,在那里的德国俱乐部里,豪饮是免不了的——“年轻汉堡商人”所说的话:“传教士被中国人干掉了,大家欢欣雀跃。”而编辑对他的话竟未加一词注解。对传教士的仇恨升级成为对他们被杀的喜悦,在这种情况下怎么可能做出不偏不倚的公正报道?![1]《汉堡通讯》断言:“英国即使没有煽动拳匪之乱,也利用了它来扫除受俄国操控的政府。”从这点上就能看出该报的热情矫饰达到了何种程度。只是,让我感到惊讶的是,从旁襄助的罪责并未加诸英国的传教士身上。《科隆报》写道:“几十万贫穷的苦力是否为了生计而成为靠不住的基督教徒,这对于我们这些欧洲人而言根本无关痛痒。但是,数千欧洲人却为此洒下高贵的鲜血,那就不值得了。”这两份报纸及其他许多报章都认为,中国人“有他们自己尊崇的宗教体系”,并不需要基督教,应该“让他们自由地膜拜能给他们带来幸福的神灵”。[2] 有了这种认识,任何争论就都显得多余了。对于那些不

① 在更晚一期的文章中(第175号),《汉堡通讯》弹起宽恕的弦音,写道:“想在传教士在中国的所作所为中找出对于中国而言独特的仇洋情绪的根源,这种想法是片面的。”他们接下来提出的理由有部分,也仅有部分是正确的。这些我并不在意,我只引用那些与传教活动有关的话语:“传教士是唯一生活在(中国)内地、当地的中国人可以结识到的外国人,而他们则将传教士视为可憎的蛮夷。于是,中国人与生俱来的对陌生事物的反感自然而然地指向传教士和他们的传教活动,人们并不相信他们此举是无私的。传教士对其管区内住民所宣传的公正、诚实和自我克制恰好令中国官员感到不快,因为这是对统治阶级放荡堕落的尖锐批评。这令彻底腐化的中国官僚剪除传教士的要求日渐炽烈。卑鄙的造谣中伤必然会煽起民众的情绪。一旦暴民涌起,如果当官的不愿坐视不理,那么他就会成为他自己或比他更高级的官员所策划的纵火、抢劫和谋杀行径的领导者。另一方面,传教士及其追随者对其事业的神圣性如此执著,以致他们无视一切谨慎聪明行事的法则,不顾一切地要实现他们的目的,直到最终为了自保而向本国政府寻求庇护。”这些话听听已经够有趣了,不过没有讽刺漫画相配还是不行:传教士应被画成一具“以头撞墙、一味蛮干”的攻城槌。

② 社会民主党人曾谴责德国的侵略政策是导致中国时局动荡的诱因,并认为中国人有理由对此进行野蛮的反抗。为驳斥这种谴责,后来刊登的一篇长文竭力试图证明,事实上中国人应该承担责任,因为他们是文化的障碍,而且他们抗拒不同民族之间的交往。在那篇文章里,作者对传教活动已不无善言。文中写道:“如果我们认为传教士的工作仅仅是劝人皈依基督教,或者有时还带有政治鼓动的性质,那么那些传教士的所作所为确实应受诘责。这是在触犯教规,而且是严重地触犯教规。在中国,有很多欧洲人认为传教士的挑衅行为在一定程度上为自己招来了杀身之祸。与已经遭受的冤枉相比,这里的不公正评价也算不了什么了。而且在这里,真正的基督教文化寻求自由的立场也成功地与不宽容的态度对峙。只要福音教对我们仍有决定性的影响,我们便无法回避‘去世界各地教导一切异教徒’这句话所带来的后果。撇开真正的宗教事业不谈,传教士们纯粹的世俗的作为,比如为与怀有敌意的文明圈接触交往铺平道路,是不容小觑的。”

至于这篇文章中有关“中国人有他们自己尊崇的宗教体系”的论述,文中继续写道:“中国充斥着僵化、劫夺、不公、污秽、愚昧、自大、自私、谎言、残酷和怯懦,简言之,这是一个在各方面都腐朽没落的国家。但是,人们还是能够——这也是值得注意的地方——找出许多辉煌的东西。在民众的身上潜藏着许多好的品质。但是,指望这些好品质能够改变国家的形象,使其具备文明国家的法律基础,却是件毫无希望的事情。我们既无能力长久承受、也没有可能阻止这种衰败及其带来的后果。中国人的主要责任在于,他们自己无力阻止此种堕落的发生。中国仿佛一个必须受到监护的人。毋庸提及其他,在北京发生的祸事就告诉了我们实行此种监督的必要性。”无须再作评论了。

屑基督教的人而言，即使是《圣经》中最有说服力的传教的论据也不会有任何效用。①

此后的许多攻讦文章均暴露出不小的、有时甚至是相当严重的无知。在这里，我只举一些例子。一位“外交官”和“中国事务的杰出知情者”——未提此人的名字，我们也不想去猜他究竟是谁——办的“小报”就提出了幼稚的观点，认为不信基督教的中国乡村原本“祥和平静堪称楷模”，但邪恶的传教团破坏了当地的和平。这实在太可笑了！这位“外交官”指责新教传教士“对中国的情况完全懵懂无知”。显然，他们不熟悉理雅各、花之安、卫三畏、施其乐、黎力居、杨格非等人的著作和上海传教会议的记录。否则，他们怎么会写出如此不符合事实的文章。我不想这么做，可是我又该怎么办？如果现在有人读到那位未署名的“外交官”以其“对中国事务的杰出知识”写就的文章，以其人之道还治其人之身，指望中国的外交官们也表达同样的观点，那可如何是好？但是我们不想这么做。如果有可能将中国人的肮脏不洁与眼下的灾难联系在一起，有人也许又会说，是那些新教传教士把纯洁干净“堪称楷模”的中国人变成了现在的污秽模样。

同样，一位“知情人”在《汉堡通讯》中的论断虽不十分糟糕，但也够恶劣的：“中国人是一个在宗教信仰方面十分保守顽固的民族，他们每个月都有两个整天的时间在虔诚地礼拜祈祷，以至于对其宗教生活最轻微的干涉都会令其勃然大怒。”

同一张报纸还向世界宣称：“传教士劝人皈依基督教的狂热成为文明进程最严重的阻碍。”现在，我们还远不必因为传教活动在文化方面所取得的成果而为其要求补偿。在这方面，连《科隆报》都站在我们这一边，它说“传教士们纯粹的世俗的作为，比如为与怀有敌意的文明圈接触交往铺平道路，是不容小觑的”。

一个“曾在香港定居多年”的“德意志批发商”在《哈勒报》(Hallesche Zeitung)中解释说：“铺设电报线或者建造传教房舍和教堂会有损风水，也就是说会伤害到守护神。”这个人听到过敲钟的声音，可是却不知道风水并不是守护神，而是中国的地理学中一个复杂的系统，人们习惯称其为“风水学”。

德国的传教活动并未从整体上受到攻讦。只有《德意志报》(Deutsche Zeitung)批评德国的传教活动“在数量及活力”方面逊于美国和英国，而且他们甚至连“一所德文学校都没有”。中国对德国而言不是主要的传教地区，而且我们将在中国开设中文学校和出版中文书籍视为传教团的任务。而美国传教士所做的事情却相当糟糕。关于这件事，《奥格斯

① 现在引用的同样不无煽惑谣言之嫌的文字并不仅仅针对在中国的传教活动。我感到遗憾的是，这段出自Tanera之手的引言集敌意与无知于一体。作者在《开姆尼茨日报》(Chemnitzer Tageblatt)中谈起自己的爪哇岛之行时写道，尽管在荷属印度有大约三万五千种传教著作，尽管在米纳哈撒有15万名当地的新教教徒，尽管在苏门答腊有大约五万名信仰新教的当地人，尽管现在荷兰政府为传教提供保护，但是“禁止所有传教士在荷兰殖民地内居留及放任居民选择宗教信仰”却是一条出色的规定。这为政府和欧洲人赢得了当地的尊重，也避免了不同宗教之间的纷争。一位荷兰人对我说的话很说明问题：‘英国人首先在他们的新殖民地里设立教堂和传教士训练学校。而我们则先建立福利设施和学校。当地人爱我们。’对于善良的德国公众而言，这些周游世界的旅行家便是传教方面的权威。”Tanera这份显而易见的无知令我回忆起一件奇特的逸事。在一艘由印度驶往英国的轮船上，有位在英国度过狩猎季、自称猎杀了许多老虎的先生正在大放厥词。谈到传教时，他说道：“在印度根本没有信仰基督教的当地人。我在那里待了三个月，一个这样的人都没有看到。”当时，一位在场的传教士抓住他的话头回敬道：“在印度根本没有老虎，我在那里住了二十三年，一头老虎都没看到过。”

堡晚报》(Augsburger Abendzeitung)的报道得到了《汉堡通讯》的支持[①]：

> 美国的传教士特别危险，评论他们也须特别小心。在这方面，美国可支配的资金十分丰厚。如果我得到的消息可靠的话，美国的富豪们兴致一起，便会从他们往往并非以诚实手段获得的财产当中，拿出很大的一部分用于传教。无论在当地是否有合适的代理人，他们都会花费大笔金钱。美国传教士的首要身份是他们国家派来的政治间谍。涉及从他们那里得来的消息时，最好不要忘记这一点。如果在山东腹地有(德国)工程师、矿场主或是为了生意而深入内地的人与中国百姓发生冲突，向总理衙门呈报并极尽诋毁德国人之能事的，一定是美国的传教士。美国传教士更多地将传教事业视为一种享受以及便宜地周游世界的好机会。发觉这一点并不难。在东亚，在每一艘邮轮上都能碰见穿梭往返于家乡和异域之间的美国传教士，他们声称，他们的旅行是出于科学的目的或是为了教化他们的被保护人。

涉及那些“富豪”，文章的作者也感觉到自己“得到的消息”也许不可靠。要指责美国传教士应对德国工程师等和山东百姓的冲突负责，必须提出证据并指出肇事人的姓名才行。至于那些商人所提供的信息是否可信，我们方才已经看到了。写出这些有失偏颇的报道的，正是对传教士被杀感到高兴的那些人。美国传教士是派驻中国的“政治间谍”，而且这还是他们的“首要身份”，这样的话只会让德国公众感到害怕。也许美国传教士只是为了休养，回家乡的次数多了一点。但是，要说他们是为了“享受”才来中国传教的，这种论调和说他们是为了谋利而传教一样荒唐。饱受西方国家欺侮的中国人不相信传教士们宣扬的无私博爱，这差不多是可以原谅的。但是，信仰基督教的德国商人认定传教士来中国是为了谋求利益，而且也许还向中国人唠叨让他们也相信这些，那就令人震惊了。《汉堡通讯》说“他们(传教士)的职业是鞋匠、木匠或是普通的农民”，这是有违事实的。当然，有些传教士，也包括在中国的，在家乡曾做过手艺人或者农民。而且我并不是说他们都能胜任自己的职业，但是，这与美国传教士的情况最不吻合。美国的传教士几乎都接受过神学教育。在中华内地会和联合传教团里不乏这样的人。在中国的德国传教士几乎都只参加过神学培训。至于这些人的成就，从我们的同胞花之安身上便可见一斑。他曾当过白铁工，后来却成为最伟大的汉学家之一。[②]

所有抱仇视态度的报纸评论不仅轻视传教团的功绩，而且还贬低新教在华传教活动的意义。而且它们认为，“唯一”应该对现今这场灾难负责的便是毫无意义的传教活动。这就是此种荒谬想法的发展轨迹。天主教在中国的传教活动从1581年便开始了。但在18世纪，它经历了很大的衰退。从康熙朝(1662～1723年)到18世纪末，天主教的追随者从五十万锐减至二十万。根据天主教传教团的官方记载，在1898年，天主教徒的人数达

① 报纸上说：“大多数传教士的确是出于信念从事传教事业的，我们并不是想伤害他们。然而也有一些传教士，尤其是那些美国人，是受利益的驱使来到中国的。这样的传教士大都待在港口地区。在那里，他们设立传教士培训学校，并为自己置办比较舒适的住房。相比之下，在中国的西北极地都能碰见天主教传教士。”在这里，我只想指出，我们不能忽视传教士在中国应为自己争取何种有利条件，而且写这篇报道的知情人消息很不灵通，因为他不知道新教传教士不仅深入“西北极地”，而且其足迹遍布中国的所有省份。从总体上看，传教士在中国的住房是比较简朴的。

② 参见D·恩斯特·花之安，《回忆录》(D. Ernst Faber. In memoriam)，《传教汇刊》，1900年，第145页。

到六十一万六千,神父则有七百五十九名,不担任神父的大量传教士、修女和四百名中国的神父并未计算在内。与新教的传教活动相比,在长达三百多年的时间里取得这样的成绩并没有什么值得骄傲的。现在,我在许多报纸上读到,安治泰先生对不知内情的德国民众宣称,天主教在中国的传教活动已令百万人皈依上帝,而新教只吸纳了几万教徒而已。但是,新教在中国的传教布道时日尚浅。在第一阶段里,即1807~1842年,中国的国门还紧闭着,那时只有少数人在为传教做语言和文书著作方面的准备工作。到1842年,散居在各地的中国新教教徒有七十名。从本质上讲,1842~1860年的第二阶段仍是播种希望的时期。那些熟悉的开埠港(如香港及其他港口)被占领了,中国新教教徒的人数也上升到约一千二百人。直到第三阶段,至少从中国在名义上真正开放到1900年拳匪之乱结束,传教活动慢慢遍布所有十八个行省且发展迅速。尤其是在19世纪的最后十年里,信仰新教可以参加圣餐的中国人达到十万人,也就是说,受洗礼的人数达到二十万人。[①] 我们不必将其视为巨大的成功。但鉴于新教传教的时间这么短,在中国遇到的阻力又这么大,这样的成就应该可以和天主教所取得的成果相提并论,甚至凌驾于其上。

在罗马魔力的影响之下,在今天的世界里,令人惊异的是,尤其在崇尚自由政治和对宗教不感兴趣的地方,将天主教的传教活动捧上天、把新教的布道努力贬得一钱不值成了时尚。天主教的传教活动可能很肤浅,而且与政治深深地纠葛在一起,但它却被大肆褒扬。反观新教,如果他们想做安治泰主教做过的事,他们的行为却会被视为罪愆。我们已经听过,美国的传教士被视为"政治间谍"而遭到控诉。而到了安治泰那里,带有政治性质的行为却成了善行。这难道就是人们所说的对于原则问题前后一贯的态度吗?!天主教传教团犯了错,人们不敢指责天主教的传教活动负有责任,而是说那些传教团应负起责任。而且,为了不去苛责那些天主教徒,还要补充道:"尤其是新教的传教团。"在这里,又要提到《汉堡通讯》中广为其他报纸转引的文章:

> 与新教相比,天主教徒的传教活动实际得多,所取得的成就也大得多。他们照顾和培养那些孩子,尤其是经常被生活困窘的父母抛弃的女孩。他们将这些孩子从不幸中解救出来,使其免于沉沦堕落。与此同时,他们将这项工作与其努力的主要目标联系在一起,即为其所信仰的宗教争取更多的信徒。另外,天主教就其本质而言比平淡的新教更适合亚洲人。尤其是新教的教派这么多,每个传教士都对中国人说自己的教派是最好的,让人无所适从。至于成年人,他们只是表面上皈依基督教而已。他们往往都是些不良分子,他们只是看起来接受了另一种宗教。这些人的皈依只是为了自己的私利。因为他们很清楚,入教以后,即使在世俗事务中,他们也会受到相关传教士的庇护。此外,天主教的外在表现形式也更适合于中国人,而且天主教徒也能调整自己以适应汉族子民的风俗习惯。在上海附近山上的教堂里,圣母玛利亚穿着中国式的服装,耶稣圣婴甚至还拖着一条发辫。

稍后我再回到以上引言的诸点中来。现在,我只想指出以下问题:(一)撰稿人既不知

① 新教传教团统计的习惯是仅仅清点自立、成年、能参加圣餐的乡民人数。一般情况下,"基督教徒"的人数应为统计结果的两三倍。比如,在1898年的福建省,有资格参加圣餐的中国新教教徒有两万五千四百零九人,而基督教徒的实际人数超过六万人。

道新教设立的育婴堂,也不了解新教教会所提供的医疗服务的发展情况,而这恰是天主教远远无法比肩的:新教在中国有获得过博士学位的一百二十五名男性和六十名女性教会医生,为中国人开设了三十家医疗学校、十一家麻疯病人收容所、一百二十四家医院、二百四十家药店和诊所。(二)撰稿人有关"不良分子"的论述几乎只适合于天主教的传教活动,而他补充的关于在诉讼中施以庇护的事,只与天主教的传教活动相符。(三)认为天主教的圣事和宗教仪式的奢华排场比纯朴的新教更合亚洲人的心意,这只是广为流传的偏见而已。穆罕默德的信徒们最厌恶这些。但即使如此,如果新教教徒因为这个原因而奉劝别人接受天主教,那么他们应该为此而感到羞愧。(四)撰稿人提到的"调整适应"在一定程度上是很有道理的。可是,他真心希望新教传教团也照此办理吗?耶稣会会士允许其下辖的教徒"依照习俗在死者的棺木和墓穴上写上、在房间里摆上家谱,在居室里点上蜡烛,供奉鲜花和菜肴祭奠,燃放鞭炮,并在灵前鞠躬致礼"。此外,他们甚至还容忍教徒向死者请愿祈福。至少为了排除"死者具有神性"这样的表象论断,他们规定,"父母亲或友人来时,在中国人焚香和习惯上出于敬畏而跪拜的灵桌上方,要挂上圣像、十字架或是耶稣神圣的名字"。同样,耶稣会也允许教徒敬拜孔子、行跪拜礼、焚香甚至献牲祭。也有一些新教教徒,他们将这些事情当成新教传教团模仿的榜样!!

有人说,新教教徒就数量而言微不足道,从质量上看——当然,在这一点上天主教和新教毫无区别——他们都是些伪君子。用很长的篇幅来阐释这种陈腐的指责让我感到厌烦。这些批评家到底认识多少个中国的基督教徒?而国内的教徒们会容忍别人为那些伪君子——或者不论人们叫他们什么——辩解吗?我们是知道这些事情的,我们不会将对那些入教不久的基督教徒的认识——包括中国的基督教徒——理想化。但是,那些"基督教文化"在中国的所谓代表,他们不遗余力地满世界诋毁中国的基督教徒。与他们相比,许多入教不久的基督教徒反而更善良。如果在某一个国家,人们因为信仰基督教而不得不承受很多的苦难,而且在这个国家里,基督教徒都被视为恶人,那么这一定会是件引人注目的事。然而,传教活动在数量方面的成果微乎其微,在质量方面则毫无价值,却是对传教活动怀有敌意的人的惯用语。而且,类似的批评家既不了解也不打算去了解传教团的文字资料,所以他们也不可能客观地去理解传教活动。的确,那些基督徒绝大部分来自社会底层。可是,在耶稣和保罗的时代,情况不也是如此吗?(《马太福音》,11:25;《哥林多前书》,1:26—28)所有正常的基督教化进程都是自下而上,而非自上而下的。不管在哪里,高傲的伪善者总是最后才会出现,尤其是在中国。

同样,认为传教士"在扶植一种教条式的、纯教会式的基督教"的观点也是不折不扣的陈词滥调。不断地反驳已经让人感到厌烦了。如果要求使用这一论断的先生们回答一个问题:"基督教究竟是什么?"他们一定会很窘。无论如何,他们完全不可能通过他们在异域的生活方式告诉当地的异教徒,究竟什么是基督教。而且我很怀疑,在这样的批评家里,只有少数人真正了解传教士们在异域播种的基督教。他们几乎不可能听过使用中文的布道,他们中的绝大多数不可能去听,因为他们不懂中文。

二

现在,我们来看看《汉堡通讯》、许多德国的报纸以及十分厌恶新教传教活动的冯·巴兰德先生提出的指控:传教团应对当前中国所有的血案负责,而且——不能相信自己的眼睛——巴兰德先生最先诘责:“尤其是新教传教团。”

从不幸的鸦片战争到最近德国人、俄国人、英国人和法国人在中国全境霸占土地的行径,乃至铁路和矿山企业的设立;从中国人生产的商品在夹缝中谋求生存,到年轻的光绪皇帝草率仓促的改革所激发的变故,以及因为谣言、谎言及民众的无知、盲信而最终蔓延的不仅针对基督徒而且针对所有外国人——尤其是与传遍各地的“瓜分中国”的口号联系在一起的——根本毫无意义的指控,考察在此期间所有这些激起中国人排外情绪的事件,并不是我的任务。思维健全的人都应察觉,目前在中国,对外国人的仇恨如火山喷发一般汹涌宣泄,说起来应该有相应的理由。对基督教这种宗教的仇恨不会是令对宗教漠不关心的中国人如此勃然大怒的原因,无论如何也不会是主要的原因。事实摆在眼前:那些秘密会门,尤其是义和团,他们那些受到政府或明或暗包庇的狂热暴行不仅是针对传教士和信教的中国人的。对外国人的仇恨并没有在新教传教工作比较成功的地区爆发,比如有大约六万名新教教徒的福建,而是在北方省份,尤其是包括北京、天津的直隶和满洲人的盛京,现在矛头似乎又指向了上海。外国人聚居的地方和外国使节驻跸的行省才是暴乱的中心。无论如何,天主教在直隶省发展的教徒人数众多,根据天主教传教团 1898 年的记录,当时有十一万三千名天主教徒。因而,像在全国各地一样,这里会激起中国人排外情绪的事情也少不了。相比之下,新教在直隶省仅有大约两万名教徒。山东是较早发生暴乱的地方,其后我们会看一看安治泰主教在其中扮演了何种角色。但是我们应谨慎小心,避免重蹈《汉堡通讯》的覆辙,把过错完全推到天主教传教士的身上。

我所关心和要调查的是:指责传教活动的理由何在?而这些理由之中到底有多少真实的东西?

大多数责诘传教活动的报纸根本就没有提出指责的缘由何在。是啊,它们为什么要提出理由呢?有人说传教活动的坏话,完全不知情且对宗教即便不怀敌意也毫不关心的德国公众便会信以为真。报纸上是这么写的,这也是公众必须知道的事情。

冯·巴兰德先生认为,肇因在于“传教士,尤其是缺乏天主教徒所具备的纪律性和审慎态度的新教传教士令人讨厌的行为”。从这些空洞的套话里,既无法得知那位曾经在北京担任公使的先生怎样理解“令人讨厌的行为”这种说辞,也不知道他是否有机会亲眼目睹新教传教士的工作。在这种情况下,他有义务:一、指出所涉及人员的姓名,希望他们还活着,这样就可以向他们打听相关情况;二、详细地写出传教士们究竟做了些什么“令人讨厌”的事情。顺便提一下,很难让人明白天主教传教士的纪律性如何让他们避免“令人讨厌的行为”。在家乡,我们反而看到“令人讨厌的行为”在这种纪律的保护下滋长。还有,天主教徒的审慎态度又起了什么作用?巴兰德先生也许是指数年前琴特格拉夫严厉的言辞:“天主教传教士同意与代表一种并不十分严格的基督教的欧洲人达成某种妥协,只要他们给予相应的回报,就可以尽可能地与他们和平共处,睁一只眼,闭一只眼。在报纸上刊登一篇文章或是做报告是不是可以算作回报呢?”连小孩子都明白,就算冯·巴兰德先生提出我们要求的证据,仅仅是"令人讨厌的行为"[①]也不足以成为如此可怕灾难的诱因。撇开这一点不谈,现在,我想指名道姓地举一个不容辩驳的例子,来说明其实有比"令人讨厌的行为"更糟糕的事情。以下的情况是事件的主角亲自告诉我们的。他的名字叫安治泰,曾受到巴兰德先生的提携。我现在摘引一段《克雷菲尔德报》(Die Krefelder Zeitung)(今年7月11日)的报道:

> 如其对《北法兰克报》[②]的同仁所述,安治泰主教从那以后便居住在济宁。但他并未对此感到满足,因为他有意将居所安置到兖州府去。那里是中国人伟大的先师——孔子曾经生活和讲学的地方,是个圣地。如主教所述,他的这个要求激起了强烈的反对。首先,他将这个想法告诉法国公使,因为那时法国是所有天主教徒的保护国。很快,他便从总理衙门得到回音,告诉他中国人不愿意基督教在他们自己的宗教奠基人生活过的地方落户。
>
> 在此期间,对德国基督教徒的保护权转移到了德国的手中。德国公使冯·巴兰德先生与清廷要员们的关系很好。但是,他也很快回答我,让我不要再对这件事抱有幻想。不管他们怎么劝说,都是徒劳的。中国人会认为,如果一个基督教主教在兖州府立足,将会亵渎他们对孔子的怀念。但是我坚持不放弃,并且我觉得我终于接近目标了。我从北京得到了在兖州府定居的许可。山东的亲王知会巡抚[③],依照清朝官员例善待我和我的随从。……我在一家客栈投宿。地方官遣人向我致意并告诉我,第二天他会在孔庙盛情欢迎我的到来。……从我住的房间向外望,我看见楼下墙上贴着大幅的告示。我打发我的中国秘书下楼去看看,回来告诉我告示上写了些什么。……"主教大人,您懂中文吗?"主教回答道:"我汉语说得和德语一样更好(?)[④]……"[⑤]主教接着说道:"过了一会儿,我的秘书回来了。他告诉我:告示上疾呼"去死吧,魔鬼!",号召大家对我和我的随从使用暴力。……我立刻走出了客栈。我想知道当地人究竟是怎样反对我的。到处都是一片寂静。我们什么人都看不到。……第二天是地方官承诺盛情欢迎我们的日子。我来到了孔庙。那里挤满了人。我们尚未踏进去,聚集在那里的暴民便爆发出震耳欲聋的叫喊:"去死吧,魔鬼!"——我保持着镇静,并很快地就搞清楚究竟发生了什么事。我走向地方官和他的随行官员,并大声地要求他们为所发生的事负责。——他们为自己辩解并向我致歉。可是这时,我发现他们在偷偷窃笑——只有中国人才会这么笑——而且还悄悄地给了信号,让人群继续呐喊骚动。……这时,地方官邀请我进餐以致意。我拒绝了。庙里的人群再次咆哮起来。我并没有丧失勇气。我从激动呐喊的人群中夺路而出。我抓住一名清朝官

① 其他报纸称其为"不懂礼节、不得体",但同样没有提出证据来证实。不得体的传教士肯定是有的,但是我无法了解,为什么要把这些事情全部算到新教传教士头上呢?许多其他的人,甚至是受过很好教育的人都有这毛病。天主教徒怎么就不会犯这种错误呢?至少这不像"教皇不会犯错",并不是天主教的金科玉律。

② 原文中只有缩写"N. Fr. Presse",估计是"Nordfränkische Presse",所以暂翻译为《北法兰克报》。——译者注

③ 原文如此,觉得似乎原文有误,可能是"山东巡抚知会地方官",但译文未作如此修改。——译者注

④ 原文如此,安治泰在这里犯了表达上的错误。"?"是原文中就有的。——译者注

⑤ 那位"中国"秘书先问主教会不会说汉语,这是值得注意的事情。在这之前,安治泰先生应该没有对他的"中国秘书"说过中文。显然,那位"中国秘书"是翻译!

员的手臂，强迫他跟着我上马车坐在驾驭台上，以保护我们免受暴民的伤害。我们离开了兖州府。这件事捅到了总理衙门。可是，那些高官们却宣称他们无权裁决我对兖州知府及其随行官员的指控，也决定不了我在兖州府落脚的事情。他们认为，这件事应该面呈皇帝。[①] 于是，这件事传到了皇帝的耳朵里。光绪严厉地斥责了兖州府官员的所作所为。他裁定：那些官员应为我在兖州府这座神圣的城市里购置一所房子。他们应张贴告示，晓谕民众，他们对我所做的是犯罪，是可耻的。带头闹事的应该被关进监狱。对此负有罪责的官员应被罢官数年。但是，这份判决却无法执行。那些被控告的人没有得到惩罚，他们只是向安治泰保证，以后再不会对他不利。[②]

我不知道冯·巴兰德先生会对代表罗马"纪律性"的主教如此"令人讨厌"的行为说些什么。其他人会说：这种行为极尽挑衅之能事。我敢说，无论巴兰德先生再怎么仔细，也不可能从新教传教士那里找到类似的例子。[③]

作为第二个原因，许多报纸都在没有任何证据的情况下宣称传教士破坏了中国的习俗和规矩。当然，首当其冲的又是新教传教士。那些想让新教传教士沦为被蔑视对象的批评家们，他们编造出的那些蠢事真是太可笑了。生活在中国的欧洲人，不仅仅是那些缺乏教养的人，他们放荡的生活方式也招来了多少麻烦事。比如，在修建铁路和开采矿山的时候，他们对当地的习俗是那么不敬；他们很少学习当地的语言，不去努力地适应中国人的思维方式。而这些都没有人提。可是，那些为了向中国人布道而说汉语，与中国人共同生活数十年的传教士，却被视为企图侮辱当地人的笨蛋。而恰恰在中国，新教传教士在过去和现在一直潜心处理的最重要的问题就是习俗。在强烈体现新教传教活动统一性的上海传教会议上，对习俗问题的讨论一直列在议事日程之中。不久前在青岛逝世的花之安，已经成为中国人眼中的中国人，在这一点上，没有任何一个欧洲人可以与他相比；戴德生，基督教中华内地会意志坚定的创始人和领导者；杨格非，与花之安并列为最杰出的用中文写作的传教士作家；还有那些须发斑白的在华从事传教事业的前辈们，他们一生都致力于这方面的工作。他们为解决习俗问题所作出的贡献远远超过现在那些在报纸上那些自诩为"中国问题专家"的德国批评家们。而善良的德国公众又对习俗问题了解多少呢？我想，现在在中国发生的事正向全世界证明，中国也有恶习陋俗。熟悉《新约》的人都知道，指责福音教徒更改习俗是一项古老的指控。当然，他们是要用基督教的生活准则来取代异教的习俗。这样一来，人们可能不会运用必要的智慧去处理那些值得保护与维护的习俗，以致人们会激进地将新的基督教习俗植入未开化的野蛮人的头脑之中。但是，我们在这里所讨论的那些激烈批评根本就不理解传教活动中遭遇到的这一重大问题。这些指控又是很泛泛的。我找不到任何对习俗的解释，"尤其是遭到新教传教士破坏的那些"。如果一定要说得确切一点，也许人们指的是祭祖的习俗，它在中国的实用宗教中的地位类似

① 主教刚才还说过，他"从北京得到了许可"。

② 在该段引文中，由于原文摘引有跳跃性，说话人不断变化，所以标点符号（引号）也显得比较零乱。——译者注

③ 我只是不想说得太详细，不然的话，我还可以从我的珍藏中找出一些老的和新的例子，看看天主教的主教们做过的类似的事情。

于印度的种姓制度。但我很怀疑,在那些读者——如果您允许我这样说的话——还有那些报纸的撰稿人之中,有多少人真正了解中国的祭祖习俗。不言而喻,在评判传教士应该对这种习俗采取何种态度之前,必须先对其有所了解。现在,我不能亲自探究这件事,只想请大家参阅《新教传教教义》在第34章第4条里对此的专门论述。祭祖无疑是异教的习俗,甚至是过激的异教信仰的一部分,所以它是不可以被引入到基督教里来的。基督教徒被要求放弃这种习俗。对于异教徒,人们则告诉他们这与纯洁的宗教观格格不入,却不做——就我所知的而言——任何会造成伤害的论争。例外的情况也许会存在,可是对传教士相关指责的基础却多是造谣中伤的漫画。从中国人那里听来的信息一般都是谎言。人们甚至要去相信,传教士挖出被杀死在他们医院里的病人的眼睛,用它们和其他有用的内脏器官制作魔药,以致井水被毒化,而且还做出了其他更伤天害理的事情。无论基督教与异教在何地发生冲突,不管是斗殴、迫害还是其他什么形式,如果在中国没有发生同样的事情,那就真是奇怪了。然而,要说传教士破坏中国"堪称楷模"的和平,却是一种讽刺。比方说,如果铁路施工或者在其他工程中毁坏了墓穴,破坏了风水,这种亵渎异教"习俗"的行为便会大大地激怒中国人,其严重程度远甚于传教士只流于文字而不会造成实际破坏的论争。一旦发生这样的事情,中国人会破坏铁路,而洋人则会派军队来报复。接着,被激怒的民众便会袭击传教士和基督教徒,因为这些人容易被找到。而且,人们相信,将怒火发泄在他们身上不会受到惩罚。但是,如果在建设过程中发生了这样的事情,人们却会说:文明世界有权无视异教的迷信。

传教活动必须对滔天血案承担罪责的第三点理由是,中国人的愤怒首先而且主要是针对传教士和当地的基督教徒的。但是,为什么谋杀的对象并不仅限于这些人呢?为什么人们忽略了被杀的也有外交人员呢?这是不是说明这些人也犯有罪过呢?一位丹麦商人在《荷尔斯泰因报》(Holsteinischer Kurier)上讲,他在北京生活了34年,从未受到过骚扰。而在这三十四年时间里,被他指控的新教传教士也没有在北京受到过纠缠。看起来,这位先生不知道,天主教徒在这段时间里在北京遭遇过多少次摩擦。如果说,在内地频繁发生的骚乱中,受害的大多是各教派的传教士,那是因为他们比任何人都远离欧洲的庇护,对中国暴民的袭击最缺乏抵抗能力。另外,在中国内地工作、生活的工程师也被骚扰得不胜其烦。传教士受人憎恨,遭到迫害,很少因为他们是基督教的代表,而是因为他们是外国人。如果遭遇这些事情的是中国的基督教徒——当然不会总是如此——那是因为他们是洋人的追随者。还有,如果被伤害的是天主教徒的话,也是因为他们建立了国中之国,而且听从天主教传教士的指派,过分频繁地参与领事诉讼工作。而在这方面,问题并不在所有的传教团,而在于天主教传教团。如果要讨论传教活动的罪过,那么依据事实,我们必须一直强调:"尤其是天主教的传教活动。"

以下是媒体中对被杀害的德国公使克林德的评论,包括真实的情况和传言:

《蓓尔美尔时报》(Pall Mall)刊登过一封读者来信,内容是寄信人几年前与冯·克林德男爵的谈话。那时,在中国已有大屠杀发生。而克林德男爵认为肇因在于滥用领事保护权和传教士的保护特权去庇护那些不值得帮助的中国人。他说:品行端正或是出身较好的中国人很少会和传教士打交道。向外国人寻求庇护的都是些贱民或罪犯。有时,他们还必须直接付一笔钱,就好像在土耳其和摩洛哥。不久前,那里的公使馆和领事馆的下级官员还与他们的狐朋狗党及放高利贷者勾结在一起，靠这种方法大发横财。如果中国人一无所有，无力支付庇护费用，他们就会向传教士求助，并装出一副虔诚皈依基督教的样子。等到他终于博取了传教士的信任之后，他便向其透露自己的麻烦，告诉传教士，因为他皈依了基督教，他的同胞不信任他，憎恨他，他们正罗织罪名把他送交地方法庭，而残暴不公的地方官会将他投入大牢，让他在牢里饱受殴打和折磨。传教士太容易被这样的故事打动了。于是，他们便对那些骗子施予同情，加以保护，尤其因为传教士知道，希望地方法庭秉公执法往往的确只是妄想。克林德先生说，最糟糕的事情是，在这种情况下，突然感受到基督教的美好与价值的，一般总是那些不诚实的债务人，尤其是那些不忠实的资金管理者。这样一来，土地和其他价值不菲的财产往往便脱离中国司法权的管辖，转到领事裁判庭的名下。由此激发的民众的不满就无可避免地会招致巨大的危险。——那位英国的寄信人自己解释道：笔者不希望任何人怀疑，他或是克林德先生有意指责传教士的不诚实。不，那些传教士一般都是杰出而没有功利心的人，他们是世界上最好的人。我只想指出，他们在东方国家所做的宣传会无可避免地带来什么样的后果。另外我承认，我对那些皈依基督教的中国人的信任是相当有限的。

这篇评论还配有大量的漫画，我就不再详细介绍了，因为已经说得够多的了。但涉及天主教，这篇评论还是揭露了严酷的现实。克林德先生自己是天主教徒。而且，在新教在胶州设立传教团之前，他至少在公事方面不曾与新教有过接触。所以他对天主教的了解肯定甚于新教。必须一再强调的是，在中国，天主教传教士是怎样在下至法国领事馆上至法国公使的保护下干涉中国人的诉讼以及中国司法的。要从大量可资为证的个案中找出一些来，真的让我们感到不舒服，因为我们会为他们感到羞愧，而他们表现出的同情心也不过是小题大做而已。不久前，在中国待了十三年、深谙此事的莱茵传教士毛斯在多个报告中提到了记录在案的相关实例。但天主教的《乌珀塔尔人民报》(Wupperthaler Volksblatt)却称，对于这些“蠢事”，他们不会发表意见。而这些“蠢事”所导致的结果是：一有诉讼——而且很遗憾，经常是些可能遭到惩处的民事罪案——闻风而去的往往不是神父，而更多的是他们的中国助手。他们告诉当事人：登记加入天主教吧，这样你们就是我们中间的一分子。我们的神父会带着你们的案子过堂。我们保证，你们不会有事的，因为我们有法国人作为后盾。由于天主教传教士在这方面的援助众人皆知，所以也会有人主动找上门去。天主教传教士的司法干涉帮助其吸收了大量官司缠身、遭人憎恨的可疑分子入教。有了传教士的帮助，这些人每每又犯下最可怕的暴行。甚至还有人向这些家伙提供武器。天主教神父纠集这样一伙人虐待莱茵传教士采恩，并因此罪愆至少被调职的事还历历在目。对这种僭越行为的愤怒从广东传至满洲，蔓延到了全中国。清廷官员们因为自己的职权遭到干涉而怒火中烧。当安治泰主教如他自己在法国小报中所写的那样，不无挑衅地踏进兖州府的时候，那些官员就是这样招呼他的。这些“蠢事”都是无可争辩的事实。有许多天主教的神父——我们也愿意这么想，他们是不参与这种事情的，但是这些事情也是天主教传教体系的组成部分。而为了贬低新教，那些粉饰成性的报纸却称赞天主教的传教体系“讲实际，有政治性，而且聪明”。

现在，新教传教士也因中国法庭的不公正和恶意刁难向领事馆求助，要求提供保护。但是，我不曾听说过新教传教士专横地干涉中国司法审判的实例。我要求那些指责新教传教团的人举出实际的例子，如果他们手中掌握着此类证据的话。新教对这种有失体面的皈依深恶痛绝，以下的事实便是证据。天主教达到了自己的目的，他们为其在中国工作的神职人员争取到了中国的官制品级，以使其符合中国礼仪的要求，获得直接与中国官员交涉及干涉中国司法事务的权力。接着，中国政府自然而然地向新教传教士提供同样的便利。可是新教各派别一致拒绝了这番好意，因为他们不愿意让人觉得基督教传教团在鼓励不公正的行为，或是为了方便地在教堂里收容可疑分子而要求特权，又或者是有意插手中国的民事和政治事务。人们也许会认为拒绝这些优惠条件并不聪明，可是新教的拒绝却令那些认为其与天主教传教团一样，使用有失身份的手段从事传教活动的指控不攻自破。而正是天主教传教团的这些做法，令中国人愤怒，令基督教世界不满，并导致整个基督教传教活动名誉扫地。

终于说到了正题。令我感到满意的是，考虑到令传教团卷入目前发生在中国的那场灾难之中的各种原因，认为新教教徒对政治的干预招致骚乱的指控毫无意义。尽管有人将“美国”传教士视为“政治间谍”，然而正是因为美国没有参与欧洲国家的政治行动，尤其是没有参与对中国的占领，所以对美国传教士的指控本身就是自相矛盾的。

《汉堡通讯》曾有一次反驳美国传教士是政治间谍的指控：

> 与法国和英国的传教士相比较，认为（美国）传教士同时也是政治间谍的指责是毫无根据的。罗马天主教的传教活动从来就是和法国的侵略政策密切合作的。有法国领事机构的庇护，又有法国的坚船利炮撑腰，天主教的神父们要求旁听审讯天主教徒的庭审，以便当堂对审判提出异议。这种做法严重地损害了法官的尊严，必然会令其愤怒不已。同样，他们会感到自己对民众的影响力遭到了削弱，而这恰是最能激怒中国的官员和知识分子的事情。至于英国的传教士，举世皆知他们是政治间谍，这一点已无须赘述了。他们在亚美尼亚传教时所搞的阴谋破坏活动，人们依然记忆犹新。

在这里，我要指出的是：（一）有关罗马天主教传教活动的论述是完全正确的。现在，这些问题也波及了德国的天主教传教士身上。（二）英国的传教士可能在一定程度上成了英国殖民政策的帮凶。然而，“举世皆知他们是政治间谍，这一点已无须赘述了”这种泛泛的观点只是存在于特定的德国殖民圈里的成见，而成见并不是证据。（三）文章中交代的所谓的证据只能证实作者的无知而已：在亚美尼亚根本没有英国传教士。控诉者将其与在当地从事伟大的教育事业的美国传教士混淆了。

那么，对天主教传教团实施政治煽动的谴责究竟是怎么回事呢？值得注意的是，提及的报纸中只有一小部分探讨过这个问题。那些报纸要么不提这个问题，要么立刻不加区别地将“传教团”（不分派别）当成攻击的对象。只有少数报纸直言不讳。这一引人注意的事实是很容易理解的。人们出于显而易见的原因保护着天主教徒。至于最近他们的传教活动与政治之间的那些瓜葛，则是一件棘手的事，因为这是和德国的政治行动联系在一起的。

想象一下，如果是新教的甚或英国的高层传教人员做了安治泰主教做过的事并招致相同的后果，公众舆论会怎样谴责新教的传教活动啊！可是，因为涉及的是天主教，所以人们就觉得这完全是两码事。就连《柏林日报》(Berliner Tageblatt)在评论安治泰的时候也还是十分温和的。

天主教的传教活动与政治的结合已经形成了体系。根据《日耳曼尼亚》(Germania)的报道，天主教传教士恩博仁在胶州欢迎亨利亲王时说：“经验告诉我们，往往只有当世俗的力量为信仰的使徒提供强援，劝导异教民族皈依基督教的进程才会取得显著的进展。”只要有可能，天主教传教士在布道时便会利用“世俗力量的强援”。而如果能从中获取政治实利，世俗政权也乐于向他们施以援手。这样一来，我们几乎时时处处都能看到天主教传教团与世俗政权联合在一起，互相利用。“传教保护权”的存在使世俗政权有机会达成其政治目的，天主教传教士则能依靠世俗的力量来完成教会的计划。而这正是令传教活动声名狼藉，并令其在中国被怒斥为政治工具的原因。连新教的传教活动也免不了受到牵连。也有些中国人能分清天主教和新教的差别。来自巴塞尔的教会医生维滕堡博士说，他在广东省内地工作的时候，一些有教养的中国人时常对他说：“新教传教团是正派的，但天主教传教团却是依靠强大的武力撑腰的！”然而，绝大部分中国人无法分辨不同教派之间的差别。所以当对洋人的仇恨激烈爆发的时候，无论是新教还是天主教的传教士，都无一例外地被波及。

让我们回到安治泰主教的个案中来。这位先生究竟做了些什么？关于这件事，大家知道得已经够清楚的了。可是，看起来人们似乎没能记住，甚或根本没有看清这件事。现在《科隆人民报》(Kölnische Volkszeitung)向我们介绍的事件的进程可能是十分准确的，这显然是由安治泰主教亲自执笔的。德国当局是否向主教大人提供了对德意志天主教在华传教活动的保护权，或者主教大人是否要求当局给予庇护，现在这已经无所谓了。他到底是以“个人的身份”还是作为主教建议当局占领位于其传教辖区内的胶州的，这也不重要了。究竟德国在东亚霸占领土的计划是否酝酿已久，大家熟知的两位天主教传教士被杀是否只是他们期待多时的实施计划的机会，这同样无关紧要。然而，以下这些无情的事实却是无论如何都无法被抹杀的：

(一)安治泰主教曾频繁地出现在柏林，并将煽动德意志帝国支持天主教的传教活动视为其使命。他对此事的重视，甚至超过了其在教区内传播上帝信仰的任务。①

(二)在柏林，安治泰主教曾向外交部递交“明确无误的”声明：“德国对胶州的占领，不仅关系到在华传教事业(当然是天主教的)是否能繁荣兴盛，而且更影响到传教活动能否继续开展。这是一个生死攸关的问题。”尽管与其“理解方式”并不十分合拍，但冯·布洛夫先生还是将这些话在帝国议会上公开，并利用安治泰主教的声明来激发德国人占领胶

---

① 我早就指出，那位几乎总是忙碌地穿梭于欧亚两地的主教不得不让天主教的报纸来提醒自己，他还是应该待在他的教区里。《巴伐利亚州报》(Bayrische Landeszeitung)是这样写的：“派驻中国的安治泰主教出生在上法耳次，并在修道院里接受教育。他的嗅觉异常灵敏。在中国，革命骚乱频仍，谋杀命案遍及全国，主教先生却身处欧洲，远离危险，平平安安。方才，主教先生再次造访我处。看起来，他根本不急于回到他的那些传教士和教民的身边去，因为我们一点都看不出他有尽快启程的打算。在中国，基督教徒惨遭狂热的暴民大肆屠杀，他们的房子被纵火焚烧，可是尊贵的主教大人却安全地留在欧洲休养，以使自己从频繁往返欧亚之间的旅途劳顿中恢复过来。目前，安治泰主教待在慕尼黑，不和任何人接触。一家中央党的报纸不无愤懑地讲起，他们的人可能想去做个采访(会谈)，却未能如愿。主教先生刻意回避求知欲很强的报纸撰稿人是很有道理的。只要那些人询问主教先生，为什么他还无忧无虑地在欧洲闲逛而不回到需要他的地方去，就会令主教先生尴尬不已。

州的积极性。[①] 唉,如果这些事情没有发生过就好了!

(三)《日耳曼尼亚》写道:"如果要评价当前德国在中国的地位,那么我们不能忽视,我们占领胶州最重要的理由是要求中国人向被谋杀的传教士赎罪以及为处于德国保护之下的传教活动提供庇佑。""我们一直在强调,我们认为,德国在亚洲采取的各种行动的法理基础,便是德国对天主教传教活动的保护权。"

(四)占领胶州以后,一轮新的针对天主教徒的迫害行动在安治泰的教区内爆发。于是,主教先生颠覆了他曾经发表过的"明确无误的"声明,认为在占领胶州之前,天主教传教事业尚且欣欣向荣。但在胶州被占领之后,传教活动遭到了破坏,因为人们将胶州的失陷归咎于天主教的传教活动。[②] 他写道:

> 占领胶州之前,传教团无论在民间还是在官方均享有最佳的声誉。胶州被占领以后,情况就改变了。占领胶州之前,骚乱只是发生在个别地区,而且往往很快就能调停解决。一旦教区建立起来,宁静与和谐的生活便会降临。传教士赢得了基督教徒的爱戴和异教徒的尊重,有许多人甚至与清廷官员建立了友谊。即便是两位传教士的死,也不过是个别社团首领实施报复的个案而已……

如前文所述,新的迫害行径接踵而来。于是,那位曾经做出过"明确无误的"声明的先生写道:

> 导致迫害发生的最重要原因就是对胶州的占领。可以预见的是,人们会有所反应。因为在很长一段时间里,源自胶州的伤口仍然在流淌着鲜血。旅顺港、威海卫,报纸上所有鼓动瓜分中国的文章的出现均始于胶州事件。……这份屈辱深深刺痛了受过教育的中国人,尤其是清廷官员。不言而喻的是,接着他们便开始寻找合适的复仇机会。……山东巡抚对我说,因为传教士被杀,招来了德国人,然后就发生了胶州事件及其后的一切。是你把德国人叫来的。……你们对这一切负有罪责。

从李鸿章那里,主教先生也听到了相同的说法。

安治泰先生立刻回到柏林。他又想鼓动德国当局协助天主教的传教活动。只是这一次他另外找了一个理由:你们应该为胶州的事情感谢我们。我们为你们的政治行动提供了帮助,现在却必须为此而受苦。过去,情况并没有这么糟糕。传教活动的发展并未受到威胁。但是现在,问题却很严重。灾难已经显现,而安治泰先生则又成为风云人物,成了洞悉一切的先知。请注意!其他人,包括新教传教士都一再提出过警告。如果安治泰先生真的是伟大的预言家,为什么恰恰是他而不是别人那么积极地煽动当局占领胶州呢?难道他想毁掉传教活动,想制造灾难吗?不,他不想这么做。灾难的爆发同样令他惊惶失措。这位打着政治算盘的主教失算了。他唤来了利剑,却又不明白"因剑而生、因剑而亡"的道理。

我还能举出大量的事实,揭露这位专横霸道的主教在中国的劣迹。通过这些事实,我们可以看到他不仅视自己为中国的高官,而且还把自己装扮成德国的要员。我们还可以

---

① 参考拙作《在华传教活动及对华政策》(《传教汇刊》,1898年,第207页)。

② 参考拙作《山东南部新的对天主教徒的迫害行动》(《传教汇刊》,1900年,第97页)。

看看他是怎样孜孜以求地罢免中国官员的，又是如何确定赔偿金数额的。可是我不准备这么做。要说证据，这里已经有证据证明安治泰主教做了身为基督的仆人不应该做的事情。他是个不折不扣的政治间谍，他将政治权力掺杂在自己的宗教使命之中。面对这样的事实，难道人们还能坚持“尤其是新教传教士”应当负责吗？难道让德国民众擦亮眼睛看清事实的愿望真的只是痴人说梦吗？

已经足够了。愿上帝让发生在中国的痛苦与不幸早日结束吧。即便西方国家现在所采取的最严厉的暴力惩罚再有道理，他们也不应忘记，他们来自文明世界，他们来自信仰基督教的国度，他们不能用以暴制暴的方式来报复对方的野蛮行径。

（胡凯译，陈晓春校）

基督教传教团在中国[①]

D. G. 瓦尔内克（哈勒）

目前在中国，华人对洋人的仇恨如霹雳般迸发，其剧烈与可怕的程度是我们从未经历过的。如火山喷发般汹涌爆发的仇恨，甚至令那些已经预见到这股怒潮到来的人们也惊愕不已。而它也给了基督教的传教活动以毁灭性的打击。尽管我们现在还不知道，已经被杀害的那些为数众多的牺牲者究竟是传教士、使领馆工作成员，还是商人或是其他什么人，但可以肯定的是，许多基督教传教士以及成千上万信仰基督教的中国人倒在了狂热的仇洋情绪的屠刀之下。更不用提教会财产的巨大损失了。

在国内，发生在中国的灾难也令公众开始注意那里的传教活动。在胶州被占领之前，人们从未关注过这方面的情况。但人们的反应并不像所期待的那样，不是对现已被在华传教团提到议事日程上来正式讨论的重大损失表示同情，而是急切地大肆批评传教活动，甚至将眼下发生的灾难“完全”归咎于传教团，并认为在将来，“制止传教士的胡作非为将成为国家最重要的义务”。像我这样一辈子研究传教活动并视其为毕生事业的人，虽然熟知传教运作方式中那些可以接受的缺陷，读到眼下报纸上批评在华传教活动的文章中那些混乱不清的地方，看到报纸将主要应该由天主教传教团负责的事情归咎于新教，也会摇头不已。除了对实际情况的茫然无知，对传教活动的敌意构成了指控言辞的主旋律。这种敌意更多地建立在偏见的基础之上，持这种态度的人对基督教传教团的宗教使命几乎完全缺乏理解。写一些一概而论的诅咒与谴责，做一些没有任何证据、别人无法检验的指控，这是很方便的，但也是很有失品格的行为。那些先生们的评论让我想起一件很有代表性的逸事。在一艘由印度驶往英国的轮船上，有位在英国度过狩猎季、自称猎杀了许多老虎的先生正在大放厥词。谈到传教时，他说道：“在印度根本没有信仰基督教的当地人。我在那里待了三个月，一个这样的人都没有看到。”当时，一位在场的传教士抓住他的话头回敬道：“在印度根本没有老虎，我

① 第2版，柏林：M. 瓦奈克，1900年，第38页以下。第8版，柏林：M. 瓦奈克，1900年，第45页以下。初次发表于《传教杂志汇编》(Allgemeine Missionszeitschrift)第36期，1900年，第30～35页。

在那里住了二十三年，一头老虎都没看到过。"不必再对此加以评论了。

为了评论目前谈论颇多的传教问题，人们必须做到：一是熟悉天主教与新教传教运作方式之间的原则性差别。这种差别和存在于国内的天主教教会政策与新教对待宗教问题的态度之间的差异同样显著。二是熟悉传教的历史。传教的历史无法孤立于世界的变迁，尤其无法脱离殖民政策而存在。无论是顺其意还是逆其意，无论是对其有利还是有弊，两者都与传教活动密切相关。审视一下在华传教的历史，大家便会明白这一点。

天主教的传教活动源于耶稣会教团。以后，其他传教团体也参与其中。天主教在中国的传教活动始于1581年。在著名的康熙皇帝（1662～1723年）在位期间，它至少在表面上获得了成功并得以蓬勃发展，其信徒人数应该达到了五十万。能取得这样的成果，主要应归功于耶稣会会士在数学、天文学和技术方面的成就。汤若望甚至还开设了一座铸炮工厂。同样，传教的成功也归因于传教团对孔教崇拜与对祭祖文化的不断适应。传教士们甚至因为教皇指责他们的所作所为令基督教异教化，而向身为异教徒的中国皇帝上诉。耶稣会教士与教皇及其他传教团体之间对此种适应性的争讼激烈地进行了近一个世纪之久。康熙皇帝晏驾之后，皇室的风气为之一变。由于耶稣会教士曾卷入争储夺嫡的政治斗争，他们受到了长久的迫害，耶稣会也被禁止了。因此，到18世纪末，天主教徒的人数降到二十万，甚至更少。直到19世纪，情况才重有起色。在1898年，有七百五十九名神父在中国从事传教活动，还未计算大量的修士和修女。而信仰天主教的中国教徒人数也上升到六十一万六千。天主教传教活动的复苏在很大程度上与法国在东亚地区的干涉政策密切相关。天主教传教团与法国的政治行动结合得相当紧密，以致天主教传教团不遗余力、不厌其烦地赞颂法国是"上帝的臂膀，它用它的利剑实践着上帝的事业"。而法国政府则宣称自己的基本原则就是"对外，法国即等同于天主教"。换言之，天主教利用法国的力量来实现其传教目的，而法国政府则借助天主教的传教活动来达到其政治目标。大家应该还记得，这样一来，对天主教在华传教的保护就成了有争议的政治问题。而且大家都知道，占领胶州与天主教传教保护权及为被杀的两位天主教传教士复仇之间有什么联系。深陷于事件全过程之中的安治泰主教已经很清楚地告诉过大家，在中国，人们是怎样评论这件事情的。"山东巡抚毓贤曾对我说：因为传教士被杀，招来了德国人，然后就发生了胶州事件及其后的一切。是你把德国人叫来的。……你们对这一切负有罪责。李鸿章也向我解释道：山东南部乱成一锅粥，他并不感到惊奇。占领胶州的动机就在这里。这种观点逐步在民众之中传播开来并引起仇恨。暴动也由此而来。"要想理解"瓜分中国"的荒唐口号是怎样令中国人愤怒至极的，就必须了解流传在中国的荒谬谣言以及中国人严重的无知。我们经常严肃而友善地告诫天主教传教团的代表们，给基督教带来最大损失的，其实是传教与政治之间看似再合适不过的联合。可是，只要国家政权的保护能帮助他们增加信徒的数量，他们就不会愿意正视这一事实。为了达到这个目的，他们或亲自干涉，或通过使领馆对中国当局施加压力，以插手中国的司法事务。直到今天，他们仍然经常这么做。这种干涉司法事务的行为导致全中国的不满，也令那些讼棍们和其他一些可疑分子接近天主教传教团。身为天主教徒的德国公使冯·克林德也曾得出过这样的结论。只是他应该说明，这里所指的应该是天主教传教团。最终，传教团成功地为他们的代表争取到了清廷官员的品级，并由此获得了符合中国礼仪要求的、直接与满清官员交涉和干涉司法程序的权力。那时,中国政府也向新教传教士提供此项特权。可是,各教派的新教传教士几乎一致地拒绝了中方的好意。

人们谴责新教传教团的,恰恰是新教传教团从根本上竭力抵制的,这真是件难以理解的事情。他们的著述中充满了相关的抗议。不过,我们还是先看一下新教传教的历史。

新教在华传教的历史可以分为三个阶段:(一)1807～1842 年的准备阶段。当时,中国尚奉行闭关锁国的政策,只有若干传教士在中国从事语言文字方面的工作。他们为将近七十位散居在外的——尤其是在马六甲——中国人施了洗礼。(二)中国打开国门伊始,第一批港口开放(1842～1858 年及 1860 年)。遗憾的是,这个阶段开始与终结的标志都是英法两国发动的不幸而不名誉的战争。这也就容易理解,中国人对洋人的反感是怎样升级,进而发展成为对洋人的仇恨的。这些战争从一开始就对传教活动造成了负面影响,尽管新教传教团根本没有罪责,而天主教传教团对此也仅负有部分责任而已。战争既为传教打开了大门,又为传教活动的开展带来了障碍。它帮助传教士进入那个封闭的国度,却也将偏见输入中国人封闭的心灵之中,使他们以为传教士是为洋人令人憎恶的政治目的服务的。中国人不相信传教士有一副无私的好心肠。要让中国人理解传教活动,需要有极大的耐心:我们并不是觊觎你们的所有,我们要争取的是你们。在整个第二阶段里,除了香港以外,传教活动仅在为人熟知的条约港及其周边地区开展。这是个播撒希望种子的时期。1860 年时,有大约一千二百名信仰新教的成年中国人。(三)直到 1860～1900 年,以当前的那场灾难为该阶段结束的标志,随着传教士人数的不断增加,新教的传教活动渐渐遍布了庞大的中华帝国的所有十八个行省。有时他们也会遇到阻力,不过阻力并不是来自中国人,而是来自外国的使领馆,尤其是英国的公使领事。1898 年,有一千一百名新教传教士——他们并不都是被授予圣职的传教士、七百一十名未婚的女性传教士、拥有博士学位的一百二十五名男性及六十名女性传教医生。在他们中间,德国人仅占很小的比例:五十五位男性成员。中国并非德国主要的传教区。同样,从 1860 年起,信仰新教的中国人的人数也在不断攀升:1853 年有三百五十名,1873 年九千七百六十名,1893 年五万五千名,到 1898 年,则有十万有权受圣餐的新教教徒。而受过洗礼的人数则至少是其两倍。鉴于传教团在中国遇到的各种困难,比如除了仇洋情绪以外的语言差异、祖先崇拜、自然主义的思维方式、自负和保守等等,能够取得这样的成绩已经很不错了。至于信徒的质量,当然不可能对此做出总体性的评价。我们不想将这个问题理想化,但许多事例都表明,信仰新教的中国人的品行优于他们的名声。尽管他们中的大多数都来自较低的社会阶层,不过在耶稣和保罗的时代,情况不也是如此(《马太福音》,11:25;《哥林多前书》,1:26－28)。基督教化进程是自下而上的,高傲的伪善者总是最后才会出现。

新教传教士传教布道用的是圣言,是圣人说过的那些深奥而充满生机并通过相关著作、通过所承受的苦难加以阐释的箴言。他们将殉教者的鲜血视为宗教的基石,那不是替世俗政权复仇而洒的血,而是为了向上帝乞求怜悯而流淌的血。这是存在于基督教之中极其自相矛盾的地方。如果新教教徒因此而指责新教传教团,指责传教士遵循此种悖谬行事,重视布道、授课、文字及医疗方面的工作,而忽视诡计手段或是使用某种形式的暴力,那就不免让人感到奇怪了。世俗的暴力行为,不管由谁实施,无论是法国、英国还是德国,都绝不是基督教建议信徒去做的事情。而用赔偿金建造的赎罪教堂并不能吸引人们皈依基督教。1895 年,十一名传教士在福建古田被杀害,英国传教团却拒绝进行报复及索要赔偿金。最后的结果只是增加了传教士的工资。1896 年,在新几内亚有两名莱茵传教士被害。同年,亦有两名莱比锡传教士在乞力马扎罗山被杀。但两个相关的传教团体均未要求采取报复行动。确实有人采取了惩罚行动,不过那是殖民地当局自己的主意。政府有义务保护其成员,而传教团应当让当局行使职权赋予的责任,而不应利用暴力手段来达成自己的目的。

关于新教传教团对待中国习俗的态度,还有许多可以说的。不过,那将会是个很长而且很复杂的故事,只有无知的人才会认为用只字片言就能做出完善的评判。奇怪的是,那些欧洲文明的代表们经常以最粗野的方式践踏中国的习俗。而现在,他们却自诩为新教传教士的评判官。而被评判的新教传教士,他们毕生的工作便是以基督教的精神以及平等对待各民族习俗的态度去解决那些也许是传教事业中最棘手的问题。在强烈体现新教传教活动统一性的上海传教会议上,对习俗问题的讨论一直列在议事日程之中。不久前在青岛逝世的德国同胞 D·花之安,他也许已经不是一个欧洲人,即使是中国人,也把他当成中国人看待;戴德生,中华内地会意志坚定的创始人和领导者;杨格非,与花之安并列为最杰出的用中文写作的传教士作家;还有那些须发斑白的在华从事传教事业的前辈们,在理论与实践方面,他们处理复杂的中国习俗问题的方式,优于现在所有那些不遗余力地批评新教传教团的批评家们的所作所为。人们应该洞察这些事情的根本,这样才能理解,在中国也存在一些基督教无法吸纳的习俗。也许我们会有机会,在祭祖文化方面证实这一点。

(胡凯译,陈晓春校)

教皇的报纸:《真理之声》(La Voce della verita)对“中国骚乱的真实原因”的评论①

D. G. 瓦尔内克(哈勒)

这是一份来自梵蒂冈的最具代表性的评判,它既不会让德国的天主教徒也不会令德国政府感到高兴。众所周知,从 1890 年起,德国政府取得了对德国天主教传教活动的保护权。至于其后在安治泰主教的游说之下所导致的种种后果,就不必再次赘述了。毕竟,教皇是经过长久的谈判才照准德国政府接管天主教保护权的。他不愿意将此权力交付德国政府,这并不是秘密。直到 1890 年,对所有天主教传教活动的保护权始终掌握在法国手中,教皇向北京派驻使节的计划未能成功。而与德国相比,教皇也更满意由法国来行使传教保护权。以下的文章里载有梵蒂冈对于由德国行使宗教保护权的回答。梵蒂冈的回

① 第 2 版,柏林:M. 瓦奈克,1900 年,第 38 页以下。第 8 版,柏林:M. 瓦奈克,1900 年,第 45 页以下。初次发表于《传教杂志汇编》(Allgemeine Missionszeitschrift)第 36 期,1900 年,第 35～38 页。

答与前文中引用的《日耳曼尼亚》(Germania)对占领胶州原因的论述，以及安治泰主教的所作所为大相径庭。让德国的教皇极权主义论者去调和这种矛盾吧，他们可是诡辩专家，会找到理由为自己开脱的。我们只是发现，无论如何，梵蒂冈的回答宣告新教的传教活动无须对当前中国的灾难负任何连带责任。下面是这篇文章的译文[引自《西德意志报》(die Westdeutsche Zeitung)，第一七三号]：

反对教会的意大利新闻界不精确的工作方式(昨天在议会发言的是格莱阿尼)，也是为了一再地将中国骇人听闻的骚乱的源头嫁祸给天主教——不是新教——的传教活动。中国的骚乱震撼了整个文明世界。而像参与每一次荣耀的行动一样，意大利也不落人后地在不信仰上帝的国度中传播宗教信仰。无神论本身就有欺骗性，永远是不顾廉耻、退化堕落的。但它同时也是盲目和傲慢的。因为在那些人类最感兴趣的问题上，无神论者除了自己的阴险和不忠之外，就再也没有任何榜样了。

探究当前骚乱的直接原因的人，只要稍有一丝正直与真诚，不需太费力气便能理解，这些事情明白无误、不容辩驳地赋予了罗马教廷处理基督教与东方世界关系的权力。如同历史中的所有事件，教皇在眼下的复杂情势中所扮演的角色也许比有些人最初想到的更重要。然而就其法理依据以及声誉而言："你要做的就是保持你的纯洁。"

我们绝不会以任何形式重提早已完结——但不能因此而被忘却——的论战和指控。但是，鉴于那些具有国际影响力的事件以及反对教会的意大利人毫无廉耻的谎言，我们同样不能隐瞒事实真相。必须承认，从总体上讲，正是从人们试图改变传统的东方天主教保护体系的那一刻起，中国人对欧洲人以及基督教徒的仇恨逐步升级，直至发展成为今时今日狂野的暴怒。

长久以来，在与教会和世俗的达官显贵(最初是和威廉二世皇帝)的会谈中，安治泰主教(就是他煽动当局占领胶州的)不曾隐瞒，德国对山东南部的占领招致天朝大国朝野上下的不快、不安和不满。在以后的日子，这些只会带来不幸。而且，公平地想一想，在这件事情上，中国人的所作所为真的全无道理吗?

德国无疑是世界上最受尊重和最令人畏惧的国家之一。但是，正因为德国令人畏惧，所以它给人的感觉就像是一个强悍且武装到牙齿的男人突然闯进了邻居家里。当其他国家纷纷效仿德国的做法，而且不再以保护本国的传教士为借口，而是毫不掩饰自己丧尽天良、血腥至极的幼稚目的，明目张胆地攫取地盘的时候，这种感觉便愈加强烈。

比如，当意大利向中国索要三门湾的时候，没有用传教士的福祉来掩饰自己的意图，而是十分坚决地奉行以下原则：现在，任何国家都有权在中国分一杯羹，就像德国强索山东南部那样。可以想象，满清王室以及北京政府对此会作何感想，而这种孩子气的、被加尔内瓦洛将军愤怒地驳回的非分要求又给德国和所有其他国家的事务造成了什么样的损害。

德国人介入中国事务以后，"中国是任由垂涎者予取予夺的鱼肉"的想法广为流传，这已是不争的事实。很自然，北京方面对此会有所反应。德国出于保护传教士的愿望而采取行动，毕竟还是合情合理的。但同样显而易见的是，就其本质及作用而言，按照传统由法国实施的天主教保护权与由各个国家分别执行的对传教士的庇护不同，法国的天主教保护权不曾招致任何危险。

个人的利益和民族自豪感马上令高贵、纯宗教和民事性的传教活动超越了自己的底线，取而代之的是暴力干涉的行径。

难道一有传教士被虐待迫害，就必须占领一个行省以资报复吗？当然不是！但是，在德国做出恶劣的先例以后，这条原则却深深地扎下了根。数个世纪以来备受罗马教廷信任、由法国实施的对天主教广泛的保护权落入各国之手，这几乎令瓜分中国的事在短时间内成为现实——如果中国人没有奋起反抗的话。

谁又知道，究竟是不是德国人在山东的出现引发了义和团的暴动，招来了各国联合舰队齐聚大沽口，并由前奏转入高潮，最终导致了一场散播恐怖、令关注形势变化的人们忧心忡忡的战争爆发的呢？

真相说明了，没有刻意的歪曲。这样做，是为了在尚有可能的情况下，避免做出会令半个世界陷入深切痛苦之中的判断。"Veritas liberabit vos"——"真相会令你们自由。"而真相就是：如果人们想在错误的道路上继续走下去，并借热诚传播文明或是保护宗教活动的名义攫取根本不属于自己的纯粹的政治利益，那么他们的这种做法是十分卑鄙的。

教会做的是好事。而经验再次教育我们，背弃熟悉的轨迹，选择新的、未知的道路是件多么危险的事情。

对于那些善于思考的读者而言，无须再对此引文作进一步的解释了。我们只是希望，如果它能在安治泰主教采取行动之前问世，那就好了。现在，罗马洗脱了罪责。在法国开始侵占他国领土以后，比如在东京，据我所知，还没有其他相似的事情公之于世。

我的第一篇警世之文[《传教汇刊》(Allgemeine Mission-Zeitschrift)，1898 年，第 216 页]是用这样的话来结束的："上帝保佑我们的德意志祖国，免受法国奉行已久、并由罗马教会长期维护的传统传教政策的伤害。这是爱国者的愿望，也是新教方面的愿望。"

(胡凯译，陈晓春校)

关于中国骚乱的新视角

——一次关于传教活动的讨论[①]

伊马努埃尔·格耐尔

在 B 市[②]举行的传教庆典是一场令所有参加者感到满意的盛会。庆典过后，来自远近各地的宾客纷纷离去，而小镇又恢复了宁静。只有 S 女伯爵的家中依然热闹非凡。她喜欢热情的交际，并对传教事务兴趣盎然。所以她坚持邀请她的牧师朋友们及其家人、邻

① 居特斯洛：C. 贝特斯曼，1901 年，第 24 页以下。

② 原文这里的地名只用了一个字母的缩写。——译者注

近的贵族领主及其妻女们和其他一些宾客到她家中聚会，再事庆祝。在这次聚会上，人们将会从我这个同样在邀请之列的传教士口中听到各种有趣的事情。宾客入席就座，好客的主人为来宾们提供了丰盛的美酒佳肴。享受美食以后，大家聚在隔壁的客厅里纵意畅谈。一位来自邻近市镇的年轻陪审员与我攀谈了起来，并将话题引到了中国和中国局势的问题上。

“我有个兄弟，”谈话就是这样开始的，“他随瓦德西伯爵率领的远征军去了中国。目前，最引人注目的便是中国，或者如同人们经常说的，中国是个‘时髦的’话题。老实说，吸引我应S女伯爵之邀前来的并不是宗教方面的问题，而是因为我希望能从您口中听到关于那个留着辫子的国家里各个方面的情况。在教堂里，我就已听您说过，您认为巴兰德先生将传教活动视为中国发生骚乱的首要原因，这对传教事业而言是不公正的，不是吗?”

“我只能重复一遍我在教堂说过的话，那就是巴兰德先生对传教士的工作、尤其是新教传教士的工作所做的攻讦是十分不合时宜的。六年前，鉴于发生在古田、导致11名传教士丧生的血腥屠杀，法国的《时代报》(Der Temps)写道：‘基督教界，这个古老而几乎被人遗忘的名词获得了新的意义和新生的活力。在异教徒的暴行面前，商人和传教士、外交官和修会成员、新教教徒和天主教徒，他们再一次感受到彼此之间的归属感并最紧密地团结成为一个整体。’显然，巴兰德先生的身上并没有多少这种基督教的集体精神。否则，面对拳匪及其帮凶在首善之区犯下的可怕得多的暴行，他就不会把中国发生骚乱的责任推到受害最深重的那些传教士的身上。”

“就算巴兰德先生的许多断言缺乏证据，但是看起来并不是所有的事情都是他凭空捏造出来的。”

“当然，我承认，个别传教士的行为并不总是无可指责的。是的，进一步地说，我也毫不迟疑地认为传教士，无论是天主教的还是新教的，对中国的骚乱是负有连带责任的。可是，如果说到发生骚乱的原因，每一个熟悉中国异常复杂情况的真正的知情者都知道，原因根本不止一个，就是说有十个肇因也不为过。所以巴兰德先生将主要责任推卸给传教士的做法不但有悖侠义精神，而且也欠缺考虑，尤其是在传教事业遍体鳞伤的当口。如果有些‘诙谐的小报’或是有个‘和气的商人’说：‘传教士们在蚂蚁巢里翻弄了这么久，以至于现在这些蚂蚁都爬到我们的脖子上来了’，那么人们是不会把这些话当真的。可是现在说这些话的是巴兰德先生这样的有地位的人。而滑稽的是，现在有些人突然要求传教士转变他们所扮演的角色。直到不久以前，在这些人的眼中，传教士还只是一些根本无足轻重、头脑简单、有欠教养的人，他们的想法愚蠢荒谬，居然想让理智比他们更健全的儒教徒和佛教徒皈依基督教。相应的，这当然也成了他们的功绩。尽管他们也用钱招揽了少量‘苦力’入教，也就是所说的‘乞食基督徒’，但是这些来自社会底层的人、这些社会渣滓对基督教的皈依只是‘非常留于表面的’，他们的皈依对于中国古老的文明没有任何实质性的影响，这简直是一种侮辱。突然间，一场起义爆发了。狂热的人群穿省过郡，杀人放火。教徒的鲜血流淌成河。外国人的生命和财产得不到保证，商贸往来陷于停滞，欧洲文明世界惊愕不已，束手无策，他们追问究竟谁是引发这场令人伤心的骚乱的元凶。于是有人回答道：‘除了传教士，没有其他人该对这场血腥的灾难负责。’忽然间，人们对传教士给予了前所未有的重视。对中国的骚乱负有罪责的，不是那些无视当地的偏见及迷信，在那里大肆铺设铁路、压榨中国人的商贸联盟；不是列强们在胶州、威海卫、旅顺以及广州湾的肆意妄为；不是激起中国人反抗的鸦片或是强者对弱者的其他欺凌行径——我们的对手正是这么说的——而竟然是毫无功利的传教士！那些传教士——按人口比例，每20万个中国人都分摊不到一个的传教士——他们将中国人不知道的《圣经》和其他书籍翻译成中文，他们在城市里、在集市上布道劝导人入教，他们用国外的钱建立学校和医院，他们教授外语和国外的科学，他们以前所未有的方式，以其来自异域的观念深深地触及中国人的灵魂并煽起了中国人对洋人的仇恨。正是这些和平的破坏者，他们应当被驱除出去或至少应当对他们'加以控制'[①]，以便爱好和平的商人、无辜的外交使节和商贸组织能够按照他们的意愿贩卖货物、建造铁路以及不受干扰地租借港口九十九年之久！——传教士的影响力究竟有多大，以至于人们竟然相信他们能造成如此革命性的效果！希望人们不要再指责他们愚昧不堪、无足轻重了。"

"说得太对了！您也认为对胶州的占领引发了这场灾难吗？"

"现在，绝大多数的德国民众已经对占领胶州表示认同，视其为在德国具有前瞻性的贸易政策的指导下所采取的行动。就算有些人在一开始对这件事有所怀疑，但是现在，既然我们已经占有了中国的这片土地，他们也就赞同了皇帝所说的：只要德意志的鹰在哪里张开了它的爪子，便没有什么人能将它赶走。可是我不知道，德意志政府将为占领胶州的行为寻找何种法理依据。去年，教皇极权主义的报纸强调说，德国对天主教传教团的保护权是其在东亚采取行动的真正的法理基础。那么这只能证明，教皇极权主义分子已在插手我们的中国政策。然而，是不是德国在胶州的所作所为引发了这场骚乱，这还是一个未曾得到证实的观点。它很可能加速了灾难的发生。可是我认为，我们应该在其他地方寻找中国骚乱的真正原因。"

"您是否毫不怀疑地认为，是那些天主教传教士不符合基督教规范的行为，他们偏好以中国大官的身份干涉中国人的争执、介入官司的做法，令所有具有民族观念和平等思想的中国人感到不满？"

"从踏进中国开始，罗马教廷就从未终止过将传教活动与政治混淆在一起的做法。这种做法导致许多流血事件的发生，并很不幸地令中国人不明就里。自从教廷在法国驻北京公使的帮助下，成功地为其主教和神父争取到等同于中国高级官员的品级、地位和权力，并使他们有权在所有涉及中国天主教徒及其朋友的事务中，以与当地地方官平等的甚至凌驾其上的身份旁听诉讼——用其他的话来说也就是能够影响其判决——以来，中国人的茫然无措和痛苦无疑攀升到了巅峰。毫无疑问，罗马教廷的干涉在很大程度上激起了中国人的反抗。关于去年兴起的话题，究竟谁对狂热的民众如火山喷发般汹涌爆发的愤怒负有责任，我认为引发这场骚乱的基本原因根本还未被触及，或者说是谈论得实在太少。"

"那么，这个根本原因是什么呢？"

"我坚信，基本原因可以一方面在中国政府毫无节制的傲慢与狂妄，另一方面在其闻所未闻的欺骗和虚伪中找到。从广为提及的慈禧太后身上，您就能看到中国政府的缩影。

① 根据1900年9月15日的《Das Ostaisatische Lloyd》，应当限制传教士的活动范围在以某一开放港口为圆心的三十英里半径范围之内，而女传教士只能在开埠港活动。

她以及她的亲信醇亲王、荣禄、刚毅以及那帮极其保守的家族成员，首先应当对骚乱负责。如果能在中国举行全民公决的话，那么中国人民会一致谴责她和她的党羽。大家都认为她是个邪恶、不知廉耻的女人。"

"巴兰德先生和其他人却对慈禧太后有着截然不同的评价。人们将她与英格兰的伊丽莎白以及玛莉亚·特雷西亚相提并论，并将其治国之术捧上了天。"

"我根本无法理解巴兰德先生怎么能做出这样的事情来。慈禧太后并不缺少治国的才能。四十多年，历经三朝，这已经足够让她展示其治国之术了。可是，她也表现出了处事的毫无顾忌，以及对其敌人和她所憎恨的洋人的报复欲及残忍嗜血。这会让人不由自主地想起血腥的伊瑟贝拉或是阿塔尼亚，也就是说，她准备'杀光皇室的后裔'。在我看来，更应该将慈禧太后和《圣经旧约》中的这些女性形象加以比较。三年前，她以强硬的手腕罢黜了她的侄子光绪皇帝，将其监禁，让人杀死他的嫔妃，将倡议改革的人斩首，只是因为所有新的政令不合她的意，而且她自负且傲慢地认为，历史的车轮会向后倒转。现在，历史给了她惩罚，她将面临被历史的车轮碾碎的危险。

为了对我方才提到的中国统治阶层的自负、傲慢以及他们毫无根据的欺骗与不可信任加以说明，请允许我提醒您注意一些真实的历史事件。自从中国被迫与其他民族交往以来，它一直将自己视为最高贵的民族，而其他的国家只配向其纳贡。中国皇帝在写给英国国王乔治三世的信函中写道：'国王，我们读了你的效忠信。信的语言充满敬意而真挚，这证明了你真诚的效忠之心。……你的使臣已经被送走了，而你，国王，应尽力遵从我们皇帝的尊谕，永远保持尊敬与服从，以继续证明你的真诚。'在另一封写给世界帝国——英国统治者的信中，则写道：'你，国王，也许不能理解我们皇室的基本政策原则，也不理解什么叫刻意的滋扰。但是，理应纳贡的英国如果真的仰慕(中华)文明，我们出于同情，会对其施恩。……在此，国王，对你所统治的海外偏暗之隅，因你所呈奉的贡物，我们已经给予了你双倍于其他国家的恩典。……在给国王你的训谕中，我们已经表达了我们的想法，希望您始终对我们保持恭顺。'这封厚颜无耻的书信是这样结尾的：'特此敕谕！'向英国发出这些'谕旨'的是乾隆皇帝，他是中国最有智慧、最有教养的统治者之一！[①]

若干年以后(1816年)，当阿姆赫尔斯特勋爵作为特使前往北京并打算与中国建立商贸关系的时候，他根本没有见到皇帝，就不得不同样放弃其使命，因为他拒绝向天子行通常的磕头礼，也就是跪着将额头触地九次以表示对皇帝的敬意！

即使在所谓的鸦片战争以后，中国的当权者对基督教国家的真实实力和地位早已不再质疑，外国人仍然遭到了最无耻的侮辱。比如，如果有人听说美国公使华若翰的遭遇，他会因为羞惭而脸红。载他前往天津的轮船只能沿着白河开到宁河府。在那里等着他的是一条没有窗户，只有天窗的大船——一只木头做的笼子！……在北京城的城门前，他被送到一辆

---

① 以上的文字是从德语版本直接回译的，其对应的原文应该是："奉天承运皇帝敕谕英吉利国王知悉……朕披阅表文，词意肫恳，具见国王恭顺之诚……特此详晰开示，遣令该使等安程回国。尔国王惟当善体朕意，益励款诚。永矢恭顺，以保义尔有邦，共享太平之福"，"今尔国王欲求派一尔国之人居住京城……岂能因尔国王一人之请，以至更张天朝百余年法度。……咨尔国王远在重洋……若云仰慕天朝，欲其观习教化，则天朝自有天朝礼法，与尔国各不相同。……除正副使臣以下各官及通事兵役人等正贯加赏各物件另单赏给外，兹因尔国使臣归国，特颁敕谕，并赐赉尔国王文绮珍物，具如常仪。加赐彩缎罗绮，文玩器具诸珍，另有清单，王其祗受，悉朕眷怀。"——译者注

牛车上。美利坚合众国的公使就这样踏进了京城，根本没有看到北京或其周围的景象，也没有任何人看到他进入京城！在那里，他被关进了一栋高墙环绕的房子里，直到皇帝愿意接见他为止。仪式完成以后，整个使团又被以相同的侮辱性的方式送回了天津。

发生在1860年，因为相似的使命而前往北京的英国使节巴克斯爵士身上的事情更为可怕。他被人当成了囚犯，并遭到了血腥的殴打。他不得不跪在地上，双手被反绑在背上接受审讯，而且差一点就被判了死刑。

直到1870年，中国的统治者对德国的实力和地位仍然茫然无知。当德国使团为了签定和平友好协定第一次来到北京的时候，中国方面甚至根本不愿意接见他们。他们不得不请求英国朋友从中斡旋。当英国人证实德国是一个受尊敬的、文明的民族以后，中国方面才开始与其谈判。

中日战争时发布的那些夸夸其谈的上谕是众所周知的。在一封上谕中，日本被称为忤逆如同父亲般的中国的'不恭顺的侏儒'。可是，报应突然便落到了他们的头上——皇帝的军队被打得溃败，日本军队向着北京挥戈而进。

而这种自负与傲慢又是怎样蒙蔽了中国当权者的眼睛，以致他们竟然向整个文明世界宣战！这是后世的历史记录者必须记下的事实，那就是中国中央政府在去年6月底颁布命令，挑起针对所有国家、所有外国人的杀戮和灭绝行动。公使，商人，传教士，为中国政府服务的洋人，就像比利时的铁路工程师以及中国最忠实的朋友、竭尽心力为中国打理财政逾四十年的罗伯特·赫德爵士，男人，妇女和孩子，都在这场空前的灾难中沦为了满洲人的自负以及对洋人仇恨的牺牲品。而李鸿章，这个开明的政治家，在为其女主子致歉时只知道说：'她听信了那些品行恶劣的谏臣们的话，相信义和团众刀枪不入。'他想说的难道不是：如果那些人真的刀枪不入，而所有在中国的洋人都被他们杀光了，那么慈禧太后所采取的措施就是正确的了！

可是，与中国当权者的虚伪与不诚实相比，他们的自负与傲慢依然相形见绌。有一次，一位相当熟悉欧洲事务的中国人提出了一个问题：'我们的外交人员看起来总比外国外交官高出一等，这是怎么回事？'他补充道：'外国的外交人员都是些具有杰出的品性，工作十分勤勉而且心智纯良的人。尽管我们的外交人员在这些方面比不上洋人，可是他们却总是表现得比那些洋人更为精明狡黠。'最后，他自己给出了答案，他说：'我估计，原因在于：那些洋人是有尊严的人，他们并不擅长说谎。而我们的外交人员却在谎言和欺骗中寻找他们的自尊，对此洋洋自得。他们会因为成功地欺骗了洋人而彼此祝贺。'

根本无须多做什么，只要简单地指出中国现在正作为谎言和虚伪的代表而备受谴责这一事实便足够了。在这方面，中国与外国交往的全部历史提供了大量的证据。需要补充的是，就我们所知道的，中国官员和其人民之间的关系也是如此，根本就好不到哪里去。为此，中国人根本就不会去寻找托词和借口。而与这种谎言与不诚实完全相符的则是趋于极致的腐化与堕落。在此，我们可以找到骚乱发生的根本原因。所有可以列出的其他动因，只是伴随而生的次要原因，它们只是加速了灾难的爆发而已。"

"可是，根据您的观点，与'拳匪'联系在一起的整场运动不是好事，因为它的首要目的是彻底消灭洋人。但在一开始，它给我的印象是：这是场爱国运动，以至于我最想将义和团，如果允许我这样比较的话，和我们的士兵社团联系在一起。"

“这样的比较并不坏，乍一看也有些道理。可是，不难证实拳匪的爱国主义最初并不是要支持不受人民欢迎的满清王朝。相反，开始的时候他们的口号是：‘打倒满清。’我看到过一则义和团的告示，它用大半的篇幅，以最尖锐的言辞谴责满清官场，并认为皇帝本人应对国家异常困顿的局面负责。只是在告示的另一小半，其实已经相当于是附录了，才提到了基督教及其恶劣的教义及影响，并以最激烈的方式诅咒其覆灭。我认为，这张告示就是不可辩驳的证据，说明义和团最初和所有其他遍布中国的秘密组织一样，是反对现有政府的。可是，慈禧太后及其帮凶却懂得将这场运动的矛头从自己的身上引开，并使其指向洋人和基督教。”

“由于他们十分出色地做到了这一点，所以人们不得不设想，是基督教及其代表，那些传教士，不懂得怎样去博得中国人的喜爱。于是，巴兰德先生最后说传教士们挑衅性的行为造成了困扰也就不是没有道理的了。难道在中国的骚乱与传教士的活动之间不存在某种联系吗？”

“刚才，我已经承认，传教士的行为——我现在说的是新教传教士——并不总是无可指摘的。但是，想要指控某些传教士无节制的行为和粗心大意，以某种方式促成了中国人的愤怒在去年爆发，这种想法却是可笑的。无论如何，就算我认为传教士，无论是天主教的还是新教的，对中国的骚乱也有连带责任，那么我的意思也与巴兰德先生和其他人的观点不一样。天主教传教团对这件事的责任究竟有多大，我已经说过了。如果您想要了解在华天主教传教团的详细情况，我可以向您推荐霍尔巴赫牧师的书，书名是《致安治泰主教的公开信》，该书同时也是呈给德国政府的专题报告。它对安治泰主教二十年来在中国的所作所为进行了彻底的批判。可惜的是，在有关中国问题的一次争论中，帝国首相竟然不承认他对两种教派传教活动的不同态度。基于他的这种态度，当中央党议员格勒伯在这之后嘲讽倍倍尔‘您没能在新教教徒和天主教徒之间挑拨离间’的时候，他的话可能只是针对帝国议会而言的，却根本无法代表公众的想法。因为这种指责一再地被重复，我也认为它成功地指出了天主教传教团的胡作非为及其与新教传教活动之间的巨大差别。

可是，还没有什么人试图将其与那场骚乱联系在一起。我认为这是一个有待填补的空白。因为从一开始，我就没有怀疑过这种联系的存在。

新教传教团尝试着用布道、办学授课和著书等形式影响感化中国人。[①] 由此，他们仿佛在懒散得几乎成了木乃伊的中国人中投下了发酵酶，而这种发酵酶必然会引发危机。大家应该清楚下面这些话可能造成的影响：你们不要以为我是来带给大地和平的；我带来的不是和平，而是剑，或者：你们会听到战争和战争的喧嚣，仔细地看，不要害怕。这是必须首先做的事。在一本介绍基督教如何在世上扎根的书中，有一处写道：‘在那个时候’，‘由于他们所走的这条道路’，在埃菲苏斯城曾经发生过规模不小的运动（‘骚乱’）——那是在1800年以前，当那位异教使徒传播教义的‘方式到处遭到抵制’的时候。在特萨罗尼施，有人指控这位使徒和他的助手说：他们让全世界感到不安。在凯萨里亚，他的反对者发出责讦，将他视为‘破坏者和骚乱的制造者’。而传教士的布道就是这样，从一开始就在民众之中引起了不安与紊乱。在中国这样的国家里，在那样的条件下，人们当然不能指望

① 当然，这不是说天主教传教团没有以他们自己的方式做着同样的事情。

‘骚乱’会平息。相同的原因，相同的效果。”

“那么中国的情形真的和书中所描述的一样吗？那些通晓中国事务的真正知情者不是一直声称，中国人是十分喜爱和平的民族吗？他们对世界并无所求，他们只想平平安安地耕种劳作。在这样一个孔教、佛教和道教和平共存的国家里，几乎不能想象会存在对宗教的不宽容。”

“中国人备受赞誉的对宗教的宽容并不是向来如此的。这三种信仰体系之间也曾有过最激烈的争斗。应该注意到，现在它们能够和平共存，是因为在它们之中没有任何一种宗教想要成为唯一正确的宗教，并因此剥夺所有其他宗教存在的权利。而基督教却是从一开始就带着这种要求出现在人们的面前的，所以它才会时时处处遭到激烈的反对。

当新教传教团的先锋们第一次怀着这样的目的来到中国的时候，那些中国人只是对他们同情地耸了耸肩。他们认为，他们对基督教的视而不见会很快地令传教团的努力付诸东流。而现在，这已经不可能了，因为新教教徒的人数已经达到了二十五万这个可观的数字，而基督教的影响也已开始渗入中国人生活的各个方面。中国的统治者惊恐地发现，那些‘毫不重要’、‘微不足道’的传教士，也就是中国人口中的‘洋鬼子’或是‘西洋蛮夷’，他们的目的竟然是从思想上占领整个中国。因为不仅是他们不停息地布道，而且他们作为年轻人的导师以及基督教文学推广者和影响者，都服务于同一个目标，那就是颠覆古老的中国，并在其废墟上创造新的人群。”

“对于传教士在著书写作方面的工作，国内的了解十分有限。而我觉得，对于中国这样的国家，它恰恰能起到十分适当的作用。难道我们的同乡花之安博士不是作为作家而成就盛名的吗？”

“当然。在那些汉学家里，他无疑享有最杰出的地位。他的著作涉及所有的知识领域。对于中国人而言，这是一座内容丰富的宝库。他也曾是‘基督教科学推广会’的成员，并多年以来致力于让中国人摆脱蒙昧。他不仅成功地让成千上万的人相信，中国的情形绝对是毫无希望的，而且还说服了很多人，使他们明白，如果中国继续拒绝毫无保留地打开大门接受基督教文明的影响，那么它将难免被列强瓜分。像花之安、马丁、阿伦、威廉姆森，尤其是不知疲倦地致力于中国内部改变的T·理查德，他们这些传教士都在自己的著作里为中国人献计献策，而这些建议的目标都是要中国人抛弃他们延续千年的、古老的、盘根错节的教育体系。总结一下这些建议，也就是必须关闭一百万所不适合按照西方模式建立新的教育体系的中国学校。持这种观点的人告诉那些相信能用勺子吃下智慧的秀才们(低等学者)：‘你的论文不过是毫无意义的拼凑之作，纯粹是浪费时间。’对于进士们，他们则说：‘你们的知识只达到幼儿园的程度。’而对于翰林们(最高等的学者)，他们说：‘进来吧，到这里来学习知识。’是的，他们有胆量对中国的‘无冕之王’——儒教的圣贤说：‘把你那些积满灰尘的旧书拿到地下室里去吧，它们到现在都没有给你的国人带来你曾经承诺过的东西。’

鉴于这样的事实，很容易便能发现传教士中的汉学家们也对中国骚乱的爆发负有共同责任。在灾难爆发以前，中国革命党的追随者对他们称颂不已，还把他们捧为中国的救星。即使是那些不理解传教活动，也不愿意了解传教工作的欧洲人也毫不吝啬地赋予他们溢美之词。可是现在，这么多人都在思考，都在著文讨论骚乱的原因。那么，认为那些写作著文的汉学家也应该承担部分责任就是最合理不过的了。”

“在这一点上，我只能赞成您的观点。而我饶有兴致地与您进行的这场讨论又一次证实了那句古老的箴言：笔的力量比剑的力量更强大。难道您不认为，您的反对者将公众的注意力引到传教问题上，并将传教士定义为和平的破坏者并不是完全没有道理的吗？”

“如果将传教士视为导致中国的那场灾难发生的诸多因素之一，那么我根本不会对此加以反驳。在一定程度上，我们也愿意被当成‘和平的破坏者’被责骂。但是同时，我们也有权力称自己为最贴切不过的和平使者。这不仅因为我们是承载着和平的使命来到中国人面前的，而且还因为我们为促进当地人与洋人之间和平共处所做的调解工作超过了外界的了解。不仅在原始民族那里，而且在所谓的开化民族那里，传教士们往往扮演着中间人的角色。他们平息了原住民易趋激烈的情绪，并为商人的商业活动铺平了道路。无须频繁地动用战舰造成杀戮和毁灭性的破坏，这也在很大程度上归功于传教士。如果传教士真的像许多人所想的那么危险，人们会让他们变卖所有的财产，然后回家去。如果传教士们像以扫的孩子离开埃及那样完全撤出中国，那么在接下来的十年时间里，欧洲与北美各国为了与中国作战所耗费的心力，将甚于有传教团存在的情况下维持中国的现状所做的付出。如果政府要求传教士这么做的话，那么它们一定是瞎了眼或是听信了恶徒的建议。它们会比我们所希望的更倾向于在这方面施以援手，以使罗伯特·赫德爵士提出的想法渐趋实现。这一点我毫不怀疑。”

“他提出了什么样的想法？”

“罗伯特·赫德爵士很清楚，就像清楚太阳早上会升起一样，在将来，我们即使不会面对‘黄祸’，也要考虑到‘黄种人’问题，即来自亚洲的威胁。认为这场威胁将给世界带来最大危险的赫德，在《双周刊》(Fortnigtly Review)上谈到了怎样才能尽早地处理这个问题。他觉得，如果列强能联合在一起，毫不迟疑地瓜分中国，它们就能控制这个爱好和平、习惯顺从、辛勤劳作的民族。……在赫德看来，另一种可能阻止‘黄祸’侵袭欧洲的方法，便是基督教以其最纯洁的形式在中国顺利传播，而他认为这几乎是无法指望的事情。如果能够成功地令中国皈依基督教并因此而成为最和顺的民族之一，那么四亿怀着仇恨的洋人的敌人将变成他们的朋友。至于列强瓜分中国是否可取、又是否可行，这需要列强们自己去协商和决定，与我们没有关系。可是对我们而言，实现罗伯特·赫德爵士的第二点建议，却不像他自己认为的那样不现实。这是基督教会的任务，而不是国家的。如果国家方面对我们在完成这项任务时所给予的支持多于维持现状所需的程度，就不仅会威胁我们这些基督教徒所传播的宗教的纯洁性，而且还会不断导致新的摩擦。”

“您所说的维持现状是什么意思？”

“就是履行中国政府通过《天津条约》(1858年)承诺赋予基督教的那些权利。在司法方面，列强应当毫不迟疑、毫不含糊地给予中国各地方政府以各种形式的、完全的自由，让他们在处理所有臣民的法律争讼时，能够不必顾及他们的信仰或是与某个洋人的关系，并使他们的判决能不受任何洋人的影响。当然，这么做的前提条件是中国各地方政府尽了他们的义务并认真地执行《天津条约》中关于宗教宽容的上谕。”

“宽容敕令的内容是否是中国人愿意接受的，难道它不是被人用刺刀逼迫着签订的吗？还有，我们著名的同乡，去年去世的牛津学者马克斯·穆勒教授，曾指责诸列强，批评他们愚蠢地为信仰基督教的中国人争取某些特权,他的观点有道理吗?”

“和罗伯特·赫德爵士一样,马克斯·穆勒教授也就中国问题谈过自己的看法。在《十九世纪》(Nineteenth Century)这份在英国读者甚多的杂志里,他发表过一篇文章,这篇文章的一些段落也被德国的报纸转载了。传教事业的反对者毫无道理地认为,可以从他的文章里找到攻击传教活动的口实,因为马克斯·穆勒教授对传教事业是持友好态度的,而且直到他去世,他都是新教传教联合总会的荣誉会员。如果他指责列强为中国的基督教徒索要某些特权的行为,那么尽管我对他敬意有加,可是我还是无法理解,这位已逝的学者究竟想怎样剔除宽容敕令赋予中国基督教徒的那些‘特权’,而他又怎么可能做到这一点。我和所有的传教士都认为,列强促成该敕令的颁布并非什么‘愚蠢’的行为,反而显示了他们对其使命的深入理解。如果理解正确的话,宽容敕令并不是要给予中国的基督教徒特殊的地位,而只是想保证他们能够自由地追求宗教信仰。比如,如果中国政府同意或是更进一步地承担起责任,不强迫中国的基督教徒支付祭祖所需的庙祝税负,那这也远远不是什么‘特权’。因为如果这也是特权的话,那么皈依基督教本身就成了一种特权了。另外,作为宗教宽容的原因,当中国政府对基督教在中国的传播表示宽容的时候,它着重指出是因为基督教这种宗教教导人们‘像爱自己一样爱身边的人’。所以,基督教并不像人们经常说的,是‘绑在刺刀的刀尖上’强加给中国人的,而是得到中国人的认可并拥有同等权利的宗教。至于刺刀与武力对于该敕令的颁布起了什么样的作用,则是另一个问题。我不会去调查这个问题,就好像我不会去研究那些与中国的贸易协定是怎么签订的一样。可以想象,无论在哪里,中国人都不太会自觉自愿地与洋人交往。不过这对我们谈论的问题并没有影响。我觉得,有决定意义的问题是:‘中国的当权者究竟有什么权利去阻止其子民信仰劝导人们像爱自己一样爱周围的人的基督教?’世界上的任何一个政府都没有权力禁止其臣民遵从这样一种宗教的基本准则生活。相反,赋予其臣民宗教信仰的自由是符合他们自身利益的举动。

另外,马克斯·穆勒在这方面还提出过更令人费解的观点。既然已经谈到了他,我也不想回避这些问题。他认为,根据我们在中国所取得的最新的经验,‘应该已经很清楚,如果当地政府反对传教士的存在,还该不该派遣传教士到那样的国家里去,这是一个十分值得怀疑的问题’。无论在何时何地,事情都是这样:最先到来的是做生意的冒险家,然后是领事人员,而后是传教士,接着便发生战争。

难道这是事实吗?‘先有了传教士,而后就会发生战争吗?’我认为,发生在中国的情况已经否定了这种结论。就我所知,传教士与洋人同中国进行的第一场战争,也即‘鸦片战争’,根本没有什么关系。战后,在磋商缔结和平协定的时候,在英国政府供职、富有传教思想的J. R.摩里森,著名的传教士罗伯特·摩里森的儿子,才开始争取将传教事业付诸实施,以致英国的全权代表亨利·波亭格爵士将他的逝世称为‘国家的不幸’。至于美国公使孔格以整个外交使团的名义就传教士及基督教徒在北京发生的恐怖事件中所做出的‘不可估量的成就’公开表示感谢的事情,报纸已经做了报道。他写道:‘没有他们的努力,我们的营救行动就不可能成功。’另一位公正的传教士评论人、中国政府的海关代理R. E.布莱登先生同样经历过围困北京英国公使馆的事件。在写给《字林西报》(North China Daily News)、评论传教士及其妻子所给予的帮助以及他们所表现出的无私精神的文章中,他写道:‘他们的行为是赞美不尽的。’他在那段时间里的经历使他对传教士及其功绩的认识有了‘极大幅度的提升’。我还可以举出大量的例子。不过为了不让您感到厌烦,我只想再补充一个实例。曾经担任过英国驻福州领事的克莱门特·F·R·艾伦先生在伦敦举行的‘福音教传教社’(S. P. G)的一次集会上作了题为《一位普通教徒为在华传教团所做的辩护》的报告,在报告的结尾,他说:‘我已尝试着说明对传教士及其工作的指责是多么缺乏根据,而且中国的骚乱并不能被视为传播基督教所造成的后果。对这件事情更应该作出相反的分析。正是基督教的缺失,是异教,是基督教想要摒弃的邪恶,才是造成去年所有的骚乱与动荡的直接原因。’

这就是那些亲眼目睹而非道听途说传教士及其工作的人所做出的评价。如果马克斯·穆勒没有把侧重点放在吴汾方、杨愈、罗凤鲁以及其他海外华人带有欺骗性的评论上,他也会得出不一样的结论。毋庸置疑,那些被称为‘无畏的骗子’的人憎恨基督教。可是,学识渊博的教授先生却听信了他们的话,并认为这些人的观点代表了中国的公众舆论。而就连地地道道的儒家信徒,比如张之洞都不赞同这些人的话。”

“张之洞是不是就是那个署理长江谷地的著名总督?在‘骚乱’中,和其他的一些督抚联合在一起,对洋人表示友善的是否就是他?他在什么时候对宽容敕令说过些什么吗?”

“张之洞就是最近经常提及的中国中部对洋人友善的总督。可惜的是,他提出的应该宽容处置的警告完全被当权者当成了耳边风。如果中国的当权者听从这位开明政治家的建议,而不是盲目地仇恨洋人,那么,这场给中国和外国均带来巨大不幸的事件是可以避免的。在标题看似简单、却寓意深刻的《劝学篇》中,张之洞也阐述了他对‘宗教宽容’的观点。书中说:‘我们自己的观点是,为了尊崇孔孟之道,我们必须改良整个政府体制,这比不断地攻击其他宗教的做法更有用。时代变了,当前的时代与过去不同。自从换约以来,西方的宗教便在中国传播。我们的法律允许它们的存在,而焚烧教堂的做法也是皇帝所禁止的。我国的领导层应当考虑这个问题并对洋人的宗教采取宽容的态度,就像对待佛教和道教一样。[①] 它们怎么可能对我们造成损害呢?!既然孔孟之道没有能力将我们从眼下的困境中解救出来,我们为什么要把无能的怒火发泄到其他宗教的身上去呢?这样的做法不仅无济于事,而且还恰恰会造成恶果。因为中国人会模仿上峰的做法行事,而我们国家里那些天性松散的人愿意抓住任何机会掀起针对洋人的骚乱,毫无缘由地伤害他们,同时也伤害到我们的皇帝。我们这么做,会刺激洋人针对我们,于是灾难便会如影随形地降临到我们的国家。这种人(指的是义和团!)难道还能被称为爱国者吗?你们这

① 骚乱的爆发以及我们刚才谈到的内容已经证明中国在这方面做得很差。与已经说过的情况相比,以下的事实知道的人比较少,可它却清晰地揭示了为巴兰德先生所推崇的慈禧太后的性格。去年6月,她颁布命令,并将其电告所有十八个行省:“洋人必杀,洋人退溃亦杀。”该命令看似简单,内容却很重要。它的意思是:“所有的外国人都必须被杀死,就算他们逃跑,也还是要杀掉他们。”通过可靠的渠道,一位中国朋友从一位高官的衙门里拿出了这项命令的抄件,并将它交到一位中国内地会的传教士的手中。去年10月16日,英国报纸 *Standard* 报道说,许景澄和袁昶这两位反对和洋人开战的高官自行将电报中的“杀”改成了“保护”。慈禧太后听到了风声,便让人彻查此事。于是两位高官供认,他们无法就这样把电报的原文发给南方诸省的督抚。也就是说,他们是冒着生命危险这样做的。可是,他们却因为这种人道的举动而被慈禧太后处以极刑!这就是那位在接见驻京公使夫人时亲吻麦克唐纳夫人和孔格夫人的慈祥的老妇人。那时,她还不断地重复说道:“大家都是一家人,都是一家人!”那次接见发生在1898年9月政变以后,只不过是那个老妇人在做出了如此违背宪法的举动以后,为了挽回“面子”而策划的诡计而已。

些身着袍服的孔子门生，你们的职责和义务在于启蒙那些无知的民众，而不应让自己成为阻碍，不要让海那边的人在你们的背后嘲笑你们！'[①]

您看，先生，马克斯·穆勒和巴兰德关于在华传教团的谬误观点几乎不需要我们来加以反驳，引自这位中国最忠诚爱国者及最开明政治家著作中的话早已驳斥了他们的观点。我再重复一次：如果中国的当权者及其幕僚，也就是张之洞提到的那些'身着袍服的孔子门生'，如果他们能听从张之洞的劝告，去年发生的那场不幸的灾难就能得以避免。他们没有这么做，相反，他们肆意地发泄自己对洋人的盲目仇恨，并如张之洞所预见的那样，将他们自己和自己的国家推入了不幸之中。所以，我说中国政府及其党羽、那些受到教育的无产者应该首先对中国的骚乱负责，这并没有什么偏颇。这些通常被称为文人的人，他们很快就喜欢上了克虏伯的火炮和最新式的铁甲船，可是对其他所有的东西，他们的适应速度却慢得很。他们一生与没有价值的旧书为伴，所以他们极端地蔑视书中没有的一切东西。尤其是洋人的存在，更被他们视为眼中刺。当民众根本还未对洋人产生敌意的时候，他们便悄悄地计划着迟早要摆脱那些外国人。"

"这种情况可能会在不长的时间里有所改变吗？"

"我不认为现在与中国进行的战争会在很大程度上改变这种情况。只要那些文人不愿意改革，他们便依然会对所有来自国外的、有价值的进步事物感到厌恶。这主要是因为他们害怕自己的影响力会因此而降低。我们必须妥善地准备以应对骚乱的再现，直到基督教在中国成为一种拥有统治地位的力量。直到那一天为止，'迫害'和'骚乱'都是我们将会承受的，也是我们必须面对的。

我觉得，最好将现在的中国比作一个时不时会癫痫发作的巨人。无法预测在什么情况下它又会发病。当这个巨人类似癫痫的病症发作的时候，他的样子是令人怜悯的。他抽搐着，吐着白沫。癫痫发作的时候，病人看起来就像个正在做最后挣扎的垂死的人。但尽管如此，他还是会恢复过来，并重新以习惯的方式做他该做的事。中国这个巨人的情况与此相似。它上一次发病持续了数月之久，而现在它还未完全复原。但即使它已经完全恢复平静，这份和平也是无法让人信任的。就像癫痫病人的病症肯定会复发，中国对洋人的敌意与仇恨也会卷土重来。所以，我们可以肯定地说，在推进在华传教事业的过程中，我们将不断地听到新的骚乱、教产又遭到破坏以及新的流血事件等。"

"可是，您真的相信基督教能够战胜中国的异教吗？"

"当然，就像基督教战胜古老的希腊和罗马一样。摆在我们面前的，是与当时相同的任务，基督教会赢得这场斗争。尽管有着强大的帝王、狡黠的祭祀、智慧的哲学家、可怕的官僚、毫无怜悯心的士兵、凶残的野兽、燃烧的火刑柴垛以及魔鬼般的折磨，真理还是会凭

① 《劝学篇》与这部分内容相对应的原文是：……然则此时为圣人之徒者，恐圣道之凌夷，思欲扶翼而张大之，要在修政，不在争教，此古今时势之不同也。中外大通以来，西教堂布满中国，传教既为条约所准行，而焚毁教堂又为明旨所申禁。……有志之士但当……明我中国尊亲之大义，……则彼教不过如佛寺道观，……何能为害？如仍颓废自甘，于孔、孟之学术、政术不能实践力行，学识不足以济世用，才略不足以张国威，而徒诟厉以求胜，则何益矣？岂惟无益，学士倡之，愚民和之，莠民乘之，会匪、游民藉端攘夺，无故肇衅，上贻君父之忧，下召凭陵之祸，岂志士仁人所忍为者哉？……于是外国动谓中国无教化，如此狂夫，亦何以自解哉？……荐绅先生、缝掖儒者，皆有启导愚蒙之责，慎勿以不智为海外之人所窃笑也。（张之洞：《劝学篇·非攻教第十五》）——译者注

借其自身蕴藏的力量取得胜利。它也会在中国赢得胜利。令人无法理解的保守思想、不可抑制的民族自豪感、古老的迷信、根基深远的宗教体系、顽固的铁石心肠、极其深重的放荡堕落、诱惑人灵魂的罪恶行径(如吸食鸦片)以及中国人对洋人空前的仇恨,这一切,都会被目前影响力甚至还未遍及这个巨大国度沿海地区的基督教的公正与仁慈的浪潮荡涤得干干净净。基督教的潮水将会越涨越高,因为上帝的力量蕴涵其中。它会冲垮挡在面前的一切障碍,淹没中国,然后,神圣的先知在两千多年前预见的事情便会实现:主的神圣的智慧会像大海的浪涛掩盖海底一样覆盖全球。”

“这是多么美好的事情啊!您的信仰令我羡慕不已。我祝福您和您传播上天福祉的工作。”

(胡凯译,陈晓春校)

中国的危机和新教及罗马天主教的传教活动[①]

W. B.

作为一份教会的报纸,是无法对令所有人动容并造成重大骚乱的事件视而不见的。如果在这次骚乱中发生的大部分事情没有令我们的民族如此悲伤,没有令我们的民族感到如此羞愧,那该有多好。在这里,我首先想到的,是叫嚣着采取报复行动的狂野呼声。我们的一些口碑不错的媒体也附和其中,并将报复当成男子气概和爱国心的表现。面对这样的遭遇,德国不言而喻地必须捍卫其权利和尊严,于是“政府手中的剑并非摆设”这句话便有了用武之地。可是,“报复”这个词应该是留给那些异教徒去使用的。当然,在中国发生了可怕的事情。但遗憾的是,没有任何一件事情是在西方世界的历史中找不到先例的。拉施塔特的谋杀公使事件正好发生在一百年以前,而且就发生在德国。从宗教净化时期到圣巴托罗缪之夜的农民战争和对异教徒的战争,再到法国大革命的恐怖场面,以及1848年9月18日刺杀里希诺夫斯基的事件,它们的可怕程度一点都不亚于发生在北京的暴行。难道用不人道的手段反对不人道的行为是进步的基督教文化的标志,甚至是其向新的地区拓展影响的敲门砖吗?

这个时代的另一个坏现象便是对基督教的仇恨。这当然并不会让我们感到惊讶。鉴于眼下的情形,这种情绪在我们中间以对传教事业的仇恨凸现而出。我们这些欧洲人有什么权力闯进一个陌生的文明古国——就好像中国——夺走它的港口、矿山和行省,向它输出鸦片、烧酒和克虏伯大炮,通过各种方式榨干它的财富?那些优越的西方文明国家是不会问这些问题的。按照它们的想法,正是因为它们有优势,所以它们完全有权力这么做。可是,某些基督教私人团体试图将我们所拥有的最好的东西——教化人心、解放人性的福音教带给四万万在异教的半文明状态中毁灭堕落的中国人,这件事却遭到他们的谴责,尽管这是西方世界对中国这一广大人群所做的唯一不以获利为目的、唯一具有纯粹的

① 《德意志福音》(Deutsch-evangelische Blätter),1900年,第555~563页。

人道精神的事情。“如果有传教士被中国人干掉，大家几乎要欢欣雀跃了。”不久前，一个刚到中国的年轻汉堡商人将其在“天津德国俱乐部”里说过的这句话记录下来并传回家中。而像《汉堡通讯》这样的上等报纸竟然丝毫不感到惭愧地将其全文刊登而不加任何批驳。

最近，国际交往的发展、我们方兴未艾的殖民事业以及我们的海外利益都令政治家和报纸撰稿人开始接触他们过去根本不屑一顾的基督教传教事业。于是，他们所有的无知与厌恶都暴露出来，并成为其对基督教有关事务发表评论的主旋律。人们宁愿相信那些往往值得怀疑的世界旅行家们所说的所有对传教不利的话，认为传教士试图改变异国情势和习俗的做法是完全多余的，也许还会影响到他们自己从事的工作。即使有个别人对传教持赞赏的态度，可是他们仍然很难对这项事业做出真正公正和内行的评价。与此同时，我们在国内可以清晰把握的时代精神在海外同样适用，其崇高的主线便是：一个没有准备好随时为天主教屈膝致敬、为新教奔走的人不是一个具有开明的、自由的新教思想的人。与新教传教团相比，罗马天主教传教团在周游世界的旅行者和报纸撰稿人那里遭遇偏见的时间往往更早。在中国，命运多舛的天主教传教事业已经有三百年跌宕起伏的历史，而新教在中国的传教活动时日尚浅。我们那些操纵公众舆论导向的人也许从未听说过郭士腊、花之安等新教传教事业的伟大先行者。由于目前发生在中国的这场针对洋人的迫害风潮中，传教士——无论是天主教的还是新教的——和依附于他们的中国人是首当其冲的受害者——迫害正是从他们这里开始的——那些期刊报纸便各按其质疑基督教的方式——新教则倍受质疑——用以下的话来轻松地解释中国的危机：对于这次中国人仇恨洋人本性的爆发，传教士们负有首要责任，或者可以说，这些事情完全是由传教士引起的，而且——由于有天主教誓约的存在，信仰天主教的人不会轻易地堕落——“尤其是新教的传教士”。在这方面，无人能与前德国驻华公使巴兰德先生相比。他毫不惭愧地发表此种观点，声称这些看法真实可信，却又没有提供任何可靠的证据。

对于这种误导公众舆论的观点，在我们中间被公认对传教事务最知根知底的、来自哈勒的 D·瓦尔内克教授已经做了批驳。两年前，在发表于《传教汇刊》(柏林，马丁·瓦尔内克)上的题为《政治与在华传教活动》的文章里，他已经分析过目前发生的那些事端的缘由。在今年的 3 月号中，他的文章《在中国对天主教徒新的迫害行动——尤其是在安治泰主教的传教区》又引起了人们的注意。此后，他又在 8 月号上发表了题为《德国报界对在华传教活动的评论》的文章，对这个问题作了详尽的论述。这篇文章同十六年前问世的、具有奠基意义的著作《关于罗马攻击新教传教团的分析》一样，彰显了作者对文献资料以及国外情况的全面了解。在这里，我们当然不能全文刊载这篇文章。我们只是想提醒那些想要了解当前政治形势的人注意它，因为它是一篇在这方面的一流论文。但 D. 瓦尔内克还远没有道尽在中国工作的各个新教传教团的影响与作用，也未曾针对报纸对新教的批评而攻击罗马天主教传教团。他更多地只是提醒大家注意一种自相矛盾的说法，那就是：一方面尽可能地弱化新教传教团的影响力，认为它们毫无意义，另一方面却又把它们当成在如此庞大的民众中间引发激烈暴乱的原因。他说：“从不幸的鸦片战争到最近德国人、俄国人、英国人和法国人在中国全境霸占土地的行为，乃至铁路和矿山企业的设立；从中国人生产的商品在夹缝中谋求生存，到年轻的光绪皇帝草率仓促的改革所激发的变故，以及最终因为谣言、谎言及民众的无知、盲信而蔓延的不仅针对基督徒而且针对所有外国人的——尤其是与传遍各地的'瓜分中国'的口号联系在一起的——根本毫无意义的指控，考察在此期间所有激起中国人排外情绪的事件，并不是我的任务。思维健全的人都应察觉，目前在中国，对外国人的仇恨如火山喷发一般汹涌宣泄，说起来应该有相应的理由。对基督教这种宗教的仇恨不会是令对宗教漠不关心的中国人如此勃然大怒的原因，无论如何也不会是主要的原因。事实摆在眼前：人们的那些受到政府或明或暗包庇的狂热暴行不仅是针对传教士和信教的中国人的。对外国人的仇恨并没有在新教教众最多的地区如福建省，而是在北方省份，尤其是在直隶、北京、天津和满洲人的盛京爆发。现在，矛头似乎又指向了上海。外国人聚居的地方和外国使节驻跸的行省才是暴乱的中心。"

接着，这篇文章转而进行很少有人做过的尝试，讨论新教传教活动中尤其具有挑衅性的行为。巴兰德先生特别指责"缺乏天主教徒所具备的纪律性和审慎态度的新教传教士令人讨厌的行为"。对此，事实上只要引用受到巴兰德先生庇护的安治泰主教的与其论调相左的滑稽证言就足够了。不久前，安治泰主教在《克雷菲尔德报》上洋洋洒洒地叙述了他在巴兰德先生担任公使期间，如何强求在被奉为圣城的孔子住地曲阜设立主教官邸的事情。对此，中国政府、巡抚、满清官员和人民都表示反对。可是，安治泰主教在德国对本国基督教徒保护权的支持下，闯进了孔子的庙堂，其后更要求惩罚对此表示反对的中国官员。巴兰德先生可说不出新教传教团何时做过相似的令人讨厌的事情。传教士滥用其特殊地位，即他们与皈依基督教的信徒享有领事裁判权的保护，将一些邪恶的、不诚实的负债人等接纳为皈依的教徒，使他们连同被他们占有的财物脱离正常司法审判的管辖范围从而造成混乱，这样的批评和指责不是全无道理的。已故的克林德先生在他的一封书信中诉说了他对这种不法行为的不满。可是，克林德公使并非特指新教的传教士，而只说了"传教士"三个字而已。所有的一切都表明，他是在观察了直隶的天主教传教士的所作所为以后说出这些话的。直隶是天主教传教团发展教众最多的省份（11.3万名天主教徒，新教教徒只有两万名）。天主教传教士贪婪地攫取中国政府赐予他们的享受满清官员品级的特权，而这种带有挑衅性质的僭越特权却遭到了新教方面的断然拒绝。

重点始终在于是否能够指责传教活动干涉了国家的大政方针。"令我感到满意的是，考虑到令传教团卷入目前发生在中国的那场灾难之中的各种原因，认为新教教徒对政治的干预招致骚乱的指控毫无意义。"瓦尔内克这么说是有道理的。这种指责更适用于罗马天主教方面，而遗憾的是，德意志帝国政府在这方面却是同谋者。在这方面，新教与天主教的传教活动存在着原则上的根本差异。新教的传教活动不要求任何政治保护，对当局武力协助的需求更少。真正的传教士就像从前的使徒和爱尔兰的僧侣那样，冒着生命危险来到异教徒的世界，也许，他们会像保罗作为罗马公民要求当局保证其应有的一般权利那样，向政府提出诉求。可是，他们绝对不会要求世俗的力量来帮助自己完成传教活动。对他们而言，这种帮助是对其传教使命最严重的歪曲。相反，众所周知的是，只要有可能，天主教传教团随时随地都会要求世俗政权的协助。如同瓦尔内克从《日耳曼尼亚》上引述的那样，罗马天主教传教士恩博仁在向来到胶州的亨利亲王致欢迎辞时说："经验告诉我们，往往只有当世俗的力量为信仰的使徒提供强援，劝导异教民族皈依基督教的进程才会取得显著的进展。"这正是回答传教活动与目前发生在中国的这场危机之间有何牵连的关键所在——没有比这更明显的了。

大家都知道，德意志帝国政府认为，收回直到不久以前还一直由法国实施的、包含在东方天主教保护权之内的对德国天主教徒的保护权是恰当的。第一个将自己置于这份罗马并不愿意看到的德国保护权之下的，便是最近"声名鹊起"的安治泰主教。尽管他在德国的时间比在中国的时间长，可是他却将此保护权用于实践世界政策。他立刻便向帝国政府报告了两位传教士被害的事情。于是，帝国的火炮便成了他所传播的福音的后盾。德意志帝国要求中国支付赔偿金，建造天主教传教教堂等——这可真是美事啊。可是好事还没有完呢：安治泰主教来到柏林，在那些看起来缺乏识人之明的人的推荐下得到了皇帝的接见，并建议皇帝吞并胶州。看起来，似乎他和帝国政府的愿望不谋而合。根据1898年2月8日帝国秘书冯·布洛夫在帝国议会的官方声明，安治泰"明确无误地声明，德国对胶州的占领，对于在华传教事业能否继续开展而言是一个生死攸关的问题"。如果柏林的那些人相信能借此拓展自己的势力范围与利益，那么为教皇的利益服务一下又有什么不可以呢?！所以，看起来人们对这位目光如此敏锐的主教言听计从、心存感激。尽管我们与中国相处安泰，互派使节，可是没有任何"国际法"能保护中华帝国的行省免遭几乎毫不掩饰的抢掠。无论如何，中国人失去了胶州，而亨利亲王则被派去为这一新的占领行径彰显相应的荣耀。至于安治泰主教，不论在德国还是在中国，他都成了当时的风云人物。

可是，风向突然间就变了。1899年夏天，噩耗就已经从中国传来。"一场在过去三十年里从未发生过的对基督教徒的迫害行动开始了"，《科隆人民报》谴责道，而这可能是安治泰主教亲口说的："在山东的德国传教士一直面临着生命危险，因为在他们的面前，基督教徒被压迫，被抢掠，被杀害，而肇事者却未受到任何惩罚。历史上对基督教徒的迫害行动又复苏了，在中国的传教士目前正沉浸在最深切的哀伤之中。"1900年1月，作为安治泰喉舌的《科隆人民报》又在一篇报道中抱怨道："现在，在中部及西部，拥有大约三万名基督教徒和慕道者的传教事业从整体上遭到了破坏。"怎么一下子会有这么大的转折？对此，大家一定要读一下瓦尔内克在其传教杂志(1900年3月)里对这位主教的详尽分析。安治泰认为，直到占领胶州为止，所有的事务都运作良好，充满希望。二十年来，大家都能与中国的政府及其人民友好相处，"传教士赢得了基督教徒的爱戴和异教徒的尊重，有许多人甚至与清廷官员建立了友谊。即便是两位传教士的死，也不过是个别社团首领实施报复的个案而已"。从胶州被占领开始，情况便截然不同了。"这里所涉及的，并非是对洋人的仇恨在个别地区爆发的个案，而是针对整个传教事业的普遍的迫害行为。这种行为是有计划的，而且得到了政府官员的支持，其目的在于有计划地根除基督教。""导致迫害发生的最重要原因"——原文如此——"就是对胶州的占领。占领胶州的举动，深深地刺痛了中国人的民族自尊心。中国政府感到他们脚下的大地在震颤。他们认为最好的办法还是避免一切摩擦的发生。怀有敌意的官员都被赶走了。'对欧洲人友好倍至'一时成为时令口号。""可以预见，这种情况必然会带来反作用。即使一般的民众对这类政治事件不感兴趣，但是有教养的中国人，尤其是那些官员却对此感触极深，想要寻找复仇的机会。""山东巡抚毓贤曾对我坦言中国知识分子及官员的想法。'因为传教士被杀，招来了德国人，然后就发生了胶州事件及其后的一切。''是你把德国人叫来的，'他对我说，'如果在山东没有德国的传教士和他们统领的基督教徒,胶州、旅顺等地便不会落入洋人手中。你们对这一切负有罪责。'""李鸿章与我熟识多年,他也是十分了解自己的国家及其情况的中国人之一。去年9月3日,李鸿章在一次会谈中对我说:山东乱成一锅粥,他并不感到惊奇。他说:占领胶州的动机是山东南部,这种观点逐步在民众之中传播开,并引发对传教团及基督教徒的仇恨。起义与暴动是理所当然的结果。"[①]

这位罗马主教的幼稚真让人感到惊讶。他如此愚蠢地鼓动德意志帝国政府占领胶州,现在却又无法理解由此带来的后果。难道罗马教会的政治家根本不知道羞耻为何物吗?他认为,帝国政府在胶州开了头,他就可以在全山东乃至全中国境内继续这样干下去。不仅是那些传教士,而且依附于他们的信仰基督教的中国人也应置于德国的强大保护之下。如果瓦尔内克继续引用的安治泰的报告有道理的话,那么对于中国目前的那场危机,也就不需要进一步的解释了:作为胶州被占领所导致的后果,列强和外国人的某些侵略与干涉行径在中国人中间引发的怒火熊熊燃烧,它帮助敌视洋人的政府取得胜利,并使整个国家或公开、或隐蔽地陷入针对洋人的盛怒之中。这种愤怒在北京、天津等地汹涌迸发。可以理解,怒火首先烧向了作为始作俑者的传教团,而后又蔓延到了使领馆。所以,因为与罗马方面的联盟,我们的政府便要与最不可靠的盟友一起,在地球的另一端与一个拥有四亿人口的民族进行一场无法预料结果的战争。这场十字军战争便是我们亲罗马政策的结果。

现在,面对得意门生安治泰令德国政府陷入的窘境,梵蒂冈的教皇也表示支持这种对时局的看法,从而令整个事件的强烈讽刺意味达到了顶峰。教皇的报纸《真理之声》就"发生在中国的悲剧的真实肇因"发表评论,它说:

> 必须承认,从总体上讲,正是从人们试图改变传统的东方(法国的)天主教保护体系的那一刻起,中国人对欧洲人以及基督教徒的仇恨逐步升级,直至发展成为今时今日狂野的暴怒。长久以来,在与教会和世俗的达官显贵——最初是和威廉二世皇帝——的会谈中,安治泰主教不曾隐瞒,德国对山东南部的占领招致天朝大国朝野上下的不快、不安和不满。公平地想一想,在这件事情上,中国人的所作所为真的全无道理吗?……德国人介入中国事务以后,"中国是任由垂涎者予取予夺的鱼肉"这种想法广为流传,这已是不争的事实。很自然,北京方面对此会有所反应。德国出于保护传教士的愿望而采取行动,毕竟还是合情合理的。但同样显而易见的是,就其本质及作用而言,按照传统由法国实施的天主教保护权与由各个国家分别执行的对传教士的庇护不同。法国的天主教保护权不曾招致任何危险。个人的利益和民族自豪感马上令高贵、纯宗教和民事性的传教活动超越了自己的底线,取而代之的是暴力干涉的行径。难道一有传教士被虐待迫害,就必须占领一个行省以资报复吗?当然不是!但是,在德国做出恶劣的先例以后,这条原则却深深地扎下了根。数个世纪以来备受罗马教廷信任、由法国实施的对天主教广泛的保护权落入各国之手,这几乎令瓜分中国的事在短时间内成为现实——如果中国人没有奋起反抗的话。谁又知道,究竟是不是德国人

① 这部分原文的标点符号比较乱,其实这里都是引义。——译者注

在山东的出现引发了义和团的暴动，招来了各国联合舰队齐聚大沽口，并由前奏转入高潮，最终导致了一场散播恐怖、令关注形势变化的人们忧心忡忡的战争爆发的呢？真相说明了，没有刻意的歪曲。这样做，是为了在尚有可能的前提下，避免做出会令半个世界陷入深切痛苦之中的判断。

我们觉得，《真理之声》这一次意外地言如其名，因为它没有挑起针对一个民族的不可遏制的报复情绪，没有让处于和平之中的人们无视国际法行事，而是"说明了真相"。

（胡凯译，陈晓春校）

致主教安治泰先生的一封公开信

——关于传教的政治立场，同时也是给德国政府的一份备忘录[①]

科巴赫

教会的传教与政治没有任何联系，政治不该插手教会的传教活动。

——摘自瓦尔内克教授的文章（见 1886 年《传教杂志》，第 229 页）

尊敬的主教先生！

请允许我写下这几行字，直言不讳地谈谈我对有关您传教活动的几点看法。我诚恳地希望您能满足我的请求：去年正值你去中国传教二十周年，在这两个十年过去后，您或许觉得有必要来审视一下这期间的工作，这样，对您也是一个求之不得的推动，定会让您也感到欣慰。不过我提及的几点不是指那传教的全部二十个年头，而主要的只是最后的三年，而这三年——按照您自己的评价——正是二十年里最重要的三年。您 1898 年 10 月 20 日写于您山东南部主教府济宁的公开信"新年献辞"是这样开头的："多年来，我在写给遥远祖国朋友的致谢词中所提及的众多有关传教的报道，没有一件像今天的这样意义如此重大。过去的一年总是会成为中国传教史上最为重要的一页。"

为了不让您和读者长时间地蒙在鼓里，不了解我打算在下面说些什么，因此我就把那几点概括为这个题目：

"传教和政治"

我在这其中持这样的立场，即传教和政治毫无疑问是互不相关的，或是引用当前最著名的传教专家所写公开信中已成为格言的那句话："教会的传教与政治没有任何联系，政治不该插手教会的传教活动。"

作为一名传教的朋友的我，感到心情沉重和悲伤的是，目前的传教工作会遭受损失，

---

① 居特斯洛：C. 贝特斯曼，1900 年，第 99 页以下。

而它自己并没有做错什么。

第一章

"你们中间却不可有人因为杀人、偷窃、作恶、好管闲事而受苦。"(《彼得前书》,4:15)

在把上述文字作为衡量的尺度以前,有必要首先确证这儿要谈的事实,随后再来观察传教任务和传教方法与其不一致的基本宗教特征。

我先谈事实情况。

根据1898年2月8日帝国议会会议的官方速记稿第895页记载,外交部国务秘书、国务部长冯·布洛夫伯爵当天在德意志帝国议会里发表了下述谈话:

"自从帝国接手对山东的基督教和天主教的传教提供保护以来,我们不只是把这种保护看作是一种义务,而是看作一种荣耀。负责传教工作的安治泰主教明确地告诉我们,我们在胶州安营扎寨,不仅对在中国传教事业的开展,而且对它们的生存来说,都是性命攸关的问题,这尤其使我们感到责任重大。"

这样,事实就很清楚了,主教先生,是您要求德国军队到胶州帮忙的。这从您自己说的话中也可看得出来,您在1898年10月20日写于济宁的公开信"新年献辞"第三页中有这样的话:

> 我是在斯泰尔本院接到传教士被杀的骇人电报的,我在那儿参加最高神职人员大会。我先是要到上帝那儿去,是要向它诉说我和我的教士们所遭受的苦难,讲述我亲爱的传教士们的生活情况。然后我要去拜见我们敬仰的庇护者、德国皇帝陛下。我要向他请求给予我的同事和我的信徒确确实实的保护,那个地方是——您知道这个答案——胶州。

在同一个地方的第五页您写道:

> 正是我们弟兄的流血死亡,把德国的鹰引向了中国的东海岸。

皇帝的话也证实了这点,皇帝陛下在1897年11月30日的国会上开会时宣布说:"德国传教士被杀,对受本皇保护并一直挂在我心头的中国传教机构的攻击,使我感到有必要让我的东亚舰队开赴出事地点附近的胶州湾,让部队登陆,要求得到全面的赔偿,并保证不再发生类似令人痛惜的事情。"也是在皇帝的讲话中,这次是在1898年5月6日的国会会议结束时讲的:"我认为有必要采取行动,把我的一部分舰艇派往胶州,以此来强烈要求对德国传教士的流血进行名正言顺的惩处……"

最后,我还援引1897～1998(在斯泰尔出版的)《上帝之话协会年度报告》里下面一处地方:

> 1897年11月1日夜间,两名传教士,能方济和韩理在中国山东南部的张家庄遭袭,11月4日,这一消息传到了斯泰尔。11月5日,正在这儿参加最高神职人员大会的安治泰主教圣下动身前往柏林,去寻求德国的保护,因为他害怕这一谋杀会引发一系列的其他谋杀行动。德国皇帝仁慈地同意了他的请求,下令立即将多艘战船派往胶州湾,并以迅雷不及掩耳之势,一举占领中国的海防要塞。

很明显，是您促成了这一意义深远的政治行动，理由是“德国占领胶州，不仅对在中国传教事业的开展，而且对它们的生存来说，都是性命攸关的大事”。

但是，请允许我在这儿首先回忆一下有关的细节。

1897年11月1日，星期一，夜里11点钟，在张家庄（在山东南部的兖州府境内），两名传教士——能方济和韩理遭到“大刀会”会员的袭击并被杀害，他们俩是在当天抵达那儿，准备在11月2日与当地的驻村教士一起庆祝万灵节。

能方济出生在威斯特法伦的雷林豪森，在此以前在汶上传教，韩理来自霍亨索伦的海格洛赫，曾在曹州府传教。关于这两名传教士被杀的电报，您是在您的德国传教本部斯泰尔（位于荷兰）收到的。您是从这儿前往柏林去求见皇帝陛下的。您是去向他请求——上面已经谈到——对您的同事和您的教民提供有力的保护的。“回答是：胶州。”

还在（1897年）11月10日，星期三，“威廉公主号”和“高莫兰号”就按照皇帝陛下用电报拍发来的命令，从上海出发开往胶州，为的是占领那儿的海湾，用它来为答应满足德国的要求作担保，这两艘舰艇属于当时停泊在上海的巡洋舰分队，由海军副上将冯·迪德里希斯指挥。11月14日，星期天，由三十名军官、七十七名军士和六百一十名士兵组成的登陆部队占领了海湾。一个月后，12月16日，皇帝陛下派出了第二支巡洋舰分队前往胶州，该舰队是由海因里希王子指挥的。

主教先生，真诚地请您原谅，我把一些大家熟悉的情况搞得有些复杂化了：我这样做，只是出于这样的考虑，即有些读者对所涉及的情况不能很快或是正确地加以回忆。

这儿似乎可以作出这样的结论，即您把传教和政治连在一起了。可您得允许我就这件事举另外一个例子：那是有关德国对山东南部的罗马传教点提供保护的情况，是从天主教那儿听来的。出版于阿恩斯贝格（威斯特法伦）的《中央民众报》在1890年11月29日写道：

> 十年前，位于斯泰尔（荷兰境内）的德国传教士学校，派出了第一位传教士，那令人钦佩不已的安治泰先生（出生于累根斯堡）前往中国。今天，中国山东南部安治泰主教的大名，出现在柏林各大小报纸上。他在几天前经由维也纳抵达柏林，很快引起了极大的关注，被邀请参加公主维多利亚和王子绍姆堡·利佩的婚礼，被介绍给皇帝、皇后和新娘、新郎，常在帝国首相府进进出出，星期一晚上出席了帝国首相卡普里维在国会大厦举办的晚宴，也是在这儿得到了首相，尤其是受到了皇帝陛下的嘉奖。
>
> 这位令人尊敬的先生在柏林受到如此高的礼遇，其原因现在可以公布于众了。迄今为止，天主教在东亚的所有传教活动都受到法国的保护，它在那儿尽管贸易量不大但却有着巨大的影响，而安治泰主教先生却让自己和他的传教士们接受德意志帝国的保护，已将这一情况和柏林皇帝的允诺用电报正式地告诉了在北京的德国公使。主教先生已经领了德国护照，而不是像以前那样持有法国护照。

由上帝之话协会的教士H·奥夫德尔海德撰写，题目为“Imprimatur, Baarlo, mense Octobris 1897. Dr. I. H. Geenen, Libr. Gens”，并在斯泰尔修会印刷厂出版社出版的《中国传教史》第64页和第76页上也这样写道：

> 由于法国在1884～1985年战争的不幸结局后，其在中国政府中的威望一落千

丈，在山东南部的德国传教组织从现在的 1891 年起已将自己置于德意志帝国的保护之下。（第 64 页）

到 1890 年为止，（在山东南部的）传教接受法国的保护，后来就转而寻找德意志帝国的保护，并希望得到强有力的支持，在这点上他们没有失望。（第 76 页）

一个有着特别价值——我想说几乎是有着真实价值的事，或许该援引一个记载，这是您自己在山东南部的一位传教士薛田资神父在去年发表的。他在《一个传教士在中国的见闻、日记，特里尔，1899》的第 94 页上写道：

作为道台所在地的兖州府，是个在全中国都有名的城市。它与曲阜一起，构成了一块圣地，这是伟大的孔子生活和工作过的地方……因为曲阜在中国人看来，有着这样一种神圣的意义，所以主教从一开始就试图在这儿扎下根来。这是一场生与死的较量。主教悄悄地买了房，可被当局出资收了回去，他自己多次进城去，两次被赶出城外，并受到粗暴的对待，最后一次能够脱险是他拼命抓住了一位清朝官员的臂膀，把他挡在自己车子的前面保护了自己。特别是由于法国在传教这件事上不能提供支持，主教让他的传教事业（1890 年）接受德国人的保护，作为第一步就是要解决进驻兖州府这件事。

尽管根据最后的那个句子："特别是由于法国在传教这件事上不能提供支持，主教让他的传教事业……"，主教先生，看起来好像是您自己去要求德国提供保护的，可我要强调的是，对您将传教和政治混杂在一起这一事实来说，无论是您自己去寻求或没有去寻求德国的保护，而是接受这一提供的保护，都无关紧要。因为如果按照传教的理论，说传教负责人是可以将他的传教团体置于政治势力的保护之下的，那么他可以堂堂正正地去寻求保护；但如果传教的理论不允许这样做，那么不管是去寻求保护还是接受他人提供的保护，都是个完完全全的错误。此外，我本人认为——根据我所看到的、可以视作是真实可信的报道——以下情况是千真万确的：当时驻北京的德国公使巴兰德先生在 1890 年之前就提出要给予您的传教团体以保护。而当得知可望比先前法国提供的保护会有更多的好处时，您欣然接受了。1890 年 11 月 24 日——我在前面注释中提及的那一天——德国保护您的传教团体成为既成事实；因为在这一天柏林的外交部给巴兰德发了一份电报，指示他把您的传教团体置于德意志帝国的保护伞下。

为了从一开始就消除有可能出现的严重误解，现在我想指出的是，如果一个治理有方的国家为一个逗留在世界上陌生国家的臣民提供保护，那么它会正确行事的；如果这样的一个国家在这种情况下行使被人接受的保护，那么它在这儿不仅有权利，而且甚至有这种义务。对此不会有不同的看法。同样确定无疑的是，每一个非传教人士，如果身处异乡他国，把自己置于祖国的保护之下，作为它的子民，也是会规范自己的行为的；在这种情况下，这样的一位非传教人士也享有无可争议的权利——不过当然没有义务——要求自己的祖国确确实实地行使答应过的保护。可这儿并不关系到这两个问题。从政治上来看，无论是接手保护还是行使保护的德国政府做得完全对，对它不想说三道四。在考察之列的倒是您，尊敬的主教先生，这儿涉及的只是您一个人。不过不是作为德国子民这一身份，而只是您作为基督教传教士的身份，或者更多的是——为了将抽象的东西从所有个人的因素分开——基督教传教本身,这儿涉及的是促进还是阻碍它的发展,是它的兴盛或是衰亡。

现在我想——像前面讲过的那样——说的话是:传教和政治必须截然分开,或者说“基督教的传教与政治毫不相干,政治不该干涉基督教的传教。”这句话在学术上得到普遍的认可,应归功于瓦尔内克,正是他在其杰作《福音传教指南》中证实了这句话的正确性(Ⅲ. 第一段,第41页及后页,第197页及后页;第二段,第12页及后页),在到目前为止已出版的他的27本《传教杂志》中的许多地方,也可见到上述句子。在讨论这一问题时,必须指出其来源,因为如果我想首先确定传教任务的宗教特征,我该遵循一定的原则。

何处可以得到这个问题的正确答案:什么是传教?谁能决定传教该追求什么,怎样去实现追求的目标?在传教的资助人和反对者那儿,在支持者和批评者那儿,得到的答案是极不相同的。或许即将满两千年的基督教传教史会给我们一个正确的回答。它或许会告诉我们,两千年以来基督教是如何传教的;尽管将近两千年的传教经验是如此的宝贵和富于教育意义,但基督教传教的历史却不会在这儿终结。基督教前赴后继的人们,常常要走上一段弯路;他们不能给我们以决定性的、有着普遍意义的回答。传教的最高权威只能是基督教传教的发起人;只有他一个人的指令,才能对传教任务作出有约束性的规定,换言之,只有他能够对传教所要做的事情作出规定。他的指令本身就能决定采用何种传教方法,只有使用这些方法才能完成他交给的任务。

耶稣基督在其《马太福音》(28:19～20)里关于他的传教谈话中,这样总结传教的本来任务:“使万民做我的门徒”。因为原稿中的话“μαθητευατε παντα τα εθνη”必须如此翻译才是正确的。在天主教那儿具有唯一说教证明力的《圣经》(《通俗本圣经》),是这样翻译这个地方的:docete omnes gentes,这一译法显然没有正确反映“μαθητευετν”这个词的意义。首先是因为在翻译“lehren”这个词时在如此明确的传教指令中出现了近义词,因为20行中的指令是以“δτδασχοντες”开头的,在《通俗本圣经》中译之为“docentes”是正确的。但就其本身来说,μαθητευετν是另外一个词了,通过“Taufen”(βαπτιζοντες)和“Lehren”(δτδασχοντες)这两个词才获得了它的确切意义。在这儿此词的意义为“把某人变成为μαθητης”。可谁是符合新约意义的“μαθητης”呢?跟着“Lehrer”(διδασχαλος)耶稣基督学习并甘愿为他效劳的人,会遵从他的旨意,按照这些指示去规范自己的行为。因此,这个词比“Schüler”有着更深的意义,它是指“Anhänger”或“Jünger”,他追随老师,以他的话和生活作为自己行动的准绳,Th. 贝察斯译得很正确:discipulas facite omnes gentes。《约翰福音》4:1中所说的“耶稣收门徒施洗比约翰还多”也是这一层意思,《通俗本圣经》把它译成“discipulos facere。”十二个门徒用了专门的词“μαθητης”:《马太福音》中的5:1;8:23、25,9:10、37;10:1;11:1;12:1、2、49;13:10、36;14:15、22、26都是如此;以及《马可福音》中的2:15、16、18、32;《路加福音》中的6:1、13、20;《约翰福音》中的2:2、12、22等等。之后是耶稣所有其他信徒的话:《马太福音》中的8:21;10:42;《路加福音》中的6:13、17;7:11;《约翰福音》中的6:60、61、66;7:3;8:31等等。在《使徒行传》中,用的是“μαθητης”一词,与耶稣基督完全同义:1:15;6:1、2、7;9:1、10、19、25、26、38;11:26、29(主要是这些地方);13:52;14:20、22、28;15:10;16:1;18:23、27;19:1、9、30;20:1、7、30;21:4、16。由此可见,既然可将“μαθητευειν”译为“使某人成为耶稣的信徒,成为基督徒”,

那么也可将“μαθητευειν τα εθνη”译为：“使万民成为基督教徒。”如果将《马太福音》中的28:19、20和《马可福音》中16:15这两个地方结合在一起，就是整个的传教指令内容了：“你们往普天下去，传福音给万民听。要去使万民做我的门徒，奉父、子、圣灵的名给他们施洗。凡我所吩咐你们的，都教训他们遵守。”

还在耶稣托付真正意义上的传教使命前，他对他的弟子们说道：“父怎样差遣了我，我也照样差遣你们。”(《约翰福音》,20:21)也就是说，传教任务原则上与耶稣本人的差遣任务是同一件事。具体如何做呢？他自己说：“人子来，为要寻找、拯救(σωσαι)失丧的人。”(《路加福音》,19:10)根据耶稣自己说的话及其首批见证人的一致作证，他发出差遣任务的目的，是要通过宽恕罪孽和提供永生来拯救失去的世界(《马太福音》,1:21;18:11;20:28;《马可福音》,10:45;《约翰福音》,4:10;5:11－13)。因此，传教任务也在于，有着同样拯救想法的耶稣门徒们，如他们看到他做的那样，去做同样的拯救灵魂的工作；或者——再次引用耶稣的原话——“并且人要奉他的名传悔改、赦罪的道，从耶路撒冷起直传到万邦。”(《路加福音》,24:47)

耶稣就是这样成为自己的诠释者，用自己的文字解释了自己写的东西，我们在上面提及的他在即将升天前说的话里，可以看到他对在异教徒中传教这一任务的真实可信的解释：我们做基督的使者，就好像上帝借我们劝你们一般，我们替基督求你们与上帝和好(《哥林多后书》,5:20)，要按照他的榜样，成为人类灵魂的拯救者，成为给带去永生的人。这自然也是在本土的教堂所要做的事，但在异教徒中传教也没有除设置教会圣职之外的特别任务。两者有着相同的使节职业和拯救灵魂的共同任务。传教使命只是设置了这一职位，是为了到那些民众中去完成这个任务，而这一福音对他们来说是闻所未闻的。这样做固然方法有所变化，但任务没变。在本国的教堂服务和到国外的异教徒中传教，是同一个任务，没有多大的改变，就如基督教本身也很少变化一样。

为了避免可能产生的误解，这儿要重点谈一下传教任务和传教方法之间的差别。耶稣所赋予的任务在任何时候都是不可动摇的，无论是对本土还是在国外的万民，但我主并没有给他的门徒传授过适合于各个时间和所有情况的现成方法。他传授给他的信徒们他自己制定的教义以及实用的神学，但他没有给他们留下详细的传教方法。他没有对传教方法给出什么固定的模式，但他并不提倡按部就班和机械的操练。面临这样的情景，是一种幸福，因为不是这样的话，基督的使命就不会成为世界使命，它就不具有适应的能力。但不是说没有义务常常扪心自问，采用的方法是否与耶稣称工作的本质相吻合，这种方法是否与这一本质在原则上是一致的。

在作出这番探讨后，可以确定传教任务的基本特征是其宗教性，而且传教任务可以概括为拯救灵魂的任务。“在各地，对灵魂的救赎现在并且一直是基督使者们原本的核心工作；这一核心工作的中心地位一旦受到排斥，不论是在国内的教堂内还是在海外的布道中，救赎的使命都会被蒙上阴影。”

接下来，我还想就所谓的传教的其他活动与传教任务之间的关系说上几句。两者相辅相成，密不可分。照顾病人和穷人、收容孤儿和其他类似的行为都被证明是慈善的结果，而这种慈善则是一种广泛的基督教的义务。传教活动还可以参与到其他的诸如道德、精神和物质等文化领域。在这方面——就像上文关于传教方法所写的一样——我主耶稣同样没有作出什么规定。但是有一点是不容置疑的：这种传教的其他活动绝不能被看作是目的本身；它绝不可以和首要的传教任务相提并论，或者甚至超越后者，取代基督教化的地位，而是应该在任何时候、任何地方都服从于后者。那些把传教的其他活动高估成传教活动本身的人们，应该好好地衡量一下拯救使命的宗教特性，看看自己的这种做法是否符合其本义，是否会把传教活动引向歧途。

在明确了传教任务之后，关于传教方法在这里就不再赘述。后者在本质上必须与前者一致。尽管传教的倡导者(指耶稣本人——译者)命令道："你们往普天下去，要去使万民做我的门徒"，由此交给了他的使者们一项艰巨的任务，却没有允许他们使用世俗的暴力手段这一强大的武器，来完成这项使命。耶稣多次表示，不要动辄就拔剑出鞘。基督的王国不在人间，因此不应该采取世俗王国的方式，也不应该采取这样的方式去征服世俗的国家。他的使者们所能运用的只有洗礼和传播学说。什么样的学说呢？是那种指望获得世俗赞许的学说吗？是要唤起人的激情，满足肉体的需要吗？正好相反。"凡属基督耶稣的人，是已经把肉体连肉体的邪情私欲同钉在十字架上了。"(《加拉太书》，5:24)人们可以如此理解，即这个学说就像被钉在十字架上的基督所说的那样，对世界来说是"一种绊脚石和愚拙"(《哥林多前书》，1:23)。

耶稣对他的使者们说："看，我差你们去，如同羊进入狼群。"(《马太福音》，10:16)他知道而且事先告知他们，这个世界会恨他们(出处同上，22)，迫害他们(同上，23)，甚至杀害他们(同上，28)；然而他还是把他们派了出去，用传递言语和圣礼的方法把万民都变成他的门徒——基督对于他的福音的神力是多么地信任啊！他确信，用这个方法必能成功拥有这个世界。"传教任务如此之艰巨，而基督指明的用以完成它的方法又如此之少，再也找不出比这更鲜明的反差了。必须要用这些——在常人看来——根本不够而且恰恰似乎是错误的方法来占领这个世俗世界。但如果只是用这样一些方法来占领世界，事实已经证明，那绝非人力能完成之，而只有仰仗上帝之力。"

从基督教近两千年的传播历史来看，基督所指明的那些传教方法对于完成传教任务已是足够了。难道您不也是这么认为的吗，主教先生？可是您却在柏林"最明确不过地表示，德国占领胶州湾不仅对在中国传教事业的繁荣发展，而且更是对于该事业是否还能持续下去都是一个性命攸关的大问题"。您在帝国议会这公开场合一脸严肃地声明道，您把德国的政治介入视作"在中国的传教事业是否还能持续下去的一个性命攸关的大问题"。

"在中国的传教事业?"全体在中国尤其是在山东传教的新教同仁们都反对这一空泛的说法，同时拒绝这种不恰当的、也使传教事业蒙羞的言论。可以说天主教的传教团在中国没有政治背景难以维系，但我们新教不是。就在 1898 年 2 月 8 日，当您在德意志帝国议会发表"最明确不过的声明"的时候，在山东省的新教布道团方面，正有六十名(现在有八十三名)来自欧美的授职传教士在工作，还有四十名未婚的女传教士，十七名来自欧美的布道团男女医生，其中有八名分属各新教传教社团；给予他们帮助的，还有四百八十名中国的传教助手；他们需要管理二十三座主布道堂和六百八十座分布道堂；当时已吸收了两万多名中国人加入新教基督社团，其中一万三千名是受过洗礼被允许领圣餐的成年教徒；创建了三百一十所学校和教育机构，有在校学生三千八百二十四人。如果您在不久以后再次去山东，并在八十三位传教士中作个调查的话，您就能得出结论：他们中没有一个人会认为您的那份声明是正确的，在法律上是许可的，因为在当时或在任何时候——那里的传教士和他们的前辈有些已在山东工作了四十年——没有必要也不允许把某个国家的政治介入看作是“在中国的传教事业能持续下去的一个性命攸关的大问题”。您和那些在传教前线的人们为何看法相左呢？从新教方面来说，这里有原则上的原因，源自对文献的不同理解。“基督教的传教事业与政治无关”，从现在起我将从圣经的角度来向您证明这句话。

在四大福音书里，耶稣多次表示他是来建立一个王国的。马太常用的说法是“天国”（βασιλεια των ουρανων，他只在六处用了“神国”），而其他三部福音书都采用了“神国”（βασιλεια του θεου）的说法。两个术语的意思是完全相同的。建立这个神国是耶稣的使命。当人们想要把他留在卡佩瑙姆时，他说道：“我也必须在别城传神国的福音，因我奉差原是为此。”（《路加福音》，4:43）他不仅预告将有上帝之国的诞生，而且身体力行去建立这个国家。当他开始显神迹时，就告知万民：“神的国近了。”（《马可福音》，1:15；《马太福音》，4:17）就在被钉上十字架的不久前，他还解释了自己与这个由他所建立的王国的特殊关系：“我是王。”（《约翰福音》，18:37）作为王的他有权说明他的王国的真正的本质，那就是：“我的国不属这世界。”（《约翰福音》，18:36）这个声明有着非常特殊的意义：我的王国与政治无关。耶稣生活在一个动荡不安的时代，他的犹太同族们正陶醉在政治上的救世主理想之中。如果他愿意的话，他们是会把他奉为一个政治上的君王的，让他领导他们去实现那个理想。正如《约翰福音》6:15所记录的：“耶稣既知道众人要来强逼他作王，就独自又退到山上去了。”当时的犹太人希望出现一个先知式的救世主，来把他们从罗马人的苦难统治下解救出来，建立一个在旧约中已提及的政治性神权国家，而正因为耶稣拒绝了他们的要求，这也成为他们向皮拉图斯告发我主的原因。耶稣，尽管他宁愿选择被钉在十字架上也不愿成为俗世的统治者，现在却被他的敌人们安上了政治煽动的罪名，但他可以问心无愧地对皮拉图斯说：“我的国不属这个世界。”他的国没有任何政治企图，而仅仅怀着宗教和伦理的目的。他从未和反罗马的民族政治力量结盟，虽然他的门徒打算为他而战，他却严令他们：“收刀入鞘吧。”（《约翰福音》，18:11；《马太福音》，26:52）

耶稣恰恰是在世俗权力的代表面前强调他的王国的超世俗特性，这一点是很重要的。借此他首先想要让世俗的统治者们相信，他们不必对他的王国心存畏惧，但他也要告诉他们，不要指望他的王国为他们承担任何政治义务。他拒绝他的王国和政治有任何的瓜葛。“神国来到，不是眼所能见的。”“因为神国就在你们心里。”（《路加福音》，17:20、21）

既然现在已经确定基督的王国与政治无关，那么自然可以轻易地推断出，基督的传教事业也与政治无关了：传教应该——正如同在上文确定其任务时所证实的那样——把耶稣的事业继续下去。主对他的使者们说：“父怎样差遣了我，我也照样差遣你们。”（《约翰福音》，20:21）他对他的使者们说道：“随走随传，说：‘天国近了’”（《马太福音》，10:7；《路加福音》，10:9），他这样要求他们。虽然此命令并不仅仅针对最早前去拯救以色列孩子们的使者，可主依然明确地表示：“这天国的福音要传遍天下，对万民作见证。”（《马太福音》，24:14）既然上帝之国本身就和政治、和外在暴力的使用毫无关系，那么传教也应如此。

通过以上的考证可以得出结论，即根据耶稣原本的解释，传教与政治、与外在暴力的使用是毫无关联的。

就其性质来说,上帝之国是这样的一个国家:它不属于这个世界,更多地具有永恒性,承载着宗教的本质,它在人们的内心找到自己的位置,并带去天堂般的幸福。那么在建立它时,就不可以采用建立世俗王国时所用的方法。耶稣的仆人不应去斗争,而应忍受,要受暴而不要去施暴。主派出了他的使者,就像把羔羊送进狼群;如果他们没有勇气,把自己的安危仅仅寄托于天国之主的保护,那就最好不要去了。和平的福音从来都不是借助战争传播的,军事上的庇护对它并无益处。

说到使徒的历史,让我们看看最早也是最伟大的传教者保罗的传教活动吧。保罗一次也没有让他的传教行动和政治扯上关系,一次也没有为了传播福音而拔剑或是让别人拔剑。如果他这么做了,便有违耶稣的准则与教诲,那真真切切的教诲:"我的国不属这世界,收刀入鞘吧!"但保罗并没有那样做过。

到现在为止,我只是从圣经原则方面证明了这句话:"基督教的传教事业和政治无关。"这当然是最主要的论证,拥有普遍的适用性和约束力。耶稣的格言,作为传教的最高权威,是您和我都同样必须服从的。此格言作为广泛的、永恒的规范,可以同时指导天主教与新教的传教活动,如果两者都还把自己归入基督教传教范畴的话。

我还想从历史经验的角度来证明基督教的传教事业可以和政治无关,这样就能向这封公开信的读者们更好地阐明此论断无可辩驳的正确性,防止他们在看到耶稣的格言时可能会产生的误解。

之所以必须要把传教和政治,特别是和殖民主义政治区分开,经验上的原因在于传教利益和殖民利益之间的深刻差别。传教只是为其他民族谋利益,而殖民政治追求的首先是并且常常只是从那些民族身上给自己捞取好处。就如同耶稣降临人间,是来给予而非索取,不是要受人的服侍,乃是要服侍人(《马太福音》,20:28),基督教的传教也是出于无私的目的,去尽力帮助当地的人民——他们的传教对象。传教任务本身,即给民众带去福音,已经规定了它追求的不是您所追求的东西。传教事业有理由也有义务面向所有民族,因为它一方面不会从任何民族身上为自己谋求私利,另一方面会给各个民族带去他们靠自己无法获得的、现世的和永恒的福祉。传教事业借助这种毫不利己的奉献精神,为当地民众所作的无私贡献赢得了他们的信赖。没有这种信赖,是不可能完成他们肩负的使命的。

相反,殖民政治决不会如此无私,不会只是为其他民族谋福利;至少它追求的首先是并且常常只是在其他民族那儿获取好处。这是经验告诉人们的事实。纵观基督前后所有的世界历史,没有任何一个推行殖民主义的民族会以完全无私的态度面对陌生民族,仅仅为他们造福而不求回报。事实上,在殖民者与被殖民者的交往中,充斥着各种骇人听闻的血腥暴行和可耻行为。现在我想到的只是基督教民族是如何与异教徒民族交往的。且不用追溯到地理大发现时代,去回想西班牙人和葡萄牙人在大洋彼岸犯下了何等暴行,或是荷兰与英国的东印度公司的罪恶行径。即使是欧洲民族最新的殖民史,也是和对异教土著民族犯下的种种可耻行为交织在一起的。多年来,我从各种新老资料中搜集整理出一份《基督教欧洲在与地球其他地区的异教徒交往时所犯罪行之记录》。所以我将在某种程度上以此来证明我的观点:基督教欧洲对地球其他地区的异教徒进行殖民时,带去的大多是厄运,很少有幸福。基督教的传教事业已经受到了这种殖民行动很大的拖累和妨碍,而极少得到促进。当殖民当局为了传教而拔出剑时，其实是对后者的阻碍，绝非帮助。我希望在后面能再一次深入详细地证明这一点。现在我将援引部分当代人士的话，阐释德国的殖民政策一方面对土著居民，另一方面对于基督教态度的看法。

“全都是纯粹的虚伪加空谈，”著名的游记作家胡戈·措勒尔（Hugo Zoller）（《在德国殖民地喀麦隆的研究之旅》Ⅲ，1885 年，第 138 页）这样写道，“说什么我们来非洲只是为了改善黑人的命运。假如结果果真如此，倒确实不失为一种卓越的、优秀的行为。可我们来的目的首先是为了自己，是我们那高度发展文明不断增长的需求迫使我们来此进行征服的。”

如果这段话没有同时揭示德国殖民圈那赤裸裸的自私本质，那么我是不会在这里引用这个人说的话的。接下来我将引用《德意志殖民报》的一段文章。该报是“德意志殖民协会”的喉舌，而这个协会的会员在 1895 年底已达一万七千人。该报在 1895 年的第 45 期和第 50 期中——也就是在德意志的殖民扩张的首个十年行将结束之际——刊登了以下的内容：“我们想要让那些黑人为我们的经济和国家政治的利益服务。”“我们是去占领非洲；殖民运动的最高目标不是理想和道义上的，而是基于物质和国家利益之上的。我们可不是到处赐福的和平天使，一场深重的灾难驱使我们不停地战斗，去消灭弱者。我们的人口要增长，势力要加强，领土要扩大。在这么一场斗争中，武力是第一位的，其次才是人性，基督教，道德……”“我们的殖民地，直接地说，不是为了黑人而建的；我们付出了数以百万计的金钱，不是为了不计回报地给黑人造福的，而是给我们的力量提供一个活动的空间”等等。

土著民众从被拯救的对象直接沦为了毁灭的对象，如此卑鄙的自私行径是每一个有荣誉感和正义感的人所不齿的。它根本就不需要成为基督徒，因为在这里所有的“人性、基督教和道德”都停止了。试问，无私的传教怎么会或怎么能和这种可耻的自私行为拉上关系呢？传教活动怎么能在土著居民中获得哪怕一丁点的信任，尤其是当殖民势力以征服者的姿态在他们面前出现时？当传教士和占领者一起出现时，又如何能让土著民众们对于传教目的的纯洁性和无私性不产生怀疑呢？我觉得，作为自私的剥削者的殖民势力并没有权力去奴役一个陌生的民族，而且还伴随着一系列其他不公正的待遇。传教活动若是与自私的殖民政治搞在一起，只会给自己带来严重损失。即使也得承认，那些现在是欧洲大国殖民地并受它们殖民统治的国家是比以往好多了，它们应该感谢它们的宗主国给它们带去了和平和安宁，促进了艺术和科学各方面的发展，有时还有富裕和繁荣；然而受压迫的人民几乎不会承认这些。他们并不因此爱他们的主人，相反，对于这些夺走他们自由和独立的人的愤怒几乎随处可见，因为在他们眼中，这些人只是压迫者，在他们心中有的只是满腔愤恨。这对于传教士来说，仅仅只是他与外来压迫者来自同一个国家——不管是真是假——就已经是一种劣势、一种障碍了。所以一名来自其他国家的传教士——在这种情况下他当然不会不向人们挑明他的不同国籍——通常倒会获得某种好感和信任。如此看来，在自己国家的殖民地工作，对于传教士就根本算不上是什么优势了。但闻所未闻也从未有过可以向传教活动提出如此侮辱性的过分要求，要它和具有民族狭隘性的政治利益挂钩。我非常明白，让传教活动降低身份，成为殖民势力的侍女——也就是让传教士去当政治间谍，这些都被德国殖民圈子视为爱国主义的表现并被大肆吹捧。

您，主教先生对此一定不会感到陌生吧。您于1897～1898年在这方面的功绩就被赞扬为高度的爱国主义。至少1898年3月10日的《科隆人民报》是这么写的："在整个胶州湾事件中，这位天主教的主教为他的祖国作出了巨大的、宝贵的贡献。"

在法国，天主教的传教活动无疑都是在这个著名的口号下进行的："C'est pour la France aussi que nous allons travailler."（我们这样工作也是为了法国）而有一点是再清楚不过的了，即那些德国殖民圈子里的先生们，他们把传教活动为政治服务誉为爱国主义，但却根本不了解传教的任务到底是什么，因此他们的评论毫无价值可言。

我在上文中曾说过，我还想用当代人士的话来说明德国殖民政策对基督教的看法。现在就让我们来看一下。在前文里提到过的"德意志殖民协会"的喉舌《德意志殖民报》，在1895年第50期中还刊出过这样的长篇大论："对于纯粹的殖民主义政治家来说，是通过基督教还是伊斯兰教来达到目的(使黑人为我们的目标服务)，其实是完全无所谓的。"可因为现在"伊斯兰教的威胁无疑是存在的……我们在非洲还只拥有相对较小的势力，要用它去统治伊斯兰教各部落将是极其困难的"。所以"我们不应该再迟疑，要承认在被基督教化了的黑人中，这种统治是更加可能的。而且我们甚至可以进一步说，我们必须通过把基督教和我们的思维方式传播给黑人的这种手段来统治他们。基督教只是一种控制黑人的力量因素而已"。

具有明显亲殖民主义倾向的《泛保守月刊》(1895年，第1308页)在评述这篇长文时写道："基督教与占有欲和统治欲的纠缠是一种伤风败俗的行为。"在上面提及的长文中，德国的殖民政策对基督教的传教事业提出了要求，要他们——显然是毫无道理的——为满足自己的统治欲望在殖民地充当警察的角色，这表明德国的殖民政策是多么轻视基督教，多么缺乏对传教任务的理解啊。关于这个问题，瓦尔内克(Warneck)在《福音教的传教学说》Ⅲ的前半部分(第198页)说得很明白：

> 就像对国内的基督教提出丢尽脸面的苛求那样，要它扮演警察的角色控制下层民众，要它成为保障财产的保险公司，现在传教活动也被要求在殖民地充当类似的角色了，这不能不说是对传教的一种侮辱。这种角色被说成是为祖国奉献的一种义务，这种说法颇具迷惑性，但如果客观地考察一下传教活动，这种迷惑性便会烟消云散了。

上述《德意志殖民报》那篇长文中关于非洲黑人的内容与我的目的无关，我的本意只是想以此来揭示德国殖民政策的基本纲领，找出原则性的东西来。当人们把该原则运用到中国时，使用的是这句话："对于纯粹的殖民主义政治家来说，想要使中国人为我们服务，无论是通过基督教、道教、儒教、佛教还是伊斯兰教(在中国有约两千万信徒)来达到这一目的，其实都是完全无所谓的。"

我希望不管是您主教先生，还是任何一位殖民主义政治家，都不要对上述这个为历史上的经验所证实了无可辩驳的正确性视而不见。我的最终结论：基督教的传教事业不该与殖民政治纠缠在一起，其理由是：(1)因为后者对待土著居民的态度反映了其自私的动机，而这种动机就是殖民政治的唯一动因。(2)因为殖民政策对基督教的侮辱性态度，并要让基督教为自己——殖民政策——服务。换种说法：基督教的传教事业与殖民政治不该有任何的瓜葛，理由是：(1)因为土著居民是传教士真心帮助的对象，却也是殖民者剥削和统治的目标。(2)传教是为了实现基督教理想的自我目标，而殖民政治只是把基督教当作实现自私目的的手段。

现在请您允许我重新回到在上文中曾一度偏离的那一点，也就是您在柏林“最明确不过地表示，德国对胶州湾的占领不仅对于在中国的传教事业的繁荣发展，而且更是对于该事业是否还能持续下去都是一个性命攸关的大问题”。

今天距离我们占领胶州湾已经差不多过去三年了，而我想问的是，在这段时间里，您的传教事业是否繁荣起来了或者比以往更好了，德国的占领行动是否起了帮助？

您的回答，我已经在您于 1899 年 12 月 1 日在济宁公开发表的“新年献辞”中看到了。您从第 2 页起是这么写的[①]：

> 在占领胶州湾以前，传教活动就在民众和政府中间享有极高的声誉。清朝官员常在官方场合承认传教活动的地位，而在北京的朝廷还通过授予我一个高位来表示对传教的正式认可。
>
> 而在我们占领胶州湾之后，情况就不同了……在山东南部的天主教传教事业尽管时间不算长，但也已经可以回首近二十年的风风雨雨了。在这么长的时间里难免经常出现动乱和迫害。然而值得注意的是，在占领了胶州湾之后，我们所遇到的骚乱的特征已经明显改变了。
>
> 占领胶州湾以前的骚乱，虽然过程很激烈，但一般只限于当地，而且大多数在短时间内便平息了；此外，它们往往只发生在我们新建的布道堂和教区周围，也就是对外国人还不熟悉的地方。等到教区建立起来以后，教民和非教民通常就能和睦相处，相安无事了。传教士受到教民的爱戴，受到异教徒的尊重，甚至还和清朝各级官员交上了朋友。
>
> ……所以两位传教士能方济(Ries)和韩理(Henle)的遇害事件只是某些邪教头目制造的个别的仇杀行动。他们以为有一位传教士告发了他们，而且由于当时的巡抚李秉衡对传教抱有敌意，也使他们觉得这是对他们行为的一种鼓励。

主教先生，在继续引述您这篇大作之前，请允许我在这里打断一下。根据您的叙述，在占领胶州以前，您在山东南部的传教活动的环境之优越，使我十分惊讶。因为在这样的环境下您却于 1897 年 11 月在柏林“最明确不过地表示，德国对胶州湾的占领不仅对于在中国的传教事业的繁荣发展，而且更是对于该事业是否还能持续下去都是一个性命攸关的大问题。”我要说的是：在您发表了这份“最明确不过的”声明之后，我承认在我面前呈现的是一幅您传教境遇的糟糕画面。现在我为何惊讶呢？因为我从您自己的笔下得知，在北京的朝廷为了表示对您的传教事业的官方认可，甚至授予了您一个高级官衔。我不得不到上文提到的斯泰尔版《中国传教史》中查询——是的，一点也没错——我在第 76 页找到：“安治泰主教蒙皇帝恩典，三品授衔；1895 年荣升二品顶戴。”[②]1895 年？而且正好是

---

① 相同的报道还刊登在 1900 年 1 月 26 日的《科隆人民报》第二版，另见《泛传教杂志》1900 年，第 97 页。

② 参见《泛传教史》，1895 年，第 139 页。

占领胶州湾的前两年？可我刚在您的大作中读到“教民和非教民和睦相处，相安无事”以及“传教士受到教民的爱戴，受到异教徒的尊重，甚至还和清朝各级官员交上了朋友”。我们还能再奢求些什么呢？就连那么令人悲惜的两位传教士被害事件也只不过是“个别的仇杀行为”？

主教先生，请原谅我将再一次把您在1899年的“新年献辞”暂且放在一边：我现在想要把您在占领胶州湾以前的年度报告拿出来。它是您在1897年万圣节时，在斯泰尔所致的“新年献辞”，正巧就是您的那两位传教士遇害的那一天。您是这样开头的：

> 这一次我是在故乡的土地上作我的新年致辞。上帝保佑，斯泰尔圣言会日趋繁荣，所以我对这次在斯泰尔举行的教团神职人员大会抱有很大的期望。

接着您在第4页继续写道——是关于1896～1897年的情况：

> 具体到山东南部的问题上，如果我们在一些环节上能更放开手脚的话，我们将会使更多的人皈依我教。我在前一次的视察旅行中特别发现，在以下这些地区如邹县、成武、菏泽、曹县、巨野、朝城、嘉祥、兰山等，这些教团分布点的异教徒对基督教怀有非常大的兴趣，他们在迎接我时，几乎比基督教徒们还要热情用心。在我为期三个月的旅行中，几乎每天都会遇到各村派来的人，他们都请求给当地派遣上宗教课的老师；很遗憾，我不能全部满足他们的心愿，因为在我手头没有足够的人手可派。因为恰恰是出于这个原因，我没法开设迫切需要的、规模更大一些的学校，以培养更多的教师；也正是出于这个原因，我请不起形势所需要的足够多的教师。在教徒中我发现了一个重要的、思想上的进步：他们对主的爱戴在与日俱增。

主教先生，我知道我所摘引的内容与您几天后在柏林所作的“最明确不过的声明”并不相符，即“德国对胶州湾的占领不仅对于在中国的传教事业的繁荣发展，而且更是对于该事业是否还能持续下去都是一个性命攸关的大问题”。

因此，请允许我向您提出正式的请求，请您从1897年11月初所写两篇文章里明确指定一篇，以便在日后作为传教史编写者可用的唯一史料来源。

这两篇文章几乎是在同时完成，又公开发表的。差不多是同时：因为您的那篇“新年献辞”是标明了日期的——“在万圣节”，也就是说在1897年11月1日。在那一天的晚上11点，您的两位传教士遭到了毒手。11月4日，您在斯泰尔收到了相关的电报。11月5日您从斯泰尔动身前往柏林。而在11月10日，皇帝就已经电令驻扎在上海的巡洋舰舰队出海前往胶州湾了。您一定是在这六天里向皇帝陛下请求保护的。“答案就是——我们都清楚——胶州湾。"所以您是在11月4～10日——也许是在星期天，11月7日[①]——在柏林发表那份著名的"最明确不过的声明"的，也就是说，和您标明是在11月1日发表的"新年献辞"几乎是同时的。顺便说一句，您还作过如下的"补充"："当两位传教士，能方济和韩理神父两位圣者遇害的噩耗从中国通过电报传来的时候，这篇'新年献辞'其实早已写好了。"——很明显，这两篇文章，一篇是您为公众而写的通常的年度报告，另一篇则是由国务秘书先生写的，显然得到了您的首肯，然后于1898年2月8日为昭示天下在帝国议会上发布的。鉴于此，我才有理由希望您公开发表我先前请求你发表的那则声明。

在我摘引您在1897年11月1日发表的(在"新年献辞"里的)年度报告时，是不可能跳过您用来结尾的那段文字的：

> 现在正是应该大力拓展在中国的传教事业的时候。如果错过了这个有利的时机，日后我们必会后悔莫及。
>
> 天主教在中国拥有各种有利的因素：它那悠久的历史让崇古的中国人十分钦佩，它的团结，它的纪律，它那经过严谨逻辑论证的教义，它的权威原则，对上帝的外在的崇拜形式，它对于神职人员道德水准的高要求，最重要的是，上帝的宽恕所给予的帮助，天主教什么都有，只缺一样——钱。而从现在的形势来看，这方面的缺乏，妨碍了它满怀信心地去取得更快、更大和更持久的成功。

主教先生，在整个传教界，不管是天主教还是新教方面，不管是在国内还是在传教区，没有任何一位专家(如果您要求他来评价的话)会根据您在1897年11月1日的这篇报道——我再特别强调一遍：根据您的这篇报道——得出和您相同的印象，更不用说会"最明确不过"地相信，在您1896～1897年的年度报告中，您在山东的传教活动不够"繁荣"或者连它的"继续存在"都面临着威胁。我想说的是：按照您自己的说法："天主教在山东南

---

① 我之所以推测是"星期天，11月7日"的理由在于：据1900年7月15日第639期《科隆人民报》的第1版第3栏称——我们没有任何理由去怀疑那些说法的真实性和准确性，因为像多次暗示的那样，它们的新闻来源是您——您可能在收到来自中国的电讯之后，即11月4日星期四，便"立即"从斯泰尔通过电报向德意志皇帝请求保护，并随后——按原定计划于5日即星期五——前往柏林。

"在此期间，"文中还写道，"外交部……致电当时的德意志帝国驻北京公使冯·海靖(von Heyking)男爵，寻求他的建议……公使的建议……如下……关于这些建议，人们还征求了刚抵达柏林的主教的看法……外交部的人员不愿接受主教的看法，因为其与公使的意见相悖。然而当安治泰主教之后于日间晋谒了皇帝时，事情出现了突然的转变。陛下问了主教同样的问题并得到了同样的回答。皇帝认为他所述理由是充分的，并就在距离传教区尽可能近的地方谋取一个合适的港口征询他的看法，这时安治泰主教才提到了胶州湾的名字。"

——以上便是报纸上的相关报道。

我的推测如下：(1)海靖的电报在11月6日星期六才能返回柏林。(2)只有在这一天——刚好在您到达柏林之后一天——外交部才有可能来征询您的看法。(3)"次日"——也就是说在11月7日星期天——您"晋谒了皇帝"。(4)11月9日星期二，皇帝陛下前往西里西亚的洪灾区视察。他很早就离开柏林，早上9点已经到达温泉区(在巨人山脉)，直到15日星期一的早上8点5分陛下才重新回到动物园站。(5)由此看来，只有可能在11月8日星期一晋谒，可这不大可信，因为星期天您不可能在外交部出现，而很有可能是在这天第一次去拜见了陛下，您的第二次晋谒——像《日尔曼妮娅报》的报道那样——是在忏悔祈祷日，11月17日，星期三。(6)您的那份极其重要的、由冯·布洛夫(von Bülow)伯爵于1898年2月8日在议会公布的声明，极有可能是您在11月7日(1897)亲自呈进给皇帝陛下的。毫无疑问，这也是您第一次在皇帝面前提及"胶州湾"。(7)同样毫无疑问的是，您是不可能亲自向冯·布洛夫伯爵解释您这份声明的，因为就在您从斯泰尔来到柏林的那天——11月5日星期五——伯爵在傍晚从柏林出发赶赴罗马处理在那里的一些家事，直到11月25日星期四才回来。

部拥有各种有利条件，甚至可以促进其‘繁荣地发展’，唯一缺的就是——钱！”这种说法并不是每个专家都会同意的。当然，至于每位专家各自的意见如何，这是另一回事；而在我这方面，请允许我提出不同的看法：天主教可能是缺乏这些或那些东西，或者不如说它的这一方面或另一方面的东西过多了。

可是每一位公开信的读者也都可以独立地形成自己的判断，看看是否能在主教先生1897年11月1日的这篇报道里找到一处（哪怕有一点点蛛丝马迹）能说明“德国对胶州湾的占领（1897年11月）不仅对于在中国的传教事业的繁荣发展，而且更是对于该事业是否还能持续下去都是一个性命攸关的大问题”。我已把全文中专门涉及山东南部的段落（统计数据除外）全都列了出来——其实只有一个地方，那就是上文中该文章的第4页——在其中也没有发现有什么不利的迹象。而综观主教报告的其他段落，我们可以得出结论，该结论甚至在文章结尾处已经写明：“迄今为止的成功可以说是令人满意，这可以充分证明基督教在这里的扩张能力并没有丧失。”在此处我们找不到任何对于无法“繁荣发展”的抱怨，也没有任何对于在中国的传教事业“无法持续下去”的担心。主教先生想“引起友好的读者们的注意力”的只有一点，即“在中国的传教活动需要物质上的更多支持”。

根据现在的实际情况，我想尊敬的主教先生应该也不会否认，我在前文所提的那个要求是具有高度以及广泛意义的。因为这两篇被我用来对比的文章都是真实的，是出自于您的笔下，它们是同时公开发表的。然而没有任何一位传教史学家可以在不马上陷入自相矛盾的情况下，同时采用这两篇文章来作为史料来源。在内容上，若采用了这一篇，则必摒弃另一篇。两者接合是不可能的。然而尴尬之处在于，两篇文章中报喜的那篇在两年后，也就是被您于1899年12月1日在济宁发表的报告完全地证实了；而在另一篇报忧的文章中，您又作了“最明确不过的”声明。那么当有人请求两篇文章的作者——就像上文已经出现的那样——在其中公开地指定一篇作为传教史学家将来的唯一史料时，您该怎么办呢？因为如果在传教史的编撰过程中——无论是天主教还是新教方面——如果忽略了您那份在德意志帝国议会公开发表的、对于传教事业和祖国来说内容重要而且产生了重大影响的声明的话，一定是您不想看到也不愿意看到的吧。您在1898年10月20日发表的年度报告（“新年献辞”）里是这样开头的：“过去的一年标志着在中国的传教事业翻过了最为重要的一页。”我可以向您保证：在传教史中将会作如下记载：一位（天主教的）传教士，他担任了一个“对于上帝和世界都责任重大的传教领袖”和主教的职务。他在1897年向德意志帝国的一位高官——如果不是皇帝陛下本人的话——“最明确不过地表示，德国对胶州湾的占领不仅对于在中国的传教事业的繁荣发展，而且更是对于该事业是否还能持续下去都是一个性命攸关的大问题。”是的，传教史通过它最杰出的代表、继往开来的后代，在它最高贵、最重要的喉舌上已经如此记载了。

主教先生，现在请允许我把上文中被打断的、您1899年12月1日的那份报告再继续读下去。让我们看看在占领了胶州湾之后，您的传教事业是否能更好地繁荣发展，更好地持续下去，也就是说是否从这次占领行动中得到了好处。您在第3页如是说：

> 在下文中，将说明占领胶州湾之后屡屡发生迫害事件的情况。它们已不再是地方性的排外冲突了，而是普遍针对所有传教人员的有计划、并得到官员们保护的迫害

行为，其目的是要一步步地把基督教斩草除根……

引发此类迫害事件的首要也是最重要的原因，正如上文所提及的，是对胶州湾的占领。

占领胶州湾严重地刺伤了中国人的民族自尊心。当德国的部队在青岛的山顶上将龙旗换成德意志的战旗时，政府官员对安全抱有的自信刹那间成为一片迷惘。政府觉得自己脚下的大地在颤抖。清朝官员，那些官员们比如道台就曾跟我说“完了”，他们感到非常困惑：“我们不再知道该做些什么……”

接下来会有什么样的反应，是可以预见的。因为由胶州湾划开的伤口的血还没有流尽。旅顺、威海卫等港口的失去，报纸上有关中国将遭受屈辱性分割的报道连篇累牍，而这一切都源自胶州。

就算普通老百姓对这种政治事态的发展没有什么大兴趣，可这对受过教育的中国人，尤其是那些官员们却是莫大的耻辱，他们很自然地会想到要寻找一个合适的时机进行报复……

这一切又和传教有什么关系？——大有关系！在那些没有受过教育的普通百姓眼中，所有的外国人都有同一个别名：“洋鬼子”。因为传教士们经常是这些百姓身边唯一能看到的外国人，所以他们以及教民们（所谓的“二鬼子”）就被认为应该对外国人所做的一切负责（也包括占领胶州湾），对胶州湾的占领就像是一个欧洲人在一个目瞪口呆的中国人脸上打了一记耳光。

现任山东巡抚毓贤曾亲口向我袒露过那些受过教育的中国人与官员老爷们的想法。因为两个传教士被杀了，所以德国人来了，接着胶州和随后的一切都发生了。“是你把德国人叫来的，”这位巡抚对我说，“要是在山东没有德国传教士和他们领导的教民的话，胶州湾还有旅顺港等等也不会落到外国人的手里去。你们要对这一切负责。”

李鸿章也同样和我说起过。我很多年前就已经认识他了，他肯定属于那种非常清楚自己的国家和它的舆论氛围的人。他在9月3日的一次会谈时说：在山东所发生的一切都丝毫不出乎他的意料。“发生在山东南部的教案，”他说，“是导致胶州湾被割让的原因。这一认识渐渐在民众中产生了一种对传教和教民的愤恨。发生起义也是很自然的结果。”

我在上文中提出的问题，即：在占领了胶州湾之后，主教先生您的传教事业是否能更好地繁荣发展，更好地持续下去？也就是说，是否从这次德国的占领行动中得到了好处？在这儿，我从您自己的笔下得到了快捷的、最明确不过的回答：不能。因为“在占领了胶州湾之后，”您这样写道，“它们已不再是地区性的排外冲突了（如同在占领之前），而是普遍针对所有传教人员的有计划的、并得到官员们保护的迫害行为，其目的是要一步步地把基督教斩草除根。”“这些迫害事件首要也是最重要的原因，”您这么写道，“是对胶州湾的占领。”您自己已经把因果关系写得很清楚了：原因——占领胶州湾；后果——对传教的迫害上升到了最高的程度。您的这些话在您的报告里就像里程碑一样矗立着。

在这份1899年12月1日的报告的第8～10页和第12～15页，您详细地描述了那些迫害事件本身；然而在我现在的写作安排里并未给它留下空间，我只想写一下迫害的后果。您在第 15 页写道：

> 目前在教区的中部和西部(一块拥有三万教民和受洗礼者的地区)，所有的传教成果都丧失殆尽了。

您的传教士恩博仁神父于 1899 年 8 月 12 日在兖州府所写的一份报告里也有类似记载。此文发表在斯泰尔传教士培训学校的官方喉舌《小小心灵耶稣使者报》1899 年 12 月第 3 期。在第 33 页写道：

> 现在我们面对的是一个悲伤的事实，在整个教区内，原本的几百个基督教社区已经所剩无几了。

至此，那个“不仅对于在中国的传教事业的繁荣发展，而且更是对于该事业是否还能持续下去都是一个性命攸关的大问题”已然变成了一个死亡了的问题了！这是一出多么令人震撼的活剧啊！

这让人不得不想起在《马太福音》(26:52)中那句话：“耶稣对他说：收刀入鞘吧！凡动刀的，必死在刀下！”——“拔刀出鞘者”也就是说没有得到上帝的授权，因为在拓展和维护神国这个“不属这世界的”(《约翰福音》，18:36)王国时，这种授权是根本不存在的，不能使用在建造与维护世俗王国时采用的手段和武器，它和外在的暴力的使用根本没有关系。一位传教主教只被允许挥舞一种剑——“拿着圣灵的宝剑，就是上帝的道”(《以弗所书》，6:17)，只能以此为天国去征服非基督的世界。传教活动绝对不可以同炮舰扯上关系。因为主派出他的使者们——正如上文所说——就像把羔羊派到狼群里去；如果他们没有勇气，把自己的安危仅仅寄托于天国之主的保护，那就最好不要去了。

“这位传教的主教先生现在从由他自己报告的这些事实中吸取了什么教训?”每一位公开信的读者都一定会问。“他现在会不会在传教活动中开始同外在的暴力划清界限?他会不会不再牵扯上政治?”没有，可惜没有！而这也正是促使我写这封公开信的主要原因：作为传教方面的同道中人和祖国同胞，我想至少在言语上尝试一下，看看主教先生能不能接受我的恳求，放弃他迄今为止的那种违反圣经原则的做法，不要再把传教与政治结合在一起。

再扼要地从已经反复提到的 1899 年 12 月 1 日的报告中摘录一些主教先生的原话。他在第 7～8 页和第 14 页写道：

> 为什么巡抚和其他官员敢于如此反对传教事业，原因在于在中国山东的各级官员中形成了一种看法，至于他们的看法有没有道理，这个我无意在这里探究，他们以为德国政府并不会去关心当地的基督教众，而将来也只会保护欧洲的传教士而已。因此，他们觉得可以对那些教民为所欲为。
>
> 由于德国国内在行使保护权的问题上也充斥着许多错误的观点，所以允许我就此发表一下自己的看法。政府应该对传教活动进行保护，庇护它的子民，也就是传教士们，在这一点上毫无争议。可是当提及是否应该对当地的土著基督教民也提供保护时，意见便出现了分歧——这是因为他们不了解实际情况所造成的。
>
> “当地的土著教民与我们有什么关系?”经常有人这样问我。诚然，作为中国公民

的他们的确与我们没有关系。我们也完全不应当介入他们内部的或者和异教徒之间的争端，那是中国官员该管的事儿。中国的基督教徒现在是而且未来也是中国皇帝的臣民，我们传教士还要力争把他们教育成好臣民。但是按照和上帝的契约，基督教徒们的宗教信仰自由必须得到保护。如果这一点受到了妨碍，或者他们觉得得不到中国官员的保护的话，那么我们拥有保护权的政府就有理由和义务去关心这些基督教民们。

现在这些教民们仅仅因为他们信奉基督教而被赶出了家园，洗劫一空，今年在我的教区这几乎已成了普遍现象，如此，保护国的义务就变得日益迫切起来。迄今为止对天主教传教活动的保护都是这么理解和进行的。特别是在中国当前的局势下，上文所说的保护绝不能被放弃，不然就将危及传教事业的生存……

暴乱也同样逼近了邻近的直隶省和江南。但是在法国官方的催促下，中国官员们发兵全力征讨很快平息了骚乱。我们那些流离失所的教民们把这一切都看在眼里，而且心生疑窦，为什么德国的公使人员不能保护他们这些在山东南部的教民呢？

主教先生，从您的话中可以看出，您认为德国政府对德国天主教传教士的保护还远远不够，因为您甚至还要求德意志帝国运用其实力去保护中国的天主教徒们。您尝试着再一次强行推动德国势力的介入，因此您直截了当地声称：“特别是在中国当前的局势下，上文所说的保护绝不能被放弃，不然就将危及传教事业的生存。”

1897 年初，您曾在柏林“最明确不过地表示，德国对胶州湾的占领不仅对于在中国的传教事业的繁荣发展，而且更是对于该事业是否还能持续下去都是一个性命攸关的大问题”。两年后，1899 年 12 月 1 日，您在您的报告里断言，这个性命攸关的问题已经变成了一个死亡了的问题了，因为您痛陈：“目前在教区的中部和西部所有的传教成果都被破坏了”，而“这些迫害事件首先的和最重要的原因是对胶州湾的占领”。这样您觉得还不够，所以在同一份报告里您还要求：德意志帝国必须要为保护中国的基督教徒而行动起来。您再一次宣称——就像两年前一样——若非如此，“就将危及传教事业的生存”。您还把法国的行为当做德意志帝国政府的榜样①：法国政府进行了迅速的干预，而您的教民不能理解为什么德国的公使人员不这么做。

在这里我必须要加以评论了，您的观点可是大错特错了：也就是您认为中国教民们的宗教自由受到了妨碍而他们又得不到中国官员的保护，还被赶出家园，洗劫一空；这时候，应该行使保护权的政府便有理由和有义务去关心他们。首先您没有考虑到，要在每个具体的案件里正式地确定“宗教自由受到了妨碍”是几乎不可能的。如果不能确定的话，那么按照您自己所说，应该行使保护权的政府也就没有理由去干预了。比如您在报告里写道，不少异教徒和基督教徒一样，也遭到了洗劫。那么怎么才能证明，基督教徒被赶出家园、洗劫一空、遭受虐待等等就一定是由“宗教自由受到了妨碍”所引起的呢？如果不能在每个具体的案件中证明此点，那德国政府就没有理由和义务去介入任何一桩在胶州租界地以外发生的案件。众所周知，根据 1898 年 3 月 6 日签订的转让胶州湾的《胶澳租地合

① 顺便说一句，1899 年 8 月 16 日的《科隆人民报》（德国最重要的两份天主教报纸之一）在一篇关于山东南部传教情况的报道里，相反却把德国政府当作法国人的榜样。参见《泛传教史》，1900 年，第 105 页。

同》,中国政府仅仅放弃了租借地内的主权。从官方文件上看,该地区只有8万中国居民,而您的主教辖区内(根据《斯泰尔中国传教史》第71页)共有一千万居民,其中(根据您在1899年复活节提交的数据)有一万五千二百五十二名受洗教民和三万七千七百八十七名慕道者,分布于设在三大府级区域——兖州府、沂州府和曹州府以及下级区域济宁州的三十二个堂口里。这样一来,德国政府就会不断地陷入成百上千个同中国政府的争端里,而且即使不是全部也在绝大多数案件中并没有胜算的把握。您写道:"目前在教区的中部和西部(一块拥有三万教民和慕道者的地区),所有的传教成果都被破坏了。"首先,这块地区完全位于德国的保护(也就是租借)区之外,也在德国的势力影响区(环胶州湾方圆五十公里)之外,在这里德国政府根本不具有任何主权。虽然您被摧毁了的教区在德国的利益区之内(除了威海卫以外的整个山东省),可是在那里德国政府没有任何理由去干涉中国的行政管理或司法,根据条约也没有权力。综观中国与欧美国家签订的各个条约,其中专门涉及保护中国基督教徒的宗教自由的条款在本质上都是一样的。其中我选取了1858年6月27日签订的《中法天津条约》的原文,第13款写道:"凡中国人愿信崇天主教而循规蹈矩者,毫无查禁,皆免惩治。向来所有或写或刻奉禁天主教各明文,无论何处,概行宽免。"这份在1858年6月27日由咸丰皇帝签署的维护中国基督教徒宗教自由的法令实际上早已存在了十三年半,因为它的内容早在1844年12月,在法国的拉萼泥先生(Lagrené)和中国签订的条约里就已经得到保证了。当时的道光皇帝(咸丰皇帝的父亲)为了落实该条约,于1844年12月28日下了一道圣旨,不过直到1845年才公布,所以在相关文献中把该圣旨下达的日期定为1845年。葛罗(Gros)男爵——1858年6月27日《中法天津条约》的法方代表,在1860年10月25日签订的《北京条约》中虽然加入了那条臭名昭著的要求偿还被查抄的教会地产的条款,但是在中方的文本里——在葛罗本人不知情的情况下——还加入了一条附加条款:"此外,法国传教士有权在所有省份租用或购买土地,并在上面按他们的意愿建造房屋",而在法方的文本里是没有此条款的;不过在条约中,有关中国教民的条款没有任何改变,也就是说没有增加什么内容。因此,时至今日,在处理那些天主教传教团非常喜欢并努力挑起的同中国政府的争端时,以上提及的条款原文仍是其操作基础。

另外值得一提的是——恰恰对德国的保护有着特别的利益关系——由欧伦堡伯爵于1861年9月2日为普鲁士的臣民和受德意志保护者签订的那份著名条约,其中以书面形式保护了德国的传教活动。中国承诺允许基督教的传播。另外还明确规定:"皇帝赐予它国的任何特权、自由和好处,普鲁士一律均沾,无须另立新约。"

那么如果要让人承认德国这个保护国"有理由、有义务"根据条约去"关心教民们"的话,自然必须在每一起具体案件中都能正式证明,北京政府及其各级官员违反了上文提到的条约各款规定。而中国政府及其各级官员不久便会熟悉这套程序,为各个具体的案件作解释:他们从没有想过,更不用说下达官方命令去"妨碍"中国教民的"宗教自由"。在山东南部到处出现的抢劫、虐待和驱除居民的案件都是强盗团伙所为。为什么这些强盗袭击的正巧是"基督教徒",他们也不得而知,但决不会加以纵容,而且"非教民们"也受到了相同的攻击。这与条约毫无关系,只属于常规的民事和刑事案件的司法范畴。外国列强无权干涉中国的内部事务。

诚然，想到要和这些中国的“说谎天才”们打交道，是十分令人悲伤和痛苦的。我从不怀疑，中国政府在对待当地的教民时违反了条约，而且还将继续这么干下去。可是条约是一份纯公式化的、非保密性的协议书，在操作执行时也必须遵照程序和公式。现在您在自己的报告里(1899,12,1)通篇都写道，那些破坏了您“教区的中部和西部所有的传教成果”的家伙纯粹是些“土匪”(第5页)、“大刀会的团伙成员”(第7页)、“叛乱分子”(第7页)、“低贱的暴民”(第8页)、“失去控制的乌合之众”(第9页)、“煽动性团伙”(第9页)、“煽动者”(第12页)、“由会党分子和唯恐天下不乱者领导的，聚集了大量盗匪和乞丐的大杂烩式的煽动性组织”(第12页)、“强盗”(第13页)、“充满了无赖式犯罪勇气的强盗帮”(第13页)、“像一群野兽一样聚集起来的一帮人”(第13页)、“强盗团伙”(第14页)、“强盗”(第14页)。本来，想要正式证明这么一大群人的目的就是要“妨碍基督教徒们享有受条约保护的宗教自由”的话，就已经很困难了，而更何况他们——按照您自己所写——在拿到赎金后就释放了基督教徒们(第14页)。所以根本不可能在严格意义上证明，中国政府及其各级官员对这个“大杂烩”下达了什么官方的指令，让他们去“妨碍基督教徒们享有受条约保护的宗教自由”[①]。而这种严格意义上的证明又是以中国政府承担“违约”罪责为必要的前提的。我还要请您想一想，您说1899年在您那被破坏了的教区里共涉及“三万教民和愿洗礼者”，即使并不是所有人都提出赔偿要求，申请赔偿的人数也一定非常之巨大。您在第15页写道：“我们的教民中有一大部分人的财产遭到了浩劫，为他们挽回损失将十分困难。”您还在第14页罗列了教区西部从1899年5月到12月1日所有受到冲击者的名字——还不包括您在第9页早已控诉的，在东部“有数以百计的家庭的财产被劫掠一空”：“……此外还有约一千六百户基督教家庭遭到了抢劫。一百多户被勒索了钱财；有六十名教民因为不肯或交不出钱而被叛乱分子关押、捆绑和虐待。后来直到交付了赎金后才被释放”等等。

主教先生，我只想说，如果您要求德国政府面对如此的情形，它就将陷入数以百计甚至是数以千计的争端之中。它将再也无法同中国政府达成一致意见；它还同时必须把公使馆人员编制至少扩充二十倍甚至是三十倍以应付繁多的事务。

这对于巴兰德先生来说，是个很好的机会，去研究一下何种教会——是天主教还是新教——给公使馆增加这么多的工作量。这位先生这么写道：“公使馆和领事馆三分之二的工作都是解决来自传教士的抱怨、催促和要求。”还是这位先生在《基督教世界》上宣称：“我认为……高估中国人对于基督教的容忍是十分愚蠢的。”[②]

看到此等言论，主教先生，难道您不想要大声呼喊：“哦，主啊，宽恕这位朋友吧！”——当然这只是题外话，我现在就重新回到有关允许基督教在华发展的条约款项上来。

您根本没有充分的权力和理由利用这些涉及中国教民的条款，去促使德国的势力介

---

① 您自己在报告里(1899,12,1)写道：“他(巡抚毓贤)，是否给邪教下过直接的命令，让他们去与传教活动作对，这一点还很难确定。”“应当尽量避免会使中国政府陷入更大困境的事情发生。”第12页中间部分：“主管的那个官员，他是个仇视欧洲的人，算是巡抚毓贤的一个亲戚，他起先还是做了些镇压暴乱者的表面工作的。”

② 巴兰德先生的这种看法及其关于传教的其他看法已经接触犯了众怒。我觉得我们最好忽略他的此类言论，对他的评价不屑一顾，因为仅仅是他的言论就已经清楚地表明，他对于传教没有丝毫的了解。我只是要问：对没有研究过的事情妄加评论，这难道是一个文化人的做法？

入从而也保护中国的天主教徒。通过上文的解释可以看出,介入这些争端是根本没有成功的可能的。就算不考虑这个,世界上列强没有任何一国有权力去干涉中国的内政。即使根据条约也是如此。您一定会反问:那这些条款的目的是什么呢?我的回答:那些涉及中国教民的条款只是基督教列强方面对于异教中国所做的一次信任表决。虽然条约可能是与强大的敌人签订的城下之盟,但既然已经郑重承诺,就应遵守。可现在如果异教中国不履行容忍基督教的承诺的话,那也只有当事态牵涉非中国人的传教士时,签约各国才可以按照条约来追究责任。

异教中国从来没有诚实地履行诺言,这是指——只是现在讨论的——对中国教民的承诺。但您(指安治泰主教——译者)又为何如此大惊小怪呢?这是一个异教国家,对它而言,基督教多少还是个陌生的、不熟悉的和受鄙视的事物。我想问:您难道期望一个异教国家会比一个多年的基督教国家——遗憾的是您持有这种看法——更正直、更信守条约吗?您熟读教会史,一定知道1562年的《圣日耳曼敕令》允许了法国新教教徒的存在,并保证了他们的宗教信仰权。我不想提到卡霍斯镇,因为没有多久那里的暴民就包围了一所胡格诺派的祷告屋,纵火焚烧,在场的新教教徒们没有一个能幸免于难,因为即使逃离了火海,也被活活打死在屋外。我同样不想提及普罗旺斯的瓦西镇。当胡格诺教徒聚集在一个谷仓里做礼拜时,吉斯公爵对他们进行了更为邪恶的血洗,还信誓旦旦地表示,要用他的剑去打破那该死的敕令。您也知道,虽然1870年的《圣日耳曼和约》保证胡格诺教徒享有完全的宗教自由,但是您一定不会忘记1572年8月24日的圣巴托罗缪之夜吧。我只是想起,随着那作为杀戮信号的钟声的敲响,在巴黎是怎样开始了一场针对所有胡格诺教徒的不间断的屠杀的。整整四天,所有被捕获的胡格诺教徒都成了刀下亡魂,不留一丝情面,哪怕是对待孩子、妇女和老人。信使把杀戮的命令快速传遍了法国各个行省,于是各地开始了新一轮的屠杀,并持续了三十天。关于被杀害的人数有着不同的版本,从两万到十万不等。[①] 和法国的天主教徒相比,上文所述的山东南部的那些强盗团伙还显得更有人性一些,因为他们只不过杀害了您的20(第9页)+1+5(第14页)=26位教民而已。借用一句您自己的话:“按照和上帝的契约,胡格诺教徒们的宗教自由应受到保护。”然而他们不仅受到了“妨碍”,而且还数以千计地被屠杀。凶手不是异教徒,而是——我要响亮且清楚地重复——是天主教徒。

可是,当时那位自称“universi fidelium generis caput et pastor”(“所有受洗者的首领”),自诩为“Christi Domini verus et legitimus vicarius in terris”(“尘世间基督教的主宰”)的男人又做了些什么呢?格利高利十三世,1572～1585年拥有罗马教皇的宝座。他——在接到巴黎发生的大屠杀的消息之后——让罗马所有的钟一齐敲响,让天使城堡的大炮鸣放,让各家各户都张灯结彩,颂唱感恩赞美诗,还发行刻有 Ugonottorum strages 的纪念硬币以庆祝教会取得的这一辉煌的胜利,另外他还宣布大赦天下。

现在您还有什么好说的,主教先生?当我说在三又四分之一个世纪以前法国的天主教徒犯下的如此滔天罪行,就算在异教的中国也再也找不到相似的影子了,您难道不应该同意我的意见吗?法国的天主教政府这种无耻的违约行为,也是中国的异教皇帝所望尘

① 一般认为是三万人。

莫及的。我请求作为基督教神学家的您，在评判历史时不要只注重事件的数量，更应把犯事者的“质量”作为衡量的标准。如果让我评价这些基督徒应负的责任，我必须要说：在法国做出那些行为的基督徒所属的教会，就是那个通过其公开的信仰标志而谎称自己为唯一能够救世的教会——而另一方面，他们却无耻地违反了条约，令人羞愧地滥用了来到巴黎的胡格诺教徒的信任。他们不断受到野蛮的、恶魔般谋杀欲望的驱使，进行了一场场大屠杀。如此滔天的罪行超出了最狂野的想象，比异教徒——我说的是异教徒——犯下的罪恶更为令人发指。因为那些异教徒的暴行虽然在数量上更多，但在“质量”上却绝不能与基督徒们相比。

您会怎么说呢，主教先生？当那个自称——前文中所提及的——“所有受洗者的首领”，自诩为“尘世间基督教的主宰”的男人，在接到大屠杀消息时，竟然如此地欢呼雀跃，您对此有什么想讲的吗？他让罗马所有的钟一齐敲响，让天使城堡的大炮鸣放，让各家各户都张灯结彩，颂唱感恩赞美诗，他还幸灾乐祸地举行一系列的活动来庆祝这场残忍罪恶的屠杀。作为一个基督教徒，您对此有什么想讲的吗？是的，作为一个人，您对此有什么想讲的吗？我只想提出一点：那个自称“universi fidelium generis caput et pastor”的男人难道不是——为了配合前面这个比喻——天生的“庇护者”，所有基督徒的“总保护者”吗？您想要把那些被杀的法国的新教教徒们排除在基督教的范畴之外吗？

当然，您一定会问，这一切和在中国发生的事情又有什么关系呢？现在我就来告诉您：

1. 异教的中国人“妨碍”了中国的天主教徒们“按照条约规定应受到保护的宗教自由”，对此您不需要激动，而且根本不需要感到惊讶。因为您现在已经看到了，连天主教徒们也曾“违反条约”和“妨碍宗教自由”，甚至还大开杀戒；而且可惜的是，可以列举的例子还不只一两个。

是的，根据教皇基督教可证实的原则，“异端”被剥夺了一切法律、生活和宗教上的权利；杀死“异端”不算谋杀；在私人领域，任何人都不需要去相信他们(指异教徒——译者)，不必对他们忠诚。那么您也就没有理由去抱怨异教的中国人对您和中国的基督教民们遵循同样的原则了。在他们眼里，你们不也属于“异端”吗？为什么教皇认为基督教徒可以做的事，异教的中国人就不可以做呢？

2. 虽然天主教的罗马教皇贵为所有基督徒的“总保护者”，但他在对待那些法国的新教教徒时却表现出一种无情的、非基督教的、幸灾乐祸的态度。而作为天主教徒的您，却选择信奉新教的德国皇帝做您的庇护者，向其乞求保护，而且您的努力的确颇有成效。您觉得德意志皇帝要比您的罗马教皇更尊贵。事实证明，您真的没有看走了眼。您的信奉新教的庇护者向您保证将保护天主教传教士的安全，并且以帝王的方式兑现了他的圣言。可是您对此还不满足，现在又变本加厉地要求对中国的基督徒也施予保护。这一回，您走得实在太远了。

就像在1900年7月15日的《科隆人民报》第639期中写的那样，早在1890年11月，当时的帝国宰相冯·卡普里维(von Caprivi)就曾给过您一份书面保证：“德国的保护范围也将延伸到从事传教事业的基督教徒们，保护所包含的内容与法国人至今所做的完全一样。”但是首先这一表述就十分宽泛和不确定。“直到1890年为止，法国方面所提供的保护”究竟是怎样的？在上文中我已经引用过您的传教士薛田资(Stenz)的证词(《一个传教士在中国的种种经历》,第94页):“因为在这次(发生在兖州府的)事件中,法国根本没有为传教士争取到什么赔偿,所以主教大人让传教活动(在1890年)转而接受德国的保护。”

您在斯泰尔的传教士学校出版的《圣·米歇尔年鉴》(1892年版)第185页及后页刊登的文章《法国还是德国的保护?》中如是写道:“在过去的二十年里,法国的保护力度不断地减弱。”“就连法方代表的好脸色都指望不上了。”“虽然很遗憾,但是仇视教会的共和国政府很有可能是为了达到政治目的才提供保护的,以便提高他们的影响力和声望……”

在文章中还提到,在过去的二十年里,法国在华的声望与影响力大大下降,以至于法国驻北京的公使有许多事情已经力不从心。他无法帮您在兖州府设立您的“主教府”;在许多诉讼中,别说“赔偿”了,就连“有利的调解结果”都没法替您争取到,也无力阻止“针对新发展的教民与传教士的许多其他麻烦和迫害”。我毫不奇怪,无论是法国还是中国,都已经感到厌倦,不愿继续在这无止境的争端中纠缠下去了。而文中所说,法国“很有可能是为了达到政治目的才提供保护的”,这句话至今都没有错。就在去年,法国还以“为被害的传教士获取赔偿”为借口,要求中国割让一片煤矿区给它。1899年8月16日的《科隆人民报》在一篇有关在山东南部传教状况报道的开头写道:

> 《科隆人民报》的读者们都清楚,在四川,许多原本欣欣向荣的基督教社区是怎样被暴徒摧毁的;那里有数以千计的基督徒无家可归,一无所有,流离失所,遭到唾弃;就连法国的传教士也被残酷地折磨至死。而法国的保护当局又在做些什么呢?至今只知道法国的外交官和中国进行了徒劳无功的谈判,要求在成都附近割让一百平方华里的地区以开采煤矿,并把这个作为对传教士被害的赔偿。而那些境遇极其窘迫的中国教民从法国那里什么也没有得到。毫无疑问,无人过问这些可怜的中国人,因为他们毕竟还是中国的子民,而外国政府只能保护传教士而已……法国政府却要求以一块煤矿区作为对遇害传教士的赔偿。也就是说,这种对传教的保护并非要护卫传教士的财产,而是利用这些可怜的使者的生命向中国政府榨取一些政治利益,这样一来就使得传教士与被遗弃的教民们的生命面临更大的危险……自从保护当局将基督徒们听任排外势力的摆布以来,似乎只有在传教士被杀后,当局才会跳出来,利用事件谋取政治利益。很遗憾,现在法国政府正是这么做的。

主教先生,从前两处引文中您可以看到,如果“直到1890年为止法国方面所提供的保护”竟然是这样的话,对于您所提的要求可是相当不利的。而第三处引文告诉我们,直到现在,法国的“成绩”也并没有什么改善。

但是我们可以设想,帝国宰相冯·卡普里维之所以承诺把保护的范围也扩展到中国的天主教徒,是基于这样一个无害的、合理的判断:法国做到的,德国也要做到。然而他完全没有想过,不管是德国、法国还是其他列强,如果为了中国的天主教徒而干涉中国的内政,这就违反了国际法的基本原则。冯·卡普里维伯爵所想的无疑只是法国为中国的天主教徒争取利益的做法是有传统的,成为了一种习惯,因此中国对于这种干涉中国内政的违反国际法的做法多少还能够迁就。先前提到过的1900年7月15日《科隆人民报》第639期的那篇文章里写道:“法国人维护基督教利益的做法令中国政府极不舒服,可后者为什么会一再容忍呢？因为在所有欧洲列强里，中国最害怕的就是法国。”而现在中国对于外来的干涉——来自德国方面的干涉——已经不再愿意容忍了[①]，所以德国应该停止这种干涉行为。德国也的确这么做了，做得很对。您宣称：一个外国政权——在现在的情况下即德国政府——有权力介入涉及中国天主教徒的争端之中。这些教徒并不是德国的，而是中国的子民。在大学里没有任何一位国际法的专家会认为您说得对。德国政府没有介入这样的争端，于是您就在 1899 年 12 月 1 日的报告里声称：“我们那些流离失所的教民们把这一切（即法国当局在其他省份的干涉行为）都看在眼里，而且心生疑窦，为什么德国的公使人员不能保护他们这些在山东南部的教民呢？”1899 年，虽然您反复要求德国公使馆出面介入涉及中国天主教徒的种种争端，可他们却没有迁就您。就算您在当年亲自赶赴北京，情况也依然没有改变。您在 1899 年 12 月 1 日的报告里写道：“因为我们给北京发送的众多信件和电报皆不奏效，于是我只得亲自去一趟。虽然我身患重病，但还是要去把话当面说清楚。”尽管您没有明确提及此次北京之行成功与否。但是从第 14、15 页的表述可以推断出，您这回“亲自出马”也没能奏效：“迫害行为一如既往地在肆虐着”；“政府至今依旧无所作为”；“我们那些流离失所的教民们……心生疑窦，为什么德国的公使人员不能保护他们这些在山东南部的教民呢？”“为他们（中国的天主教徒）争取赔偿的工作很难开展”。而且无论是已于 1899 年卸任了的，还是在 1899 年 7 月 15 日[②]新上任的德国驻北京公使都对天主教的传教活动没有什么好感。前者冯·海靖男爵毕竟在 1897 年 11 月还替您那两位死去的传教士争取到了——正如您在 1898 年 10 月 20 日在济宁发表的报告里所提到的——“一份令人炫目的赔偿”，因此您觉得有必要在第 5 页向他公开表示感谢：“在中国发生的诉讼很少能得到如此顺利的处理，所以应该感谢我们杰出的驻北京公使冯·海靖男爵阁下。这是在合适的地点、合适的时间出现的一位合适的人选。传教界在这里公开地向他致以特别的谢意。”至于近日遇害的那位冯·克林德男爵（前梅因茨主教冯·克林德的侄子），由斯泰尔传教士训练学校出版的《上帝之城》在 1900 年的 8 月刊第 522 页上为其发表的悼文这样写道：“就现今严重的局势可以推断，他之所以在去年夏天爆发的针对德国天主教传教活动的迫害事件中没有提供更多保护，并不是因为他缺乏善意，而实在是因为受形势所迫，有心无力了。”

现在我把它看作证据，证明主教先生您所要求的让德意志帝国运用其实力去保护中国天主教徒的想法，不但在实际操作上不可行，而且根据条约法与国际法是不被允许的。可是您依然试图促使德国势力的干涉，于是您——就像在 1897 年 11 月所做的那样——在 1899 年 12 月 1 日的报告中宣称，如果德国政府那双世俗的保护之手不能伸向中国天

① 您曾于 1899 年 3 月 6 日写过一封公开信，并出版在 1900 年版《圣·米歇尔年鉴》第 202 页上：“这儿的地方高官却质疑他（德国驻北京公使）的权限（去干涉），因为事件牵涉到的不是外国人，而是本地的基督徒。”我却觉得这些官员做得很对。您无视这个合理的抗议，并继续使用暴力，从而导致中国人对于天主教传教事业的仇恨升级到了灾难性的地步，这无疑违反了传教理论中最基本的原则。面对相同情形，任何一位新教传教士都不会做出与您类似的行为。我们新教方面对您的这种传教行动的抗议得到了广泛而有力的支持。我们可不愿意让我们新教的传教活动和您的活动被混为一谈。

② 根据在上海出版的《东亚劳埃德时报》1900 年 7 月 6 日的报道，冯·克林德男爵自 1896 年起担任德国驻墨西哥公使。他于 1899 年 4 月 22 日离开当地，前往北京赴任。“1899 年 6 月 17 日，他和妻子到达上海，再次踏上了中国的土地，数日后便动身前往北京。”1899 年 7 月 15 日他在北京履新。

主教徒的话,那么"就将危及传教事业的生存"了,对德国的天主教传教活动的保护也将事倍功半。

我在上文已经说过,我不仅是作为传教方面的同道中人,更是作为祖国的同胞,觉得很有必要向您呈上这封公开信。因为我万分急迫地请求您:主教先生,请您停手吧,请您停手吧,请您不要再鼓动德国政府,为了保护中国的天主教徒而干涉中国的事务了。德国政府将因此徒劳无益地卷入同中国政府之间数以百计、数以千计的争端之中。即使获得了一两次成功,也只会导致中国人对传教活动更大的仇恨,同时还让新教的传教事业和德意志祖国一起无辜地深受其害。新教的传教活动一向反对任何外国列强对中国进行政治干预,因此德国的新教传教界也反对德国政府的介入;德国新教的传教界是无辜的,它也决不甘愿为天主教传教界惹下的麻烦付出代价。我之所以对天主教传教活动和政治相结合的做法表示抗议,是为了维护新教的传教同仁以及德意志祖国的同胞的利益。如果我那亲爱的德意志祖国被引上了如同法国那样的殖民主义道路,我将感到万分遗憾。

我想要向您出示一份德高望重的法国外交官的证词。他经验丰富,推崇公道,在中国任职多年。他发表言论的目的只有一个:使他那亲爱的祖国和法国天主教在中国的传教活动中受益。这是日意格(Giquel)先生于1872年《两个世界评论》(Revue des Deux Mondes)3月刊上发表的一篇文章:《1858年与1860年条约之后的中国》(La politique francaise. La Chine depuis les Traits de 1858 et de 1860)。他在其中这么写道:

> 和传教有关的问题占据了(法国驻华)公使和代办们的全部事务。每起传教士或基督徒遇害事件和每起教堂被抢事件,要让肇事者受到惩罚、受害者与教区获得补偿,都会导致旷日持久的索赔过程。让我们回到1869年,法国代办在一支中型舰队的护送下,沿长江造访了各省首府,直至汉口,目的是让各个争端都能得出有利于传教士的结果。而(法国在)天津、汉口及广东的领事馆也都只是保护宗教利益的使者而已。

这是不是您理想中的德国领事馆和山东南部的形象?日意格先生接着便大声疾呼:"难道没有政府撑腰的话,法国在中国的传教活动就无法生存和拓展了吗?"他认为:"假如天主教的宣传只会不停地招来混乱与争吵的话,法国还真不如马上停止对它的支持。"对于法国来说,天主教在中国的传教活动已经成为"恼人的冲突和无尽的争执之源"了。

使传教与政治相结合,由于传教和世俗力量的联盟而导致频繁使用暴力。对此,我们新教方面的表态如下,而且我们觉得此表态具有广泛的约束力:如果有一个传教团体宣称,在没有政治势力和惩罚性军事远征的支持的情况下,它将无法生存,那么根据圣经的原则,它也就根本没有存在的理由,消失倒是个更好的选择。

主教先生,在这里您可以看到,新教和天主教传教活动的本质区别,简直就是完全相反。因为您曾于1897年11月在柏林"最明确不过地表示,德国对胶州湾的占领不仅对于在中国的传教事业的繁荣发展,而且更是对于该事业是否还能持续下去都是一个性命攸关的大问题"。而您在1899年12月1日的报告里再次进一步地公开宣称,如果德国政府那双世俗的保护之手不能伸向中国的天主教徒的话,那么"就将危及传教事业的生存"了。

在天主教的传教士眼里,和政治的结合,同世俗势力的联盟已经是一种理想和制度了——斯泰尔传教士训练学校的官方喉舌《小小心灵耶稣使者报》在1898年的6月刊第67页刊登了一篇由您的行政代理福若瑟神父于1898年3月1日所写的关于山东南部的报道:《对德国的中国领地的首次访问》。作为一名旁听者,他复述了您的传教士恩博仁神父于1898年2月13日星期天,在济宁进行的一次布道的内容(第70页)。“在场的约有三百名天主教士兵,他们穿着整洁漂亮的周日制服,所有军官和贵族先生都身着盛装,总督大人位于上首。”而且“在做礼拜时还照了相”——这是对教会的朴素性的严重违犯——当然这只是顺便说说而已。但是我在这儿要说得是:您手下的传教士恩博仁神父在那次布道中说:“历史证明,只有在那些世俗之手为了教会而挥舞刀剑的地方,使民众基督教化的努力才会取得更大的成功。”您的传教士恩博仁神父的这种观点在历史上是站不住脚的,同时也是对使徒时期与后使徒时期(直到323年)的传教活动的一种有意或者无意的诋毁。323年,君士坦丁大帝把基督教提升为国教,在此之前,传教活动从未使用过任何人为的暴力;没有任何一只“世俗之手”在323年之前“为了教会而挥舞刀剑”,教会从世俗之手那里只得到过迫害。“基督教在其最初的传教阶段是在没有世俗骑士帮助的情况下成为一股强大的势力的,仅仅依靠传播福音和上帝的神力。这一事实的效力没有减弱,即使在君士坦丁大帝站到了基督教一边,政治力量开始在基督教的传播中扮演起一个令人遗憾的角色之后。因为虽然在最初的四个世纪里,基督徒还只是少数派,可当时基督教已经取得了决定性胜利。君士坦丁的支持只不过就像是钟表上的指针一样,为这一胜利标注了一个历史上具体的日期而已。自然而然,在接下来的一个时期,基督教的传播在很大程度上开始依赖于世俗之手,可是又发生了些什么呢?这种借助世俗力量的传教方法在上帝看来是一种严重的混淆。世俗力量的确成功地使得许多人皈依了基督教,可是这些人却很少能感受得到福音的拯救力量。”[①]君士坦丁和他的继任者们运用暴力手段镇压异教,为基督教提供各种便利,此举虽然加快了——如上文所说——民众基督教化的过程,但使用的是非福音的方法,而且还有非常世俗的动机掺杂丁其中。异教徒们在还没有对上帝的力量感到叹服的时候就被引向或者更多的是被逼向了基督教。即使没有这种有害的教会政策,民众基督教化也一定会完成的。[②]

只有言语、圣礼,只有对福音的宣讲才是基督指明了的传教手段。在君士坦丁之前,传教史已经从正面证明,这些由基督指明的传教手段是唯一正确的;在君士坦丁之后,历史也在从反面证明着这一点。刀剑传教的代表被基督用严厉的命令回绝了:“收刀入鞘吧”,因为“我的国不属这世界”(《约翰福音》,18:11、36)。基督教不能像伊斯兰教那样依靠刀尖四处扩张。

因此,我只能作如下两种假设:您的传教士恩博仁神父在布道时说出那种话,要么是出于对圣经和传教史的无知,要么就是对使徒时期与后使徒时期(直到323年)的传教活动的一种蓄意的贬低,这儿没有第三种解释。如果他对这两者都不愿承认的话,那我就得借此机会通过您——他的上级,向他提出公开要求,请他对自己的话进行公开证明。这些话涉及使徒史(使徒传教时期),以及直到323年,特别是313年之前的其他传教史(后使

---

① 《泛传教杂志》,1883年,第306页。

② 瓦尔内克:《福音教的传教学说Ⅲ》前半部,第251页。

徒传教时期),也就是说从保罗的古典传教阶段一直到君士坦丁大帝时期。他的这种诋毁性的公开言论损害了使徒,还有那些在四世纪初之前传教的教会人员的名誉(他们既没有用剑,也没有依靠帝国的帮助)。作为起初和最早的传教士,如果这些使徒真的是“依靠在世俗之手中挥舞的刀剑”传教的话,那么时至今日简直就是一种耻辱了,因为传教的发起人曾最明确地拒绝和批判过所有形式的刀剑传教。可如果有人说:使徒以及那些在四世纪初之前传教的(既没有用剑,也没有依靠帝国的帮助)教会人员,他们“使民众基督教化的努力并没有取得更大的成功”,口出此言的人要么是因为无知,要么就是源于不恰当的傲慢自大。

为了能从源头(根据天主教方面的资料)向您的传教士恩博仁神父显示那些通过“刀剑传教”而取得的“成功”的质量到底如何,请允许我向您推荐瓦尔内克的《从新教方面揭示罗马天主教对新教传教活动的攻击》一书。您可以带回中国。您在此书的第 408～464 页能够找到一个非常具有教育意义的章节:“罗马天主教的传教活动与政治”。

使徒们在传播福音时从没有拔过剑,因为这么做是有违耶稣的禁令的。他们知道,他们不可好管闲事,因为耶稣曾斩钉截铁地表示过:“收刀入鞘吧!凡动刀的,必死在刀下。”(《马太福音》,26:52)。也就是说,“拔剑者”没有得到授权这么做;在拓展和维护上帝之国,这个“不属这世界”(《约翰福音》,18:36)的王国时,这种授权——正如上文已经清楚无疑地证明过的那样——是根本不存在的。不用说,保罗在传教时遭受了众多痛苦,面临着各种威胁;如果当时没有问心无愧的信念聊以慰藉的话,面对所有如此多的苦痛和不断出现的新危险——从心理学角度来看——他岂不是早就要沮丧气馁了?可如果保罗在传教时好管闲事,那他还能用问心无愧的信念来聊以慰藉吗?如果他——正如上文所讲——在传播福音时拔了剑,那也就意味着在使用传教手段时好管闲事。“你们中间却不可有人因为……好管闲事而受苦。”(《彼得前书》,4:15)这句话位于第一段的开头。一直认真阅读的读者们可以从中自己得出结论:如果基督教的传教活动——在第一段中已经反复证明——与政治无关的话,那么一旦介入后者,也就等于是好管闲事。由于这种好管闲事的行为而导致的种种痛苦则完全是咎由自取,无法用问心无愧的信念来聊以慰藉。

为了更好地解释上文中的那句格言,请允许我从语文学和注释学的角度稍稍说明一下。

充分理解彼得所言(《彼得前书》,4:15)不可或缺的原文是:μη γαφ τι ς υμων παδγετω ως …… αλλοτοιοεπιδχοπο ς(此处省略的词未被应用),最重要的词显然是最后的那个词。这同一个词没有再在新约中出现,而是用了“απαξ λεγομενον”。这是由 αλλοτοιο ς和 επιδχοπο ς复合而成的。αλλοτοιο ς=alienus,来自 αλλο ς=alius。“Allotria”=“外来品”,在德语中也用作“琐事”之意。大家知道,从 επιδχοπο ς=inspector=“看管人”衍生出了“主教”这个词。在人们把 επιδχοπο ς解释为 cui cura commissa est,ut quae ab aliis agenda sunt recte agantur 时,同时把 αλλοτοιοεπιδχοπο ς 理解为 qui rerum alienarum et ad se nihil pertinentium curam habet =“那个去操心与己无关的闲事的人”。“ αλλοτοιοεπιδχοπο ς”这个词除了出现在新约以外只在两处出现:一处是 qui alienum munus temere invadit 的意思,即“盲目地好管闲事”。这儿也是在这个意义上使用了彼得的话,只是这儿的“闲事”应在更广的意义上去理解,就像 Sir. 3. 24 里成了谚语的那句诗

一样:“不是你的分内事,你就不要去理会。”在天主教会里有着唯一教义上的证明力的《通俗本圣经》,也是作了类似的翻译:alienorum appetitor(alieni appetens)。在希伯来文的《旧约》里,没有出现 αλλοτοιοεπιδχοπο ς 这个词,所以这个词遗憾的是也未在 LXX 出现。《新约》的多种译本通常都是这样译的:“一个(无权)管闲事的人。”比如弗朗茨·德利奇的希伯来译本就译为 לֹא דֹרֵשׁ דְּבָרִים לוֹ,达维德·马丁译的法文为 curieux des affaires dautrui,英文译为 a busybody in other mens matters(意为扰乱安宁者)。

人们不应该小瞧确定这一冷辟词的的重要意义,因为彼得在那个诗句里把 αλλοτοιοεπιδχοπο ς与“杀人”,“偷窃”和“作恶”等同了起来。后者在《通俗本圣经》中不仅被译为 maledicus,甚至被译作 maleficus(就像神学家按字面将其译为 χαχοποιο ς那样),是该判死刑的罪行。“χαχοποιο ς”这个词只在《新约》中的四处出现:《约翰福音》18,30,《彼得前书》2:12,14 和 3:16。

那么所说诗行(《彼得前书》,4:15)中文句的关联是哪一个呢?彼得在《彼得前书》(3:16)中就告诫说:“存着无亏的良心。”在《彼得前书》4:12 和以下的几节中,他又旧话重提,这样说道:你们作为基督徒竟要受苦,不要以为奇怪;重要的是,你们是否是为基督受苦,即存着无亏的良心;你们忍受冤屈的苦楚是否对得住良心(2:19—20),是否是因“上帝的旨意而受苦”(4:19)。如果是这样,那么你们甚至会欢喜(χαιρετε),你们甚至是有福(μαχαριοι)的(《彼得前书》,4:13—14)。反之,如果有人作为杀人犯,或是小偷,或是作恶者,或是好管闲事者(彼得前书 4:15)而受苦,那他“不是作为基督徒”(ω ς Χριστιανο ς)(《彼得前书》,4:16)受苦,而是“因犯罪受责打”(见《彼得前书》2:20,原文:“你们若因犯罪受责打,能忍耐,有什么可夸的呢?”)但如确实如此,那么涉及者会因良心无亏而得到慰藉[确实的感触]。(《彼得前书》,3:16:“存着无亏的良心”;《希伯来书》,13:18:“我们的慰藉是[原文:我肯定会意识到],我们良心无亏”;《哥林多后书》,1:12:“我们所夸的是自己的良心,见证……”)

如果把这一结果运用到传教中,则可以证明:这种因好管闲事的行为而导致的种种痛苦完全是咎由自取,无法用问心无愧的信念来聊以慰藉;它们不可以再被视为基督的痛苦,为了上帝的意愿而受的痛苦;它们不是为了基督的事业,而是对于所犯罪行的惩罚;它们是惩罚性的痛苦。如果把这些话特别应用到刀剑传教身上,那就是:在传教时拔刀者,应该死于刀下。

这种会给传教事业带来不幸的做法——现在若用彼得的词语来表达的话——实在是“Allotria”(胡闹)。现在就以这一论断来作为按语的最终结论,我也将再一次转到具体的话题上来。

在我们新教传教界看来——就像这整个第一节中所说的那样——假如传教与政治以及使用暴力拉扯上了关系,那从原则上讲就属于“胡闹”。——我在这里使用《圣经》中这最后的一种表达,然后按照前面提及的彼得所说的意思——我说:是整个领域。主教先生,请您允许我继续列出一系列被我们新教人士称为天主教的“传教胡闹”的具体事例。

上文提到过的那本斯泰尔版《中国传教史》在第 43 页记载道,1629 年来到北京的耶稣会传教士汤若望还在那儿开设了一个火炮铸造厂。

"二十门威武的大炮,"文中写道,"是辛勤工作的第一批成果。这些火炮令皇帝龙颜大悦,并要求再制造五十门小炮。为了表示谢意,皇帝给传教士下了两道圣旨。第一道圣旨赞扬了汤若望的德行和知识,第二道则赞扬了基督教。来自最高层的如此公开的赞赏对于圣教的推广起到了举足轻重的作用。"

请不要让我产生误解:1591 年出生在科隆的汤若望如果不是个传教士,大可以在北京铸炮,尽其所愿,尽其所能,就如同埃森的克虏伯先生那样,没人能够说三道四。可问题在于,一个传教士却把铸造大炮这样的胡闹看作是他的传教使命。我在前面早就谈到过所谓传教的其他活动与传教任务之间的关系了,在此我只能说,这么大规模的铸造大炮的行动,已经超出了传教的其他活动的范畴,而成为它本身的目的了。它已经代替了本应处于中心地位的传教任务,挤占了基督教化的位置。您作为一位在中国工作的传教士可以自己计算一下,如果一位传教士在两个半世纪以前在中国铸造了七十门大炮的话,那么除去在铸造厂的时间后,留给传教工作的也就所剩无几了。而汤若望在进行造炮活动之前和之后的时间又被数学、天文方面的工作所完全占据。我请求在作进一步的评价时不要忽略了这一点。同一出处的第 46 页写道:"他(汤若望)是除利玛窦之外最重要的在华传教士。"他传教时的"胡闹"却造就了他的光荣业绩,为他,一个传教士,赢得了荣誉。在天主教方面的传教史文献里没有一句批评,没有一句表示要和这种违背传教原则的做法划清界限的话。如果天主教在编写传教史时能勇于自我批评,情况就会大不一样了。那么,在碰到诸如此类的事情时,便可以坦然地承认是因一时糊涂而犯错,把它们归纳为陈年往事。反之,如果您想看看我们新教有关传教方面的理论文献,您便会发现里面充满着自我批评的精神,尽管后者经常为天主教方面所滥用,用以攻击我们的传教活动。

在我结束关于汤若望的话题之前,请允许我再指出一点。我不明白,汤若望为异教的崇祯皇帝铸造了七十门火炮,可这位皇帝怎么会知道在德皇的"圣旨"里"基督教"受到"表彰"了呢?他可是一直到自杀时——他于 1644 年上吊自尽——也不知道基督教为何物,又怎么能对其作出自己的判断呢?此外,"宣扬和接受圣教始终为法令所禁止"(引文出处同上,第 47 页),"反对基督教的老法律一直有效,直到 1692 年中国才享有充分的宗教自由"(同上,第 48 页)。我不禁疑窦丛生:那道圣旨里所说的"对于圣教的推广起到了举足轻重作用的来自最高层的公开赞赏"又是怎么一回事呢?唯一的可能是,那只是表面上的接受,毫无实质性的内容。然而还有一处需要说明,同一出处第 45 页上写道:"由于这样的有利条件,基督教取得了令人欣喜的进步。1617 年,中国的基督徒还只有一万三千人,到了 1650 年已经上升到十五万人了,而到 1664 年该数字又翻了一番。"

汤若望的一位后继者在铸炮方面还远远超过了他。因为根据那本《中国传教史》第 47 页的说法,于 1659 年来到北京的南怀仁神父制造了三百门火炮,"让皇上龙颜大悦"。"另外,他还向皇上呈献了共计三十二册的历书,里面记载了两千年中发生的日食与月食现象。"

您一定会问,我为什么要提到这铸造火炮之事,它和您又有什么关系,难道要您为两个半世纪前所发生的事情负责吗?现在我就告诉您:在阅读了许多关于您历年来在山东南部传教事迹的报道以后,我发现有一点颇为引人注目:您对武器的钟爱。我不由得对自己说:原来这两个半世纪以来,天主教在中国的传教活动本来是一脉相承的啊。在此我发现了历史的前后呼应之处。另外,我还注意到,对武器的钟爱就如同一根红线,贯穿了整个天主教的传教史——君士坦丁之前的历史除外——最近还能在红衣主教拉维格里斯(Lavigeries)宣扬的刀剑传教中看出其端倪。

斯泰尔传教士训练学校的官方喉舌《小小心灵耶稣使者报》在1900年的7月刊第10期第133页刊登了您手下的一位传教士霍斯特曼(Horstmann)神父的书信节选。他于1900年5月14日死于胶州。这封1898年8月5日的信记载了有关坡里庄的情况。那里在1882～1895年曾是您第一个"主教府",而他在那儿一直待到了1900年2月:

> 乌尔里希兄弟取出了他所有的武器装备,检查了各支欧洲和中国造的火枪,还上了弹药。整个下午都在试射。
>
> 官邸在经过了现今的扩建之后就像是一座小小的要塞。四面都筑有坚固的高墙。围墙的每个角上,建有可观察两个方向的两层瞭望小塔楼。要塞内房屋都为平顶,人可以在上面四处行走。围墙比屋顶高出一截以保护守卫者。现在各个屋顶上都堆放了瓦片,这可是一种很出色的武器。我记得两年前,在一个村子里有家银店遇到了袭击。屋顶上的两名守卫者光用瓦片就砸死了十一个人。这当然只是题外话。
>
> 现在,在我们的大门口,白天总会有两个人全副武装地把守着,一旦有情况,马上就能把门锁上。晚上,乌尔里希兄弟和他的手下睡在屋顶上,武器就放在身边。没有枪的,就带上根长矛或者带上把刀什么的。两人一组,轮流放哨。一切都处于战备状态。

各种报道里都提到您的第一座主教"官邸"——当然您拥有多处宅院——也就是前面提及的坡里庄那个如同要塞的一处。肯定不能说它规模"小",因为那里面住了差不多"六百多人"。您虽然是一位教会诸侯,可也只是教会诸侯,而不是一位世俗的诸侯。在我们新教的概念里,教会和它的仆人应该是和"要塞"、"刀剑"以及"大炮"没有任何关系的。对于我们新教徒来说,一位教会诸侯的传教地盘上是不允许这些东西存在的。这并非某个教派的规矩,更非无足轻重的个人观点,而是确定无疑的,对于整个基督教世界都具有约束力的来自最高传教权威的指示,他说:"看吧,我差你们去,如同羊进入狼群。"(《马太福音》,10:16)如果被派的使者们没有勇气,把自己的安危仅仅寄托于天国之主的保护,那就最好不要去了。您那些全副武装的要塞会给中国人民发出一个有关传教的错误的信号,使得传教活动——不过只是天主教的,而不是新教的——在他们的眼中成为一种政治势力的象征。就像在敌国的外国势力一样,您的那些要塞会挑起当地人的战斗情绪,从国民心理学角度分析一定是这样。您的那些耀武扬威的建筑物会招致官员——地方上这唯一显赫势力心存嫉妒——对您的不满,这一点您不能否认吧。另外还要补充一点,您的教区里的零星布道堂——只要是按照计划扩建过的——一般都会有防卫性设施(高大的围墙等等)。从插图照片里就能马上看出这一点。好,我现在就再一次回到证据上来,再次回到先前提到过的坡里庄。在《小小心灵耶稣使者报》1899年12月刊的第3期第35页登有您的传教士的其他报道,那儿写道:

> 又是去坡里庄!到处都听到有人这么说,无数的人蜂拥而来。周边的基督教徒都逃向主教府,每个房间都住满了人,在围绕着官邸的坚固高墙后面住了六百多人。

传教士和教民无法逃离,他们只能以死相拼了。暴民们轻易攻不进来,因为这里防卫稳固,装备精良。有一批精良的欧洲枪支和中国火炮以供反击和防护之用。四周都设有日夜岗哨,不时地开枪放炮,以此恐吓和阻滞敌人。

在第33页刊登着您的传教士恩博仁神父于1899年8月12日在兖州府所写的一份报告,他就是那位宣称"历史证明,只有在世俗力量将手中的刀剑借予教会时,传教努力才会取得成功"的人。他在第34页报道了有关您的另两处官邸,一是济宁——你现在的主教驻地——,二是兖州府的情况:

……在主教府(济宁)巨大的入口处,由三十名武装人员把守着……每一个教民都被训练起来,分配到各个不同的岗位保卫(济宁的)主教府。从窗户里和高墙上往外看,到处是挥舞着的长矛、火枪和其他武器……[①]我由于要去兖州府建造教堂,不久便又一次离开了济宁。我带着两匹快马,挎一把精良的左轮手枪。现在已经有一个月了,还没法回去……在此期间,我搞到了五十支长矛和二十支枪。这是一位穆斯林的田将军借给我们的,他还答应了我提供保护的请求……我要求兵丁护卫我们,而且训练我们的工匠,他们大部分也都是教民,只要受到哪怕小小的攻击,也要能立刻予以还击。我还让人加固了在建官邸的塔楼和围墙……按照中国人的习惯,我把武器都摆放在前院里,让一批壮实的工人去使用。他们都把辫子盘在头上(这是中国人有着战斗欲望的表现),而这时候,那十四个士兵却懒洋洋地蹲在地上……可为了在夜间也拥有必要的防护,我试着让官员把那些士兵派到这里来,还赏了他们每人几两银子。我们的人也携带着武器,在各个岗哨上保持着警惕。

今天(8月12日),来了不少兵丁。上下打点的钱到底还是发挥了些作用。在前院里架起了四堆枪,是36支装满了弹药的步枪,通向大门的露天过道都几乎让这72条士兵的腿给堵塞住了。

这里到处都充斥着武器!我不用再多说什么了;事实已经足够说明一切了。请允许我只再指出一点:您的传教士恩博仁神父,按照他自己的说法,"带着一把精良的左轮手枪"。您的传教士法来维(Fröwis)神父也在1901年版的《圣米歇尔年鉴》的第168页上写道:"他带有一把手枪。"我注意到,与此事实形成对比的是,您曾满怀热情地强调:您那两位在1897年11月1日遇害的传教士——能方济和韩理神父"没有为了保护生命而抗争过"。根据当时的情况,他们的确根本不可能拿到武器,对于这点我并没有异议,虽然恩博仁神父(在《小小心灵耶稣使者报》1898年2月刊的第5期第39页)非常明确地写着:

---

① 根据我的估算可以断言,主教先生您那段时间正在济宁的主教府里。在1899年6月29日星期四彼得和保罗节,您一早就从兖州府前往济宁;两周后,7月12日星期三,您从济宁"秘密地"前往("逃往"的委婉说法?)您在坡里庄的另一处官邸,您的传教士弗利岑(Fritzen)神父也证实了这一点。您的传教士恩博仁神父在上述出处的同一份报告里,作为一名见证人,用以下的语言描绘了您的主教府当时的情况:"然而这里(在济宁的官邸)很快就被反民们包围了,有十三名欧洲人和好几百个教民被困其中,很有可能会发生最糟糕的事情。我们茫然地互相对视着,商量着该做些什么,最后下定决心要拼死反抗任何攻击。局势还在不断地恶化着。乱民的数量日益增加,而且每天都有被乱民所驱赶的教民前来避难。"接着恩博仁神父便离开了局势危急的济宁,因为他"要去兖州府建造教堂",还"带有两匹快马和一把精良的左轮手枪"——就像文中所写的一样——而这时您也正"秘密地"从济宁出游呢。

“十分健壮的能方济先生进行了恰当的自卫”，还有“他（韩理先生）伸手去拔刀，结果在往回抽时，两只手上几乎所有的手指都被切断了”。薛田资神父作为事件的目击者（在 1898 年 3 月刊的第 6 期第 45 页）作证说：“能方济神父躺倒在地，死时一只手还伸开保持着自卫的姿势”以及“他（韩理神父）那两只想用来自卫的手被刀切断了”。我对最后这些具体描述没有兴趣。我想说的只是：正如上文中已经记载的，在您的教区到处都是武器，而我却注意到，您（在 1898 年 10 月 20 日的“迎新致辞”里）曾满怀热情地强调：“……一段时间以来，尤其在中国的官场流传着这样的无稽之谈，说有一个攻击者被传教士打伤了。我们的两位传教士没有为了保护生命而抗争过。他们在履行他们的职责时，不曾反抗地、心甘情愿地成为了狂热行动的牺牲品”。而恩博仁神父“带有一把精良的左轮手枪”，在此期间“弄到了五十支长矛和二十支枪”，“训练了他的基督教工匠们”，而且还“把武器让一批壮实的、把辫子盘在头上的工人去使用”——我想说：如果恩博仁神父是在训练他那些“充满了战斗欲望”的手下时遭到了袭击并死于非命的话，您看来也会强调：他“没有为了保护生命而抗争过”，他是“在履行职责时，不曾反抗地、心甘情愿地”牺牲的。

上述关于您的传教士对中国人民使用武器的记载对于传教事业来说是一种损害。传教的代表应怀着对该事业的信任，准备在必要时献出自己的生命，“不应该吝惜生命”，而应该像保罗所说的：“我却不以性命为念。”（《使徒行传》，20：24）我想说的是：如果传教士向一个民族展现的不是基督教视死如归的精神，而是武器，武器，武器，到处都是武器的话，如果他还准备用这些武器来使他们——他的传教对象血流如注的话，那么这个民族对传教的信任就会逐渐减少，甚至完全丧失。您相信，如果恩博仁神父被他明目张胆地用武器指着，而且几乎是挑衅性地威胁着的那些人杀死，您真的相信他能被授予“殉道者”这样的基督教的荣誉吗？这是在滥用这一神圣的称号。但我还是要说，在天主教的传教文献里有着太多的自吹自擂，天主教的传教士也恰恰是在竭力为自己找到一位“殉道者”；但在说到新教的传教士们时，比如按照阿尔班·施托尔茨（Alban Stolz）的看法，他们都是胆怯的，他们的传教活动是无耻的。他说，新教的传教是“胆怯的，而且他们的传教士，一般都拖家带口，从不敢在有生命危险的地方落脚。新教的殉道者从不流血，他们会让别人替他们流血；他们的传教行为是可耻的，因为他们最喜欢到那些已经接受了基督教的国家去开展活动”。我现在不想为了这些——我应该怎么形容：愚昧无知和卑鄙的诽谤？——而生气，并耽搁时间；关于这篇完整的材料，您可以在那本详细的、富有教育意义的书中找到，也就是我在前面推荐过的，请您在回中国去的时候，把那本瓦尔内克的《从新教方面揭示罗马天主教对新教传教活动的攻击》捎带给恩博仁神父，让他看第 211 页及后几页中的“殉道者传奇”。

下面是另一位目击者关于在济宁的主教府内剑拔弩张状态的陈述，当时是 1899 年 7 月初，您还在济宁，发生在您的眼皮底下。它可以作为上文恩博仁神父那篇对在同一时间内发生的同一情况所作描述的参照物。那就是您的传教士薛田资神父在《小小心灵耶稣使者报》1899 年 10 月刊的第 1 期第 5 页刊登的一篇文章：

> 我在彼得和保罗节那天中午到达了兖州府。尊敬的主教先生正好在早上出游去了……第二天是 1899 年 6 月 13 日星期五，我骑马去了济宁。可是这里却是何等悲惨的一幅景象啊！主教府就像是一座兵营。到处都是火枪，土炮，长矛，刀剑……前

天我们又买了两打长矛。每晚都得布置警戒。如果反民们胆敢进攻的话,传教士们必须竭尽全力地防守,因为主教府的沦陷将意味着整个传教事业的毁灭。可惜的是,他们还缺乏欧洲制造的防卫武器。中国的那些"枪炮"并不太能让人放心。

这真是太令人可悲了——为了基督教传教事业的尊严与名誉——在一座传教主教的官邸里,就在这位主教的眼皮底下,"从窗户里,高墙上,到处可见长矛、火枪和其他武器的踪影"!这真是太令人可悲了![①]

如果是驻北京的公使馆人员在那个夏天这么做的话,自然是完全正确的行动;甚至我也必须承认,在这样的形势下任何一个非传教人员都有权和您做得一样。但是一个非传教士可以做的事,并不总是传教士也可以常常做的。一个传教士——和在国内的教会仆人一样——肩负唯一的使命,一个在这个尘世间应有的和能有的最高的使命:给人民带去福音。要完成这一使命的唯一方法是,传教士——在没有他人帮助的情况下——应获得他的传教对象的信任,相信他的目的是完全无私的。为此——如果形势必需的话——传教士也应该勇敢地、愉快地、毫不痛苦地、不加反抗地献出自己的生命。这样他就有极大的机会使得原本满腹狐疑的异教徒们开始相信他的无私的动机了。主教先生,如果您说异教徒把这种"无私性"(=宽恕)看作是一种"软弱",那就大谬了。您把您二十年的传教经验作为自己那句话的依据:"宽恕在他们(异教徒)的眼里成了软弱。"[②]而我用近两千年的传教史的经验作为依据,我相信自己是不会错的。我在前面说过,一个非传教士可以做的事,并不总是传教士也可以做的事情。传教士被主派来就是要去完成在这个尘世间能有的最高的使命:他享有这份唯一的荣誉,也必须把那唯一的苦难负担都揽到自己的身上。

对于"传教士与使用武器"这样的课题,我们新教方面的传教理论有如下几个观点:

1. 大多数传教专家都反对传教士在任何状况下使用武器,即使是在正当防卫的情况下。这方面最杰出的代表是于 1900 年 3 月 5 日去世的北德意志传教社团(在不莱梅)的监察官、福音教神学博士米夏埃尔·察恩(Michael Zahn)。因为你我双方都曾在刚果传教,所以您的斯泰尔"圣言会"也认识他。察恩博士说:"武装防卫会对传教士造成损害

① 即使是连这样的一幅画面都必须在公众的报纸上炫耀一番!上海出版的《东亚劳埃德时报》1900 年 7 月 6 日的第 27 期在副刊上刊登了七张来自于您的教区的照片,全都附有这样的按语:"东亚劳埃德独家照片。"第 6 张照片的小标题是:"在济宁的主教府的院落里,为了抗击暴民而武装起来的教民与传教士们。东亚劳埃德独家照片。"然而这些在 1900 年 7 月 6 日才刊登出来的炫耀性照片是在 1899 年的夏天拍摄的;您手下的传教士薛田资神父在那期《东亚劳埃德时报》的第 510 页就明确表示,那些照片是在 1899 年拍摄的。

② 1898 年底,您的行政代理曾因传教士薛田资神父遭受虐待一事而签订了赔偿条约,而您却把它废除了(参见 1899 年《小小心灵耶稣使者报》第 149、165 页)。根据您二十年的经验,您认为这份条约太"宽大"、太"简单"了。您写道:"行政代理神父行事符合基督教教义,但太过于仁慈了。他以为这样就能最好地赢得异教徒的心,获得平和的环境。异教徒们可不是这么想的。宽恕在他们的眼里成了软弱。"您推翻了原先的条约,并强迫签定了"一份对异教徒更为苛刻的条约",因为您相信,这样一来就能在异教徒之中更好地保持威严。然而他们和在您的假设中的表现并不一样,这一点您不得不在您那份报告的同一页里承认了:"局势越来越恶化。我不知道,该怎么得到安宁。"——这一切都不是因为一次殉教行为,而只是为了签订一份赔偿条约而发生的,简直是毫无意义。在这两件事情中,有一个问题一直没有得到解决,即"宽恕"(实为无私)是否该看作"软弱"。如果中国的异教徒的确把"宽恕"(实为无私)看作"软弱"的话——我会不假思索地承认这一点——那么传教士们岂不是有了一个新的义务,即要让异教徒的认识水平达到一个更高的——也是基督教的——高度,让他们明白"宽恕"其实是一种"力量"。

……这样一来，一个普通教众和传教士之间就没有什么差别了。而后者的工作，应该是作为和平使者到异教徒那里去。”（《关于1893年在不莱梅召开的各洲传教会议上协商情况的记录》，第34、36页）

神学博士瓦尔内克教授（在萨勒河畔的哈勒）也持有同样观点，不过他的意见并不是以一种必须严格遵守的要求的形式出现的。他在其《福音教的传教学说》Ⅲ前半部的第43页中写道：

> 传教活动应当尽量避免同刀剑产生瓜葛；它自己不可以使用，也不可以为了它的缘故，而让世俗的势力使用刀剑。即使是为了防卫强盗抢劫而采取的自卫行动，使用武器仍然并不是无可厚非的。经由传教士的手而喷溅出来的人的血液往往会化为一颗充满了灾难的种子。比起忍受强暴来，自卫容易演变为更大的罪恶。

诺伊基尔兴的传教监察官施图斯贝格（Stursberg）也这样说道：

> 我的非洲之行并无武器相伴。从实践的角度我要劝告传教士们，应该尽量少地采取自卫的方式，因为自卫经常会导致更糟的后果。例如，马萨依人有以血复仇的习惯，而且规模会更大。如果有一个传教士对他们进行了自卫的话，很有可能会导致进一步的流血事件的发生。（《关于1893年在不莱梅召开的各洲传教会议上协商情况的记录》，第36页）

虽然我个人也同意上述意见，但是为了您的方便，我将（在下面）提出一个更为温和的观点。

2. 其他的传教专家同意传教士和他的手下可以进行有条件的自卫行动。此自卫行动的底线一方面在于有义务对世俗统治者保持恭顺，即使后者行了不义之举，传教士和他的皈依者们也不可以拿起武器反对他们的统治者——因为那是上帝指派的尘世间的最高的法律机构；另一方面在于有义务为了上帝而忍受（虽然这样一来，自卫行动本来是不该被允许的），也就是说，自卫不是针对统治者的迫害，也不是针对狂热的、野蛮的暴民。举例来说，有条件的自卫行动是针对强盗的袭击。这方面的代表人物是巴门的传教监察官施赖伯（Schreiber）博士，他说：“如果一个传教士来到了一个野蛮的异教民族中间，那么他就要把自己的安危托付给耶稣基督。如果当他所在的那个民族的妇女和孩子面临着一伙强盗的袭击时，情况就不一样了。他拥有神圣的义务，去保护自己和他的教民们。”（《关于1893年在不莱梅召开的各洲传教会议上协商情况的记录》，第35页）莱比锡的传教监察官冯·施瓦茨（v. Schwarz）说道：“我认为，面对强盗的攻击，传教士应该有权自卫反击。”（出处同上，第35页）持有相同观点的还有柏林的传教监察官梅伦斯基（Merensky）博士（出处同上，第34页）和赖兴施旺特的高级牧师伊塔迈尔（Ittameier）（出处同上，第32～34页）。

传教士不可以抢在受攻击的危险出现之前就采取行动，或者参加军事远征部队，这些都已经超出了自卫的范畴。所以我觉得有必要确定一下“自卫”的概念。既然您要求有广泛的有效性，因此我便选择了《德意志帝国刑法典》中第53款的相关概念来作番解读：“自卫是指当自己或者另一个人受到正在发生的、违法的侵犯时，采取的必要的防卫行动。”

1900年1月1日开始生效的德国《民法典》第227款也有完全相同的定义。我在此要明确指出的是“正在发生的”这一特征，也就是说，自卫是以正在进行中的袭击为前提条件的。可是我同样能够确认，主教先生您和您的传教士们在1899年夏天所经历的上述那些情况并不属于自卫反击，因为您的传教士曾经非常明白地证实过，您在济宁的主教府在1899年其实根本没有遭到攻击过。比如薛田资神父在1900年7月6日的《东亚劳埃德时报》第510页就写道：“多亏了济宁上流人士的坚定信念，这座官邸在去年的那场席卷各地的风暴中完好无损”。

至于您的传教士恩博仁神父1899年8月12日在兖州府的情况，我将引用他自己那篇关于当天情形的报道。让大家放心，虽然当时“在他的门前的大街上聚集了几千个（看戏的）人”，但他毫发未损。他的原文是：

> 有人在我们住宅的大门前搭台唱戏，吸引来了好几千名观众……昨天8月11日（1899年）是开戏的第一天。在我们门前的大街上聚集了几千个人。按照中国人的习惯，我把武器都摆放在前院里，让一批壮实的工人去使用。他们都把辫子盘在头上（这是中国人表示战斗欲望的方式），而这时候，那14个士兵却懒洋洋地蹲在地上。昨天虽然来了很多人，不过总算是平安地过去了……今天8月12日……演戏的日子过得风平浪静。

他说得很清楚，他没有“受到伤害”。那么您的传教士恩博仁神父的所作所为是自卫吗？不，因为自卫是以正在进行中的袭击为前提条件的。而他“弄到了50支长矛和20支火枪”，还像个下级军官那样操练“一批壮实的、把辫子盘在头上的工人”，如同对门外那些聚集的人进行挑战一样。他的行为算不上是自卫。

您也不能为您自己和您的传教士辩护，说你们只是想在危险来临时先发制人，因为那一句名言说得好：就像上面提及的那样，传教士是不可以“si vis pacem, para bellum”（想要得到和平，就得做好战争准备）的。如果在传教中允许使用这句话，那么“para bellum”（作好战争准备）就会演变成严重的后果。比如有谁能够画一条线，说传教士——像恩博仁神父那样——最终不会降格为一名下级军官，把他们的时间用来操练“一批壮实的、把辫子盘在头上的小伙”？是的，这儿不难看出，为什么传教士会在后来提出什么“军费草案”了。

如果一个传教士积极参与了惩罚性的军事行动，或者即便只是对其表示同意，都理应受到最为严厉的批评。上文已经提及，在您的首肯之下，1899年3月底到5月曾有过一次这样的军事行动，从青岛出发开往日照，其间还发生过一次小规模的战斗。1899年12月31日递交给帝国议会的官方的《关于胶州地区从1898年10月至1899年10月发展情况的备忘录》中第32页有如下这几句话：

> 1899年3月底，第三海军营的一个连被派往日照，以此向中国的中央政府和山东南部的地方政府施压，让他们采取更为有力的措施去解决针对天主教传教士的骚乱。该连队在完成任务之后，于1899年5月重新返回了青岛。

在我们新教的传教界，曾有一位卫理公会在南太平洋地区的卫理公会传教士乔治·布朗（George Brown），因为他手下有四名南太平洋当地的牧师被吃人部落杀死并吃掉了，于是他在1878年发动了一次针对新英格兰地区的食人生番的惩罚性军事行动。时至今日，他依然在受着全体新教传教界的最严厉的谴责。[①] 就算由当时的驻斐济总督亚瑟·戈登(Arthur Gordon)领导的南太平洋地区英格兰最高法院在经过详细的调查后宣布他完全无罪，也是无济于事。[②] 被惩罚的那些吃人生番并不属于被传教过的部落，而是一个未开化的、居住在海岛深处的部落，传教士在他们眼里只是些入侵者而已(《新教传教杂志》，1884 年，第 168 页)。在新教的传教活动中绝不能出现军事行动的踪影，而且对乔治·布朗之类依然不能谅解。我们时常进行自我批评，而这一点——正如我说过的——是天主教的传教所缺乏的。

罗马天主教至今还依然钟爱的刀剑传教(《大众传教杂志》副刊，1888 年，第 497 页，第 79 页；1891 年，第 287 页)，其实一直受着耶稣的谴责(《马太福音》，26:52)。

接下来，我就来总结一下我们新教传教界关于使用武器的一致意见：

1. 如果说到为基督而受的痛苦，也就是殉道行为，那么使用武器和自卫都是不被允许的。不能针对统治者的迫害，也不能针对狂热的、野蛮的暴民。

2. 传教士和他的皈依者们永远都不可以拿起武器反对他们的——作为受上帝指派的(《罗马书》，13:1 及后几条)——掌权者，即使后者行了不义之举。

3. 在面对着遭受攻击的威胁时抢先采取行动，或者参加军事行动，这都是传教士所不允许做的。

4. 刀剑传教，也就是借助刀剑来传播，强行传播、维护(已得到传播的)福音教的行为不符合基督教的教义，应该受到指责。为了完成此目的而依靠世俗之剑的做法也是不允许的。

主教先生，请您允许我再提及一桩引起我注意的、您的传教活动中的“胡闹”。我这儿有三张不同的照片，您在里面都穿着同一种衣服。您的斯泰尔传教士训练学校的官方喉舌《小小心灵耶稣使者报》在 1898 年的 12 月刊第 3 期第 38 页刊登了一张照片，其副标题为：“约翰·巴普蒂斯特·冯·安泽尔(即安治泰——译者)，(中国)山东南部主教和圣徒副牧师，穿着一件中国官服”。您的传教士皮珀神父(Pieper)于 1900 年出版的一本书《来自繁花似锦的中国的野草、花蕾与鲜花》的第 375 页有一张照片，您在里面再一次身穿中国官服出现。高级土木工程监督官、海军军港建设负责人 G·弗朗齐乌斯(Franzius)于 1898 年出版的《胶州，德国在东亚的收获》一书的第 125 页也有一张照片，其副标题是：“穿着中国宫廷服装的安治泰主教”。因为在这封公开信的众多读者之中，很可能有人对“Mandarin”(官员，大老爷)这个词的意思还不甚了了，所以主教先生，请您允许我在这里采用一篇您的传教士，也就是上文所提的那位皮珀神父所写的介绍性文章。此文刊登在

---

① 在不计其数的谴责文章里，我只能挑选几份列出：《泛传教杂志》1879 年，第 186 页及后页，第 420 页及后页；1881 年，第 428 页；1882 年，第 328 页；1883 年，第 380 页；1894 年，第 550 页及后页。《新教传教杂志》，1879 年，第 53、92、350 页；1880 年，第 221 页；1884 年，第 168 页。1881 年由布克哈特·格论德曼出版社出版的《传教用小圣经》Ⅳ，第 3 页，第 219 页；1880 年出版的卡尔卡的《基督教传教史》Ⅱ，第 253 页，注释 1(是一本丹麦语的书)，瓦尔内克《新教传教概况》，1883 年第二版，第 102、157 页；也是该作者所著《新教传教准则》Ⅲ，1897 年，前半部，第 43 页，注释 1。

② 参见《新教传教杂志》，1880 年，第 221 页；瓦尔内克《新教传教概况》，1663 年，第 157 页；格论德曼《新教传教的发展史》，1890 年，第 280～281 页。

《小小心灵耶稣使者报》1899 年的 4 月刊第 7 期第 104 页（也在他的那本书的第 150 及后页）：

> 一个 Mandarin 到底是什么呢？……首先，“Mandarin”并不是一个中国词，而是来源于葡萄牙语。Mandarin 在汉语里叫做“大老爷”=“年长的，上了年纪的爷爷”。这是平头老百姓们的一个惯用词，也是当一个可怜的罪人在祈求宽恕和怜悯时使用的称呼，他会说：“求大老爷开恩哪！”……按照官府、官衙的说法，他就是大小事务的处理者……Mandarin 又分为两种：文官老爷和武官老爷。后者主要带兵，而前者则像是国王和主人，法官和惩罚者，如同百姓的父母一样；所有行政权力都汇聚在他们的手里。
>
> 如果用“Mandarin”来统称中国所有的官员的话，那么其中具体还可以分成九个等级。每个等级都在各自的顶戴上安放着一颗不同的珠子以示区别：一品是珍贵的红宝石，二品是切割过的珊瑚，三品是蓝宝石，四品是青金石，五品是透明的水晶，六品是砗磲，七品是素金，八品是阴纹镂花金，九品是阳纹镂花金。
>
> 随着官阶的不同，官服上衣的胸前图案上的鸟也相应不同：一品为仙鹤，二品为锦鸡，三品为孔雀，四品为雪雁，五品为白鹇，六品为鸬鹚，七品为鸳鸯，八品为鹌鹑，九品为中国的练雀。
>
> 一品的文官只包括内阁大学士和六部的尚书们。武官包括皇家禁卫军的领侍卫内大臣、都统以及水师提督。二品官员包括各王爷和各行省的总督、水师总兵、副将，也就是各省的最高官员。三品的有行省的最高刑事法官，还有各省的二把手……当官，是幸运阶梯的最高一级，所有世俗愿望的顶峰……新上任的官员在得到官印以后便步入了官场和名利场，而且他的相貌都会随着这颗官印而变得高贵起来：出现时要威严得体，一举一动都要架子十足。这主要得归功于他身上的那套官服，他在执行公务，比如升堂审案时要穿着它。挂在脖子上的一百零八颗沉重的珍珠念珠，头上的顶戴，脚上穿的高厚底的官靴，胸前背后的绣金图案，五彩缤纷的丝制官袍，一切都令人印象深刻。

于是我觉得您的行为不太妥当。主教先生作为宗教的领导，教会内身居要职者，却穿着中国官员的异教服装，或者按照您更喜欢的说法，穿着异教的中国官员的服装。也许您会反驳道，新教的传教士不也穿着中式服装吗？对此我必须指出，中式衣服和中国的官服是完全不同的两码事，就像欧式服装与法官开庭时所穿的法官袍之间的区别一样。中国百姓的衣服是一种样式，传教士穿着它是十分正确的，他应该成为“中国人中间的一个中国人”。中国的官服却是确定官职的身份象征。不在其位，则不可穿其衣。假如在德国也有人公然穿着天主教教士的教士服，或者索性穿着一套天主教的主教服的话，您会怎么说呢？您可能会反驳我：这在德国是不可能的，法律不会允许这种行为。我必须完全赞同您的说法，《德意志帝国刑法法典》第 360 款第 8 条原文如下：“以下情况将处以最高 150 马克罚款或者予以拘留：未经授权，而擅自穿着制服、官员服、佩戴官员标志、勋章或荣誉标志者，或者擅自使用头衔、尊号或贵族称号者等等。”但是我相信，在中国以及在整个异教世界，恐怕都会有类似的法律精神吧。如上文所述，中国皇帝曾授予您三品顶戴，1895 年甚至升至二品顶戴，佩红珠。这样您穿着中国官服当然也就是合法的了。可即便如此，事实并没有改变。这种合法性对于传教却没有任何帮助。因为您此举在无意之中引发了中国真正官员们的嫉妒之心；他们从自己的角度出发，会认为他们在中国百姓中间的声望受到了削弱，因为连“一个外国人”都能穿官服了。事实就是，在所有有关您的教区的报告里，都能找到官员与你们为敌的抱怨，犹如一根红线贯穿其中。在官员们看来，您穿他们的官袍，就是对于他们等级特权的一种侵犯，而现在您又反过来深受其害了。其根源就在于如上文《彼得前书》第一节 4:15 中所说的：“你们中间却不可有人因为……好管闲事而受苦。”中国皇帝也曾想授予新教的传教士以官衔，可是他们都婉言谢绝了。

我还发现了一处更严重的违规行为，您的行政代理——按他自己所说——曾穿着您的官服，为五十个人隆重地举行了洗礼仪式。福若瑟神父当时（1885 年）还是您的传教助手学校的校长，而您也还只是行政代理。他在 1887 年的斯泰尔《圣・米歇尔年鉴》第 60 页写道：

> 接连度过了几个不同的喜庆日。其中第一个也是最美妙的一个是在我的圣名纪念日上，圣约瑟夫日，我为约五十个人隆重地举行了洗礼仪式……我自己则穿上了我们行政代理的那套中国官服。

我们新教虽然不承认衣服能有什么神奇的魔力，我们也相信，洗礼时——只要的确按照程序进行——即便主持者身穿异教服装，其效果与身穿教士服也并无区别，然而我们依然坚持教会的得体性。如果是因为您当时的副手、现在的行政代理必须不加拖延地为一人或者多人进行紧急洗礼，而且事出突然，已经来不及把先前穿在身上的官服脱下来换上教士服装，那么我完全能够理解他的做法。可是实际情况并非如此。这更像是一个精心准备的节日。福若瑟神父写道：“为了隆重地举行这一庆典，教堂也披上了盛装，等等。”他是在经过深思熟虑之后才选择了这套官服的。而且我还真的无法理解其中的逻辑：异教的官服竟然比他的“圣职法衣”更能使基督教的庆典显得“隆重”。这一点，他在同一处引文第 62 页上也提到过。

我为什么要一再地在官服前面加上“异教”一词呢？因为还没有任何一位在职的官员，也就是有权穿官服的人，成为您辖下的受过洗礼的教民，没有一个通过正式声明而加入您的教会的。根据最新的统计数据，到 1899 年复活节为止，您的教区共有一万五千二百五十二名受过洗礼的教徒。而按照您的传教士皮珀神父的那本书（《野草……》）第 150 页上的记载，在总共四亿三千二百万中国居民之中，一共只有二千一百一十名官员，其中的一千七百一十人只是“普通官员”。因而我推测，您的教民里没有任何一位是在职的官员。如果我的推断有错误，我当然也会乐意地予以更正。

前面提及的您的那位行政代理福若瑟神父，最近又一次在管闲事，即干涉了中国官员的司法权。

在 1898 年的《小小心灵耶稣使者报》9 月刊第 12 期第 91 页登有这么一篇文章：《半年后在张家庄的审判》，作者是薛田资神父，写于 1898 年 5 月 10 日。这场审判是针对杀害了您两位传教士——能方济和韩理神父的那些凶手的。薛田资神父在文中写道：

前些日子从北京来了一位欧根·沃尔夫(Eugen Wolf)先生[①],他作为德国公使派来的特使,在沿途各地都受到了热烈隆重的接待,官员亲自陪同,晚上下榻在官衙里。他的目的地是巨野和张家庄。顺路他还去了趟巨野邻近的嘉祥县,审理德维神父(Dewe)遇袭案。两三个月前,该神父也遭到"大刀会"的攻击,差一点就被害了。两个被捕获者都承认了自己是"大刀会"的成员,也认了罪。下午从那里出发前来巨野。我在几个小时前就骑马去迎候他的到来。巨野的地方官害怕了,派出他的衣衫褴褛的卫队,或骑马或步行前往迎接。在教士住宅里用过晚饭以后,沃尔夫先生就赶赴衙门,尊敬的行政代理和我陪着他。地方官很快也来了。下面我将根据我的回忆,记载一个有趣的审讯过程:

地方官:"你从哪儿来?路上花了多少时间?"

沃尔夫(行政代理充当翻译):"我是北京的公使派来的。路上走了几个星期。"

接下来又客套了几句之后,沃尔夫先生切入了正题。

沃尔夫:"我来是过问一下审讯的情况。公使先生对你并不满意……把他们(犯人)带上来。"

地方官:"这不太可能。监狱太远了。"

沃尔夫:"速速将他们带来。"

地方官叫来一个衙役,本想对他耳语几句,可是沃尔夫先生不允许他这么做。经过长时间的犹豫和协商之后,终于带来了五个犯人……所有衙役都必须回避,然后行政代理先生开始审讯。

行政代理:"告诉我你所犯的罪过。不用害怕。这位大人是来这里解放你们的。"

犯人:"大人啊……"

……地方官目瞪口呆。一开始时他一言不发地坐着,后来他央求我为他和他的前任美言几句……沃尔夫先生让人做了庭审记录,让地方官在上面签了名。接着那几个可怜的牺牲品就被带走了。

本来,我引用上文"然后行政代理先生开始审讯",只是想确认一点,即您的行政代理——像我先前所说的那样——福若瑟神父被允许管闲事了,即干涉了中国官员的司法权。可是我在看过了上文的其他情节之后,发现还有一点也不能被忽略,而且迫切地想要确认,那位"德国公使的特使"——欧根·沃尔夫先生的表现如何。主教先生您作为教区的首领无疑应该对此很清楚,所以我想请您就此事公开地解释一下。

至于您的行政代理,您无法否认,他并没有权力去代替那个被吓住了的地方官"进行审讯"。这是一种严重的僭越行为,没有哪一个在中国的新教传教士会被允许这么做。因为此等僭越和干涉的行为而导致相关的中国官方对您的传教活动也产生不满与怨恨情绪,对此您不应该觉得惊讶;如果您的传教活动由于这种合理的怨恨情绪而受到损害的

① 这位就是《柏林日报》的那位犹太记者吗?如果当时的德国驻北京公使冯·海靖男爵真的把这位先生,或者另一位同名的先生任命为"特使"的话,那可就有趣了。该特使的职责是"对审判情况进行过问",有权像上级一样任意干涉中国官员的司法权。然而一个非华人的公使根本就没有权力,通过自己的职权范围去干预中国官员的司法,或者派一个非华人的特使去干预。

话，您显然也无权抱怨，因为正如《彼得前书》第一节 4:15 所说的那样："你们中间却不可有人因为……好管闲事而受苦。"

上述事例并非证明您的传教士干涉中国司法的唯一证据。您会介入每一个"要求赔偿"的案件，就算其数量众多，年代相差很大，您都努力要"确定赔偿的金额"。从我手头掌握的大量证据里，我只挑选出一个来作为说明。1899 年 5 月 26 日，您从兖州府启程，为了再一次"确定赔偿的金额"，并让山东省的高官们接受，但这是违背他们意愿的，所以您"几乎是逼着"他们就范的。您在已经多次提到的那份 1899 年 12 月 1 日的"迎新致辞"第 9 页中写道：

> 一支惩罚性的部队已经整装待发了，同时一支小部队已开往日照。当然，对日照的占领使得中国政府极其不高兴。我利用这一契机，劝说彭道台和我一起去叛乱地区巡游。他在山东南部是除了巡抚之外最高的官员。这位道台犹豫不决，他害怕巡抚毓贤不会饶恕他的这种出巡行为。
>
> 我便向他解释，如果我们能使那些地区平定下来，如果教区和教民能够得到足够的赔偿的话，我就会请求青岛的总督把德国的部队撤回去。如此一来，他，这位道台，就立下了大功。巡抚肯定不会怪罪他的。这位道台大人同意了。
>
> 我们于(1899 年)5 月 26 日从兖州府出发，意图平息那些地区的骚乱，并确定赔偿的金额。在半道上我们获悉，德国的部队已经离开了日照。彭现在想要马上打道回府。可是他转念一想，既然已经走了这么远，如果就这么半途回去的话，只会使自己出丑而已。
>
> 我们完成了既定目标，谈妥了一份有关赔偿金额的合同，平息了骚乱，然后出发前往巡抚衙门。巡抚自然不会欢迎我们的抢先行动；但另一方面，他也很难直接去批评由道台签订的合同。所以在经过长时间的谈判之后，在几乎是被迫的情况下，他最终还是同意了我们的协议。

这份证据应该能够证明我在前面所说的，您违背山东省的高官的意愿，"几乎是逼着"他们就范的。在半年前，即 1898 年底，您作为教区首领，曾动用过自己的权力，否定过您的行政代理因为薛田资神父遭受虐待而签订的赔偿条约，因为您觉得这份条约太"宽大"、太"简单"了。您的意愿在当时得到了贯彻。如果巡抚毓贤作为整个山东省的最高长官，也动用他的权力——他的确有此权力——推翻那份在他事先不知情的情况下签订的赔偿合同，因为他觉得这份合同太"不宽大"，由您确定的赔偿金额人"难"完成了，那该怎么办呢？而他并没有这么做。他只是咬牙切齿地、暗自愠怒地同意了您的"协议"，可这份协议被他视为对自己职权的无理干涉，其导致的后果您在两个月后就痛楚地体会到了。您在教区东面赢得的，却在中部和西部变本加厉地失去了。

您在报告的第 13 页写道：

> 在(1899 年)7 月底就听说，毓(贤)巡抚将亲自前来恢复秩序……8 月 7 日，毓贤巡抚终于来到了曹州府。一切还算是太平。从 8 日起，迫害活动开始在他的眼皮子底下展开了。而这个巡抚却幸灾乐祸地看着白戏。现在当然一切都失去了，因为暴徒们像一群野兽似的聚集在了一起。

这段记载着实令人难过,但这并不能妨碍我用前文中的那段话来作为本章节的结束语,《彼得前书》第一节 4:15 说:"你们中间却不可有人因为……好管闲事而受苦。"

第二章

"祭司长拾起银钱来说:这是血价,不可放在库里。"(《马太福音》27:6)当我在您亲笔所写的众多传教报告里反复读到赔偿要求这样的字眼时,总是会想起上面那句话。如果我打算就您的传教活动的这部分内容也说两句的话,那我就不得不违背我的意愿,因为我原准备把手头上掌握的所有资料都利用一下的。可要是我真的这么做了,那这第二章就会被扩充成一本包罗万象的巨著了。第一章的内容已经比我原先所预想的要宽泛许多,所以我现在将努力压缩一下第二章的篇幅。

我发现,你们争取来的赔偿金按照各自数额和情况被划分成不同档次,就像在学校里按成绩分档一样。我试着为之开出一张清单,不过内容仅限于最近三年的情况。

1."根本不够"(《小小心灵耶稣使者报》,1900 年,第 48 页,左栏上方)。

2."有一点赔偿"(同上,1897 年,第 39 页,左栏下方)。

3."还凑合"(同上,1897 年,第 63 页,左栏下方)。

4."足够"(《新年致辞》1899 年 12 月 1 日,第 9 页,上方)。

5."完全足够"(《小小心灵耶稣使者报》,1899 年,第 15 页,左栏上方)。

6."完全满足了愿望"(《圣·米歇尔年鉴》,1898 年,第 193 页)。

7."比期望的还多"(同上,1898 年,第 195 页)。

8."令人目炫的"(《新年致辞》1898 年 10 月 20 日,第 3 页,下方)。

这些评价中,有六个来自于您的文章,另两个,即第 1 和第 3 个出自于您的传教士的笔下。

为了至少在一定程度上把和这些评价相联系的概念解释清楚,我本应该针对不同等级,列出一系列赔偿的事例。但如此一来所占篇幅过大。因此我只举两例,即第 8 个"令人炫目的赔偿数额"和第 5 个"完全足够的赔偿数额"。

"令人炫目的赔偿数额"是由中国政府提供的,以补偿您那两位在 1897 年 11 月 1 日遇害的传教士能方济和韩理神父。我这里有两篇关于此事的真实可信的报告。一篇是您作为教区首领接收了该笔赔偿金以后,于 1898 年 10 月 20 日在济宁发表的《新年致辞》(也刊登在 1899 年的《小小心灵耶稣使者报》第 75 页及后页上)。第二篇是国务秘书冯·布洛夫(von Bülow)伯爵所作的报告,他作为德国政府的代表接收了德国驻北京公使呈交的赔偿金,1898 年 1 月 24 日召开的帝国议会的委员会会议上所作的官方记录对此作了记载。

您在第 3 页写道(出处同上):

> 除了占领了胶州以外,在山东南部的另一个成功之处就是这笔为两位遇害传教士争取到的令人炫目的赔偿了。在此有必要再列举一下具体的合同条款:
>
> 1. 政府保证将拿获并严惩真正的凶手。这肯定是整个事情中最为薄弱的一环。诚然,在袭击发生以后,当地的官员们分外紧张地行动起来,以抓获尽可能多的疑犯,但是真正的凶手却利用各种花招从官府撒下的网里安然无恙地逃脱了。这到底是由

于相关官员的恶意怠慢还是由于他们的无能所造成的，很难加以判断。

我想在此打住，先说说这第一点。您说："这是整个事请中最为薄弱的一环。"也许是因为"钱的问题"更重要吗？如果仅仅从（德国和中国的）政府的角度出发——也就是说把您的传教排除在外——这第一点无疑是唯一正确的和合理的一点。其余的"有关钱的"和"关键性"问题都已解决，可您的教区却令人遗憾地顽固坚持，这个"最薄弱的"的问题才会一直纠缠不清——等一会儿我会再具体说说这点。我先要说明一下这个问题导致的种种苦难。有多少无辜的人们已经因为这一问题而被斩首，更多无辜的人们遭到了拷打，忍受着令人发指的折磨！在1898年的《小小心灵耶稣使者报》第12期第91页上，刊登过一篇您的传教士薛田资神父于1898年5月10日写下的文章：《半年后在张家庄的审判》。我将引用其中的一些段落。

直到今天，（1898年）5月10日，半年多都已经过去了，连一个真正的凶手都还没有落网。有两人被砍了头，另有七个被诱导承认了罪行（我插一句，也就是屈打成招）。来自济南府、日照府和兖州府的"大人们"齐聚巨野县，审了足足八天，对嫌犯进行拷打和凌辱。这些犯人都是他们在万般无奈的情况下抓来的，被迫承认犯罪，以便官员们能够交差……有个中国官员徒劳无功地查找了多天。现在他终于发现了脱离困境的办法。所有和他有仇的人都被抓来了。有钱人在被狠狠敲了一笔之后得以脱身，穷人在被大刑伺候之后不得不低头认罪，还必须"咬出"其他人，就这样，十天以后，在众人的欢呼声和鼓乐声中，士兵押送着五个人进了城。审讯进行得很顺利……差不多九点时有两人被斩首示众。

我在前面曾提及，那位"欧根·沃尔夫先生"来到了巨野，并和行政代理福若瑟神父一起升堂审案。下面就是从刚才那篇文章里节选出来的无辜犯人们在他们面前的申诉。

第一个犯人：在家里我还有穷困的双亲要奉养。我是做小生意的。"惠二哑巴"（被斩首者之一）欠了我的钱。我的父母都得了病，为了照顾他们我用尽了积蓄，于是我便要求惠还钱，可他却从来都不还。一开始我求他，后来又催他还钱；他打我，骂我，威胁要报复我。几天后他被抓了，出于报复，就把我也供了出来……现在他们每天要压我的腿三次，骨头都快给压碎了。我宁愿快点死，也不想再受这样的折磨了。

第二个犯人：我在家开了间小客栈。杜申志（音译）的士兵经常过来，又不付钱，所以我开始和这位老爷以及他的士兵发生了口角。结果我就被当成是凶手给抓来了。来了整整三车的乡亲为我作保，为我鸣冤叫屈，但都让带兵的给赶走了。我被折磨了三天，直到我招供为止。

第三个犯人：是第一个犯人把我招出来的。我是他的朋友。他必须得供出几个人来才能免受皮肉之苦，于是就把我给拉了进来。

第四个犯人也声称自己是因为遭到报复才被捕的。

一共有大约五十人被抓，其中部分被释放，部分死于酷刑和疾病……我们（我插一句，是天主教的传教活动）的名声也被败坏了。

同样是这位传教士（薛田资神父）在1898年7月28日所写的文章中也说到了这件

事,它发表在同一本刊物1898年的第3期第39页上:“有两个无辜的人被斩首了,还有另外五个无辜的人被屈打成招,关进了大牢……”

尽管有这两篇报道,您依然在1898年10月20日吹嘘“为两位遇害传教士争取到的令人炫目的赔偿”,而且还用疏排法特别强调了这“令人炫目的赔偿”!可您怎么能把这么多无辜的人受到拷打,这么多无辜的人被砍了头——您自己都在同一篇报告里的第2页写道:“那些被官员们抓起来的可怜的人们的确是无辜的”——您怎么能光荣地把这些都称作是“令人炫目的赔偿”呢?或者您仅仅把它理解为您在后文里写到的,那些沾着血迹的“令人炫目的赔偿金”?可是我在前面已经说过,正是因为您的教区的(不是德国或者中国政府的)令人遗憾的顽固坚持,这第一个问题——血淋淋的问题——才会一直纠缠不清。我现在就证明给您看。

在1899年2月的《小小心灵耶稣使者报》第69页上有一张图片,其副标题是“遇害传教士能方济和韩理神父在戴家庄的墓地”。相关说明性文章在第74页:

> 关于我们在第69页上的图片的说明。
>
> 在从济宁出发步行约半小时就可抵达的戴家庄,我们的教区拥有一块比较大的、带有园子和其他设施的农庄。那儿有一处僻静安宁的地方,它因地处旷野而颇受教士们的喜爱,那里长眠着两位为了圣教事业而捐躯的斗士。有些人可能会感到奇怪,高高矗立于地表的坟墓上竟没有十字架和装饰。这是中国的习俗所要求的。在和死者相关的所有诉讼都结束之前,是不能将其埋葬的。众所周知,这两位的事情还没有得到了结。

1898年春来到济宁的恩斯特·冯·黑塞一瓦尔泰格(Ernst von Hesse— Wartegg)也在他的著作《山东和德国的中国领地》(1898年)第240页上有过类似记述:

> 我们在谈论济宁的传教活动时,经常会说到那两位遇难了的可怜的传教士能方济和韩理神父。时至今日,他们依然没有能入土为安,因为按照中国的法律与习俗,在和死者相关的所有诉讼全都宣判之前,是不能将其埋葬的。现在案子还没结束呢。两位遇难者的遗体连同他们的棺材都临时安放在密不透风的围室里,等待着最终的安葬,预计在今年之内应该可以完成。①
>
> 我想去看看临时的坟墓,几位先生陪我前去,一路上尽览了山东西部那饱含着春天气息的迷人美景。从济宁出发,行了约九里地②便来到了那个宁静的小村庄。教区在此处花了几千马克购置了一处地产……四周是满是树荫的中国式的园子,在一大块菜地的尽头有一片约一百平方米的空地。两位中国排外浪潮的牺牲者相距只有几步之遥。两口棺材被放在由烧砖砌成的、豪华的墓室里,正如前面所说,还没有配上十字架和铭文。

书中还附有前面业已提及的坟墓的图片。

您的传教士薛田资神父在他的《一个传教士在中国的经历》(特里尔,1899年)第92

---

① 直到1900年仍还没有得到安葬。

② 1里=575.5米。

页中也写道：

> 因为我要去东部游历，所以也去了趟安放我那两位兄弟的戴家庄。棺材还是安放在地上的石窖里。因为按照中国的风俗，只要凶手还没有落网，赔偿工作就不算结束，死者就不能被安葬。

“只要凶手还没有落网，赔偿工作就不算结束”？那么还将有其他无辜的受害者被拷打和砍头吗？这就是基督的慈悲吗？作为教区的首领，您难道可以对这令人发指的酷刑置若罔闻吗？在这里我已向您不容辩驳地证明了，正是因为您的教区的令人遗憾的顽固坚持，“令人炫目的赔偿”这第一个问题才会一直纠缠不清。

但是您的教区却声称，“按照中国的风俗”，两位被害者直到现在——差不多三年过去了——还不能下葬，这样看来，您的教区在这里遵循的是一种异教的风俗。您可以从皮珀神父的书里进一步了解这一习俗，他的那本《来自繁花似锦的中国的野草、花蕾和鲜花》的第276～298页有一个特殊的章节，专门描写异教中国的“丧葬习俗”。他在第283页的第一段“临时安葬”中写道：

> 棺材摆放在一间房间里；如果没有空余的房间，也可用厨房或者卧室代替。更多的情况下，棺材被放在露天的地方，周围用砖砌起来。尸体在这临时的坟墓里有可能一放就得一年多。有时是因为找不到合适的地方下葬，或者是要等待另一个准备与之合葬的人的死亡。这种情况尤其发生在高贵的人家，两夫妻里有一人先行离去的时候。

“找不到合适的地方下葬”这句话，您也可在同一本书第285页上的“正式安葬”一段中找到，这同一句话的意思是指异教迷信中的“风水”。

即使没有您的传教士所写的书，这些异教的习俗和迷信的知晓度也是很高的。我可以让新教的传教同仁去看1887年的《新教传教杂志》第30页和1887年《泛传教杂志》第260页以及1895年第367页下方的相关介绍。

我现在继续谈您那“令人炫目的赔偿”的第二点。您写道：

> 2.政府支付了三千两，作为对被抢和被损坏的物品的补偿。

请允许我先为有需要的读者们进行一下有关中国银两价值的必要的解释。

“Tael”一词(英语也可写为Tehl，Tale，或Tail；汉语：“两”)并非指一种硬币，而只是一种重量和计算单位。在中国不同的贸易区，其重量与成色都会有所不同。“两”的价值会随着时代的变迁而浮动。作为金钱单位，1897年在广东(或香港)每两折合3.058德国马克，在上海每两折合3.082德国马克，而“政府两”，即所谓的“海关两”，则折合3.433德国马克。这里指的都是银两，如果是金两的话，价值差不多翻一倍。[①] 今年(1900年)在广东(香港)一银两只值2.80马克了，一金两为5.60马克，而一海关两折合2.94马克。

虽然寻遍了您的和斯泰尔的所有相关传教报告，还是找不到任何蛛丝马迹，能说明您所得到的那笔中国的“赔偿金”到底是用银两还是金两支付的。考虑到那笔赔偿金是“令

① 由您的斯泰尔传教士训练学校出版的《中国传教史》第21页注解1则非常宽泛地写着“一两=6.40马克”。

人炫目的”，我几乎认为那赔偿金是金两了，但是根据那句著名的谚语：“令人炫目的并不都是金子”，而且我也知道，中国政府一般都用银两来结算，因此我就自作主张地认为“令人炫目的”赔偿金并不炫目，您拿到的只是银两。同时我在换算时，把一银两只定为相当于三马克，以便于把不同的赔偿金额方便地和普鲁士的塔勒加以比较。

这样您从中国政府那里得到了三千两＝三千塔勒＝九千马克，作为“对被抢和被损坏的物品的补偿”。我实在无法抑制自己对如此之高的赔偿数额的惊讶之情。您的传教士薛田资神父，自称是“那起血腥的报复事件中唯一侥幸活下来的目击证人”[①]，他在自己的报告里写道（也通过谈话出现在其他传教士的报告里）：整个袭击过程，从凶手最初出现直到消失“一共只有十分钟”，实际只持续了“四分钟”，“一会儿的工夫”，“一眨眼的功夫”，等等。此外，凶手只进过一个房间，而您的传教士又一向不遗余力地以安贫乐道自诩：那么凶手们到底是怎么在夜里，仅凭借火把的微弱的光芒，在十分钟（实际是在四分钟之内），在一间房间里“抢去和损坏了”价值九千马克的物品的呢？另外，您自己也说过：“这并不是一起普通的抢劫案，而是由排外与反基督教思想引起的凶杀案”；“凶杀事件只是某些邪教头子制造的个别的仇杀行动。他们以为有一位传教士告发了他们”；薛田资神父也说过，这起凶杀案只是“源于对宗教的仇恨”，等等。这些话都说明，歹徒们的本意并非“打家劫舍”。

可是，我觉得有责任为您列出上文中所用引文的出处，它们是：

1899 年 2 月的《小小心灵耶稣使者报》第 39 页和 1898 年的《上帝之城》第 10 期第 194 页：“所有的一切，正如薛田资先生所言，是在 10 分钟内发生的。”（艾勒曼）

1899 年 2 月的《小小心灵耶稣使者报》第 36 页：“在大约 4 分钟的时间里，所有能拿

① 记载于他的《一个传教士在中国的经历》（1899 年）第 72 页。——然而随着事后大量的描述纷纷粉墨登场，最初的、真实的、正确的、不掺假的情况却已被抛到了一边，就好像从没有发生过似的。最早的记述刊登于 1897 年 12 月的《小小心灵耶稣使者报》第 22～23 页。根据柏林外交部的通告，当时在张家庄共有四名，而不是三名传教士。两人被杀，另两个幸存者分别是齐格勒和薛田资。他们从二楼爬过毗邻教堂的屋顶，从而保住了性命。为什么人们突然就对此视而不见起来？后来的那些报道毫无真实性可言，干脆就把齐格勒神父给省略了，又说薛田资神父躲进了门房的小屋里。而他们满怀热情、大肆宣扬的那些事件过程，如果进行事后推算的话，可以得出结论：它是常人所不可能完成的。在“四分钟”的时间里（按照薛田资和福若瑟的说法），这伙歹徒必须要（1）——您自己也说过——“花相当长的时间把大门砸开”；（2）“抢走所有能拿走的东西”；（3）“使两人都倒在血泊之中”，虽然其中的一位能方济神父，在三个月前（1897 年 7 月 22 日）曾凭一己之力从六个强盗的攻击中全身而退（《小小心灵耶稣使者报》，1897 年，12 月号，第 19 页及后页）。而且他“进行了恰当的自卫”（恩博仁语），最后身负十三处伤而亡；（4）与另一位即韩理神父打斗的一名歹徒，“失去知觉，瘫倒在地”，在凶杀行动结束后，歹徒们将他“抬了回去”；（5）这时他们才“凶残地吆喝着”冲到院子里，徒劳地寻找起“大胡子”（薛田资），然后撬开了存衣室，最后因为找不到要找的人才“骂骂咧咧地穿过教堂，扬长而去”：这所有的一切，竟然是在“约四分钟里”悉数完成的！——如此迅速的，按秒计算的，简直是像闪电一样飞快的作案行动是怎么做到的？所有后来的报道都——以同样的热情——大肆宣扬薛田资神父是如何飞快地重新出现，并为两位遇害者做了“临终忏悔”和“涂抹圣油”的仪式。“在接下去的不到六分钟里”，薛田资神父（1）“为了看看另两位兄弟的状况而从躲藏的地方爬出”（《小小心灵耶稣使者报》，1898 年，2 月号，第 36 页）；（2）叫来了两个拿着长矛的人，他们自称是来帮忙的教民；（3）进入发生凶杀的房间（从恩博仁画的图纸上来看，是走了远路，为了绕过整幢屋子，他们穿过了两个院子）；（4）借着“一根火柴的微弱火光”找到了两人；（5）查看伤口（分别为十三处和九处伤口）；（6）为两位遇害者做了“临终忏悔”和“涂抹圣油”的仪式：而这所有的一切，竟然是在“六分钟里”悉数完成的！遗憾的是，薛田资神父陷入了极度的自相矛盾之中——如果他对此有异议的话——我随时可以公开地枚举出最详尽的资料来源，并公开地解释；而现在我只能结束这个注释了。我将用薛田资神父自己的话作为结尾：“这起血腥的案件笼罩着一个漆黑的谜团”，我再补充一句：希望总有一天，这个谜团能被解开！

走的东西都被抢走了，而且两人都倒在了血泊之中。又过了六分钟，死亡才使他俩摆脱了痛苦的折磨。”“从遇袭到两位传教士的死亡，总共只过去了十分钟。”（福若瑟）

《圣·米歇尔年鉴》1899年版，第189页：“一切都是在一会儿的工夫里发生的。”（韩宁镐）

《来自繁花似锦的中国的野草、花蕾与鲜花》，1900年，第376页：“也就是一眨眼的工夫。”

您自己也必须承认，要在“十分钟”，实际是在“四分钟”以内，在“一会儿的工夫”，在“一眨眼的工夫”，从一间传教士的房间里“抢走和损坏”价值九千马克的物品是几乎不可能的，而且前提是真有如此贵重的物品存在。特别是这伙歹徒根本没有可能在很短的时间内实施“抢劫”，因为他们首先要完成“凶杀”这一主要目标。然而现今您的传教士们却又全都否认自己拥有“贵重的财产”，仅仅有一些“最起码的”家什而已。薛田资神父曾特别说到过那所发生凶案的传教士之家，他明确地说：“我们在传教区的屋舍（这里指的就是那所传教士之家）都很简朴和寒酸。”（1898年4月的《小小心灵耶稣使者报》，第56页）他在其《一个传教士在中国的经历》一书的43页写道：“我负责的整个地区每年只能得到一千二百马克。用这笔钱我得雇个仆役，养一匹马，为教区招揽慕道者，建造房屋和教堂（！）[①]，还要养育捡到的孤儿。”

您的传教士黑塞神父甚至在1898年11月的《小小心灵耶稣使者报》第26页上登了这么一篇小文章：《说说在中国的（传教士的）清贫生活》。他在文中说，如果读者有机会亲眼看看他（黑塞神父）的教堂的话，他（读者）一定会相信，那座房子简直就是养牲畜的棚圈，而且还会同意他（黑塞神父）的看法，即有些欧洲的养牲畜的棚圈都要比他的教堂更考究，更适合做圣礼弥撒。我认为，这种描述以及您的传教士的许多其他类似描述都有夸大之嫌，而且这篇文章可以作为对我的观点的一个佐证：您的传教士一向不遗余力地以安贫乐道自诩。尤其是您的那位薛田资神父，例如，他在他的《一个传教士在中国的经历》的第43页干脆声称，他把“地上的洞”，把“洞穴”用作教堂和学校。他写道：“每次当我下到这些洞穴的时候，我都会想起罗马的那些早期基督教的地下墓穴。”

恩斯特·冯·黑塞－瓦尔泰格在1898年春，曾作为客人在您的济宁主教府里逗留了三日。他在《山东和德国的中国领地》（1898年）第230页写道：

> 他们（教士们）都感到很抱歉，因为我发现在我逗留期间，饮食都很简单，除了水和面包再也没有别的什么了。他们在招待欧洲的客人时就连一套餐具都拿不出来，因为先生们按照中国的习惯生活，用筷子吃饭。虽然连茶勺也没有，但并不影响他们的勇气和传教的热情。纵然没有茶勺和其他能令生活更舒适的文明世界的用具，他们照样可以宣扬基督教的精神。

要是在主教府里都是如此情形的话，那么当袭击发生时，在那个“简朴又寒酸的”传教士之家里又会怎样呢？到底“被抢走和损坏”了什么东西，竟然要求获得3000两＝9000

---

① 文中那个（！）是薛田资神父写的，不是我另外添加的。可是他在同一页上又一次犯了自相矛盾的老毛病：“我今年只设立了十二个堂口。我要求每个堂口都要为教会贡献一块地。在给他们上宗教知识课期间（一般3～4年），要在上面造一所房子，作为学校和教堂。”

马克的"补偿"呢？薛田资神父自己在1898年3月的《小小心灵耶稣使者报》第46页上告诉了我们答案："被找到的，属于我的东西有一个耶稣受难像、两个烛台、两条被子、一条裤子和一件圣衣的残存部分。"

在另一篇文章里，薛田资神父又列举了一遍那些被找到的他的东西，即1898年9月的《小小心灵耶稣使者报》，第92页："四五天之后，在张家庄以南四十里的万家庄附近的一座砖窑里找到了两条红被子、一条裤子、两个烛台和一个破损了的耶稣受难像。"

在众多的报道之中再也找不到其他有关财产损失的具体记述了。

这点物品就能要求得到三千两＝九千马克的赔偿了吗？况且歹徒们也并没有把"所有能拿走的东西"都带走。薛田资神父在这里又一次自相矛盾，因为他自己曾承认(1898年3月的《小小心灵耶稣使者报》第46页)："我的书籍，文件全都沾上了血迹。衣服、被子等都被抢走了。我只剩下身上的一件衣服，别的什么也没有了。"

不过您一定会反驳道："补偿"不单单是针对"被抢走的"物品，还包括"被损坏的"东西。那么现在也请薛田资神父来给出答案吧。他于1898年7月28日写的文章，刊登在当年12月的《小小心灵耶稣使者报》第40页："我这里还有一双韩理神父的沾满血迹的鞋子。此外，几乎所有的一切都能让我想起遇害的兄弟和那血腥的场景。我保留着韩理神父的衣服，我在那间凶案发生的'殉道者之屋'里写作着，被打破的窗玻璃至今还没有被更换，墙上的血迹依然可见，而床架就像用血刷过了一样。"

难道就凭这"被打破的窗玻璃"和"墙上和床上的血迹"都可以索取高额的赔偿？为什么离事发已经九个月了(1897年11月1日至1898年7月28日)，这些"破损之处"还没有被修复？而在此期间，要求"补偿"的电报和表示同意的电报都已经打了个来回了，赔偿金早在1898年7月28日以前也早就付清了。莫非是要把这些"破损之处"当作"景点"保存起来不成？但是您的行政代理福若瑟神父甚至亲赴北京，明确地为"被抢走和被损坏的"物品索要"补偿"，而且如愿以偿。您自己曾说过，而且记载国务秘书冯·布洛夫伯爵在上文提到过的1898年1月24日召开的那次委员会会议上所作报告的官方记录也称：

"应教区的要求，中国政府承诺支付三千两的全额赔偿金，以补偿天主教传教区及其下属人员所蒙受的物质损失。"

为了便于撰写传教史，我请求主教先生您为我们公开解释一个问题。您和您的传教士都曾声称，那起袭击事件并非普通的抢劫案件，而是由排外与反基督教思想引起的凶杀案，因此也就谈不上有计划的"抢劫"和高达九千马克的"赔偿金"了。

我现在把您的"令人炫目的赔偿"的第4点作为第3点来讲。第4点写道：

> 4.为了保护在曹州府动乱地区的传教士，中国政府承诺建造七座小型住房供他们居住；为了补偿殒命的传教士，建造3所较大的赔偿性教堂。它们将分别位于兖州府、曹州府和济宁，并且配有皇帝的铭文："敕建天主堂"(意思是皇帝所建)，以提供特别的保护。此铭文对于这些新建的教堂来说是一种珍贵的护身符。据我们所知，迄今为止只有两所在北京的天主教教堂得到过如此的恩惠。只要现今的朝廷依然存在，拥有该铭文的建筑物就永远不可以被毁坏。出于上帝的意志，从前在北京曾发生过的传教士被驱逐的事件不会再出现了，上帝的殿堂不再会受到亵渎。
>
> 所以从现在起，在山东南部这三个曾受野蛮人冲击过的城市里，十字架已经处于

皇帝的特别保护之下了。

作为补充，我还将引用记录冯·布洛夫伯爵在1898年1月24日召开的那次委员会会议上所作报告的官方记录中的相关段落：

> 中国政府承诺，为曹州府的两个教堂和事发地的教堂各拨发六万六千两，并供给建筑用地。此外，为天主教传教士建造七座坚固的住房，为此拨款两万四千两。所有款项由皇帝的钦差督办，以免传教士同中国的官员发生摩擦。

为建造"7座小型住宅"，中国政府支付了两万四千两，相当于七万两千马克，而为了建造"三所较大的赔偿性教堂"，为各教堂支付六万六千两，三所教堂共计十九万八千两，折合成马克为五十九万四千马克。那么总共是：

赔偿金：	九千马克
七座住宅：	七万两千马克
三所赔偿性教堂：	五十九万四千马克
总计：	六十七万五千马克[①]

您自己也写道，中国政府是在"经过长时间的挣扎"之后才同意了上述要求的。接受，实际上是逼取这么一笔异教徒的金钱，用这些钱去建造基督教的教堂，这样的做法难道不违背您的教派的处事精神吗？您真的相信，通过这些"住宅"和硬逼得来的"赔偿性教堂"就能让中国人对天主教喜欢和重视起来吗？不，连您自己都不相信；中国人不会因为这些强迫性的和惩罚性的措施而变得对天主教趋之若鹜。您自己也感觉到了这一点，并因此寻求皇帝的保护牌，来作为那些硬逼得来的教堂的"珍贵的护身符"。真是闻所未闻：由一个异教的皇帝来保护基督教的教会！十字架由龙的标记来守卫！"天主之教堂，奉皇命所建"[②]，这才是"敕建天主堂"的原文翻译，却被您缩减成"由皇帝所建"：这是不真实的，因为自称"天子"和"世界之主"的中国皇帝，是不可能为真正的"天主"建造什么庙堂的。您的这个"珍贵的护身符"并没有什么道义上的价值，而且它连警戒层面上的价值也没有，这一点您在今年一定是有所了解了吧。您在1898年10月20日曾写过："拥有该铭文的建筑物就永远不可以被毁坏"和"上帝的殿堂不再会受到亵渎"，而薛田资神父还在上海出版的1900年7月6日的《东亚劳埃德时报》的第509页上希望，兖州府的那座赔偿性教堂会成为一座"永远的"纪念碑，然而在同一期报纸的第509页上的编辑部附注里却赫然写着，这座教堂现在已经成了"一堆废墟"。即使有您主教大人的祝福，它还是无法避免被毁的

---

① 在已反复提及的那本斯泰尔版《中国传教史》(1897年)第65页，用一种荒谬的、客观地说是不正确的方法计算了一个皈依了的中国新教教徒要花费多少钱——也就是出于自愿为新教捐赠的钱物。面对以上的赔偿金额，人们不禁要问：为一个斯泰尔的天主教在中国的殉道者开出了多高的价？而且是用压榨来的异教徒的钱。无人回答我这个问题。我只注意到了两点：(1)那段选自于斯泰尔方面简讯的造谣性的文章，曾被几十家鼓吹自由主义和教皇极权主义的报纸转载，可是在两年前，即斯泰尔版《中国传教史》出版之前，在1895年的《泛传教杂志》第399页上早已对它进行了彻底的反驳与阐明了。(2)传教者，应以拯救人类不死的灵魂为己任。上帝赋予了每一个人的灵魂以价值，此价值超过了整个世界的价值。被拯救的人类灵魂的价值是根本无法用金钱来衡量的。难道在斯泰尔的人们不知道这一点吗？如果在简讯里计算出来的数额过高，从而引来耻笑的话，人们又该以怎样的价格来衡量自己的灵魂呢？

② 根据您的传教士皮珀神父的《来自繁花似锦的中国的野草、花蕾与鲜花》(1900年)第377页上的一幅照片：用汉字书写的"赔偿性教堂上方钉有皇帝颁发的保护牌"。

厄运。1900 年 7 月版的《小小心灵耶稣使者报》的第 135 页曾刊登过您的传教士恩博仁神父撰写的文章:《在兖州府的赔偿性教堂的奠基》。他是该教堂的建筑总监。文中写道:

> 不管怎么说,我们觉得前景颇不明朗,甚至大成问题,不知道这座建筑会不会在完工之前就遭到愤怒的人群的毁坏……现在,不管即将面临何种境遇,我们依然勇敢地继续着建造工作。希望在当年那隆重的奠基仪式上(1899 年的圣灵降临节),主教对着已经矗立起来了的围墙所进行的赐福,能够保佑这座教堂免遭劫难。

我们新教人士并不认为一个教士——纵然他是教会最高的尊严承载者——的赐福拥有某种魔力。

如果有人像我们一样了解您这十年来在传教之外的斗争史,特别是您于 1886～1887 年用完全非传教的手段[①]在兖州府的所作所为的话,他对于那些用逼迫手段而建造的挑衅性教堂的被毁应该丝毫也不会感到惊讶的;它们的毁灭早就可以预见到了,只是个时间早晚的问题。您十年来在兖州府的所作所为,在我们新教教徒的眼里已经根本算不上是传教了,从本质上讲属于另一范畴。我觉得特别遗憾,因为我在这里没法深入详细地探讨您这十年来在兖州的斗争史,尽管原先我是有此打算的;可是因为这封公开信的篇幅已经大得超出了我的预计,所以我只得无奈地将其第三部分,即您在兖州的斗争史,忍痛割爱了。那部分本来是要对您非传教的、纠缠不休的行为进行一番彻底的批评的。您对兖州府长达十年的纠缠非但无助于基督教的传播,反而是有害的。

主教先生,您还没有醒悟过来吗?正确和健康的传教方法应该是,当您在兖州府还没有建立起一个华人的天主教堂口之前,先不要忙着建造教堂。到时候建造的就不是什么"赔偿性的教堂",或者说是惩罚性教堂,而是由堂口自愿兴建的教堂了。是优美的《诗篇》中 84 节所说的那种教堂,而不是要建成教会的一个城堡。

我现在回到刚才跳过的、您的"令人炫目的赔偿"的第三点。您写道:

> 由于部分官员自己的仇外行径,使得民间对欧洲人的敌视情绪不断蔓延,这些官

① 从我的立场出发,我真不想写下"为了争夺兖州"这样的字眼,但是这一字眼在所有关于您的传教活动的报道里却比比皆是。比如在"为 1900 年 9 月 8 日献礼"而出版的《斯泰尔传教团》一书的第 245 及后几页上的相关章节,标题为"正在开始的争夺兖州的战斗",第 247 页:"争夺兖州的战斗在继续着",第 267 页:"争夺兖州之战的胜利"。这些事儿已经不再属于"中国传教史"的范畴了;我们可以给它们做一个附录,并按上一个标题:"安治泰主教以一位独特的中国官员的身份在兖州的所作所为"。您自己也在 1895 年 10 月 15 日的年度报告里写道:"身穿着全套官服,头顶着配红珠的顶戴,我踏上了(前往兖州的)路程。我本以为,应该没有人胆敢加害朝廷的二品大员,然而事实并非如此。"您的此等大老爷的作派,与由谦恭的耶稣委托他的使者去开展的平和、神圣的传教事业完全是背道而驰的;虽然您用逼迫来的异教徒的钱财在兖州府建造了一座雄伟的宫殿般的教堂,却在当地连一个堂口都没能建立,这样您就没有同时把基督教真正地根植到当地人的心中。我发现,基督的传教事业因此受到了损害,因为兖州府的异教徒们——由于他们从未接触到真正的基督教的传教本质,而这里又没有宣传两百年前就存在的"已消亡的"那"繁荣的基督教堂口"的情况——我要说的是:兖州府的异教徒们已经把您对这座城市的"冲击"(正如您自己在文章里反复提到的),把您那纠缠不休的行动和基督教的传教事业等同起来,并且泛化到了整个传教界。如此看来,这种抗议是有充分理由的。前面斯泰尔方面用于庆典的那本书自然把您在兖州的十年斗争史誉为您最大的传教功绩。而那位恩斯特·冯·黑塞一瓦尔泰格也于 1898 年春从您的传教士的口中了解了您在兖州的作为,他在《山东和德国的中国领地》第 230 页把您称作是"一个非常聪明的人"。我却认为,他们对您在兖州府的"冲击活动"做出如此以及类似的评价,实在是对传教理论缺乏了解的表现啊。

员将被革职。其中首要的、最恶劣的就是山东巡抚李秉衡。要想理解罢免这个大省的最高官员到底意味着什么,就得到中国来亲身实地地看看这个地方总督享有多么崇高的声望和几乎无边的权力。这一无情的革职命令就像是对着整个官员界①高贵的脸上打了一记重拳。那位著名的张之洞总督就十分珍惜自己的官帽。他宁愿答应所有事,即使流血也在所不惜,也不愿意因为外国人而葬送掉自己的高位。谁也帮不上他的忙,李秉衡这个骨子里的排外分子,这个曾给传教士们带来多少艰难时刻的家伙,必须下台。陪着他走人的还有一群忠实追随他的仇外政策的下级官员们。

这是又一次的好管闲事:为了"赔偿"您的两位被害了的传教士,您竟使得一个大省的最高官员被罢免了职务!您还写道:"要想理解,罢免这个大省的最高官员到底意味着什么"等等,我现在也想来告诉您,这次免职事件,这一传教士违背圣经教诲(罗马书13,1及后面几点)对统治者的职权进行的严重干涉,到底意味着什么呢?1900年8月15日,各大报纸上都刊登了这么一则新闻:"陈道台向上面报告说:李秉衡的部队在开往北京的途中,在保定府屠杀了七千名中国的基督教徒、一位法国的和四位中国的传教士,并且在保定纵火焚烧了沿途的传教士住地,教堂和所有的天主教设施。"当我读到这则令人悲伤的消息时,感到十分震惊;但我也同时告诉自己——而且我承认怀着痛苦的心情——有一个人对此也负有连带责任。正是因为他,作为一个基督徒,要求将那个异教徒革职,从而深深地刺痛了他,并使他的心中充满了对基督教的致命的仇恨。我绝不是想替李秉衡和他所做的可耻行径开脱;但是您要求将此人撤职查办,并把它当作是"对两位传教士的死的赔偿",我就不得不说那是不公平的,是一个严重的传教错误。这个人的解职——用您自己的话来说——是对"两位传教士殉职的令人炫目的赔偿"。您自己说过的,也是我在前面多次提及的:您说两位传教士的被害"只是某些邪教头子制造的个别的仇杀行动。他们以为有一位传教士告发了他们"②。您在相同的地方也说过,"由于当时的巡抚李秉衡对

① 您自己也是一位"官员",而且一直对这一"无上的荣光"沾沾自喜。我这里有一系列的您以"官员"的形象拍下的照片,每次摆的姿势还都不一样。十字架点缀性地挂在由一百零八颗异教的珠状宝石连起来的串当中,胸前的图案上绣着只孔雀(后来换成了锦鸡),浑身异教装束,毫无基督教的分寸感。您也一再地、忠实地在您的年度报告里记述着自己获得了"很高的"和"更高的"官阶,并因此赢得了承认与尊重。是啊,出于得到了那漂亮的"顶珠"的巨大喜悦(虽然当时只是三品蓝珠,可是在1893年7月版的《小小心灵耶稣使者报》的第80页,已经由于过度的喜悦之情而把它报道成红珠了),您甚至还举行了庆典,有约两千名客人前来拜贺。对此,斯泰尔的《圣·米歇尔年鉴》(1895年)第185页,以及1900年专为庆典而出的那本书的第261页都有精彩描述。我情不自禁地要至少摘抄一部分,以供欣赏。可惜的是,我无法把那两张您身穿"华丽官服"的照片一起附上了。原文如下:"庆祝大厅的廊柱上挂满了五彩缤纷的彩带;多条横幅、纪念牌和挂在墙上的画点缀着主教的住所;阵阵鞭炮声宣告了庆典的开始。数以百计的人们蜂拥而至,向大人表示祝贺,有些还送上了礼物。所有人都被邀请参加庆典后的宴会,尽管不少人为此得付一些入场费。前来祝贺的总共达到两千人之多。最后在大厅里举行了庆祝仪式,高贵的先生在一支携带着等级权力象征物的开道队伍的伴随下登场。"关于开道队伍和等级权力象征物,您的传教士韩宁镐神父写道:"他们(三品官员)在出巡时可以乘坐绿呢官轿,拥有十名马兵作为随从;至于尊贵的权力象征物则包括两顶大红阳伞、两把长扇、写有名字的牌子、绘有青龙和白虎的旗帜。十一响铜锣开道,命令所有州、县、乡的居民必须恭敬地让道。"(1893年8月版的《小小心灵耶稣使者报》,第86页)。当时是在1893年4月。两年后,1895年2月,您再一次因为获得二品顶戴,也就是红色顶珠而欢欣鼓舞。我以为,既然您对于三品蓝珠都已经那么感动喜悦了,您在对待您那些亲爱的中国"同事"时,本应该更加宽大、更念及"同僚之情"一些的——这也应该是皇帝给您授职的原本打算吧。

② 恩斯特·冯·黑塞—瓦尔泰格也在他的《山东和德国的中国领地》(1898年)第228页上称,您手下的传教士曾告诉他,李秉衡其实与两位传教士的死毫无关系。

传教抱有敌意,也使他们觉得这是对他们的行为的一种鼓励”,可这只是一种很空泛和模糊的说法,根本不足以作为罢免李秉衡的有效的法律依据。您自己知道得很清楚,而且您手下所有的传教士在其所有的报告里也都说,目前中国的大小官员还没有人敢于公然对传教活动提出挑战。在一个异教国度里,拥有约二十万名华人新教教徒[①]和约55万名华人天主教徒,加起来总共有约七十五万基督徒,在他们的另一面却是超过四亿的异教徒和一个异教政府。那句宽泛含蓄的评价:“对传教抱有敌意”,只不过可以说明李秉衡采取了和他的四亿同胞相似的一种态度。从他的角度出发,他会觉得作为异教徒,自己根本就没有犯下什么应该受罚的罪行,然而他却在四亿同胞面前遭受了这般耻辱的惩罚。布洛夫在1898年1月24日的那份文件的第一点写道:“1.时任山东巡抚的李秉衡被免职,而且以后不得再担任任何高级职务。”在中国的十八个行省中一共只设了八位总督(皮珀的《来自繁花似锦的中国的野草、花蕾与鲜花》,第150页),其中之一就是李秉衡[②]。您自己也强调过这位“地方总督享有多么崇高的声望和几乎无边的权力”,以此让大家“理解”罢免李秉衡“意味”着什么。这一耻辱事件现在在中国已是尽人皆知,李秉衡所受的痛苦冤屈也被众人“理解”。而且从客观上讲,将他撤职的确有失公允。大家设想一下,如果有两个中国人在一个普鲁士的行省被杀,中国政府也要求将该省的最高官员解职,以作为“令人炫目的赔偿”,而这位倒霉的官员其实和谋杀案没有一点关系,这不是匪夷所思吗?

如果您要求李秉衡作为一个异教徒对传教事业、对基督教采取“一种友善的态度”的话,那么这已经超出您的历代罗马教皇和整个罗马教会对于异教徒的要求了。三百多年以来,历任罗马教皇有着“绝对的权威”,打着“提供上帝的保护”的旗帜,天主教会对“抗罗宗”(也就是福音新教)进行了长期的诅咒、谩骂、侮辱和诽谤——我想问:面对如此的诋毁行径,您还敢说您的罗马教皇们对于基督新教采取了“一种友善的态度”吗?确实,和三百多年来直至今日您的罗马教皇们对基督新教的诽谤相比,那个异教徒李秉衡对您的罗马基督教会所做的事情根本不值得一提。或者我是否应该提醒您一下,1566年10月,由庇护五世作为教会教义[③]批准和发布的《罗马基督教教义问答手册》第一卷第10章第15页上写着:“就像(天主教)教会在传播信仰和德行的过程中之所以不会迷失方向,是因为有圣灵的引导,其他的那些打着教会旗号的组织在传播信仰和德行时必然会走上堕落的歧途,因为他们接受的是魔鬼的引导。”这样的话就像是箭筒里的一支支毒箭,由您的教皇们在这三百多年来不断地射向福音新教。是的,时至今日依然如此。因为就在现在,您那位罗马的大祭司已年过九旬,还在想着怎样——或许在短时间内——成为上帝审判员在凡间的“总督”,来反对我们忠诚的新教教会(也即基督的教会),他将不负责任的诋毁性言论如同毒箭一样扔向了我们——现在他又一次抛出了侮辱性的话语,把新教称为“满是混乱和谬误的毒素”。这一新的从罗马和意大利发出的教皇训诫,其中对新教的谩骂,不过是

① 此乃受过洗礼的人数。如果算上尚未受洗礼者,那么到1900年中国共有约二十五万名新教教徒。

② 巨野教案后,山东巡抚李秉衡被革职,旋调任四川总督,未上任即因德国公使反对而再次被罢免。——译者注

③ 对于罗马教廷来说,这本《教义问答手册》其权威性的象征意义是毋庸置疑的。它起草于特兰托宗教会议第24次会议,并于第25次会议(1563年)交由教皇作具体解释,而且明确声明,教皇的任何解释都是正确的,如同是由宗教会议所做的一样;其基本内容在起草时已经确定,由教皇批准并发布,作为教廷在理论上和实践上的一个准则。

1897 年那本臭名昭著的《卡尼西乌斯百科全书》的最新版本而已，此书充满了对路德和当时蓬勃发展的改革运动以及对整个新教世界的毫无节制的咒骂。

我再问一遍："对传教抱有敌意"的异教徒李秉衡在侮辱罗马教廷时，难道达到了您的教皇们侮辱新教的程度吗？李秉衡对传教所抱的"敌视态度"，难道比利奥十三世对新教传教的态度更为"敌视"吗？后者于 1880 年 12 月在其《致天主教世界的全体最高主教、总主教、大主教和主教的通函》中，把新教的传教士们称作"骗子，谬误的传播者"，"想要拓展愚昧君主的疆域"。所以新教的传教士都是：撒旦的仆人！瓦尔内克说："新教的传教事业曾受到过它的对手，基督十字架公开的敌人的众多诋毁，但是还从没有遭到过这样耸人听闻的诽谤！"

"神圣的父亲（这里指教皇，这儿带有讥讽的口吻——译者）"这么说的，他的"可爱的、顺从的孩子们"也是这样做的。1563 年 12 月 4 日，在特兰托宗教会议的最后一次会议上，洛林的红衣主教大呼："一切异端都应受到诅咒！"大讨了教皇的欢心，与会的所有高级教士也一致认可这一看法。在接下来的三个世纪里，直到现在该观点在罗马教廷里依旧有许多不遗余力的鼓吹者。

"对传教抱有敌意"的异教徒李秉衡由于身处异教国度，所以因为盲目无知而冒犯了教皇派基督教；然而三个世纪以来，身处"天主教世界首都"的那位"神圣的父亲"，"基督在凡间的总督"，在"上帝的帮助下"对新教——真正的、地道的基督教——进行了大肆攻击。他说新教教会"所受的是魔鬼的引导"，新教是"满是混乱和谬误的毒素"，新教的传教士们都是撒旦的仆人。这些比起李秉衡来，绝对是有过之而无不及啊。

您经常指出，欧洲人被排外的中国人叫做"洋鬼子"：假如有这么一个中国人来到"天主教世界的首都"，而且还懂得拉丁文，那么他就有机会在那里亲耳听到欧洲基督徒是怎样被另一些欧洲的基督徒——首先是被那位九十高龄的天主教基督教的"首领"在朗读他的 Cat. Rom. 和发布他的天主教教义通谕时——称作"魔鬼的仆人"。

李秉衡从他自己的角度出发——他总是自觉地遵照中国政府的意图和指派给他的命令行事——事实是，为了赔偿两位遇害的传教士，本来毫无责任的他却"被撤职，并且日后不得再担任高级职务。"我要说的是：从他的角度出发，他一定会觉得自己受到了极不公正的对待。中国政府同样也会这么想，可它——像您一样被吓坏了——是在"经过长时间的挣扎"之后才作出让步的。中国政府对待李秉衡的态度，可从它们在今年夏天任命李秉衡为中国北部皇家军队的统领、可以从现在——就在我写这篇文章的时候——各大小报刊正在热炒这件事情看出端倪。在他屠杀了基督徒之后，"皇帝在事后下了敕令给予他嘉奖"，他还"受到了中国政府的高度褒奖"。在那次耻辱的革职事件之前，李秉衡并不是一个杀戮基督徒的凶手；然而在他遭受凌辱之后，他却沦落成那样一个人，而且还杀了七千人。此人的心中一定怀着对基督教可怕的仇恨。

时不我待，为了基督传教事业的利益，我急切地请求您，主教先生，在您回到中国之后，务必马上找到这个男人，这个屠杀了七千教民的凶手。请您告诉他，您所要求的"为两位传教士的死争取的令人炫目赔偿"，以及他日后因此而被撤职，都给他留下了一个有关基督教传教事业——也即基督教的基本原则——的错误的印象。他不应该对基督教的传教事业记仇，至少不应该泛化到整个传教领域。他肯定会对传教士已经——和不管怎样将要——传播的基本原则有一个好的印象，如果他此时获悉臣民对统治者应该持下述态度的话："在上有权柄的，人人当顺服他；因为没有权柄不是出于上帝的，凡掌权的都是上帝所命的。所以抗拒掌权的，就是抗拒上帝的命；抗拒的必自取刑罚。"(《罗马书》，13:1—2)主教先生，请您从中调解一下，让他不要再对传教活动怀恨在心了；不然的话，他这辈子都不会成为一个基督徒，到死都只能是个异教徒了；他也有一颗不死的、需要拯救的灵魂啊！

传教的政策是臣服于掌权的统治者，这个掌权者有可能是当地的异教徒，也有可能是不隶属于祖国政府的基督徒。即使传教活动受到统治势力的迫害，也不允许参与或者帮助进行政权交替的活动。政治性阴谋对于传教士来说，不管是谁，无论如何都是一种罪孽，即便是打着爱国主义的旗号也是如此。世俗的当权者越是觉得传教活动构成了政治威胁，传教士们就该用更纯洁的举动做到"恺撒的物当归给恺撒"(《马太福音》，22:21)。当地的教民们也被要求遵循保罗所提出的告诫："为君王和一切在位的，也该如此，使我们可以敬虔、端正、平安无事地度日。"(《提摩太前书》，2:2)使徒保罗认为，承认异教的(罗马的)掌权者是良心上的事情："所以你们必须顺服，不但是因为刑罚，也是因为良心。"(《罗马书》，13:5)

事实上，只有当福音的宣布者出于自己的良心，无条件地承认所有人类秩序的法规，福音才可能被顺利地传播。直到现在，传教士和传教的主教们依然可以学习那位伟大的使徒面对世俗当局时的智慧与做法。根据保罗的原则，在传教时越是无条件地承认世俗政权的存在是出自于上帝的意愿，那么传教士们在自己的领域行动时也就会更加自由。

但是由于罗马教廷把使徒彼得当作最高的使徒权威，要是有谁胆敢将保罗和彼得相提并论，甚至会被诅咒为"异端"，而且是在1647年1月29日的"Contregatio Romanae et universalis inquisitionis"上形成了决议，可我想也引用彼得的一句话，它和保罗的话有异曲同工之妙："你们为主的缘故，要顺从人的一切制度，或是在上的君王，或是君王所派、罚恶赏善的臣宰。"(《彼得前书》，2:13—14)彼得也没有赋予臣民们选择的自由，去选择他自己喜欢的和合适的，去服从于一个公正的、清廉的统治者。"你们要顺从人的一切制度"，这句话也是唯一正确的。因为从原则上来说自由选择很有可能会导致无政府主义。没有人能够确定一个界限，保证臣民的这种意愿会在什么地方停止，会不会对其他人产生强制性的影响。幸好据记载，彼得明确地要求，即使是面对"乖僻的"主人们，也应该服从于他们。他在这儿用了"仆人"这个词，而非通常意义中的"臣民"，这无关紧要，因为彼得对后者也肯定是如此要求的："你们作仆人的，凡事要存敬畏的心顺服主人，不但顺服那善良温和的，就是那乖僻的也要顺服。"(《彼得前书》，2:18)

从您的传教士们亲笔所写的报告里可以看出，他们的行为并没有遵循保罗和彼得的训诫。我将——为了节省时间——只举一个例子。

接替李秉衡担任山东省巡抚的是毓贤。正如上文中所写的，他同样也不合您的心意。您的传教士贝尔曼神父(Bellmann)现在正在嘉祥县干什么呢？1900年5月刊的《小小心灵耶稣使者报》第8期第105页上刊登着他自己所写的文章：

> 当时是(1899年)11月10日……我曾向耶稣之心承诺，如果我们在(1899年的)圣诞节之前能从我们的敌人，那个巡抚以及我们的地方官的手中被解放出来的话，那

么我们自己，我们下辖的教民，尚未洗礼的慕道者，还有已准备皈依我教的异教徒们，将在圣诞节上向耶稣之心隆重地供奉献祭。我还许愿为他建造一座尊贵的圣迹，直至世界末日人们都可以在里面感谢他、赞颂他，为赎罪而献祭，每个月的第一个星期五都要举行圣弥撒仪式，以感谢他将我们解救了出来，同时也能让更多的人来赞美他，尤其是中国人。每年都应在这一耶稣之心节日献上神圣的祭品，在这些摆放的祭物前作上长达十三个小时的祈祷。

在上帝之心前许愿之后的第四周，转折点便出现了。在圣母玛利亚圣洁怀孕日（12月8日），我们的巡抚被撤职的消息传到了嘉祥。面对突如其来的巨大的喜讯，我们当时几乎不敢相信，不过很快该消息就被多个渠道所证实了。就在圣诞节上，当我们履行我们对上帝所承诺过的献祭仪式的时候，他却不得不把官印移交给继任者，灰溜溜地离开他的首府济南府了。

在圣诞节的前几天我们还获悉，我们的地方官也即将卸任离开嘉祥了……①

耶稣做了他该做的事情，那么接下来我们也必须履行我们的承诺，为了纪念他而建造一座尊贵的圣迹——在这片野蛮的异教的土地上建起一座耶稣之心还愿教堂。据我所知，这将是在中国的第一座，不仅是名字叫做"上帝之心教堂"，而且是对上帝那博爱的心表示赞美的建筑。人们每逢重大节日都可以在里面进行庄重的祈祷和赎罪仪式，特别是在每个月的第一个星期五……

……高贵的主教先生在临去欧洲之前，允许了建造计划，还让我全权负责教堂的兴建工程。

行动起来，亲爱的读者们，请行动起来吧！请为嘉祥的耶稣之心还愿教堂尽一份你们的绵薄之力吧！……任何微小的贡献都可以，无论是寡妇的小钱，还是诚实的工人与手工业者献出的硬币，还是富人们所捐助的马克……

让我来把这段冗长的引文概括一下。(1)根据贝尔曼神父的这篇报道，中国政府完全有理由认为他在进行无政府主义的颠覆活动，意图推翻现有秩序，反对山东省的最高权力代表从而将他驱逐出境。(2)为了达到不可告人的目的而向神灵许诺各种好处，以获得其有效的帮助，这些是非洲部落崇拜偶像的做法。(3)您作为传教领袖竟允许您的手下作出如此的宗教放肆行为，实在令人非常气愤。您"允许了建造计划，还让他全权负责教堂兴建工程"。但建造这样一座教堂并不会使上帝高兴，因为它将成为彻底违反圣经行为的一座纪念碑。把它称作"圣迹"实在是一种滥用。您必须承认，您的传教士非但没有教导他的教民们"为君王和一切在位的恳求、祷告、代求、祝谢"(《提摩太前书》，2:2)，而是滥用上帝之名，试图把最高的行省统治者赶下台。"不可妄称耶和华你神的名；因为妄称耶和华名的，耶和华必不以他为无罪。"(《出埃及记》，20:7)

继李秉衡在1897年底、毓贤在1899年底分别被迫离任后，人们不禁要问：现在的山

① 然而这并没有发生。因为贝尔曼神父自己在1900年5月写了报道，刊登在7月刊的《小小心灵耶稣使者报》第10期第132页："在(1899年的)圣诞节前有谣言传来，说他(县官)将在2月初离任。为此大家都很高兴……可惜我们的喜悦并没有根据。中国新年的时候，他去拜会了新任巡抚，而且至少得到了这样的指示，他可以在此职位上暂时先待下去了。"

东巡抚袁世凯又是怎么做的？根据我现在手头上有关他的资料可以断言：他有办法对付那些好管闲事的人。1900 年 6 月 29 日的《东亚劳埃德时报》第 26 期，在其副刊第 141 页上的“来自胶州的新闻”中报道说：1900 年 6 月 1 日，您的代表福若瑟行政代理赶到济南府，和袁世凯“商量为基督教民们提供赔偿的问题”。可是行政代理却被这位巡抚一口回绝，于是他就出示了德国公使的命令和电报，但袁却表示：“公使没有和他说起过此事。如果他想干预这件事，就请他亲自来一趟好了。传教士应该做好本职工作，教民的事情用不着他们来操心。”这篇报道是以非常支持传教活动的基调写下的，但还是可以证明这位巡抚：“他想让他的行省平静下来。”从我手头有的袁的画像看来，确实像前面所说的那样，他完完全全是个平和的人。

当行政代理和其他地方官员打交道的时候，情形也极其相似。1900 年的《上帝之城》8 月刊第 495 页报道，福若瑟神父想要拜访某位官员，却被他回绝而且赶了出去，扔下一句话：“我不想和你打交道；我只听命于中国的皇帝，而不是德国的皇帝。我可不怕德国人。”

我明确地把以上诸点一一列举出来，无非是想说明“因两位传教士之死争取来的令人炫目的赔偿”而要求将李秉衡解职一事都产生了什么样的后果。此次人事变动并没有给山东南部的传教事业带来一丁点儿的好处。

这就是上文中所列出的那个“赔偿结果表”第 8 条那“令人炫目的赔偿”。然而我当初曾答应过，就“赔偿结果表”的第 5 条，“完全足够的赔偿”再举出第二个例子。那我就作为结尾，举一个最简略的例子。

您的传教士薛田资神父曾于 1898 年 11 月 9～11 日在街头村（日照县）遭到了虐待，为此您自然提出了赔偿要求，并于 1899 年 2 月 18 日给您在斯泰尔的总会长写了一篇报告，刊登在 1899 年 7 月刊的《小小心灵耶稣使者报》第 10 期第 149 页上：

> （1898 年）11 月初，我踏上了一年一度的教区巡查之旅。我本打算从教区的西北部，即阳谷县开始。11 月中旬，我在坡里庄接到从青岛发来的电报：“薛田资神父和中国的夏教士在日照县的街头村被异教徒们抓了起来，薛田资神父身负重伤。”我立刻电告了巡抚，中断了自己的巡查，亲自赶往济南府。同时我也通知了我们在北京的公使。在济南，巡抚对我说：夏教士并没有被抓住，薛田资神父也已经获释了。经由福若瑟神父调停，事态已经平息了。
>
> 三天后，兖州府的道台把福若瑟神父与日照县官签订的条约原文交给了我。在条约的开头写着，街头村的异教徒要为教区建造一幢有九间屋子的茅草顶房子。还写着：“另外县官将派人寻找在骚乱中被抢走的衣物和其他物件。如果找不到，他们很乐意进行赔偿。遇劫的天主教徒不可以利用此机会虚报损失，而街头的村民对因此产生的劳役也不得推脱。”
>
> 尊贵的行政代理神父还在条约里加了一笔：“除了谈妥了的条件之外，我还要在城里建一座教堂。但那里的读书人说什么也不答应。别说在城里造教堂了，就连买幢房子也不行。”
>
> 韦威尔神父（Wewel）也参与了谈判工作，他写道：“不可能再提出更多要求了，因为县官自己并没有犯错（?!）而且读书人们也会不同意。等事态和平解决之后，整个日照，就连徐州和沂水那里都会平静下来了。”

这些善良的先生们想错了！根据我二十年来的经验，我对他们的期望深表怀疑；我绝对相信，如此一份宽大的条约一定会被那些敌视基督教和欧洲的人们所滥用。因此我告诉县官，我不能接受这份条约……

目前我亲自赶往日照，以便实地了解情况。巡抚派来了一个特使。我们的旅程仿佛是一次凯旋之旅；沿途官员接送，委派卫队和仪仗队，精心安排下榻处，以及丰盛的餐饮，等等。在城外70里之遥，县官就已派了一队士兵前来迎接。而他自己则身着盛装在城门口恭候，请我到县衙里去歇息……不管是我，还是巡抚派来的特使都拿那个县官没有办法。他当着我们的面说："你们吩咐的，我一定照办，决不反对。"但实际却什么都不做……特使和我都不想探究他到底是在演戏呢，还是认真的。我们宁愿离开，先到沂州府去找丁知府，后来又去兖州府找彭道台继续谈判。

谈判最后为此次令人痛心的意外取得了一个完全足够的赔偿结果，并对当地的读书人和百姓起到了一个警示的作用，即胆敢伤害欧洲人性命的人绝不会逍遥法外。以下是新条约所列出的条件：

1. 在街头村，薛田资神父遇袭的地方，要建造一座麦草顶的房子。

2. 在日照城里辟出一块土地供传教士落脚。

3. 为了照顾[①]薛田资神父，补偿他被抢去的物品与钱财，以及在城中建造传教士住房，将提供一笔完全足够的钱款。

4. 遭抢劫和遭受虐待的教民将得到足够的赔偿。

5. 作恶者要被缉拿归案，并按照中国法律进行惩罚。

6. 在城中建造完传教士住房后，县官必须召集境内所有的读书人，就这一事件举行隆重的谢罪仪式。

参与谈判的官员们，兖州府的道台和沂州府的知府都非常高兴，觉得能如此轻松地把这么一件麻烦的事情顺利解决，实在令人欣喜。他们的满意之情从他们送给我的贵重礼物上就能看出一二。该条约于12月26日签订。

您是在圣诞节期间签订了这么一份争取到了"完全足够的"经济补偿的条约的！您的教区就是以这种方式庆贺圣诞节的吗？您为什么觉得由您的行政代理签订的那份条约太"宽大"了——如您后来(在您的报告第165页)所写的——太"轻易"了？您曾写过："行政代理神父行事符合基督教教义，但太过于仁慈了。他以为这样就能最好地赢得异教徒的心，获得平和的环境。异教徒们可不是这么想的。宽恕在他们的眼里成了软弱。"您的行政代理行事符合基督教教义，而您为什么就不能也这么做呢？他"太过于仁慈"，而您为什么就不能也仁慈一些呢？就因为在异教徒的眼里宽恕成了软弱？您难道不能站到一个更高的层面上，把宽容当作力量吗？难道对于一个基督教的传教主教来说，异教徒的观点就如此具有决定性，以至于您忙不迭地非要在圣诞节期间"签订这么一份苛刻的条约"？您这样就能"最好地赢得异教徒的心，获得平和的环境"吗？没有，并不是这样！因为在那份报告的第150页——在此页上您列举了条约的细则——您写道，在您得到"赔偿"的地方，

① "为了照顾"？薛田资神父现在已经恢复健康了。他花了十八个小时从出事地点赶到德国的青岛港，打了个来回，后来在日照谈判时他也在场。他难道还需要什么"照顾"的费用吗？

希望的和平并没有到来。就在圣诞节期间,条约签订的时候,在日照又发生了骚乱……教堂被焚毁,砖石散落满地。您在第165页不得不宣称:"情况不断恶化,我必须再次让那里恢复平静。"

最后,主教先生,请允许我用一点笔墨介绍一下我们忠诚的新教教团是怎么开展传教活动的。1895年8月1日,在中国福建省的古田(Kutscheng)有十一位英国传教团的成员被一群所谓的素食帮歹徒以残忍的方式杀害。当这一令人震惊的噩耗传到伦敦之后,该传教团的理事会召开了大会。但在会上并没有叫嚣着要"复仇",要"赔偿"。反而多次强调传教团不允许有任何复仇的念头,并进行了基督教的祈祷:"圣父,请宽恕他们所做的一切吧,因为他们知道该做些什么。""大会的目的仅仅是为了取得牺牲者家属的谅解,为这些传教士在中国的传教事业,为中国的教民进行祷告;并要求勇敢地去加强和继续拓展在福建的传教工作;号召志愿者填补空缺出来的职位,接过沾上了鲜血的旗帜"。理事会明确拒绝所有对复仇和赔偿金的要求,也不希望英国政府为了传教事业的"繁荣发展"乃至"生存"而用炮舰进行干预。在中国的传教活动非但没有遇到"性命攸关的大问题",反而在福建省的古田(Kutscheng)地区获得了成功,隶属于该传教团的教民数量从1894年的一万二千九百八十四人上升到了1896年的一万六千九百九十一人;而就全省而言,新教教徒在1894年有三万三千人,在1896年则增加到了五万四千九百一十六人。

我本还可以为您举出一连串类似的例子——当然是有关德国新教传教团的情况——不过由于篇幅所限,我将就此搁笔。

(金立成译,陈晓春校)

中国的骚乱和传教士问题①

M·冯·巴兰德

一

在帝国议会讨论为派往中国的远征军追加预算的时候,传教士问题也被一笔带过。我是刻意使用"一笔带过"这个词的,因为除了倍倍尔先生对安治泰主教的攻讦遭到巴赫姆先生的详细驳斥之外,大家只是顺带考虑了一下传教士问题。现在的情况是:一方面,有些人试图将目前出现在中国的介于战争与敌视之间的状态看作一场宗教战争,也就是说,将其描绘成为因传播基督教的信仰而组织的十字军东征;另一方面,有人会利用正在进行的——说得更确切一点,应该是即将进行的——与中国方面的谈判来向中国人施加压力,为各传教团体的活动争取更好的条件,这样的危险是存在的。而对于一个信仰基督教的民族而言,这种做法是有悖良心的。有鉴于此,对传教问题的忽视就更让人感到惋惜。可以直言不讳地说,这两种想法进一步发展的方向都无法把握。何况更令人忧虑的

① 《民族》(Die Nation)第9期(1900年12月1日),第131页及以下;第10期(1900年12月8日),第147~149页;第11期(1900年12月15日),第165~167页。

是，许多传教士不谨慎的行为——我不想用更激烈的言辞——在很大程度上对目前发生在中国的骚乱负有责任，甚至也许应该负主要责任。

议会的惯例是在辩论的最后发表个人的解释。而我请求大家允许我打破这一惯例，在正式发言之前先解释一件事。在11月22日的帝国议会会议上，施手克尔议员曾说："冯·巴兰德先生收回了许多自己讲过和写过的话。当巴兰德先生被要求为其对传教团的指责提供证据的时候，他对自己针对德国和瑞士传教团所做的批评作了很大的限定，接着又将其全部收回，并说，他们从未从事过政治活动。巴兰德先生的很多观点都缺乏证据支持。所以新教的传教团不应该承担罪责。"施手克尔先生的说法是毫无根据的，纯粹是空穴来风。我从未收回过自己说过和写过的话，也没有将自己的言辞修改得更趋于缓和。而关于我认为德国与瑞士传教团不应受指责的说法，那是我在1898年某一期《德国评论》(Die Deutsche Rundschau)上发表的文章里，谴责新教传教团的行为时发表的泛泛之言。认为我在1898年写的文章的动因在于我在1900年做的事，如果没有其他什么因素的话，我确实觉得这在逻辑上很成问题。另外，在今年10月的《德意志周刊》(Deutsche Revue)上，我在我的文章里强调，我坚持自己对在华传教问题的观点，我认为我也为自己的观点提出了令人信服的证据，以证明新教传教团的确在中国做了许多与政治有关的事情，并应对一系列的错误与过失负责。关于针对我的论争，我应该可以说，我很遗憾地发现，有一些德国的新教传教士，他们没有扮演可能引起灾难的政治角色，并不是因为他们不想这么做，而是因为他们没有机会这么做。所以，与1898年时相比，我现在对德国传教团的评价也许会有更多保留。在刚才提到的文章里，我曾提请读者留意1894年美国国务秘书颁布的一份公告。公告明确地指出美国传教士干涉朝鲜政治事务的事实并加以谴责。我斥责过新教传教士在太平天国运动时期的所作所为，并援引了现在的印度总督古尔森爵士、过去《时代》(Times)周刊的驻华记者亚历山大·迈奇先生以及卫理公会教派主教摩里森的观点。今年8月16日，摩里森主教曾在路易思威尔公开表示，中国和美国的卫理公会教徒对目前中国的骚乱负有责任，他为此感谢上帝。美国国务秘书的公告在辩论中完全被忽视了，也许是因为它让人很不舒服。而古尔森爵士和迈奇先生的评论则因为对传教事业不利而被撂在一边，这也是一般人很喜欢用的伎俩。关于太平天国，则有人认为新教传教士不应为此负责，是一些喜欢幻想的中国人将对耶稣基督模糊的认识用于满足自己的私欲。而摩里森主教的话则被轻蔑地束之高阁，因为他带领的两个传教士一个很老实，而另一个根本默默无闻。有关古尔森爵士被驳回的评论，我想说的是，新教的其他高级神职人员的看法似乎与德国的狂热者们所持的观点不同。亨利·G·波特，法学博士，纽约的主教，在《世纪》(Century)10月刊中写道：

> 在一本有趣而在整体上没有成见的、有关东方的作品中，古尔森爵士明显有所保留地暗示——但这也是可以理解的——传教活动的种种错失长久以来就已存在。这些错失主要是指传教团过于草率地轻视当地人或交往对象民族的偏见，而这是现今那些传教团的显著特点。我承认，我不理解他们为什么会这样做。在国内，我们大家对这件事的看法是一致的，那就是：即使人们本身并无过失，但是如果事情会引起误解，那么这样的事也并不总是可以做的。建议为所有传教团的领导人制定一条规矩，涉及某些问题如传教站应该如何适应当地习俗，如何与未婚女性接触、旅行传教士应

注意什么等，无论中国的社会习俗如何可鄙，传教士都不能对其加以破坏。因为在信奉异教的国度里，它们是盘根错节、根深蒂固的，不可以轻易地被忽视。此外，要面对的是一个以知识分子为其血脉的民族，传教士应该是兼备学识和敏锐感觉的人。中国人的生活礼仪无疑是烦琐的。但是，一个不仅具备直觉，而且同时兼有绅士修养的人——不幸的是这两者并不总是同时出现在一个人身上——却不会轻易地对其加以蔑视。而现在的传教士也应该像他们伟大的先驱——使徒保罗那样，机智地理解他们想要取代的宗教并对其敬意有加。

波特主教的这番话点到了传教士在华传教失利以及目前中国骚乱的原因。日本驻伦敦公使 Hayachi[①] 子爵曾与《星期日泰晤士报》(Sunday Times)的代表十分简短地谈起目前中国这场骚乱的成因。他相信，中国发生骚乱，纯粹是因为传教士不理解中国人的想法及观念所致。“勤勉”，自称对传教士感激倍至、自己也在传教士家庭中长大且在所有教派中都有传教士朋友的 Hayachi 子爵说：“勤勉是传教士最重要的工具，往往也是他们唯一的工具。可是，毫无与人交往的礼节意识和分寸感的勤勉却是没有用的，甚至是有害的。”他进一步证实，对目前的骚乱负有责任的主要是传教士对祖先崇拜的攻讦。已经不是第一次有人提出这样的观点并加以证实了。在对我的陈述进行争论的时候，常常有人要求我说出我提到的人的姓名。我暗自惊讶，提出此种要求的先生们对这项他们奉献毕生精力的事业竟然如此无知。几年以前，那是在 1895 年，《泰晤士报》现在的驻北京记者摩里森博士曾出版过一本题为《一个澳大利亚人在中国》(Ein Australier in China)的书。在书中，作者提到了许多人的姓名，以严厉地谴责传教团和传教士。尽管有了这些名字，人们对他的警告还是像对我那些未提名字的发言一样置若罔闻。有些人既不愿意听，也不愿意了解这些事情，因为他们会因此而怀疑自己是否犯了错误。摩里森博士详细地论述了传教士对祖先崇拜的态度，听一听他怎么说是有好处的。

在 Snifu[②]，中华内地会的一个分支是由一名热情的年轻传教士领导的。这位传教士过去曾在赫尔福特当木工的工头。一位可爱的夫人和一名不到 20 岁、富有魅力的英格兰姑娘支持着他的工作。他告诉我，他的事业是十分崇高的。在过去的三年里，他为六名皈依者施了洗礼。这位传教士老实、自信、善解人意。他富有献身精神和崇高理想，是个知足的人。作为传教士，他的观点是十分明确的。我援引他的原话：“从未听说过福音教的中国人，上帝会给他们适当的待遇；而听过基督教的教义却仍不愿将自己的心托付给基督教的中国人肯定会下地狱。他们不会得到帮助，因为他们能够信仰上帝却没有这么做。如果他们信仰基督教，他们将会得到永远的奖赏。他们拒绝了，所以他们将永远受到惩罚。”但是，即将施予中国人身上的毁灭，必须像美国浸礼会传教团的 G. F. 伍登在福州时所说的那样，以必要的温和的方式来实行：“的确，有些时候，我们不得不使用地狱一词。但是，这个词必须总是伴随着真爱的精神出现。”(《上海 1877 年传教会议报告》第 91 页)这位好心的传教士——按他自己所

① 日文人名，译名不确定。——译者注

② 地名，译名不确定。——译者注

说的——为了让六个有问题的人入教，就将成千上万的中国人送入地狱并让他们永远在那里受煎熬，他竟然能如此心平气和地审视自己在中国的这份“事业”。看着他，不由地让人产生一种奇怪的感觉。

接着，摩里森博士摘引了《基督教徒》(*The Christian*)的出版者C.J.摩根先生、中华内地会秘书和戴德生博士B·布鲁姆哈尔先生，该传教会创始人的话。他们一致认为，“在上帝的眼中，所有的异教徒都是有罪的，并会作为罪人而灭亡”。“难道我们相信，这些传教团在异域是毫无希望的吗？我们徒劳地翻看着上帝的语录，因为我们在那里找不到希望。不仅如此，我们找到了确切的话说明传教是没有希望的。是的，我们相信！”(《世界的福音教化》*Evangelization of the World*，第199页)在1890年上海的传教会议上，戴德生博士驳斥了丁韪良博士对祖先崇拜稍加顾及的尝试，他说：“自始至终，祖先崇拜与其相关的一切就是彻头彻尾的偶像崇拜。”中国的宗教就是偶像崇拜，中国人都是偶像崇拜者。而关于偶像崇拜者的命运，戴德生博士小心地解释道：“他们将会进火海。”

摩里森博士说：

> 现在人们看到了中华内地会的611名传教士(现在的人数要多得多)为自己找来的巨大麻烦。而他们中的大多数估计与戴德生博士持相同的观点。他们告诉向自己求助的中国人，他们的父亲——就像孔子一样——没有皈依基督教，也从未听说过福音教，所以他们的父亲会遭到永远的诅咒。可是在中国，最重要的美德便是孝道。这是一种强烈的感觉，它会震撼中国人的心灵。这也是中国人希望追随父辈足迹的愿望。对他们而言，皈依基督教不仅意味着与赐予自己生命的父亲永远决裂，而且还会立刻令他们的先人流离失所，病苦交加，并给邻里招来一切不幸与祸端。

摩里森博士并未就此搁笔。但以上的引文已经足以表明他与Hayachi子爵的观点。任何人，只要他对宗教的狂热尚未泯灭其所有人性的感觉，都不会拒绝给予中国人以同情，那些中国人过去与现在都在承受着缔约列强施加的苦难。

在我论述新教传教士过去与现在所犯的政治错误之前，我还想讲一讲我个人对传教问题的看法。我十分重视基督教的文化价值。我是刻意使用“文化价值”这一表达形式的，因为我既不想陷入关于新教与天主教及其方法孰优孰劣的纷争，也不想去讨论在中国活动的三十多个新教教派——还有与天主教仅有细微差别的英国高教会——究竟谁有价值，谁没有价值，而相对的，一位论派的信徒还在否定基督的神性。同样，我十分珍视许多传教士默默无闻的勤勉工作。他们孜孜以求地致力于中国与外国之间的互相理解，拉近了两国人民在思想上的距离，并为海外各国对中国施加影响开辟了道路。我也不会忽视许多传教士执著的热情、牺牲的精神和他们对工作的甘之如饴，尽管我认为他们所采取的方法是错误的和危险的，是应该加以反对的。但是我认为，每一个严肃看待人文主义、文明及基督教的人都有义务，与蔑视有着数千年历史的古老的中国文明、并试图将陌生的观念强加于中国人身上的人，以及想在成堆的尸体与白骨上树起十字架或是其他什么东西的人作斗争。在我们这个星球的历史上已经有足够多的类似的罪行。所以，我们完全有理由希望德国不要重蹈覆辙。

1900年11月26日

二

外国传教团也即非德裔新教传教团的庇护者——我从未攻讦过德国的新教传教团——一再声明，新教传教团从未从事过政治活动。可是这种论断——很遗憾，即使是为了传教团自己的利益，我还是得这么说——是没有任何依据的。新教传教团不止一次地，甚至可以说是利用每一次机会，丝毫不加掩饰地从事政治活动，而且总是敌视政府的政治活动。1833年，出生于1813年、后来成为太平天国天王的洪秀全在广东从一个叫梁发的中国人那里得到一本书。梁发是个皈依的教徒，他为新教传教团工作。而那本书是新教传教团的著述集，里面有一些马礼逊翻译的（十分拙劣的）《圣经》里旧约及新约的一些章节。那时，洪秀全也许根本不曾翻阅或只是略略看过那本书。后来，他第二次、第三次科考落第，而且在1837年身染类似癫痫的重病。那时，他却看到了预示未来的幻景。在幻觉中，他看到了一条龙、一头老虎、一只公鸡，许多手持乐器的男子以及一把吊椅。那把吊椅将他带向了天国。在那里，一位老妇人为他沐浴，接着她用刀剖开他的身体，取出了心脏和其他内脏器官，并为他装上新的、红色的新脏器。然后，他被带到了一间富丽堂皇的大厅里。那里坐着一位蓄着金色胡须，身着黑色长袍的老者。看到洪秀全走进大厅，老者流下了眼泪并告诫他，不要像有些人一样，由神抚养却将神忘却，接受神的惠赐却崇拜妖魔（满洲人）。他交给洪秀全一把宝剑助他将妖魔斩尽杀绝，赐他一方印绶以制服恶灵，还赠他一枚甜美的鲜果。患病期间，洪秀全还多次在幻觉中看到一名中年男子，他称这名中年男子为长兄。他陪伴着洪秀全，教导他并帮助他战胜邪恶的鬼怪。洪秀全应该是在病愈后开始阅读新教的书籍，并在后来，那是在1847年，在广东跟随美国传教士罗孝全听了两个月的课。他应该有过献身布道事业的愿望并曾要求受洗礼，但是他的要求遭到了拒绝，因为他与此同时要求教团的支持。不管怎样，可以肯定的是，洪秀全是用他所熟识的基督教文献和教义构筑起他自己学说的外壳，并用基督教的术语加以诠释。1850年，酝酿许久的太平天国运动爆发，这也许是对洪秀全及其伙伴施以迫害的结果。于是，洪秀全便称自己为天王及耶稣基督的弟弟。他颁布宣言，宣称他得到了上帝的旨意，要彻底铲除满洲人——无论男女老幼——，将所有偶像崇拜者消灭干净，并作为合法的统治者统治中国。在当时问世并于1852年在南京印刷的题为《天父天兄圣旨》的书中，载有敕令如下："1848年3月，我们的天父，伟大的上帝和至高无上的主降临大地，创造了无数奇迹，在宣言书里载有清楚明白的相关证言。同年10月，我们的天兄，救世主耶稣降临大地，亦完成了无数奇迹之举。"——而许多传教士却将他们对洪秀全及其追随者的基督教的信仰建筑在这些亵渎上帝的蠢话之上！那些自称为太平军（太平便是伟大的和平，那是洪秀全为自己所取的国号）的长发叛匪，也就是清政府所称的长毛，能在最初取得胜利，从广西杀向汉口并从汉口直扑南京，主要是其最早在军中严格地执行宗教精神和纪律以及施行了财产公有制。但3月8日占领南京以后，情况就变了：洪秀全的宗教高压演变成为毫无理性的精神错乱。太平天国的其他领导者，那些王们也不再像以往那样严格，而一些民众被逼加入了太平军。这样，太平军中马上就有了那些流氓恶棍和清军的人。至于英国及其他国家政府与太平天国的领导者建立联系的尝试，也因为太平天国方面的骄横与狂妄而失败了。1853年4月，太平天国就已提出了在上帝次子的领导下击败一切蛮夷的要求，他们认为世界上的一切民族都必须臣服在洪秀全的统治之下。尽管如此,太平天国还是拥有大量的追随者,尤其在上海,情况更是如此:“基于当时搜集的信息,新教的传教士期盼着中华帝国能迅速地皈依基督教,商人们希望太平天国的统治能令商贸活动摆脱长久以来的桎梏,其他人则想着向叛军出售军火以从中获利。所以,就有那么一伙人长年累月、不遗余力地支持太平天国的叛乱。”很快,在南京,太平天国的领导人内部也发生了不和。作为太平天国最早的领袖之一的东王冒充天父并称自己能与天父通灵、拥有预见的能力,俨然凌驾于洪秀全之上。于是,洪秀全于1856年8月下令将东王及其党羽尽数诛杀。1859年,洪秀全的亲戚洪仁玕出现在他的面前。洪仁玕与基督教新教的关系比洪秀全更为密切。1852年,洪仁玕曾远赴香港并在那里结识了传教士韩山文。像方才提到的罗孝全那样,韩山文也开始就太平天国的有关事宜撰文著书。洪仁玕作为传教助手和布道师,在香港为传教工作服务了许多年。此后,在传教士湛约翰的资助下,他经由上海来到南京,并被封为干王,为其胞兄总理朝政。同样,不久以后,他也像洪秀全一样从虔诚的传教士的弟子变成了嗜血而残酷的暴君,甚至不再以亲手屠戮他人为耻。可是,面对这一切,以及太平军的征战给各地带来的荒芜与废墟,新教的传教士却依然将他们当成基督教的兄弟来看待。1860年,当干王向上海进军时,传教士杨格非、艾约瑟和其他三名传教士还前往苏州会见他,与洪仁玕一起祈祷,一起唱圣歌。当太平军抵达上海并开始向这座城市发起攻击以后,这些传教士仍然与他们保持着联系,并如同英国公使布鲁斯先生在其报告中所述的那样,用无知的同情劝导着他们。1863年底,一些太平军将领在苏州刺杀了慕王(谭绍光)。关于这件事,在资料翔实的《普鲁士的东亚远征军——根据官方资料整理》(Die Preuβische Expedition nach Ostasien. Nach amtlichen Quellen,第3卷,第4卷,1873年)中是如此记录的:“时局一片黑暗。徘徊于谬误虚妄与卑鄙无耻边缘的那些恶棍们已不怎么在乎谁的恶行最著了。”《普鲁士的东亚远征军》是当时由普鲁士政府斥资出版的。如果我想再引用一些在精确性方面略逊的史料,我还能举出明确显示新教传教士愚昧地支持太平天国的事例。而我想确认的是,方才提到的传教士罗孝全在1860年到了南京,并在一定程度上以外交部长的身份在那里为太平天国工作。而谈到太平天国运动,传教士艾约瑟博士在1884年3月出版的《宗教在中国》(Religion in China)中还说:“阅读出自新教传教士之手的神学著作以及传教的宣传册给人们带来的强烈感触是太平天国起义的根源……从这次运动中,我们看到了分发《圣经》以及传教宣传册的效用。……他们感受到了基督教真理的力量。……可是,没有人引导他们,教他们在基督教的时代里应该怎样使用旧约。”而同时,艾约瑟博士自己也不得不承认,被他称为“信仰基督教的造反者”的那些人从未得到过人民的信任。可以说,任何一个欧洲国家,不说俄罗斯和西班牙,都不会允许异国的传教士在本国境内做这些事,听任别国的僧侣公开地对类似太平天国那样让国家血流成河、人民困顿不堪的反政府运动表示同情。今天,人们依然能在无数被破坏的城市的废墟中看到太平天国起义的痕迹。而在其中死去的人则有两千万(也有人说是五千万)。

以上说的是过去。现在,让我们来看看眼下的情况!不久前的改革运动即使不是在新教的基础上滋长起来的,也至少得到了新教的助长。如果大家想知道那些与传教士们走得很近的观察者们是如何看待他们的所作所为的,比如,他们如何评价深深卷入北京的改革运动之中的吉尔伯特·莱特传教士,只需读一读伊莉沙·鲁哈玛赫·斯奇德摩尔修女在今年问世的著作《中国,古老的帝国》(China, the Long Lived Empire)里是怎么说的就足够了:“吉尔伯特·莱特传教士,这位曾试图以社交的方式独立地向社会地位较高的对象传教的先生,做了一次十分有趣的尝试。如果1898年的政变没有发生的话,他希望通过努力,能使基督教教师在皇廷中重新赢得17世纪末他们曾经享受过的权力与尊重。”因为我提到的这位证人恰巧在中国的新教传教圈里备受尊敬,所以我还想引用她著作里的另一段文字:“由于俄罗斯没有传教团在中国积极活动,所以俄国使节对总理衙门的态度总显得更为自由,更为强硬。相比之下,其他公使却要为袭击传教士的事情和赔偿问题不断地造访总理衙门。”我认为,许多外交人员的时间与工作精力都主要耗费在传教事务方面了。关于这一点,有些先生们与我争论不休。现在,也许这些先生们应该记住以上这段引文。1895年,正值饱受非议的慈禧太后六十华诞之际,传教士们向她呈献了一本《圣经》的中文译本,还附了一封感谢信,感谢其长久以来对传教活动提供的保护。到了1898年,风向却变了。不仅在英文杂志里,而且在中文期刊上也频繁地出现传教士撰写的攻击慈禧太后的文章。如果有人认为,由于慈禧太后的干涉而失败的改革是促使英国和美国传教士改变对她的态度的原因,那估计是不会错的。拳匪之乱爆发以后,尤其是重新占领北京以后,英国的新教传教士越来越多地参与到这场攻讦太后的运动之中。10月上旬,200名英国和美国的传教士齐聚上海并发出号召,其第一篇文章题为《滚吧,摄政太后!》(Fort mit der Kaiserin-Regentin),而第二篇文章则要求对所有有罪的人施以最严厉的惩罚。后来,曾长年担任同文馆负责人并且——如果我没搞错的话——当过北京大学某种形式的校长的丁韪良博士独自提出了一项四点方案。该方案的第一点便是流放慈禧太后,第二点则是废除1897年政变以来所有的政府公文。真的会有人认为传教士们这样的做法还算不上政治干涉吗?

如果大家听一听那些以外国新教传教士庇护者自居的德国人说些什么,那么大家会发现,只要有人敢指摘那些传教团,说它们在随便哪一方面并不是最优秀的,那些庇护者们便会加以谴责。显然,从中国会传来不同的观点,也有些是传教士自己的想法。所以,在北京待了五年多并经历过英国公使馆被围的罗伯特·爱伦写道:“义和团运动是一场爱国运动,它的发生是有一定的原因的。毋庸置疑,中国人认为传教士的工作和列强的政治行动一样,对他们的国家而言不会是什么好事。中国人相信有关洋人犯下暴行的故事,而且对那些传教士干涉诉讼及其他事务的行为深恶痛绝。这就是全部事件的原因所在。它使基督教在中国变成了被人憎恶的对象,并使那个粗俗的民族相信,那些西洋国家根本不懂得公理为何物。”(《邮政报》11月28日)有些只见别人眼中木,不见自己眼中梁的先生们会说,这也许指的是天主教的传教团。对于这些人,我想援引北海(Pakhoi)的一位好争论的新教传教士——奥古斯特·胡戈·巴赫先生在9月28日的《东亚劳埃德》(Ostasiatischer Lloyd)上回应一份德国报纸对传教团的指责时所说的话:“如果这篇文章的作者见到过那些英国、美国和瑞典的传教团成员——他们有时确实会让人感到不满——那么他就不会怯于说出那些人的名字。不管这种以传教名义实行的掠夺行径情形如何,也不管它发生在何处,每一位传教士一定都会对此加以谴责。为什么我们要在德国的报纸上将家丑外扬呢?”施丢克尔先生,现在您有什么感想?

当然，也许有人会说，指责是容易的，可是要做得更好却不容易！我想借我自己的经历来说说，那时各缔约国的代表在日本是怎样巧妙地排除基督教徒被迫害的危险的。1867 年，在长崎附近的浦上(Urakami)，住在那里的许多日本基督教徒被逮捕并被投进监狱，因为他们信仰基督教，而那时日本仍有法律严禁信仰基督教。法国公使莱昂·罗格斯先生的干预令这些被捕的基督教徒得以无条件释放。在写给教会代表——波狄·胡安主教的官方记录中，罗格斯先生在报告他的成功以后，又补充道："但是我必须多说一句，即使天皇宽恕了过去发生的事情，他还是坚持，日本人在日后必须遵守本国的法律。所以主教先生，我希望，在我们的传教问题上，请您避免任何可能会令皈依基督教的日本人反抗其政府的行为。根据日本的法律，他们仍然是日本政府的臣民。这样的反抗毫无疑问会招致严厉的镇压，事态会发展到我无法平息的地步。您，和平与宽容的代表，则将为此种动乱与不幸承担责任，而这一定会是无法避免的结果。"三年以后，天皇接管政府。在长崎，对基督教徒的迫害卷土重来。三千名基督教徒遭到放逐，十七名各级贵族被贬为奴隶。监察此项惩处执行情况的官员所做报告的结尾部分是值得大家重视的，因为经过必要的修正以后，这些话完全符合中国的情况："日本建国以来，对于所有的人而言有一条民族的习俗，那便是将他们膜拜的神作为其天皇的祖先来敬仰。那些对被视为本民族父母的神祇不敬的人，无论他多么勤奋，都违背了规范全民族言行的法律，因而犯下了严重的罪行。这样的人怎么能被称为开化的人呢？不管他们怎样勤勉地学习欧洲的文明，他们付出的努力最后只会为他们带来内部的纷争。"那时的外国代表们，我也是其中的一员，最先只是成功地令日本政府的态度趋于缓和并释放那些被放逐的人。然后，他们成功地使这些被放逐的人重返家园，并使针对基督教的禁令得以取消。当然，外国使节们首先有义务阻止传教士在其驻地的边界之外布道。那时，普鲁士、英国、法国和美国的政府明确表示赞同代表们的做法。难道不能采用当时在日本的不流血的方法，对传教团体施加某些影响，从而在中国达到同样的效果吗？也就是说，为什么不能让中国人更好地了解基督教的价值，从而自觉自愿地容忍基督教的存在呢？当然，相应的，传教团应对自己的行为有所约束，或者政府应对传教团加以限制。然而，面对由传教团的行动不断引发的骚乱，或者还有更糟糕的，面对强迫中国人树立信仰的尝试，人们难道还会不情愿选择这样的限制与约束吗？11 月 22 日帝国议会的会议上，巴赫姆议员说，让异国人民皈依基督教，只能一方面在教义以及良好的示范，另一方面在自愿的信念基础上进行。所有其他的一切都必须避免。施拉德议员在第二天又说，为了避免人员的生命与财产遭受重大损失，他认为最紧迫的事情，是传教团与政府都必须认真地思考可以用何种方式为传教士提供最大限度的保护，以及应用何种方式和平地传播与推广基督教。一方面，要比过去更好地对传教士加以保护；另一方面，就算不能彻底地剔除，也要避免引发且必然会造成比此次牵涉更广、后果更严重、更血腥的骚乱的动因，难道隶属不同党派的人真的不可能就相关的规则达成共识吗？

1900 年 12 月 1 日

三

在论述传教士问题的过程中，在华天主教传教士总是被视为引发目前这场骚乱的原因，并因而遭到攻击。新教传教团的朋友与代表经常以相当激烈的方式攻击天主教传教士，这让人感到遗憾。因为，对于拥有健全理智的人而言，各种不同的宗教派别在文化方面的作用是不分轩轾的。而这种喋喋不休的争论会对基督教本身造成损害，这也是不容否认的事实。从总体上讲，无论在何地，也包括在中国，专注且公正无私的观察者会认为，在履行自己承接的义务时，与新教传教士相比，天主教传教士似乎更远离尘世，更少关注自己的欢乐与痛苦。这种印象会因为以下情况而显得尤为强烈，那就是：在新教传教士的周围，总能发现有人在关心他们的生活是否舒适，而天主教传教士却缺乏这种关怀。

欧根·沃尔夫在其新近出版的中国游记中写道：

> 总有一道高高的墙围绕着天主教的传教站。在墙里，矗立着一些简单而毫无修饰的建筑。在中国，天主教传教士也要求人们让他们安安静静地工作。他们不为其他国家的人操心。他们全身心地致力于他们的劝说、教育以及慈善工作。他们常常倒在他们工作过的地方，成为气候或是职业的牺牲品。而许多在中国的英国和美国传教士则不同。他们的房子是参照奢华的别墅风格建造的，周围环绕着宽阔的游廊，在布置精美的花园中可以感受到富有的气息，是啊，那已经是一种奢侈了。相应的，他们的收入也高一些。看到这样一幢房子，人们不会想到住在里面的人所关心的事情只是如何拯救中国异教徒的灵魂。事实上，与他们的职业相比，许多英国传教士更应该关心一下他们的邻居做的事。至少在他们作为一个整体出现的很多地方，人们都会听到欧洲人对他们的指责。

其他目击证人的评论也与此相似，有些评论的言辞甚至更为激烈。刚才提到过的摩里森博士就在他的著作《一个澳大利亚人在中国》中写道：

> 来到汉口以及其他开埠港，每一个支持传教士工作的人都会欣喜地发现，传教士在中国开埠港的生活并不是像他们以前想象的那样贫困与匮乏。在那里，生活的舒适与欢愉不亚于在其他任何一个国家。在汉口，传教士们住在最惬意的住宅里。只能说，传教士们的生活根本没有一点不舒适之处。——这就是那些为中国奉献出一切，并准备承受各种困顿的传教士们，那些要驱除中国的阴霾并为其送来光明的传教士们。

天主教与新教传教士生活方式的不同，是基于两者对自身使命的迥异理解。来到中国的天主教传教士都知道，他们已经与故乡诀别了。他们肩负的义务令他们不能在使命达成之前返回家乡。即使有些传教士，尤其是那些由罗马教廷派驻的高级神职人员，由于现在中国和欧洲之间的交通往来更频繁、更迅捷、更便宜，他们没有继续严守这一规则，但大量的传教士对此仍然信守如初。几年前，一位教廷派驻的神职人员告诉我，他已经在中国待了二十四年了，这是他来到中国以后第一次返回欧洲，是为了参加第一届梵蒂冈宗教会议。对于派给传教团的教学人员和医护人员而言，情况也是如此。就是在这样的条件之下，他们在中国生活，也在中国离开这个世界。见证其工作与困顿生活的人们对他们怀着最深的欣赏之情，而这份欣赏往往也伴随着由衷的同情。在中国，一位男性传教士每个月能得到八美元，也就是十六马克。他不仅要用这些钱维持个人的日常开销，还要用它去布置自己的教堂以及用于其他目的。

相反，新教传教士，只要是英国的和美国的，他们却真的过着贵族般的生活。他们的年收入在八百到一千二百金元之间，换算成马克要乘以 4 倍。有些传教团还会因为传教士结婚和孩子出生而提高他们的收入。至于住房，也是参照欧洲的理念为他们提供最好的居住条件。在开埠港，在他们的居住地周围，往往还有避暑地和疗养院供他们使用。在内地，新教传教士只能将就较差的住房。他们的居住条件并不比天主教传教士好，甚至比他们的更差，那是因为他们的妻子和孩子也住在一起。恶劣的条件对女性和孩子的折磨自然比对男人的更甚。工作了一段时间以后，平均是十年，新教传教士就会得到一段时间比较长的假期。有时，因为生病或其他原因，传教士也会得到额外的休假。从总体上看，新教传教士的地位比天主教传教士优越，生活也更为舒适。同样，与新教传教士相比，天主教传教士的生活方式使其更接近中国人，而他们也定然与中国人走得更近，因为新教的传教士还必须照顾他们的妻子、儿女和长辈。

相应的，天主教传教士所取得的成就也甚于新教。在这个问题上，不必在天主教徒所谓的懒散、礼拜仪式的奢华或者是天主教与佛教文化之间的相似性中寻求答案。可惜的是，新教方面往往是这么做的。原因更在于以下事实，那就是：在中国仅仅发展了不到六十年的新教传教团不具备从远古以来就存在于传教士与民众之间的那种联系。天主教传教士常常对我说，许多教廷派驻的神职人员将传教士的工作主要局限于给予古老的、信仰天主教的家庭以灵魂上的帮助。而且，为了传播基督教，还应考虑到宗教传播过程中的实例：那些被传教团教育成人的孤女，长大后常常嫁入不信仰基督教的人家；同样被传教团抚养长大的孤儿，往往并不皈依基督教。我没有理由怀疑这些话的正确性。斯奇德摩尔夫人在她的书中也叙述了新教传教士相似的经历。她引用了一位新教传教士的话。那位新教传教士说，中国人只有在皈依三代以后才能被视为基督教徒，而他们背叛基督教的危险直到这时才会消失。在缺乏古老的天主教家庭基础的地方，天主教和新教传教士的工作几乎是齐头并进的。尽管天主教认为为弃婴施洗礼十分重要，尽管皈依的和被拯救的人数明显增加，但他们搜集弃婴的方式与做法常常会引来投诉与指控，并不断引发针对传教团及传教士的攻击。在中国，偷窃婴儿的罪行经常发生，已经到了令人发指的程度。所以，与以往的做法相比，在这个问题上必须更加小心，更多地顾及中国人的观念，更多地与中国官方、尤其要多与中国百姓联系协调。

新教和天主教传教团的区别也在于他们如何使用可以支配的资金。天主教传教团的收入无疑比新教传教团少。但是，天主教传教团的资金更多地花在客观的工作上，而不像新教传教团那样把钱用于个人目的。摩里森博士在以上提到的著作中指出[①]，天主教传教士是不会结算账目的。相反，无法否认的是，各个天主教传教团的司库证实，通过赔偿取得的资金往往被用于土地及房产的投机或其他目的。这当然会令传教团在中国声名扫地。比如，北京使馆街的大部分土地都是属于遣使会的。而在上海，拥有最多地产的可能

① “有一千五百一十一名新教传教士在中国工作。如果按几年前的统计——如《中国档案》中所公布的——测算他们的工作成果，我们会发现，他们在去年(1893 年)吸纳了三千一百二十七名中国人投身基督教的怀抱。但人们不得不担心，这些人并不都是真正的基督教徒。而为此，他们花费了三万五千英镑(即七百万马克)。也就是说，他们用去了伦敦十家主要医院的全部收入。”从那时起，传教士的数量及其工作成本便狂飙而上。

是耶稣会会士。

从总体上看,从对在华天主教传教团的评论中可以归纳出,尽管他们在弃婴问题上的做法以及在建立教堂的过程中冲撞了中国人的观念及偏见,尽管个别教廷派驻的神职人员因其对排场和礼仪的要求伤害到了中国政府及中国人民,甚至激起他们的敌意,但传教团还是很清楚,他们应远离所有与政治有关的问题,并以聪明的行动赚取中国政府的感激,比如在北京。虽然,天主教传教团也像新教传教团那样被牵连在目前的这场骚乱之中,但这只能证明,仇恨洋人并犯下暴行的中国人并未区分、也不愿意区分天主教与新教之间的差别。

通过赋予天主教传教团的成员一些权利与特权——与中国官员直接交涉的权利并不是其中最微不足道的——来承认天主教的等级制度,这一点在不久前不断地遭到抨击,并被视为引发目前这场骚乱的原因之一。会做出这样的评论,根源在于不了解情况。最初,也就是二十多年前,为了填补法国的天主教保护权停止以后出现的空白,曾决定派遣一名教皇的使节驻跸北京,以作为天主教传教团在中国的利益代表。但由于法国政府的反对,这个计划流产了。面对法国的威胁,态度不够坚决的罗马教廷收回了成命。后来,法国公使团又重新启动了此项计划。他们要求在主教与政府之间的谈判陷入僵局的时候,由法国公使出面代表主教与政府交涉。法国方面希望将此条款加入协议之中,并以此来重新巩固因为受德国保护的斯泰尔传教团的加入而备受冲击的法国天主教保护权。最终,中国政府于 1896 年签署了协议,对天主教传教士做出了让步。我认为这无疑是一种进步,因为一方面,许多问题有可能在中国得到解决;另一方面,不管参与者的意愿与行动究竟如何,这将有助于增进基督教与中国文化之间的互相理解,而且聪明的做法是要求中国的官员也这么做。如果新教传教团具备条件,中国政府当然也不会犹豫将同样的权利赋予他们。问题是,在一个省就有这么多新教传教团在活动,怎么去找一个能代表他们和政府交涉的传教士呢?就算能找到这样的人,他在其他传教士面前又该行使怎样的权威呢?

古尔森爵士是用下面的话来结束其对传教士所作所为的评论的:“无法预知传教活动的将来究竟如何。可是,如果能找到一种方法,不但不会妨碍传教士的工作,不会将其引入歧途,而是还能对其加以控制,不要让基督教的各个教派像率性随意的风那样海阔天空地自行其事,那将是具有国际价值的成就。”

我和古尔森爵士有着相同的愿望,但我怀疑这一愿望是否有可能成为现实,至少在现在不可能。如果有人问我,既然希望如此渺茫,你为什么还要长篇累牍地论述这个问题呢?那我只能说,请大家允许我借这个机会来回忆一下过去发生的事情。多年以前,当我一再地向总理衙门的官员详尽地分析我的建议并令他们感到不胜其烦的时候,从他们的表情中,我分明捕捉到了他们没有问出声的话:这些有什么用?我对他们说:“我知道,您不会按我的建议去做。我也知道,尽管是徒劳的,可是我还会向您重复我今天所说的这些话,甚至我的继任者也会这么做。但我希望,如果我曾向您警告过的灾难爆发,您能在您的备忘录中发现,您的朋友曾经就此提醒过您,而对于所发生的一切,您只能独自咽下苦果。”也许今天,那些曾经嘲笑过我的人会相信我说的话,如果他们还没有被骚乱的浪潮吞没的话。

1900 年 12 月 8 日

(胡凯译,陈晓春校)

自相矛盾的安治泰[①]

D. G. 瓦尔内克

我有很多次机会，来指出笔耕甚勤的安治泰主教在其声明中暴露出的两面性和口是心非。大家回忆一下，安治泰主教曾通过现在的帝国首相，在德国的帝国议会"明确无误地公开声明，德国对胶州的占领，不仅关系到在华传教事业是否能繁荣兴盛，而且更影响到传教活动能否继续开展。这是一个生死攸关的问题"。而这种说法，与他后来于1900年12月1日在济宁所做的新年致辞大相径庭。在致辞中，他肯定地说，在占领胶州之前，天主教传教事业尚且欣欣向荣。（参见该杂志，1900年，第98页及霍尔巴赫，《公开信》第21页）我不再重复，究竟是什么令主教先生一改口风。在那篇新年致辞中，他斩钉截铁、"明确无误"地提出经由中国最高当权者证实的声明："迫害传教士最重要的原因便是胶州的占领。"（参见该杂志，1900年，第99页）当这种说法甚嚣尘上之时，主教先生却收回了他的观点，所用的理由可笑而不真实："因为20年以来他只说汉语，对德语表达的含义辨别不清，所以在措辞方面犯了错误。"（同上，1901年，第17页。霍尔巴赫《安治泰主教的在华传教活动与政治的关系》，第17页）现在，在3月1日的《科隆人民报》（Kölnische Volkszeitung）中，安治泰先生又为遭到抨击的鲁南天主教传教士著文辩解。文中堆砌着他自己、他的传教士及媒体机构的文书证据，充斥着最诡辩的自我辩白和显而易见的自相矛盾，讲得尽是些令人难以置信的事情。在《帝国信使》（Reichsbote）第61～63期刊载的三篇鸿篇巨制里，用上文中提到的标题，霍尔巴赫将矛盾的地方归纳在一起。这种反复无常的情况很少会集中出现在一个人的身上。看过霍尔巴赫的两篇作品[②]、读过文中细致入微的"记录式描述"的人，几乎没有必要再读第三篇文章了，因为主教的"辩解"——他的"辩解"也同时证明了他能相当熟练地选择合适的表达方式——与那些档案之间的反差实在太明显了。

目前，我既没有时间也没有兴趣，也写一篇文章来阐释那份出色的"辩解"，尽管这样的文章很能启发人们进行有意义的思考。我们希望主教先生至少承认，自己行为处事并不总是那么小心谨慎。可是事与愿违。他想表明自己毫无过失。为此，他既不怕自相矛盾，也不怕否认他的朋友们说过的话。但最过分的是，他现在完全否认自己曾参与对胶州的占领，并设法将他在兖州府的挑衅行为粉饰成最具善意的举动。从在《帝国信使》上由霍尔巴赫处理的八个专栏中——主教的"辩解"文章就是在那里发表的——，我只摘引并分析以下两段文字。

其一是"对胶州的占领"。安治泰写道：

> 当我为了传教事业，表明占领胶州的必要性时，胶州已经被占领了。这里牵涉到

① 《传教杂志汇编》（Allgemeine Missionszeitschrift）第28期，1901年，第196～202页。

② 《公开信》和《安治泰主教的在华传教活动与政治的关系》。

的问题,并不是应不应该占领胶州,而是占领另一个中国港口是否比占领胶州更有利。那时我在罗马。尊敬的亨利亲王殿下从基尔港启程前往中国的那天,也就是1897年12月15日,我在报纸上读到,德国想占领的不是胶州,而是中国南部的三门。我不知道德国政府究竟有没有这种企图。可是,如果这些谣传真有根据,德国政府真的想在占领胶州后不久、传教问题尚未解决之前用胶州去交换遥远的三门港,我相信为了我的传教团和传教士的安全,我必须站出来反对这种做法。

然而,这恰是安治泰所做的最恶劣的事情!他不假思索、直截了当地苛求德国人民,不要去相信帝国首相布洛夫伯爵的话!1898年2月8日,作为当时外交部的国务秘书,布洛夫伯爵在德国帝国议会里用安治泰的"明确无误的声明"鼓动政府占领胶州,"德国对胶州的占领,不仅关系到在华传教事业是否能繁荣兴盛,而且更影响到传教活动能否继续开展。这是一个生死攸关的问题"。这件事全世界都知道,安治泰自己也知道这件事。我已经在我的《公开信》一文第23页中证明,安治泰必定在1897年11月7日,星期日,亲自向皇帝陛下递交了关于占领胶州的重要说明。[①] 1898年10月20日,安治泰自己说:"我(在觐见皇帝陛下的时候)要求强有力的保护……回答是:胶州。"他所在的传教士学校(在斯泰尔)在1897/1898年的年报中证实了这件事:"(1897年)11月5日,安治泰主教去柏林乞求保护。……德国皇帝仁慈地接受了他的请求,并立刻派遣多艘战舰前往胶州湾……"众所周知,战舰是在(1897年)11月10日离开上海前往胶州的,占领胶州是在11月14日。现在,那位做出"明确无误的"声明的男人却要德国民众相信,他是在1897年12月15日,也就是占领胶州一个月以后才递交被布洛夫伯爵用来鼓动当局的相关声明的,而胶州已经在四个星期以前就被占领了!

1897年12月16日,安治泰在罗马,这没错。但是,他说他那天在某张报纸上读到"德国想占领的不是胶州,而是中国南部的三门",除非安治泰能指出,他是在哪些报纸上看到这些话的,而我又能委托值得信任的人在相关报纸的编辑部里加以核实,否则的话,我会一直质疑他的话。这样的消息是不会在任何一张报纸上刊登的,因为政府根本不可能考虑Samsun(浙江省),也不会再考虑厦门和厦门湾(福建省)的问题……

那么,安治泰究竟是在哪一天做出那份"明确无误"的声明的呢?到底是在1897年11月7日,还是在12月16日,这是次要问题,无须优先考虑。令人感到十分遗憾的是,安治泰一直不明白,他究竟能不能做出这样的声明。这也是问题的关键。无论是按照布洛夫一直以来的发言,还是——从现在开始又有了新的证据——安治泰最新的供述,安治泰曾经做出过此种声明这件事都是斩钉截铁的事实。

安治泰还写道:

> 当然,对于政治形势,无论是山东的平民百姓,还是大部分清廷官员都缺乏认识。在他们看来,谋杀传教士是德国人出兵占地的理由与诱因。

值得注意的是,那个做出"明确无误"声明的人,每一次都有本事见风使舵,将事情颠

① 在"第二次辩解"中(3月5日的《科隆人民报》),安治泰声称,相关的谒见直到11月17日才举行。在注释里,《科隆人民报》以独特的方式写道:"按此应更正我们在1900年7月1日的报道。"

来倒去。他在1899年12月1日所说的话与以上所写的内容截然相反。那时,他认为“有教养的中国人和清廷官员把谋杀传教士视为德国人出兵占地的理由与诱因”恰恰是有道理的。1898年10月20日,他则写道:“那是因为教友的血案,是它将德意志的鹰引向了中国的东海岸。”这与皇帝陛下在1897年11月30日及1898年5月6日的讲话内容完全吻合。在那两次讲话中,皇帝陛下着重指出,谋杀传教士就是占领胶州的理由与诱因。1897年12月7日,布洛夫伯爵——这件事安治泰再清楚不过了——在他担任外交部国务秘书之后在帝国议会所做的第一次讲演中说道:“派遣我们的舰队前往胶州湾并将其占领,一方面是为被谋杀的德国天主教传教士复仇,另一方面是为了更好地确保将来不再发生类似的事情。”布洛夫伯爵还补充道:请大家“仔细地斟酌他的话”。另外,1897年11月14日,海军中将冯·迪特里希占领胶州时发表的声明恰好也明确地表达了相同的意思。如我的《公开信》第6页中所证实的,安治泰所在的传教士学校所说的,也与皇帝陛下、布洛夫伯爵和海军中将冯·迪特里希的讲话一致。有关斯泰尔传教士学校发言的其他证据,可以在上文中提到的1900年9月8日的纪念册第281页,《德国人侵山东》一章中找到。可是现在,那个曾做出“明确无误的”声明的人却一要笔杆子,仅凭一句“只有山东的平民百姓和清廷官员才将谋杀传教士看作占领胶州的理由和诱因”便想将这一切全盘否定。[①]

其二是“兖州府事件”。安治泰写道:

> 在《帝国信使》对我的各项指控当中,最严重的一项便是指责我“明显不尊重对中国人而言神圣的情感”,强行闯入兖州府。对于这件事,传教士毛斯先生用该报记者与我做的采访来做证据。

在此期间,我也就“兖州府事件”写过文章,参见拙作《安治泰主教的在华传教活动与政治的关系。主教及其传教十的陈情实录》(马尔堡印刷,价格15镑)。写这本书的动因是《科隆人民报》1900年11月16日刊载的安治泰的文章,以及帝国议会议员巴赫姆博士1900年11月22日在议会中替安治泰辩护的发言。拙作第10~17页中安治泰所有的“辩解”之词都已经被批驳过了,因为安治泰与巴赫姆的话完全一致。我请求所有读者,至少查阅一下相关的章节,这样我就有充分的理由不在兖州府事件上多浪费笔墨了。但是在这里,我还是有些话想说。

如果安治泰抱怨毛斯借以抨击他的是“采访”的内容,那么现在,我的书却是以安治泰及其传教士的公事报告为基础的,与斯泰尔传教士学校自己发表的内容是一致的。而恰恰是安治泰亲手写下的这些报告彻底将他驳倒了。

没有人——包括毛斯在内——认为,“凡是可能遭到抵制的地方,传教士就应该避免到那里去”。可是,对传教活动稍有了解的人都会反对安治泰的行为。如他自己所写的那样,他在长达10年的时间里不遗余力、孜孜以求,借助外部的政治力量在兖州府强求落脚之地。而这一切,只是为了给这座“无比神圣的”城市镀上“主教驻跸”的荣光,只是为了这

① 全世界的反应都不一样。教皇极权主义者欢呼雀跃,他们认为为被杀的传教士索取赔偿以及德国政府的天主教保护权所赋予的义务便是德国占领胶州的法理依据。参考《日耳曼尼亚》(Germania)中众所周知的引文。(《传教汇刊》Allgemeine Mission-Zeitschrift,1898年,第213页)

份虚荣而已。

在1900年7月斯泰尔第19号《小小心灵耶稣报》第135页中，安治泰自己的传教士恩博仁神父写道："因为兖州府位置优越，位于传教区中心，也因为它具有重要的政治意义，而且作为孔子的故乡在中国人中间享有极高的宗教声望，所以安治泰立刻计划将其变成自己的主教驻跸。"

安治泰现在的观点："兖州府的百姓对他来到这个城市并不持有敌意"，与"他在兖州府生活了好多年，不仅平安无事，而且还与当地官员及百姓相处得和和睦睦"这种说法一样，都是完全错误的，没有一句实话。值得注意的是，巴赫姆在议会上做了同样的不实发言。在我的书里，我彻底地驳斥了这些论断，而且还是用安治泰自己说过的话驳倒了他。

发生在兖州府孔庙的那一幕已经多次被提到，成了众所周知的事。关于这件事，首先要指出的是，安治泰甚至没有给出事件发生的准确日期。他三次将此日期写成"1894年"6月24日，可是正确时间应为1895年。为了不让读者误以为这是印刷错误，安治泰（在第一栏中）还用文字形式来表述年份，虽然他是想以此来纠正"撰稿人"的错误。——顺便说一下，这个撰稿人就是他自己的传教士薛田资。——不过这还是次要的。

有关事件的进程，在我面前摆放着五份可靠的报告。其中三份是由安治泰亲自写的或由他签署的。其余的两份尽管出自安治泰之口，可是其中的一份是由一位传教士写的，而另一份是由一位采访记者写就的。这五份报告各自不尽相同，我指的当然不是措辞表达，而是报告中所陈述的事实。可惜的是，由于篇幅的限制，我无法把它们原原本本地引录下来。但是，仅仅摘抄相关的几处文字加以对照就能证明安治泰的自相矛盾了。

1. 安治泰在1895年10月15日的《年报》（由斯泰尔传教士学校发表于其机关报《小小心灵耶稣报》1896年2月，第5期，第38页）中写道：

> 去年6月24日，我再一次踏上了征程（前往兖州府）。……我身着清廷官服，头戴红顶官帽前往该地。我相信，人们是不会加害二品朝廷命官的。可是事情却并非如此。……傍晚，道台邀请我前往孔庙。……大群的民众大声地呼喊着，像群鬣狗一样向我和我的仆从冲来。接着便是可怕的厮打。……在我的面前，人群畏缩不前，只是时不时地暗中冲撞我。走到街上，一切又都恢复平静，我平安无事地回到了客栈。

2. 一年以后，安治泰又在1896年12月12日的《年报》（发表于1897年3月的《小小心灵耶稣报》第6期，第46页）中写道：

> 去年，我又做了一次十分重要的尝试。……从上一年的新年献辞中，大家了解了我的兖州府之行的结果。当着清廷官员的面，那些百姓的父母官，我和我的随从在大街上遭到蜂拥而来的暴民殴打，并被赶了回去。

3. 还是这位安治泰，他在1900年11月28日的"辩解"中写道：

> 1894年6月24日（应该是1895年）清晨6点，我来到那个城市里。清廷官员邀请我于下午5点前往孔庙。……每一个人都友善地与我打招呼。我有意前往茶楼，想看看民众的情绪如何。而我碰到的人都表现得和蔼可亲。4点过后，我坐车前往孔庙的时候，街上的民众还是很平静的。没有任何人说一句粗话。……我马上告辞，

并抓住离我最近的清廷官员的手臂，对他说："您送我回客栈去。"走到街上，虽然我看到聚集着很多人，但情势还是平静的。我继续在客栈里住了好几天，时常走到街上，但一切都很平静。《帝国信使》说我的行为极具挑衅、专横霸道，这让我感到莫名其妙。

4. 安治泰的传教士薛田资神父，从 1893 年起便在山东南部工作。1895 年在兖州府发生的事情，他一定听主教亲口说过。在 1900 年 7 月 6 日的《东亚劳埃德》上，薛田资神父对当时的情况作了描述。我只列举以下几处矛盾的地方：

> 主教清楚自己的处境。道台向他告别的时候，安治泰先生甚至不让他走，而是抓住他的手臂，飞快地径直向前走，和道台手拉着手穿过惊愕的人群，奔向他的马车。……主教上了车，仍然抓着不断哀求的道台的衣领，把他当成挡箭牌带上马车。这时，人群回过神来，拿着棍棒和长矛围了上来。那个可怜的道台手脚并用地抵挡着人群的围攻，马车终于能向前行驶，直奔客栈。……同一天，在所有清廷官员亲自向他表示遗憾之后，安治泰主教就返回了济宁。

5. 1900 年夏，安治泰向《北法兰克报》的一位员工谈起在兖州府发生的事情。安治泰的报道已经刊印在瓦尔内克写的《德国报界对在华传教活动的评论》一书中，请参阅第 17 页及其后。在这里，需要指出的是，安治泰又告诉该报的员工，他是在受到接见的前一天来到兖州府的，而且在接见那天就离开了这座城市。这种说法，又与他的"辩解"大相径庭。

看到一个"传教主教"的记述里频繁地出现自相矛盾的情况，是不是每位读者都会感到惊奇呢？前三篇报告是安治泰亲手写就的。可是，他在一篇报告中写道："在我的面前，人群畏缩不前，只是时不时地暗中冲撞我。"而在另一篇报告中，他却写到他在大街上当着清廷官员的面遭到蜂拥而来的暴民殴打"。在第三篇报告中，他又说（以上提到的）两种情况均未发生过。他一会儿说街上"一切都很平静"，一会儿提到"街头蜂拥而来的暴民"，一会儿又改口说"他碰到的人都表现得和蔼可亲"，街上"一切都很平静"。还有，他时而说"平安无事地回到了客栈"，时而说"被赶了回去"，时而又说"继续在客栈里住了好几天，时常走到街上"。两者不可能都是真的：挨打与没挨打，被赶出去还是又待了好几天，只有一种说法——无论是哪一种——才可能会是真的。

我想，以上这些已经足以揭示安治泰"辩解之词"的两面性。而按照安治泰的说法，"主要是瓦尔内克一党"将这种指控归咎于他这位主教的。当然，对于霍尔巴赫的保留意见，安治泰先生总能找到"辩解之词"。也许他只是又一次犯了表达不够准确的错误，因为"他缺少档案宗卷"。

（胡凯译，陈晓春校）

中国对天主教徒新的迫害行动
——尤其在山东南部，安治泰主教的传教区

D. G. 瓦尔内克[1]

估计读者们还记得拙作《在华传教活动及对华政策》(1898 年，第 207 页)。撰写那篇文章，是因为向天主教传教团提供保护的必要性被视为德国占领胶州的主要动机。而这里所刊论文所论述的核心问题，则是德国为了护教而实行的军事占领是否真的有助于传教活动的开展。根据外交部国务秘书于 1898 年 2 月 8 日在帝国议会的正式发言，安治泰主教曾"明确无误地表示，德国对胶州的占领是影响到在华传教活动能否继续开展的生死攸关的问题"。

可是，现在的情况又怎么样呢？较长时间以来，天主教会不断地控诉对基督教徒的迫害日渐增多，尤其是在山东。

"毫无疑问——比如 1899 年 8 月 16 日的《科隆人民报》(Kölnische Volkszeitung)第一页就这么说——一场在过去三十年里从未发生过的对基督教徒的迫害行动开始了。""德国(在山东)的传教士一直面临着生命危险，因为在他们的面前，基督教徒被压迫，被抢掠，被杀害，而肇事者却未受到任何惩罚。""历史上对基督教徒的迫害行动又复苏了，在中国的传教士目前正沉浸在最深切的哀伤之中。"

而现在，安治泰主教完全证实了所有这些控诉。1900 年 1 月 26 日的《科隆人民报》第二页刊登了他有关鲁南教区的长篇报道。该文的结束语是："现在，在中部及西部，拥有大约三万名基督教徒和慕道者的传教事业从整体上遭到了破坏。"当然，不能完全从字面上去理解这份哀怨之词。政界的人士们也越来越清楚，天主教的传教报告中不无夸张的成分。但无论如何，它表明，为了协助天主教传教团，为被谋杀的两位传教士复仇及强索赔偿金[2]，德国当局所采取的行动并未起到推动传教事业发展的作用。

在报告中，安治泰主教寻找胶州被占领之后对在华天主教徒的迫害行动升级的原因。[3]

调查显示，有人认为[4]，我们的传教活动[5]激起了中国人深深的仇恨，但这并不是实情。事实正好相反。占领胶州以前，传教团无论在民间还是在官方均享有最佳的

① 瓦奈克:《传教杂志汇编》(Allgemeine Missionszeitschrift)第 27 期，1900 年，第 97～106 页。

② 用这笔所谓的"赔偿金"，天主教徒不仅在山东，而且几乎在全中国建造了大量的教堂及传教士学校。天主教徒们也不会真的相信，看到用自己被压榨的钱建造的教堂，中国的异教徒还会油然而生虔诚之心。

③ 从这以后，对新教传教士及中国基督教徒的血腥迫害也在山东而且正是在山东爆发。但根据安治泰先生的报告，其规模远比不上对天主教徒的迫害。它的发生估计是中国人仇恨天主教的必然结果，因为他们搞不清楚新教与天主教的区别，尤其是在狂热的仇洋情绪的作用之下。

④ 如果能知道这里的"有人"指的究竟是谁，那倒是能增长知识的。难道这种委婉的说法是暗指德国政府里的某个人吗？

⑤ 这个词是我加上的，因为主教的报告在此处辨认不清。

声誉。清廷官员经常公开地表示对传教团的赞赏。而北京政府也授予传教士高品级顶戴以示对传教活动的赞许。胶州被占领以后,情况就改变了。天主教在山东南部的传教活动可以回溯到数十年以前。在漫长的岁月里,我们当然经历过骚乱和迫害。但值得注意的是,在占领胶州之前发生的那些骚乱与占领之后发生的性质完全不同。胶州被占领之前,不管骚乱如何剧烈,都只是一些地方性的、个别的现象,而且很快便会平息。它们只发生在我们试图建立新教区的那些地方,那些外国人尚未踏足的地方。一旦教区建立起来,基督教徒和非基督教徒便能宁静、和谐地共同生活。传教士赢得了基督教徒的爱戴和异教徒的尊重,有许多人甚至与清廷官员建立了友谊。即便是两位传教士能方济和韩理的被杀,也不过是个别社团首领实施报复的个案而已。他们认为有位传教士控告了他们,而且当时的山东巡抚李秉衡对传教的敌视态度也给了他们寻衅的胆量。

我现在问自己:主教先生对胶州被占领之前天主教传教情况的描述不是与他自己"明确无误的"声明——"德国对胶州的占领,不仅关系到在华传教事业是否能繁荣兴盛,而且更影响到传教活动能否继续开展。这是一个生死攸关的问题"大相径庭吗?如果在1897、1898年间,布洛夫伯爵看到安治泰主教这份关于天主教在山东传教情况的描述,他还会鼓动政府占领胶州吗?一定有些什么不为人知的幕后情况,促使老练圆滑的主教先生改变了口风。我们还是先听下去,听他怎么说:

以下的报道(《科隆人民报》)告诉大家,占领胶州以后,迫害行径是如何形成与发展的。这里所涉及的,并非对洋人的仇恨在个别地区爆发的个案,而是针对整个传教事业的普遍的迫害行为。这种行为是有计划的,而且得到政府官员支持,其目的在于有计划地根除基督教。仅此事实便明确地表明,在去年撼动天主教传教团,尤其是鲁南天主教传教团生存根基的疾风骤雨般的暴行,其根源并不在传教本身,而是在其他方面。

如上文中所指出的,迫害行径最重要的原因在于对胶州的占领。占领胶州的举动,深深地刺痛了中国人的民族自尊心。最初,德国军队拔掉青岛山上的龙旗,代之以德意志战旗时所表现出的那份自信令人惊愕万分。中国政府感到他们脚下的大地在震颤。那些清廷官员,如彭道台告诉我的那样,开始怀疑起自己:"我们不知道该做些什么了。"因此,政府认为最好的办法还是避免一切摩擦的发生。怀有敌意的官员都被赶走了,"对欧洲人友好备至"一时成为时令口号。传教士与基督教徒受到了绝对公正的对待。如果有人在那个时候在山东南部旅行,那么他会对中国的情况和真实的氛围产生错误的印象。

可以预见,这种情况必然会带来反作用,因为源自胶州的伤口仍然在流淌着鲜血。旅顺港,威海卫,报纸上关于将要瓜分中国的报道均始于胶州事件。

就算一般的民众对这类政治事件不感兴趣,但是有教养的中国人,尤其是那些官员对此却感触极深。他们当然盘算着寻找合适的复仇机会……

那么这一切与传教团又有什么关系呢?关系甚深!在那些对政治知之甚少的中国百姓眼中,所有的外国人都一样,都是"洋鬼子"。由于传教士往往是多年以来他们能接触到的唯一的洋人,所以洋人所做的一切,都被他们归咎于传教士以及被称为

"二鬼子"的基督教徒,胶州事件也是如此。不管哪个欧洲人给了目瞪口呆的中国人一记耳光,受苛责的总是这些人。

山东巡抚毓贤曾亲自对我坦言中国知识分子及官员的想法。因为传教士被杀,招来了德国人,然后就发生了胶州事件及其后的一切。"是你把德国人叫来的,"巡抚对我说,"如果在山东没有德国的传教士和他们统领的基督教徒,胶州、旅顺等地便不会落入洋人手中。你们对这一切负有罪责。"

李鸿章与我熟识多年,他也是十分了解自己的国家及其情况的中国人之一。去年9月3日,李鸿章在一次会谈中对我说:山东南部乱成一锅粥,他并不感到惊奇。他说:"占领胶州的动机是山东南部,这种观点逐步在民众之中传播开,并引起对传教团及基督教徒的仇恨。发生暴动是理所当然的结果。"

主教先生是如何回应中国官员们对天主教传教活动及对他自己的指责的,在他的报告里并没有相关的记载。在德国,如同1897年12月29日和1898年1月□号[①]的《日耳曼尼亚》(Germania)所述,天主教传教士自豪地夸耀:"我们占领胶州最重要的法理依据,便是为被杀的传教士索取赔偿以及保护受德国庇佑的传教团。""我们一直强调,我们始终将德国对天主教传教团的保护权视为其在东亚采取行动的真正的法理基础。"《科隆人民报》(1898年3月10日)以略显神秘的方式预言道:"在整个胶州事件里,那位天主教的主教先生总能为他的祖国作出巨大而有价值的贡献。也许我们会在适当的时候对此做进一步的报道。"直到现在,该报也未作出进一步的报道,也许永远不会对此作报道了。

事实是不容置疑的:主教先生呼唤德国当局施以援手,并如《日耳曼尼亚》所言,赋予了占领胶州的行动以"最重要的法理依据"。现在,他的传教团则要为此承担后果。那么,主教先生从中又得出了什么教训呢?大家可能认为:他会为传教与政治相结合所带来的灾难而感到后悔。这样的想法真是大错特错:他要求德国当局继续介入其中。山东的天主教徒遭遇不测,而当局没有继续以武力加以干预,这令主教先生十分恼火。主教先生的报告给人一种感觉,似乎他在责备德意志帝国政府:德国能得到胶州,归功于天主教的传教活动。传教团在占领行动中帮了忙,现在却要承担相应的后果。而德国当局却没有为天主教传教团扫除因其政治行动而产生的大量敌人。我们只能说:很忘恩负义。不过我们还是继续听听主教先生是怎么说的吧。

他补充说,去年秋天,北京皇廷发生的"政变"及其"敌视洋人的反应"使对传教活动的迫害变本加厉。此后,他又将话题转回到新的山东巡抚身上。他觉得自己所遭遇的不幸大多是由新巡抚所造成的。

毓贤是满洲人,在山东任职多年。他勤政努力,但也是个非常仇视洋人的官员。他是老太后的宠臣,所以很快就从小吏晋升为大官。他对传教的态度很早以前就为人所知。一有机会,他就会表达自己对传教的反感。诸多事件令他对传教的反感积聚成为殊死的仇恨。他知道,德国公使曾抗议由他出任山东巡抚,不过没有成功。估

① "□"处原文模糊,无法辨认。——译者注

计他会认为这是我在从中作梗。[①] 很明显，他是不会轻易地任由这件事就这样过去的。同样，他也不会放过前任山东巡抚李秉衡被贬一事，他认为李氏的遭遇也是传教造成的。过去，就有一些官员告诉我，毓贤会为他的朋友向我们报仇。最后，这也是最刺激他的动因，如前文所述，他将胶州被占领以及其后的一切事端，比如派遣远征军以及出兵日照，算在了我们的头上。

他孜孜以求，恨不能把所有的德国人赶出山东。他应该曾在老太后面前执意要求，说服她同意与德国开战。为此目的，山东聚集了大量军队。[②] 不过，估计北京方面有人告诉他，不建议他公开采取针对德国的军事行动。于是，他的愤怒便集中发泄到了传教士的身上。对传教士开战是十分容易的。而且，如果知道该怎么做，这也是毫无危险的。

于是，上文中经常提到的大刀会便成了毓贤的助力。他把那些自称刀枪不入的人编成多个民团，以用来和德国人作战。估计很难证实，他究竟有没有直接委派大刀会攻击传教士。事实是，当大刀会开始公开迫害传教团的时候，他们的首脑和会众都一致声称，巡抚毓贤曾正式命令他们这么做。为了证明他们说的话是真的，他们还出示了盖有关防大印的文件。官员们接到指示，未得到特别的命令，不得以任何激进手段对付骚乱。士兵们则被禁止与骚乱的制造者交战。胆敢镇压暴动的官员会遭到处分。北京总理衙门要求地方保护传教团的指令被扔进了巡抚大人的故纸堆。巡抚自己知道，那些头目都是听他的命令行事的。可是，即使迫害行径就在他的眼皮底下发生，他也没有动一动手指头去制止。

另外，不仅是暴民头目自己说他们是听命于巡抚的，而且事件的全部进程，至少在骚乱后期，都十分明显地受到高层的系统领导。所有会令中国政府陷入困境的问题都被规避了。欧洲人的人身安全得到了保护，大型的官邸未被骚扰，甚至连对基督教徒的血腥暴行也被尽量避免。这显然是得到了上面的指令。刚开始时，我们当然无法洞悉暴民这份值得注意的克制。但后来，我们很清楚地发现，这一切是有系统的。官员和暴民公开表示，不愿看到基督教徒和传教士被杀。他们只想折磨基督教徒，剥夺他们的财产，驱逐他们，直到他们没有兴趣再和洋人打交道为止。人们认为，一旦教区被破坏，传教团在那里便没有了立足之地。这显然就是毓贤巡抚公开交付给大刀会的政治计划。如果采取了这些克制措施，仍然还是有基督教徒受到伤害或者被杀害，或者传教士的生命仍然长期受到威胁，那么这也并非当权者希望如此，而是因为他们显然无法有效地控制狂野激动的民众。

巡抚与其他官员有胆量用这种方式抵制传教活动，是因为山东南部的官场中普遍认为——不管有理没理——，德国政府并不关心中国的基督教徒，而只会在将来对欧洲的传教士提供保护。所以他们认为可以对基督教徒为所欲为。

---

① 由于主教先生对这种说法未做任何辩驳，估计他确实曾经干涉清廷高级官员的任免。而当传教团不得不为这种深深激怒中国人的干涉行为而遭殃的时候——遗憾的是新教的传教士也受到牵连——这位拥有主教身份的政治家却感到惊奇了。

② 除非得到官方的证实，否则我会怀疑这种说法是否与事实相符。

> 由于不知道实际情况，牵涉到对信仰基督教的中国人的保护问题，人们的看法不无分歧。信仰基督教的中国人是而且一直是中国皇帝的子民。而我们传教士则努力地教育他们成为顺民。但按照条约的规定，基督教徒的宗教自由应受到保障。如果他们在这方面受到妨碍，或者无法从中国官员那里得到保护，那么行使宗教保护权的国家有权利并有义务关心这些基督教徒。今年，在我的教区里，基督教徒恰恰因为他们的宗教信仰[①]而被赶出家门，以致流离失所，或者被剥夺全部的财产。如果是这样，那么保护国的庇护义务便显得尤为迫切。一直以来，对天主教传教活动的保护便是这样实施与行使的。尤其在现在的中国，如果以上对基督教徒的保护消失的话，传教活动能否维持便成了问题。[②]

我们略过有关损毁教产及私人财产和折磨天主教徒的论述。[③] 对我们而言，现在重要的是指出主教先生一而再、再而三地寻求德国政府的武力干预。德国的武力干涉，导致人们尤其是德国的传教士要小心提防以免被谋害。因天主教传教活动与政治相勾结而造成的对天主教的仇恨，令折磨中国基督教徒的行为变本加厉。而主教先生却通过强词夺理的论证，要求德意志帝国动用其武装力量来保护中国的基督教徒。德国政府没有这样做，这令安治泰先生很不满意。他又一次解释道，如果德国不为中国的天主教徒提供武力保护，“传教活动能否维持便成了问题”。对德国天主教传教士的保护只是完成了一半的工作。所以，他认为德意志帝国政府应以法国为榜样。“叛乱——报告结尾处是这么写的——波及到邻近的直隶和江南。在法国当局的策动之下，中国官员积极地介入其中并使当地恢复了安宁。我们那些被驱赶的基督教徒看到了这些事情。他们无法理解，为什么德国公使不关心山东南部的基督教徒。”其中的暗示是清楚明白的。只是可惜的是，被

---

① 这是主教的溢美之词。他们遭到迫害，是因为天主教传教团在中国被视为一种政治力量。

② 主教报告的原文如此。

③ 只有一件事需要注意：主教与山东南部地位仅次于巡抚的清廷官员一起周游发生事端的地区，以便亲自“确定赔偿金的数额”！由于薛田资神父遭到虐待，德国出动了远征军并占领了日照市。

“占领日照当然令中国政府难堪至极。我利用这种印象，说服在山东官阶仅次于巡抚的彭道台与我一起到发生叛乱的地区旅行。道台犹豫不决，他害怕这次出行会令其失去毓贤巡抚的宠信。可是，我向他解释说，如果我们能令所有地区恢复安宁，如果传教团和基督教徒能得到足够的赔偿，我就会请求青岛的德国总督将军队撤回。这对道台而言可是大功一件，即使有一百个巡抚也不会对他不利的。道台答应了。5月26日，我们从兖州府动身，目的是亲自恢复发生事端地区的安宁并核定赔偿金的数额。行间，我们听说德国军队已经从日照撤离。于是，彭道台想立刻回去。但可能他认识到，他已经走到了这一步，如果半途而废只会让他丢脸。就这样，我们完成了任务，还就赔偿金及恢复安宁的问题签订了协定。然后，我们去拜访巡抚。巡抚当然对我们所采取的行动感到不高兴，但另一方面，他也很难直截了当地拒绝由道台签署的协定。经过长久的谈判，他终于因形势所迫同意了我们的协定。”

不可理解的是，那位聪明的主教先生不明白，他插手政治事件及中国的司法工作，必然会令清廷官员对他的敌意更深！

视为德国政府楷模的法国政府，它的所作所为也遭到了相似的批评。[①] 但这可能是一个信号，表明德国和法国政府终于开始厌倦插手天主教传教团无休无止的争执，并开始明白，每一次新的干预都会令仇恨升级，使天主教徒的境况变得更加糟糕。无法摆脱武力干涉诱惑的，只有那些天主教传教团的领导者，尤其是安治泰主教先生。他们认为，联合世俗政权以确保持续地使用武力，这才是能令他们的事业“繁荣、持久”的最合适的方法。

本文开头的引文论述了安治泰的传教政策给基督教传教事业带来的危险。引文中所说的内容，我不想再重复了。现在，我只希望大家讨论一下安治泰先生自己归纳的那些事实。难道在基督教的世界里，真的没有任何人能从这些事实中得出与安治泰不同的结论吗？安治泰的观点只能令德国政府和天主教传教团不断地陷入新的纠纷之中，并使基督教在中国的恶名愈来愈甚而已。

（胡凯译，陈晓春校）

---

① 1899年8月16日《科隆人民报》的副刊上有一篇关于山东南部传教团情况的报道。报道是这样开始的：“《科隆人民报》的读者都知道，四川众多欣欣向荣的基督教区都被暴民摧毁了，那里成千上万的基督教徒流离失所，衣食无着，他们遭到排斥，四散流浪。即使是法国的传教士，也被残酷的折磨夺去了生命。那么法国又是怎样实施其对天主教的保护权的呢？到现在为止，我们只听说法国的外交官与中国方面谈判，要求中方割让成都附近100里的土地用于煤矿开采，以对传教士的被杀做出补偿。可是他们的谈判没有成功。而对那些遭到残酷折磨的中国基督教徒，法国方面什么都没有做。是啊，因为那些可怜的基督教徒是中国的臣民，所以不去关心他们，这是商量好的事情。保护权只能庇护传教士，这也是事实。为了更方便地实施保护，法国驻北京公使不公正地把传教士当成骚乱的主要受害者。对于被谋杀的传教士，法国要求中方割让煤区以作赔偿。这就是说，保护传教活动并不是为了保全传教士的财产与生命，而是用可怜的信徒的生命去向中国政府索取政治利益。这样一来，传教士和被遗弃的基督教徒的生命将会面临更大的威胁。如果法国政府认真地行使其保护权以保护传教士的生命，那么他们首先必须对中国的基督教徒给予充分的保护。只有在此前提之下，传教士的生命才会有保障。身为中国子民的基督教徒好像‘砧板上待宰的羔羊’，他们被剥夺了全部的财产，丧失了公民的权利，这一切只是因为他们是‘异域的宗教’的信徒。他们彻底地沦为命运的牺牲品。在这种情况下，那些异域的传教士又怎么可能平安地生活呢？从宗教保护权的实施者听任基督教徒成为中国人仇洋情绪的发泄对象开始，看起来，只有在传教士的死可被用于政治目的的时候，宗教保护权的相关义务才会被履行。遗憾的是，法国政府现在就是这么做的。

到现在为止，德国极好地履行了宗教保护权赋予的义务，这是德国的荣耀。在过去的一段时间里，有两件为人熟知的事情可以证实这一点。大家都知道，薛田资教士在1898年1月在日照遭到了异教徒的可怕虐待。为此，德国政府派遣了军队前往日照，以惩罚罪恶。更早些时候，福若瑟神父在德国殖民地边界处遭到当地人的袭击及虐待。士兵们立即出动将他救了出来。

大刀会①

G. M. 薛田资神父②

没有任何一个国家会像中国那样，经历过这么多的革命与叛乱。自有史可考以来，从禹建立夏王朝(约公元前2000年)到现在的清朝，共有二十个较大的帝胄家族先后执政。而他们的统治都因为革命而被推翻。“繁荣的中央帝国”血流成河，王侯们在可怕的内战中相互攻讦，逐鹿王廷。点燃战火的并不总是王侯，不，他们往往是些普通的百姓，工人，生计无着的读书人和强盗首领，他们煽惑民众反抗“天子”。“无与伦比的至圣先师”孔夫子曾教导人们，如果统治者有悖德操，不施仁政，民众便无须遵从他。那些有悖德操的帝王，在他们的统治之下往往会发生战乱、瘟疫、饥荒、水灾和干旱等来自上天的惩罚。

最不幸的便是现在的傀儡皇帝光绪。在他的庞大帝国里，几乎每一年都有“上天”的惩戒降临到各地，时而是夺走千万人生命的饥荒，时而是令全国一半的行省沦为泽国的黄河水患，时而与回民开战，时而与日本厮杀，时而又要和那些挑衅的“欧洲鬼子”兵戎相见。因此在每一年里，中国总有什么地方发生叛乱。

几乎所有的革命都是由一些秘密团体发起的或得到他们的扶持。现在，其实在混乱爆发之前就已经是如此了，造反的组织几乎已经渗入每一座城市和每一个村庄。白莲教就是规模较大的一个组织，并遭到政府严令禁止。白莲教有很多分支，它们的名称各不相同，教仪也有参差，但它们都有同一个目标：颠覆清王朝。其中的有些分支还打着“光复唐朝”(618～907年)或“复明”(1368～1644年)的旗号。由于这些组织更换了名称，衰败的政府便容忍它们的存在。如果那些可怜的地方官向上司报告，在其辖区内有秘密组织在作乱，那他可真要倒霉了。这些官员是“当地百姓的父母官”，因而必须为他们所犯的罪愆承担责任。比如，众所周知的是，在济宁有义和团的分部，离卦教的势力范围几乎占据了城市的四分之一，而八卦教的首领们则堂而皇之地拜访他们的同党。大刀会的会众提着大刀和锋利的长矛在集市与城市里游逛，但是官方的报告却是“没有大刀会”。如果不这

① 《地球仪》(Globus)第79期，1901年，第9～12页。译者注：翻译该文时参考了《大刀会》，《德国侵占胶州湾史料选编(1897～1898)》，山东人民出版社1986年版，第232～238页。

② 目前正在国内休养的G. M. 薛田资神父是在眼下发生在中国的那场灾难爆发之前便受到过折磨的传教士之一。1893年，他受教团上层的委派前往山东。在济宁接受汉语培训之后，他于1894年被分配到山东最野蛮的地区——曹州府从事传教工作。在那里，他边学习语言，边进行救助灵魂的工作，工作了四年之久。几个月的时间里，他独自一人，孤军奋战。后来，有两位神父能方济和韩理来看望他。那天夜里(1897年11月1日)，他们的住所遭到了义和团众的袭击，能方济和韩理在袭击中遇害。而薛田资神父藏在另一间屋子里，因而得以幸免。薛田资又在该地待了一年，直到他所属的传教团将德国势力范围内的另一处新教区分配给他。在去新教区的路上，薛田资又遭到了袭击，并被义和团众监禁了三天两夜，饱受折磨。直到第三天，当地的地方官才将他解救出来。但是，遭到虐待的薛田资因此病了好几个月。在养病期间，他住在青岛，并被委任到中国的“圣地”工作。然而，虐待与折磨大大地折损了这位勇敢且勇于牺牲的传教士的健康。他在1899年4月被调回国，并于7月抵达祖国。毋庸置疑，亲身经历过这一切的薛田资定能准确地描述义和团的情况。大家知道，以上提到的两位传教士——能方济和韩理的被杀，正是令德意志帝国占领胶州的动因。(编辑部注)

样上报,巡抚毓贤是会掉脑袋的,因为他曾向慈禧太后报告说所有的大刀会众都被肃清了。

其实,有些组织的立意还是好的,他们也招揽一些好人,如“救灵会”。许多人不满足于儒、释、道提供给他们的精神食粮,他们需要并在各个不同组织的教义中寻求解脱。他们中的有些人供奉许多祭品,作忏悔,斋戒,经常祈祷并焚香烧纸。也有些人甚至为自己的罪孽而忏悔赎罪或为死去的同伴献祭。但就是这样的人,也从一开始就被慢慢地注入了少量不满的毒素。我结识了一些这样的人,他们后来成了基督教徒。过去,他们曾在某个秘密团体里工作,甚至已经在将来的国家里被委以高职与重任。

现在,崭露头角的主要是两个组织:哥老会和大刀会。两个组织名称不同,但其实是一回事。要想了解大刀会,首先必须认识哥老会。

近来在长江流域重现的哥老会是以上两个组织的源头。哥老会留在了南部和西部,而大刀会则转向北方发展。大概在太平天国时期,曾国藩和曾国荃两兄弟创立了哥老会。他们最初的创会目的是值得称颂的,是为了守望相助,以制叛匪。因为创立者许诺在镇压叛乱后给以高官,所以有许多士兵加入其中。也有不少好人是为了互相保护而加入哥老会的。但是渐渐地,那些士兵和坏分子把持了会中的高位。因为他们的领袖并不给他们支付粮饷,于是他们便通过抢掠来养活自己。那时,创始人的威望阻止了更大规模叛乱的发生。哥老会主要在湖北省和长江流域发展迅速。很快,它的中心就转到了湖南。湖南和湖北两省的士兵素质最高。同时,那里排外情绪也是最出名的。

曾氏去世以后,对哥老会颇为熟悉的刘坤一于1889年继任南京(两江)总督。刘坤一曾经是哥老会的成员。但为了升官,他脱离了这一组织。上任以后,他立刻罢免了一些高级军官,甚至将该组织的一些首脑人物斩首。于是,哥老会也因此而露出了他们的真面目。他们要求总督给予赔偿,否则他们便会用三种手段来回敬他:谋杀、叛乱或者毁坏基督教的传教设施。毁坏基督教的传教设施,是为了借欧洲人之力给总督及满清政府制造麻烦。但是,刘坤一并未妥协。于是,哥老会便开始破坏传教设施。1891年5月,芜湖的天主教传教站遭到破坏。6月1日,丹阳的传教站被摧毁,6月4日,无锡的新教教堂被毁,6月8日,无锡的天主教堂被毁。9月2日,仪征的天主教与新教传教站遭到毁坏。叛乱的规模越来越大,刘坤一亦无能力继续控制局势。当时,法国人和英国人已经准备介入其中,说项调停,但一段插曲的发生却幸运地帮了中国政府的忙。

有个喜欢冒险的英国人,他叫梅森,在中国海关任职。他在镇江加入了哥老会。他估计是当上了首领,并想将该强盗组织的势力向北方拓展,直指北京。在香港,他买了一船的军火。可是在最后时刻,他被人出卖,连人带其走私的军火均被截获。中国政府将他引渡给英方,同时向英方抱怨,欧洲人恰恰成了中国政府无法镇压暴乱的原因。于是,欧洲列强妥协了。而哥老会则遭到了严厉的镇压并被严令禁止。可是,同以往一样,该禁令仅仅维持了短短的一段时间而已,残存的组织又在暗中死灰复燃。现在,哥老会已经成为中国南部最强大、影响最广的组织之一。

看起来,可怕的九头蛇许德拉已经被砍下了头颅。可是,就像希腊神话里所写的那样,中国的九头蛇很快又长出了一个新头,一颗更加可怕、喷着怒火的头颅。突然间,哥老会换了个名称,又在山东出现,他们称自己为“大刀会”。一个叫赵天吉的人将这个神秘的组织由湖北带了过来,并在深思熟虑之后选择山东省作为其活动范围。山东是全中国民风最彪悍的地方。山东盗匪的活动范围北抵满洲,南至广东。在那里,强盗与小规模的暴乱屡见不鲜。而“哥老会”便在这个可怕的地方扎根发展。一开始,他们装出一付虔诚顺从的样子,并以此博得了官府的好感。他们披着神秘的外衣,也以此吸引了迷信的山东人。他们想要变得刀枪不入,敢于对抗狡猾的盗匪。在入会时,他们要在佛前烧纸并喝下混有符灰的烈酒以表示自己献身于神。过了一段时间,他们就开始练习。开始的时候,只是用些砖瓦,然后便使用刀具不断地击打身上的特定部位,并发出“姆”的声音以积蓄“气劲”。有什么小伤小患,大刀会首领们只需吹口仙气便能治愈。

该组织发展的速度之快是令人无法理解的。1894 年,在所有的街道上已经四处可见公开携带双刃红缨短枪的大刀会会众。开始时,入会的人大多家境较好,他们加入组织是为了保护自己免受可怕的盗匪集团的伤害。那些清廷官员没有做到的,就连那个在三年时间里斩杀了五千名强盗的残忍的毓贤也未能完成的的事情,却被成立不久的大刀会解决了。在短时间内,盘踞在土匪窝——曹州府的强盗被一扫而光。强盗们看到大刀会众,便会抱头鼠窜,像是碰到了恶魔一样。因此,满清官员支持该组织,组织的首领还受封顶戴以资奖励,甚至还被赋予斩杀强盗的权利。只要他们碰到盗匪,就可以当场杀死他们。有一次,我碰到一帮大刀会众,他们像是在炫耀胜利,正准备将被斩下的强盗的头颅带回城里献给地方官。

在一片欢呼声中,大刀会却失去了理智,说得确切一点,大刀会暴露出了自己的真实面目。很快,那些比较正派的人便把抓强盗的事情交给他们的仆从和村子里的无赖们去做。过了一段时间,有些强盗甚至也知道要加入大刀会。于是,曹州府便热闹起来了。所有的村庄都演起了社戏,快乐的民众聚集在了一起。而人们已经开始四处向基督教徒寻衅并骚扰富人。因此,大刀会分为两派:其中一派为“保守派”,他们还保留着那些善良的旧原则;另一派为“狂热派”,由无赖、堕落的知识分子以及不知天高地厚的纨绔学童组成。在“繁荣的中央帝国”,这样的人比比皆是。现在,连官员们都感到惊慌不安。他们发布针对“狂热派”的政令,警告他们走正路。而这无济于事。当那些人四处竖起黑色的旗帜(叛乱的旗帜),当成千上万这样的人提着刀枪聚集到广场上,官员们便开始抓捕他们并将他们视为强盗。1896 年,在山东南部曹州府所辖的单县和成武都有暴乱发生。有钱人,尤其是基督教徒遭到了抢掠,欧洲的传教士不得不逃走,而教堂和村庄都被付之一炬。地方官对此一筹莫展,于是巡抚只能自己派兵平乱。这些士兵经历过多次战斗,镇压过许多暴乱。而带兵平乱的就是那个残忍的毓贤。在镇压叛乱的过程中,他下令将大约 30 名匪枭斩首。大刀会被严令禁止,会众格杀勿论。毓贤向皇帝上报,这个秘密组织已经被彻底根除。因此,毓贤被擢升为按察使。

可是这一次,粗心的中国人又只是发了些敕令,警告“子民”安分守己而已。大刀会仍然在暗中继续活动,而且它对欧洲人的愤怒愈来愈强烈。他们认为,他们之所以遭到如此严厉的惩罚,是因为他们焚烧了基督教堂。他们针对欧洲人采取行动,也是想给中国政府制造麻烦并乘机浑水摸鱼。他们的第一个行动便是杀害能方济和韩理这两位神父。1897 年 11 月 1 日,在这个宁静的夜晚,他们袭击了善良的传教士并残忍地将其杀害。他们算计得不错。中国失去了青岛,后来又割让了旅顺和威海卫等地方。他们也没有想到,他们浑水摸鱼的打算竟然变成这样。

两位传教士被杀以后，大刀会立刻被定为元凶。毓贤被派往该地处理此案，以再次展示其追捕盗匪的手段。“大刀会这个组织不会再存在了”，因为毓贤曾向皇帝报告已将该组织根除，所以杀人凶手当然不能是大刀会会众。毓贤匆匆忙忙地抓了7名“真凶”，并将其中两名斩首。（显然，这些不幸的家伙全都是无罪的。）德国人开到了胶州，人们担心他们会继续向济宁前进。毓贤希望的是，既然他抓到了犯人，德国人就会因此撤兵。可是，德国人并未按照他的意愿行事。于是，从那一刻起，毓贤——这个本来就憎恨所有欧洲人的固执的满洲人——对欧洲人的仇恨愈来愈深。也是从那时起，他开始明显地倾向于大刀会。大刀会和他都是“洋人杀手”。毓贤希望大刀会能帮助他驱逐欧洲人。不久后，毓贤就被公开地称为整个大刀会组织的首领。我知道，在他写给曹州各村长老的一封信中，他告诫他们保护大刀会，并要求他们延缓建造曹州府城中的赎罪教堂，把这件事拖到他就任山东巡抚为止。很快，大刀会渗透进了山东西部所有的村庄。民众被武装起来以“反抗盗匪”，各村庄都在进行军事操练。1898年，大规模迫害基督教徒的行动已经在山东东部发生。1899年，对基督教徒的迫害蔓延到山东西部、北部乃至直隶省。在直隶，满清官员们还在对“义和团”——这是大刀会在直隶的名称——加以制止，但在山东，官府却什么都没有做。德国铁路的修建工作被彻底破坏，欧洲人、工程师、军官和传教士都遭到了袭击。最后，英国人布鲁克还惨遭杀害。终于，欧洲各国驻北京的代表们丧失了耐性，毓贤被罢免了。应该说，他被改派到了山西。在那里，他又重操旧恶。在不久前，他公开处决了二十来名欧洲人。

长久以来，爆发大规模灾难的危险一直存在。去年8月，我曾在一份东亚的报纸上写道：“那些组织是有计划地发展起来的。在西部，每一个村庄里都有他们的人。还无法预见这场运动何时才会终结。不管怎样，对于许多欧洲人而言，这是一场祸事。也许不久以后，这些组织的意图与目的就会暴露出来。”

半年以后，叛乱的战火便在华北大地熊熊燃烧。暴民扛着写有“扶清灭洋”字样的黑色旗帜穿行在村庄之中，并带来杀戮和破坏。那些狂暴的匪徒和皇帝的军队勾结在一起，手中只擎着大刀和双刃短矛，便上阵与占绝对优势的敌军厮杀。这些人便是哥老会、大刀会、义和团的成员。而在几个月之前，那些官员还报称这些组织根本“不存在”。

作为对以上内容的补充，我还想介绍一下《中国的预言》(Chinesische Prophezeiungen)①。到了晚上，那些秘密组织的成员便会关起门来集会。而这时，题为《预言》的书便扮演着重要的角色。该书因其内容，更主要是因组织高层的人员所做的解释而遭到当今中国政府的严厉查禁，甚至阅读与收藏该书也会被判死刑。我成功地从与我有交情的头目那里弄到了一本。②

书中五六十幅配有诗文解释的图画，描述了中国历史中最重要的事件，也预言了中国的将来。仅看这些图画，还无法明白它们说的是什么。要想看懂，必须有解释才行。有时，只有在图画所描述的事件发生以后，人们才会理解图画的意义。

---

① 《中国的预言》即《推背图》。——译者注

② 原书保存在维也纳附近圣加布里埃尔的博物馆里。我以其为蓝本，让人临摹了一份。

一位大刀会的重要成员对我讲述了这本禁书的来历及其神奇历史:"据说此书已有一千五百年历史了,是由两位互不相识的学者完成的。其中的一个写了那些诗句,而另一个则画了那些图画。有一天,一个第三者的到访,令诗人大感意外。因为他也见过第一幅画,并立刻发现,这些诗与画表达的是同一个意思。他详细地将两者加以比较,发现所有的一切确实互相吻合。是神灵泄露了天机,并用这些画来告诉人们将来会发生的事情。"

我想试着解释几幅新近得到了应验的图。还有26幅预示未来的诗图,有待历史的印证。要想对其做出解释并不容易,因为有些字(汉字)必须组合在一起,而另一些必须拆开,这样才能发现其中的意思。

第34幅图画:在一棵光秃秃的树上挂着一副角尺,树下坐着个僧侣。

解释用的诗文:

枝枝叶叶百重光,
晃晃朗朗照十方;
江河岸上光明起,
其中释子是真空。

这幅画说的是明朝(1368～1644年)。明朝的第一个皇帝洪武(1368～1398)的父母很穷。起初,他当过放牛娃,后来又在一所寺庙的厨房里帮工。那时,他像那些僧侣一样剃光了头发并穿上了僧侣的衣服。但他生活得并不好。于是,他逃到了亲戚那里,并在那里学会了读书写字。一天,他在集市上与人斗殴,还将对方打死了。于是,他不得不潜逃在外,并加入了强盗组织,很快还成了他们的首领。他的手下越来越多。终于,他竖起了造反的旗帜并战胜了饱受民众憎恨的蒙古人。这样一来,他的追随者就更多了。他被赞颂为"人民的救星"。攻占北京以后,他做了皇帝,并定国号为"明"(上文中的诗句里已经暗示过这一点)。洪武是个好皇帝,他将人民的幸福视为自己最高的目标。

有趣的是对图画的进一步说明:"树"在中文里被写为"木"。加上挂着的角尺就是加了一撇一横,这个字便成了"朱"。明朝第一个皇帝(明太祖)正是姓朱的。而老百姓还一直叫洪武皇帝"朱和尚",也就是姓朱的僧侣。

第35幅图画:一枚在中央画着一只人眼的生梨。

解释用的诗文:

李①树中间一眼睛,
长驱跃马入神京;
无端恼了三宫桂,
一旦乾坤属大清。

这里指的是盗匪首领李自成。他造崇祯皇帝(1627～1644年)的反,并占领了北京城。崇祯皇帝自缢而亡,被俘获的明室亲王都被李自成下令处死。只有李国清将军还在抵抗李自成。亲王吴三桂(见上文)向鞑靼人请求援助。李自成逃到了云南。而鞑靼人留

① 德语原文中用的是"生梨"。——译者注

在了中原，成了中国的统治者。

对图画的解释："梨"与"李"在中文中同音。挺进北京的"梨"就是李自成。在北京，李自成失去了一只眼睛，所以图画中的梨子长了一只人眼。诗文最后的话代表着新王朝的国号：清。

第 36 幅图画：八面颜色各异的旗帜。

解释用的诗文：

北方女国并中原，
四海全无浊水湾；
八旗之中分造化，
红巾小袖偏人间。

这幅画指的是现在的清朝。满清政权的统治从 1644 年开始。满人分为八旗，直到现在仍是如此。蒙古与满洲也被中国人称为"女真"，所以这里出现了"女国"字样。另外，满人也将红色的顶戴和窄袖的官服引入了中原。

第 37 幅图画(暗示未来)：黄牛背上一绿头鹅。

解释：黄色的公牛指的是中国，绿头鹅则是指外来的势力，他们是坐船而来的。诗句中提到皇帝正在沉睡。当他醒来并想登基即位时，也就是说想展示其力量的时候，帝国便会如沐雷电般地被彻底摧毁。

这些话很泛泛。也许把那些汉字组合在一起，我们会发现特定的意思。

不管怎样，那些造反的团体给了这些文字与图画以一定的意思，并以此来迷惑与引诱大量的民众。

在中国人(异教徒)看来，第 38 幅图画似乎是说一个信奉基督教的皇帝在统治，或者基督教已经广为传播。"在全国都能听见钟声。"

就这样，那位诗人还在诗文中预测了许多事情。他把诗文写得很隐晦，从而给了后人足够的素材来摸索和思考。其中一段预言式的诗句令人木然："世上的一切混沌不堪，法理与秩序荡然无存。人们互相攻讦，自相残杀。"——世界崩溃了。

(胡凯译，陈晓春校)

张家庄血案的回响[①]

G. M. 薛田资神父[②]

心绪一平复下来，我便忙着为大家写些什么。今年，慈爱的上帝已经是第二次把我从

① 《圣米夏埃尔历书》(Michaels-Kalender)，1899 年，第 209～212 页。有一个缩微不同的版本刊登在《小圣心耶稣信使》(Kleiner Herz-Jesu-Boter)26. 6(1898 年 3 月)，第 44～46 页。

② 读者们都知道，P. 薛田资先生是凶手们寻找的对象，但是他们并没有找到他。惨案过后，他马上便去帮助他的两位受了致命伤的教友。编辑部注。

死神的手中解救出来了。难道还会有第三次吗？去年，在欧洲传出了我的死讯，这几乎就好像是为我在今年经历的那些事情所做的准备。上帝认为，我的两位教友已经可以升入天国了，而我则还需假以时日，再事修行。是啊，直到我看见两位亲爱的教友身上那些可怕而致命的伤口，我才明白，要成为一名优秀的传教士，在我的身上还缺少些什么。

"也许大家都已经听说过，在夏季，我就有过一次死里逃生的经历。我遵循主教大人的命令，前往南方我的传教区。那个教区的情况特别棘手。傍晚时分，我的心中掠过一阵不安。我会碰到什么事情呢？那些基督教徒甚至下跪恳求我留下。到我的旅程的下一站，路上要走大约八个小时。尽管如此，我还是套上了马匹，在一名传教助手的陪同下趁夜上路，向下一个村镇进发。就在那天晚上，一伙强徒闯进了我逗留过的村庄搜寻我的踪迹。一位在我驻地休息的可怜的基督教徒被打成了重伤。这些匪徒向我的卧榻开枪，用长矛刺穿床铺。如果我留在那里的话，我肯定难逃此劫。"

"我无须再向大家描述上一次血案的过程，因为大家一定已经从其他教友那里听说过事情的经过。我对能方济神父了解不多，因为我从未与其共事过。但是韩理神父却是我的教长和上司，我尊敬他，爱戴他，欣赏他。他是一个真正的品德高尚的人。在短短的几年里，他在中国立下了丰功伟绩。当然，他也经历了不少苦难。应该没有人比我更清楚他所承受的痛苦和他所付出的努力。上帝为此而给予他赏赐。面对声名狼藉的盗匪之区，他从未做过逃兵。当他来到这里的时候，这里只有三个传教堂口，而现在已经有八十至一百个了。他安慰过多少个病患啊！他不惧恶劣的天气，无畏长远的路途，夜以继日地往返于医院之间。这里的基督教徒都说，被韩理神父敷过圣油的人都会恢复健康。他帮助过多少个陷入困顿的人和穷人啊！他又主持过多少次圣餐、洗礼、坚信礼和忏悔啊！凌晨三、四点钟，他就起身并开始做早课。接着，他常常在弥撒开始之前就在祈祷。然后，他有很多事情要处理。他的教区绵延二三十个小时的脚程。我亲眼看到他在一天之内接待来自不同村落的二三十批代表，他们都是来请求神父施以帮助的。韩理神父总是耐心而友善地对待每一个人。我不认为他会有私敌。没有人会恼恨他。即使在欧洲人眼中，他也总保持着乐观开朗的形象。不管是谁，他都乐于帮助。即使他自己情绪低落，哀伤痛苦，他还是会去安慰其他人。我找到了他的日记。在日记里，他为自己的人生做了规划。也许，他的人生规划我也能用得上。"

"那些善良的教友的死是多么令人伤心的事啊！还有那些可怕的伤口！那些人残忍地虐杀了两位神父。我一辈子都不会忘记凶手们走后，我第一眼看到两位神父时的景象。能方济神父俯卧在地，已经死了。他的手臂伸展着，仿佛还在做着抵抗。他的身体被刺穿了许多处。韩理神父仰面朝天躺在地上，眼睛还睁着。他可能用手做过反抗，手指都被刀子截断了。整个房间都是血。在两位神父躺着的地方，血洼积了有一指来深，墙上也溅满了鲜血。我的书、文件，所有的一切都印上了斑斑血迹。衣服、桌布等东西都被人掠走了。除了身上穿的，我一无所有了。"

"这件事引起了人们的关注。知县和千总一早就赶来了。千总承诺会捉住凶手，而且马上就动手抓捕。士兵与衙役（他们自己就是强盗！）穿街走巷，不分好歹地抓人。如果被抓的人不认罪，就会被关进监狱。现在还有四十来人被押在牢里。五六天以后，才抓到三个真凶。他们供出了帮凶的名字。真正的凶手应该有三十个以上。至于他们为什么要杀害两位神父，其中的一名凶手回答道：‘他们是敌人。’直到现在还不知道谁是主谋，又是谁收买了那些凶手。不管是韩理神父还是我都没有私敌。能方济神父则是刚到这里的。几天以后，在德国公使的敦促下，六名清廷高官来到这里处理这件事情。到今天为止，他们才抓到九个人。在我被劫掠的财物中，找回了一尊耶稣受难像、两个烛台、两块布、一条裤子和圣袍的碎布。耶稣受难像被损坏了，圣像的身体被折断了。必须先把做这件坏事的人找出来！（上帝会惩罚他的！）”

“这件事会怎样了结呢？如果不对我们加以彻底的补偿，我们将无法在这片盗匪猖獗的地方待下去。教友们都来看看我们住的茅屋吧！我们完全没有任何保护。张家庄的教堂就是最美、最结实的建筑了。处境最危险的是我，因为那些人主要是想抓我（估计是因为张家庄是我主要的传教站）。他们要找的是‘那条狗’、‘大胡子’，他们要扒我的皮。”

“现在，我要管理整个教区。而我唯一的帮手是一位年轻的中国神父，胡神父。主啊，帮帮我吧，让我完成我的工作！教友们，为我祈祷吧。在这里，我每时每刻都面临着生命危险，这是对死亡很好的准备！那些基督教徒愿意陪伴我到各处去，他们在晚上护卫着我住的村庄。他们抱着手枪、火石、长矛和大刀睡在我的床前、我屋子的门边、屋顶上以及院子里。上帝的意志显现了！生还是死，我们是自己的主宰！”

“去年，我做了‘圣言会’的第一个殉教者。今年，我有机会为殉教者敷上圣油。上帝的决定是多么神秘莫测啊！但愿荣耀的死能感召一些人来从事传教士的职业，能坚定在斯泰尔学习的可爱的学生们的信心，使他们更坚定地从事这项美好而神圣的职业。应该没有任何地方，能像在我们这里——在鲁南——那么容易成为殉教者了。”

“今年我的健康状况相当好。我甚至没有发过烧。我现在也没有时间生病。我的教区纵横三十余小时的路程，有差不多一百个传教村镇……”

11 月 25 日，济宁的依贝勒神父同样写道：

“现在可以肯定，两位亲爱的教友兄弟并非殁于强盗之手，而是死于异教徒对洋人的仇恨。参与谋杀的甚至还有不少士兵和官府的衙役，都算在一起有三四十人，现在抓到的有九到十个。昨天还抓到了一个，他被抓的时候正在驻地贩卖抢来的薛田资神父的白长袍。我们马上把他送往官府，他立刻就被三个衙役押走了。另一名凶手在几天前找到当地的新教徒要求受洗入教，但他被自己的兄弟出卖了。在做晨祷时，他被一群乡警从教堂里揪了出来。人们从他那里找到了一把手枪和一柄尖刀。”

（胡凯译，陈晓春校）

法国驻京公使毕盛先生有关 1900 年 6 月 20 日至 8 月 14 日外国使馆被围的报告[①]

在法国外交部出版的《外交文件 1899/1900》里，对于去年发生在北京且令欧洲及海外列强联合在一起对抗中国的事件的梗概，已经作了全面而细致的描述。在这本超过

① 《来自海外的报告》(Mitteilungen aus dem Gebiete des Seewesens)，维也纳，1901 年，第 438～444 页。

300 页大开面纸，并配有 4 份形势分析的鸿篇巨著里，搜集了法国驻京公使毕盛先生与法国总理以及其他各国驻京代表之间有关发生在中国全境的那场暴动的全部通信往来和报告。

这些报告里对相关事件的描述是迄今为止公众所能获得的最准确、最符合实际情况的信息。报告中盛赞搭乘 Zenta 号轮船被派往北京保护公使馆的奥匈帝国海军特遣队。所以我们不能不对这份来自官方的精确报道作简短的介绍。

《外交文件 1899/1900》(中国事务)所搜集的资料从 1899 年 7 月毕盛先生呈交法国外交部长的、有关骚乱发生以及天主教传教团在中国诸行省，尤其是山东和直隶，所面临的威胁的报告开始。我们略过此后他们两者之间以及与其他国家代表之间的通信往来。我们想要指出的是，关于义和团运动的发展史，这些文献能够为历史研究人员提供极好的论据和线索。从 1900 年 5 月 1 日开始，几乎每天都有一份或几份有关时局的报告。这些详尽的资料能向读者说明当时的情况。

作为引子，我们必须简要地涉及一些在这些“报告”中没有提到的事件。

奥匈帝国的 Zenta 号是在 6 月 1 日到达大沽的。应来自北京的电请，该舰舰长 E·托曼·冯·蒙塔玛尔与班轮少尉 T·冯·温特哈尔德骑士率领的、由 30 名水手及海军候补军官托马斯·迈耶和 R·冯·波伊纳布尔格－伦斯菲尔德男爵组成的驻京公使馆特遣卫队，按班轮少尉约瑟夫·科勒的命令，经铁路立即前往北京，以与代表正在休假的公使冯·茨坎恩男爵负责公使团事务的冯·罗斯特霍恩博士商讨采取预防措施的事宜。

6 月 3 日下午，特遣队到达北京。当天晚上及第二天上午，护卫舰船长冯·托曼便与罗斯特霍恩博士磋商，并计划于 5 日上午同冯·温特哈尔德一起启程回去。可是，6 月 3 日至 4 日的晚上，北京与天津之间的铁路联系已经中断。6 月 10 日，电报也宣告瘫痪。大家都知道，按英国将军爱德华·西摩尔爵士的命令仓促成行、准备不周的救援行动并未取得成功。接踵而来的，便是近八个星期之久令人记忆犹新的围困。“少数人”被充满狂热种族仇恨的一大群人包围在城市的高墙之内。突围根本不可能。他们只能以最勇敢的方式与百倍的强敌周旋，坚持到远在天边的解围部队的到来。

毕盛先生对这一时期的记述长达三十二页。我们从他的记述中了解到：中国皇帝的军队从 6 月 20 日至 8 月 14 日包围着公使馆。在这段相当长的日子里，他们不得不承受火炮和轻武器几乎从不间断的射击，以及大火和坑道战的折磨。

包括军官在内，全部参与保卫使馆的部队总人数为四百零九人，其中包括八十名手持各式各样的马枪或是猎枪的志愿者——他们都是使馆的工作人员。他们拥有一挺三十七毫米马克沁机关枪，还有一挺美式机枪和 Zenta 舰上的机枪。意大利、日本和俄罗斯的特遣队，尤其是前两者，只有十分有限的弹药。

攻击使馆的中国常规军估计有五六千人。他们装备有鸟枪和毛瑟枪，弹药充足，而且还有火炮。所幸的是只有少数火炮被投入战斗。还有数不清的义和团众作为他们的后援。在六个星期的时间里，各种口径的火器共向使馆发射了超过三千五百发枪弹和炮弹。

在这样强大的敌人面前，被围困的使馆人员怎么可能坚持到被解救？毕盛先生提出这个问题是完全有道理的。只有一系列无法预见的事件的发生，才有可能令被围困者从看似注定的屠戮下侥幸逃脱。如果各国公使像事先约定的那样，于6月20日一起前往总理衙门，那么他们没有任何一个人能活着回来。而现在，这场厄运只是降临在德国公使克林德一个人的身上。如果法国、德国、美国和俄罗斯使团于6月22日或者再晚几天迁出使馆，那么英国使馆坚持不到十四天就会沦陷。

如果当围困开始的时候，被包围者没有在闲置的房屋里找到足够九百人以及两千四百名忠诚的中国基督徒吃两个月的食物，那么饥饿早就把他们打垮了。

如果进攻方没有将他们最好的炮兵留在天津，在北京使用大量的优良火炮，那么被包围者要防御毁灭性如此之强的火力根本就是不可能的。另外，在人数上占有压倒性优势的敌人对院墙以及防御公事的大胆冲击也会令被包围者难以负荷。

如果不是因为7月17起的停火，那么倘若伤亡的数字按到现在为止的比例继续攀升下去，也会让抵抗陷于瘫痪。另外，弹药也会早在被解救之前便告罄。

如果于8月14日开到北京的援军晚到哪怕二十四小时，那么他们将看不到任何一个仍能苟且偷生的被围困者。因为中国人在英国使馆的地下挖了长达五十四米的地道，爆破能够轻易地夺取一百人的生命，并使他们能够攻进女人和孩子藏身的房间。相同的另一条坑道出现在俄罗斯—美国的使馆墙下，第三条则在法国公使馆附近。

面对这样的情况，而救援军的推进又困难重重，能够将被困北京的外国使馆人员解救出来看来的确是个奇迹。在上述时间里，被围人员的损失如下：

奥匈帝国	4死①	11伤②
法国	11死	22伤
德国	12死	15伤
意大利	7死	12伤
英国	3死	10伤
俄罗斯	4死	19伤
美国	7死	10伤
日本	5死	20伤
总计	53死	119伤

奥地利公使馆三面被围，而且距离其他使馆很远，处于被隔离的状态。鉴于不利的战略位置以及使馆建筑群低下的防御能力，而且由于从该使馆出发没有安全的撤退路线，所以，内部人员不得不于6月20日下午撤离最先遭到中国人攻击的奥匈帝国使馆楼。护卫舰舰长冯·托曼和他的特遣队撤到了法国公使馆。于是，在法国和奥匈帝国水兵的抵抗之下，他们在法国公使馆里坚持到了围困结束。就在他们撤离的第二天，奥匈帝国使馆楼便遭到了中国士兵和拳匪的洗劫，并被付之一炬。

① 其中包括护卫舰船长冯·托曼。

② 其中包括海军候补军官冯·波伊纳布尔格—伦斯菲尔德男爵(重伤)，班轮少尉冯·温特哈尔德(轻伤)。

下面，我们来看看方才提到的毕盛先生的报告。我们着重看一下报告中有关奥匈帝国水兵特遣队在那段时间里表现的段落。

这份以日记形式书写的报告是从6月19日，也就是外国舰队将领要求交出大沽炮台的那一天。相应地，总理衙门要求所有外国公使团立即撤离北京。第二天，克林德先生被杀。6月22日，意大利公使馆陷入一片火海。同时，对方开始对所有公使馆发起猛烈进攻。两千三百名信仰基督教的中国人逃到了肃亲王府。于是，中国军队便选择那里作为攻击重点。如果那里被攻占，至少能够让三座公使馆陷于孤立地位。在希巴上校的指挥下，得到意大利和奥匈帝国水兵特遣队支援的日本军队以极大的勇气和毅力坚守着这处要地。

6月28日傍晚4点左右，中国人对法国公使馆发动了异常猛烈的进攻。保卫者们投掷的浸了油的稻草，成功地点燃了中国人筑起的一道路障。毕盛先生提到了奥匈帝国代办罗斯特霍恩博士及其夫人的这一英勇行为。毕盛先生亲眼目睹了罗斯特霍恩夫人参与此举，而她的脸、手臂和脚也因此受到了严重的烧伤。

7月7日，在北京以东十公里处，可以听到大炮的轰鸣。毕盛先生和护卫舰舰长冯·托曼认为援军已经近在咫尺。第二天，炮击异常激烈。直到入夜，炮击次数不下三百二十五次。当毕盛先生回到公使馆，他听说Zenta舰的指挥官，舰长冯·托曼被炮弹击中胸部……[①]毕盛先生写道："他是一位富有令人赞叹的勇气和极好教养的军官。他的牺牲不禁令我们所有的卫戍人员为之动容……他躺在院子中一个安静的角落里，已经有许多士兵长眠在那里(在过去的几天里，他们曾并肩战斗。现在，他们仍然依偎在同一个墓穴里)。就在我们向他的墓前献花的时候，我们墙上的机枪还在轰鸣，炮弹仍在空中呼啸掠过。"

7月13日，中国人在坑道各处埋设的炸药炸开了锅。许多水兵非死即伤。奥匈帝国代办罗斯特霍恩博士勉强逃过一劫。第二天，就是在这样的情况下，被包围在使馆里的法国军人仍然举行了法国国庆庆祝会。毕盛先生写道：

> 公使馆的建筑已经不存在了。经过汽油、火药、炮弹、子弹、石块以及其他投射物的摧残，在我们的街垒后面，只有烧焦的墙壁投下的漆黑而弹孔斑斑的剪影。我们的四周都被中国人的战利品和旗帜包围了，就好像这里已经被占领了一样！真是可怕的景象。可是，还是有令人感到欣慰的东西：那就是我们这些并没有被吓倒的守卫者。戴西舰长(法国特遣队指挥官)和他的水兵，奥匈帝国的军官和水兵及志愿者们令人惊叹地坚守在那里。在过去这场必须用勇气来弥补人数不足的战斗中，他们英勇奋战的事迹无疑是史书中更美的一页。他们的名字将永垂不朽。可是，人们会知道这里发生的事情吗？我刚才写下的这些文字命运又将如何？亲眼目睹这一切的那些人，有没有人能够活到获救为止？战火将会吞噬我的日记，就像吞噬我们的生命那样——我们已经决定，如果命运不可更改，即使没有倒在中国人的炮火之下，我们也会亲手结束自己的生命。

7月17日，庆亲王的信揭开了停火的序幕。造成这一切的原因显然只可能是中

① 省略部分之德文原稿模糊不清。——译者注

> 国方面听到了联军攻占天津的消息。尽管从这一天起到 8 月 14 日——最终的解放日，领事馆仍然经常遭到攻打和射击……①

中国海关总税务司，罗伯特·赫德先生于 1901 年 1 月 3 日写给毕盛先生的信也很值得重视。他的信无疑是一名英国人能够给予这些报告的最高评价：“您的正式报告和日记，都是迄今为止我读到过的对使馆被围事件最正确和最佳的记述。无论从哪一方面看，这些报告都很出色。读了这些报告，我觉得自己仿佛再一次经历了英国使馆被围困的那八个星期，又一次体验了那段希望与恐惧交织的日子。”

法国特遣队指挥官、海军少尉戴西于 1900 年 11 月 11 日在巴黎《费加罗报》(Figaro)上全文刊登的正式报告同样值得注意。在报告里，作者对奥匈帝国特遣队在法国驻京使馆保卫战中的表现也极为赞赏。

（胡凯译，陈晓春校）

① 德文原文似乎还有一句话，但模糊无法辨认。——译者注

译后记

我在联邦德国留学期间，撰写的博士论文题目为《殖民和传教——德国天主教在山东南部活动情况的研究》。因为写了这样的一篇论文，因此对德国传教士在山东南部传教的那段历史，还是有所了解的。他们传教的那些地方，我本人尽管未曾到达，但对那些地名却是耳熟能详的。所以当《义和团运动文献资料汇编》主持人路遥先生委托我参与有关德文部分的翻译工作时，我欣然从命。为国家清史纂修工作尽我的一点绵薄之力，当然也是我内心之向往。

任务虽然接下来了，总以为可以手到擒来，不要花费多大气力就可很快完成翻译工作，不料却困难重重。首先是文中涉及的历史事件，大多年代久远，颇多谬误之处，需细细考证，不能以讹传讹。其次是清朝政府的官职问题，原文中德人的描述，因他们不清楚清政府官序的排列和他们的职能，不是描写笼统就是语焉不详，因此要找到确切的官职译名，让人颇费思量。有名有姓的当然好办，困难的是多数并无名姓。最后是地名和人名的翻译，一是以前的地名现在已经不复存在，二是德人的写法并非是拼音，他们的写法与读音，与某些地名的正确读音相去甚远。尽管出现了许多意想不到的困难，但我们还是本着认真负责的态度，尽最大的努力去还原原文的描述。

参加翻译工作的有我的学生，现在的同事胡凯博士，还有我众多的研究生，他们是：金立成、张磊、吴妍、朱雁飞、卢弈楣和刘玉玉。对他们的努力在此表示衷心的感谢。他们的初译完工后，我进行了仔细的复译、审查和核对，力求行文流畅，表达准确，语言规范。不过，由于本人才疏学浅，尤其是本人宗教知识匮乏，错误和疏漏在所难免，还望专家学者不吝指教。

陈晓春

2010 年春于上海

山东开教史[①]

［德］郎汝略著　赵庆源译

① 本文译者赵庆源是方济各会中国传教士，于数年前在国外病逝。该译文流传在济南洪家楼教堂（山东省天主教爱国会）、山东平阴胡庄教堂（方济各会）和泰安马庄堂口（赵庆源老家），收入本书时略作改动。——编者注

译者序

近曾新得德文旧书1册，名叫《济南宗座代牧区》，是1929年济南出版的，作者是郎汝略(Vitalis Lange)神父。他是德国方济会士，曾在山东多处传教，后在济南大修院教书，又在罗马方济会之安多尼大学授课。本书的内容多是传教理论，共分十四章，但其中三章是历史性的：一章是“山东开教史”，正史由耶稣会龙华民(Nicolaus Longobardi)神父开始，而直至1929年本书出版为止；一章是“修院与本地神职”，包括培养本地神职的理论及山东修院史；再一章是“环游济南代牧区”，那时的济南代牧区尚包括着整个山东北部，地方广阔，人口众多，所以见闻也相当丰富，那虽是1927年济南代牧区各堂口教务的记述，但这对现在的我们说来，也已经成了历史。译者愿将这三章译成中文陆续发表，以飨读者。

本书每章原来一气呵成，有端无节，即文中没有分题。译者为了醒目起见，就其内容而作标题，以求读者的便利。

之外，原书内绝无一个汉字，而凡有中国人名、地名皆用德文拼音。外籍教士原来姓名之后也未注明汉文名字，致使唯知其汉文名字者读来若坠云雾，真相莫名。今为查出这些中文名字，译者颇费了一番工夫，然而所得尚嫌不全，且亦不免错误，故敢望读者不吝赐教，予以补充及指正，则幸甚矣！

引　言

山东开教史是一部几百年的工作史，是一部充满了痛苦挫折而又不乏喜乐与希望的工作史，也是一部教士教民为主而牺牲的成果史。

为了写这部开教史，必须事先去发掘史料，之后再加以整理、比较与批判。我为求这部开教史的完整起见，曾尽了最大的努力，参考了一切凡能得到的资料，但还可能有所遗漏，故望贤者教我。

山东教史之前

山东教史在有史料可考之前，基督的福音已曾两度传到中国，西安附近出土的《大秦景教流行中国碑》已经记载了景教流行唐朝(206～907年)的情形。马哥勃罗在中国时(1272～1292年)，北京还有景教信友。

天主教第一批传教士是元代(1280～1368年)来华的，方济会士孟高维诺(Johannes a Monte Corvino)已于1294年抵大都(即现在的北京)传教，且成绩卓著。那时虽有景教信徒作祟，但孟氏仍能于数年内付洗六千人及建造圣堂三座。朝廷待孟氏友善非常，并尽力推进孟氏开教的意图。教宗格来孟五世听得报告后，曾于1307年派遣七位方济会主教来华助理传教，并负责祝圣孟高维诺为北京的总主教；然而七人中只有三人能到达中国，他三人也就祝圣孟氏为主教了。孟氏卒于1328年，共付洗三万五千人。

是否那时山东已有教友，我们不得而知，只是那时的山东大部尚属直隶，明代方划分全国为十八省，从那时开始方有山东省之名及现在的边界。之前，一切宦官缙绅都驻青州，那时的济南府不过只有一高等法官驻扎而已。直到1376年，省政府才迁去济南。1368年，元朝被推翻，那时的教会也随之好似被消灭了。

天主教的传教工作直到明朝末年方得复兴，而至今未曾间断。这一期的第一位传教士是耶稣会的利玛窦(Matthaeus Ricci)神父。他由1582年开始传教于广东、江西与江南。以后他决意进京，且于1601年4月果然到了北京。他于去北京的路上曾到过济南、临清等地。利氏亡于1610年5月11日。

龙华民及其他耶稣会士传教于山东

在山东建立传教事业的至今首推耶稣会士龙华民(Nicolaus Longobardi)神父，但这是不正确的。龙氏于1636年(或1637年)方来山东，作了济南的首任传教士，这倒是事实；但山东的开教还早过龙氏，因于1627年耶稣会士Martini作统计时已经提及山东的教友。禹城原是老教友地方，他所提及的山东教友应是禹城的教友。自古以来禹城的教友便传说他们是明朝教友的后代。之外，禹城县的禹屯(Yue tuin)1723年的石碑对耶稣会士的传教活动亦有所记载，这点好似也可以证明上说之不误，不过龙华民神父仍不失为有文献可考的第一位山东传教士。

龙华民由1596年开始传教于广东，后被利玛窦招来北京作助手，利氏逝世前且任命龙氏为中国传教区会长。龙氏于1636及1637年之际去济南听取徐光启一晚辈的告解，并在山东付洗甚多。De la Servière写道："龙华民在山东成立了第一所会口，他原是被徐光启的外孙请去济南的，他来自北京。1639年开始，每年要去山东视察教务一次，且每次由泰安开始。他作第一次视察时付洗三百零八人，之后每次则付洗五百左右。有一位圣名叫保禄的皇家公子驻扎青州，他曾召龙氏去青州，并拨以款项为建造一座教士住处及圣堂之用。这位公子及全家于1645年之后再无消息。"龙氏亡于1654年。

1649年耶稣会士 Franciscus de Ferraris(方豪著《天主教史人物传》第二册作李方西)传教于山东,他先传教于山西,1649~1657年接管了山东的教务。1653年江南某富贵教友捐赠巨款,李方西神父则来济南购置了一所房屋,并盖一座圣堂及教士寓所,其产业原址很可能就是我们现在的圣堂所在地[①]。李神父曾一度在济南被执及受拷打,但待当局听说他乃是汤若望(Adam Schall)的同僚时,也就马上予以释放回传教所去了。他于1657年迁徙澳门,而于1671年逝世于南京。

方济各会士来山东传教

1650年第一位方济会士来了山东,那就是鼎鼎大名的 Antonius Caballero de S. Maria(方著作"利安当",亦作"栗安当"),他是西班牙人。他曾亲自作报告说:利安当自菲律宾转来,于1649年8月2日到达福建,先同道明会士一起传教,乃因工作没有成就很是败兴,那边人的诳伪更使他灰心,是故便动身去了北京。他本想在那里加入高丽的结队旅商去高丽,但因边境搜查甚严而未果。他于是找汤若望去想办法。汤氏曾为他呈请皇帝许可他去高丽,皇帝却未予批准,但曾书面准许他留在国内传教。那时的皇帝是顺治。汤若望主张利安当去山东,因那里的教友已多年没有神父照顾。原来先前曾有两位神父在山东传教,且成绩很好,但不知何故他们一去不返了。汤氏且写信把利安当介绍给一位济南的高级宦官,利氏于是动身去了济南,开始时住在前面所说的两位神父住过的房子里,但那座泥屋既小又破,并且要坍塌了。那边的教友接待利氏甚好,利氏即刻付洗很多,但是他到济南时,正当汤若望给介绍的那位宦官不在,待他后来见到汤氏的信后,便立即许给利安当银子五十两,作购买房子之用,同时还向他友好同僚劝捐,共得银子一百三十两,之后又捐到二十两。安当就用这款子购置了一所相当好的房子。

利安当神父由1650年开始在济南传教,城内城外的教友也有所增加,1651年8月建祝圣圣堂时,已有一批已学会要理的妇女受洗了。妇女们在预先规定好的日子来圣堂参加弥撒及公念玫瑰经。男女教友分着进堂,且各有预先规定好的日子。教友都非常热心,遇有利神父生活上有困难时,大家虽穷,但都会尽力帮助。

1650年12月或1651年初,有方济会士 Bonaventura banez 神父自马尼拉来山东辅助利神父,他来前未曾得到会长的经济援助,所以两位神父三年之久备尝艰苦。

利安当也曾报告他在其他地带传教的情形,他说:济南与其附近共有三座小圣堂。在距济南步行二十小时的泰安城(作者注:或在泰安附近)有一较大的堂口,那原是龙华民所成立的,龙氏因奉会长命去了北京,于是离开了这里,之后七年之久再没有神父来过这里。教友们几乎都背教了。泰安有一位教友营商去济南,见到了利安当,安当于是同他一起去了泰安;之后他还去过几次,如此绝大多数的教友重归教会,并有新教友受洗。几年后,耶稣会士李方西神父奉会长命返回山东,他同利安当划分了工作区域。利神父报告说:"于

① 济南高都司巷。——译者注

是我们两个堂口之间打下了敦睦关系的基础。”

于 1651 年利安当在济南城内建造了圣堂一座，并献之于“圣母天神之后”；之外，他还在蒲台、新城及博兴城内各建圣堂一座。

济南当时只有两位方济会神父，即利安当及易巴乃斯。至 1659 年，两人已付洗一千五百人。1662 年 4 月易巴乃斯神父因公事去了罗马，同时也是为了请示新的教士来华。迄至 1662 年两位神父在济南城内与城外已经付洗三千人。利神父对新教友的热心与善行称赞不已，然而也有几人背离了圣教。1665 年教难爆发时，由利神父手中受洗的已有五千人。

一名道明会士在山东

大概与利安当神父同时来山东的还有一位道明会神父 Dominucus Coronado（方著作郭洛那多，而 J·M·Planchet 著“Les Missions de Chine et du Japan”则作“郭多明”，今从之）。他同利安当及耶稣会士 Johannes Valat（方著作“汪儒望”，亦作“汪如望”）一起传教。郭氏并于 1664 年（?）在济宁州成立了一个堂口。1665 年教难发生，他也就同利汪二人一起被捕及押解去北京了。郭氏于同年 5 月 29 日亡于北京。

汪神父已于 1652 年传教于山东，并且成绩很好，他住济南城内。1660 年 9 月 13 日，德国耶稣会士 Diestel（方著作苏纳）亡于济南。苏纳神父原是在北京辅助汤若望的，因害病故需要来济南耶稣会的休养所，因病不治而卒于济南。

待龙华民于 1654 年逝世之后，汪儒望也就继任主持了山东及直隶的教务。汪氏把山东省分作三区：一区保留自己管理；一区让与郭神父去管理；另一区让与利神父去管理。济南城内及附近的堂口则由三人共同去管理。耶稣会神父 Gama 于 1663 年作统计称：汪神父在济南有圣堂一座，但其教友三千人则散居于整个的山东省，他也去过禹城及临清。汪神父自称，他在乡间共建立圣堂十座。

杨光先发起教难

但是好景不常，传教事业被摧残的日子在即。原来已于 1665 年皇帝旨令全国仇教，其发起人乃是几个显官，其中最著名者为回教徒杨光先。他忌妒汤若望在朝廷的地位与影响，因而亦仇视汤氏的教会。汤氏本人则侥幸脱险，而卒于 1666 年 8 月 15 日。

待取缔教会的谕令传到山东时，利安当、汪儒望及郭多明三人均未逃脱其害，于 1665 年一起受逮捕，一起被押解去北京。郭氏于 1665 年 5 月 9 日死在监狱，利氏则被遞解去广州，而于 1666 年 3 月 25 日抵达。利氏卒于广州，时为 1669 年 5 月 13 日，汪氏则能于 1671 年返回济南，他逝世于济南，时为 1696 年 10 月 27 日，享寿九十有七（一说八十有九），安葬于济南东面的陈家楼墓地苏纳神父之旁。后来二人均经迁葬，但这已是后话。

西班牙方济会士来山东

教难的暴风雨稍平之后，有一批西班牙方济会士由马尼拉来到山东传教。Augustinus a S. Pascuale(音译权作“巴斯挂肋”[①])及 Michael Flores(音译权作“福乐来”)二位神父取道福建，而于 1677 年 11 月 5 日到达山东。福神父先留在泰安及附近地带，直到次年的三王来朝占礼，他那时见到的堂口计有：满庄、罐庄、东庄及 Dschau 庄[②]。每一个堂口有小圣堂一座，占礼期间共有八百多人办告解。巴斯挂肋神父则直接北上，而于 1677 年 12 月 16 日抵达济南。

巴神父大概已于 1678 年收回了教难时被充公的济南、蒲台及博兴的教会产业。他同时重修了济南的圣堂，并在圣堂旁边给妇女们另建了一座较小的圣堂。他这个做法本是出于无奈，因那时一般人都诘难神父，为何让男女教友混杂进堂，这是有违于中国人善良习惯的，因而有人乱加猜疑，是故神父那时开始用绸缦将圣堂由中间隔开，男左女右，直到 1900 年在济南代牧区的圣堂内还有这种幔帐的存在。

巴斯挂肋神父更在利津(?)及济宁修盖了圣堂，并奉献济宁的圣堂给耶稣圣名，于献堂礼之间，他曾给 17 人付洗；他又归化了蒲台县的魏家园(Wei dja yan)，但这里现在已经没有教友了。之外，他还在兖州、寿光及蒙阴等修建了圣堂。于 1685 年他在临朐也建筑了一座圣堂，并献之与 S. Paschalis。他的报告结尾说：“这只是几个较大的堂口，之外还有附属较小的堂口七十二个。”

在同一时期，即在 1680 年之后，还有一位西班牙方济会神父在山东传教，他的名字是 Barnardus ab Incarnatione(方著作郭纳璧)。Chardin 作报告说：郭纳璧曾在临朐(于 1685 年)及济宁(于 1687 年)修盖圣堂，他由 1685 年开始作传教区会长。此外，还有一名西班牙方济会 Joseph Osca(方著作柯若瑟)在山东传教，他曾于 1693 年在泰安新盖圣堂一座。

教难以后的耶稣会士

由 1665 年至 1690 年的教难过去以后，除耶稣会士汪儒望外，只有少数几个西班牙方济会神父在山东传教，但以后的几十年内却有不少的耶稣会神父在山东工作。如 1690 年有葡萄牙人 Franciscus Simonis，1691～1693 年有葡萄牙人 Michael de Amaral，1693 年之后有葡国人 Franciscus Pinto，此外，1700 年还有一位意大利人 Antonius Faglia 在济南，他们都是耶稣会士。

耶稣会神父 Hieronimus Franchi 1701 年抵华，不久来到济南。他于 1705 年作报告说：他管理九座圣堂及几座祈祷所，迄至 1713 年他已付洗两千五百人，他一定去过禹城。

① 即“利安定”。——编者注

② 译音赵庄，但译者为泰安人，却从未听说有同音或相似的地方，这里是否发生了错误？——译者注

Franchi(音译权作方琪)神父于1709年听说在东平州有一位西班牙方济会神父被捕入狱,他则借重几位友好官员的关系,把他救了出来,但是他本人以后在济南也遭了同样的命运。原来康熙大帝固然于1692年示知全国教友得享信教自由,但于1706年又收回了成命,是故方琪神父也被逮捕了。他亡于济南,时为1718年,埋葬于距离济南不远的陈家楼,安息于汪儒望及苏纳二位神父之旁了。

这三座坟墓上原立有石碑,但因年久失修,后来只剩下几片断石,在以后的教难中连那块茔地也被充公了。清咸丰年间(1856～1860年)英法联军之后,有《天津条约》的订立,江类斯(Aloysius Moccagatta)主教就依据条约中赔偿一项将那茔地收回,时为1863年。太平天国军于1861年陷济南时,曾对三座坟墓加以亵渎。1919年三人迁葬洪家楼时,但见三人尸体仍未曾腐烂,三人的骨骸及那柏木棺材都很完整。方琪神父胸上的黄铜苦像(长十公分)仍然保持着原样,棺材上的油漆未受损失,镀金花样仍然存在。

那时在山东传教的尚有波兰耶稣会士J. B. Bakowski(1710年),国籍樊守义神父(1720～1753年),而耶稣会神父Simonelli已于1725年教难之间被逐出山东,但他以后曾一度返回山东,他亡于江南,时为1731年。

山东先隶属澳门教区,后隶属南京教区,更后又隶属北京教区。

现在我们要叙述一下济南传教区的隶属情形。由1576年开始全国教务,当然山东亦包括在内,属澳门教区管理,是故亦受着葡萄牙国王的保教权。

教宗亚历山七世曾于1659年9月9日及1660年9月20日颁发通谕,在东印度划分出3个宗座代牧区,即东京(现在的北越)、交趾支那(现在的南越)及南京,于是山东也就被划分给南京代牧区了。南京第一任代牧主教为Cotolendi,他除主管南京之外,尚兼管着北京、山西、陕西、河南、山东及高丽等地的教务。山东直至1690年属南京区的管辖。1690年教宗亚历山八世除澳门主教区已存在外,又成立了南京及北京两个主教区,山东于是就划分给北京主教区了。教宗任命方济会士Bernardinus della Chiesa(方著作伊大仁)为北京首任主教。

教廷这样做是为了推动传教事业,也是为了执行教廷有关中国礼仪的决议。

北京首任主教驻临清

伊大仁于1644年5月8日生在威尼斯,于1680年被任命为福建代牧陆方济(Pallu)的助理。伊氏于1684年8月28日抵广州,于1690年就被任命为北京的首任主教了。但他于1699年方才得到任命书,待他去北京上任时已是1700年年尾了。伊氏上任不驻北京,而驻山东的临清州,直到他于1721年12月21日去世为止。他不去北京而留在临清的原因亦不外下列诸点:(一)那时北京都是耶稣会士,方济会在北京既无教士,亦无教产;(二)按Carolus Horatii a Castorano(方著作康和之)的说法,康熙大帝对中国礼仪的意见全受了耶稣会士的掌握,对方济会甚不友善,若伊氏驻北京则觉不稳。事实上,伊主教很少去过北京,去时也是趁康熙不在京城的机会,且每次居留甚暂。(三)是因临清离直隶与山东的边界很近,教难时易于逃躲。过去的经验是:往往一省教难翻腾,而他省则能平静无事。为了公布、执行与推动教廷的议决，伊氏不敢亲身去北京，而每每派遣他那意志坚强的副主教康和之前往。不久之前，教廷曾派有一批意大利方济会士去鲁西，伊氏果然去临清找他同籍同会的神父去了。

我们至今对伊主教的传教事业认识不多，但是听说存下来的有关资料倒为数不少，目前正有人汇集之。

伊主教同他的神父们，尤其同他的副主教关系处得好似很好。康和之曾作报告说：伊主教一生工作繁重，吃苦耐劳，后亡于 1721 年 12 月 21 日，而葬于临清坟茔内之教友之间了。原来那时临清除有主教住宅外，还有一大块土地作为教友死后的安葬之用。现在这块土地虽已落于教外人之手，但是教友仍保持着埋葬的权利。

伊大仁主教之迁葬

1866 年江类斯主教曾令人于夜间挖掘伊主教的坟堆，一是为了证明教友们的口传是否有误，二是为了——口传若属真实时——将那坟地收回，但是那时未得证实，原因是那时为了避免被教外人发觉，匆匆忙忙挖土不够深故也。之外，大家都知道在外人地里挖掘坟墓在国人眼中是件罪行。

民国以来，教会与济南政府进行有关谈判，几经周折，方才得到许可，终于于 1920 年将坟墓打开，教友们的传说于是也得到了证实。

1920 年的挖掘坟墓还另有一个原因：教宗本笃十五世于 1914 年登极，他原是伊主教的卑亲属[①]。他曾为了伊主教坟墓的事致书北京的主教，而北京的主教将书转给了该管的济南主教。

坟墓掘开后，发现是一座砖砌穹窿的池子，棺材顶处有一石板，上面则刻有下列拉丁文字：

Lll. et Rev. Dom, F. Bernardinus ab Ecclesia Venetus, ex Ord. Min. Observ. Ref. S. Francisci assumptus, Civit. Peking. Eccl. Catholicae Rom. I. Ordinar. Episcopus, hic expectat futuram Resurrectionem cum justis. Pie in Domino obiit XXI. Decembr. MDCCXXI.

大意谓："可敬的伊大仁主教，威尼斯人。北京首任罗马天主教会主教安息于此，与诸圣一起等待来日之复活。卒于 1721 年 12 月 21 日。"

这块石碑至今完整无缺。伊主教手上还戴着金戒指。

教友们还传说，伊主教坟墓上原有石碑一座，这一传说也得到了证实。在临清城内及附近几经找寻，终于在城内一座古庙内发现了这座石碑，长宽各七十二公分，厚二十二公分，基座已经失掉。石碑的中上部刻有一座圣堂的略图，圣堂原是主教的族徽(译者按：la Chiesa＝Ecclesia＝圣堂)。于略图的周围刻有下列的拉丁文字："Episcopus Pekinensis E. O. M. D. E. Bernardinus ab Ecclesia。"意思是：北京主教，方济会士，伊大仁之墓。

① 本笃十五世也姓 della Chiesa。——译者注

伊主教的骨骸于1920年12月2日迁葬于济南洪家楼的圣林之内，那块原来的石碑也就重新置放在他的坟墓上了。

教务的再进展

那时传信部正强有力地推动着传教事业，第一批五位方济会士——其中之一是伊大仁——就于1680年(或1681年)起程来华了。第二批方济会士出发于1697年，他们都领“传信部教士”之衔，其中之一是Antonis(Frosinone)，他是派来山东的。他曾在临清购买房子一所，他也是伊主教任初几年的得力助手。康熙年间，因他不接受朝廷有关中国礼仪的决定，故而于1707年被驱逐出境了。

第三批由传信部遣发的方济会士共有四人，其中三位是发配给伊主教，他们是Johannes d'lliceto(音译权作“宜利策”)、Gabriel a S. Johanne(音译权作“桑汝望”)及康和之，他们三人于1700年抵华。第四位则因途中病于波斯，次年方才来到。这些由传信部派遣的意大利教士都去了山东的西部，而由菲律宾转来的西班牙神父都被送去了山东的东部。那时的耶稣会士传教区域好像只限于济南、济南附近、禹城及茌平等地。

康和之神父曾报告说：三位方济会神父被派去了伊主教的任所，但是主教的住处一时容纳不下那多人，故主教要他们去了东昌府。

康和之神父曾作报告说：三位方济会神父被差遣去了伊主教的任所，但是主教的住处一时容不下那么多人，故主教要他们去了东昌府。他们去了那里，并用主教拨发的钱买了一所小房子居住，但是生活则越来越没着落。三人不愿待毙，故同意遣发宜利策去墨西哥求援。他在墨西哥东奔西走倒捐了些钱，但是他大概在回山东的路上被人谋害了。在他动身之后，山东的同会神父再没有听到他的消息，他大概亡于1710年。桑汝望神父因健康不能坚持，于1706年就回国去了。

康和之反而如鱼得水，在山东传教达三十二年之久，心火洋溢，成绩斐然。他成立了16个新堂口。他作自述称：他是主教的忠实助手，是主教的理财、秘书及副主教，但在百忙之下未曾忘却传教的使命。他一双铁足差不多走遍了整个山东，他不仅在临清，且也在冠县、堂邑、东昌、茌平、莘县、阳谷、东阿、平阴、武城、夏津、恩县、德州及直隶的景县建过新堂口。他在东昌府拿他原有的小而旧的房子换取了一座大而新的房子，他在武城城内盖了一座圣堂，同时他还在经济方面帮助了教友在乡下盖圣堂，他又在伊主教的坟墓旁边建筑了一座小圣堂。以上是康氏亲自作的报告。由此我们可以见到康和之神父的才能与魄力。山东北部与西部无论州县，无不有他的足迹存在。这原是对各老堂口的第一个成文报告，可惜的是他没有一一提及堂口的名字。很多他那时成立的堂口现在已不复存在，但是在那些废墟上后来又有新生的发出与成长。

雍正教难及以后的教务

康熙大帝崩驾于1722年，继位的是他第四子雍正。雍正是天主教的死敌。他即位的次年（1724年）已禁止了天主教的传布，随之教难也兴起了。康和之报告说："因了1724年爆发而至今仍然蔓延着的教难之故，教士们都藏了起来，住在乡间的经堂内或住在热心教友家中。在东昌城、临清城及武城城内的圣堂、神父住室及其他房舍——与其他地方一样，一半被没收，一半被毁坏了，只有临清城内的神父住寓的一部分尚未被没收，这是由我多方周旋及送礼的结果，同样我给我们的主教修建的坟墓也未受损失。"上面是康氏1740年的报告。他最后还附加了一句："目前在上述的堂口内有三位方济会神父传教，第四位也要来这里，他现在已到了澳门；第五位要去北京。"

在这次教难间，武城县 Siau Schang dschuang（译音小商庄）这个老堂口也失掉了全部的田产。按我的考察，其经过如下：小商庄那时有一所规模相当大的孤儿院，孤儿院的一切费用与开支皆取诸那几十亩地的收获①。这地契与文书现已落在武城县政府之手。文书上明明记载着是天主堂的财产，现在在正文旁边却添一注脚称："乃临清主教对武城县作的馈赠。"事实上，自伊大仁主教亡后，再未曾有主教住过临清。这注脚显然为后人所添加，目的在于提防日后教会索回的企图。武城南门里现在有一座庙，这是原来天主教圣堂所在地，那边的教外人也都知道个中源委，即是现在东昌及临清的教外人也都知道天主堂在武城有过田产。别处教堂的产业也同样被充公了。

康和之神父为了办理传教区的公事于1732年去了意大利，他在罗马圣部内了结公事之后，就回了家乡。那时的教宗因他年迈及他的功绩特准他在家安享天年，是故他再未回传教区，他曾著《中国简询》一书及许多教会性及非教会性的中文小册子，尤其可贵的是他所编著的中华拉丁字典。

山东东部的教务

现在我们要叙述一下西班牙方济会士在山东东部的传教情形。在1705年及以后几十年内，在山东东部传教的西班牙方济会士计有五位：一、郭纳璧在泰安，已见上述；二、Franciscus a Conceptione 在济宁，他大概就是那位被耶稣会士方琪由东平监狱中救出来的神父；三、Franciscus a S. Josepho 在临朐；四、Martinus Aleman 在青州；五、Michael Fernandez 在济南。

此外，还有一位文献中留名的西班牙方济会神父，他叫 Joseph de Vilena。报告中说，他曾于1729年在山东付洗一百人，次年又付洗二百五十人。在同一年内 Antonius Almaden 也能付洗八十五人。

---

① 郎神父原文作500Morgen，似乎能折合五六十亩。——译者注

Emmanuel a S. Joh. Capistrano(方著作利安宁,亦作李怀仁)在山东传教十年之久,即1744～1754年,他热心出众,亡后先埋葬在离洪家楼两公里的姑家坟,后来一如其他神父迁葬在洪家楼的"圣林"里了。

我们对以下的几位西班牙方济会神父有更详细的报告:

Mathias a S. Theresia y Garcia 后又叫 Mathias a S. Theresia y Alcazar(权作马悌亚)于1749年由马尼拉来交趾支那,但次年已同其他八位方济会士一起被捕入狱,以后被逐出境了。他于1750年又来到了澳门,后来作了省会长,管辖凡在中国传教的母省会士。他终究于1756年6月11日来到了济南,他在山东传教直至去世为止,时为1790年。他先安息于姑家坟,后迁葬洪家楼。

利安宁的忠诚伴侣中还有 Joseph a Madrid 及 Bonaventura ab Astorga(音译权作阿斯陶甲)两位方济会神父,前者于1766～1777年在山东传教,后者于1760～1762年,又于1775～1779年在山东传教。两位神父亡后同样先安葬于姑家坟,后又迁葬洪家楼。据报告称:乾隆年间(1785年)教难又兴,官府受命逮捕在山东传教的四位方济会神父,命令中也提到了马悌亚及阿斯陶甲二人的名字;但他二人好似逃脱了被捕的厄运,因为他们本人及其他教士都未提及他们被捕或坐监的事情。

1757年的教务报告

马悌亚神父于1757年对他的工作情形作了很清楚的报告:他对东部老教友堂口所作的报告,至今未失其现实性。现在让我们听听他的报告:

> 我于1756年11月28日由省会济南去了东平州,共走了36小时的路。这里有一个堂口叫商家老庄,我于12月2日夜间到达这里,一直住到12月19日。在这期间,我一共听了一百四十个告解,送了一百三十七个圣礼,给二十八个孩子及一个大人付了圣洗。我来到这里,教友非常欢喜,因缺乏神父之故,他们已经三年未得领圣事了。但天主的圣意不教他们的喜乐臻至圆满的地方,因我下会尚未结束已经被迫回济南去了。原因是一个背教人要告发我,也要告发这个堂口,还有许多告解未听,几个孩子未得受洗,而我已经无奈回了济南。
>
> 在济南附近有下列堂口保持了信德:
>
> 一、陈家楼:这里距济南城只有两华里,这个堂口原是由耶稣会及方济会神父共同管理的。12月22日的晚上我由商家老庄来到这里,住到1757年1月1日,听了七十个告解,送了七十个圣礼,给七个孩子付了圣洗,在当晚我回了济南城里。
>
> 二、济南城:在这个人烟稠密的大城内忠诚教友倒不多,只有少数几个人来我这里领了圣事,而绝大多数没有来,一是因为路远,二是因为怕教外人发觉我的下处,是故我只听了二十四个告解,送了二十四个圣礼,给三个孩子付了圣洗。
>
> 三、黄台庄(现在叫黄台桥):从济南城里来只用两个小时,我于1月6日到了这里,住在一个教友家中,听了三十八个告解,送了三十四个圣礼,给五个孩子付了圣洗。

四、姑家坟：从黄台步行1小时，我到了姑家坟，时为1月10日的夜间。这里有六十三人办告解，五十八人送圣礼，也有几个孩子领了圣洗。适值天下大雪，气候之冷为我从来所未见，我无奈只好决意多留几天。

五、莲花山：2月6日，我去了莲花山。庄村位于济南东部的山区里，这里只有一家落户的教友，是一家老实的农户。我是走了两句钟[①]的路于二月六日的夜间来的。这里有十二个人办告解及领圣体，也有一个孩子领圣洗。因雪深不能行，我故留至2月17日方才离去。

六、仙峪庄里：我步行一小时到了仙峪庄里，那天是农历除夕。

马悌亚神父还报告说：为了不让教外人发觉，只能夜间旅行，漆黑的夜里，又不敢掌灯，只有紧紧跟在佣人的后边，摸索前进，一颠三覆，有时跌落壕沟，有时摔到桥底，但他总未负伤，由天主的特别保佑，即使他手握的弥撒酒瓶也从来没有摔破。

马神父继续他的报告说：

在仙峪有二十五人办告解，二十一人领圣体，四个孩子领圣洗。我在这里度过了中国新年。3月4日大早我就起身去章丘。

章丘离济南有十个小时的路，我在本县曾到过下列各地：

一、四磐(Se paen)：我是于3月4日到达的，这里共有四十七人办告解，四十八人领圣体，六个孩子领圣洗。

二、明水寨：3月9日夜间我去了明水寨。步行来这里只用两个小时。过去这里有教友不少，但今日只有十二人保持了信德，这十二人都领了圣事，之外还有四个孩子领了圣洗。之后我又前行两个小时，于3月12日的夜间到了胡迪里庄。

三、胡迪里庄：这里有30人办告解及领圣体，但没有孩子领圣洗。以后我去了三磐。

四、三磐(Saen paen)：那是我行路一小时而于3月16日的夜间到的。此间的工作结果是：二十二人办告解及领圣体，还有一个孩子领圣洗。之后复前行三个小时的路，便在3月18日的夜里到了宗家寨。

五、宗家寨：我在这里听了十九个告解，送了十九个圣体，但没有孩子领受圣洗。

在章丘县看望教友之后，我便去了武定府。武定位于章丘的北面，而相距则有18个小时的路。在武定府我共探望以下诸堂口：

一、姜家庄子：我走了十二小时的路后，于3月22日的夜间到了这里，共有四十六人办告解，三十六人领圣体，五个孩子及一个大人领圣洗。由此相去只有两华里的地方有个陈家。

二、陈家：我是于3月29的夜里来到的；此间我共听了二十七个告解，送了二十四个圣体，给四个孩子付了圣洗。

之后，我于4月2日的夜间到了崔家。

三、崔家：距离陈家只有两华里，这里共有三十六人办告解，三十一人领圣体，两

① 旧时计时单位，"一句钟"即一小时。——编者注

个孩子领圣洗。我在这里度过了圣主日，之后我于 4 月 11 日的夜间走了两小时的路到了宋家庄。

四、宋家庄：这里有十五人办告解，十六人领圣体，无人受洗。4 月 14 的夜里我复前行两华里便到了孟家庄。

五、孟家庄：这里有三十一人办告解，二十九人领圣体，更有九个孩子领圣洗。由此出发再走一小时便是青城县的商家庄（Schang dja）了，我是在 4 月 24 日的夜间到的这里。在此共听了四十个告解，送了三十一个圣体，给八个孩子付了圣洗，之后我又走了十个小时路到进了博兴县境，我在这里共看望了以下的堂口：

一、刘家寨：我由商家走了九个小时的路，于 4 月 29 日到了这里，共听了一百五十五个告解，送了一百四十一个圣体，给二十三个孩子及五个大人付了圣洗，从这里步行三华里便到了崔家及高家。

二、崔家及三、高家：我是于 5 月 12 的夜间来到的这里，共听了四十一个告解，送了三十八个圣体，付洗了三个孩子。[①]

蒲台县的邱李家是我于 5 月 17 日的夜间到达的，这里有四十四人办告解，四十人领圣体，五个孩子领圣洗；我于 5 月 22 的夜间，由此再步行两小时便到了 Wa li dschou dschuang（窪里周庄，音译），这里有十八人办告解，十四人领圣体，两个孩子领圣洗。5 月 25 日的夜间我又走了三个小时的路，到了杨家官庄，这里有二十人办告解，十七人领圣体，三个孩子领圣洗。5 月 28 日的夜里又走了一小时的路，便到了田家官庄：这里有十七人办告解，十三人领圣体，一个孩子领圣洗。

我在博兴视察教务完了后，便动身向东南走，走了二十个小时的路，就深入了临朐县境，我在这里共看望了以下的堂口：

一、Sche dja dschuang（市家庄，音译），这是我走了一天半共十九个小时的路，而于 6 月 2 日的下午才到的；这里有三十八人办告解，三十六人领圣体，四个孩子领圣洗。夜里又走了一句半钟的路，就到了石庙庄。

二、石庙庄：这里有五十七人办告解，四十九人领圣体，五个孩子领圣洗。6 月 13 日的夜里我又走了一个半小时，便到了榆林店。

三、榆林店（Yue lin dien）：这里办告解的共有二十一人，领圣体的计有十九人，受洗的计有孩子四个。在这三个堂口附近还有一个堂口，叫作 Schau taen（少坛，音译），但那里我没有去，因为一个背教人极端反对我去，然而那村的教友都来见了我，也都领了圣事。榆林店下会之后，我又经石家庄去了新城县；由临朐到这里需要走二十个小时的路程。

在新城县我共探望了下列诸堂口：

一、旬召：我在热如蒸笼的天气里走了两天，方才到了这里，此间只有一家教友，共听告解十人，送圣体九人，给小孩付洗一人。从这里再走半个小时就到了东营庄。

二、东营庄：我是于 6 月 29 日夜间到达的，这里也只有一家教友，八人办告解，七人领圣体。往前再走一小时就是宗王庄。

---

① 作者将两庄村写在一行，统计数字也未曾分开。——译者注

三、宗王庄:我是在7月1日前的夜间来到的,这里办告解及领圣体者各四十人,孩子领洗者五人。我从这里走了两天共二十三小时的路,于7月2日回到了济南。

我这次下会的总计是:

东平州:告解一百四十,圣体一百三十七,圣洗二十三;

济南府:告解二百五十三,圣体二百五十三,圣洗二十六;

章丘县:告解一百三十一,圣体一百二十八,圣洗二十一;

武定与青城:告解一百九十五,圣体一百六十四,圣洗二十八;

博兴与蒲台:告解二百九十五,圣体二百六十三,圣洗四十二;

临朐县:告解一百一十六,圣体一百零四,圣洗十三;

新城县:告解五十八,圣体五十六,圣洗六;

合计:告解一千一百八十八,圣体一千零八十七,圣洗一百六十五加四。[①]

这就是我们菲律宾圣厄我略省在山东传教区的堂口了,但是我去下会时,有时正当教友出门,所以也无法领圣事;此外,直到八九岁的孩子我都没算在内。我在此感谢天主赐我犹如宗徒一样及按照我们的会规完成了这些路程;我更求天主赐我圣龙,加我体力,使我随心所欲地继续传教,以宣扬它的更大光荣。

我就此对天主起誓所报无误。

1757年9月5日于济南

方济会 Mathias de S. Theresia y Alcazar 神父

前交趾支那宗座传教士,现下在中国。

上面的报告只谈及了东部西班牙方济会管辖区的教务情形,因为西部是属于耶稣会及意大利方济会管理的;此外,这份报告虽然详细,但不完整,因为马悌亚神父在山东传教还是新手,且是——如他亲自声称——他还有些堂口没有去。最惹人注意的是,马神父一如其他的神父从来没有提及莱州的老教友堂口,这大概是因为那边的教友原为由北京来的神父所归化,也一直由北京的神父所管理的缘故。

1763年的教务报告

有关西班牙方济会在山东的传教区,还有一项统计,是出自1763~1764年的,其中内容有些是我们已经知道的。该统计说:

本会在济南城内早已(于1651年)有座圣堂,是献于圣母天神之后的,这座圣堂在教难时被毁坏了。目前那里只有一间大屋,但这为那保持了信德的三百教友也已够用的了。

在新城及高苑县有两座小圣堂,属于济南的神父管理,但要注意的是,那边还有很多既无大圣堂也无小圣堂的教友会口。

① 其中圣洗数字的加法有所不对,但书内原文如此,译者不敢自作聪明。——译者注

济宁州有一个堂口，也有一座经堂，是献于耶稣圣名的。

在青州府有一座经堂，是献给圣亚纳的，那里有教友三十一人，孩子没算在内。

在兖州城内过去我们曾有一处住所，因为现在那里已经没有教友，那个住所随之也失掉了。

在泰安城内我们有一所小房子，但因那边情形特别困难，教友也不多，所以很少有神父去那里驻扎。去年，即1763年，马悌亚神父得侥幸到了那里，听了二十个告解，劝化十一个背教人回头，且给九个孩子付了圣洗。

在寿光城内我们有一座很好的房子，那里有八十名教友，孩子没算在内。

在全国各省内教难翻腾不已，但在山东闹得并不那么剧烈，所以这里还有很兴旺的堂口。

在济南城内我们有一所房子，用作经堂，同时也作讲道所。那座名叫圣母天神之后的圣堂被人充公了。城内有教友一百一十四人。宗座传教士马悌亚神父今年四十九岁，(普通)传教士阿斯陶甲神父现年四十四岁。

共有教友二千一百三十九名，最近两年内回头的教友共有一百三十名，两年内受洗的孩子共有三百零二名，合计两千五百七十一名。

本省应该至少有五位神父工作，原因是各堂口相去都远，同时教友们又散居在无数的乡村内。因为教士的数字太小，所以归化教友的数字也不大。至今传教士们作的统计都会证实这一点的。

以上就是西班牙方济会神父的报告了。

意大利方济会士的传教精神

在这一时期的最后几十年内，对意大利方济会神父在西部传教的情形，也有些零星的报告：

Hermenegijdus a Brescia(译音权作“卜力舍”)神父在山东传教共达7年之久，虽有教难，但他仍能付洗甚多。他逝世于1755年或1756年，被安葬于伊大仁主教之旁。原来在伊主教旁边的那座大坟墓，相传是一个唐(译音)神父的，这个唐神父一定就是卜力舍神父。

Marianus a Norma(经或金)神父自1762或1763年开始传教于山东，后来被北京的主教任命为副主教，且授以山东教务的管理权。1785年教难发生，他曾进京自首，初被逮捕，以后则恢复了他的自由。1789年他被祝圣为山西的主教，但一年以后他已经去世了。

Antonius Maria Sacconi(康安当)神父自1774年开始传教于武城十二里庄；他于1781年被任命为山西及陕西的主教，1784年在山西被捕，解去北京；于次年2月5日，因重病而卒于监狱之中。

Crescentianus Cavalli(伊神父)于1784年5月31日抵山东，但在次年已在东阿被捕而被解去北京，监禁数月而于11月9日重归自由，之后他一直留在北京，而卒于1791年12月24日。

Atho Bigini(贝)神父是同伊神父一起来山东的，他已于次年在武城被人逮捕，于4月

11 日被押解去北京;他是同其他三十一位神父(十九位外籍,十三位国籍)一起被投入监狱的。他于 7 月 28 日亡于监狱,盛享圣德之名。

国籍神父初来山东

由此可见,我们那时的传教区正受着极大的摧残,教难变本加厉,教士越来越少,且是外国后继无人;不久之后,在山东只剩了一位外籍教士,那是西班牙方济会士阿斯陶甲神父,他逝世于 1797 年;以后的山东教友一直到 1840 年备受艰苦,且未享到神父的抚慰。其间只有位国籍神父有时自北京或山西来这里看望教友,但是次数甚少。来时也只在夜间,并要极其小心,免得为教外人发觉。

有文献可凭的是,在那些年间有位柯保禄及一位陈玛尔谷神父,有时来山东探望教友。柯神父于 1825 年 1 月 26 日亡于山东;陈神父亦卒于山东,时为 1829 年 7 月 22 日。两位神父都是在意大利那波里的圣家修院晋铎的:前者晋铎于 1784 年,后者晋铎于 1781 年。

教难中的教友处境

我们后来的教士,谁没有听过老辈教友的传述?!谁没有为了那时教友的处境及信德表现与勇毅行为所感而流过热泪?!那时若有某教友重病,则整个堂口都慷慨捐助,遣人去北京或上海请神父。每人都尽力解囊,助人之外,意思也是希望自己日后也能得沾神父送终的这份鸿恩。那时的教友学会了珍视神父,这份对神父的珍视至今有增无减。①

何以外籍教士后继无人呢?只是因为国内教难所致吗?不是的。教难绝对没有阻碍了教士与教友同生共死,教难也未曾将国内关闭得水泄不通;其中原因应当在别处寻找,即应先在欧洲寻找:第一是因为耶稣会的解散,第二是因为法国大革命及拿破仑发起的战争。这场革命与战争已经摇撼了欧洲教会的基础。在这种动荡不安的情形之下,北京的主教——那时山东的传教事业尚属北京管理——没有力量照顾他那庞大的教区,而我们山东的教友于是成了无牧之羊,受着最大的考验,但他们同时也作了信德最好的见证。

教友上书教宗

1833 年圣神降临节,北京的教友应他们的主教毕学源(Pires Pereyra)及道光的侄子

---

① 这里请恕译者附加一句:本赵家相传信教 300 年,敝人小时在家亲自听到长辈讲述,那时的教友不畏道路遥远,雨打风吹,每有重病,必须去"请终传";真的"至诚感天",每人临终前都得领了圣事。每次好似都有奇迹发生,天主或使教士来去如飞,或延长病人终期,直到神父来到而行圣事后为止。之外,家乡堂口至今有一习惯,即如某人亡故,大家捐钱为亡者献弥撒,称"拯亡善会",其起源是否与过去之捐钱"请终传"有关?

(或外甥)之请,上书教宗厄我略十六世,请求派遣传教士,尤其是精通算术及其他知识渊博的耶稣会士来华传教,同时又报告教宗传教区的困难处境称:远阔的教区只有十位神父服务,而主教本人常常独掌北京。山东的教友尤其孤独,他们已经十年没有见到神父了。

呈书上去,一直未得回音,也未见教廷有任何行动,是故山东的教友曾于1838或1839年遣两位传教先生挟带上教宗书去了澳门。书中言及方济会年老神父鞠躬尽瘁的牺牲精神,且请求教宗遣送方济会神父来山东。教宗厄我略十六世见信后,即刻命令方济会总长 Joseph Maria Alexandria 设法搭救山东的教友,总长于是周知各省会长遵命办理,不久之后教士则后继有人了。

山东独立,罗主教首任代牧

正在当时,即于1838年11月2日南京的主教兼北京的代理主教毕学源逝世了,教宗认为这是摆脱葡萄牙国王保教权的好机会。原来葡王保教几百年来弊多利少,没有辅助反而瘫痪了传教事业。他不但享有荐举整个传教区主教的权力,且亦有批准或否决教士来传教区的权力。毕教主逝世后,教宗厄我略十六世未与葡王谘商,已将山东由北京教区划出,而作为山东代牧区了,时为1839年9月3日。教宗同时任命已在中国传教的非会籍神父罗类斯(Ludwig Graf de Besi)为山东首任代牧主教。

不久之后,即于1839年12月19日我们的新代牧主教又接受了更重要的任务,即需要兼管南京教区。那时的南京教区管辖着江苏、安徽及河南三省,共有教友四万八千人,但教士不过十一人。

罗主教的任重道远可想而知了。

罗类斯方于1841年3月14日在山西被祝圣为主教,之后,马上来山东就职,并选定了老堂口武城十二里庄为主教驻扎地。他那时的唯一助手是他由山西带来的国籍王雅各伯神父。

江类斯独当一面

于同年的7月23日,第一位方济会士江类斯(Aloysius Moccagatta)神父到了十二里庄。他是从澳门于极端困难的条件之下,多走旱路而到来的。他之来虽然单人独马,但主教见了也高兴极了,因他年轻力壮、精神焕发,一个人也可在这辽阔的山东独挡一面的。

罗主教就山东传教区的情形对他尽力训诲,又就管理方面的要务予以指导,果然不久之后他已任命江氏作副主教了,时在1841年10月15日。而罗主教本人一因处理公事,二因屡察教务,是故于10月17日动身去了江南。

江副主教于是负起了山东教务的担子。他需要找回自己被驱散的亡羊,更需要保持并坚定他们的信德。之外,两年之久在教友之间有着一个分裂的现象,因为有一部分教友不接受罗类斯作山东的代牧,反而仍愿意附属北京教区,加以他的唯一同僚国籍王神父已于同年回了山西，如此整个山东的教务就落到了江副主教一人的肩上了。他一有时间，就去堂口探望教友，在1842年一年之内他已拜访了三千名教友，但这只是他教友的一小部分，且他所见到的只是代牧区西部的教友。他又受罗主教之托，在十二里庄盖了一座小圣堂，但这也就成了再次教难的外在原因。

原来那时洪秀全叛军到处骚扰，且已占据了帝国的大半土地[①]，皇室平乱非常吃力，故命令各地方官民分外警觉。当时有个仇教的教外人见有机可乘，便到官府告发教友说，教友运输砖瓦木材，是为建筑堡垒保护洋人，并有造反的意图。那位官员本已仇恨教会，现在见有借口，于是即刻领兵去十二里庄，要当场将江副主教及会长加以逮捕；但是事先江氏已由邻村的教外村长得到情报，故能及时逃脱。该官员虽然亲眼看到房子盖来无关轻重，但仍将二十四名男教友及四名女教友带走，且将其中八人递解去济南。哪知济南的上级长官倒很友善，已于新年前后将八人释放回家；其间武城那个原逮捕教友的官员已经调迁，是故一场风波方才过去，那小圣堂也得以竣工了。

罗主教在江南对江副主教在山东的困难已有所闻，是故于1843及1844年由江南各送一位神父来山东：一位是庐保禄神父，他留在山东直到1857年；另一位是吴雅各伯神父，他已于1846年回了江南。

罗主教于1845年回了山东，这是他第二次（也许是最后一次）回山东。他停留了3个月，亲自探望了几个堂口；但是他这次来十二里庄还有另一次用意：原来他作山东代牧又兼管南京教区，他觉得事务太繁，担子太重，此外，他风尘仆仆，加以内外许多困难，这儿的一切早已使他身体不能支持了，故此他已有回欧洲的打算。他向传信部上书报告这边的艰苦情形，传信部枢机主教Franzoni于1844年5月23日给罗主教回信，许可他任命一位有继任权的助理主教。他接信后，便任命江氏为助理主教，并报以继任权，他于是于1845年5月11日即祝圣江类斯作主教了。之后，他本人便回了江南。他因念及江主教在山东孤立无援，故由江南送来一位方济会高神父Petrus Pellici，但这位神父已于次年回了江南。之后罗主教又由上海遣发两位耶稣会神父来山东：一位是郎怀仁（languillat）于1846年年底来山东，他到后便即刻接受了山东东部作为工作园地，按他自己的记述，他管理三千教友，共散居于七十多个乡村内。当他于1847年9月在平度县马家摊下会时，被县长发觉并被逮捕，监禁四十八天之后又被押解去了上海。同郎怀仁一起被捕的还有该堂口的会长。郎氏后来作了江南的代牧主教，卒于1878年。来山东的第二位耶稣会神父是Bruyere，他是于1847年3月到山东的，在此传教至1851年，之后被会长召回江南去了。

江主教继任

1847年罗主教为了上述的原因重新上书传信部，请求回欧洲的许可，这次请求得以照准，同时也获得了为江南任命一位有继任权的助理主教的许可。他于是祝圣了赵方济（Franciscus Xaverius Maresca）作他驻南京的助理主教。之后他本人就登船回了意大利，

① 这已是19世纪50年代的事了。——编者注

时为 1847 年 11 月 21 日。他于次年 6 月 23 日来信通知江、赵两位助理主教，他正式辞职的消息，于是江、赵二氏都升任为代牧主教了。罗主教逝世于罗马，时为 1871 年。

江主教即位山东代牧主教之后的第一件公事，即是在十二里庄开了自己的修院，以作培养国籍神职之用，并亲自作院长又兼教书，充分表现了他对本地神职的重视。

山东的教务渐渐有了起色，原因是又有教士的到来：1848 年 4 月有方济会士 Augustinus Sardi(魏)神父到来。但是他已于 1850 年 2 月回了欧洲，因他受不了山东的寒冷。1849 年由江南转来一位方济会士 Cherubim Biancheri(白)，江主教见他本领很好，不久就选他作副主教。但他因身体不好，受不了山东冷热不均的气候，而于 1850 年 7 月 6 日回了温暖的江南。差不多在同一时间，来了两位极其能干的神父，他们二人都作了江主教的大力支柱：一位是方济会士顾立爵(Eligius Cosi)神父，他 1849 年到了山东之后，立即接受了培养国籍神职的任务。他任此职长达二十一年之久(即 1849～1870 年)，且成绩卓著。他后来作山东代牧主教，且是我们至今最能苦干、最受人敬仰及最有成绩的主教。第二位才干出众的主教是方济会 Hannibal Fantoni(杨)神父，他是 1849 年 12 月 1 日由山西来十二里庄的。他真是“天主之人”及“上主的战士”。他方才登上中国的领土，已于 1846 年去山西的路上为官兵捕获，解去保定，坐监很久，最后一如重犯锒铛加身，被递解澳门去了，但是以后这位精明的方济会士又出现在山西。他在山东的功绩以及他的勇毅、耐劳与吃苦的精神至今有口皆碑。他的成绩只有天主可以度量，他的传教热情与本领在我们传教区绝对是凤毛麟角。他年近古稀，逝世于胡家庄，时为 1882 年 7 月 11 日，亦安葬于该地。

国籍神父的出笼

不久以后，第一批国籍神父也出笼了，这些国籍司铎是先在上海读书，而后来在十二里庄毕业与晋铎的：第一位是十二里庄人胡文孝，圣名玛窦，他晋铎于 1851 年，亡于 1871 年。第二位是十二里庄人徐奎，圣名方济各，他晋铎于 1852 年 1 月 1 日，亡于 1895 年。第三位是东昌府人袁汝孝，圣名斐利伯，晋铎于 1852 年 2 月 14 日，他传教最有干劲，也最有成绩。他的乐贫、善良与圣德至今家喻户晓；他省吃俭用，甚至守斋终日，命省下钱来作为盖堂费用，至今有不少圣堂就是他如此修建的。他卒于 1894 年，盛享圣德之名。之后又有胡文敬神父，圣名伯多禄，晋铎于 1855 年，亡于 1902 年。

外籍教士亦后继有人

同时亦有方济会神父来自欧洲：Seraphim Gabrieli(梁)神父于 1855 年底到达山东，他逝世于 1879 年。1856 年 11 月，Johannes Molina(莫)神父来到，但于 1861 年落于洪秀全的匪军之手而被杀害，下面对他的遇害更有记述。同年(即 1856 年)12 月有 Antonius Feliciani(傅)神父的到来，但他已于 1859 年去了山西，而亡于 1866 年。

1860年4月29日有3位国籍神父一起晋铎：一位是王肇林，圣名若瑟，莱州人，他传教也很有成绩，因他性格良善温和，故教友与外教都称他"老王爷"，他逝世于1906年，享寿九十一。再一位是临清人刘美，圣名若望，他与莫利纳神父同时被捕，并被太平军判处极刑，但他终能逃出罗网，后亡于1889年。第三位是十二里庄人胡文学，圣名玛弟亚，他卒于1876年。1861年后，又有两位方济会士由意大利来华：一位是Joachim Orsi（武高泰）神父，他亡于1887年；另一位是Gregorius Grassi（艾）神父，他在山东停留甚暂，因他本要去山西，他在山西于1876年升为主教。他是在义和团之乱时，被太原总督毓贤亲自斩首的，时在1900年7月9日。

现在让我们回顾一下19世纪中叶的教务。江类斯主教1858年作报告说：那边望教人很多，尤其东昌府为最。那时正当英法联军攻打广州及北京的时候（1856～1860年）。对这一段艰苦的岁月，江主教亦有所记述："英法联军攻打中国时，我们都躲藏了起来，以免落于中国兵之手；若那时被他们逮住，一定斩首无疑。"英法联军之后的山东，处处是流寇，在在是歹徒，因太平军那时到处放火杀人，弄得全国鸡犬不宁。1861年9月，太平军攻陷济南郊区。江主教记述称：军队如洪水猛兽，蛮无纪律，他们去济南的路上经过泰安，于是在那边的莫神父及刘美神父也就落到了他们的手里。刘神父备受拷打，遍体鳞伤，但终于乘他们不备的时候，逃脱了他们的毒手。

在关莫神父的遇害，我们只有以下的传述：他在老堂口王庄附近同几个教友一起被捕，他被打受伤那么严重，以致不能前行，而被捕的教友走在前面，与莫神父相距越去越远，终于失掉了他的影子，所以不知后来如何了。多时之后，有教外在王庄东边的陀螺山脚发现了大堆死尸，其中有一个身体全裸而面目已经不可辨认的西洋人，那么这个西洋人一定就是莫神父了。

十二里庄备战

1861年4月间，主教驻扎地十二里庄也发生了危险，于是那边的教友去见江主教，跪地磕头，求主教无论如何要去避难。而主教一来为不负教友的好心，二来为避免连累教友，方才带了一颗沉痛的心同杨神父去了天津，顾立爵神父因修院的缘故宁愿守留十二里庄。自主教去后，十二里庄的教友少了一条顾虑，于是决定孤注一掷抗拒到底了。他们开始从事防预工作。大概教外人以为主教去前已有安排，故传出风声说，十二里庄教友有从英国运来的枪炮，且火药充足，戒备森严。大概歹徒听了这个风声，故未敢前来十二里庄寻衅。5月6日官兵来到，十二里庄方逃脱了一场血案。江主教于7月初回了任所。

"太平天国"之后一阵安宁

依据呈方济会总长的报告书判断，太平天国被歼灭后，山东各处都很平安，教士甚至能够公开讲道。英法联军攻陷大沽后，1860年有《天津条约》的签订，中国方面许下比照

1844 年与法国签订的条约准许信仰自由，及许下将康熙以还被充公的教会土地与房产发还原主。此外，尚应保证外籍教士的行动自由。于是全国的传教事业也得以自由发展了。依据这项条约及几经江主教与济南政府谈判后，教会果然收回了许多原有产业，如济南城内的老堂口及陈家楼耶稣会神父坟茔等，这是 1863 年的事。同年主教公署与修院已迁去了济南。济南城内现有的圣堂是 1866 年修建的，其费用一部分是出于老教友的捐助。

江主教的担子于 1861 年又加重了许多：他除治理山东教务外，传信部又命令他兼管山西。他的职务越来越重，他于是呈请罗马许可他任命一位助理主教。所请照准，他便祝圣了顾立爵作他的助理主教，时在 1865 年。1870 年江主教借梵蒂冈大公议会之便，恳请教宗比约九世解除他回中国的义务，但教宗未予批准，而只解除了他管理山东教务的职责。于是顾立爵便正式作了山东的代牧主教。江主教去了山西，卒于 1891 年。

鲁南代牧区的成立

由于顾主教的努力，不久就有德国及法国教士来山东参加工作了。顾主教心地宽宏，做事大方。他不惜把他的代牧区划分给别人去管理。他主张无论何人来都没关系，只要他来宣讲基督即可。他之将山东南部让给方才成立的圣言会作为自立传教区，及他之邀请法国方济会士来山东东部传教，都是他“唯天主之光荣是求”的精神表现。

原来在泰义尔（Steyl）新成立的圣言会，曾遣发会士来华寻找适宜的传教区域。安治泰（Anzer）神父与顾主教谈妥一切有关事宜后，就于 1880 年由香港迁来济南。1882 年福若瑟（Joseph Freinademetz）也转道而来。事实上，自从最后一位西班牙方济会神父于 1797 年去世后，再没有神父正式在山东南部传过教，所以那边的传教事业非常冷落。1882 年安神父获得治理鲁南的委任，至 1885 年 12 月 2 日鲁南遂成了自立代牧区，首任代牧主教为安治泰。

顾主教的功绩

为了求传教事业的事半功倍，顾主教就越发注意修院的发展与教育了。他曾作修院院长多年，他对修院的一切有丰富的经验。他有一颗慈父的心，他不但关心着每一个神父，且也爱护着他每一个教友。他的质朴与和蔼至今为人奉作模范。他为了提高教友的宗教精神，曾制定了许多规则。这些规则至今为人遵守无违，且至今使人赞叹不已。他心心意意只求教友的利益，而不顾自己的安危。他本人一贫如洗，反而将一分一毫的钱都省下来，以作帮助神父修建圣堂及聘请传教先生之用。

他同济南知府丁宝桢（译音）关系弄得非常友好，这更提高了主教在外的声望。丁知府讨伐“太平军”有功，因而在朝廷享有盛名。丁、顾二人彼此十分重视，知府曾周知各地州县优礼主教，更要为他维持秩序。顾主教每次视察教务归来，知府必定探询一切有关细节，更每每由主教那里打听百姓对各州县长官的意见如何。丁知府以后被调迁去了南方，他到了南方后对教会的态度大为改变,他曾给顾主教写信称:那边的“教虽一样,但人不一样”。

顾主教任内,代牧区的教友数字大有增加,到处都有新堂口的成立,如东昌、茌平、堂邑、高唐、夏津、恩县、德州、禹城、临邑、陵县、商河、阳信、沾化、淄川及东平等县。1883年的教务统计是:领洗教友一万六千三百五十六人,望教三千四百八十人,堂口二百个,圣堂与祈祷所一百二十五座,外籍教士十一人,国籍教士九人,传教先生一百三十七人。1886年,外籍教士共十四人,即十三位方济会神父及一位方济会修士,国籍神父十一人。

好人不长寿,顾主教于万人痛惜之下逝世了,时在1885年1月12日。继他任的是李博明(Benjamin Germia)代牧主教。

李博明主教

李博明主教由1885年1月12日开始肩负山东的教务,直至他于1888年12月29日去世为止。他是一位很能干的传教士,天资好,经验多,他身生重病,精神上也受着极大的痛苦。原来前任知府与前任代牧之间关系非常融洽,但现任知府与他的关系就大有不同了,甚至有敌对的行为,因为现任知府每每借端迫害教会。梨园屯的暴行实际上是他幕后操纵的,这个堂口的教友受其迫害者,凡达二十余年。

马主教继任及几个统计

马天恩(Petrus Paulus de Marchi)主教是1889～1901年主持鲁北教务的。他的学识与造诣比其前任都好,只是经验较差,对当地人情风俗的认识也少。他生性温良,甚至胆怯,所以他的魄力不足。但是他的温良和蔼倒使大家折服不已,是故大家为他的表样所感,工作起来均能尽心尽力。

在马主教当政期间,由山东北部又分出了一个“鲁东”代牧区,是托法国方济会士管理的,首任代牧主教为常明德(Caesar Schang)。由此济南管辖区就得了“鲁北”之名。

马天恩主教任内,教务也有所发展,在许多县份中都有新堂口的成立,如莱芜、新泰、长山、邹平、滨州、海丰、利津、平原、清河、馆陶、清平及冠县等。以上诸县份或至今尚无堂口,或先有而后来绝迹了。在陵县、临邑、德平、商河、博兴、蒲台、东平、平阴、泰安等县也有新堂口的增加。

1887年的统计如下:领洗教友一万六千二百四十六人,望教四千七百九十六人,堂口三百个,圣堂与祈祷所共一百七十一座,外籍教士十一人,国籍神父十一人,传教先生二百五十九人。

1897年的统计如下:除主教外,有外籍教士七人,国籍教士十三人,领洗教友一万四千八百九十八人,望教两千六百二十人,堂口三百五十八个,圣堂及祈祷所共二百一十九座,大小修院共有修生三十二名,男子学校五十六间,女子学校三十八间,男孤儿院两所,女孤儿院三所,共有孤儿六百九十六人。

若把前后两个统计与1883年的统计比较，则见到教友的数字是减少了，我们不知其中原因如何。1897年的教友数字大跌，其来由不外是因“鲁东”代牧区的教友已经没统计在内之故。若将三个统计中的堂口互相比较，那么他们数字是直线上升了。由此可见那时的户口登记是不完整的，并且也不确实，其间教友的数字不过是一个估计而已。在那教难时期，教友们不敢制造教友户口清单，是怕发生危险，是怕教友被一网打尽。甚至有些堂口根本没有统计。事实上，待申永福(Ephrem Giesen)主教上任之后，堂口的簿册内方才有了准确的记载。

马主教晚年差不多已完全失明，健康也受到很重的打击。之后又有义和团之乱，他一时已经受不了这样身体与精神上的压力，是故不得已同他的教士与一部分修生去青岛避难了，只有少数国籍神父得以隐藏在较大的堂口内而未去。各处教难的消息源源而来，教会将被完全消灭的预兆在即，这一切不幸的事件已将马主教的精神与体力吞食净尽，他已支持不住，而卒于1901年8月30日。

申主教继任

申永福主教，荷兰方济会士，继任于1902年7月。他曾于1893年开始在山西南部的荷兰方济会传教区工作，且成绩良好。1900年拳祸期间，他曾亲身领导教友保护他的堂口马厂。他高瞻远瞩，计划周详，致使义和团无隙可乘，亦未得入村杀人放火，反而自己被打得焦头烂额，讨个无趣。有一次义和团作人海战术，强力攻击，申神父腿部重伤。他为了避免被人发觉，咬紧牙齿佯作无事，仍然继续抗敌，于是乎避免了教友间的一场惊慌失措，也因而赢得了一次胜仗。一次，他出外给人送终傅，路上被歹徒捉住，头部被打重伤，歹徒以为他已死去，方才四散而走。

申主教以他刚毅果敢的性格，克服了一切由拳祸之乱而发生的不规及紊乱现象，行政有条理及组织严格也是他的不朽政绩。这恐怕为那时的教务也是非常需要的，原来那时代牧区的人事十分复杂，其教士计有中国人、意大利人、奥国人及荷兰人等。

德国方济各会接管鲁北

不同国籍、不同语言的教士在一起工作，其困难可想而知，所以传信部早有将一定的地区分给一定国籍的人去传教的决议，是故“鲁北”代牧区已于1904年4月16日托给德国方济会撒索尼亚省去管理了。德国方济会撒索尼亚省当局与申主教通力合作，致使1905年底已有五位德国方济会神父来了济南，其先已有两位在他处传教的神父转道而来，之后每年都有新人到来，于是其他国籍的神父已无后援，而在数目上越来越少，于是济南代牧区已打下了一定的基础。

(第一次)世界大战期间，由主教为他的德国教士立下了不朽之功。他不但有衡量时局的才干，而且有卫护他们的能力。1919年国民政府要驱逐德国人出境，申主教便用了他的智慧与魄力，挽救了我们受侮辱及被放逐的命运，他本人却因而耗尽了他的健康与精力，他受苦受难，都是为了教会与教士的利益。他亡于 1919 年 8 月 6 日。只看下列的统计，就可以见到申主教对济南代牧区的成就了：他接管代牧区时(即 1902 年)，教友只有一万七千五百人，而他去世时的教友已有四万一千四百九十七人及望教一万四千一百五十四人了。

在代牧区传教之初期德国方济会士

在这里请让译者附加一德国方济会神父与修士表，以志不忘：

姓名		出生日期	抵济南日期
田安民	Sebastianus St. Martin	1869.8.17	1904.10.25
傅于谦	Arsenius Voclling	1866.1.14	1904.12.6
万亨泰	Wolfgang Wand	1874.11.18	1905.1.14
司德音	Alexius Steiner	1868.2.10	1905.1.14
韩立根	Ild. Heiligenstein	1876.4.11	1905.1.14
爱圣弼	W. Eschenbuescher	1876.1.4	1905.1.14
杨恩赉	Cyrillus Jarre	1876.2.2	1905.1.14
恩汝楠	Eleutherius Ermert	1869.1.18	1905.10.18
达瑞泰	Aemilianus Stappert	1877.12.7	1905.10.18
梅悦来	Pius Meyer	1877.8.17	1905.10.18
瑞明轩	Adalbertus Schmuecker	1878.9.6	1905.10.18
海甘乐	Damascenus Herkenrath	1877.10.26	1905.10.18
米 崧	Leander Missong	1876.8.21	1905.10.18
田安邦	Silverius St. Martin	1874.12.11	1907.1.14
郎汝略	Vitalis Lange	1880.4.11	1907.1.14
端乃赉	Eobanus Danne	1880.4.17	1907.1.14
徐立德修士	C. Schlueter	1853.10.23	1907.1.14
高文德修士	Adrianus Kauert	1871.8.25	1907.1.14
白式修士	Hieronimus Pesch	1870.7.23	1907.1.14
闵恺施	Cyriacus Michels	1877.6.22	1907.11.23
魏利世	Irenaeus Oellers	1882.10.12	1907.11.23
安福兰	Canutus Hanfland	1880.5.9	1907.11.23
文德立	Demetrius Winter	1880.12.4	1907.11.23
闵海施	Sigismundus Michels	1876.2.21	1901.1.11
衡博稣	Amandus Heimbach	1876.2.10	1901.1.11
于芳范	Meinolphus Hueffer	1880.3.19	1910.12.23
黄乐施	Albertus Klaus	1885.9.15	1910.12.23
唐汝法修士	Macarius Koerner	1873.4.3	1910.12.23
白德风	Eduardus Boedefeld	1884.6.23	1913.2.17
谢上达	Capistranus Schneider	1886.4.13	1914.3.14

德恩普	Raphael Steppler	1884. 12. 9	1914. 3. 14
舒乃柏	Alph. Schnusenberg	1887. 7. 17	1914. 3. 14
林民乐	Abundius Rictmueller	1879. 9. 9	1914. 7. 3
卢玉台	Lullus Huette	1888. 1. 18	1921. 1. 21
莫汝伦	Gangolphus Meuren	1890. 9. 11	1921. 1. 21
罗义孚	Franciscus Roeb	1892. 2. 9	1921. 1. 21
卜德芳	Ceslaus Boedefeld	1894. 6. 15	1924. 7. 2
高福曼	Baduardus Kaufmann	1894. 10. 24	1925. 8. 25
雷震霖修士	Epiph Remmert	（不详）	1925. 12. 8
魏怀安	Bernardus Waechter	1893. 12. 9	1926. 2. 7
金广照	Christianus Bousack	1894. 1. 30	1926. 2. 7
达天理	Edm. Trachternach	1895. 12. 11	1926. 2. 7
范希天	Fortunatus Bungarten	1896. 8. 16	1926. 2. 7
蔡爱东	Benignus Czerlitzka	1892. 10. 26	1926. 2. 7
孟思远	Dominicus Menke	1897. 11. 5	1926. 2. 7
文质彬	Hyachinthus Wilmes	1900. 4. 25	1926. 2. 7
师立达	Bertram Schuler	1895. 2. 19	1926. 2. 7
潘耀东	Caecilius Papenheim	1890. 6. 7	1927. 6. 17
劳乃思	Stanislaus Loens	1897. 5. 29	1928. 2. 6
马逢伯修士	M. Westermann	1881. 4. 17	1928. 2. 6
卜兆瑞修士	B. Napiersky	1898. 7. 13	1928. 2. 6
题满德修士	Odilo Tiemann	1894. 10. 5	1928. 2. 6
马丕显	M. Moellersmann	1895. 1. 10	1929. 1. 30
东怀安	Landelinus Stawawy	1900. 12. 13	1929. 1. 30
瑞世澂	Lotharius Eife	1893. 2. 14	1929. 1. 30
郎克德	Eusebius Lange	1901. 8. 2	1930. 1. 6
孔照华	Theodulphus Noll	1901. 11. 15	1930. 1. 6
魏思贤修士	Elp. Wessel	1901. 10. 22	1930. 1. 6
贺德士	Maurus Heinrichs	1904. 7. 1	1931. 12. 2
满扶德	M. Loddenkoetter	1902. 10. 18	1931. 12. 2
严和悌	Einhardus Oberthuer	1904. 11. 10	1931. 12. 2
顾和仁	Ambrosius Bueckmann	1904. 9. 18	1932. 12. 30
邱怀士	Theobaldus Kueppers	1904. 3. 4	1932. 12. 30
甘審思	Emmericus Goerdes	1905. 4. 13	1932. 12. 30
何雅文修士	Ambrosius Kraemer	1899. 8. 30	1932. 12. 30

此外，还有由美国来济南代牧区传教，以后组成张店（后称周村）代牧区的初期方济会神父名单如下：

姓名		出生日期	抵济南日期

易汤恩	phil. N. Rittmeier	1885.1.9	1925.10.11
吴秉仁	Emmanuel Behrendt	1889.4.6	1925.10.11
顾天命	Ruffinus Glauber	1892.9.17	1926.10.7
杨光被	Ambrosius Pinger	1897.8.16	1926.10.7
梅芳远	Justinus Schmieder	1898.9.22	1926.10.7
马骏聘	Marcellinus Mescher	1898.8.13	1928.10.17
白明远	Bonif. Pfeilschifter	1900.4.22	1928.10.17
高尚志	Clement. Grosskopf	1899.5.17	1928.10.17
向志道	Ila. Rutherford	1901.5.31	1928.10.17

1913 年教士分布图

译者在此再加一《济南代牧区教士分布图》，本图见 J. M. Planchet 著 Les Missions de Chine et du Japan，此书虽出版于 1916 年，但其间有关内容经译者考证，乃是出于 1913 年：

主教：申永福

副主教：Pius Trovarelli（陶）

总务：海甘乐

在主教公署尚住有马振德及宗安和两位国籍神父。

在洪家楼大小修院中服务的有：院长陶副主教；教授有闵海施、韩立根、瑞明轩及王德昌与郭传德二位国籍司铎。

整个代牧区分作八个总铎区：

一、济南总铎区：总铎为爱圣弼（兼方济会省会长），此外还有黄乐施、白德风两位外籍神父及刘玉成与郭传荣两位国籍司铎。

二、新城总铎区：总铎为万亨泰，此外还有司德音及王教林、王美珍两位国籍司铎。

三、武定总铎区：总铎是杨恩赉，其他本堂神父是安福阑、赵庆桢及胡翼之（后二者为国籍司铎）。

四、禹城总铎区：总铎是达瑞泰，其他神父是端乃赉、于芳范、张安亭、周明德及李长亭（后三者为国籍司铎）。

五、武城总铎区：总铎为 Daniel Lorenzini（劳）神父，其他神父是郎汝略、魏利世及王肇林与袁芳桂两位国籍司铎。

六、东昌总铎区：总铎为 Faustin Cacciapaglia（葛）神父，此外尚有傅于谦、梅悦来、高风清、滕鼎臣、郭振山及许长明诸神父（后四人为国籍司铎）。

七、平阴总铎区：总铎为 Winfrid Groenefeld（孔）神父，其余更有田安邦、闵恺施、刘德成、胡修身及李钟述（后三者为国籍司铎）。

八、泰安总铎区：总铎是田安民，之外还有外籍衡博稣及国籍姚振坤两位神父。

瑞主教继任

本代牧区第一任德国方济会代牧主教是瑞明轩。他的任命书在罗马已于1920年8月2日签就,但到达瑞氏之手时已是1921年2月24日了。鲁北代牧区因德国大战失败,经济无着,备受艰苦,在这种处境之下敢接受一个代牧区的担子,实在有一个大无畏的精神。但是由于天主的助佑,由于美国本会弟兄的救济,以及由本会省及家乡恩人的支持,我们竟渡过了这一难关。瑞主教长久重病之后,亡于1927年8月8日。

近来为了中国传教区易于划分及区别起见,罗马主张每代牧区取用县市的名称,因而我们的“鲁北代牧区”从此叫作“济南代牧区”了。

杨主教的政德

请恕译者将外籍最后一位主教的履历补充在下面:

瑞主教去世后,继任人难产,直至1929年方才有了新代牧主教的任命,那便是杨恩赉主教了。杨氏生于1877年2月2日,是西德Ahrweiler人,晋铎于1903年8月14日,抵济南于1905年1月14日,由1907年开始在小修院教书,1910～1913年在大修院授课,之后作本堂,又兼总铎;1921～1924年作大修院院长,由1924年开始执教于罗马方济会安多尼大学,1929年5月22日被任命为济南代牧,1929年7月25日接受祝圣于家乡教区的Trier城,于当年10月2日抵济南履新。杨主教身材短小,胡须苍白,十分面善,绝无“大人”的威风。记得1939年(或1940年)的大年初一,主教特来洪家楼大堂主持年节大礼弥撒,当然各修院,各学校及各团体都进堂参加。弥撒结束后,我们小修生照例排队出堂回修院,但一时发现日本宪兵已将堂院大小铁门予以把守,且禁止通行,我们都在大惊小怪——日后方才得知是日本人逮捕“铁血团”团员的。原来济南的教友曾组织“铁血团”,专做地下抗日工作 。小修院几个中国老师及一两位士修生都有参加。日本人发现了名单后,特于大年初一趁人不备,要把团员一网打尽。当日被捉拿者几人,其中有我们的姜老师,日后被日本宪兵处死,其余不详。我们小孩子不知何事,且都要到大铁门那边,透过铁栏看个清楚。其间主教已更衣出堂(他或者已经得到报告)。便即刻赶到大铁门,看看日本兵,又看看我们,指指日本人的枪,又指指我们的头说:“不要向外瞧,不要在这里,若是他们一开枪,你们就有一个子呢!”

听说他还学了点山东个性,吃软不吃硬,弱小者请走后门,一切方便;强大者请走前门,公事公办。他一生吃剩饭,着旧衣,满不在乎。他规定,神父作弥撒必须有人辅祭,但仍有人不愿或无法遵守成命,于是给神父们辅祭也就成了他的专差。他进城出城,安步当车,如遇神父修士,他已在十丈之遥,深深给你鞠个大躬;他表样感人,使你五体投地。

杨主教履新不久,已经得到圣部委任,主持调查圣言会福若瑟神父行踪事迹,以作日后列品之准备;是故他曾与两位书记张维笃主教(那时还是神父)及严和悌神父追随福神父过去芳踪，而走遍全国。

他除治理教务外，尚不断研究学问，他写文章，编杂志，华友甚多。此外就译者所知，他曾将《中华民国民法》译作拉丁文（1934年济南出版），他又同前高等法院庭长李启人一起将教会法典译成中文，称作《杨恩赉、李启人试译天主教会法典》（1943年济南华洋印书局出版），这是两部空前绝后的不朽之作。他是全国教律权威，故还办理了许多最棘手的教会法案。

杨主教于1948年夏末与教廷公使照会，而一人决定济南总修院南迁，又将年迈外籍神父疏散回国。他任神父自由地去避难，他本人则决定与教友同生共死。他已于1951年7月25日被软禁在家；但译者晋铎近前还接到主教来信说："我虽然老了，但是还生了你呢。"他于1951年10月17日被关进监狱，1952年2月3日他因重病，待续去若瑟医院临时监房，而卒于当年之3月8日。

最后几个统计

德国方济会接管鲁北（济南）代牧区二十年之间的教务数字如下：

年代	领洗教友	望教人
1905年	19317人	15093人
1910年	28615人	18620人
1915年	35856人	18121人
1920年	42065人	11329人
1925年	55793人	15858人
1927年	57224人	16285人

由领洗教友的数字来看，本代牧区的工作是前进的，是有希望的，是令人乐观的。但是望教人的数字则前后不无出入，个中原因是我们受经验教训的结果：我们只将那些真有希望领洗入教的人作了统计。

为了能判断教友们的宗教程度如何，最好是去看教友领圣事的频繁度与数字。但是这里要注意的是：过去的教友，尤其是新教友因出于无知，受洗后就很少办告解及领圣体，或只办告解而不领圣体了；之外还莫要忘记的是：在这些领圣事的数字尚隐藏着许多别的工作，如事前的辅导及事后的劝勉等。

年代	四规告解	四规圣体	平日告解	平日圣体
1905	12419	8418	30356	28857
1910	18875	13750	63274	92464
1915	24323	22117	100308	189078
1920	27513	25662	137754	318897
1925	35135	33274	170203	329030
1927	35353	33788	186177	453924

传教工作不限于举圣祭、讲道理、付圣洗与听告解等，而"引羊入栈"的使命还包括许

多其他繁重而持久的工作，如训育青年、培养神职及提高教友的精神与生活水准等。为了表示本代牧区传教事业的一个梗概，请让我将 1927 年的教务统计数字写在下面：

外籍教士（全为方济会士）四十一人，国籍教士三十五人，外籍方济会修士四人。

方济圣母传教修女会修女十一人，其中国籍修女五人。

服务病人方济修女会（即毛利慈）修女九人。

男女教员共二百五十二人。

男女传教员共四百三十七人，其中领有付洗使命者一百四十八人。

传教会会员六千二百三十九人（其宗旨为辅助传教工作，其方法是：轮流不息地为传教事业祈祷及每月捐助款项若干）。

大堂口八百八十六个，小堂口二千二百三十五个，圣堂住有神父者四十八座，其未有神父驻扎者四百九十八座，祈祷所四百六十五座。

总修院一所，修生三十五人；小修院一所，修生三十五人。

师范学校两所，男生八十九人，女生八十五人。

传道学校四所，男生五十八人，女生三十四人。

工职学校两所，学生共一百六十五名。

小学九十九间，男生一千一百五十七名，女生三百九十三名。

要理学校二百零一间，男生一万五千六百九十三名，女生一千六百七十四名。

医院一座，求诊三万七千七百五十八人；诊疗所三座，求诊二万六千七百五十三人。

安老院两所，共有男人五十四名，女子二十六名。

孤儿院四所，供养男孤十二名，女孤二百三十八名。

孤儿由教会供养而生活于教友家庭者四百九十二人。

印刷局一所，即济南华洋印书局。

尾　声

由此可见，济南代牧区的教务已经走上了正轨，且已有长驱的进展。我们虽然可以欣慰，但不得尽掠其美，反而仍要切切记忆圣保禄的话：“我栽种了，阿颇罗浇灌了，然而使生长的却是天主。”（《格前》3：6）之外，若以日下教友与教外数字两相比较，那么即可见到教友仍然少得可怜，甚至微不足道，是故我们作教士的仍当“百尺竿头，更进一步”的全力以赴。

附录

济南代牧区内之基督教会及教门

一、概论

基督教(亦称耶稣教、福音教、誓反教或新教)在中国传教还没有太长的历史,但他们的发展却大可惊人。基督教来中国的第一批传教士是由伦敦来的 Morrison 及 Miline 二人。前者开始传教于 1807 年,后者开始传教于 1813 年。由美国来的第一位教士为 Bridgeman,他开始传教于 1830 年。由德国来的第一位基督教传教士为 Guetzlaff,他曾于 1831～1833 年在山东传教,分发《圣经》及宗教性论著。

基督教在那短的期间内能有那样的进展,其原因不外是他们的人手众多及经济充足的缘故;他们的活力胜过了我们教士的活力,他们的传教事业越过了我们的传教事业,他们的声望也超过了天主教的声望。

基督教的进展在山东尤其显著,他们 1923 年的统计是:

不同的教派三十一个。

男女教士共五百七十八人。

教士住所七十六个。

堂口一千三百三十个,登记教友四万一千八百二十一人。

医院二十八座,贫民诊所三十六间。

初级小学九百四十二座,学生一万七千零八十三人。

高级小学一百四十二座,学生二千七百八十二人。

中学四十座,学生一千四百八十九名。

学院两座,学生一百九十八名。

大学一座,学生一百六十三名。这是他们在山东的数字。

二、分论

现在我们要把基督教会及教门在济南代牧区的传教情形分别记述一下。本代牧区内他们共有十九个不同的教派,即:

(一)美以美会

1. 英国联合美以美会传教会:他们在乐陵县朱家寨子有一堂口,成立于 1866 年,并有很可观的医院一座及小学与中学等;他们又在武定城内成立了堂口,时在 1905 年,但就我所知,这个堂口在世界大战以后,已经不复存在。他们共有牧师两人,女教士两人及医生一人。

2. 美国美以美主教制度教会:他们的首要堂口在泰安城内,共有几间小学与中学;之外还有医院一座。共有牧师五人、女教士十人及医生数人。

(二)长老会

1. 美国北邦长老会:他们的主要堂口在济南,是 1874 年成立的,有牧师十八人及女教士二十六人。

2. 美国南邦长老会:他们的堂口也在济南,成立于 1916 年,有牧师一人、女教士一人。

3. 加拿大长老会:自 1917 年以来在济南有一个堂口,有牧师四人、女教士四人。

(三)圣公会(Englische Gesellschaft fuer Verbreitung des Evangeliums)

自 1878 年开始在山东传教,他们的第一个堂口是在泰安城内,是于同年成立的,那里住有主教一位、牧师三位、女教士六位。他们又在平阴城里于 1879 年成立了一个堂口,有牧师两人、女教士三人。他们在济南城内的堂口是 1921 年成立的,这里有牧师两人、女教士两人。

(四)公理会(Congregationalists)

1. 美国外方传教会:在本代牧区内共有三个堂口:在德州城内的成立于 1880 年,今有牧师四人、女教士八人,他们有几间很大的学校及一座医院。他们在临清城内的堂口是 1886 年成立的,这里现有牧师四人、女教士九人;此外还有学校及医院各一座。在济南城里的堂口是 1916 年成立的,现有牧师及女教士各一人。

2. 伦敦传教会:于 1917 年在济南城里开设一堂口,有牧师两人、女教士两人。

(五)浸信会

1. 英国浸信传教会:有三个堂口,都是 1903～1904 年成立的;他们在周村有牧师七人、女教士十五人;在蒲台有女教士一人;在济南城内有牧师十人、女教士十二人。

2. 美国南邦浸信会联盟:于 1920 年在济南成立了堂口一个,有牧师四人,女教士五人。

(六)路德教

美国挪威路德教会于 1918 年有一牧师在济南传教。

(七)在本代牧区内还有以下诸教门

1. Assemblies of God in the USA and Foreign Lands:于 1912 年在泰安城内成立堂口一个,有牧师一人、女教士两人。

2. 基督教青年会(Young Men's Christian Association):自 1913 年以来在济南有一会口,有牧师及女教士各四人。

3. 英国外方圣经会(Die britische auswaertige Bibel Gesellschaft):自 1914 年在济南有牧师及女教士各一人。

4. National Holiness Mission:由美国传教到山东,1914 年在东昌成立了一个会口,现有牧师五人及女教士十三人。

5. Die Adventisten von siebten Tage in den Vereinigten Staaten:于 1915 年在济南成立一个会口,有牧师及女教士各一人。

6. 救世军:自 1918 年以来在济南有一个会口,有牧师及女教士各一人。他们又于 1919 年在泰安城内成立一个会口,有牧师一人。

7. China direct Mission:由 1920 年开始在泰安城内工作,有牧师三人及女教士六人。

8. Young Women's Christian Association(基督教女青年会):自 1920 年开始在济南

工作，有女教士一人。

1923年计有五十位牧师及六十一位女教士在济南城内工作，他们分属十四个不同的教派，后来教派与教士的数目又有所增加。其中大部分的教士工作于山东基督教(齐鲁)大学，这是一座由七个不同的教派于1917年共同成立的大学，计有外国教授二十五人及中国教授十二人。

上述各基督教会与教门在山东共有教友四万一千八百二十一人，男女教士共有五百七十八人，其中在济南代牧区内工作的男女教士共有二百二十四人，其教友数目则未有特别统计。

一般说来，基督教教士多注重文化与慈善事业，而很少有直接开教的。因他们的教规轻松，进教条件要求又低，所以入教非常容易；甚至凡在大街市场听他们宣道的，都算作他们的教友，同样凡接受他们的《圣经》或其他宣传品的，也都算作他们的教友，很多且不注意圣洗的受授，亦不监督教友生活的实行，无怪乎他们教友的数字那样庞大了。

山东·济南修院简史

郎汝略著　赵庆源译

译者按：郎汝略神父所著《济南宗座代牧区》一书，共分十四章，其中一章叫《修院与本地神职》；本章首尾多是理论，而其间则有一段历史，今将这部分及有关数节译作中文，取名“山东·济南修院简史”。1925 年济南大修院升格为总修院，至今已有五十年了，谨发表此文以作纪念。

一、培养本地神职是教会的使命之一

圣保禄宗徒有言：“无论对犹太人或希腊人或圣教同人，皆须小心谨慎，莫为厉阶；吾本人之所以和光同尘，舍己从人者，亦欲感化众人，诱其归主而已矣。”(《格林多前书》，10：32—33)这正是传教士的座右铭，是传教士的工作指南，也是传教士的努力所在。传教士到外国不应标榜自己，而当宣扬基督；他们不应为个人修盖楼房，而当为天主建立圣殿。他们的工作只能有一个目的，即是在世上开拓天主的神国，使万民信仰恭敬天主而获永生。

传教的初步工作乃是归化个人，由少而多、由近而远；之后加以组织及成立教友团体，称作“堂口”；再加以培育、保养及发展之。若某地区的教友在数字及素质上已达到相当的程度时，那么就应当使他们自力更生，独立起来，要他们自己牧放自己的羊群；由此看来，培植本地神职去服务本地的教友，也就成了传教工作的要务之一。只仰赖外籍教士不是长久之计，亦非治本的办法。教会历代如此，世界各国如此，中国的教会亦不应有例外之现象。

就事实而言，罗马圣座已经认为中国的教会发展到了这个阶段，是故最近已有 6 位国籍主教的祝圣，及目前已有许多地区交给本地神职去管理。然而一方面不可掩耳盗铃的是，直到目前为止，中国教友与全国人口相比，仍是少得可怜；外籍教士既然不多，国籍司铎亦嫌太少；是故就目前来说，大家不分中外，不分东西，仍须继续努力，仍须合作，更要致力于国籍司铎的培养。

造就本地神职除为教会的使命外，还有许多实际的优点。外国人在中国自然有许多先天的隔阂与困难，而本地人则否；且本地神职能解除教外人对教会本身及外籍教士的许多成见与误会，因为一般教外人都认为外国人传的当然是外国教。他们更难置信外国人来中国只以宣扬天主为目的，而无其他的自私企图；若我们能及早培植出本地神职，让他们与外籍教士平起平坐并驾齐驱，或更能使他们独当一面，那么教外人的那种疑忌也就自然云消雾散了。此外，历史教训我们：教难时外籍教士往往不分皂白一律被驱逐出境，而本地教士不致遭受这种厄运；就是不得不躲藏起来，本地人也比外国人来得方便。为了这层原因，催促各传教区主教培养本地神职，也就成了圣座的一贯作风。就中国而言，教宗亚历山大七世已于 1659 年迫切劝告各地代牧尽力培植国籍神职。

二、山东开教初期且无国籍神父存在

山东开教的初期，我们并没听到有国籍神父传教的事实，大概那时还没有中国神父。那时教难一波未平一波又兴，培养神职一定很不容易，也或根本不可能，是故那时未有国籍神职的存在。有历史可凭的是：最后一位方济会(Bonaventura d'Astorga)神父逝世于1797年，因之后没有神父，那时方才有两位国籍神父转来山东，且是多年以来在山东传教的只有他们两位；再以后，有时由北京、有时由山西来个神父看望教友。直至山东划分为独立代牧区后，方才有修院的成立。

三、山东修院的成立与发展

罗类斯(Ludovicus de Besi)于1839年9月3日受命山东首任代牧，又于同年12月19日受命兼管南京教区，但他于1841年3月14日方得祝圣为主教；之后他来山东就职，并行小住，不久即于1841年10月17日去了江南。那时的南京教区一如山东代牧区，教务都十分暗淡无光，主要原因乃是教士后继无人。罗主教于是决意成立修院，就地取材，给江南及山东培养神职。那时他刚请了耶稣会士来南京传教，第一批三位耶稣会士于1843年抵达江南，其中的Bruyere神父便马上负起了成立修院的任务。修院成立于1843年2月3日，院址是在上海附近的张浦桥(Dschang pu tchiau，音译)。开学时共有修生二十二名，年纪在十三至十八岁之间；其中十七名来自江南，五名来自山东。但是张浦桥的教友对这个"殊荣"并不觉得幸福，反而多加抗议。他们的理由是：这么多青年人在一起过于不平常，过于惹人注意，若被官府发觉，立即祸患万端。主教无奈，已于当年7月间把修院迁至离上海更近的璜塘(Huang tang，音译)去了。这里的教友反而高兴非常，1845年建造修院时，他们都欣然前来作小工，且不收任何报酬。1844年11月，修生的数目已到了三十二名，其中来自山东者即有六名。那时的主要课程为拉丁文与中文，为教授中文并聘请了两位中国先生。在呈传信部及总会长的书信中，院长曾盛赞修生们的热情与学业的进步，但也同时提到江南与山东的修生间不无隔膜，原因是南北性格互不相同故也。

罗主教于1845年5月11日祝圣江类斯(Aloysius Moccagatta)作他的助理主教主持山东教务；又于1847年3月27日祝圣了他的副主教赵方济(Franciscus Xaverius Maresca)作他的助理主教主管江南。他将前任修院院长Bruyere于1847年3月送来山东，又于同年10月15日将山东的修生送回家乡；一切安排妥当之后，他就立刻去了欧洲；而再未回任。这批山东修生于同年11月间到了武城十二里庄，这也就是山东修院的开始了。那时江主教自任院长。因一时主教住处的房间不敷用，故新建修院一座，于1848年4月竣工。

1849年10月18日顾立爵(Eligius Cosi)抵十二里庄，即刻受命主持修院。那时修院中共有修生十五人，其中七人已于1850年由江主教手中领了剪发礼。山东修院所结的第一个果实，乃是于1851年4月19日晋铎的胡文孝神父。1856年修院的房舍又不敷用，故需要大增房间。直到1856年修院中只有一个顾立爵神父作院长又兼教授，至该年年底方才有一位名叫傅神父(Antonius Feliciani)的来辅助他。傅神父主管年纪较小的修生，直至1859年。同年5月17日他受传信部之命去山西解决主教与神父间的争执，从此他再未回山东，而于1866年5月卒于山西。

四、山东修院由十二里庄迁至济南

英法联军之后，江主教依据《天津条约》已于1862年将济南城内教会原有的产业收回。之后，因十二里庄屡遭太平天国军队的骚扰，是故江主教于1863年1月8日将主教公署及修院迁去了济南，修院留在济南城里共历时十三年之久。那时在修院服务的除顾院长兼教授外，还有闵神父(Angelus Angelini)，他于1864年8月25日来山东，亡于1877年4月12日)及白神父(Stephanus Pasinetti)二人。之后，即于1865年2月顾院长升任助理主教，因而他于当年的11月间将一切院务交给了巴神父。主教由1865年开始在洪家楼买了几块土地，同时已有不少的教友家庭迁徙至洪家楼，是故修院也已于1876年搬了过去。那时修生中有两个已经领受小品，即高风清及王保禄[①]。他二人仍留在城里，以便去主教那里上课。

顾主教逝世于1885年1月12日，继他任的是李博明(Benjamin Geremia)主教。他履新不久，1886年5月任命陶神父(Pius Trovarelli)接管了修院。陶神父1884年7月3日抵山东，他作修院院长共达29年之久。

1887年主教将神学班与拉丁班分开，于是也就有了大小修院的区别。当年2月5日陶院长已带着他的神学生回了济南城里，而小修院仍然留在洪家楼。直到1887年大修院只授神学课程，而由1887年开始加了哲学课程，陶院长自著哲学课本。

马天恩(Petrus Paulus De Marchi)主教任期内，圣言会Erlemann神父作建筑师，于1898年在济南城里修盖了一座新式而宽阔的修院。但申永福(Ephrem Giesen)主教于1906年却把它作了主教公署，而重迁大修院回洪家楼，他事先在洪家楼给大小修院都建筑了新的校舍。直到1906年修院中只有陶院长一人教书，但他不久得到了助手，即[②]：杨恩赉(1910～1913年)、闵海施(1913～1914年)、瑞明轩(1914～1915年)。

陶院长于1915年8月因年迈辞院长职，其继任人为瑞明轩；而瑞院长的助手是舒乃柏神父(1915～1922年)。待瑞神父受命作代牧主教之后，杨恩赉就接任作了院长。那时除院长兼教授之外，还有白德风(由1920年开始)及德恩普(由1922年开始)二位神父授课，此外一如过去，常有两位中国教员教授中文。至于那时的神学课程如何，请待下面再叙。贺德士神父由1934年夏开始授课，文质彬神父由1935年夏继任院长，直至1948年夏总修院南迁为止。

五、小修院的独立

小修院是按照特利滕大公会议的决议而由大修院分出来的，时在1887年。两修院分开之后，小修院仍然留在洪家楼，而大修院则搬进了城里。由此小修院也有了自己的院长与教员。[③]

---

① 后者好似没有晋铎，因日后之国籍神父名单中无王保禄其人。——译者注

② 以下诸德国神父的原文姓名请参见《山东开教史》一文，恕我在此不加以重复。——译者注

③ 小修院初期的院长及教员为谁不详，译者却将以后的院长及教员查出，现列于后。——译者注

教员：

韩立根(1905～1906年)

米崧(1906～1907年)

杨恩赉(1907～1910年)

安福兰(1910～1912年)

瑞明轩(1912～1914年)

院长：韩立根(1913～1920年)

教员：德恩普(1914～1920年)

院长：郎汝略(1920～1921年)

教员：司德音(1921年)

院长：德恩普(1921～1922年)

教员：莫汝纶(1921～1922年)

院长：白德风(1922～1925年)

院长：莫汝纶(1925年)

教员：范希天(1926年)郎克德(1931年)
高福曼(1926年)满扶德(1933年)
罗义孚(1931年)

院长：郎克德(1933年)

由1926年(或至晚1927年)开始，小修院的课程有：教理、中文、拉丁、算术、历史、地理、物理、化学、音乐及体育等。小修院的课程共八年即十六个学期。

六、几个统计

修生的数目在修院的档案中大小不分，且由1880至1904年的数字残缺不全，今将每年的修生数字开列如下：

1843年	五名	1844年	六名	1854年	十一名
1864年	不详	1874年	十六名	1884年	无统计
1894年	无统计	1904年	三十一名	1914年	五十六名
1924年	四十四名	1927年	五十五名		

由我们修院毕业及晋铎的国籍神父至今已有六十五位，现将晋铎的年代与数目开列于下：

1851年	一名	1852年	二名	1855年	一名
1860年	三名	1869年	二名	1874年	二名
1876年	一名	1878年	一名	1884年	一名
1890年	五名	1893年	二名	1894年	四名
1897年	一名	1902年	四名	1903年	一名
1904年	一名	1906年	三名	1909年	四名
1911年	二名	1915年	四名	1918年	二名
1920年	四名	1922年	二名	1923年	一名

1924 年　五名　　　　1926 年　一名

七、山东初期修生晋铎名单

译者在西德敏斯德方济会院的图书馆内见到了“鲁北代牧区国籍神父一览表”，原名作 Elenchus omnium sacerdotum sinensium Vicariatus Shantung Sept，是 1922 年印行的。里面除列有五十四位国籍司铎的姓名、洗名及籍贯之外，更详记每人的出生、入修院、领剪发、领小品、领五品、领六品和及领铎品的日期；此外，其已亡者，尚注明了他们的死亡日期、地点与安葬之坟茔。他们对现在的我们来说，已成了“先贤”，成了“长辈”，既值得纪念，又值得表扬；是故将他们的姓名、圣名、籍贯、出生及晋铎日期开列于下，以志不忘：

胡文孝（玛窦）	武城十二里庄	1826.9.19	1851.4.19
徐奎（方济各）	武城十二里庄	1827.5.3	1852.1.1
袁汝孝（斐利伯）	东昌府	1828.5.1	1852.3.14
胡文敬（伯多禄）	武城十二里庄	1828.9.22	1855.6.2
王肇林（若瑟）	莱州玡	1830.7.18	1860.4.29
刘美（若望）	临清西关	1831.5.27	1860.4.29
胡文学（玛弟亚）	武城十二里庄	1833.3.13	1860.4.29
陈凤仪（若望）	莱州西招贤	1840.11.6	1869.7.25
宿梦伶（吴禄）	平度民遵	1841	1869.7.25
孟广旺（伯多禄）	武城孟家	1843	1874.4.4
商永福（热罗尼莫）	东平商家老庄	1847	1874.4.4
孙志平（保禄）	蓬莱大豹虎	1852.7.12	1876.11.5
李春泰（方济各）	武城郭家庄	1853	1878.6.15
高风清（西满）	平阴胡家庄	1854.1.31	1884.5.1
刘玉成（若瑟·迪达谷）	茌平北张庄	1860.3.19	1886.5.9
滕鼎臣（玛弟亚）	掖县西山	1862.2.25	1890.1.19
杨连岫（伯多禄）	博兴杨家官庄	1861	1890.1.19
夏友盛（路加）	临朐水沟	1865	1893.10.15
田书升（若望）	新城句召	1862	1890.1.19
李明谦（若瑟·奥斯定）	恩县刘王庄	1866.4.12	1893.10.22
马振德（保禄·安多尼）	平度马家坦	1863.11.5	1890.1.19
张安亭（伯多禄）	东昌府	1862.3.29	1890.1.19
宿仁林（若望）	平度民遵	1867.7.16	1894.9.9
李学义（若翰）	蒲台邱里庄	1868	1894.9.9
王德昌（伯纳多）	昌邑王家府宁	1869.1.26	1894.9.9
姚振坤（保禄）	临清苍家庄	1866	1897.6.24
宗安和（若望）	新城邢家庄	1868.6.21	1894.9.9
王赐玺（若瑟）	泰安满庄	1875.2.20	1902.4.20
胡修身（加斯巴）	武城十二里庄	1876.2.1	1902.4.20

李长亭(若望)	茌平小屯	1875.6.9	1902.6.24
周明德(雅各伯)	临清西关	1878.8.23	1903.6.7
刘德成(玛窦)	茌平北张庄	1876.3.22	1902.6.24
郭传德(伯多禄)	平阴马家庄	1880.2.2	1904.3.6
徐长明(玛尔谷)	章邱胡迪	1878.4.21	1906.11.29
袁芳桂(若望)	平阴胡家庄	1878.10.25	1906.11.29
李钟达(若翰)	武城吕家洼	1881.7.10	1909.7.26
赵庆桢(保禄)	平阴胡家庄	1880.3.23	1906.11.29
王教林(西尔务斯德)	章邱胡迪	1881.1.11	1909.7.26
郭振山(达窦)	武城郭庄	1880.11.5	1909.7.26
郭传荣(保禄)	平阴马家庄	1881.8.19	1909.7.26
王美珍(保禄)	禹城苗家林	1883.8.2	1911.6.28
胡翼之(加路)	武城十二里庄	1884.10.30	1911.6.28
张长龄(若翰)	新城傅家桥	1887.12	1915.2.14
王圣祥(若望)	东平山西屯	1885.4.19	1915.2.14
张宪孟(若瑟)	平阴罗山套	1887.3.5	1915.2.14
宗怀禄(弥厄尔)	新城营里	1889.1.9	1915.2.14
胡兴芝(保禄)	武城十二里庄	1889.4.25	1918.5.5
胡廷智(安多尼)	新城邢家庄	1889.1.1	1918.5.5
李朝贵(若瑟)	武城郭庄	1889.9.15	1920.3.7
李兆瑞(伯多禄)	东昌府南关	1892	1920.3.7
萧金铭(若翰)	平原萧家洼	1888.11.3	1920.3.7
王盛林(若望)	陵县小庞家	1891.4.8	1920.3.7
王田治(若望若瑟)	惠民盛家营	1892.1.16	1922.6.4
冯文林(若望)	武城十二里庄	1891.12.26	1922.6.4

此外,尚有几人在济南修院读书而后来加入其他代牧区者,如:临朐水沟的夏若瑟加入鲁南代牧区,平度小韩庄的韩伯多禄加入鲁东代牧区,临朐石庙子的孙保禄加入鲁东代牧区,掖县保王的尹玛尔谷、临朐石庙子的张雅各伯及掖县西由的滕若瑟等加入鲁东代牧区,恩县刘王庄的胡保禄加入秦北代牧区,平阴马家庄的郭斯德望加入赣北代牧区,平阴胡家庄的赵神父及新城邢家庄的胡神父加入鲁南代牧区等(以上译者取自"鲁北代牧区国籍神父一览表")。

八十四年之内共有六十五人晋铎,乍看之下好似谈不上成绩;然而值得注意的是,修院初创一切因陋就简,很多方面当然不能达到理想。事实上修院每年都是有所改进的;教友的数字与修生的数字常成正比,教友少则修生也不会多。此外,还要注意的是:神父——当然有少数例外——都出于老教友家庭,而老教友与新教友相较之下,老教友又占绝对的少数,这都是本地人晋铎不够多的原因。进修院的人数,原比晋铎的人数高出多少倍,而这些未得晋铎的修生为教会并未作了废料,反而许多作了传教员,或作了教员,或作了神父的佣人,或在其他方面帮助传教事业,这也算得修院教育的副果实。此外,若拿济南修院与许多其他修院相比，那么更能见到济南修院之不无成就了。

八、济南大修院升为总修院

教宗本笃十五世在他1919年的“夫至大”通谕内，已经训令传教士推进与改善本地神职的教育。他的意思是，只教育神父达到能行圣事的程度是不够的，而还需要更进一步培植他们到达当地知识分子的水准。为达到这个目的，教宗曾建议成立地区性的修院或中心修院，以求事半功倍，集中训练。

宗座观察员 De Gebriant 总主教来中国时（1919～1920年），也曾到处提议成立总修院事宜。于是各地方济会代牧主教已于1920年决意为湖南、湖北二省在汉口成立一座总修院。之前，原有人提议为全国一切由方济会管理的代牧区共成立一座总修院；但是北方的代牧主教们因见到南北人情风俗之不同而加以反对，却十分赞成两湖自己去成立总修院。

但是北方的方济会代牧主教们亦未将成立总修院事束之高阁，反而借上海全国教务会议（1924年）之便，曾与宗座代表刚恒毅总主教就题特作商议；之后，代牧们达成了以下协议：为西部的各方济会代牧区在西安成立一座总修院，而为其余北部的各方济会代牧区在济南成立一座总修院。宗座代表听得报告后，表示十分赞同，且许下在传信部方面尽力代为推动之。果然传信部于1925年3月9日予以批准，且将成立总修院一切事宜托付方济会办理。而方济会总长又将济南总修院之成立及管理等一切任务转给了我们的撒索尼亚会省。往济南总修院遣发修生的地区，除济南代牧区外，尚有法国方济会所管辖的鲁东（烟台）代牧区、荷兰方济会所管辖的晋南（潞安）代牧区、意大利方济会所管辖的晋中（太原）代牧区及德国巴瓦利亚方济会所管辖的晋北（大同）代牧区；此外还决定，一切在山东及山西日后所成立的代牧区均应送其修生去济南就读。

济南总修院开课于1925年9月15日，共有哲学生二十七人，至1927年已有哲学与神学生四十四人了。哲学与神学共有六年的课程，而其课程包括中国文字、拉丁文学、哲学、圣教史、伦理神学、教义神学、圣经学、教律学、讲道学及灵牧学等。总修院开课时在修院服务的有院长一人、外籍教授六人及国籍教授两人。

济南大修院成为总修院是升格了，但同时也更为人注意及其任务更加繁重了；是故我们更须祈求天主使之不负众望，反而完成其培植国籍神职的重大使命！

环游济南代牧区

译者按：郎神父所著《济南宗座代牧区》一书的第十三章叫做“环游代牧区”。那时的济南代牧区尚包括日后的张店（后称周村）代牧区及临清监牧区。该章内容多是各总铎区的教务统计及教友数字，兼或有较大堂口的教友数字，但并未指出当时或以前的主任司铎的姓名。今为求记述的完整起见，译者曾加以补充，但是所得不过只是德国的传教士，而对国籍及留住的意大利及荷兰或后来的美国神父，因缺乏资料，故无从参考。至于德籍神父们的原姓名如何，请参见《山东开教史》一文。又，本书第一章名叫“代牧区的地理概况”，今将其大意译出，加在《环游代牧区》之前，一起发表，译者在此特加指出，以示责任。

一、代牧区的地理概况

(一)代牧区的位置及气候

济南代牧区的位置在山东省的西北部,北界遣使会所管辖的天津代牧区,东邻法国方济会所管辖的鲁东(烟台)代牧区,南接圣言会所管辖的鲁南(兖州)代牧区,而西连耶稣会所管辖的冀南(献县)代牧区。地在经度115°～120°及北纬35°～39°,若将本区与欧非国家地区相比,则与意大利的西西里岛、突尼斯及摩洛哥等地在同一纬度上。

本代牧区的气候冷热差别很大,夏季烈日当空,焚炽如火,荫凉里热至40℃者屡见不鲜,且夜间的温度也无显著的降落。反之,冬季则天寒地冻,湖河结冰,甚至黄河上走车亦是常事。总之,这里的气候冬寒夏暑,各走极端。

山东的雨量十分不均,夏秋之际多雨,而春夏之际干燥,多则有洪水之患,旱久则禾物不生,是故饥馑荒年在所难免。春秋两季为时甚短,依德国人的看法,山东根本谈不上春秋季节。

(二)代牧区的自然环境

黄河将本代牧区划分南北两大部:北部是一望无垠的平原,为黄河千百年来淤淀而成;南部是山麓及丘陵地带,山脉起自东南,走向西北,而止于济南附近,其主峰便是那座海拔一千五百米的泰山了。泰山号称五岳之首,是全国的进香圣地,自古每年秋收之后,香团络绎不绝,历代帝王也多有封泰山及进香之事。北部的平原大致是良田,但也有沙地及碱地,致使禾物不生,那些沙河原是黄河故道遗迹。

本代牧区可称为缺水区,只有四条较重要的河流:(1)黄河斜贯西北,由代牧区的西南流入,而在代牧区的东北入海。黄河共长四千四百四十公里,水流湍急,河床平浅,故少有航道便利。黄河上游为沙漠高原,水挟泥沙,呈现黄色,故称黄河。其下游泥沙淤淀,河床升高,故常有决堤之患。黄河流道屡有迁徙,改道时,洪水为灾,惠民县境首当其冲,一连21年之久,禾物淹水,收成全无。该地至今尚有几座宝塔,仅见塔顶,而塔身则被淤积埋没,由此可见其淤淀之深及挟沙之多了。在惠民的姜家修建圣堂时,也曾发现地基淤沙达两米之深。(2)代牧区的南部有汶河,水量多少不定,但能川流不息。汶水源出于莱芜境内的山区,沿代牧区南部边界,由东往西流入运河,但没有水运的便利。(3)代牧区的西部有运河,由东南流往西北,临清以下再折往东北而流入河北省,直达通县。运河全长一千一百公里,全河流道有数段为原有的河流。运河开建于七世纪,而完成于十四世纪,其主要目的原为南北运输饷粮之用。在本代牧区内有人开辟支渠引水灌田,但现在的南段已经完全淤塞与干涸。临清附近有卫河汇入,故由临清北向,方有通航之利。雨季运河水涨,也屡有泛滥之患。(4)小清河是一条水小而清的河流,发源于济南城内的泉水,流向东北,而于羊角口入渤海。小清河水虽不多,但能常年通行小舟,且无决堤之患。

(三)土壤、农产与家畜

山东的土地的利用已达最高限度,甚至山坡地带也已开作梯田。山东的农作物计有:大麦、小麦、荞麦、大豆、高粱、玉米、谷子、黍子、花生、甘薯及芝麻等,有些地方还种有稻米,此外更有蓖麻、大麻、棉花、花椒、胡椒及菸草等。禾物生长季节,满地绿油油,大自然之美莫过于此;但收割之后,则又呈现一片荒凉,使人有戚戚之感。收获好时,山东足以自给，但遇有水灾、旱灾或蝗灾时，仍有饥馑发生。

土肥水足或可引水灌溉的地带，则有各种蔬菜，如大白菜、小白菜、菠菜、苔菜、韭菜、芹菜、莴苣、蔓青、萝卜、胡蔓菁、茄子、芫荽、葱、蒜、芥末、辣椒、生姜、扁豆、豌豆及各种瓜类，此外，藕与香椿也是很好的东西。欧洲的菜类及马铃薯能种植，但几代以后则品质大减了。

山东是一个大果园，凡亚热带及温带果类无不尽有，如苹果、梨、桃、杏、李、樱桃、胡桃、柿子、栗子、山楂、石榴、枣与葡萄等，此外还有数不清的瓜类。

中国人喜欢养花，故称其国家为“华夏”或“中华”，城市人如是，乡间人亦然，德国的乡下便相形见绌了。

山东的家畜之中计有：牛、马、驴、骡、羊、猪、狗、猫等，这里驴的火性及驴的壮观为他处所未有。家畜则以鸡、鸭、鹅为主。

山东的山中储藏富源甚大，淄川县境的煤质量很好，德国曾经开采洪山的煤矿直至（第一次）世界大战为止；博山的玻璃及瓷土质量也好，故有玻璃及瓷器工业的成立；张店的铁矿开采也盛；泰安及济南附近山区里又有石灰的发掘。虽然如此，山东尚不得称为工业区。旧式工业中有周村的府绸及西部的纺织等，但毕竟山东的居民仍以农耕为主。

（四）山东的民族与性格

本代牧区一如中国北部，居民大都属于汉族；只有德州住有满族近五百人，他们是满清时代守备军的后裔。此外，还有少数回族散居各地，他们原是由中国西部迁徙而来的，他们虽都着汉衣，说汉话，但至今还能保持着其原有的宗教、习惯与纯种。流寇之中多有回人，但他们对天主堂与教士都未曾多加骚扰，原因大概是他们相信天主堂与回教乃彼此相近之宗教故也。

山东人性格直爽、忠诚与保守，但每地也有不同。山东人一如其他中国人有着极深的家庭观念。风俗一般说来还算淳朴善良，但也不乏口是心非的讹诈之徒。近来新式教育发展甚速，但仍旧不够普遍，致乡间仍有目不识丁之人。一般说来卫生观念不够普及，卫生设备也有待改进；就目前来说，与卫生很有关系的霍乱、伤寒及天花等病症仍然屡见不鲜；但中国医生对上述病症却都治之有方，有的外籍教士对他们依赖极大，病了，必先求诊于中医。

这便是我们济南代牧区的大概情形了。德国方济会神父在此传教至今已经二十五年了，无疑，这是一块生硬而荆棘遍野的传教田地，不易即刻见到成效；但如能加以坚毅的耕耘及天主的润泽，时间久了，不怕它会一无收获的。圣亚各伯曾说：“凡我兄弟，应安心忍耐以俟主来。夫农夫之望收获嘉谷，必须弗助弗忘，以待秋霖春雨之泽也。”（《雅各伯书》，5:7）此言亦是我们教士工作的写照。

二、代牧区的教务分论

到代牧区的各处去走走，一者可以认识下每总铎区，甚至每堂口的传教工作情形；二者也可以看到我们的代牧区是多么的辽阔了。不过，代牧区的边界在不久的将来会有所变更，因为西部（临清）将成立国籍监牧区，而东部（张店）也将划分给美国的方济会去管理。

目前的济南代牧区分作九个总铎区，每总铎区有一个总铎，其他堂口则附属之。每个总铎区大小不同，因而其传教士的数目也彼此不等。总铎对其附属堂口有监督及视察之权力，并有制定应守规则的义务，教士遇有困难时，应呈请总铎并待其指示。重要事项，如与当地政府有所交涉或豁免一定婚姻限制等，则由总铎予以保留，而应自行办理之。此外，总铎治理其堂口，犹如其他主任司铎一样。

每堂口的主任司铎尽可能住在堂口的中部，目的在于使全堂口的教友容易同他联络，或者住于教友较多的地方，或一较大的堂口。每一堂口除有神父住宅外，应有一座圣堂或公共祈祷所；此外，往往也有佣人住房、厨房及马棚等，较大的堂口都有一间学校。堂口房屋的素质则多有不同：山区多用石，平原多用砖或土坯。泥屋并不坏，往往更适合于健康，不过每年应当加以修理，不然，每到雨季房屋不但会漏水，而且有倒塌的危险。在平原地带砖房也不持久，因地含碱质太多，其为害情形，直到今日无法阻止。

现在就让我们动身到各地去看看，其间的统计数字是出于1927年的教务报告书，现在我们就拿济南作出发点。

济南城里，在距西门不远的地方有条窄巷，那就是主教住地及主教公署所在地了。这个地方大概是原属耶稣会的，而方济会原有产业，相传还在北面，即在莲花池附近。相传在南门里道明会士会有一所住宅，但为时甚暂，就我所知，道明会只有一个郭多明在济南住过一个时期。过去这里教友很多，之后绝无一人了；例外的是一家姓陈的现在住陈家楼，他原是这里的教友；还有一家本是这里的教友，但是早已迁去禹城韩庄，且现在也已绝户。目前此间教友只有七十八人。

江类斯主教曾于1863年将现在的主教公署收回，并于1868年建筑新圣堂一座，这座圣堂至今仍然存在。这里的楼房是拆掉中国式旧房而建的西式新楼。申永福主教于1907年在这里成立了一所新式的印刷局，那所老印刷局的器材还是奥国皇帝方济若瑟一世赠送给顾主教的哩。

1. 在城西五里沟国际商埠有一位神父驻扎，有教友二百五十八人，但都是在那边经商的外方人。那里的神父有一所要理学校，学生十二人。在离这里不远的地方矗立着一座大楼，那就是德国敏斯德毛利兹修女会美国支会所开的若瑟医院了。

五里沟的主任司铎是：黄乐施（1913～1914年）、白德风（1914～1922年）、莫汝纶（1922～1925年）、梅悦来（1926～1932年）、束怀安（1932年～ ）。

2. 在济南东关有方济圣母传教修女会院一所，这里住有一位神父，以照顾修女及她们所管的安老院及孤儿院。这里的主任司铎是：司协音（1922年～ ），万亨泰（1926～1928年）、傅于谦（1932～1933年）。

3. 洪家楼：由济南东关再往东走三公里就到了洪家楼，这里是本代牧区传教事业的中心，那座主教大堂是顾主教在位时修建的。[①] 方济会省会长亦住此，其会院原是已故主教划分给他们的。这里除大小修院外，还有一座男子中学、一座女子中学、一座孤儿院及铁匠铺、木匠铺及农场各一座。庄内教友共三百二十四人，三间要理学校，学生共八十三人，在庄四周有教友六十四人。

洪家楼的主任堂口司铎为：爱圣弼（1908～1913 年）、于芳范（1931～1933 年）、劳乃思（1933～1935 年）、魏怀安（1935 年～　）。

4. 仙峪原是本总铎区第一任总铎驻扎地，那是由洪家楼往东走六公里处的一个老教友堂口。总铎管区除济南外，还包括历城县的一大部及长清县的东半部。本总铎区共有领洗教友一千三百零二人，望教八百八十一人，分住于六十二个堂口内，共有要理学校七座，学生七十九人，小学三间，学生三十八人。原来在济南东南的山区里没有一个教友，但最近两三年来倒有望教者不少。

马悌亚神父曾在 1757 年提到仙峪那时还叫仙峪里庄，现在有教友一百一十人。直到前几年那里还有一座塔，塔下有一个地窖，相传那原是教难时西班牙神父藏身之处。几年前因那古老建筑物坍塌的危险，于是那里的教友将塔拆掉，亦将地窖填平了。马神父报告书中所提及的另外三个堂口也属这个总铎区，即陈家楼（现有教友二百一十九人）、姑家坟（现有教友一百三十四人）及莲花山（现有教友八十六人）。在济南附近还有两个老堂口，即北园（现有教友一百五十九人）及辛店（现有教友一百零六人）。由目前的总铎区将划分出一个济南总铎区，其总铎将住北园。

5. 去东北四十五公里的地方有个村庄名叫胡迪（马悌亚神父称之作胡迪里庄），已属章丘县境。这里住有神父，共管理四十七个村庄，领洗教友五百七十五人，望教九十五人。他有要理学校三座，学生二十六人；小学两座，学生十二人。整个章丘隶属他管理。这里的土壤非常肥沃。1757 年马悌亚神父所记述的堂口至今仍然存在者计有胡迪（现有教友一百二十人）及四磐（现有教友八十九人）。现在的宗家寨是新教会，这时的老教友是否都背弃了教会或者已经绝迹，现在已不可考。

胡迪的堂口司铎是：田安民（1904～1906 年）、傅于谦（1906～1909 年）、林民乐（1915～1919 年）、谢上达（1919～1925 年）、傅于谦（1927 年～　）。

我们教友的素质

教友视信德为至宝

很幸运的是济南代牧区有不少的老教友堂口，这些老堂口且散布得十分均匀，所以新教友多有机会到老教友地方去观摩教友的生活与习惯。实际上他们也都喜欢去效法，他们都会去驻有神父的堂口参加教会的礼仪。尤其可贵的是，老教友都会全心与神父合作，

---

① 大堂内外都是哥德式，仿佛德国科隆大殿而较小；工程及建筑师是庞会襄修士，原名 Corbinian Pangger。他是方济会士，意大利北部提若拉省人，生于 1955 年 10 月 4 日，发大愿于 1891 年 9 月 17 日，抵济南于 1894 年 1 月 27 日，于 1948 年听命疏散回国，亡于故乡，日期待考。听说他身在家乡，但心在济南，去逝前还要人给他穿上鞋，他要去洪家楼。我们在洪家楼总修院时，每天下午 4 点必看到一位沉默寡言、身体微弓的长者，由南楼方济会院慢步穿过总修院，去主教大堂拜苦路，那就是庞修士了。这座大堂是他一生最杰出的工程；之外，听说他在代牧区内尚建筑大小圣堂数十座。——译者注

或以传教员的身份、或以教员的身份去带引望教人，及将作教友的精神传授给新教友，劝导他们遵守都会的规则与习惯，因此，我们整个代牧区的老教友与新教友到处都遵守着同样的规则，保持着同样的精神。

要明了教友的操行及宗教意识如何，最好是去看普通教友的日常生活如何，因为日常生活犹如一面镜子，既客观又准确，是不会佯伪作假的，我们且不提那些热心出众及可为人表率的教友。

我们教友对信德的看法是非常可嘉的：老教友们都拿他们的信德为无上的家传至宝，将信德视作他们先人留下的贵重遗产。老教友都知道他们的祖先为了维护信仰曾受过万般窘难；过去的教难悲剧至今还一幕幕呈现在眼前，他们对这个出身都感觉幸运与光荣，因此也非常珍惜他们今日的信仰。老教友们也将其爱护信仰的精神传给了新教友。拳祸时，无论老教友还是新教友都大无畏地保持了他们的信仰。

教友的祈祷精神

我们前辈方济会传教士故意教给了教友们一个实际的课题，即他们曾灌输给教友们一个念经祈祷的精神。那时的传教士也许不得不这样做，因为那时的教友少有领圣事的机会，而念经祈祷都能使他们举心向上，增加热心，且能使他们彼此团结，并能做他们与都会之间的“和平及统一”联系。这个祈祷的精神已是那么根深蒂固，致使现今的教友还保持着每天公念经的良好习惯，甚至拿公念经的参加与否作为批判教友好坏的准绳。

教友每天公念早课与晚课，每次半小时左右。在收割忙碌的季节里，则提前念早课，俾使天明时已将早课念完，之后去田地工作，工作回来再去念晚课。这对整天劳力的农人当然是一个很大的牺牲；我们在景仰他们的热心与牺牲精神之外，还同情他们的处境，故若某人真不能每日早晚进堂，我们都会体谅他们，没有加以厚非；但大致说来，他们都会忠实地去参加早晚课的。

守主日及罢工占礼

为了使教友们守主日及大占礼罢工的教规，我们前辈的教士制定了很明智而有效的措施，即要他们将要念的经文及要做的善功分开去做，致使不给他们去工作的余暇，如此他们已不得不守罢工的规定了。我在这里愿特别提出的是，我们的教友一般说来都忠诚地守着罢工的教规；此外作会长的负有监视教友罢工的责任，且有劝诫或惩罚其不守者之权力。欧洲的教友守不了这样严格的规定，但我们的中国教友都守之自若。逛街散步对我们的教友很生疏，要他们坐下来休息一下身体与精神，这为他们所不习惯；若要给他们长空闲时间，他们或者闲得无聊，或者要去田地工作了，所以根本不给他们长的空闲，这是没办法中的一个办法。

为了迁就当地情形，圣座会授予传教士许多豁免权。我们作传教士的未加以保留，而斟酌情形常施行豁免权。教友若有主日或罢工占礼日必须工作者，则向神父请求豁免；无神父可问时，教友们都能按良心自行定断。麦收及秋收期间，教士都施行普通豁免，这是多年来有事实为根据的习惯法，但望弥撒的义务从未予以豁免。

守大小斋

在守大小斋方面，教会也斟酌而迁就了当地的情形。守小斋对我们的教友倒无困难，因为他们素日已经很少吃肉。守大斋对他们也不成问题，因为他们没有欧洲人那样贪食不餍的习惯。我们传教区自古以来的习惯是，只在严斋月内之占礼六（星期五）及少数几个望日守大斋；在守大斋的日子习惯是上午公拜苦路。我们的教友甘愿守大斋不请求豁免，因他们都觉得有作善功的义务，甚至老者与病人也甘心守之不违。多年的习惯是，连孩子们也守大斋；神父们曾多次给他们解释，孩子无守斋的必要，但他们则认为，孩子们守几次大斋对他们也是有益无害的。教友的信心如是，教士只有尊重之。

望弥撒

一般说来，我们的教友领圣事很勤，二十年来德国方济会神父的努力，现在得到了很好的效果。在住有神父的堂口里，每星期都有不少的男女教友来办告解，也有不少的人每日领圣体。每月或到大占礼，教友都领圣事，这在我们的代牧区里是司空见的事。没有神父的堂口，常请神父去行圣事；或神父不能去时，他们则到邻近有神父的堂口领圣事。若有某堂口住有两位神父（这种情形在我们代牧区倒很少），则一位留在堂口内，而另一位每主日甚至每天轮流去附属的其他堂口及行圣事。

“下会”及“满四规”

每年每堂口神父来下会一次，在此期间内教友们都领圣事，以满全教会“至少每年告解及领圣体一次”的规定。教会一般的规定是，要在复活节期间满全之，但这在传教区内是无法遵守的，这是因教友散漫而教士不足的缘故。实际上我们的教友可全年满四规，即神父到哪里，哪里的教友都可满四规。下会的另一个目的是，给教友们多望弥散、多领圣事及多听道理的机会。下会期间教友们领圣事之前，都是有特别准备的。

下会期间的日程大致是这样的：早晨有弥散，弥散中讲道理。在举行弥散之前神父已按名指定十人左右，要他们上午来考要理。他们到后，要把他们的姓名记下来，之后逐一就要理与经言考试之。考试成绩都有记录，并要将这次与去年的成绩两相比较，好者赞扬之，坏者责备之。考试完了，神父讲道理，或就考试内容作更进一步的训导；再后公念苦路经。下午给他们以办告解的机会。习惯是今天守大斋，第二天弥散中送圣体。在听告解之后及念晚课之前或之后，再讲一遍道理；最后有圣体降福。

下会期间有几天是特别为初次办告解及初次领圣体的孩子们保留的。我们代牧区的孩子，斟酌他们准备的程度，许可他们八至十岁初领圣体。下会期间要特别加以准备与辅导；神父的时间不敷用时，可托传教员、教员或姑娘代替，但考试需要神父亲自主持。为付圣洗也要特别保留一天。只有一两家教友的堂口来附近的大堂口一起满四规；但若他们的路太远时，那么神父也必须亲自去一趟，给他们领圣事的机会。

下会期间，神父要尽量听取一下堂口情形的报告，需要指导时则加以指导，要与会长商磋一切有关事宜；教友之间若有争端时，则要努力和解之。

神父来下会，他的生活全由堂口教友负担；此外，神父用的先生及马夫或车夫的生活也由堂口的教友维持；是故每年下会时，教友们的负担也是相当大的。为了避免教友一时担负过重，故有平日给教会纳税的规定，故有每家每年要给教会捐款若干的规定。会长负责收缴捐款，且要作成清单；此外，凡有收入及支出都应作成清单，以表责任。收缴这种捐献大致都没困难。有些堂口拥有教产，可以用来维持神父的生活。这种教产都是已亡教友的遗产而事先捐献教会的。

神父下会总是要在10月底至次年3、4月间举行。因这段时间是乡下人秋后麦前比较清闲的时候;但这几个月的期间内应除去一个月的时间不算,因农历年前两星期大家已忙着办年;又年节之后的两星期内,又是彼此拜年及走访的时候,大家都在忙,都在流动,故不好勉强集中他们;但是神父也可以借机休息几个星期的。

我们代牧区的神父平均每人管理一千一百至一千三百领洗教友,每人每年要去三十至四十个堂口去下会;有的地方堂口彼此距离很远,其相去八十至九十公里的堂口也屡见不鲜。教士在那严寒的冬天南去北往,有时骑马,有时坐车,但在山区只有骑毛驴或安步当车,而所携带的行李只能担着前行;天冻地裂,寒风刺骨,其中艰苦可想而知。

照顾病人与请终傅

我们的教友尤其重视病人的照顾与终傅圣事。堂口的会长负责为病人请终傅;是故他一听说某人重病时,应亲自前去查看病情,斟酌情势,应及早去请神父。为了随时有足够的费用送人去请终傅,同时为了减少贫穷教友的负担,许多堂口有平日捐献以备不时之需的习惯。老教友堂口对过去千里之遥去请终傅的英勇事迹都有所闻,直到现在各堂口仍保持了这个精神。

1797～1838 年山东没有神父,那时请终傅只有赴北京、上海或山西去请;此外有史料可考的是,一次有人去澳门请终傅,但他幸而在半途遇到神父,于是便请了他来。这是教友信德的最好表现,老教友至今津津乐道,且景仰不已,这个信德精神至今仍然存在。现在请终傅虽然已不再那样困难,但他们对终傅圣事的重视却有增无减。

病人临终时需要打钟,而教友一晓钟声则都前来送终,大家围绕着临终者一起念经,直至病人死后才离去;或者病人长久奄奄一息时,教友则分班轮流念经为之送终;这份信仰与爱德实在感人肺腑。死亡与出殡之间,大家于定时再来为亡者念经,安葬时大家都来参加。

这里值得特别提出的是,老教友对新教友也有同样的照顾,若有某新教友病危,老教友不惜远途而来予以照顾,为他念经,并置备一切妥当,以待神父的来临。

公开承认信德

我们的教友不以信教为耻,反以信教为荣,且敢公开表示及卫护其信德。到年节中国家庭都张贴对联,教外人多用迷信字样,教友则都用表现信德与祈求天主保佑的词句;凡识字的人一看便知道这是教友家庭。操办红白事教友也与教外人不同,不迷信鬼神,而作信德与教义的表现。在旅行之时教友住在教外旅店,也会照例跪地诵念其早晚课。若遇人诽谤教会,那时不但日常热心教友会起而辩驳,而且那素日冷淡教友也会挺身反抗。几年前在武城十二里庄有个教友年老得以回头而平安善终;但他生前都多少年来已不领圣事,也不进教堂;然而若有人敢攻击教会时,他则当仁不让地拼命保护;也许天主就因了他这份信德,而赐他回头与善终的大恩了。

教难

我们过去的教友为信德曾受过极大的迫害。1724～1844 年大小教难未曾间断,对那时教友的命运如何,现在的教友知道的还很清晰。就如东昌城内过去有教友几千人,教难时许多殉道,而其他的则逃亡他处,以后也就在该地落户了。他们之所以被杀,正 因为他们不肯脚踏苦像之故;在别处也有同样的殉道事迹发生。直到今日还有许多教友能给你指出他们祖先教难时逃避的处所,就如泰安满庄及禹城韩庄的教友至今能给你说明,某某教外家庭的祖先曾经告发过教友，只是他们已经说不清是何时代了。教友们对嘉庆(1796～1821年)年间的教难相传尤其清楚，这期教难的文献尚在；它的最高峰当是1813年，那时官方高价悬赏告发外籍教士的人，教友之敢掩藏外国人者，则处以流刑。

前几年还有人报告我一件可歌可泣的故事，其内容如下：临清小茹的某教友家庭突然有人来访，包袱里所带来的是一件红色衣裳，他说他是直接来自中国与俄国边界的伊犁，这件红色衣裳原是这个家庭的某人充军去伊犁时所着的犯人衣服。伊犁是满清时代流放犯人的地方，那时凡有流放之人皆着红色衣服。小茹这个教友曾被充军伊犁，他在那里遇到了其他亦被充军去的教友。他死前曾请求这个现在生还的教友说："若我们被充军在此的教友之间能有生还故乡的，我则求他把我这件红衣带给我的家人，且要给他们说，我虽受尽了万苦，但我都保持了信德，我死而作了教友。"这个小茹的教友相传是1813年被充军去伊犁的。

在那教难时期，官方往往突来逐一搜索教友家庭，查看是否窝藏着教士。一有教外人告发，官兵则即刻来搜查，且每每捉拿教友，提去审讯与拷打，有时对富裕的教友还加以敲诈与勒索；是故有些教友已不敢在家存放宗教物品。且有人将圣书圣像交还神父，用以避免被骚扰、殴打及捉拿。我们未曾受过教难迫害的后人，对那时教友们的做法绝对不得妄言批评，而只能予以尊重与同情。Hannibai Fantoni(杨)神父(亡于1882年)在世时曾搜了许多教难资料，他认识许多受过教难迫害的教友及亲眼证人。

但是那时的教难毕竟到处激缓不一，相传凡教友与外教关系弄得好的地方教难为害则较小，原来在中国一般来说有"不告不理"的习惯；此外，地方官长的心术也非常重要，有的心地比较宽大，有的心地比较窄狭，更有的对教会恨之入骨。若某堂口正属一心胸狭窄、性格残暴的长官管辖时，则教友们的性命朝不保夕；反之，心术好的长官，则会对教会闭目不视、塞耳不闻，装作根本不知地方上有教友的存在；但是还有的地方长官，因不愿给自己找麻烦或不愿担负费用，而不去走上级，也不开庭处理教友；原来流放犯人的费用皆应由地方政府支付故也。最惹人注意的是，济南附近的教友虽经历代教难，但损失不大，这好似是那里历代知府对教会与教友都能宽大为怀的结果。

拳祸及教友现在的处境

最后一次教难原为义和团所发起，现在的教友对之还有记忆，且至今对之谈虎色变。这次教难中仅我们的代牧区内即有一百八十二人遭残杀，其中共有一百三十七名是10～20年的新教友。商河县的小张家一个堂口内即有一百零八人殉教，而那时的小张家不过只有二十年的进教历史。那些较大的老教友村庄因有力抵抗，故受害较轻。1911年教宗曾准许调查这些殉教事迹，以做日后列圣品的准备。申永福主教曾趁调查案件的机会，亲自去见那时的山东巡抚袁世凯，问他当日对消灭教会及杀害教友的心术与看法如何。原来义和团作乱的当时就有人猜想袁世凯未将朝廷谕旨原文发表，他所发表的乃是经他改头换面而从中加以缓和的谕旨。这一看法的确实性于是也得到了证明，因为原本谕旨(申主教曾有原文抄本)曾命令，凡有外籍教士及不肯背教之教友一律杀头无赦，而袁氏所周知的命令只称："教友之坚持其信仰者，巡抚无法保全其财产与性命"，对外籍教士却只字未提。

一直到现在我们的教友仍需忍受着许多使人烦恼及不愉快的事件，如现今的教外人仍多称教友为“二鬼子”，有的地方教外人禁止新进教人去公用井上汲水，或与他们断绝邻居及友谊之情等是。作教士的，若预见会有这种情形发生，应做事先的准备；即使望教人明了他日后可能遇到的困难处境，用以避免他日后的迷惑。此外，教士应尽力保持教友与教外之间的原来友好关系。

对一个新教友家庭还可能发生的困难是，他们的子女嫁娶恐难找到理想的教友对象，因教友数字至今仍然太小，故无作选择的可能；是故领洗入教为新教友，无疑的是一个很大的牺牲，因此有些人预见这种牺牲而对教会就裹足不前了。

尊敬神父

中国教友对神父特别尊敬，他们称之为“神父”，意思是“圣神的父亲”，“精神上的父亲”；实际上在神父与教友之间确有一种父子关系与情操。神父一到某堂口，要马上打钟，而教友一听钟声，则都前来致候神父。最近我们已将磕头礼取消，这也是因为时代有所变化的缘故。在神父面前教友不敢坐下、喝茶或吸烟，中国自己很重视这种善良风俗。我们认为这个风俗在中国人心中已经根深蒂固，他们自己不要改变，我们外籍教士也不好强迫他们去改变。现在教友致候神父时，已不磕头，而行鞠躬礼。

同妇女往来必须遵守授受不亲的习惯，这是非常重要的。我们堂口的习惯是，神父若有衣物要洗浆或缝补时，常交一位年纪较大的女传教员或守贞姑娘去做；妇人单人不许来见神父，要来时，至少应有另一人陪伴，这也是一个很古老的习惯；晚课以后，神父的住处绝对禁止妇女进入。

视神父如家长

我们这里的风俗是，教友都将他们的首熟果实送给神父；年节上每家教友都送神父几个饺子，表示神父同他们一起过年节的意思。

基于那层父子关系，教友都视神父为家长，也企望他行施家长的权利与义务，也都能接受神父的合理惩戒及处分；神父过去按当时当地的习惯有处分体罚者，但我们后来的德国神父都未用体罚。过去的教士有关惩戒及处罚一节，只是随从了当时当地的普遍观念与习惯，却不得以今日的风俗与习惯去度量；甚至当时若有某教友犯法，有些地方官长不亲自处理，而往往交送神父惩治之。现在风俗已变，法律也不同了。

教士以他的“家长”身份，有时也需要办理教友的家务：父母给孩子订婚前，必须先报告神父，听取他的意见。遇有遗产争执或其他纠纷时，都请神父作裁判或和解人。遇有这种情形，教士当然要特别谨慎，切切不要厚此薄彼，毕竟“清官难断家务事”，外籍教士更觉得无能为力，故常托会长去处理。事实上，中国人处理中国人的事，常有他独创的办法，外国人是学不来的。教士的努力所在，当然是要劝他们和解及彼此让步，更尽量阻止他们去走衙门。熟悉当地人情事故的教士确能解除教友间很多纠纷与仇恨的。

丧神父如丧考妣

教友对神父的忠诚最能表现于神父的卧病与死亡。前几年我们的魏利世神父因送终傅而自己被传染了霍乱。他病得要死无其他神父在场，那时全堂口的教友一起出动，有的去请神父，有的去找医生，有的日夜看守照顾他，那份热情与恩爱实在难于言传，即在至亲之间也不易见到。魏神父临终时，教友都来给他送终。他谢世了，全堂教友痛哭流涕如丧考妣。达瑞泰神父去世时，也享爱到了教友们的同样爱戴。[①] 这正好说明了教士教友及神父与神子如何打成一片及其无隙的忠诚关系了。

主教逝世，全代牧区的教友每日早晨晚上为他念炼狱祷文及其他追思经文，为时六个月。神父逝世，全堂口的教友为他念经，为时三个月。教士的父母去世，全堂口的教友为之念经，为时一个月。教友追思已亡神父终生不辍，为已亡神父献弥散为教友事属当然。许多老教友有备忘录的制造，以备每逢周年为已亡神父献弥散之用。神父死亡甚至四五十年之后，还有人到他的坟墓上祈祷及去修饰他的坟墓。教友感于我们外籍神父而弃家离乡亲属不在之情、知恩之心，直至神父死后而不怠。

泛爱众

“泛爱众而亲仁”及“幼吾幼以及人之幼”都是教会的教义及作教友的标志。在这方面我们的教友守了教义，也能扪心无愧。老教友是如何带引及照顾新教友，我们上面已有记述；他们如何爱戴教士，上面我们也已言及。

那些所谓的“外教拾孩子”——所拾教外人的弃婴——我们大半都能找到教友家庭去收养。堂口为了赔偿教友的费用，每月给钱五角，这当然不敷孩子的衣食之用，但教友家庭都能因爱人之故而担当其不足。许多教友更不取分文或索性将孩子予以过继。凡此种原出于“幼吾幼以及人之幼”的爱人之心，也是教友素质的极好说明。

帮助传教经费

我们在这里愿意特别加以表扬的是：我们本会的神父们为了养成对传教教友负责的常识，自初就鼓励教友每年捐助教会的经费。但事实上，因教友太少，且大都贫穷，所以捐献的并不多，但这并不十分重要，而更重要的是其教育价值。因可养成教友捐献教会的习性，日后定会发生无限作用的。日后教友增多及生活较为富裕时，他们定会肩起传教的全盘经费的。原来只待外国教友的帮助，绝对不是长久之计，更不是治本的办法的，何况外国的救济也不会永流不息的。凡养成这种自给自足习惯的地方，将来传教一定没有困难。即使那尚未施行这种教友捐献的代牧区，现在也已认清了这个办法的教育价值及意义，故此也要施行这种捐献办法。他们已在羡慕方济会神父的远见，就目前来说，我们的教友捐献的虽然不多，但他们都会了解其中的意义，并都感到有“尽力帮献圣教会经费”的义务。

一如上述，神父来下会的费用，都由教友担负，但是也有例外情形，如因旱灾或水灾收成不好时，神父当然会解除其担负的全部或一部分的担负；而教友接受神父的这种办法，不是因出于不愿担负的心理，而是出于不能担负的苦衷。下会之外，若有神父来看望教友或送圣事时，原则上是神父自己担负他的生活费用；但老教友堂口多半不愿接受这一点，仍然要维持神父的生活，且不计较次数的多少，反而更希望神父尽量多来几次，即使许多新教友堂口也有这种见解与做法。

近来凡大点的堂口也需要捐助学校费用，但这是新制度，新教友尚不习惯，所以捐起来也有点困难。故此这个费用定得很低，其有心无力者，也从未加以斥责；但是老教友地方捐献起来绝不踌躇。

---

① 魏神父于1920年9月5日亡于武城十二里庄，达神父于1925年2月3日亡于禹城韩庄。——译者注

赠送教会

某地方若需要建筑圣堂或祈祷所时，我们照例只向教友要求建筑基地，教友也乐意献出相当的地址。因中国过去的法律无赠送的规定，故遇有赠送或捐献时，我们对外则作成买卖契约，而当事人都知道是赠送的。为了圣堂的装饰，各大堂口都由教友自由捐献。

比较富裕的教友，尤其是没有后嗣的富裕教友，多有将其家产的一部分赠予教会的。遇有这种情形，我们为了预防日后可能发生的争执与困难，亦对外作成买卖契约。此外，尚事先请求可能遗产继承人的同意，以免日后纠纷传交官府，而使官府错以为教会有贪图谋利的印象。我们的老教友都以遗赠教会为善举，又以能帮助教会为荣幸，例如武城十二里庄教会今日的不动产，全是历代教友家庭捐献的。

遇有普遍灾祸如传染病或旱灾时，老教友多有公开许愿的，即是：若天主愿，则将次年收成的一半献给教堂的。新教友现在也有这种许愿的习惯。我们的教友所许必践，会长去收许愿之粮，绝无些微困难。

教友会长的职责

每个堂口都有会长及经济管理委员会成立，委员人数大堂口至少四人，小堂口可能有二人或三人。对神父，他们是教友的代表；对教友，他们是神父的辅理。他们在教友前需有声望，也应具有健谈的才能。神父也特别器重他们，优待他们，用以增加他们的自信与权威。故是有能干的会长的堂口，堂口都能有条不紊；若会长无能或不认真做事的，则其堂口事务也乱作一团。

开朗与明智的教士遇有困难或重大事务时，定要听取会长及委员会的意见，如此本堂定会得到他们的鼎力支持。有时他们还能负担神父一人担负不来的重任的。依我们古老习惯来说，会长还负有保护神父、堂口及守贞姑娘名誉的责任。总之，神父若能重视会长及委员，常同他们联络，常以善言相待及常吸取他们的意见，则他们会给你以最大的助力，甚至会为你效命疆场的。

事实上，会长的任务是重大的，他的事务也是多方面的，我们绝不能予以忽视。神父若有不听取会长的意见而敢独断独行，或置会长的职责于度外，那么他定会咎由自取，做事不利，或困难重重的，尤其是年轻的外籍教士对当地人情风俗不甚熟悉，做事必须借重会长的助力的。

会长的职责既然如此重要，所以会长最好应由教友选举产生，一方面用以助长他的权威与影响力，另一方面也可增加他的责任感。

脱离教会的教友

我们代牧区的教友也有脱离教会及背弃信仰的，这是事实；我们不应因为这是家丑，说来不光荣而加以掩饰。这些人脱离教会的的确日期已不可考，但按推测，他们好似是嘉庆(1796～1821年)教难时脱离教会的。那次的教难最为剧烈，当时山东尚没有神父。那些已脱离教会的人一般说来同教会已无来往，但有地方也有例外，脱离教会人的后裔至今对教会与教义还有相当的认识。

他们脱离教会的详细原因，我们不得而知；但我们相信，他们多半是因受不住那些苦刑及因怕日后不断受骚扰与恐吓而声称脱离教会的。但有证据可考的是，有几个教友官员因怕失掉官职而脱离教会的；原来那时凡有官员都需祭天祭孔，而违者则革除他的官职。

但就我所知，还有一部分教友失掉信德，其原因乃是纳娶或娶教外女子的后果。我曾亲自听说两件有关事实：禹城县苗家林原是老堂口，几十年前几乎全脱离了教会。那些亲身经验的老辈称，他们小时的本堂教友娶的都是教外女子，且几十年来已经如此，是故他们的孩子小时未受到教友家庭的熏陶，大了之后也不尽教友的义务，如此日久天长，当然等于教外人了。老辈教友称：那时本堂的教友置诸教规于脑后，他们最多在大年初一去圣堂里磕个头而已。之后，有位法国方济会神父费尽心机善言相劝，方才达到了教友公念经及满四规的程度。他的办法是，首先使教友女子嫁进本村，三代之后的今天，本堂的妇女都是出于教友家庭的，于是该堂口教友的信德方才得以稳固。茌平县的五官屯有类似的坎坷历史。这都是历史的教训，所以教士教友不能不注意妇女在这方面的潜在力。

那些已经脱离教会的原来教友，至今还保存着许多圣物。禹城禹屯已脱离教会的教友曾来看我——那是我借下会之便特约他们来见我的——叫我看他们保存至今的圣牌与苦像；他们还多少知道点教义。前几十年在那里盖圣堂时，他们虽已多年离开教会，但都来尽力帮忙。他们与教友的关系也很好，对神父还表示相当的敬意。我曾善言劝他们重新进教及再步先人的后辙，但他们一时还没有作这个决断的力量。我们至今的经验是，已经多年脱离教会的人，再没有重返教会怀抱的；但是一般说来，他们都未完全成了教外人，他们不敬鬼神，也不作迷信行为。实际上，这些人好似置身于信仰上的真空地带。我们现在的人不应加以妄言批评，我们相信他们的祖先并非是轻易脱离教会的。他们只是因一时受不了教难的迫害，又同时因为未受到神父的安慰与鼓励才走了这一步的。我们希望天主不日再赐他们进教的大恩。

新教友中也时有一人或二人脱离教会，但这总是出于进教前的准备不足，或因他们进教意向原来不正的缘故；但大致来说，我们的新教友都能坚持于信德。老教友现在脱离教会的几乎绝无一人。有的老教友虽然一生不进堂，但到临终时总会良心发现痛悔前非的，这应当是他们从未尽失信德的凭证。

结论

若我们现在平静下来作个客观的批判，那么我们应该承认，我们的教友都是忠厚老实的好教友；若天主能赐中国的传教事业发达成功，致使整个中国归属基督教的话，那么这个庞大的民族定会刷新世界面目的。

后　记

《义和团运动文献资料汇编》(简称《汇编》)采自不同语种之文献资料,其编、译、审工作经历了艰辛的过程。撇开内容不提,仅从出版类型言,它具有本文献丛刊他书所未有的特点:一、除中文外,尚有四种外文(包括西文和日文)之译文;二、所选译之西方传教士文献,相当部分仍具古典色彩,而日文几乎全系"文语";三、本《汇编》体例,先是采取中文繁体竖排、译文简体横排,中经反复,最后又统一为简体横排。本《汇编》之能出版,实与国家清史编纂委员会各级领导和国家清史纂修工程领导小组等大力支持分不开。在此,我要特别向国家清史编纂委员会马大正副主任、国家清史纂修工程领导小组办公室顾春副主任,以及编委会项目中心徐兆仁主任,文献组陈桦组长,清史纂修工程出版中心赵海明、孟超主任等致以衷心的感谢!

还要特别指出的是,文献组派出著名清史专家黄爱平和王汝丰两位教授具体指导我们的编译工作,数年来极力督促,在各个重要环节上同我们艰苦与共,克服道道难关;出版中心派出王立新和乐嘉辉两位同志审核,为提高本书质量亦付出心血。他们之功,实不可没。

最后,还要感谢山东大学出版社马新总编辑、于良春社长、刘旭东副社长等的大力支持,他们高度重视,为本书出版创造了有利条件;陈海军、马银川、武迎新等责编加班加点认真编校,其敬业精神令我难忘。特志此以为后记。

路　遥

二〇一〇年九月

图书在版编目(CIP)数据

义和团运动文献资料汇编. 德译文卷/路遥主编. —济南:山东大学出版社,2012. 2

ISBN 978-7-5607-4206-9

Ⅰ. ①义…
Ⅱ. ①路…
Ⅲ. ①义和团运动—史料
Ⅳ. ①K256. 706

中国版本图书馆 CIP 数据核字(2010)第 187779 号

责任编辑 武迎新
美术编辑 牛 钧

出版发行 山东大学出版社
地 址 山东省济南市山大南路 27 号(250100)
印 刷 山东新华印刷厂
规 格 787×1092 毫米
印 张 237. 5
字 数 5475 千字
版 次 2012 年 2 月第 1 版 2012 年 2 月第 1 次印刷
定价(全八册) 1380. 00 元